Collier/Horowitz · Die Rockefellers

Peter Collier/David Horowitz

# Die Rockefellers

Eine amerikanische Dynastie

Ullstein

Titel der amerikanischen Originalausgabe
»The Rockefellers: An American Dynasty«
erschienen bei Holt, Rinehart and Winston, New York
Verlag Ullstein GmbH, Frankfurt/M. · Berlin · Wien
© 1976 by Peter Collier und David Horowitz
Aus dem Amerikanischen von Erwin Duncker, Manfred Neuber,
Dietrich Markgraf, Ernst Roeder
Übersetzung © 1976 by Verlag Ullstein GmbH, Frankfurt/M. · Berlin
Alle Rechte vorbehalten
Gesamtherstellung Mohndruck Reinhard Mohn OHG, Gütersloh
Printed in Germany 1976

Mit 68 Abbildungen auf 36 Tafeln

CIP-Kurztitelaufnahme der Deutschen Bibliothek

**Collier, Peter**
Die Rockefellers: e. amerikan. Dynastie / Peter
Collier; David Horowitz. – Frankfurt/M., Berlin,
Wien: Ullstein, 1976.
  Einheitssacht.: The Rockefellers ‹dt.›.
  ISBN 3-550-07341-0

NE: Horowitz, David:

# Inhalt

# Teil 1: Der Vater

»Zwei Männer haben in der Erschaffung der modernen Welt Höchstes geleistet: Rockefeller und Bismarck. Der eine widerlegte auf dem Felde der Wirtschaft, der andere auf dem der Politik den liberalen Traum vom universellen Glück durch individuellen Wettbewerb; an seine Stelle setzten sie das Monopol und den Einheitsstaat . . .«

*Bertrand Russell*

# Kapitel 1

Als sich in den ersten Jahren des zwanzigsten Jahrhunderts die protestantische Kirche zusammenfand, um ihren Kreuzzug zur Errettung der heidnischen Welt zu führen, arbeiteten die Kongregationalisten Tag und Nacht, um ihren Anteil an christlichen Soldaten zu rekrutieren, die in den Ländern der Finsternis die Entscheidungsschlacht zwischen Gut und Böse austragen sollten. Es war ein kostspieliger Krieg, und unter normalen Umständen hätte man wohl damit rechnen dürfen, daß eine Schar von Geistlichen der Kirche bei einem Treffen in Boston Anfang des Jahres 1905 auf die Nachricht von einer Schenkung in Höhe von 100 000 Dollar an ihr Direktorium für Auslandsmissionen mit einem Freudengebet reagiert hätte und vielleicht mit einem Gloria. Als sie aber erfuhren, daß diese großartige Spende aus der Geldbörse des John D. Rockefeller kam, erfüllte zorniges Murren den Raum. Einer der Geistlichen eilte zum Podium und forderte die Ältesten der Kongregationalisten auf, dieses geschenkte »schmutzige Geld« sogleich zurückzugeben.

»Ist das etwa reines Geld? Kann irgendein Mensch, kann irgendeine Institution in Kenntnis seines Ursprungs dieses Geld anrühren, ohne sich zu besudeln?«, fragte der Reverend Washington Gladden, der eminenteste Kongregationalist im ganzen Land. Überall, wohin man auch schaute, seien Reichtümer angehäuft worden, »die so herzlos, in so zynischer Weise ungerecht sind wie jene, derer sich die römischen Plünderer bedienten oder die Raubritter des finsteren Mittelalters. An der kalten Brutalität, mit der Besitz vernichtet, Sicherheit zerstört und Menschen zu Hunderten des Wenigen beraubt werden, das sie besitzen, alles nur, um die Riesenvermögen der Multimillionäre aufzuhäufen, enthüllt sich uns auf das Erschreckendste das Ungeheuer, zu dem ein Mensch degenerieren kann.«[1]

Der Streit griff von dem kleinen, gemieteten Saal in Boston rasch auf die ganze Nation über. Die Zeitungen wurden überschwemmt mit Leserbriefen über den durchaus zweifelhaften Segen, den eine Annahme der Spende bedeuten würde. Der Begriff »schmutziges Geld« ging in den Alltagswortschatz ein. Aber unter den vielen Amerikanern, die die Kongregationalisten beschworen, die 100 000 Dollar durch den Dienst des Herrn wieder reinzuwaschen, waren nur wenige bereit, den Gedanken anklingen zu lassen, daß auf diese Weise vielleicht auch die Seele des Spenders gerettet werden könnte. Denn John D. Rockefeller war der am wenigsten reuige Sünder seiner Zeit. Senator Robert LaFollette nannte ihn »den größten Verbrecher unseres Zeitalters«. In Zeitungskarikaturen wurde er als langbeiniger Heuchler angeprangert, der mit der einen Hand Münzen verschenkte, während er mit der anderen Säcke voll Gold stahl, und der lakonische Mr. Dooley hatte das Wort geprägt, er sei »eine Art Geldschutzverein. Sieht er, daß ein Mensch sein Geld schlecht behandelt, dann nimmt er's ihm weg und adoptiert es.« Hätte es irgendwo noch Unklarheit gegeben über diesen fremdartigen, geheimnisvollen Mann mit den leidenschaftslosen Augen und dem grausamen, wie mit einem Messerhieb in das Gesicht geschlagenen Mund, so reichte die gerade erst veröffentlichte *History of the Standard Oil Company* von Ida Tarbell durchaus, um jedermann davon zu überzeugen, daß der Name Rockefeller allerdings ein gutes Synonym für ungezügelte Skrupellosigkeit und Machtgier sei.

Von all den Männern, die Theodore Roosevelt als »Übeltäter von großem Reichtum« an den Pranger stellte, war John D. Rockefeller allerdings der reichste. Zur Zeit des Streites um das schmutzige Geld belief sich sein Vermögen auf 200 Millionen[2] Dollar, und es sollte mühelos durch sein eigenes Gewicht in wenigen Jahren bis auf eine Milliarde anschwellen. Die Summe entzog sich jeder Vorstellungskraft; ein scharfsinniger Christ rechnete aus, daß sie größer war, als der Kontenstand Adams gewesen wäre, hätte er seit seiner Vertreibung aus dem Garten Eden tagtäglich 500 Dollar eingezahlt. Doch in anderer Beziehung unterschied er sich sehr erheblich von den anderen großen Raubrittern, die in den vergangenen zwanzig Jahren das Land terrorisiert hatten. Seit seiner Jugend eine starke Stütze der Baptistenkirche, beliefen sich seine angesammelten Spenden im Jahre 1905 schon auf nahezu 100 Millionen Dollar, und Rockefeller verwandte viel Mühe und Aufmerksamkeit darauf, das am weitesten verzweigte philanthropische System aufzubauen, das die Welt bis dato gekannt hatte. Er war ein treuer Ehemann und sorgender Vater, und sein ausgesucht höfliches Auftreten hatte schon so manchen Regierungsjuristen entwaffnet und in ihm die Frage aufkeimen lassen, ob sich die Menschen nicht an diesem Manne mehr versündigten als er sich an ihnen.

Er lebte jetzt im Ruhestand, aber selbst zu seinen aktivsten Zeiten als Lenker des großen Standard Trust hatten ihm der hochfliegende, wilde Ehrgeiz, die Haifisch-Gefräßigkeit der Fisks, der Goulds, der Vanderbilts und all der anderen gefehlt. Sie kannten keine Grenzen; er war ein Mann des Gleichgewichts. Er beteiligte sich nicht an ihrem tolldreisten Vandalismus auf dem Aktienmarkt, nie prellte er die Menschen mit solcher Skrupellosigkeit wie sie, nie machte er bei ihren frechen Aktienschwindeleien mit. Er hatte eine klare Vorstellung davon, was Geschäft war und was nicht; nie würde man von Rockefeller sagen, was der durchtriebene James Stillman von der First National Bank von dem mächtigen J. P. Morgan gesagt hatte: Er war ein Poet.

Doch eben diesen Rockefeller – ein Arbeitstier, wie er eingestand, und ein konservatives dazu – sahen die Menschen als Symbol eines herzlosen Wirtschaftssystems, fest im Sattel sitzend und die Menschheit zu Schanden reitend. Ganz gleich, was er privat für ein Mensch sein mochte, der John D. Rockefeller, den sie kannten, hatte eine neue Form der wirtschaftlichen Macht erfunden – den körperschaftlichen Trust –, erfunden für eine Nation, deren Herzblut das Business war. Und die Gefahr, die man jetzt in ihm verkörpert sah, war nicht die des Piraten, der außerhalb der gesellschaftlichen Norm sein Unwesen treibt, sondern die der ungerechten, nicht zu kontrollierenden Macht, die der Norm selbst innewohnt. Er war in gewisser Beziehung das auf seine logische und unkontrollierte Spitze getriebene System selbst – der Konkurrent, der jede Konkurrenz ausrottet. Nicht zufällig hatte sich die Ära, die Mark Twain das Vergoldete Zeitalter nannte, John D. Rockefeller zum Inbegriff des Amerikaners erwählt.

Als er in seinen Geschäften von Triumph zum noch größeren Triumph eilte, hatten die Menschen Zeitungsberichte über sein Privatleben nach irgendeinem Zeichen durchforstet, das auf Unglück oder Fehlschlag hätte deuten können. Sie taten es mit einem Eifer, als suchten sie ein verlorengegangenes Prinzip der ausgleichenden Gerechtigkeit in der Welt. Als ein New Yorker Journalist befriedigt vermeldete, Rockefellers Magen sei derart ruiniert, daß er von Milch und Brot leben müsse und gerne einen Teil seines protzigen Vermögens für die Fähigkeit hergegeben hätte, ein Steak zu verdauen, brach Begeisterung aus. [3]

Doch er verfügte über eine innere Kraft, die ihnen allen Paroli bot – nicht voller Arroganz, sondern in der ruhigen Gewißheit, recht zu haben. Anders als die anderen Raubritter, die sich mit ihrem Ruf, sie achteten kein Gesetz, abgefunden hatten, ja ihn schwelgerisch auskosteten, die kein Hehl aus dem machten, was sie nun gerade wieder aushecken und die alle anderen höhnisch einluden, sie doch daran zu hindern, wenn sie könnten, wurde Rockefeller nie wankend in seiner Überzeugung, daß er sich in seinen Geschäften stets ganz genau so wie in seinem Privatleben als christlicher Gentleman gezeigt habe. Das starke Gefühl, man habe ihn verleumdet, und das Verlangen, sich zu rechtfertigen, sollten zu wichtigen Kennzeichen der Familie werden, die er gründete.

Der 66 Jahre alte Rockefeller sollte noch weitere 32 Jahre leben und in gewissem Sinne der einzige Überlebende jenes heroischen und gesetzlosen Zeitalters werden. Lange nachdem die Hierarchie der Kongregationalisten zerknirscht zugegeben hatte, daß sie selbst den schmutzigen Beitrag erbettelt hatte, mit dessen Hilfe der schuldbeladene Ölmann, wie ihre Geistlichen glaubten, sich den Weg durch das Nadelöhr erkaufen wollte, lange nachdem dieser Streit und viele andere Kontroversen vergessen waren, lebte Rockefeller weiter, umgeben von neu erworbenem Respekt und neuer Macht, die seine Philanthropie ihm eingetragen hatte. Als die anderen, die in den großen industriellen Kriegen des 19. Jahrhunderts aufgestiegen waren, längst nicht mehr auf Erden wandelten, als die Paläste an der Fifth Avenue, in denen sie wie lasterhafte Renaissancefürsten gelebt hatten, in andere Hände übergegangen, ihre großen Vermögen in alle Winde verstreut waren, sollten Rockefellers Name und Macht von einer Dynastie ohne Beispiel als dauerhafte Institution des amerikanischen Lebens in die Zukunft getragen werden.

Die Schaffung des großen Standard-Oil-Vermögens war jedoch ein Zufall. Es war, als habe eine Tür einen kurzen historischen Augenblick lang offengestanden und als sei es Rockefeller, der zufällig gerade vorüberkam, gelungen, sich hindurchzuzwängen, bevor sie sich wieder schloß. Nie zuvor war es möglich gewesen, die Organisation aufzubauen, die er schuf; nie wieder sollte es möglich sein. Es war der beiläufig vom Schicksal arrangierte Zusammenprall eines Mannes mit einer Möglichkeit.

In geringerem Maße konnte man das gleiche von den anderen großen Zusammenballungen des Reichtums sagen, die sich zu jener Zeit ereigneten. Das Zufällige zu rechtfertigen und es mit dem Glanz der Vorsehung auszustatten, das war die Aufgabe der Publizisten und der ausgehaltenen Biographen, die sich alle diese Raubritter leisteten.

Ein Mann, der Legenden ebenso wie Geld machte, war Andrew Carnegie, der Mann, der als armer Junge in Schottland Garn gespult hatte, bevor er nach Amerika kam und König des Stahls wurde. Die Millionäre, die die amerikanische Industrie beherrschten, so schrieb er später in seinem Leben, als er Muße hatte, sich literarischen Dingen zuzuwenden, »haben als arme Jungen angefangen, und sie haben die strengste, aber beste aller Schulen besucht – die Schule der Armut«. Das war Carnegies Fassung des trostreichen Evangeliums vom Selfmademan, das bald zum alles kittenden Mythos der amerikanischen Gesellschaft werden sollte. Wer sich an seinen eigenen Stiefelbändern emporzog, der war nicht nur ein Glückskind des Zufalls. Er stieg auf, weil er ein Auserwählter war; er hatte sein Anrecht auf Privilegien durch Siege auf dem demokratischen Marktplatz bewiesen.

Die Dinge so zu sehen, war schon verlockend für die Überlebenden einer Generation des totalen Wirtschaftskrieges, und es ist nicht verwunderlich, daß John D. Rockefeller, den Carnegie einmal verärgert »Reckafellow« – Halsabschneider – nannte (und später, in versöhnlicherer Stimmung, »mein Millionärskollege«), immer öfter und nachdrücklicher auf die Armut seiner Jugend hinwies, je älter und reicher er wurde.

»Gibt es einen Menschen, der mit weniger angefangen hat als ich?«, fragte er oft. Und als sein Leben sich dem Ende zuneigte, kostete er das Privileg des alten Menschen, die Vergangenheit lebendig werden zu lassen, aus und wies bei jeder sich bietenden Gelegenheit auf seine bescheidene Herkunft hin, als wolle er die große Entfernung hervorheben, die er auf seiner wundersamen Lebensreise zurückgelegt hatte. Doch es war so, wie seine Schwester Mary Ann später ohne allzu viel Rücksicht auf geschliffenen Ausdruck sagte: »Die Geschichten sind lachhaft, daß wir arm waren. Wir waren nicht reich. Natürlich nicht. Aber wir hatten genug Geld zum Essen und zum Anziehen und für alles, was man so braucht. Wir haben auch Geld gespart. Immer.«[4]

Rockefeller wurde am 8. Juli 1839 in einem bescheidenen Farmhaus auf einer 92 Morgen großen Farm im Westen des Staates New York geboren, zwei Stunden Fahrzeit von Richford. Für das Anwesen hatte sein Vater 631 Dollar in bar auf den Tisch legen können, eine hübsche Summe Geldes in jenen Tagen. William Avery Rockefeller[5] war ein großer Mann mit einer Brust wie eine Tonne. Seine Augen lagen tief in einem breitflächigen Gesicht, das von einem rötlichen Bart umrahmt war. Er trug eine

12

Brokatweste und eine Brillantnadel, und wenn man der Familienlegende glauben will, mißtraute er den Banken so sehr, daß er selten weniger als 1000 Dollar in bar bei sich trug. Wie er aber so ansehnliche Kapitalien zusammenbrachte, ist immer ein Rätsel geblieben. Er, der als Farmer angefangen hatte, war aufgestiegen zum Geldverleih und zur Bodenspekulation. Später richtete er sich dann in einem Beruf ein, über den man nicht sprach, wenn John es hörte, seine jüngeren Brüder William und Frank oder seine Schwestern Mary Ann und Lucy. Dieser »Beruf«, was es auch sein mochte, zwang ihn zu langen Abwesenheiten; manchmal war er monatelang nicht zu Hause. Aber dann kam er wieder, kletterte aus dem Kutschwagen, schlug seinem schaumbefleckten Pferd liebevoll auf die Flanke, umarmte seine Kinder und drückte ihnen Goldstücke in die Hand.

John D. Rockefeller sollte später entdecken, daß der Hauptberuf seines Vaters der eines Marktschreiers und Schwindelkünstlers war, und daß er sich seines geheimen Lebens nicht nur nicht schämte, sondern seine kleinen Gaunereien in vollen Zügen genoß. Besuchte er Indianerreservate, die Kutsche vollgestopft mit Handelsware, dann gab William Rockefeller sich als Taubstummer aus, wie er einem Freund gestand, denn er war überzeugt davon, daß die Indianer das für ein Zeichen übernatürlicher Macht hielten. Aber die Irokesen im Norden von New York über den Löffel zu balbieren, brachte letzten Endes nicht allzu viel Geld ein, und er sah eine rosigere Zukunft in Patentmedizinen. Er reiste Hunderte von Meilen und verteilte Handzettel, auf denen zu lesen war: »Dr. William A. Rockefeller, der berühmte Krebsspezialist, nur für einen Tag am Ort. Geheilt werden alle Krebsfälle, soweit sie noch nicht zu weit fortgeschritten sind; diese aber werden weitgehend gebessert.« [6] Eine Konsultation und eine Flasche seines Elixiers waren für die fürstliche Summe von 25 Dollar zu haben, zu damaliger Zeit ein guter Lohn für zwei Monate.

»Doc« Rockefeller – wie er sich nennen ließ – war außerdem ein Schürzenjäger. Im Jahre 1849 wurde er unter sehr nebulösen Umständen der Vergewaltigung einer Anne Vanderbeak angeklagt, eines Dienstmädchens, das im Haushalt der Rockefellers gearbeitet hatte. Von da an mied er den Gerichtsbezirk von Cayuga County, um nicht dem Sheriff zu begegnen, der einen Haftbefehl für ihn in der Tasche hatte, und bald verkaufte er seinen Besitz. Er zog mit seiner Familie nach Oswego im Staat New York.

Der junge William ähnelte seinem Vater, was die robuste Gestalt und das fröhliche Wesen anbetraf. John war entschieden anders. Die Fotografien aus seiner Jugend zeigen ein schmales, beinahe ausdrucksloses Gesicht, leidenschaftslose Augen unter schweren Lidern und einen Mund, der es gewohnt war zu schweigen. Es war das Gesicht seiner Mutter, Eliza Rockefeller, die ihren Erstgeborenen nach ihrem Vater, John Davison, genannt hatte. Eine hagere Frau mit dem Profil einer Axt, war Eliza Rockefeller Halt und Stütze für ihre Kinder. So gut sie es vermochte, schützte sie sie vor den Gerüchten, die ohne Unterlaß die Familie umspülten. Standhaft nahm sie den Platz des Vaters ein, der oft monatelang unterwegs war und fern von daheim seinen mysteriösen Geschäften nachging.

13

Der Vater erteilte Lehren von der negativen Sorte: daß Impulsivität gefährlich sei, trügerisch. Einen Teil des Schmerzes, den sie zufügten, wurde John D. zeit seines Lebens nicht wieder los. Im Jahre 1905, kurz nach Auslösung der Kontroverse um das »schmutzige Geld«, schrieb er einem Bekannten in Cleveland einen Brief und bat ihn, ein Mißverständnis auszuräumen. Jedes Jahr erschien die Italienische Knaben-kapelle bei den Rockefellers im Vorort Forest Hill, um zu musizieren und dann zu picknicken. Im Jahr zuvor hatten die Jungen mit ein paar Ferkeln der Rockefellers gespielt, und es hatte sich das Gerücht bei ihnen verbreitet, daß es diese Schweine, am Spieß gebraten, zu ihrem nächsten Picknick geben würde. Inzwischen aber waren die Ferkel verkauft worden, erklärte der Herr und Meister der Standard Oil umständ-lich in seinem Brief, der mit den Sätzen schloß: »Ich bitte nur um eine Erklärung, damit (die Jungen) das verstehen. Gelingt das nicht, müssen wir sehen, was wir tun können . . . Ich weiß bis auf den heutigen Tag noch, daß mein Vater mir vor bald sechzig Jahren ein Shetland-Pony versprochen hat, und ich habe das Pony nie bekom-men.« [7]

Der Einfluß seiner Mutter war ganz das Gegenteil – sittenstreng, unbeugsam, ernst mit barscher schottischer Frömmigkeit. Ihre calvinistischen Grundsätze beherrschten das Denken ihres ältesten Sohnes, und er hat sie sein ganzes Leben lang nicht verges-sen. Einer dieser Grundsätze paßte besonders gut für seine spätere Laufbahn: »Spare in der Zeit, dann hast du in der Not.« Viele Jahre nach ihrem Tod erzählte er gern die Geschichte, wie sie ihn einmal wegen eines Vergehens, das er nicht begangen hatte, mit dem Rohrstock züchtigte. Als er sie während der Bestrafung endlich von seiner Schuldlosigkeit überzeugt hatte, sagte sie und prügelte weiter: »Das macht nichts, wir haben mit dem Prügeln einmal angefangen, es wird für nächstes Mal reichen.« [8] Aber man wußte bei ihr immer, woran man war, selbst im Zorn ließ sie sich von der Ver-nunft leiten. Wie sehr er sich heimlich auch zu seinem kühnen und unmoralischen Vater hingezogen fühlen mochte, er handelte so, wie seine Mutter an seiner Stelle ge-handelt hätte. Nie vergaß er die Bürde, die sie getragen hat: eine gedemütigte, im Stich gelassene Frau, über die die Leute hinter der Hecke tuschelten, eine Frau, die lange Abende in ihrem Schaukelstuhl verbrachte, eine Bibel auf dem Schoß, ins Feuer star-rend, eine Maiskolbenpfeife im Mund.

Nachdem er mit seiner Familie im Jahre 1853 nach Cleveland umgesiedelt war, um näher an seiner Kundschaft zu sein, die mit Ochsenkarren nach Westen strömte, tauchte William Rockefeller immer seltener zu Hause auf. Zwischen zwei Besuchen kam gelegentlich ein Brief zu Eliza, und sie kannte immer irgendeine Adresse im Westen, unter der er notfalls zu erreichen war. Sie starb 1889 als Strohwitwe. Aber noch Jahre danach kam der ältere Rockefeller von Zeit zu Zeit unangemeldet zu Besuch zu seinem inzwischen berühmt gewordenen Sohn, der ein elegantes Anwesen in Cleveland besaß. Er sprang aus der Straßenbahn wie früher aus seiner Kutsche und brachte ein Jagdgewehr oder irgendein anderes Geschenk für John D. Rockefeller Junior mit und kleinen Schmuck für dessen Schwestern. Der Enkel jedenfalls erin-nerte sich mit Herzlichkeit an den alten Mann. Viele Jahre später sagte er: »Er war ein großartiger Geschichtenerzähler. Er spielte auch die Geige. Aber er hielt sie an der Taille, nicht unter das Kinn gepreßt.«[9] Hatte er dann ein paar Tage mit seinen Enkelkindern gespielt und vielleicht auch ein wenig Geld von seinem reichen Sohn geborgt, verschwand er wieder so plötzlich, wie er gekommen war.

Zu wissen, wo er sich aufhielt und was er trieb – ein von seiner Familie eifersüchtig gehütetes Geheimnis – wurde allmählich zu einem faszinierenden Rätselraten für die Öffentlichkeit. Im Jahre 1900 setzte Joseph Pulitzer 8000 Dollar für Informationen über William Averys geheimnisvolles Leben aus. 1908 hatte einer seiner Reporter endlich die erstaunliche Geschichte beisammen. »Doc« Rockefeller war zwei Jahre zuvor im Alter von 96 Jahren gestorben; die letzten 40 Jahre seines Lebens hatte er in South Dakota unter dem angenommenen Namen Dr. William Levingston verbracht, und zwar in Bigamie mit einer Frau, die ungefähr zwanzig Jahre jünger war als er.[10]

John D. hat zu diesem Bericht nie Stellung genommen. Seine dünnen Lippen formten nicht sehr viele Worte. Das blieb auch so, als die verschiedenen offiziellen Biographen, die später angeheuert wurden, um die Geschichte seines Lebens in feierliche Prosa zu meißeln, ihn auszufragen versuchten. Fragten sie ihn nach den Jahren seiner Jugend, bekamen sie nur dürres Geripppe, Knochen ohne Mark. Es kam ein Text zustande, den George Babbit und Horatio Alger gemeinsam verfaßt haben könnten, jede Anekdote wenig mehr als eine Offenbarung des Geschäftsmannes, der da erscheinen sollte.

Unter den Augen seiner sparsam wirtschaftenden Mutter, so erzählte Rockefeller den Schreibern, die ihn nach den bedeutungsvollen Ereignissen seiner Kindheit fragten, habe er sich eine Puterherde beschafft, indem er das Nest einer wilden Truthenne beobachtet und ihr die frisch ausgeschlüpfte Brut weggenommen habe; er zog die Tiere auf und verkaufte sie mit gutem Gewinn. Ganze sieben Jahre alt war er damals. Da hatte er auch schon angefangen, Geldstücke in einer blauen Porzellanschüssel zu sammeln, die seine Mutter auf eine Kommode im Wohnzimmer gestellt hatte. Im Laufe von drei kurzen Jahren hatte er genug Geld beisammen, um einem Farmer aus der Nachbarschaft 50 Dollar bei 7% Zinsen leihen zu können. Als das Kapital ein Jahr später zurückgezahlt wurde und noch 3,50 Dollar dazu, habe das, wie er später behauptete, einen unvergeßlichen Eindruck gemacht. Das war mehr, als er in zehntägiger Arbeit beim Kartoffelhacken verdient hatte, und zwar im 10-Stunden-Tag. »Von diesem Augenblick an«, schrieb Rockefeller 1908 in seinen halb-autobiographischen *Random Reminiscences*, »war ich entschlossen, Geld für mich arbeiten zu lassen.« Seine ältere Schwester Lucy faßte die Lehre, die er empfangen hatte, in die weniger schmeichelhafte Formel: »Wenn's Haferbrei regnet, dann steht Johns Schüssel parat, und zwar mit der richtigen Seite nach oben.«

Cleveland, wo er als Vierzehnjähriger heimisch wurde, glich einer Seefahrerstadt. Vom Ufer des Sees sah man die weißen Segel von Schiffen, die mit Passagieren und Fracht an Bord dem Hafen zustrebten. Man konnte auch Raddampfer sehen, ja sogar schraubengetriebene Schiffe, gebaut von den Werften der Stadt. Die Kais und Schup-

pen waren drangvoll eng und schmutzig, hier arbeiteten muskelstrotzende Schauer-
leute. Beherrscht wurde das Ganze aus der Ferne von den Kaufleuten der Stadt. Oft
wanderte Rockefeller nach der Schule durch den Hafen, um Handel und Wandel zu
beobachten. Gewöhnlich stand er unauffällig und allein irgendwo im Hintergrund.
Er hatte nicht viele Freunde; einer seiner Mitschüler, Mark Hanna, er wurde später
Senator, sprach ein wichtiges Wort bei der Kür von Präsidenten mit und leistete dem
Standard Oil Trust so manche politische Handreichung.

Rockefeller bestand 1855 die Abschlußprüfung der High School[11] und entschied
sich gegen den College-Besuch, für den Eintritt ins Geschäftsleben. Wochenlang
wanderte er durch die Straßen von Cleveland und suchte Arbeit, entschlossen, nicht
irgendeine Arbeit anzunehmen, sondern nur die Arbeit, die ihm weiterhelfen könnte
in der Verwirklichung seiner großen Hoffnungen und Erwartungen.

Er hatte Großes im Visier. »Ich ging zu den Eisenbahnen, zu den Banken, zu den
Grossisten«, erinnerte er sich später. »Zu kleinen Firmen ging ich nicht . . . Ich suchte
etwas Großes.« Am 26. September wurde er als Buchhalter von Hewitt und Tuttle
angestellt, Kommissionäre und Frachtspediteure, die mit Getreide und anderen
Waren handelten. Diesen Tag in seinem Kalender strich er rot an, und er hat ihn später alljährlich als eine Art zweiten Geburtstags gefeiert. Als er auf seiner Besitzung
Pocantico am Hudson lebte, wurde an jedem 26. September eine besondere Flagge
gehißt. Sechzig Jahre waren nahezu seit seinem Eintritt ins Geschäftsleben vergangen,
als er auf einer sentimentalen Reise nach Cleveland an der Stelle vorüberfuhr, wo er
sich zum ersten Mal zum Arbeitsantritt gemeldet hatte. Er ließ den Chauffeur anhal-
ten, stieg aus und machte mit feuchten Augen einen Rundgang um das Gebäude, das
sich inzwischen erheblich verändert hatte.[12]

Jeden Morgen um 6.30 Uhr war er an der Arbeit, seine hagere Gestalt nach Art
des Büroschreibers gebückt, mühsam im Licht der Tranlampe, die er bald zu einem
Requisit der Vergangenheit machen sollte, die Zahlen in großen Kontobüchern ent-
ziffernd. Aber wenn das Geschäft für Rockefeller fast so etwas wie eine religiöse
Berufung war, so war seine Religion durchaus geschäftsmäßig orientiert. In den
Sonntagsschulstunden, die er jetzt in der Baptistenkirche an der Erie Street zu geben
pflegte, lautete einer seiner Lieblingstexte: »Siehest du einen Mann mit Fleiß seinen
Geschäften nachgehen? Er wird dereinst vor Königen stehen.« Er widmete sich seiner
ersten Stellung mit einer Hingabe, die seine Dienstherren verwunderte und entzückte.
Es hätte sie gewiß noch mehr beeindruckt, wenn sie gewußt hätten, daß er allabendlich
in der Abgeschiedenheit seiner Kammer noch einmal genau überdachte, was er an
dem Tag geleistet hatte, und sich selber ins Gewissen redete: »Hier hast du eine
Chance. Aber sei vorsichtig. Hochmut kommt vor dem Fall. Nichts übereilen, niemals
pfuschen. Deine Zukunft hängt von jedem einzelnen Tag ab.«[13]

Disziplin, Ordnung und genaue Abrechnung von Soll und Haben sollten sein
Lebensgrundsatz sein. Die einzige noch vorhandene Reliquie aus seiner Jugend ist
das Hauptbuch A[14], das Kontobuch, das er in seinen ersten Jahren der Selbständig-
keit führte. In präziser, spinnenfüßiger Schrift schrieb er Tag für Tag und auf den Cent

16

genau Einnahmen und Ausgaben auf, das Gesparte, das Angelegte, die Geschäfte und die wohltätigen Aufwendungen seines Lebens. Nach dem bescheidenen einen Dollar für eine Woche Kost und Logis finden sich dort 75 Cent für die wohltätige Mite Society, 5 Cent für die Sonntagsschule der Baptistenkirche in der Erie Street, 10 Cent für die Armen, 10 Cent für Auslandsmissionen. Die Kirche war seine einzige Freizeitbeschäftigung, ja nahezu seine einzige Verbindung zur Außenwelt, abgesehen vom Kommissionshandel. Die Summe seiner Spenden betrug fast ausnahmslos 10% seiner wöchentlichen Einnahmen von 3,5 Dollar. Abgesehen von Ausgaben für Kleidung, zu denen er sich widerstrebend entschloß, gab es außer diesen disziplinierten Spenden so gut wie nichts. Das Hauptbuch A kam einem Tagebuch so nahe wie nichts sonst in Rockefellers Leben; die dort verzeichneten Zahlen waren seine Autobiographie.

Seine Einnahmen stiegen; 1858 betrug sein Jahreseinkommen 600 Dollar. Was er der Firma wert war, wußte er bis auf den Pfennig genau, und er bat um eine Erhöhung seines Gehalts auf 800 Dollar. Als Hewitt and Tuttle allerlei Ausflüchte machten, begann Rockefeller sich nach einer neuen Stellung umzusehen. Er hatte die Bekanntschaft von Maurice Clark gemacht, einem zwölf Jahre älteren Engländer, der bei einem anderen Kommissionshaus in Cleveland angestellt war. Gemeinsam beschlossen sie, eine eigene Firma zu gründen, einen Kommissionshandel.

Während seiner dreijährigen Tätigkeit bei Hewitt and Tuttle hatte Rockefeller es fertiggebracht, ungefähr 800 Dollar zu sparen. Aber er brauchte noch weitere 1000 Dollar als Anfangskapital für sein neues Unternehmen, und um diese Summe ging er seinen Vater an, der jedem seiner Kinder einen Betrag in dieser Höhe für ihre Zeit der Volljährigkeit versprochen hatte. John bekam das Geld, aber er mußte sich bereiterklären, für die anderthalb Jahre bis zu seinem 21. Geburtstag einen Wucherzins von 10% zu zahlen. Als das Geschäft abgeschlossen war, amüsierte sein Vater sich königlich darüber. Für ihn war die Schule der Püffe und Knüffe die einzige Bildung, die sich wirklich lohnte. Seine ständige Redensart war: »Ich haue meine Jungs bei jeder sich bietenden Gelegenheit übers Ohr. Ich zieh ihnen das Fell über die Ohren, wann und wo ich nur kann. Die sollen es lernen, aufzupassen wie die Schießhunde.« [15]

Gelegenheit zu solchen Lehren bot sich ihm oft in diesen ersten Jahren. Immer wieder erschien der Sohn bei seinem Vater und bat ihn um Darlehen für sein aufstrebendes Geschäft. Immer war das Geld da – zu 10% Zinsen. Aber William Rockefeller machte die Last für seinen Sohn noch schwerer, indem er immer gerade dann die Darlehen zurückforderte, wenn John das Geld gerade am dringendsten brauchte. Die Darlehen wurden prompt zurückgezahlt, oft unter beträchtlichen Verlusten. Aber Rockefeller leistete sich nie den Luxus, sich zu beklagen. Erst als alter Mann schrieb er: »Ich gebe zu, daß diese kleine Disziplin mir hätte gut tun sollen, und mir vielleicht auch gut getan hat; ich habe es ihm gegenüber nie zugegeben, aber ich war nicht besonders glücklich über diese Prüfungen, die er anstellte, um festzustellen, ob meine finanzielle Position stark genug war für derartige Schläge.« [16]

In ihrem ersten Jahr erzielte die Firma Clark & Rockefeller einen ansehnlichen Nettogewinn von 4000 Dollar bei einem Gesamtumsatz von 450 000 Dollar, und ein Jahr später war der Gewinn schon auf 17 000 Dollar gestiegen. Die beiden Partner hatten das Glück gehabt, ihr Unternehmen zur Zeit eines Konjunkturaufschwungs zu gründen. Noch glücklichere Umstände erwarteten sie.

Der Bürgerkrieg, der im April 1861 ausgebrochen war, sollte Millionen von Amerikanern beispielloses Leid bringen, aber einige Auserwählte – unter ihnen die Morgans, die Armours und die Vanderbilts – verdienten an ihm über Nacht ungeheure Vermögen, und eine gänzlich neue Klasse von Geschäftsleuten sollte sich ein kühnes und glückliches Entree auf der amerikanischen Bühne verschaffen. Rockefellers Goldregen war nicht ganz so imposant wie der mancher anderer, aber immerhin, was da kam, konnte sich sehen lassen. Der Krieg brachte Clark & Rockefeller einen Strom von Aufträgen, und die Warenpreise zogen steil an. Das steigende Preisniveau bewirkte, daß der geschäftliche Erfolg jetzt von methodischer Planung, Strenge im Detail und unbarmherziger Härte im Abschluß abhing – alles Aufgaben, für die Rockefeller wie geschaffen war.

Als der Krieg erklärt war, hatte sein jüngerer Bruder Frank, noch nicht 16 Jahre alt, versucht, sich bei der Union Army einschreiben zu lassen. [17] Wegen seiner Jugend abgewiesen, versuchte er es ein zweites Mal. Mit der gewissenhaften und buchstabengetreuen Moral, die alle Kinder von Eliza geerbt hatten, schrieb er mit Kreide die Zahl 18 auf die Sohle seiner beiden Stiefel und suchte dann ein anderes Rekrutierungsbüro auf. Als der Sergeant ihn nach dem Alter fragte, baute er sich vor ihm auf und sagte: »Ich bin über 18, Sir.«

Frank schaffte es, an die Front zu kommen, zweimal wurde er verwundet. Daheim in Cleveland gab sein Bruder, dessen Wohlstand wuchs, 25 Dollar für zwei große Landkarten aus, auf denen er den Verlauf des Krieges mit Interesse verfolgte. »Ich hatte den Wunsch, in die Armee einzutreten und mein Teil zu tun«, erklärte Rockefeller vieler Jahre später. »Aber das war ganz einfach ausgeschlossen. Es war niemand da, der an meine Stelle hätte treten können. Unser Geschäft war neu, und wenn ich nicht geblieben wäre, hätte es eingestellt werden müssen – und so viele waren ganz von der Firma abhängig.« Er spendete für die Sache der Union und sagte zu Geschäftsfreunden, daß mit seinen Spenden zehn Soldaten ausgerüstet worden seien. »Ich habe mehr als zwanzig Mann geschickt, ja, beinahe dreißig«, sagte er später, verdoppelte also und verdreifachte die Zahl der Männer, die er in den Kampf gegen die Rebellen geschickt habe. [18]

Wer ihn sah, wenn er vorbei an den Menschenaufläufen, die sich um debattierende Gegner der Sklaverei und flüchtige Sklavenjäger sammelten, zu seinen Geschäften eilte, hätte meinen können, daß sein fast trauervoller Ernst vielleicht mit den großen Entscheidungen zusammenhängen könnte, die in diesem Kriege fallen mußten. Wahrscheinlicher aber handelte es sich um Konzentration auf irgendein Detail seines Geschäfts. Außerdem lag es in seiner Natur, ernst zu sein. Später, als er 40 wurde, antwortete ein Geschäftsfreund auf die Frage nach Rockefellers Alter: »Ich denke, er muß 140 sein, denn bei seiner Geburt war er doch wohl mindestens hundert Jahre alt.«

Von der Firma Clark & Rockefeller abgesehen, galt sein einziges anderes Interesse der Baptistenkirche in der Erie Street. Als man ihn im Alter von 19 Jahren zum Diakon ernannte, geschah es weniger wegen seiner herausragenden religiösen Leidenschaft als vielmehr in Anerkennung der Tatsache, daß er zu einem wichtigen Geldgeber der Kirche geworden war. Als einmal eine Hypothek in Höhe von 2000 Dollar fällig wurde, hatte er das Geld zusammengetrommelt, indem er sich nach dem Gottesdienst Mitglieder der Gemeinde einzeln vorknöpfte und sie um ihre Beiträge für die Sache bat. Wenn er seine Klasse in der Sonntagsschule unterrichtete, dann nicht nur in der Frohen Botschaft des Neuen Testaments, sondern auch in seinem eigenen Evangelium: »Seid mäßig in allem«, beschwor er die Kinder. »Seid sehr mäßig. Wehrt euch von Anfang an gegen die Verführung durch gute Freunde.« [19]

Ein Ereignis, das die Geschäftsleute von Cleveland beinahe ebenso sehr beeindruckte wie, zwei Jahre später, der Ausbruch des Krieges, war die erste erfolgreiche Ölbohrung von Edwin Drake. [20] Schauplatz war Titusville in Pennsylvania an dem breiten Fluß Oil Creek, so benannt nach der schwarzen Schicht, die auf seiner Oberfläche schwamm. Seit Jahren hatten die Leute gewußt, daß auf den Flüssen ihrer Heimat Öl schwamm. Die ersten Siedler hatten über das lästige Zeug geschimpft, aber die Indianer hatten es als Medizin geschätzt, und als Rockefeller bei Hewitt and Tuttle angestellt war, bildete Öl, auf kleine Flaschen gezogen, einen wichtigen Bestandteil der fahrenden Apotheke seines Vaters und anderer Grenzer-Doktoren. Seither hatte man es als billigsten, leistungsfähigsten und sparsamsten Brennstoff für Beleuchtungszwecke erkannt, und Oberst Drakes Ölquelle löste 1859 einen Ansturm auf das Gebiet rings um Titusville aus, das bald einen neuen Namen bekam – die »Oil Regions«.

Über Nacht wuchsen winzige Siedlungen, je mehr Bohrungen fündig wurden, zu blühenden Städten. Es war eine Invasion, wie John Sutters Entdeckung des Goldes sie ein Jahrzehnt zuvor in Kalifornien ausgelöst hatte – es kamen die wilden Prospektoren, die Entrepreneurs und die ganze Halbwelt, die davon lebten, daß den Erfolgreichen der Dollar locker in der Tasche saß. Die Grundstückspreise schossen in die Höhe; in einem berühmt gewordenen Fall wurde ein Stück Land, das für 25 000 Dollar auf den Markt kam, drei Monate später für 1 500 000 Dollar weiterverkauft. Wälder spinnbeiniger Bohrgerüste prägten die Silhouette dieses Öldorados, wo Metropolen über Nacht zu Geisterstädten veröden konnten, wenn Ölquellen versiegten. Die ganze Landschaft wurde vom Öl beherrscht. Wilde Brände loderten Tag und Nacht; Maschinen, die mit letzter Kraft die kostbare Flüssigkeit aus der Erde pumpten, spien Rauchschwaden in den Himmel; Öl vermengte sich mit Straßenschlamm, klebte an Pferdehufen fest, ballte sich zu Klumpen an Wagenrädern und machte die Straßen so gut wie unpassierbar.

Die Fuhrleute, die ihre schweren Peitschen schlangengleich auf ihre Gespanne niedersausen ließen, trieben die Frachttarife zäh in die Höhe. Sie wurden zu den eigentlichen Herren der Region. Sie schafften das Öl von den Feldern zu den Raffinerien, die anfangs in Pittsburgh und New York angesiedelt waren, bald aber auch in Cleveland, einige nur ein paar Straßenecken von der aufblühenden Firma Clark & Rockefeller entfernt. Dem Juniorpartner imponierte der goldene Regen, und ebenso wie andere Geschäftsleute in Cleveland trug er sich mit dem Gedanken, in Öl zu investieren. Aber er wußte, daß *richtiges* Geld nie an der Pumpe zu verdienen sein werde, sondern im Zwischenhandel; aber noch war der Transport zu abenteuerlich, waren die Raffinerieverfahren nicht weit genug entwickelt. Das Risiko war noch zu groß. Rockefeller beschloß, sich fürs erste mit Fleisch- und Getreidefrachten zu begnügen.

Vier Jahre nach dem Ölfund von Titusville kam es im Knotenpunkt Cleveland zu einem Ereignis von äußerster Tragweite. [21] Die Atlantic and Great Western Railroad ließ ihre ersten Züge in die Stadt einlaufen, stellte die Verbindung zur Erie-Linie her und bescherte Cleveland eine Direktverbindung mit New York. Außerdem baute die Gesellschaft eine Breitspurlinie in das Herz der Ölregionen. An den Gleisen erhob sich in der Stadt eine Ölraffinerie nach der anderen. 1863 transportierte die Atlantic and Great Western mehr als anderthalb Millionen Barrels Petroleum und wurde sogleich zum wichtigsten Öltransporter des ganzen Landes. Cleveland wurde zu einer der jetzt entstehenden Ölhauptstädte. Ein Lokalhistoriker schrieb, die Stadt sei »ölgetränkt, und sie riecht und schmeckt nach Öl. Fluß und See sind ölverschmiert. Ölwaggons poltern durch die Straßen. Ölbrände zwingen die Feuerwehren der Stadt zu ständiger Wachsamkeit und erfüllen das Tal mit Angst.«

Im Jahre 1863 geschah es auch, daß Samuel Andrews, ein Bekannter von Maurice Clark, den Rockefeller ebenfalls in der Baptistenkirche Erie Street kennengelernt hatte, bei den Partnern erschien und ihnen vorschlug, in das Raffineriegeschäft einzusteigen. Der 23 Jahre alte Rockefeller war noch immer skeptisch, aber er hatte genug Geld gespart, um sich eine spekulative Investition von 4000 Dollar als stiller Partner der neuen Firma Andrews, Clark and Company leisten zu können. Er ließ aber keinen Zweifel daran, daß für ihn das Ölgeschäft erst an zweiter Stelle nach dem Getreidehandel kam, der sich in den letzten Jahren immer wieder als zuverlässiges, wenn auch nicht glanzvolles Geschäft erwiesen hatte.

Rockefeller, ein gesetzter Mann mit dickem, rötlich-braunen Backenbart und Anzügen aus feinem schwarzen Tuch, das oft durch langes Tragen schon ein wenig glänzte, hatte es inzwischen im Leben zu ausreichendem Wohlstand und Ansehen gebracht, um an die Gründung einer Familie denken zu können. Und im März 1864 ging er das Verlöbnis mit Laura Spelman ein, [22] einer hübschen jungen Frau aus Cleveland von politisch und religiös starker Herkunft. Ihr Vater, Harvey Buel Spelman, war ein erfolgreicher Geschäftsmann, der im Parlament von Ohio gedient und mitgeholfen hatte, Verfolgte aus der Sklaverei des Südens zu retten, und der jetzt leidenschaftlich in der Temperenzlerbewegung kämpfte. Er und seine Frau waren stolz auf ihre beiden Töchter Laura und Lucy, und sie ließen sie oft vom Fotografen in Brauntönen abbilden, die »Cettie« (wie sie gerufen wurde) als hübsche junge Frau mit breitem Gesicht und üppigem dunklen Haar zeigen, das in der Mitte gescheitelt und im Nacken zu einem Knoten geschlungen war. Die beiden Spelman-Töchter hatten nach Abschluß der High School das Oread Collegiate Institute in Worcester, Massachusetts, besucht und waren dann als Lehrerinnen nach Cleveland heimgekehrt. Beide fühlten sich dem christlichen Leben und der Negerfürsorge eng verpflichtet.

Johns Schwester Lucy beschrieb Cettie einigermaßen widersprüchlich so: »Sie steckte voll Frohsinn und guter Laune, doch war sie immer sanft und neigte eher zu Ernst und Zurückhaltung.« Was die Frömmigkeit betraf, so war sie die vollkommene Gefährtin für John; auf philosophischem Gebiet war sie ausgerüstet, seinen eng aufs Geldverdienen gerichteten Geist mit einem Sinn für Kunst, Kultur und gesellschaftlichem Leben zu bereichern, der in der Dynastie der Rockefellers zu einem wichtigen Element werden sollte.

John wußte die Bereicherung seines Lebens, die sie darstellte, wohl zu schätzen, aber die Gewalten der Liebe vermochten ihn nicht aus der Bahn zu werfen. Er verfolgte seine Verlobte mit der gleichen unerschütterlichen Entschlossenheit, die ihn zu einem der führenden Geschäftsleute Clevelands gemacht hatte. Er hatte mittlerweile die Seiten seines Hauptbuches A längst gefüllt und das Hauptbuch B begonnen. Und die Eintragungen waren nicht mehr ein paar Cents hier, ein paar Cents da für die Waisengesellschaft und andere kleine wohltätige Vereine. Es handelte sich jetzt um Summen, die in Dollar ausgedrückt wurden. Unter dem Titel »Unvorhergesehenes« verbuchte er die Geschichte seiner Brautwerbung. 50 Cent pro Woche, mehrere Wochen lang, für Brautbouquets. 1,75 Dollar Miete für eine Kutsche, die das Paar mitsamt der Anstandsdame an einem Wochenende zum Rocky River brachte. Der Trauring kostete 15,75 Dollar. Am 8. September nahm er sich die Zeit für die folgende Eintragung: »Vermählt um zwei Uhr nachmittags mit Miss L. C. Spelman durch Reverend D. Wolcott, dem Rev. Paige assistierte, im Hause ihrer Eltern.«

Nach der Hochzeit wandte er seine ganze Aufmerksamkeit wieder dem Geschäft zu. Im Jahre 1864 gab es schon Dutzende von Raffinerien in Cleveland, und in jedem Monat wurden es mehr. Anfangs trug Rockefeller sich mit der Sorge, daß es sich auch hier nur um eine kurzlebige Modesache handeln könnte, und er wurde nicht müde, angewidert den Kopf zu schütteln, wenn er die roh zusammengeschlagenen Fässer sah, aus denen zähes, klebriges Rohöl auf den Boden seines Speichers sickerte. Doch bald erkannte er, daß das Öl nicht versiegen werde. Er verlagerte sein Interesse vom Kommissionshandel weg zum Raffineriegeschäft und verbrachte einen immer größeren Teil seiner Zeit am Sitz der Firma Andrews and Clark auf einem drei Morgen großen Grundstück knapp außerhalb der Stadtgrenze.

Zwischen den Partnern bestand eine natürliche Arbeitsteilung. Andrews verstand sich hervorragend auf die noch junge Technik des Öls und sorgte für das Mechanische; der stets gutgelaunte Clark tätigte Abschlüsse mit den Rohölproduzenten der Oil Regions und mit den Fuhrleuten über den Transport; Rockefeller besorgte Finanzen und Verkauf. Die Geschäftsverfahren der neuen Industrie waren noch primitiv, und es gab viel Leerlauf. Immer auf der Hut, jeglicher Vergeudung einen Riegel vorzuschieben, war Rockefeller ganz in seinem Element und fackelte nicht lange, wenn es galt, sich durchzusetzen. Anstatt sich weiter auf die widerborstigen und raffgierigen Fuhrunternehmer zu verlassen, schafften Andrews, Clark and Co. sehr bald ihr Rohöl mit eigenen Wagengespannen heran. Anstatt Barrels minderer Qualität von anderen zu kaufen, erwarb Rockefeller starke weiße Eiche und richtete sich eine eigene Küferei ein. Die hellblauen Fässer dieser Küferei wurden bald zum verhaßten Symbol für die Allgegenwart der Standard Oil, aber zunächst einmal war Rockefeller allein schon deshalb zufrieden mit ihnen, weil sie pro Stück 96 Cent kosteten; bis dahin hatte seine Firma 2,50 Dollar für ein Faß zahlen müssen.

Rockefeller hatte sein Leben in das Zeichen von Disziplin und Lerneifer gestellt, und das begann sehr bald Dividende abzuwerfen. Er erwarb sich langsam den Ruf, einer der scharfsinnigsten Händler in einer Stadt zu sein, in der es von Männern, die härteste geschäftliche Bräuche pflegten, nur so wimmelte. Hier erwies sich die Enge seines Horizonts geradezu als unschätzbar wertvolle Eigenschaft beim Tätigen eines hart ausgehandelten Abschlusses. Er hatte sich zum perfekten Instrument gemacht, das nur eines konnte: Geschäfte machen, und das einzige Vergnügen, das er sich gestattete, bezog er aus dem Erfolg seiner Transaktionen. Als Ida Tarbell das Material für ihre Geschichte der Standard Oil zusammentrug, erfuhr sie von einem Bekannten Rockefellers: »Ich habe John Rockefeller nur ein einziges Mal begeistert gesehen, und das war, als vom Creek die Nachricht eintraf, daß sein Aufkäufer eine Fracht Öl zu einem Preis erworben hatte, der erheblich unter dem gängigen Marktpreis lag. Mit einem Freudenschrei sprang er vom Stuhl auf, tanzte auf und ab, umarmte mich, warf seinen Hut in die Luft und führte sich überhaupt so toll auf, daß ich es nie wieder vergessen werde.«[23]

Anfang 1865 kam es zu grundsätzlichen Meinungsverschiedenheiten in der florierenden Firma Andrews, Clark and Company. Rockefeller, vormals der stille, jetzt aber der bei weitem enthusiastischste Partner, ärgerte sich immer heftiger über Clarks Zaghaftigkeit beim Expandieren. Die Firma war mit 100 000 Dollar verschuldet, aber Rockefeller wollte das Geschäft weiter ausdehnen und sich die günstige Marktlage zunutze machen. Man erreichte einen toten Punkt in der Auseinandersetzung, und es wurde in gegenseitiger Übereinkunft beschlossen, das Geschäft an den Meistbietenden zu verkaufen.

Die Auktion fand am 2. Februar 1865 statt. Rockefeller trat für sich selbst und Andrews gegen Clark auf. Clark machte ein erstes Gebot von 500 Dollar, dem Rockefeller 1000 Dollar entgegensetzte. Der Preis stieg und stieg, auf vierzigtausend, auf fünfzigtausend, und dann auf sechzigtausend. Keiner gab nach, und allmählich kroch der Preis bis auf 70 000 Dollar. Es entstand ein langes Schweigen. »Zweiundsiebzigtausend«, sagte Maurice Clark in seiner Verzweiflung. »Zweiundsiebzigtausend fünfhundert«, erwiderte Rockefeller ohne Zögern. Clark warf die Hände hoch: »Das Geschäft gehört Ihnen.«

Als Rockefeller sich später im Gespräch mit einem Freund daran erinnerte,[24] nannte er diesen Tag »einen der wichtigsten in meinem Leben« und fuhr fort: »Es war der Tag, der über meine Karriere entschieden hat. Ich spürte die Größe des Augenblicks, aber ich war damals ebenso ruhig wie jetzt im Gespräch mit Ihnen.« Es war die Ruhe der absoluten Selbstsicherheit, die Ruhe eines Mannes, der methodisch Schlachtfeld und Gegner gemessen hat und weiß, wie das Treffen ausgehen wird.

Obwohl erst 26 Jahre alt, genoß er doch schon in Clevelands Finanzkreisen einen so soliden Ruf, daß er den Kaufpreis aufnehmen konnte. Auf dem Gipfel eines Ölbooms, der Cleveland zu einer reichen Stadt machte, und auf dem Höhepunkt der Hochkonjunktur des Bürgerkriegs, die das Volkswirtschaftsvolumen Amerikas in einem Jahrzehnt verdoppeln sollte, übernahm er die Herrschaft über das Geschäft, das in Rockefeller and Andrews umbenannt wurde. Schon war diese Firma mit einer Kapazität von 500 Barrels täglich die größte Raffinerie von Cleveland; der nächstgrößte Konkurrent produzierte nur die Hälfte. Die Jahreseinnahmen beliefen sich auf eine Million Dollar; im folgenden Jahr verdoppelten sie sich. Rockefeller hatte recht gehabt. Expansion, nicht Zurückhaltung, war im Augenblick das Erfolgsrezept. Ein unerschütterliches Vertrauen zur Zukunft der Industrie und zu seiner eigenen Zukunft hatte von ihm Besitz ergriffen. Er überredete seinen Bruder William zum Eintritt in das Geschäft und schickte ihn nach New York, damit er dort den Exporthandel übernähme, der zwei Drittel des Cleveland-Oils aufnahm. Ungefähr um diese Zeit geschah es, daß ein zufällig anwesender Beobachter sah, wie Rockefeller, der sich in seinem Büro allein glaubte, in die Luft sprang, die Hacken zusammenschlug und ein paarmal nacheinander ausrief: »Ich werde reich! Werde reich! *Werde reich!*« [25]

Verglichen mit dem stürmischen Leben der anderen Raubritter mit ihren Mätressen, den körperlichen und geistigen Ausschweifungen dieser Leute und den prunkvollen Tempeln, die sie zur Feier ihrer eigenen Leistungen errichteten, erschien Rockefeller als langweiliger Mann, der keine Überraschungen zu bieten hatte. Es war aber einfach nur so, daß er seine ganze Leidenschaft und sein Genie allein auf seine Arbeit richtete und nicht auf sein Leben. Er lebte für die Erschaffung von Standard Oil. Die Entwicklung des großen Trusts wirkte später so, als habe sie sich nach einem unglaublich fein ausgeklügelten Plan vollzogen, und sie sollte Rockefeller fest als Napoleon der Wirtschaft etablieren; aber während ihm seine erstaunliche Willenskraft allerdings beim Aufbau seiner Gesellschaft half, so trug doch seine unheimliche Fähigkeit, zur rechten Zeit am richtigen Ort zu sein und seinen Napf sofort mit der richtigen Seite nach oben hinzuhalten, ganz wesentlich zum Standard-Oil-Epos bei. Das gab er später auch einem Mann, der gern seine Biographie schreiben wollte und der nach einer etwas aufregenderen Schöpfungsgeschichte fahndete, unumwunden zu. »Keiner von uns«, sagte er, »hat sich je träumen lassen, welches Ausmaß die spätere Expansion annehmen sollte.« [26]

Er mochte keine klare Vorstellung von dem Industrieriesen haben, den er erschaffen sollte, aber Rockefeller wußte, daß Standard wachsen mußte. In dieser unerschütterlichen Überzeugung lebte er, und einen großen Teil der nun folgenden Jahre ver-

23

brachte er damit, Geld bei den Banken und bei Geschäftsleuten in Cleveland aufzunehmen und als Sicherheit nur eins anzubieten, nämlich die makellosen Bilanzen der Gesellschaft, die er aufbaute.

Außerdem hielt er Ausschau nach neuen Männern, die seine Helfer in der Firma werden sollten. 1867 wurde dem Firmennamen ein neuer Name angefügt. Das Haus hieß jetzt Rockefeller, Andrews, and Flagler. Henry M. Flagler, eine imponierende Persönlichkeit mit dunklem, welligem Haar und einem Walroßbart, der seine fleischigen Lippen verbarg, war vor etlichen Jahren in Cleveland aufgetaucht und hatte sich bei Rockefeller eingemietet, als er einen Getreidehandel gründete. Er hatte da schon ein Vermögen gemacht und wieder verloren; Verträge mit der Union Army über Lebensmittel und Versorgungsgüter aller Art hatten ihm reichen Profit gebracht, aber dann war er nach einer verhängnisvollen Investition in die aufblühende Salzindustrie bankrott gegangen. Jetzt bekam er die seltene zweite Chance. Er hatte gut geheiratet, so daß er 60 000 Dollar in die Firma einbringen konnte. Außerdem brachte er 90 000 Dollar Arbeitskapital von seinem neuen Schwiegervater mit, Stephen V. Harkness, der sich sein Vermögen im Whiskeygeschäft erworben hatte.

Flagler, der sich eines Tages als Multimillionär von Standard Oil zurückziehen und sein Alter damit verbringen sollte, Floridas jungfräuliche Küsten zu einer amerikanischen Riviera zu machen, wurde zu einem der wenigen wirklichen Freunde, die Rockefeller geschäftlich oder privat in seinem Leben hatte. Ihre Schreibtische standen im selben Büro; sie lebten nur ein paar hundert Meter voneinander entfernt an der Euclid Avenue, sie besuchten gemeinsam die Gottesdienste der Erie Baptist Church, und in ernste Gespräche über die Pläne des beginnenden Tages vertieft, schritten sie jeden Morgen gemeinsam zum Büro. »Es war eine aufs Geschäft gegründete Freundschaft«, schrieb Rockefeller später, »und Mr. Flagler sagte gern, das sei sehr viel besser als ein auf Freundschaft gegründetes Geschäft. Meine Erfahrung hat mich dazu geführt, ihm recht zu geben.« [27]

Am besten verstand Flagler den Umgang mit den Eisenbahnleuten. Dieses Talent schätzte Rockefeller wegen der Bedeutung des Frachtproblems ganz besonders hoch ein. In den Anfangstagen des Ölbooms hatte eine natürliche Interessengemeinschaft zwischen den Produzenten und den Männern bestanden, die das Öl zu Markte karrten. Die Fuhrleute mochten noch so hart im Aushandeln der Frachttarife mit den Ölquellenbesitzern gewesen sein, am Ende aber hatten sie doch beide das gleiche Interesse an möglichst großer Produktion. Keine derartigen Gemeinsamkeiten verbanden Produzenten und Eisenbahnen. Den Eisenbahnen lag an einem gleichmäßigen, großen Ölstrom; zuwider waren ihnen die oft erheblich fluktuierenden Liefereigenschaften desorganisierter, heftig miteinander konkurrierender Ölfelder, deren Produktion in der einen Woche wild überschwappte und in der nächsten nur noch tröpfelte. Das verursachte kostspielige Unregelmäßigkeiten in der Nachfrage nach Waggons, Lokomotiven und Verschiebekapazität. Da war der Mittelsmann von entscheidender Bedeutung, der den Strom des Öls von den Feldern zu organisieren und sicherzustellen vermochte, daß die Eisenbahnen das regelmäßige, große Frachtvolumen bekamen, das sie brauchten. [28] Also setzte Rockefeller, während er noch die großen, ihm zur Verfügung stehenden Kapitalbrocken für die Expansion seiner Raffineriekapazität nutzte, Flagler zur gleichen Zeit an die Aufgabe, die für den Öltransport erforderlichen Tankwagen und Behälter samt und sonders mit Beschlag zu belegen. Bald merkten die Konkurrenten, die ihr Öl transportieren wollten, daß die Eisenbahnen, auf die sie sich immer blind verließen, keine Tankwagen für sie mehr bereitstellten, weil Rockefeller, Andrews, and Flagler auch den letzten verfügbaren Waggon gepachtet hatten.

Gegen Ende 1867 erschien Flagler bei General James Devereux, dem neuen Vizepräsidenten der Lake Shore Railroad, und erklärte ihm, daß seine Firma den Transport auf Binnenwasserstraßen einstellen und der Gesellschaft des Generals sechzig Waggonladungen Öl pro Tag garantieren werde, wenn ihr als Gegenleistung ein großer Rabatt bei den Frachttarifen eingeräumt werde. Der amtliche Tarif betrug 42 Cent für das Barrel Rohöl von den Oil Regions nach Cleveland und 2,00 Dollar für raffiniertes Öl von Cleveland an die Ostküste. Wie Devereux später vor Untersuchungsbeamten der Regierung aussagte, gewährte die Lake Shore Flagler neue Geheimtarife von 35 Cent und 1,30 Dollar. Als andere Raffinerien in Cleveland davon erfuhren, protestierten sie. Die Lake Shore war mit ihnen einer Meinung, daß hier in der Tat ein großer Vorteil eingeräumt werde, und erklärte sich bereit, auch ihnen einen Rabatt zu gewähren, wenn sie eine vergleichbare Frachtgarantie geben könnten.

Das Wort »Rabatt« wurde sehr bald zum verhaßtesten im Wortschatz des Ölmannes. Rockefellers Konkurrenten brauchten gar nicht erst nachzuschlagen, um zu wissen, daß dieses Wort vom französischen *rebattre* kam und bedeutete: »niederschlagen«. Die Tarifvorteile, die Rockefeller gewährt wurden, stärkten sein ohnehin schon furchteinflößendes Arsenal noch ganz erheblich. Es war ganz, wie der Humorist Artemus Ward gesagt hatte: »Dem wo hat, wird gegeben.«

Seine günstige Frachtsituation bei neuen Krediten im Gespräch mit neuen Anlegern geschickt ins Spiel bringend, schuf Rockefeller sich die Basis, um am 10. Januar 1870 mit einem Kapital von einer Million Dollar eine neue Gesellschaft gründen zu können. Sie hieß Standard Oil.

1870 war ein Jahr der Rezession. Die Gesamtzahl der Waggonfrachten ging zurück, und die Herren der mächtigen, jetzt aber hart bedrängten Eisenbahnen begannen sich nach besseren Lösungen umzusehen, als sie der freie Markt zu bieten hatte. Warum die furchtbaren Schläge einstecken, die sich aus der Konkurrenzsituation ergaben und die sie teures Geld kosteten, fragten sie sich, wenn sie sich ebenso gut mit den größten Raffinerien zusammentun und ihre eigene Prosperität künftig fest einplanen konnten? Sie entwickelten einen Plan. Er bekam den harmlosen Namen South Improvement Company.

Chefplaner war Tom Scott, ehemals Kriegsminister Abraham Lincolns und derzeit Präsident der Pennsylvania Railroad. Einer der Tagesordnungspunkte, die Tom

Scott dem Parlament von Pennsylvania (das er und andere Mitglieder der sich herausbildenden Geschäftselite des Bundesstaates ganz offen manipulierten) in der Sitzungsperiode 1870 verordnete, war die Zulassung einer neuartigen Gesellschaft, einer Holding, die es ihren Inhabern erlauben würde, beherrschende Mehrheiten von Aktiengesellschaften sowohl im Staate selbst als auch jenseits der Grenzen des Bundesstaates zu erwerben. Dieses Holding-Gesetz war so allgemein und so verwaschen in seinen Definitionen, daß es den Inhabern der Gesellschaft erlaubte, jedes gewünschte Geschäft auf jede von ihnen bevorzugte Weise zu betreiben.

Sie entschieden sich dann für die Einfachheit selbst. In jedem bedeutenden Raffineriezentrum würden sich die Eisenbahnen mit den größten Raffinerien zusammentun und den Strom des Öls zum gegenseitigen Nutzen planen. Die Frachtraten würden steigen, aber die Rabatte, die den Mitgliedern des neuen Arrangements eingeräumt wurden, sorgten für mehr als nur ausreichende Entschädigung. Wer sich weigerte, dem Kartell beizutreten, wurde eben einfach an die Wand gedrückt. Die beteiligten Raffinerien würden nicht nur Rabatte auf ihre eigenen Frachten bekommen, sondern auch noch »Rücklauf« von den Frachten der Nichtmitglieder. Das bedeutete, daß Standard zum Beispiel nicht nur einen Rabatt von 40 Cent auf die offizielle Frachtrate von 80 Cent erhielt, sondern auch noch 40 Cent von den 80-Cent-Raten, die alle jene zahlen mußten, die sich weigerten, dem Syndikat beizutreten – oder die man nicht zum Beitritt einlud.

Den ganzen Winter 1871 hindurch wurde das Projekt in absoluter Geheimhaltung entwickelt. Rockefeller und die Herren der anderen großen Raffinerien reisten oft nach New York, um dort an heimlichen Gipfeltreffen mit Scott, William H. Vanderbilt, Jay Gould und den anderen Eisenbahnbossen teilzunehmen. Die Hauptbeteiligten in jedem Gebiet entschieden darüber, welche Raffinerien sie aufnehmen wollten, und verschickten einen Revers, den prospektive Partner unterschreiben mußten, bevor sie die Einzelheiten des Plans überhaupt kannten. Diese Eidesformel lautete im Auszug so:

»Ich,..., verspreche feierlich, bei meinem Glauben und meiner Ehre als Gentleman, daß ich alle Transaktionen geheimhalten werde, zu denen es zwischen mir und der Körperschaft South Improvement Company kommen könnte; daß, sollte ich Verträge mit der genannten Gesellschaft nicht erfüllen, alle vorangegangenen Gespräche als streng vertraulich zu behandeln sind . . .«[29]

2000 Aktien der South Improvement Company wurden bei der Gründung ausgegeben; davon hielten Rockefeller, sein Bruder William und Flagler je 180 Aktien. Damit besaß Standard mehr Anteile als jeder andere Einzelaktionär.

Angefangen bei den größten Konkurrenten und dann die Liste nach unten weiter verfolgend, sah Rockefeller den Plan als Mittel, die lästigen Konkurrenten der Standard in Cleveland auszuschalten. Er bemühte sich um einen Termin mit einem Rivalen und setzte ihm dann mit gewohnter Höflichkeit auseinander, wie der Plan funktionieren und sich zum Nutzen aller auswirken werde. Nur wer Grundsätze höher bewertete als wirtschaftliches Überleben, konnte das Angebot ausschlagen. Um dem ohnehin schon erdrückenden Vorteil der Rabatte und Rückläufe noch mehr Durchschlagskraft zu verleihen, hatte Rockefeller den Direktoren der führenden Banken von Cleveland Anteile an der Standard angeboten. Unabhängige Raffinerien, die noch durchhielten, würden es also gar nicht leicht haben, ihren einsamen, freudlosen Kampf zu finanzieren.

Isaac Hewitt, Rockefellers früherer Prinzipal, der inzwischen Teilhaber der großen Raffinerie Alexander, Scofield and Company geworden war, wurde beschworen, sich dem Plan anzuschließen und Standard-Aktien zu erwerben. Als er den Plan in Frage stellte, zuckte Rockefeller die Achseln und sprach den geheimnisvollen Satz: »Ich habe Möglichkeiten, Geld zu machen, von denen Sie nichts ahnen.«[30]

Anderen, die zögerten, dem Plan beizutreten, weil sie ohnehin schon gute Geschäfte machten, gestattete man einen kurzen Blick auf die eiserne Faust, die sich unter Rockefellers Samthandschuh verbarg. Frank Rockefeller, mittlerweile zum Teilhaber einer Firma geworden, die mit der Standard konkurrierte, erfuhr von seinem älteren Bruder: »Wir haben einen Zusammenschluß mit den Eisenbahnen. Wir werden alle Raffinerien in Cleveland auskaufen. Wir werden jedem eine Chance geben, sich uns anzuschließen . . . Wer sich weigert, wird erdrückt. Verkaufst du uns deinen Besitz nicht, wird er nichts mehr wert sein.«[31] Frank verkaufte nicht, und als die Prophezeiung seines Bruders Wirklichkeit wurde, blieb er für den Rest seines Lebens ein zutiefst verbitterter Mann, sagte mehrfach öffentlich gegen seinen Bruder aus und ließ am Ende seine beiden verstorbenen Kinder aus dem Familiengrab in Cleveland ausgraben und umbetten, damit sie nicht gezwungen waren, dereinst ihre Ewigkeit mit John D. zu teilen.[32]

Fast zwei Monate lang lief die Verschwörung reibungslos ab. Als dann ein Zufall die Kunde von der wahren Natur der South Improvement Company verbreitete, kam es sofort zur Panik in den Oil Regions – Versammlungen, die die ganze Nacht hindurch dauerten, Fackelzüge; zornige Bittschriften (eine war 28 Meter lang) wurden Parlamentariern übergeben, Eisenbahnpräsidenten erhielten Drohtelegramme. Nicht nur die Schaffung eines Kombinats empörte die Produzenten; sie selber hatten auch versucht, Verbände zu gründen, um die Rohölpreise möglichst hoch zu halten. Was sie viel mehr aufbrachte, war die kalte und berechnende Natur dieser Verschwörung, dieser Vereinigung der Starken gegen die Schwachen.

Bis zu dieser Zeit war der Name Rockefeller allen mit Ausnahme eines kleinen Kreises in Cleveland fremd gewesen. Während der ganzen Dauer des Konflikts druckte der *Oil City Derrick* die Namen der Verschwörer auf der ersten Seite jeder Ausgabe in einem schwarz gerahmten Kasten; und unter diesen Namen fiel John D. Rockefeller auf. Es war die erste vieler öffentlicher Schlachten, die Rockefeller noch austragen sollte. Zum ersten Mal wurden Worte wie »Riesenkrake« und »Anaconda« auf die Organisation angewandt, die er mit seinem ganz speziellen Talent methodisch aufbaute.

Doch auf der Höhe des Sturms um die South Improvement zeigte Rockefeller jene für ihn bezeichnende innere Disziplin, jenes eiserne Selbstvertrauen, jenes niemals

27

wankenden Glauben an seine eigene Rechtschaffenheit, die ihn immer dann ganz beherrschen sollten, wenn er in feindliches Feuer geriet. Später sollte er sagen: »Es war richtig. Ich wußte das, aus meinem Gewissen heraus. Es war richtig und Recht zwischen mir und meinem Gott.«[33]

Das Ereignis war Rockefellers Rubikon, und bis ans Ende seiner Tage war er, wann immer er diese Tage in der Erinnerung noch einmal durchlebte, felsenfest davon überzeugt, daß er nicht geirrt habe. Gegen Ende seines Lebens sagte er zu W. O. Inglis, der beauftragt worden war, die Geschichte seines Lebens aufzuschreiben: »Das Verfahren stand ohne Beispiel da. Wir sehen hier den stärksten und wohlhabendsten Konzern im Geschäft ... wie er sich an seine weniger glückhaften Konkurrenten wendet ... und zu ihnen sagt: ›Wir stehen ein für die Risiken, die Wechselfälle des Glücks im Raffineriegeschäft ... Geht mit uns, und wir werden euch Gutes tun. Wir werden es auf uns nehmen, euch von den Schiffbrüchen des Raffineriegeschäfts zu bewahren.‹«[34] Was andere Männer als schurkischen Eigennutz ansahen, das war in seinen Augen christliche Nächstenliebe. Das rüde Programm der South Improvement Company wurde für diesen engen, aber tatkräftigen Mann zu einem Akt religiöser Frömmigkeit: »Die Standard war ein barmherziger Engel«, sagte er zu Inglis, »der vom Himmel herniederfuhr und sagte: ›Komm in die Arche. Bring dein Gerümpel mit. Wir tragen das Risiko.‹«

Es traf sich unglücklich für Rockefeller, daß die starrsinnigen Leute in den Oil Regions keinen Sinn für seine Wohltätigkeit zu entwickeln vermochten. Produzenten und Raffinerien schlossen sich zusammen; sie stimmten ein Geschrei an, sie drohten und agitierten, bis die Eisenbahnen endlich nachgaben. Selbst der herrische Jay Gould von der Erie mußte telegraphisch seine Kapitulation erklären; er tat das mit der Behauptung, er habe bei der South Improvement Company überhaupt nur mitgemacht, weil die anderen ihn dazu gezwungen hätten. Als Friedensgeste unterschrieben die Eisenbahnen neue Verträge mit den Produzenten, in denen sie sich verpflichteten, mit der South Improvement Company ein Ende zu machen und die Frachtraten für alle Beteiligten gleich anzusetzen. Das Parlament von Pennsylvania verabschiedete in aller Hast eine Vorlage, mit der die Charta der South Improvement Company widerrufen wurde. Der Gouverneur unterschrieb dieses Gesetz mit großem öffentlichen Aufwand. Die Ölmänner gründeten einen Produzenten-Schutzverband, brachten eine Million Dollar zur Stützung der Raffinerien in den Regions auf und verpflichteten sich, der Standard Oil Company kein Rohöl zu liefern.

Es sah ganz so aus, als hätten Rockefeller und sein Engel der Barmherzigkeit eine bedeutende Niederlage erlitten. Aber als der Überschwang verrauschte und die Leute in den Regions Umschau hielten, sahen sie zu ihrer Verblüffung, daß die Standard jetzt die Raffineriekapazität von Cleveland in der Tasche hatte. Während des dreimonatigen Blitzkriegs war es Rockefeller gelungen, bis auf drei seine sämtlichen 25 Konkurrenten in der Stadt aufzukaufen. Es war ganz so, wie Rockefellers Zeitgenosse Mark Twain es von den Sandwich-Insulanern gesagt hatte: Die Missionare waren so erfolgreich gewesen, daß die Laster der Eingeborenen dem Namen nach nicht einmal mehr bestanden – nur noch in der Wirklichkeit. Ebenso verhielt es sich mit den verhaßten Bedingungen der South Improvement Company. Das von ihm geschaffene *fait accompli* betrachtend, sprach Rockefeller das ernüchternde Urteil über seine widerborstigen Opfer: »Sie durften nicht hoffen, mit uns konkurrieren zu können. Wir überließen sie der Gnade der Zeit.« [35]

In den Jahren, die auf diesen Coup folgten, hätte er sich ohne weiteres Ruhe gönnen können. Die Standard florierte; sie besaß ein Viertel der Raffineriekapazität des ganzen Landes. Er selbst war ein wohlhabender Bürger von Cleveland, so reich, wie er es sich nie hatte träumen lassen, und seine Familie wuchs und gedieh auf einem weitläufigen Landgut von 700 Morgen, das er in Forest Hill am Rande von Cleveland erworben hatte. Aber er stürmte weiter voran, getrieben, von seiner Leidenschaft, angefangene Dinge zu vollenden.

Im Mai 1872, als sich der Pulverdampf der Schlacht um die South Improvement noch kaum verzogen hatte, brach Rockefeller zu einer Pilgerreise in die Regions auf, begleitet von W. G. Warden aus Philadelphia, Charles Lockhart aus Pittsburgh und etlichen anderen Besitzern von großen Raffinerien, die sich ebenfalls an dem jetzt so geschmähten Projekt beteiligt hatten. Sie erschienen, um denjenigen die Hand zu reichen, die gleich ihnen zu Gefangenen eines Mißverständnisses geworden waren, und um sie für die Mitarbeit in einem neuen Verband von Raffinerien zu gewinnen. Es war der Pittsburgh-Plan, offen für jeden, der sich beteiligen wollte.

Man hoffte, daß die Raffinerien der Oil Regions unerfreuliche Erinnerungen begraben und einsehen würden, daß die Probleme der Überproduktion und des halsabschneiderischen Wettbewerbs nur durch einen zentralen Verband beseitigt werden könnten. Rockefeller gelang in der Person John Archbolds eine wichtige Bekehrung; Archbold war der schlaue Unabhängige, der die Opposition der Raffinerien gegen die South Improvement angeführt hatte und der eines Tages selbst an der Spitze der Standard stehen sollte. Im übrigen gab es nur feindselige Ablehnung. Obwohl durch ihre eigenen wirtschaftlichen Interessen gespalten, waren sich die Raffinerien und Produzenten der Regions einig in ihrem Haß gegen die Fremden, gegen Rockefeller und ganz Cleveland. Dieser Haß war stärker als die Gesetze des Wirtschaft.

Während einer Konferenz zur Erörterung des Plans zuckte einer der Unabhängigen, der gerade eine feurige Rede gegen die Standard gehalten hatte, zusammen, als sein Blick zufällig zu Rockefeller hinüber schweifte. Der hatte ohne jedes äußere Anzeichen von Leidenschaft in einem Schaukelstuhl gesessen, die Augen mit den Händen beschattend. »Solche Augen haben Sie bestimmt noch nie gesehen«, erzählte der Raffinerieboß später. »Er musterte mich durchdringend, prüfte genau, wieviel Kampfkraft er von mir erwarten mußte, und schon gingen seine Hände wieder vor die Augen, und hin und her schaukelte sein Stuhl.« [36]

Als er gesehen hatte, daß dem freiwilligen Verband eine Abfuhr erteilt worden war, kehrte Rockefeller in der ruhigen Gewißheit nach Cleveland zurück, daß es jetzt zum Kriege kommen mußte, um die Oil Regions in die Knie zu zwingen. Die Erzeuger hatten ihm nie Sorge bereitet. Sie wollten Rekordpreise für ihr Rohöl, aber sie brachten die Disziplin nicht auf, sich zusammenzuschließen und die Produktion zu drosseln. Mehrfach versuchten sie, Schutzverbände zu gründen, aber die fielen ausnahmslos auseinander, sobald sich jemand mit einem ausreichend großen Auftrag näherte. Auf diese Weise hatte Rockefeller selbst mit Leichtigkeit den Boykott der Produzenten gegen die Standard gebrochen, zu dem sie sich nach dem Auslaufen des South-Improvement-Projekts zusammengetan hatten.

Im Gegensatz zu den Produzenten waren jedoch die Raffinerien vom Oil Creek eine Macht, mit der man zu rechnen hatte. (Ungefähr um diese Zeit fiel Besuchern auf, daß in Rockefellers Büro plötzlich eine Karte an der Wand hing, auf der sämtliche Raffinerien der Region verzeichnet waren.) Ihre Produktion von 10 000 Barrels pro Tag kam seiner eigenen in Cleveland nahe, entsprach der Gesamtkapazität der Küstenraffinerien und lag um etwa 4000 Barrels pro Tag über derjenigen von Pittsburgh. Überdies hatten die Raffinerien in den Regions Pipelines, in denen das Rohöl von der Quelle bis an ihre Türschwelle floß, während er seines per Schiene nach Cleveland und dann, nach der Verarbeitung, weiter an die Küste schaffen mußte. Rockefeller erkannte, daß er seinen Feldzug damit beginnen mußte, den Eisenbahnen den Geldhahn weiter zuzudrehen, um so die geographischen Vorteile wettzumachen, die seine Gegner für sich verbuchen konnten.

Das Monopol, das er sich in Cleveland errungen hatte, verlieh ihm noch größere Macht als bisher über die Eisenbahnen, die von seinen Frachten lebten. Er spielte sie gegeneinander aus und sicherte sich auf diese Weise Frachtverträge, die einerseits den Vorteil der Regions wettmachten und andererseits seine Macht über den Frachtmarkt und die Spediteure ausbauten. Früher hatten die Regions 1,50 Dollar pro Barrel für den Transport an die Küste gezahlt, er aber 2,00 Dollar, zuzüglich 40 Cent pro Barrel Rohöl für den Weg von den Regions nach Cleveland; künftig würden nun alle Raffinerien die gleiche Summe bis an die Küste zahlen, nämlich 2,00 Dollar, und Rockefeller bekam einen Rabatt auf die Raten, die er für den Transport des Rohöls nach Cleveland zahlte.

Das war aber nur ein Teil seiner Offensive. Rockefeller und Flagler reisten nach Florida, um sich dort mit ihren Kollegen W. G. Warden, Chef der Atlantic Refinery, der größten von Philadelphia, und Charles Lockhart von Lockhart, Frew and Company, der größten Raffinerie in Pittsburgh, zu einer Konferenz zusammenzusetzen, die einen Vorgeschmack auf die späteren Appalachen-Versammlungen der neuen Syndikatshäuptlinge bringen sollte. Rockefeller saß in der Sonne von Sarasota (später von Ida Tarbell »dieses Mekka der Ränkeschmiede« genannt) und predigte den anderen mit seiner dünnen, hölzernen Stimme, daß es nur einen Weg gebe, Kampf und Ungewißheit im Raffineriegeschäft zu umgehen, und der führe über den Zusammenschluß zu einer einzigen Organisation. Die Standard sei wegen ihrer Größe und wegen der Vorteile, die sie bei den Eisenbahnen genoß, natürlich der ideale Kandidat. Die anderen Männer waren selbstverständlich skeptisch. Rockefeller lud sie ein, nach Cleveland zu kommen und die Bücher der Standard Oil zu inspizieren. Sie folgten der Einladung, und als sie wieder gingen, gehörten sie zu den Rechtgläubigen und

Überzeugten. Beide Männer tauschten ihre Raffinerien und ihre gesamte Ausrüstung gegen Standard-Aktien ein.

Fast zur gleichen Zeit gesellte sich die New Yorker Charles Pratt Company der Standard zu, und sie brachte die bemerkenswerten Talente des Henry H. Rogers ein, eines wagemutigen Geschäftsmannes, der später zum Freund und Mäzen Mark Twains werden sollte. Diese Firmen gaben anfangs ihren neuen Status als Teil des Standard-Kombinats nicht bekannt, denn Rockefeller erwartete von ihnen, daß sie möglichst viele ihrer eigenen, lokalen Konkurrenten aufkauften, bevor die Umrisse seines Plans sichtbar wurden. Gemeinsam mit John Archbolds frisch gegründeter Acme Refining Company in den Regions machten diese Firmen sich jetzt daran, als Jagdpferde für die Standard zu fungieren, indem sie unter ihrem eigenen Namen Konkurrenten aufkauften. Alles geschah streng geheim, es gab einen Geheimcode für Telegramme und Briefe (so stand »Doxy« für Standard, »Zweifler« für Raffineriebesitzer und so weiter). Rockefeller selbst ging mit seinen Kollegen so um, als gehe es um Staatsgeheimnisse. »Es ist schon besser, Sie wissen das nicht«, sagte er oft zu Leuten, die nach irgendeiner empfindlichen Angelegenheit fragten. »Wenn Sie nichts wissen, können Sie auch nichts verraten.« [37]

Als er seinen Feldzug begann, war die Standard von 15 Raffinerien in New York, 12 in Philadelphia, 22 in Pittsburgh und 27 in den Oil Regions flankiert. Als er ihn einstellte, gab es nur noch die Standard. Die Gestalt des Ölmonopols, das hier entstand, wurde erst sichtbar, als es schon fast eine vollendete Tatsache war. Rockefellers Komplott war so weit gediehen, daß weder das öffentliche Geschrei der Raffinerien und der Produzenten noch Maßnahmen der Parlamente ihn zu bremsen vermochten. In den Regions versuchten die Inhaber der Raffinerien, den Eisenbahnen in irgendeiner Form das Bekenntnis abzuringen, daß sie als allgemeine Frachtunternehmer doch auch gewisse öffentliche Pflichten hätten. Aber die Bahnen blieben stumm; die Raffinerien scheiterten auch mit allen Versuchen, Ordnungsgesetze durchzusetzen, die dem Vormarsch der Standard Einhalt gebieten und retten könnten, was es auf dem Markt noch an freiem Wettbewerb gab. Diese Versuche scheiterten, weil die Parlamente sich auch von der Freigebigkeit der Standard hatten kaufen lassen. In *Wealth Against Commonwealth*, der ersten schweren Breitseite gegen Rockefeller, schrieb Henry Demarest Lloyd [38] später: »Die Standard hat mit dem Parlament von Pennsylvania alles gemacht; nur raffiniert hat sie es noch nicht.«

1877 gab es in den Regions, in Philadelphia und Pittsburgh keine Konkurrenz mehr für die Standard. Nur in New York gab es noch ein kleines Widerstandsnest, bestehend aus verstreuten unabhängigen Raffinerien. Im April 1878 schrieb Flagler einem Bekannten, daß die Gesamtkapazität der Raffinerien in den Vereinigten Staaten 36 Millionen Barrels pro Jahr betrage, wovon die Standard 33 Millionen produziere. Seit den ersten Tagen der Neuen Welt, als die Krone Monopole verlieh, hatte kein Unternehmen mehr einen so vollkommenen Aufschwung genommen.

# Kapitel 2

An einem frostigen Wintertag des Jahres 1874 stürmte John D. Rockefeller in sein Büro und packte Flagler am Ärmel. Tränen standen ihm in den Augen, als er seinem einzigen engen Freund die gute Nachricht mitteilte: Cettie hatte endlich einem Sohn das Leben geschenkt. Drei Mädchen waren schon da; jetzt gab es den männlichen Erben, John D. Rockefeller Junior. Mister Junior (wie der Junge später genannt wurde, als die Kindheit hinter ihm lag) und seine Schwestern Bessie, Alta und Edith nahmen wenige Kindheitserinnerungen an Standard Oil mit ins Leben. Dann und wann einmal besuchten sie ihren Vater in dem gewaltigen Werk am äußeren Stadtrand, aber ihren immer berühmter werdenden Vater sahen sie später, in der Erinnerung, fast ausschließlich in entspannteren Augenblicken. Sie sahen ihn so, wie außer ihnen kein Mensch ihn sah. Nie vergaßen sie die einfache Freude, mit der er zum Beispiel mit seinem schönen Pferdegespann in halsbrecherischem Tempo über die Treidelpfade von Cleveland fuhr, sie sahen ihn, wie er im Sommer in einem See paddelte wie ein kleiner Hund, den Kopf hoch aus dem Wasser haltend, gegen die Sonne mit einem Strohhut geschützt. Oder sie sahen, wie er im Winter in Frack und Zylinder mit mathematischer Präzision einige Minuten auf dem Eis Schlittschuh lief, bevor er zur Arbeit ging.

Kurz vor der Geburt seines Sohnes hatte Rockefeller seinen Wohlstand mit dem Kauf eines großen Stadthauses an der immer teurer werdenden Euclid Avenue in Cleveland gefeiert. Wegen der stattlichen victorianischen Villen, die sich die in der Hochkonjunktur von Cleveland reich gewordenen Männer hier bauten, nannten manche Leute die Ulmenallee jetzt die »Millionärsstraße«. Aber während die anderen neuen Reichen ihre Freizeit darauf verwenden mochten, Kultur und Ansehen nach Cleveland zu bringen, indem sie Bret Harte, Mark Twain, Oscar Wilde und eine ganze Schar anderer Berühmtheiten auf Wochenend-Vortragsreisen durch die Stadt paradierten, zeigten sich die Rockefellers desinteressiert. Ihre Zeit war gewichtigeren Dingen gewidmet. Und sonntags, wenn die eleganten Karossen die Euclid Avenue entlangrollten und viele seiner Nachbarn zum Gottesdienst in die St.-Paul's-Episkopalkirche trugen, verfrachtete John Rockefeller seine drei Töchter in ihre eigene Kutsche; dann half er seiner Frau Cettie, die jetzt ihr viertes Kind erwartete, behutsam auf ihren Platz und lenkte sein Gespann in die andere Richtung, zur Stadt hin, in die Erie Street Baptist Church.

William Avery Rockefeller hatte als Farmer begonnen und war zum Geldverleiher und Bodenspekulanten aufgestiegen. Später machte er als Schwindeldoktor Geld, betrog die Indianer und »heilte Krebs«.

Eliza Davison Rockefeller schützte ihre Kinder vor den Gerüchten über den Vater, die ohne Unterlaß auf die Familie eindrangen. Sie nahm den Platz des Vaters ein, der oft monatelang in seinen zweifelhaften Geschäften unterwegs war. Ihre calvinistischen Grundsätze beherrschten das Denken des ältesten Sohnes John Davison.

Ebenfalls kurz vor der Geburt des kleinen John hatte Rockefeller Forest Hill erworben, 79 dicht bewaldete Morgen draußen vor der Stadt. Ursprünglich war es für ihn eine Geldanlage. Er wollte hier eine »Wasserkur und einen öffentlichen Erholungsort« schaffen und schickte Bauunternehmer hinaus, damit sie das riesige Haus umbauten. Es sollte ein Sanatorium werden. Aber bald wurden die Probleme, vor denen Standard Oil stand, so dringend, daß er beschloß, das ganze Projekt zu vergessen und das Herrenhaus von Forest Hill zu seinem Sommersitz zu machen.

Er war gern da draußen. Aber das Haus mit seinen Dutzenden von Zimmern, dem Chaos an Türmen und Türmchen und Veranden – alles verziert mit allerlei Schnörkeln wie ein Pfefferkuchenhaus – schien doch einfach zu groß für seine Familie. Er wollte es nutzen. Vier Jahre nach dem Kauf stellte er ein paar Neger als Kellner ein und versuchte, das Haus sowohl als Hotel für zahlende Gäste als auch als Ferienhaus für seine Familie zu führen. Aber allmählich fand er sich mit dem Gedanken ab, daß der Besitz eben doch keine Rendite abwarf, und rasch wurde das Haus zum bevorzugten Wohnsitz seiner wachsenden Familie.

Die Rockefeller-Kinder wuchsen heran, ohne zu ahnen, daß sie der reichsten Familie Clevelands angehörten. Sie blieben unter sich. Alle vier verdienten sich ihr Taschengeld durch bestimmte Arbeiten; alle führten ihr eigenes kleines Hauptbuch A; alle glühten vor Entrüstung, als sie zu begreifen begannen, daß die Welt ihren Vater, den sie anbeteten, als herzloses Ungeheuer haßte und fürchtete.

Der John D. Rockefeller, den sie kannten, war außerstande, die Verbrechen zu begehen, die ihm zugeschrieben wurden. Im Laufe der Jahre hatte er einen Sinn für gelegentlichen Übermut entwickelt, oder vielleicht setzte sich jetzt ein wenig von der jugendlichen frohen Laune durch, die er als Kind hatte unterdrücken müssen. Seine Kinder waren begeistert über sein beachtliches parodistisches Talent, das sich gewöhnlich an der Abendtafel manifestierte.

Rockefeller mied die anderen großen Industriellen, die allmählich auf der Szene erschienen. Ein prominenter Bankier beklagte sich bei George Rogers: »Wir bekommen Mr. Rockefeller nie zu sehen. Er verkehrt nicht in unseren Clubs, erscheint nicht bei unseren gesellschaftlichen Veranstaltungen; deshalb ist es bei uns dazu gekommen, daß wir ihn als eine Große Spinne sehen, die in ihrem Netz lauert und Ausschau hält nach dem nächsten, den sie vernichten kann.« Er aber verbrachte die Augenblicke, die er sich von seiner Kommandobrücke bei Standard Oil trennte, bei seiner Familie.

Er war ein wohlwollender Tyrann, und die Firma trug den Stempel seiner Persönlichkeit. Wie eine Raubkatze auf der Jagd strich er durch die verschiedenen Standard-Betriebe, inspizierte, was da geschah, erschien unangemeldet bei jungen Buchhaltern, prüfte mit geschultem Blick ihre Hauptbücher, holte mit schnellem Griff das Notizbuch, das immer in seiner Brusttasche steckte, heraus und umriß mit geschwinder Schrift kleine Sparmöglichkeiten, die den Arbeitern mitzuteilen seien. Mitten in einer der folgenreichsten Schlachten der amerikanischen industriellen Geschichte fand Rockefeller die Zeit, Hausmitteilungen über mögliche Einsparungen an Vorarbeiter zu schreiben. »Ihre März-Inventur weist einen Bestand von 10750 Zapfen aus«, schrieb er in einer dieser Mitteilungen. »Der Bericht für April zeigt den Kauf von 20000 Zapfen, den Verbrauch von 24000 und den Lagerbestand von 6000. Wo sind die anderen 750 Zapfen?« [39]

Einmal inspizierte er eine der Fabriken, in denen Petroleum für den Export ins Ausland in Blechbüchsen gefüllt wurde. Einen Augenblick lang beobachtete er die Herstellung der Fünf-Gallonen-Dosen und erfuhr von einem der Arbeiter, daß für jede Dose vierzig Tropfen Lötzinn verbraucht würden. Rockefeller sah noch ein paar Augenblicke zu, dann sagte er: »Haben Sie es je mit 38 versucht? Nein? Würden Sie so gut sein und ein paar Dosen mit 38 verschließen und mir darüber berichten?« Einige der Dosen, die mit 38 Tropfen verschlossen worden waren, leckten. Aber keine leckte, wenn 39 Tropfen genommen wurden, und in Zukunft war das die geltende Arbeitsanweisung in der Standard-Fabrik. Wenn man ihn gegen Ende seines Lebens nach diesen kleinen Sparmaßnahmen fragte, lächelte Rockefeller breit und sagte: »Ein Vermögen. Das haben wir gespart. Ein Vermögen.«

Auf Kleinigkeiten achtete er, so schien es einigen der Menschen, die ihn gekannt haben, mit noch größerer Besessenheit als auf die großen Angelegenheiten der Standard. Hätten sie seinen Charakter etwas genauer erforscht, so hätten sie erkennen können, daß alles nur Teil eines großen Kontinuums war, das große Dinge mit kleinen zu verbinden wußte.

Das Auge der Standard sah alles. Für sie war der Verkauf eines Konkurrenz-Barrels Öl wie der Tod eines Sperlings. Ein Unabhängiger namens John Teagle [40] berichtete einem Kongreßausschuß später, er habe in diesen Jahren der Expansion eines Tages entdeckt, daß sein Buchhalter von einem Agenten der Standard Oil bestochen worden war. Für ein Handgeld und ein Jahresgehalt hatte es der Buchhalter übernommen, täglich einen Bericht über die gesamte Geschäftstätigkeit des Werkes zu schreiben, aus dem auch hervorging, wohin die einzelnen Frachten gingen, wie hoch der Herstellungspreis war und was es kostete, sie nach Cleveland zu schaffen.

Ein anderer unabhängiger Ölmann sagte später vor Untersuchungsbeamten des Bundesstaates Ohio aus: »Wenn ich einen Mann auf die Reise schicke, damit er meine Ware verkauft, und er bringt Aufträge von 200 oder 300 Barrels pro Woche, dann ist die Standard Oil Company da, bevor ich die Ware auf den Weg bringen kann, und sie zwingt die Leute, den Auftrag zu stornieren . . . Stornieren sie nicht, dann setzen sie den Ölpreis so tief an, daß meine Kunden es sich nicht mehr leisten können, die Ware anzunehmen.«

Um diese Zeit breitete sich der Ruf der Skrupellosigkeit wie Mehltau von den Oil Regions und den wenigen Großstädten, in denen Rockefeller bisher seine Geschäfte betrieben hatte, über das ganze Land aus. Krieg gegen große Konkurrenten oder skrupellose Eisenbahnen zu führen, war eine Sache; etwas ganz anderes war es, unbekümmert umherzuziehen und kleine Unabhängige ebenso auszurotten wie bescheidene Grossisten. Aber als der Leviathan sein Monopol in Raffinerie und Öltransport sicher in der Hand hatte, stürzte er sich sofort in die stürmische See der Vermarktung.

Er teilte das Land in Parzellen auf, in die Standard-Töchter ihre eigenen Öltanker-Gespanne schickten, wo sie in den kleinen Städten alle Preise unterboten und so alle anderen ausschalteten, die dort vorher Petroleum verkauft hatten. In dieser Zeit wurde der Name Rockefeller zum Begriff.

Es geschahen damals Dinge, die selbst Rockefeller später bedauern sollte; er machte sich Feinde, die ihn jahrzehntelang verfolgen sollten. Einer davon war George Rice, der eine kleine Raffinerie in Ohio besaß und seit vielen Jahren im Süden eine bescheidene Menge Öl verkauft hatte, als die zuständige Standard-Verkaufstochter, Chess, Carley and Company, Anweisung erhielt, ihn auszuradieren. Obwohl er wußte, daß er sich auf einen Kampf mit sehr fraglichem Ausgang einließ, entschied Rice sich für den Widerstand. Er senkte seine Preise, weil er glaubte, daß die üblichen Regeln eines Preiskriegs Anwendung finden würden. Aber Händler, die sein Öl seit Jahren weiterverkauft hatten, bestellten plötzlich nichts mehr bei ihm, obwohl seine Preise unter denen der Standard-Erzeugnisse lagen. Ein Händler gestand Rice, er könne es sich nicht leisten, Chess, Carley and Company zu trotzen, denn er wisse, daß die Firma von Standard bevollmächtigt worden sei, bis zu 10 000 Dollar aufzuwenden, um jeden zu vernichten, der noch Rice-Öl verkaufte. Und als Chess, Carley and Company ein wenig später entdeckten, daß ein Einzelhändler in Louisiana namens Wilkerson and Company Rice-Öl auf dem Schienenweg erhalten hatte, schrieben sie dem stets hilfsbereiten Frachtmakler der Louisville and Nashville Railroad: »Wilkerson and Company haben Montag, 13., Waggon Öl empfangen – 70 Barrels, die, wie wir annehmen, zu der üblichen Tarifklasse 5 durchgerutscht sind – tatsächlich wissen wir, daß dies der Fall war – also zu nur 41,50 Dollar Fracht. Berechnen Sie 57,40 Dollar. Bitte ziehen Sie die Schraube etwas fester an.«

Um die Jahrhundertwende geschah es, daß Rockefeller in einem Gerichtssaal in Ohio als Zeuge aussagte und George Rice ganz hinten auf den Zuschauerbänken entdeckte. [41] Nach Beendigung seiner Aussage ging er zu ihm und sagte: »Wie geht es Ihnen, Mr. Rice? Sie und ich, wir werden jetzt beide alt, wie?« Der von ihm so gepeinigte Rice ergriff die dargebotene Hand des Millionärs nicht; der Mann, der Rockefeller verfolgte, als sei er einer der mitleiderregenden Bankrotteure aus einem Buch von Dickens, sagte vielmehr so laut, daß jeder in der neugierigen Menge es hören konnte: »Sie sagten, Sie würden mein Geschäft ruinieren, und Sie haben es ruiniert. Durch die Macht Ihres großen Reichtums haben Sie mich ruiniert.« Rockefeller begann sich mit den Ellbogen einen Weg zur Tür zu bahnen, schüttelte den Kopf und sagte durch verkniffene Lippen: »Kein Wort davon ist wahr, kein Wort ist wahr.«

Rockefeller war kein Neuerer auf dem Gebiet des Erdöls. Er hielt sich an Carnegies Lebensregel: »Pioniertaten machen einen höchstens pleite.« [42] Sichtbar wurde diese Haltung im Jahre 1879, als die Tidewater Company versuchte, Rockefellers Würgegriff auf Eisenbahn und Verteilernetz aufzubrechen, indem sie eine 176 km lange Pipeline von den Oil Regions ans Meer baute. Das Projekt galt als äußerst riskantes Glücksspiel und in technischer Hinsicht mindestens ebenso schwierig wie der Bau der Brooklyn Bridge, aber Tidewater vollbrachte den Bau, obwohl Rockefeller seine

Agenten eingesetzt hatte, um Grundstücke aufzukaufen und der Pipeline den Weg zu versperren, um Arbeiter zu terrorisieren, ja, um die Rohrleitung selbst durch Sabotageakte zu zerstören. Als alles nichts nützte, bahnte John Archbold sich durch Bestechungen einen Weg in die Firma und peinigte sie jetzt mit Kämpfen unter den Aktionären und allen möglichen Schwierigkeiten, bis sie schließlich an Standard verkaufte. Unverzüglich begann Standard nun, das technische Wissen von Tidewater zu kopieren und eigene, riesige Pipelinesysteme zu bauen.

Rockefellers Stärke lag nicht in der Pioniertat, sondern in der Organisation und der Anwendung von Macht; er nannte das gern »Kombination und Konzentration«. Die genau richtige Schlagkraft am richtigen Punkt des Systems anzusetzen, die erforderlichen Bündnisse zu schließen, den verwundbar gewordenen Gegner im rechten Augenblick anzunehmen und die aufsehenerregende Neuentwicklung im günstigsten Moment aufzukaufen, darin lag seine Stärke. Seine Leistung hatte viel weniger mit der Technik des Öls zu tun als mit der Technik der Macht. Andere entdeckten, wie man Erdöl beschafft und bewegt; er arbeitete an anderen Strukturen, an der Schaffung des Trusts.

Nach geltendem Recht war die weitere Expansion der Standard Oil of Ohio in Gefahr, weil sie keine Fabrikationsanlagen außerhalb des Bundesstaates erwerben und betreiben durfte. Auf der Suche nach einem Ausweg und nach Möglichkeiten, sein unermüdlich verfolgtes Ziel, die Integration des gesamten amerikanischen Marktes, weiter zu verfolgen, wandte Rockefeller sich an Samuel C. T. Dodd,[43] der nicht nur einer der begabtesten Anwälte seiner Zeit war (obwohl eine durch Krankheit geschwächte Stimme ihm das Auftreten vor Gericht unmöglich machte), sondern auch einer der ersten, die sich ganz in den Dienst einer einzigen Körperschaft stellten. Wie so viele andere in den Reihen der Standard, war auch Dodd früher ein höchst energischer Feind Rockefellers gewesen. Im Jahre 1872, während des South-Improvement-Projekts, war er auf einem Verfassungskongreß des Staates Pennsylvania gegen Standard Oils Anaconda aufgetreten und hatte später die Regions in ihren Prozeßschlachten gegen die Gesellschaft vertreten. Aber Geschichtliches hatte Rockefeller noch nie von einer wertvollen Erwerbung abgehalten; ein Beispiel dafür war John Archbold, ein weiteres sollte Barton Hepburn werden, Abgeordneter im Parlament des Bundesstaates New York, der die erste große Untersuchung der Standard ins Werk setzte, später aber Treuhänder der Rockefeller Foundation wurde. Warf man Dodd vor, er habe sein Mäntelchen nach dem Winde gedreht, pflegte er zu antworten: »Tja, das ist wie bei den Pastoren, wenn sie dem Ruf zu einer besser bezahlten Pfarrei mit den Worten annehmen: Es ist der Wille des Herrn.«

Das von Dodd verfaßte Trust-Dokument wurde Anfang 1882 unterschrieben. Es sah die Übertragung aller Standard-Aktien an neun Treuhänder vor, unter ihnen John D. und William Rockefeller, Flagler und Archbold. Die Aktionäre erhielten dafür Trust-Zertifikate in 100-Dollar-Blocks. Die Treuhänder waren ermächtigt, beteiligte Körperschaften aufzulösen und in jedem Bundesstaat andere zu errichten –

Standard of New York, Standard of New Jersey usw. Die neue Organisation hatte weder Namen noch Charter. Es war eben nur ein Trust – eine Konzeption des Gewohnheitsrechts, mit der das Verhältnis zwischen Personen beschrieben wird, von denen die eine Besitz zum Nutzen der anderen verwaltet.

Als der große Sturm der öffentlichen Feindseligkeit um den »Riesenkraken« Standard Oil tobte, dessen Fangarme sich über ganze Kontinente erstreckten, empfanden nicht wenige es als ganz besonders ungehörig, daß die organisatorische Basis des Ungeheuers ein »Trust« sein sollte, ebenso wie das Wort »Familie« später als unpassend empfunden werden mochte für die Organisation von Mafiasyndikaten. Das aber war ein Problem, das Rockefeller nie bekümmerte; er blieb beharrlich bei seiner Behauptung, die Standard sei in ihren Beziehungen zu Konkurrenten, Angestellten und Kapitaleignern gleichermaßen ein wohltätiges Institut. Bezeichnend waren Rede und Widerrede während einer Untersuchung durch das Parlament des Staates von New York im Jahre 1889. Rockefeller wurde gefragt:

Sie hegen also wirklich die Vorstellung, daß der Standard Oil Trust eine für die Öffentlichkeit nützliche Organisation ist?

Er antwortete:

Ich bitte mit allem Respekt um die Erlaubnis, Dokumente vorlegen zu dürfen, aus denen hervorgeht, daß es sich so verhält. [44]

In einem zeitgenössischen Bericht über diese Anhörung zählte die New Yorker *World* Konzeptionen auf, wie Rockefeller sie auf der Grundlage seiner öffentlichen Aussagen definieren mochte:

»*Trust:* Eine philanthropische Institution, geschaffen durch wohlwollendes Aufsaugen von Konkurrenten, um sie vor dem Ruin zu bewahren, kombiniert mit der humanen Erhaltung und genialen Nutzbarmachung von Bodenschätzen zum Wohle des Volkes.« [45]

Der Standard Trust umfaßte vierzig Körperschaften, von denen er 14 zu hundert Prozent besaß. Er war so kompliziert verschachtelt, daß ein Labyrinth juristischer Strukturen entstand, das seine Arbeitsweise undurchsichtig machte für alle, die öffentlich untersuchen und enthüllen wollten. Die im Trust getroffenen Arrangements bewirkten, daß niemals klar war, wem was gehörte oder wer für welche Handlungsweise verantwortlich war. Ida Tarbell schrieb später: »Man konnte seine Existenz aus seinen Wirkungen ableiten, aber beweisen konnte man sie nie.« [46]

Der Trust errichtete sein Hauptquartier in New York, [47] wohin Rockefeller sehr zu seinem Bedauern mit seiner Familie umzog, tiefe Wurzeln im Boden von Forest Hill und in den Fundamenten der Erie Street Baptist Church zurücklassend. Er lernte es, New Yorker zu sein. Er kaufte sich ein elegantes Stadthaus an der Fifth Avenue und arbeitete in den neuen Büros am Broadway 26, was sehr bald zur berüchtigsten Firmenadresse der Welt werden sollte. Doch in mancher Hinsicht blieb Rockefeller für immer der Geschäftsmann aus der Provinz. Er trat einer anderen Baptistenkirche bei, denn er lehnte es ab, zu einer Konfession aufzusteigen, die gesellschaftsfähiger war. »Die meisten Amerikaner erklimmen, wenn sie genug Geld angehäuft haben, die goldenen Schutzwälle der nächsten Episkopalkirche . . .«, sollte Mencken später schreiben. »Aber die Rockefellers halten in Treue fest zu dem urzeitlichen Regengott des amerikanischen Hinterlands, und man entdeckt kein Anzeichen dafür, daß sie sich seiner schämen.«

Jeden Tag setzte er sich am Broadway 26 mit den anderen Prokonsuln des großen Standard-Reiches [48] an die Mittagstafel. Da war William Rockefeller, gutmütig und heitere Ruhe ausstrahlend, Vater von zwei Söhnen, die später zwei der Töchter des Bankiers James Stillman heirateten. Es war ein dynastisches Bündnis, dessen Nachkommen, die Stillman Rockefellers, die First National City Bank beherrschen sollten, die dereinst mit der Chase Manhattan ihrer Vettern um die Vorherrschaft in der Welt der Großfinanz konkurrierte. Da war auch Henry H. Rogers, genannt »Hell Hound« von Leuten in der Wall Street, die seine mörderischen Marktvorstöße als Privatanleger kannten; Flagler war da, ein bewährter Kämpe in den Standard-Schlachten, und John Archbold, der dem Abstinenzler Rockefeller einen feierlichen Eid geschworen hatte, daß er seine Neigung zum Alkohol niederzwingen werde. Seither war er unaufhaltsam in der Standard-Hierarchie aufgestiegen; er sollte später höchst unerwünschten Ruhm als ihr »großer Korrumpierer« erlangen. Und da war Oliver Payne, Finanzminister der Standard, dessen Vater, Henry B. Payne, US-Senator aus Ohio werden und gemeinsame Sache mit dem mächtigen Mark Hanna machen sollte. Rockefeller selbst saß bescheiden neben Charles Pratt, dem er den Ehrenplatz am Kopf der Tafel überlassen hatte, weil er der Älteste in diesem Kreis war. Still hörte er zu, während die anderen diskutierten, und nur gelegentlich steuerte er seine eigene Meinung bei. Sein Verhalten entsprach einer seiner Grundideen – »Suche den Mann, der tun kann, was du getan haben willst, und laß es ihn ungehindert tun« – ein Grundsatz, den Rockefeller-Publizisten später zitierten, als handele es sich um ein Epigramm von Oscar Wilde.

In dieser »Standard Oil Gang« waren die potentesten Managertalente versammelt, die es bisher in einer einzigen Organisation gegeben hatte. Jeder einzelne war ein Millionär. Wenn sie berieten, so war es, als tagte das Kabinett einer Regierung. Während der Untersuchungen durch den Hepburn-Ausschuß hatte selbst der mächtige William Vanderbilt im Zeugenstand den Kopf geschüttelt und zu den Männern von der Regierung, die ihn verhörten, gesagt: »Es ist gar keine Frage, diese Männer sind schlauer als ich, und zwar eine ganze Menge . . . Ich habe noch nie mit einer Klasse von Männern zu tun gehabt, die so schlau, so fähig in ihrem Geschäft sind wie sie . . . Ich glaube nicht, daß man solche Männer durch Gesetze niederhalten kann. Sie werden es nicht schaffen! Diese Männer werden immer obenauf sein, warten Sie nur ab!« [49]

Jeder Direktor war ein Jonas an der Spitze eines Ausschusses im Bauche des Leviathan. Rockefeller ließ nie zu, daß die Körperschaft zum Schaufenster für die Persönlichkeit eines einzelnen Mannes wurde; er hielt die starken Persönlichkeiten immer im Gleichgewicht und sorgte dafür, daß alles stets im »Standard-Geist« geschah, wie er es nannte. So züchtete er einen neuen, ganz seiner Institution verhafteten Menschen heran, dessen Loyalität nie ins Wanken geriet. Außer dem Kaliber ihrer Direktoren verdankte die Standard ihr stetiges Wachstum der Tatsache, daß die Front, an der sie operierte, sich ständig und explosionsartig nach allen Seiten hin ausdehnte – an der technischen und der geographischen Front ebenso wie an der industriellen, und das Unternehmen, das Rockefeller aufgebaut hatte, stürmte an jeder dieser Fronten im Triumph voran.

Die wirtschaftliche Revolution, die den Bürgerkrieg begleitete, hatte eine Universitätsrevolution ausgelöst, gefördert von den Herren des neuen Zeitalters. Eisenbahnmänner und Industrielle hatten Bahnbrechendes durch Investitionen in wissenschaftlichen Lehranstalten und Laboratorien geleistet, wo die Suche nach technischen Entdeckungen an die Stelle von Cicero und Virgil als Basis des akademischen Lehrplans getreten war. An der Naturwissenschaftlichen Schule von Yale hatte Benjamin Silliman das erste kommerziell brauchbare Verfahren zum Raffinieren von Öl zu Petroleum entwickelt.

Um die Jahrhundertwende entwickelte die neue industrielle Wissenschaft Dutzende von Stoffen aus den Nebenprodukten des raffinierten Öls: Paraffin, Schmiermittel, Vaseline, ja sogar das Kaugummi. Genau in dem Augenblick, als die Glühbirne die Petroleumlampe überholte, begann der Verbrennungsmotor die Standard Oil zu Reichtümern und zu einer Machtfülle zu treiben, wie selbst Rockefeller sie sich nicht hatte träumen lassen. Und 1903 standen Vertreter der Standard in Kitty Hawk und boten ihr Benzin und Schmieröl den Gebrüdern Wright, den Fliegerpionieren, an.

Rockefellers nie erlahmende Sucht, den Trust zu erweitern – und zwar schon zu einer Zeit, als niemand prophezeien konnte, welch unglaubliche Zukunft auf das Öl wartete – hatte der Standard zu einer guten Ausgangsposition für das, was nun kommen sollte, verholfen. Er war von einem nie versagenden, beinahe manischen Optimismus. Als die großen Bradford-Ölfelder in Pennsylvania zu versiegen begannen, erschlossen sich die noch reicheren Lima-Felder in Ohio. Standard war an Ort und Stelle. Rockefeller hatte sich über die Einwände von Pratt und Rogers hinweggesetzt, denen Wissenschaftler erklärt hatten, das »saure«, schwefelbefrachtete Öl von Lima werde man nie und nimmer zufriedenstellend raffinieren können. Als John Archbold noch jedem, der es hören wollte, versicherte, er sei bereit, »das ganze Öl zu trinken, das dort produziert wird«,[50] und einen Teil seiner Aktien für 85 Cent auf den Dollar verkaufte, erbot Rockefeller sich, drei Millionen Dollar seines eigenen Geldes als Garantie dafür aufzulegen, daß man einen Weg finden werde, um das Öl zu verarbeiten und verkäuflich zu machen.[51] Er behielt recht. Innerhalb weniger Jahre hatten Standard-Wissenschaftler das Frasch-Verfahren entwickelt, das genau das leistete.

Die ungeheuren Lima-Ölvorräte der Standard verschafften Rockefeller eine vorteilhafte Lage für einen neuen Kampf, der sich auf dem internationalen Markt abzuzeichnen begann. Das Öl war von Anfang an eine internationale Ware gewesen. Die Exporte übertrafen den Binnenverbrauch um ein Erhebliches. In den ersten fünfundzwanzig Jahren, nachdem Oberst Edwin Drake bei Titusville fündig geworden war, stand Amerika als einziges Land mit einem Ölüberschuß da, der exportiert werden konnte, und 90% dieses Öls war von der Standard gekommen. Seit dem Tag, an dem er seinen Bruder William in der Ära der Firma Rockefeller, Andrews, and Flagler nach New York entsandte, hatte John D. die Bedeutung des Exports erkannt. Die Standard kämpfte mit der gleichen wilden Intensität, mit der sie sich ihre Binnenmarktskonzessionen errungen hatte, um die Auslandsmärkte. Pardon wurde nicht gegeben und nicht erwartet, und den ausländischen Regierungen trotzte man mit der gleichen Routine, mit der man daheim den Parlamenten in den Bundesstaaten die Stirn geboten hatte.

Die Mauern des internationalen Ölmonopols der Standard waren mit der Erschließung der großen russischen Ölfelder von Baku am Kaspischen Meer durchbrochen worden. Im Jahre 1883 wurde die Eisenbahn zum Schwarzen Meer fertig, und der Zar hatte die Gebrüder Nobel und die Familie Rothschild eingeladen, sich an der Entwicklung dieser großen Ölreichtümer zu beteiligen. 1888 überholte Rußland die Vereinigten Staaten in der Produktion von Rohöl, und russisches Petroleum, von dem man noch vor ein paar Jahren nie gehört hatte, versorgte schon 30% des englischen Marktes und machte sich auch anderswo in Europa breit.

Der Gehirntrust vom Broadway 26 trat in Krisenstimmung zusammen und begann, sich mit einem Preiskrieg zur Wehr zu setzen. Es wurde beschlossen, die europäischen Importfirmen, derer man sich bis dahin bedient hatte, auszuschalten und an ihrer Stelle ein System ausländischer Tochtergesellschaften zu errichten – die Anglo-American Oil Company Ltd. in England, die Deutsch-Amerikanische Gesellschaft und andere. John Archbold wurde zu Geheimgesprächen mit den Rothschilds ins Ausland geschickt;[52] Zweck der Gespräche sollte es sein, eine »Rationalisierung« des Marktes ins Auge zu fassen. Man versuchte, Rivalen auszukaufen und sie gleichzeitig durch geheime Aktienkäufe anzubohren. Der Erfolg aller dieser Maßnahmen war imponierend, aber auch unvollständig. Obwohl die amerikanischen Ölexporte nach Europa in der Zeit von 1884 bis 1899 um das Fünfeinhalbfache zunahmen, konnte die Standard sich bestenfalls 60% des Marktes erhalten, bis der Krieg von 1914 die Bedingungen des Kampfes von Grund auf veränderte.

Bei ihrer Expansion im Ausland erfreute sich die Standard eines wesentlich besseren Verhältnisses zur US-Bundesregierung als während ihrer Kämpfe um den Binnenmarkt. Daheim mochte man die Standard als Gefahr empfinden, ging sie aber ins Ausland, wurde sie zur personifizierten amerikanischen Präsenz. Ihr Wohlstand war Amerikas Wohlstand; ihre Geschicke stimmten überein mit den Geschicken der Nation. Für ihre Beobachtung der Operationen ihrer Konkurrenten nicht nur in Europa, sondern auch im Nahen Osten und in Südostasien nutzte die Standard die Geheimberichte der Konsuln und der Botschafter der Vereinigten Staaten, von denen nicht wenige in ihrem Solde standen. Sie fungierte als Schattenregierung mit einer eigenen Außenpolitik.

Standard-Erfolge und Standard-Fehlschläge wurden zum Thema von Briefen, die per Diplomatenpost befördert wurden. Als der Trust einen energischen Agenten namens W. H. Libby nach dem Orient entsandte, schrieb der Generalkonsul von Indien nach Washington und lobte seine Leistungen. John Young, US-Botschafter in China, war noch hilfsbereiter. Er setzte ein Rundschreiben auf chinesisch auf, in dem die Vorzüge des Petroleums als Beleuchtungsbrennstoff gepriesen wurden, und während seine Konsulatsbeamten das Schreiben verteilten, waren Standard-Agenten zur Stelle und verschenkten blecherne Lampen. Als infolge des europäischen Kolonialismus die Schließung des ungeheuren chinesischen Marktes drohte, versandte Außenminister John Hay seine berühmten Noten der »Offenen Tür«; [53] somit wurde die militärische Macht der Vereinigten Staaten hinter das Recht der Standard Oil und anderer Körperschaften gestellt, ihre Waren im Chinahandel feilzubieten. »Einer unserer größten Helfer«, sollte Rockefeller später anerkennend in seinen *Random Reminiscences* schreiben, »war das State Department in Washington. Unsere Botschafter und Geschäftsträger und Konsuln haben uns dabei geholfen, in neue Märkte bis an die Enden der Welt vorzudringen.«

Im letzten Jahrzehnt des 19. Jahrhunderts sickerte amerikanisches Öl auch in die letzten, unerforschten Gebiete des Erdballs. Die Standard-Agenten stürzten sich überall in das Herz der Finsternis, ihre Produkte per Sampan, Kamel, Ochsengespann und auf dem Rücken eingeborener Träger transportierend. Sie zogen an der Ostküste Sumatras entlang, sie drangen nach Siam, Borneo und Französisch-Indochina vor. Ein transozeanisches Reich lag vor ihnen ausgebreitet; es hatte, wie Brooks Adams es formulierte, die Ära der amerikanischen wirtschaftlichen Vorherrschaft begonnen.

Dreißig Jahre waren seit dem Anfang seiner Karriere vergangen, Rockefeller war jetzt die Zentralfigur der sensationellsten Erfolgsserie in der Geschichte der Wirtschaft. Die Standard war unbestreitbar die mächtigste industrielle Organisation des ganzen Landes und das augenfälligste Symbol wachsender amerikanischer Macht im Ausland. Aber Rockefeller selbst hatte einen hohen Preis zahlen müssen. Ihn identifizierte man mit sämtlichen Exzessen der Standard, begangen während ihres Aufstiegs zur Macht; Haß klebte an ihm wie Eisenfeilspäne an einem Magneten. Er versuchte, sich von einigen der schweren, gegen die Gesellschaft erhobenen Anklagen zu distanzieren, indem er immer wieder beteuerte, daß Gestalten wie Henry Rogers und Archbold, der Scharfrichter der Standard, frei in ihren Entscheidungen seien und ganz selbständig handelten, ohne der Kontrolle durch ihn unterworfen zu sein. Das Land aber glaubte, wie Emerson gesagt hatte, daß die Institution nur der verlängerte Schatten des Mannes sei. Rockefeller sah sich anscheinend so unlösbar an den Rücken seines Leviathans gefesselt wie Kapitän Ahab selbst.

Viele Jahre später, als sein Bild in der Öffentlichkeit von geschickten Public-Relations-Experten mancher Schönheitsoperation unterzogen worden war und Nutzen gezogen hatte aus dreißigjähriger Assoziation mit einer Fülle philanthropischer Taten, sollte Rockefeller die ganze Angelegenheit lediglich als Kommunikationsproblem ansehen. Er sann dann darüber nach, wie anders sich die Dinge ausgenommen hätten, wenn die Standard einfach nur »die Reporter gerufen« hätte (und das habe er immer tun wollen, behauptete er), wenn man ihnen dann, im Gefolge des South-Improvement-Projekts, die Sache in eigener Sicht dargelegt hätte. Tatsächlich war er immer der gewissenhafte Buchhalter, der in jedem einzelnen Fall Soll und Haben einer Grundsatzentscheidung mit äußerster Sorgfalt gegeneinander aufwog. Von Anfang an hatte er die Gefahren erkannt, die eine feindselige öffentliche Meinung bedeutete, und er hatte Tausende ausgegeben (darunter Beteiligungen an Zeitungen wie dem *Cleveland Leader*), um die Öffentlichkeit zu seinen Gunsten zu beeinflussen. Obwohl die Standard dabei war, sich einen so schwarzen Ruf zu erwerben, daß fast alles geglaubt wurde, was an Negativem über sie in Umlauf kam, entschied Rockefeller sich nicht deshalb dafür zu schweigen, weil die Anschuldigungen zu niedrig seien, um eine Antwort zu verdienen, sondern weil die Notwendigkeit, die Gültigkeit vieler wahrer Anschuldigungen anerkennen zu müssen, jede Gelegenheit, die falschen zurückzuweisen, überschattete.

Gegen Rockefeller wurde nicht nur vor dem Tribunal der öffentlichen Meinung verhandelt. Um die Jahrhundertwende sah sich der Trust einer offiziellen Untersuchung nach der anderen unterworfen. Anfangs betrachteten die Standard-Direktoren diese Inquisitionen nur als Belästigungen, die man am besten mit Verachtung strafte. Archbold, Rogers und andere führende Persönlichkeiten der Gesellschaft schworen bei den verschiedenen Anhörungen einen Meineid nach dem anderen, denn sie wußten ja, daß die Dokumente des Trusts umgeben waren von einem Labyrinth der Geheimhaltung und der juristischen Tricks, das kein Untersuchungsbeamter je durchdringen konnte. Rockefeller selbst umging Vorladungen nach Möglichkeit, und wenn es am Ende unvermeidlich war, dann trat er nach sorgfältiger Einstudierung durch Dodd und beschützt von ihm und einer Phalanx anderer Anwälte vor die Ausschüsse. Er schlug die langen Beine übereinander, strich mit nervösen Händen Knitterfalten aus seinen gestreiften Hosen und sagte mit der Miene eines Heiligen, daß bestimmte Dinge sich so und so verhielten, ganz genau wissend, daß sie anders lagen. »Nein, Sir«, erwiderte er einmal während einer Anhörung durch den Senat des Bundesstaates New York im Jahre 1888 auf eine Frage, »nein, wir haben keine besseren (Eisenbahn-)Frachtraten gehabt als unsere Nachbarn, aber wenn ich das sagen darf, wir haben es wiederholt erlebt, daß andere Firmen sich niedrigere Raten verschafft hatten als wir.« [54] Ein anderes Mal, als einer der Untersuchungsführer sich versprach und ihn fragte, ob er je an der South*ern* (anstatt *South*) Improvement Company beteiligt gewesen sei, nutzte Rockefeller sofort den Irrtum aus und erwiderte gewissenhaft, das sei nicht der Fall.

Gewöhnlich aber hielt er es für die beste Verteidigung, Ausflüchte zu machen, die eigentlich nur mit Gedächtnisschwund und plötzlichem Verlust des Sprechvermögens zu erklären gewesen wären. Auf Fragen nach Rabatten, Rückläufen, nach der Organisation und den Aktiva der Standard pflegte er mit einer Litanei von Floskeln wie »Das wüßte ich nicht« und »Daran kann ich mich nicht erinnern« zu beantworten, die jeden Untersuchungsbeamten zur Verzweiflung trieb. Ein Korrespondent der

New Yorker *World* schrieb nach einer dieser Darbietungen: »Die Kunst des Vergessens beherrscht Mr. Rockefeller in allerhöchstem Maße.«[55]

Es war vielleicht nicht ganz die Haltung des alten Commodore Vanderbilt, die sich zusammenfassen ließ in dem Satz »Die Öffentlichkeit soll zum Teufel gehen«, aber sie kam ihr doch so nahe, daß ganz Amerika davon überzeugt war, Rockefeller habe Verbrechen zu verbergen.

In seinem Buch *Wealth and Commonwealth* (1894) meinte Henry Demarest Lloyd, daß Rockefeller ein Symbol für die Krankheit sei, die das ganze Land heimsuche. »Wenn unsere Zivilisation zerstört wird«, schrieb er, »dann werden nicht Barbaren von unten sie zerstören. Unsere Barbaren kommen von oben. Unsere großen Geldmacher haben in einer einzigen Generation Throne der Macht bestiegen, wie sie Königen fremd sind. Die Kräfte und der Reichtum sind neu, und sie geben neuen Männern ihre Möglichkeiten. Ohne Hemmung durch Kultur, Erfahrung, Stolz oder auch nur die ererbte Vorsicht von Klasse oder Rang, erheben diese Männer . . . Anspruch auf eine Macht ohne Kontrollen, ausgeübt in einer Art und Weise, die sie anonym macht und sie verewigt . . . Gierig greifen sie nach Luxus und Macht, sie sind brutal und gesellschaftsfeindlich. Sie glauben, daß die Menschheit terrorisiert werden muß. An Göttern, Freunden, Wissen an der unverstandenen Zivilisation, die sie überrennen, interessiert sie nur eins: Was kostet das?«[56]

Ein so absoluter Haß umgab Rockefeller, daß man ihm die Schuld an Exzessen anderer Mitglieder des Standard Oil Gang gab, für die er nicht verantwortlich war und die er nicht einmal guthieß. Im Jahre 1893 zum Beispiel kauften H. H. Rogers, William Rockefeller und James Stillman die Anaconda Copper Company für 39 Millionen Dollar. Sie stellten einen Scheck auf Stillmans National City Bank aus und vereinbarten, daß die Verkäufer den Scheck eine bestimmte Zeit lang in der Bank ruhen lassen würden, bevor sie ihn einlösten. Dann organisierten sie die Amalgamated Copper Company, übertrugen ihr die gesamten Anaconda-Minen und gaben Aktien der neuen Gesellschaft im Werte von 75 Millionen Dollar aus. Nachdem sie auf diese Aktien 39 Millionen Dollar von der National City aufgenommen hatten, damit der Scheck honoriert werden konnte, boten sie die Aktien der Öffentlichkeit an, die sie sofort aufkaufte. Das Triumvirat konnte jetzt den Kredit von 39 Millionen Dollar liquidieren und ohne die geringste Investition einen Profit von 36 Millionen Dollar einstecken.

Rockefeller selbst hatte sich an diesem Komplott nicht beteiligt[57] und hatte sein persönliches Guthaben von der National City Bank abgezogen, um dagegen zu protestieren. Aber das half ihm nichts. Als die Angelegenheit ans Licht kam, war es eine »Rockefeller-Verschwörung«.

Die Feindseligkeit griff von seinen öffentlichen Angelegenheiten auf sein Privatleben über. Als die Presse ihn anprangerte als Symbol für die Krankheit des Zeitalters, war der Empfang von Morddrohungen für ihn schon zur Routine geworden. Ging er zum Gottesdienst, strömten Hunderte zusammen und gafften, als sollten sie jetzt sehen, wie das Kamel durch das Nadelöhr ging, und der Pastor war so voller Sorge, daß er bewaffnete Pinkerton-Männer anstellte, die sich unter die Menge zu mischen hatten. In diesem Abschnitt seines Lebens hatte Rockefeller stets einen Revolver am Bett.

In der Öffentlichkeit bewahrte er Ruhe und Fassung. »Wissen Sie«, sagte er später zu einem Bekannten, »ich bin jahrelang gekreuzigt worden.« [58] Privat jedoch begann diese Bürde ihren Tribut zu fordern. Gegen Ende der neunziger Jahre stand er ganz offensichtlich an einem Kreuzweg in seinem Leben, in dem es bisher noch keinen Raum für Zweifel oder auch nur für Reflexion gegeben hatte. Einen langen Weg hatte er zurückgelegt seit den Tagen seiner Jugend, als der bloße Gedanke an großen Reichtum genügt hatte, um ihn vor Freude einen Luftsprung machen zu lassen. Er hatte ein gewaltiges Vermögen angehäuft – mehr als hundert Millionen Dollar. Aber jetzt, als er seine Tage mit der endlosen Orchestrierung von Einnahmen und Ausgaben, von Investitionen und wohltätigen Spenden, von Firmenstrategie und juristischer Verteidigung verbringen mußte, erhob sich die Frage, ob er sich das Geld untertan gemacht hatte, oder ob es sich umgekehrt verhielt.

Er war, wie er einmal sagte, zum »regelrechten Schuttabladeplatz« geworden für Leute wie seinen Freund Flagler, die bestimmte Projekte verfolgen und Teile ihres Standard-Portefeuilles losschlagen wollten, um zu Bargeld zu kommen. »Commodore Vanderbilt hat sein ganzes Geld in Schwellen und Waggons stecken, die alt und unbrauchbar werden und ersetzt werden müssen«, sagte er zu seinem Sekretär George Rogers. »Andere haben ein Vermögen in Schiffen oder Häusern, die verrotten; andere in Waren oder Einkäufen, die sich verändern oder verderben. Ich meine, Standard Oil wird mein Vermögen machen. Ich werde ganz einfach dabei bleiben.« [59]

Im Laufe der Jahre hatte er seinen Anteil an der Gesellschaft stetig vergrößert, und während sich die gewaltige Standard-Geldmaschine dem zwanzigsten Jahrhundert entgegenarbeitete, strömten geradezu phantastische Dividenden in Rockefellers Hand. Er versuchte, diese Gelder nutzbringend neu zu investieren. Aber es war ihm buchstäblich unmöglich geworden, mit sich selber Schritt zu halten.

Unter dem immer stärker werdenden Druck lehnte sich schließlich die physische Maschine auf, die er in den letzten vierzig Jahren so rücksichtslos auf Hochtouren hatte laufen lassen. In den Briefen, die Rockefeller und seine Frau in dieser Zeit wechselten, ist die Rede von schlaflosen Nächten. Er begann auch unter ernsthaften Verdauungsstörungen zu leiden, und seine Ärzte bestanden darauf, daß er sich von seinen Sorgen zurückziehe. Die hohe Gestalt mit dem würdigen Schnurrbart und dem Ausdruck von Gefaßtheit und Disziplin, die in den siebziger und achtziger Jahren selbstbewußt durch die Kriege an Amerikas Wirtschaftsfront geschritten war, verwandelte sich plötzlich; fast von einem Tag auf den anderen kamen Leute, die Rockefeller besuchten, schockiert wieder heraus – sie hatten einen gebeugten, von Sorgen geplagten Mann gesehen. Alle berichteten, daß tiefe Falten sein Gesicht durchzogen; er hatte an Gewicht zugenommen, ein Hängebauch wurde sichtbar. Eine Nervenkrankheit – allgemeine Alopezie – suchte ihn heim und verursachte Haarausfall am ganzen Körper. Zum ersten Mal in seinem spartanischen Leben entwickelte er so etwas wie Eitelkeit. Seine Glatze begann ihn zu beschäftigen. Anfangs versteckte er sie unter einer grotesken schwarzen Kappe, später unter einer Serie schlecht sitzender weißer Perükken, jede immer ein wenig länger als die vorige, damit er über jeweils vierzehn Tage hinweg natürliches Haarwachstum vortäuschen konnte.

Bei einem anderen Menschen hätten diese äußeren Zeichen wohl ein Spiegel innerer Konflikte sein können, vielleicht die Auswirkung eines belasteten Gewissens oder tiefer Angst, oder vielleicht der plötzlichen Erkenntnis seiner gebrechlichen Sterblichkeit angesichts des Hasses, den er sich zugezogen hatte. Aber bei Rockefeller, der in Tausenden gewissenhaft verfaßter Briefe und Notizbücher täglich seine Reaktionen auf die Ereignisse verzeichnete, findet sich kein Hinweis auf eine innere Abrechnung mit sich selbst, auf qualvolle Grübelei und Selbstprüfung. Nicht geistige Medizin war das Heilmittel, sondern ganz einfach Ruhe. Langsam begann Rockefeller, die Angelegenheiten der Standard Oil nicht mehr ganz so fest im Griff zu behalten. Von 1896 an gab er es auf, jeden Tag sein Büro am Broadway 26 aufzusuchen. Im folgenden Jahr ging er überhaupt nicht mehr hin. Er machte John Archbold zu seinem Regenten in der Gesellschaft. Über eine Direktleitung blieb er täglich in Kontakt mit ihm.

Seine ganze legendär gewordene Aufmerksamkeit und Energie richtete sich jetzt auf Dinge wie die Landschaftsgärtnerei auf seinem neuen Besitz in Pocantico Hills in New York, gelegen auf einer Höhe, von der aus man einen großartigen Blick auf den Hudson hatte. Mit dem gleichen Perfektionismus, der einst seine Strategie im unentdeckten Land der amerikanischen Körperschaften ausgezeichnet hatte, entwarf er jetzt die 112 Kilometer lange Straße, die quer über seinen Besitz gebaut werden sollte, schaffte er mehrere Tonnen Muttererde heran, so daß atemberaubende Gärten nach klassischen Vorbildern angelegt werden konnten, arrangierte er die Aussicht nach seinem Geschmack, in dem er Bäume umgruppierte, wie ein Innenarchitekt Stühle verrücken würde. Er zog in »Kijkuit« ein, einem großartigen Herrenhaus im georgianischen Stil, zu dessen Bau ihn sein Sohn, Mister Junior, überredet hatte.

Wäre sein Leben jetzt zu Ende gegangen, oder hätte er die ihm noch verbliebenen Tage mit dem Schneiden der Coupons verbracht, die er angehäuft hatte, dann hätten sich die Rockefellers, die nach ihm kamen, wahrscheinlich nicht von den anderen Nachkommen der großen Raubritterindustriellen unterschieden. Aber in seiner freien Zeit begann der Herr über Standard Oil daran zu denken, eine ganz andere Institution zu schaffen, eine, die leichter einen Platz im Herzen der Menschen finden würde als sein großer Trust. Sein Geld hatte er gemacht; jetzt wollte er es so arbeiten lassen, daß es seinen Erben erspart bleiben würde, mit dem gleichen Haß verfolgt zu werden wie er in seinem Leben. Fast unmerklich begann er, den Mantel des Monopolherrn mit dem des Philanthropen zu vertauschen. Langsam begann die Metamorphose, die ihn zum Wohltäter der Menschheit machen sollte.

# Kapitel 3

Als Bibelkenner war ihm der Vers aus dem ersten Brief des Petrus »Die Liebe deckt auch der Sünden Menge« vertraut. Aber im Gegensatz zu Gould, Fisk und einigen anderen, hatte er nicht im hohen Alter rasch die Wohltätigkeit entdeckt und hektisch Schulen und Krankenhäuser beschenkt, um ein schlechtes Gewissen zu beruhigen und einen verdunkelten Ruf aufzupolieren. Für ihn war der Zehnte immer ein Teil seiner Bindung an Eliza Rockefellers baptistischen Glauben gewesen. Wie das Hauptbuch A beweist, hatte Rockefeller schon Kirchen und kirchlichen Wohltätigkeitsorganisationen Geld gespendet, als er in Cleveland noch 3,50 Dollar in der Woche verdiente. Mit dem Wachsen seines Einkommens wuchsen auch seine Spenden. 1882 gab er 65 000 Dollar im Jahr für wohltätige Zwecke; ein Jahrzehnt später waren seine Spenden auf eine Million Dollar pro Jahr gestiegen.

Das Geben war eine christliche Pflicht, die man zu erfüllen hatte, ohne darüber zu reden. Doch mit zunehmendem Alter entstand bei Rockefeller das halb mystische Gefühl, er sei auserwählt als zerbrechliches Gefäß für den großen Reichtum. Während einem der seltenen Interviews, die er gewährte, erschreckte er 1905 einen Reporter, als er plötzlich aufschrie: »Gott hat mir Geld gegeben.« Als der Journalist die Augenbrauen hochzog, führte er das weiter aus: »Ich glaube, die Kraft, Geld zu machen, ist eine Gabe von Gott . . . die wir entwickeln und nach besten Kräften zum Nutzen der Menschheit anwenden müssen. Beschenkt mit der Gabe, die ich besitze, halte ich es für meine Pflicht, Geld zu machen und noch mehr Geld, und das Geld, das ich mache, zum Wohle meiner Mitmenschen nach den Geboten meines Gewissens zu nutzen.« [60]

Der Prophet jedoch, der den Ton für die philanthropischen Werke angab, war ein Mann, der ganz außerhalb der Kirche stand, ein Atheist und leidenschaftlicher Anhänger des Sozialdarwinismus namens Andrew Carnegie.

Durch seine eigene sensationelle Ausschüttung eines der größten Vermögen der Geschichte hatte Carnegie dafür gesorgt, daß die Öffentlichkeit sich dafür interessierte, was die Fürsten der Industrie mit ihrem Geld machten. Er ließ den Stahlmagnaten abtreten und ersetzte ihn durch einen Amateur-Essayisten, einen Mann, der sich selbst zu dramatisieren wußte. In einem Artikel, der im Juni 1889 in der *North American Review* erschien, legte Carnegie das »Evangelium des Reichtums« nieder, das sehr rasch zum genormten Credo der neuen industriellen Philanthropen werden sollte. »Das Problem unseres Zeitalters«, begann er, »ist die gehörige Verwaltung des Reichtums, so daß Brüderlichkeit auch jetzt noch das Band sein kann, das arm und reich in harmonischer Beziehung verbindet.«[61] Während Populisten und Radikale die *Neuverteilung* des Reichtums forderten, trat Carnegie lediglich für eine Verfeinerung seiner *Verwaltung* ein; er ging dabei von der Prämisse aus, daß die gegenwärtige Gesellschaftsordnung die beste aller möglichen Ordnungen sei. Allerdings könne sie zu gewissen Ungleichheiten und Ungerechtigkeiten führen, aber der Fortschritt der menschlichen Gesellschaft hänge von der Fähigkeit ihrer besten Elemente ab, Reichtum anzuhäufen und ihn dann zum allgemeinen Wohl zu verwalten.

Wie ein liberaler Theologe nach der Lektüre des Artikels bemerkte, hatte Carnegie der Welt in der Tat eine neue Evangeliumserklärung geschenkt: »Der unvermeidliche Faktor in der Gesellschaft sind nicht so gewiß die Armen als die Reichen. Die Reichen habt ihr immer unter euch.« John D. Rockefeller, der den Artikel ebenfalls las, nahm ihn mit mehr Freude auf. »Ich wollte, mehr Männer des Reichtums handelten so mit ihrem Gelde wie Sie«, schrieb er an Carnegie, »aber seien Sie versichert, daß Ihr Beispiel Frucht tragen wird.«[62]

Eine Zusammenarbeit in Philanthropie und auf Distanz entwickelte sich zwischen den beiden Männern. Die Zeitungen dramatisierten das als einen Wettstreit im Geben, und der New Yorker *American* druckte 1910 ein Zwischenresultat des Rennens mit den imponierenden Gesamtsummen der ersten beiden Jahrzehnte: Carnegie 179 300 000 Dollar; Rockefeller 134 271 000 Dollar.

In Carnegies Wohltätigkeit gab es immer ein starkes Element der Eigenwerbung, was mindestens ein aristokratischer Bekannter zum Anlaß für Kritik nahm: »Nie zuvor in der Geschichte des plutokratischen Amerika hat ein einzelner Mann mit schnödem Geld soviel gesellschaftlichen Ruhm und Schmeichelei erworben«, schrieb Paul Bigelow. »Er hätte Griechenland Millionen geschenkt, wenn es das Parthenon in ›Carnegolopis‹ umbenannt hätte.«

Rockefellers Wohltätigkeit war weniger theatralisch. Millionen hatte er den Baptisten gegeben. Aber das war in vielen kleineren Einzelspenden geschehen. Gegen Ende der achtziger Jahre, als das Gerede von des reichen Mannes Bürde in der Luft lag, hatten die Kirchenälteren sich mutig genug gefühlt, ihn um eine große »Investierung« für ein großes Zentrum baptistischer Studien zu bitten. Einige traten für eine neue Universität an der Ostküste ein, andere aber drängten Rockefeller, die Universität von Chicago zu erneuern, die Stephen Douglas im Jahre 1856 als Theologisches Seminar Morgan Park gegründet hatte. Dieses Institut, sagten sie, könne wieder auferstehen als machtvolle Mutterschule für die wenigen heruntergekommenen baptistischen Lehranstalten im Westen und einen starken religiösen Einfluß auf die neuen Staaten in den Grenzgebieten ausüben. Im Jahre 1887 gab Rockefeller 600 000 Dollar, um mit diesem großen Werk zu beginnen.

Rockefeller engagierte sich immer tiefer in den Wiederaufbau und die interne Politik der Universität. In gewissem Sinne war es eine zusätzliche Belastung seiner ohnehin schon überstrapazierten Zeit, aber er hat sein Engagement nie bereut. Bis zum

Jahre 1910 lief das anfängliche »Kleingeld« zu der Summe von 45 Millionen Dollar auf. Bis an das Ende seiner Tage sagte Rockefeller von der Universität: »Es war die beste Geldanlage meines Lebens.«

Doch es blieb das Problem, wie er seine Philanthropie zu dem »wissenschaftlichen Geben« organisieren sollte, das Carnegie als erster in seiner ganzen Bedeutung erkannt hatte. Das Gebiet der Philanthropie schien mindestens in dem gleichen Maße ein Dschungel zu sein wie die Welt der Industrie, die zu zähmen er vierzig Jahre lang versucht hatte. Wohin er auch kam, überall wurde er überschwemmt mit Spendenaufrufen und Bitten um Hilfe. In seinem Büro am Broadway 26 gingen die Bettelbriefe scheffelweise ein. Es war, als bestünde ein elementarer Kampf zwischen zwei Ständen des Menschen – denen mit Geld und denen, die versuchten, es ihnen abzunehmen. Hier eine Lösung zu finden, wurde zu einem Überlebensproblem. Wie der unvergleichliche Mann, der am Ende Rockefellers Probleme lösen sollte, später schrieb: »Weder in der Abgeschiedenheit seines Heims, noch bei Tische, noch in den Wandelgängen seiner Kirche, noch während seiner Arbeitsstunden, noch sonst irgendwo und irgendwann war er sicher vor beharrlichen Appellen ... Ständig wurde er gejagt, lauerte man ihm auf, hetzte man ihn wie ein wildes Tier.« [63]

Der Verfasser dieser Worte war Reverend Frederick T. Gates, dem eine entscheidende Rolle in Rockefellers Zukunft zufallen sollte. Gates, Sohn eines New Yorker Predigers, hatte die edlen Züge eines Charakters aus *Ben Hur;* ein kräftiger Schopf welligen weißen Haars bildete den Kontrast zu den starken Gesichtszügen. Er war ehrgeizig und energisch; sein Charakter war ein kurioses Gemisch aus weltlichen Interessen und evangelistischem Eifer. Als junger Mann hatte er als Bankangestellter und Kurzwarenverkäufer gearbeitet, bevor er das Theologische Seminar Rochester besuchte. Sein erstes Pfarramt bekam er in Minneapolis, wo er George A. Pillsbury kennengelernt hatte, den Gründer der Mehl-Dynastie. Pillsbury litt an einer unheilbaren Krankheit, und er hatte Gates gebeten, ihn bei jenen Bestimmungen seines Testaments zu beraten, die sich mit wohltätigen Gaben befaßten. Hier sammelte der junge Geistliche seine ersten Erfahrungen auf dem Gebiete der Philanthropie, und in ihm reifte die Erkenntnis, daß er nicht damit zufrieden sein werde, für den Rest seines Lebens Hirte einer weltentlegenen kleinen Gemeinde zu sein.

Raymond B. Fosdick, der später in Rockefellers Büro arbeitete und der Rockefeller Foundation als Präsident diente, hat ein scharfes Bild von dem Gegensatz zwischen dem alternden Rockefeller und dem Mann gezeichnet, der zwei Jahrzehnte lang zu seiner Rechten sitzen sollte: »Man müßte sehr lange und gründlich suchen, um zwei Männer zu finden, die ihrem Temperament nach so völlig verschieden waren. Mr. Gates war eine lebhafte, mit Worten nie zurückhaltende, sich selbst dabei klar enthüllende Persönlichkeit und mit immensem Gusto bei der Arbeit; Mr. Rockefeller war still, kühl, schweigsam, was seine Gedanken und Absichten betraf. Er war beinahe stoisch in seiner Zurückhaltung.« [64]

Rockefeller hatte den dynamischen Gates während der oft recht strapaziösen Verhandlungen mit der Hierarchie der Baptisten kennengelernt, und er hatte den 38

John D. Rockefeller wurde 1839 in einem bescheidenen Farmhaus im Westen des Staates
New York, bei Richford, geboren. Jahrzehnte später kaufte die Handelskammer von
Coney Island das Haus, zur Erinnerung an den Aufstieg eines Selfmademan.
Mit sieben Jahren begann John D. Geldstücke in einer blauen Porzellandose zu sammeln.
In drei Jahren hatte er genug beisammen, um einem Farmer aus der Nachbarschaft
50 Dollar zu sieben Prozent Zinsen leihen zu können.

Die erste Ölbohrung von Oberst Edwin Drake bei Titusville/Pennsylvania am Oil Creek im Jahre 1859 erregte großes Aufsehen. Ein Öl-Fieber brach aus, der Ansturm auf das Gebiet von Titusville begann.

Jahre alten Geistlichen gebeten, ihn im März 1891 in seinem Büro am Broadway 26 zu besuchen. Rockefeller forderte ihn mit einer Handbewegung auf, sich zu setzen. »Ich bin in Not, Mr. Gates«, begann er. »Der Druck dieser Spendenaufrufe ist zu groß geworden, ich kann ihn nicht mehr ertragen. Bei meinen vielen geschäftlichen Verpflichtungen habe ich weder die Zeit noch die Kraft, mich angemessen mit diesen Forderungen zu befassen. Ich bin so veranlagt, daß ich zufriedenen Herzens erst dann Geld weggeben kann, wenn ich auf das sorgfältigste untersucht habe, ob es sich um eine würdige Sache handelt. Diese Untersuchungen nehmen jetzt mehr Zeit und Energie in Anspruch als die ganze Standard Oil selbst.« Er bat den Geistlichen, zu ihm zu kommen und für ihn zu arbeiten.

Als Frederick T. Gates drei Monate später seine Geschäfte als Mr. Rockefellers Chefalmosenier aufgenommen hatte, konnte niemand ahnen, daß hier der erste Schritt auf dem Wege getan war, der die Rockefellers zu einer amerikanischen Institution machen sollte; daß das kleine Büro, in dem er seine Arbeit begann, eines Tages drei Stockwerke in einem Wolkenkratzer, dem Rockefeller Center, einnehmen und mehr als zweihundert Menschen beschäftigen sollte. Bald gingen alle Bitten um Hilfe direkt in das Büro von Gates. Er schied die Spreu vom Weizen und leitete an Rockefeller die Bitten weiter, die er für wert erachtete. Informationen und Empfehlungen destillierte er zu knappen, zwingend formulierten Memoranden, die stilbildend für alle Mitarbeiter der Familie Rockefeller wurden. Er reduzierte das Volumen der Bitten, indem er darauf bestand, daß alle Einzelkirchen ihre Eingaben über eine zentrale Agentur des Baptisten leiteten. Er selbst suchte alle potentiellen Empfänger von Rockefellers Spenden auf und stellte Nachforschungen an. Selbst in den Fällen, die positiv entschieden wurden, bestand Gates darauf, daß der Nachweis für andere, nicht von Rockefeller stammende Spenden erbracht wurde. In gewissem Sinne wurde er zum ersten Investitionsbankier im Wohltätigkeitsgeschäft. Gates sagte später über diese ersten Tage, in denen es galt, Rockefellers philanthropisches Haus zu ordnen: »Nicht wenige von Mr. Rockefellers traditionellen Wohltätigkeitsempfängern erkannte ich als unwürdig und praktisch betrügerisch. Aber andererseits entwickelte ich allmählich das Prinzip des wissenschaftlichen Gebens und führte es für alle seine Spenden ein. Es dauerte nicht lange, und er verzichtete fast vollständig auf das Schenken en detail. Statt dessen widmete er sich in Sicherheit und mit Vergnügen dem Gebiet der Philanthropie en gros.«[65]

Rockefeller erkannte bald, daß Gates' Sinn für das Geschäft auch auf einem anderen Gebiet von Nutzen sein könnte, auf dem er ebenfalls dringend Hilfe brauchte. Das war das Gebiet seiner persönlichen Finanzen. Hier war in den letzten Jahren das Chaos ausgebrochen, weil er jede Minute seiner Zeit darauf verwenden mußte, den Trust von einer Krise zur nächsten zu steuern. Er wurde tatsächlich das Opfer der Geschwindigkeit seines Einkommens. In den zehn Jahren von 1885 bis 1896 betrug sein Anteil an den Dividenden des Trusts allein ungefähr 40 Millionen Dollar. Es wirkt wie Ironie, daß sein Gesamtvermögen von mehr als 200 Millionen Dollar, als er sich im Jahre 1897 in den »Ruhestand« zurückzog, sich mit der Ankunft des

Verbrennungsmotors steigern sollte, bis es im Jahre 1913 eine Milliarde Dollar erreichte. Es hatte sich in den Jahren der Untätigkeit mehr als vervierfacht. Er hatte sein Geld in allerlei Projekten angelegt, als wolle er es unbedingt los werden. Anfang der neunziger Jahre, als Gates zu ihm stieß, hatte er 67 größere Geldanlagen in Industrien, die mit Öl nichts zu tun hatten und deren Wert auf mehr als 23 Millionen Dollar geschätzt wurde: 13 750 000 in 16 verschiedenen Eisenbahnen; nahezu 3 Millionen Dollar in neun Bergbaugesellschaften; nahezu zwei Millionen Dollar in Banken; weitere zwei Millionen Dollar in verschiedenen Unternehmen. War sein Geld erst einmal angelegt, hatte Rockefeller oft monatelang nicht die Zeit, zu prüfen, was daraus wurde.

Beeindruckt von dem scharfen Geschäftsverstand, den Gates an den Tag gelegt hatte, drängte Rockefeller ihn, während seiner Reisen zu potentiellen Spendenempfängern sich ein wenig freie Zeit zu nehmen und sie zur Überprüfung von Investitionen zu verwenden, die er in dem jeweiligen Gebiet vorgenommen hatte. Zu seinem Schrecken stellte der Geistliche fest, daß viele Investitionen Rockefellers entweder Geld verloren oder sich seiner Kontrolle gänzlich entzogen hatten. Im Nordwesten zum Beispiel hatten Bodenspekulanten Rockefeller zu einer ganzen Reihe höchst zweifelhafter Investitionen verführt. Sein Geld steckte in Stahl- und Papierfabriken, einer Nagelfabrik, in Bauholz, Gießereien, Eisenbahnen. »Die meisten dieser Unternehmen«, gab Rockefeller später zu, »hatte ich nicht einmal gesehen. Was ihren Wert betraf, so hatte ich mich ganz auf die Ermittlungen anderer verlassen.« [66]

Nachdem er etliche von Gates' hellsichtigen und intelligenten Memoranden erhalten hatte, bat Rockefeller den Geistlichen im Jahre 1893, ein Büro am Broadway 26 zu beziehen und die Führung der philanthropischen und persönlichen Investitionen in einer Hand zu vereinigen. Gates war hocherfreut. Seinen Eltern schrieb er über seinen Chef: »Er ist scharfsinnig und hellwach und weiß, an welchem Ende er ein Geschäft anzupacken hat. Er denkt nicht daran, sich betrügen zu lassen, obwohl das manchmal in der Vielfalt seiner Geschäftsinteressen geschieht . . . Er ist mit Lob sehr zurückhaltend. Mich zum Beispiel lobt er nie von Angesicht zu Angesicht. Aber ich höre, daß er anderen gegenüber lobend über mich gesprochen hat. Er vertraut mir erhebliche Interessen an, und ich lasse große Vorsicht walten. Ich mache keinen Schritt, ohne vorher genau zu wissen, wo ich meinen Fuß hinsetze und wohin der Weg führt.«

Wer imstande war, solche Beobachtungen anzustellen, war ein Mann ganz nach Rockefellers Herzen, und er erteilte Gates Vollmacht, die ganze Fülle seiner persönlichen Anlagedokumente einzusehen. Gates stellte fest, daß mindestens 20 Gesellschaften, deren Teilhaber Rockefeller war, sich in Schwierigkeiten befanden. In diesen Fällen kaufte Gates genügend andere Aktionäre aus, bis die Kontrollmehrheit in seiner Hand war, oder er stieß die Anteile restlos ab. Am Ende hatte Rockefeller die Majorität in 13 dieser Gesellschaften, und Gates wurde Präsident aller dieser Firmen.

Gates' größter Coup in seiner neuen Rolle war die Konsolidierung der großen

Mesabi-Erzlager in Minnesota unter Rockefellers Besitz. Pionierarbeit in diesem reichen Gebiet, das schließlich rund 60% des gesamten Eisenerzes der Vereinigten Staaten lieferte, hatten die fünf Gebrüder Merritt geleistet, die 1893 vierzig Prozent der Anteile an Bergwerken besaßen, die bis zu 50 Millionen Tonnen hochwertiger Erze enthielten. Um eine Eisenbahn für die Verbindung ihres Besitzes mit Duluth bauen zu können, hatten sie Anteilscheine ausgegeben, und Rockefeller hatte sich von der Qualität der Anlage so fest überzeugen lassen, daß er Anteile für 400 000 Dollar erwarb.

Mit diesem Brückenkopf begann Gates. Er machte sich die spekulative Gier der Gebrüder Merritt zunutze, brachte Rockefellers enormes Kapital geschickt als Druckmittel ins Spiel und erwarb die Kontrolle über die Minen. Dabei konnte er einen häßlichen und von den Zeitungen ausführlich behandelten Prozeß nicht umgehen. Die Gebrüder hatten das Verfahren angestrengt; sie behaupteten, man habe sie übervorteilt. In einem außergerichtlichen Vergleich zahlte Rockefeller 525 000 Dollar und verschaffte Gates freie Hand, den Grubenbesitz auszubauen. Es dauerte nicht lange, und er war Herr über die reichsten Erzlager der Welt.

Dank der glückhaften Kombination günstiger Umstände und des guten Geschäftsverstandes seines Anlagenmanagers Gates war Rockefeller in die Mitte zwischen die Stahlhersteller und deren Rohstoff gerutscht. Nie widersprach er Gerüchten, daß er die Mesabi-Besitzungen als Waffe in einem Krieg mit Carnegie um die Kontrolle über die Stahlindustrie einsetzen wolle. In Wahrheit wollte Rockefeller jetzt weniger Geschäfte, nicht mehr. 1896 schloß er einen Vertrag mit der Carnegie Company, wonach sie seinen Besitz für 25 Cent pro Tonne pachtete und sich verpflichtete, nicht weniger als 600 000 Tonnen pro Jahr zu fördern. Eine gleich große Menge sollte sie aus ihren eigenen Gruben fördern. Die Gesamtmenge von 1 200 000 Tonnen sollte von Rockefellers Eisenbahn und von der riesigen Erzfrachter-Flotte transportiert werden, die Gates auf den Großen Seen aufgebaut hatte. Die Carnegie Steel Company bekam hochgradiges Erz und Kontrolle über die Konkurrenz; Rockefeller bekam die Pacht und die garantierte Fracht für seine Eisenbahnen und Schiffe.

Dennoch war klar, daß das Stahlgeschäft die Konsolidierung forderte. Carnegie war der größte, aber nicht der einzige Stahlkocher; sehr ernst zu nehmende Konkurrenz hatte er in Elbert Garys Federal Steel Corporation und anderen, und jeden Tag tauchten neue Produzenten auf, die es mit den großen Gesellschaften aufnehmen wollten. Carnegie oder Rockefeller hätten eingreifen und sich die Kontrolle über die Wildwasser der Konkurrenz sichern können, aber Rockefeller war nur durch Zufall ins Stahlgeschäft geraten, und Carnegie wollte aussteigen, um sich der Verkündung seines neuen Evangeliums zu widmen.

Nur ein Mann im Lande konnte der Stahlindustrie Wohlstand durch Ausschaltung der Konkurrenz ohne einen langwierigen Kampf garantieren: J. P. Morgan, der Jupiter der Wall Street, wie er genannt wurde, weil er mächtige Donnerkeile aus seiner Kanzlei in der Wall Street 23 in die Finanzwelt schleuderte und sich so seine unangefochtene Vorherrschaft als größter Zentralisator in diesem Zeitalter der Zentralisierung sicherte. Im Jahre 1901 bildete Morgan die größte wirtschaftliche Zusammenballung, die die Welt bis dahin gekannt hatte, die United States Steel Corporation. Sie schluckte die gesamte Konkurrenz, einschließlich Carnegie, dem Morgan 300 Millionen Dollar in Stahlanteilen zahlte. Der Philanthrop verwendete das Geld prompt für eine ganze Batterie von Stiftungen. Morgan hatte sich nie die Mühe gemacht, seine Abneigung gegen den asketischen Rockefeller zu verbergen. Als er am Broadway 26 vorsprach, um sich nach den Mesabi-Besitzungen zu erkundigen, die er für die Vollendung seines Plans brauchte, wurde ihm eine dünne Suppe serviert. Denn Rockefeller, der Morgans Stimmungslage genau kannte (und der später über diesen Jupiter sagte: »Ich habe nie verstehen können, wie ein Mensch sich so großmächtig aufspielen kann«), [67] empfing seinen Gast wohl, weigerte sich aber, über geschäftliche Dinge mit ihm zu reden. Seine Antwort lautete: »Es tut mir leid, aber ich lebe im Ruhestand. Sie müssen mit meinem Sohn und Frederick Gates sprechen. Sie führen meine Investitionen.«

Als Henry Frick einige Tage später mit einem Angebot von Morgan in Pocantico erschien, ließ Rockefeller sich erweichen, nachdem er zu verstehen gegeben hatte, daß er Ultimaten nicht schätze. In dem Stil des Gentleman, den er bis zur Perfektion entwickelt hatte, sagte er zu Frick: »Mir ist nicht daran gelegen, mein Eigentum zu verkaufen. Aber wie Sie ganz recht vermuten, stelle ich mich nie gern einem soliden, verdienstvollen Unternehmen in den Weg.« [68] Rockefeller akzeptierte 8 500 000 Dollar für die Flotte von Erzfrachtern. Für den Mesabi-Besitz selbst bekam er 80 Millionen Dollar, zur Hälfte in allgemeinen Aktien, zur Hälfte in Präferenzaktien der U.S. Steel Corporation.

Als die Verträge aufgesetzt waren, erschien Frederick Gates in Rockefellers Büro, um die empfindlichen Punkte noch einmal durchzusprechen. Rockefeller wußte, daß die sichere Hand von Gates die Mesabi-Investition geführt, daß er die Flotte aus den Großen Seen aus dem Nichts aufgebaut und daß er an der Strategie der Verhandlungen mit den Gebrüdern Merritt, mit Carnegie und Morgan beteiligt gewesen war. Als sie die Vereinbarungen noch einmal durchgegangen waren, erhob sich Rockefeller und gab Gates die Hand. Mit einer für ihn ungewöhnlichen Herzlichkeit sagte er: »Ich danke Ihnen, Mr. Gates, ich danke Ihnen.« Gates sah ihn mit festem Blick an und erwiderte: »›Ich danke Ihnen‹ ist nicht genug, Mr. Rockefeller.«

Als er diese Wahrheit kostete, mag Rockefeller den gleichen prüfenden Blick auf Gates gerichtet haben, das gleiche Halblächeln mag über seine sonst unbeweglichen Züge geglitten sein wie in jenen Augenblicken, wo er eine Handvoll Kleingeld aus der Tasche holte und einen Gepäckträger oder Kellner selbst das Trinkgeld nehmen ließ, das er seiner Meinung nach verdient hatte. Es gibt keine Aufzeichnungen über die Höhe des »Trinkgeldes«, das der Geistliche für seine Dienste bei der Beschaffung des Mesabi-Besitzes bekam, es scheint aber fürs erste genug gewesen zu sein.

Am Nachmittag des 14. September 1901 hatte J. P. Morgan Hut und Mantel genommen und sein Büro in der Wall Street verlassen, um in Great Neck mit seiner berühmten Yacht zu segeln, der er trotzig den Namen »The Corsair« gegeben hatte. Als er zur Tür herauskam, stürzte ein halbes Dutzend Zeitungsreporter ganz außer Atem auf ihn zu. Einer von ihnen schrie: »Mr. Morgan, Präsident McKinley ist tot.« Wie betäubt stand Morgan einen Augenblick lang da, dann drehte er sich um, ging in sein Büro zurück, legte Hut und Mantel ab und setzte sich wieder an seinen Schreibtisch. Mit leiser Stimme sagte er: »Das ist die traurigste Nachricht, die ich je erhalten habe.«

Die Zeit der McKinley-Administration, auf der stets das wachsame Auge von Rockefellers altem Freund Mark Hanna ruhte, war eine Zeit der offiziellen Schirmherrschaft über die großen wirtschaftlichen Zusammenschlüsse gewesen, die die Populisten und die berufsmäßigen Aufdecker von Skandalen als Institutionen eines neuen Feudalismus gebrandmarkt hatten. Es war, wie Henry Adams mit ätzender Schärfe bemerkt hatte, die Zeit der »endgültigen Kapitulation des Landes vor dem Kapitalismus«.

Als Theodore Roosevelt in demselben Jahr Präsident wurde, in dem Morgan die U.S. Steel gründete, war die Frage der Trusts das wichtigste Problem, dem er sich gegenübersah. Es war ein politisches Dilemma. Eine Anti-Trust-Gesetzgebung, sagte der neue Präsident, wäre ungefähr ebenso wirkungsvoll wie eine päpstliche Bulle gegen einen Kometen. Die Trusts seien »unvermeidlich«, nicht so sehr, weil sie leistungsfähig waren, sondern weil sie sich, wie Roosevelt es sagte, so fest eingenistet hatten, daß jeder Versuch, sie zu zerstören, »scheitern müßte, es sei denn, man ginge mit Mitteln vor, die dem gesamten politischen Leben des Landes äußersten Schaden zufügen«. [69]

Andererseits konnte man es nicht einfach zulassen, daß die Trusts das Land regierten, wie sie es in den letzten fünfzehn Jahren getan hatten. Der öffentliche Zorn war zu mächtig, das wirtschaftliche Chaos, das ihr ungeregelter Konkurrenzkampf ausgelöst hatte, war zu gefährlich. Mußten ein paar Exempel öffentlich statuiert werden, um mehr Verantwortungsbewußtsein zu erzwingen, dann war Roosevelt dazu bereit. Es gab, wie er bemerkte, gute Trusts und böse. »Wir wehren uns gegen Fehlverhalten, nicht gegen Reichtum«, erklärte er den Bürgern des Landes. Doch nach welchen Kriterien hier unterschieden werden sollte, das blieb sein Geheimnis. * Morgans Stahl-Trust, der sich über die grundlegende aller modernen Industrien ausgebreitet hatte, sollte von Roosevelts Regulatoren und Trust-Knackern ebenso übersehen werden wie seine International Harvester Company und sein Eisenbahnmonopol in Neu-England. Andererseits sollten die Eisenbahnen seines Rivalen, E. H. Harriman, der Roosevelt politisch nicht unterstützt hatte, die regulierende Axt schmerzhaft zu spüren bekommen. Das sichtbarste Opfer aber, nach dem die Öffentlichkeit schrie, war John D. Rockefeller, war seine Standard Oil.

* Geheim war auch die Tatsache, daß er selbst sich an die Männer, die er bald als Übeltäter von größtem Reichtum geißeln sollte, gewandt und sie um Spenden für seine Wiederwahl im Jahre 1904 gebeten hatte. Sie hatten mehr als 300 000 Dollar aufgebracht. Kaum war er wie-

Prozesse hatten die Standard seit ihrer Gründung geplagt, aber in der zweiten Roosevelt-Administration nahmen sie spürbar an Zahl zu. Im Mittsommer 1907 waren sieben Prozesse auf Bundesebene gegen die Standard und ihre verschiedenen Töchter anhängig, ergänzt durch Prozesse im Namen der Bundesstaaten Texas, Minnesota, Missouri, Tennessee, Ohio, Mississippi und Indiana, und das US-Justizministerium beantragte die Auflösung des ganzen Trusts, weil er nichts anderes sei als eine Verschwörung zur Behinderung des freien Handels. Der Prozeß, dessen Protokolle am Ende 21 Bände mit 14 495 Druckseiten füllten, bot die erste und letzte Gelegenheit für die Uneingeweihten, einen Blick in das innere Heiligtum der Standard Oil zu werfen. Was sie dort sahen, war erstaunlich. Das Unternehmen, das vierzig Jahre vorher mit einer Investition von 4000 Dollar durch einen skeptischen jungen Kommissionskaufmann seinen Anfang genommen hatte, produzierte jetzt jeden Tag 35 000 Barrels Öl und Benzin. Es besaß mehr als 160 000 km Pipeline und eine Armada von 100 Tankern, die seine Produkte ins Ausland trugen. Der Trust war mehr als 660 Millionen Dollar wert.

Die Regierung gewann den Prozeß, und sie gewann auf den langen Wegen der Berufung immer wieder. An einem frostigen Märztag des Jahres 1911 erhob sich schließlich Oberrichter White vom Obersten Gerichtshof und verlas die Entscheidung, die den Standard-Trust auflöste: »Kein unparteiischer Geist kann ... den Dschungel widersprüchlicher Aussagen über zahllose komplizierte und verschiedenartige geschäftliche Transaktionen anschauen, die sich über einen Zeitraum von fast vierzig Jahren erstrecken, ohne unweigerlich zu der Schlußfolgerung zu gelangen, daß hier das Genie für kommerzielle Organisation sehr bald die Entschlossenheit zeugte, andere auszuschließen.« [70]

In dem komplizierten Verfahren, das nun anlief, um die vielen Köpfe der Hydra abzuschlagen, erhielten die Aktionäre proportional zu ihren Anteilen an der Standard of New Jersey Aktien der verschiedenen Standard-Gesellschaften. Von den 983 383 Aktien der Holding besaß Rockefeller – der sein Portefeuille im Laufe der Jahre immer praller gefüllt hatte – 244 385 Aktien im Werte von mehr als 160 Millionen Dollar. Der Riesenkrake wurde in 39 verschiedene und theoretisch miteinander konkurrierende Gesellschaften zerhackt, aber sie blieben im Besitz derselben Aktionäre, und auf Jahre hinaus respektierten die neuen Firmen die territorialen Ansprüche ihrer Geschwister.

Das Leben des Trusts nach dem eigenen Tod war ein Epilog voller Ironie auf den Prozeß. [71] Denn binnen einer Woche, nachdem die Aktionäre ihre Anteile an den Gesellschaften erhalten hatten, die Teil der Holding gewesen waren, wurden die Standard-Gesellschaften zum ersten Mal an der Wall Street gehandelt. Es kam explosionsartig zu der stärksten Nachfrage, die der Markt jemals bei einer einzigen Aktie erlebt hatte. Das steigerte den Wert des ehemaligen Trusts enorm. Die Standard of New Jersey kletterte von 260 pro Aktie auf 580; Standard of Indiana von 3500 auf

der im Amt, hatte er sein Büro für Körperschaften auf sie gehetzt. Das wirkte so undankbar, daß Henry Frick sagte: »Wir haben den Schweinehund gekauft, aber er blieb nicht gekauft.«

9500. Während die Menschen noch die Zerschlagung des Trusts feierten, stieg der Wert der Standard-Aktien in fünf kurzen Monaten um weitere 200 Millionen Dollar an. Das ganze wirkte wie ein Exempel für einen der liebsten Grundsätze Rockefellers: »Versuche, jede Katastrophe in eine neue Chance zu verwandeln.« Präsident Roosevelt sah selbst, welche Ironie hier waltete. In einer Rede im Jahre 1912 befaßte er sich mit den Resultaten, die das Sprengen von Trusts haben konnte, und sagte: »Kein Wunder, daß die Wall Street jetzt betet: ›Oh, gütige Vorsehung, beschere uns noch eine Auflösung.‹«

Doch Rockefellers Sorge gehörte, jedenfalls vorläufig, dem Geben mindestens ebenso sehr wie dem Nehmen. Er wußte, daß die Entscheidungen über das große Vermögen, die jetzt von ihm zu treffen waren, mindestens ebenso folgenreich sein würden wie alle, die er jemals über den nun zerschlagenen Trust zu fällen gehabt hatte. Er hatte jedenfalls Frederick Gates, der ihn an die Gefahren der Tatenlosigkeit erinnerte. »Ihr Vermögen schwillt, es schwillt wie eine Lawine! Sie müssen es schneller verteilen, als es zunimmt! Tun Sie das nicht, dann wird es Sie zerschmettern, und Ihre Kinder, und Ihre Kindeskinder.«

Gates hatte mehr im Sinn als nur Geld zu verschenken. An die Zukunft der Philanthropie dachte er mit der Leidenschaft des Evangelisten. Er träumte von großen wohltätigen Trusts. Es sollten philanthropische Gesellschaften sein, die die Welt des Gebens ebenso »rationalisieren« sollten, wie die Standard die Welt des Öls rationalisiert hatte.

In seinen privaten Aufzeichnungen stellte Gates Betrachtungen über Rockefeller und das, was die beiden die »schwierige Kunst des Gebens« nannten:

»Ich zitterte, wenn ich die Unvernunft sah, mit der sich die Menschen über Rockefellers Reichtümer erregten, die für die große Masse sich als nationale Gefahr darstellten. Die größte Sorge aber bereitete mir nicht diese Unvernunft des öffentlichen Vorurteils über sein ungeheures Vermögen. Sollte es der Nachwelt übergeben werden, wie andere große Vermögen von den Besitzern an ihre Nachkommen übergeben worden sind, mit skandalösen Folgen für die Nachkommen und mit ihrer machtvollen Tendenz, sozial zu demoralisieren? Ich sah keine andere Möglichkeit für Mr. Rockefeller und seinen Sohn als die Schaffung einer Reihe großer philanthropischer Gesellschaften zur Förderung der Zivilisation in allen ihren Elementen, in unserem Land ebenso wie in allen Ländern, Gesellschaften, nach Möglichkeit unbegrenzt an Zeit und Reichtum, breit im Spektrum, sich selbst verewigend.«[72]

Gates begann damit, Rockefeller zur Schaffung der ersten Institution zu bewegen, die seinen Namen tragen sollte, des Rockefeller Medical Institute, das sein Enkel David ein halbes Jahrhundert später in die Rockefeller University umwandeln sollte. Angeregt von *Principles and Practice of Medicine* von Oser, diktierte Gates im Jahre 1897 ein Memorandum an seinen Chef, in dem er die Schaffung einer medizinischen Forschungsanstalt vorschlug, deren Vorbilder das Pasteur-Institut in Paris und das Koch-Institut in Berlin sein sollten. Gates hielt die Medizin, wie sie damals in den

USA praktiziert wurde, für einen »Versager«, und hier Abhilfe zu schaffen, sei eine »ungeheure Chance für Mr. Rockefeller«. Selbst wenn das Institut keine große Entdeckung machen sollte, so werde doch »die bloße Tatsache, daß er, Mr. Rockefeller, ein derartiges Forschungsinstitut gegründet habe . . . zu anderen Instituten ähnlicher Art führen, oder doch zumindest dazu, daß andere Fonds für die Forschung bereitgestellt werden.«

Im Jahre 1901 wurde das Rockefeller Institute for Medical Research offiziell ins Leben gerufen. Es war das erste seiner Art in Amerika. Ein Jahr darauf legte Rockefeller eine Million Dollar zu den ursprünglichen 200 000 Dollar Stiftungskapital hinzu, damit ein bedeutendes Laboratorium an der oberen East Side in New York City gebaut und ausgerüstet werden konnte. Dr. Simon Flexner von der University of Pennsylvania wurde zum Leiter des Instituts berufen und beauftragt, einen Stab nicht minder renommierter Wissenschaftler und Verwaltungsfachleute zusammenzustellen.

Im Jahre 1905 entwickelte Flexner ein Serum für die Behandlung epidemischer Gehirnhautentzündung. Es war der erste von mehreren dramatischen und weithin von den Medien verkündeten wissenschaftlichen Fortschritten, die von dem Institut erzielt wurden; es kam später wichtige Forschungsarbeit zur Entwicklung eines Impfstoffs für Gelbfieber hinzu, und es wurde auf den Gebieten der Kinderlähmung und der Lungenentzündung gearbeitet. Noch wichtiger war die Tatsache, daß das Institut die wissenschaftlichen Grundlagen für die Kampagnen zur Verbesserung der ärztlichen Versorgung und zur Förderung der öffentlichen Gesundheitspflege erarbeitete, die die Rockefeller Foundation und andere philanthropische Organisationen bald bis in die entferntesten Winkel der Erde tragen sollten.

Als Gates sein Auge auf dem medizinischen Institut ruhen ließ, zu dessen Schaffung seine Energie und seine Weitsicht beigetragen hatten, geriet er in religiöse Schwärmerei: »In diesen geheiligten Räumen flüstert Gott, der Herr, seine Geheimnisse. Diesen Männern erschließt er die geheimnisvollen Tiefen seines Seins«, schrieb er. Wenn Rockefeller auch solchen Gedanken nachhing, so verlieh er ihnen keinen Ausdruck. Außerdem löste er bei den Leuten Verwunderung aus, indem er weiterhin Dr. H. F. Biggar, einen Homöopathen, als persönlichen Arzt behielt und sich sein tiefsitzendes Mißtrauen gegenüber der modernen Medizin bewahrte, während er Millionen dafür ausgab, um sie zu fördern und voranzutreiben.

Gates hätte sich wahrscheinlich als einer der fähigen engen Mitarbeiter Rockefellers in der Standard Oil bewährt, wenn er dreißig Jahre früher auf der Bildfläche erschienen wäre. Der Geistliche begriff die Monopolprinzipien, die es seinem Chef ermöglicht hatten, die Ölindustrie zu organisieren, und er machte sich ans Werk, sie auf das Gebiet der Philanthropie anzuwenden. Rockefeller, dem Drängen von Gates nachgebend, schrieb Carnegie einen Brief und lud ihn ein, einer der Treuhänder seines nächsten großen philanthropischen Werkes zu werden, des 1903 eingetragenen General Education Board.

Von seiner Gründung an war das G. E. B. ein Musterbeispiel für das Prinzip des

Monopols. Als Arbeitsgebiet wählte es die Erziehung von Negern im Süden der Vereinigten Staaten. Sein Einfluß im Süden stand bald ohne Konkurrenz da, und es erweiterte seine Tätigkeit rasch auf das ganze Land. Im Jahre 1905 stockte Rockefeller die ursprüngliche G.E.B.-Stiftung um 10 Millionen Dollar auf; er schrieb dazu einen Brief mit der Weisung, daß die Einnahmen aus diesem Kapital für die »Förderung eines umfassenden Systems der höheren Bildung in den Vereinigten Staaten« zu verwenden seien. Das entscheidende Wort dabei war, wie Gates später in einer Denkschrift an die Treuhänder hervorhob, das Wort *System*. Mit den 10 Millionen Dollar sollte das Ziel erreicht werden, »unsere höhere Bildung auf so etwas wie ein geordnetes und umfassendes System zurückzuführen, um überflüssige Doppelgleisigkeit und Verschwendung abzubauen und Wirtschaftlichkeit sowie Leistungsfähigkeit zu fördern. Mr. Rockefeller hatte den Wunsch, daß der Fonds fortwährend genutzt wird, um diesem großen Ziel näherzukommen.«

Als nächstes vereinigte das G.E.B. die medizinischen Interessen des Rockefeller Medical Institute mit seinen eigenen Bildungsinteressen zu einem Projekt, das sich revolutionierend auf das gesamte System der medizinischen Ausbildung auswirken sollte. Beispielhaft für die neue Medizin sollte John Hopkins werden; die Grundsätze und Maßstäbe für die Reorganisation der medizinischen Ausbildung wurden in einem berühmt gewordenen Bericht niedergelegt, den die Carnegie-Stiftung in Auftrag gegeben und den G.E.B.-Treuhänder Abraham Flexner geschrieben hatte, dessen Bruder Simon das Institut leitete. In den fünf Jahren nach dem Flexner-Bericht, dessen Empfehlungen mit Hilfe von Geldmitteln ins Werk gesetzt wurden, die das General Education Board zur Verfügung stellte, verringerte sich die Zahl der medizinischen Ausbildungsstätten im Lande von 147 auf 95. Zu den weniger als zwei Dutzend Empfängern der 45 Millionen Dollar, die für die medizinische Ausbildung zur Verfügung gestellt wurden, gehörten Johns Hopkins, Yale, die Universität von Chicago, Columbia und Harvard. Sie setzten hinfort die Maßstäbe für die auf diesem Gebiet arbeitenden Institute.

Rockefeller freute sich über die guten Werke der von Gates geschaffenen Stiftungen. Er freute sich auch darüber, daß sie offenbar den Haß milderten, mit dem die öffentliche Meinung ihn seit dem South-Improvement-Plan erbarmungslos verfolgt hatte, und daß sie ein Gebiet geschaffen hatten, auf dem sich sein gesundheitlich anfälliger, scheuer Sohn, John D. Rockefeller Junior, erfolgreich betätigen konnte. Er selbst jedoch zeigte sich nicht besonders interessiert. Er war es zufrieden, wenn Gates und Mister Junior sich den Details des Instituts und des G.E.B. widmeten, während er Golf spielte, sich auf dem Aktienmarkt vergnügte und seinen »Ruhestand« genoß. Sie waren die Unternehmer, er war nur der Geldgeber. Er sah die ganze Philanthropie anders, praktischer als sie, und aufregend fand er sie eigentlich nur selten. Geschah das doch einmal, wie etwa bei der G.E.B.-Tagung des Jahres 1909 zur Schaffung der Rockefeller Sanitary Commission, dann deshalb, weil er plötzlich eine pragmatische Anwendungsmöglichkeit für Philanthropie entdeckt hatte.

Dr. Victor Heiser, der an der Sanitary Commission beteiligt war und dann Direktor der internationalen Gesundheitsprojekte der Rockefeller Foundation wurde, erinnerte sich später daran, wie er zusammen mit einer Gruppe führender Mediziner zu einem Treffen mit Rockefeller gebeten wurde. »Ich möchte Ihnen, meine Herren, eine Frage stellen«, sagte er. »Gibt es eine Krankheit, die eine große Zahl von Menschen heimsucht und von der Sie sagen können, ›Ich kenne sie genau und ich kann sie heilen, nicht in fünfzig oder auch achtzig Prozent der Fälle, sondern in einhundert Prozent?‹« [73]

»Noch nie«, erzählte Dr. Heiser später, »hatte jemand diese hervorragenden Ärzte vor ein derartiges Problem gestellt.« Es war eine praktische Frage, gestellt von einem Mann, der es gewohnt war, für sein Geld den vollen Gegenwert zu bekommen. Glücklicherweise hatte ein Arzt des Öffentlichen Gesundheitsdienstes der Vereinigten Staaten, Dr. Charles Stiles, sich bemüht, die Aufmerksamkeit auf den Hakenwurm zu lenken, der Baumwollarbeiter im Süden befallen hatte und bei den Erkrankten gefährliche Lethargie auslöste. Diese Krankheit hatte Millionen befallen, aber sie konnte leicht behandelt, ihrem Ausbrechen konnte vorgebeugt werden (für fünfzig Cent pro Person, wie später nachgewiesen wurde). Die Einkommensteuer war noch nicht eingeführt, und die Regierung verfügte nicht über die erforderlichen Gelder, um eine solche Massenbehandlung zu finanzieren. Eine Rockefeller Sanitary Commission jedoch hatte die Mittel.

Gates aber hatte über etwas noch Größeres nachgedacht als das Institut, das G.E.B. und die Sanitary Commission, etwas, das dastehen sollte als alles andere überragende philanthropische Tat. Die Umrisse fanden sich schon in einem Brief, den er Rockefeller kurz nach der Kontroverse um das »schmutzige Geld« geschickt hatte. »Seit fünfzehn Jahren lebe ich nun täglich mit diesem Ihrem großen Vermögen«, begann er mit seiner üblichen Hyperbel. »Diesem Vermögen, und insbesondere den Möglichkeiten seiner Nutzanwendung, habe ich jeden meiner Gedanken gewidmet. Es war mir unmöglich, die große Frage zu ignorieren, welches der Endzweck dieses großen Reichtums sein soll.« Der beste, Rockefeller offenstehende Weg, meinte er dann, sei es, »abschließend über dieses große Vermögen in der Form permanenter, körperschaftlicher Philantropien zum Wohle der Menschheit zu verfügen . . .« [74]

Im Jahre 1910 wurde die große Institution geschaffen, die die weltweite Mission des Rockefeller-Reichtums verkörpern sollte. Rockefeller überschrieb den drei Treuhändern – Gates, Mr. Junior und Harold McCormick, seinem Schwiegersohn und Erben des International-Harvester-Vermögens – Standard-Oil-Papiere im Werte von 50 Millionen Dollar als Anfangskapital der Rockefeller Foundation, die mit einem Gesamtkapital von 100 Millionen Dollar ausgestattet werden sollte. Im folgenden Jahr brachte Senator Nelson Aldrich, Schwiegervater von John D. Rockefeller Junior und einer der mächtigsten Männer im Kongreß, eine Gesetzesvorlage ein, um eine Charter der Vereinigten Staaten für die größte philanthropische Stiftung der Welt zu erwirken.

Trotz Rockefellers Freigebigkeit während des vorangegangenen Jahrzehnts und trotz der übertriebenen ersten Bekanntmachung, in der angedeutet wurde, daß mehr als 500 Millionen Dollar gestiftet werden sollten, war der Argwohn nicht ganz ausgeräumt. Skeptiker wiesen darauf hin, daß die Rockefeller-Gaben zu merkwürdigen Zeiten kamen – so war dem General Education Board im Jahre 1907 die große Summe von 32 Millionen Dollar geschenkt worden, als die Landis-Entscheidung anstand, und jetzt kamen 100 Millionen Dollar ausgerechnet zu der Zeit, als der Oberste Gerichtshof seinen Spruch in dem Prozeß über die Auflösung des Standard Trusts vorbereitete. Wickersham, Präsident Tafts Justizminister, sagte, der Antrag von Aldrich sei in Wahrheit »eine Vorlage zur Vergesellschaftung von Mr. Rockefeller«. Theodore Roosevelt verkündete: »Natürlich kann noch so viel Großzügigkeit beim wohltätigen Verschenken riesiger Vermögen das Fehlverhalten beim Erwerb dieser Vermögen in keiner Weise ausgleichen.« Und ein bekanntes Magazin schrieb in einem Leitartikel: »Wenn die Standard Oil ein Ungeheuer ist, dann könnte die Rockefeller Foundation sehr leicht zu einem kriegsstarken Zug von Frankensteins werden.«

Die Vorstellung, daß John D. Rockefeller Gutes im Sinne haben könne, wurde noch immer mit Skepsis aufgenommen. Aldrich führte einen gewaltigen, volle drei Jahre währenden Kampf im Kongreß, um die Annahme der Vorlage zu erreichen. Er ließ Zusatzanträge gelten, um noch vorhandenes Mißtrauen auszuräumen. Der Stiftung sollte eine Vermögenshöchstgrenze von 100 Millionen Dollar gesetzt werden; neue Treuhänder mußten mehrheitlich vom Präsidenten und Vizepräsidenten der Vereinigten Staaten, vom Oberrichter des Obersten Gerichtshofes, vom pro-tempore-Präsidenten des Senats, vom Sprecher des Repräsentantenhauses und anderen hohen Beamten bestätigt werden. Aber noch immer wurde die Vorlage nicht angenommen.

Rockefeller machte die ursprüngliche Schenkung rückgängig und bemühte sich dann um eine Charter des Bundesstaates New York, wo die Parlamentarier nicht ganz so eigenwillig waren. Im Jahre 1913 erhielt die Stiftung endlich ihre Charter, und Rockefeller löste sein Wort ein. Er stellte diesem Institut 100 Millionen Dollar zur Verfügung. Aufgabe der Stiftung war nichts Geringeres als »die Förderung des Wohls der Menschheit in der ganzen Welt«.

Binnen weniger Jahre nach ihrer Gründung war die Stiftung tatsächlich zu jener internationalen Präsenz gediehen, die Gates in seinen Träumen der frühen Jahre vorausgesehen hatte. Sie beteiligte sich an einer Vielfalt von Hilfs- und Bildungsprojekten in Amerika und im Ausland, und sie trug den Feldzug gegen Hakenwurm und Gelbfieber in dieselben tropischen Länder des pazifischen Raums, in denen die christlichen Missionare wirkten und die US-Firmen ebenso wie militärische Expeditionen Vorposten errichteten. Die Stiftung wurde schneller, als selbst Gates es zu hoffen gewagt hatte, zu einem Bestandteil des nationalen Lebens. Kurz nach ihrer Gründung schrieb er voller Stolz an einen Mitarbeiter, daß sie sich glücklich preisen dürften, »gemeinsam befaßt zu sein mit einem höchst anspruchsvollen, ungeheuren Unterfangen, schwanger mit unermeßlichen, schicksalhaften Aufgaben ...«[75]

In vollem Umfange wurde das Wirken der Institutionen, zu deren Erschaffung er so wesentlich beigetragen hatte, erst im Laufe des Lebens von John D. Rockefeller

59

Junior und seiner Kinder sichtbar. Als der 73jährige Gates die Führung der Institution abgab, die sein höchstes Werk war, begriff er, daß sie eines Tages ebenso mächtig werden könnte wie die Standard Oil selbst. »Wenn Sie sterben und Sie vor den Richterstuhl des Allmächtigen treten, welche Rechenschaft wird er dann Ihrer Meinung nach von Ihnen fordern?« fragte er seine Kollegen am Abend seines Abschiedsbanketts. »Bilden Sie sich auch nur einen Augenblick lang ein, daß er sich nach Ihren kleinen Fehlern erkundigen wird, nach Ihren trivialen Tugenden? Nein. Er wird nur eine Frage stellen: ›*Was haben Sie als Treuhänder der Rockefeller Foundation getan?*‹« [76]

# Kapitel 4

Thoreau hat einmal gesagt: »Philanthropie ist beinahe die einzige Tugend, die von der Menschheit ausreichend anerkannt wird.« Die großen Rockefeller-Stiftungen machten in der Tat Eindruck auf die Amerikaner. Sie kamen zu einer Zeit, als der höchste Wellenkamm des Hasses umschlug. Die gewaltigen Haß- und Schmähfeldzüge von Lloyd und Tarbell waren gekommen und gegangen; die Kontroverse um das »schmutzige Geld« war nun geklärt, sehr zur Verlegenheit der Kongregationalisten. Rockefellers wohltätige Stiftungen – die bis zu seinem Tode die Gesamtsumme von mehr als 500 Millionen Dollar erreichen sollten – waren zu günstigen Zeiten gekommen, und es war dafür gesorgt, daß die Bevölkerung von ihnen erfuhr.

Nach dem eisernen Gesetz des Pendelschlags begann eine langsame Umkehrung in der Reaktion der Öffentlichkeit auf den Namen Rockefeller, eine Meinungskorrektur, die spontan zu sein schien, in Wirklichkeit aber auf ihre Weise das Resultat imponierender Bemühungen war. Der entscheidende Schritt war der Beschluß, die Politik des Schweigens aufzugeben. Im Jahre 1907 stellte die Gesellschaft einen ehemaligen Journalisten, Joseph I. C. Clarke, als Beauftragten für die Öffentlichkeitsarbeit an. Das war ein kühner Schritt, denn Clarke war nicht nur der zweite Public-Relations-Mann, den es in der gesamten amerikanischen Industrie überhaupt gab (der erste, Ivy Lee, ein Meister seines Handwerks, sollte später zu einem loyalen Rockefeller-Mann werden, arbeitete aber damals für die Pennsylvania Railroad), sondern es bedeutete, daß eine Offensive im Namen des Trusts und seines Schöpfers geplant war.

Clarke, ausgerüstet mit drei Mitarbeitern und uneingeschränktem Zugang zu sämtlichen Archiven und Direktoren der Standard, ging sogleich ans Werk. In seiner Autobiographie schrieb er später: »Ich hielt mich an meinen Plan, im Namen der Gesellschaft mit Offenheit zu operieren. Als eine Zeitung eine Attacke gegen die Standard Oil ritt, trug ich die wahren Tatsachen zusammen, legte sie in aller Kürze dar, ließ den zuständigen Standard-Oil-Agenten den Chefredakteur aufsuchen und von ihm verlangen, die Wahrheit zu drucken. Es funktionierte großartig. Die Standard Oil tauchte aus dem tiefsten Keller wieder auf . . .«

Rockefeller selbst zog ebenso viel Nutzen daraus wie die Gesellschaft. Bisher hatte es nur bösartige Darstellungen seiner Geldmacherprojekte und der menschlichen Wracks gegeben, die er auf seinem Wege hinter sich zurückgelassen habe, veröffentlicht von Zeitschriften wie *McClure's,* die gern mit Dreck schleuderten. Jetzt sorgte Clarke dafür, daß Rockefeller Gelegenheit erhielt, seine Philosophie des Gebens in den Seiten von *Women's Home Companion* und anderen Magazinen zu erörtern, die bereit waren, einen alternden Millionär in milderem Licht zu betrachten. Zwei offizielle Rockefeller-Biographien wurden in Auftrag gegeben. Die erste, verfaßt von einem Baptisten-Geistlichen, wurde dem Direktorium der Standard jeweils nach Fertigstellung eines Kapitels Wort für Wort vorgelesen, blieb aber unvollendet, als der Autor verstarb; die zweite, das Werk des Rektors der Universität Syracuse, Day, wurde abgeschlossen, aber sie war eine derartig durchsichtige Weißwäscherei, daß selbst Rockefellers Parteigänger sie, peinlich berührt, unbeachtet übergingen.* Im Jahre 1908 ließ Rockefeller, unterstützt von dem fähigen Starr J. Murphy, in aller Ruhe und Abgeklärtheit seine Vergangenheit in den Seiten von *Random Reminiscences* Revue passieren. Die Autobiographie erschien als Serie in *World's Work,* herausgegeben von Walter Hines Page, einem Treuhänder der Rockefeller Foundation, der später Botschafter der Vereinigten Staaten in London wurde.

Ganz unmerklich setzte ein Wandel ein, vor allem, nachdem Ivy Lee[77] im Jahre 1913 die Aufgabe übernommen hatte, Rockefellers Bild in der Öffentlichkeit zu verschönern. Die Frage, wie stark man die immensen wohltätigen Stiftungen hervorkehren sollte, war schon ein schwieriges Problem gewesen, seit Gates das Institute for Medical Research gegründet hatte. Rockefeller selbst sah, daß es auf keinen Fall so aussehen durfte, als werde hier mit Geld eine Schuld abgetragen. In einem Brief an seinen Sohn schrieb er:»In manchen Zeitungen fällt uns von Zeit zu Zeit die Behauptung auf, daß ich erst ein großes Vermögen aufgehäuft und dann angefangen hätte, es wieder zu verschenken. Ich meine, das sollte allmählich und sehr behutsam, durch Mr. Lee . . . korrigiert werden, damit es so erscheint, wie es tatsächlich war, nämlich daß ich anfing, Geld zu geben, als ich anfing, es zu verdienen – in meiner Kindheit . . .«[78]

Doch Lee brauchte in seiner Kunst nicht erst unterwiesen zu werden. Nie gab er die großen Summen bekannt, mit denen Rockefeller von Zeit zu Zeit das Kapital seiner Stiftungen aufstockte, weil er fürchtete, daß es egozentrisch wirken könnte. Statt dessen sorgte er dafür, daß die Nutznießer der Großzügigkeit Rockefellers in öffentlichen Erklärungen ihrer Dankbarkeit Ausdruck verliehen. Lee brachte Reportagen in den Medien unter, in denen geschildert wurde, wie der alternde Milliardär zur Kirche ging, wie sein Verhältnis zu seinen Nachbarn war, wie er Golf spielte. Ihm ging es darum, ohne laute Fanfarenstöße ein neues Bild von Rockefeller, dem Menschen, zu zeichnen.

Dem Versuch, den Eindruck zu verändern, den die Öffentlichkeit sich von der Familie machte, kamen Rockefellers felsenfeste Überzeugung zugute, daß er in der Tat verleumdet worden sei, und seine erstaunliche Langlebigkeit. Rüstig und gesund,

---

* Die Suche nach einem geeigneten Biographen für Rockefeller sollte viel Zeit, Energie und Geld verschlingen, bis die Wahl schließlich auf Allan Nevins fiel, einen Historiker.

wie er in seinen Siebzigern und dann in seinen Achtzigern war, überlebte er alle, die mit ihm gelebt und gearbeitet hatten. H. H. Rogers war 1909 gestorben; sein Begräbnis war der Anlaß zu Rockefellers letztem Erscheinen am Broadway 26. Archbold hatte die Szene im Jahre 1916 verlassen und William Rockefeller[79] im Jahre 1922.

Die alte Garde schwand dahin, und die Generation, die in der Überzeugung großjährig geworden war, daß Rockefeller ein böser Dämon sei, wich einer neuen, die in erster Linie die internationale Großzügigkeit der Rockefeller Foundation kannte oder die Tatsache, daß der Vater der Standard Oil im Großen Krieg für viele Millionen Dollar Kriegsanleihe gezeichnet hatte. Die Öffentlichkeit sah John D. Rockefeller nicht mehr als Gestalt in Cut, Zylinder und gestreifter Hose, umgeben von Pinkertons Leibwächtern auf dem Wege zu einer Senatsanhörung, sondern als einen Mann in Knickerbockers, der eine Runde Golf spielte oder sich, umgeben von den sechs Jungen seines Sohnes, auf den weiten Rasenflächen von Pocantico dem Fotografen stellte. Er wurde zu Lebzeiten zu einer Legende.

Für andere mag das hohe Alter eine Zeit sein, in der herbstlicher Geist der Versöhnung die Leidenschaften der Jugend ersetzt, aber für Rockefeller, der sich derartige Leidenschaften nie gestattet hatte, war es nur das Hinüberschreiten in ein neues Lebensalter, das es ebenso selbstbeherrscht zu meistern galt wie das vorangegangene. Zum ersten Mal in seinem Leben besuchte er eine unterhaltende Bühnenvorstellung – gegeben von Weber und Fields – und es blieb auch das letzte Mal. Er blieb, was er immer gewesen war – Geschäftsmann. An jedem Vormittag zog er sich zwei Stunden lang in sein privates Büro in Kijkuit zurück, dem Herrenhaus auf dem Landsitz Pocantico, um telefonisch Aktien zu kaufen oder zu verkaufen. Das war Geschäft, aber es war auch eine Art Zerstreuung – sozusagen ein Schattenboxen, das ihn an die großen Kämpfe längst vergangener Zeiten erinnerte.

Nach der Hochzeit seiner Tochter Edith mit Fowler McCormick hatte Rockefeller 30 Millionen Dollar Aktien der International Harvester in seinem Portefeuille. Sein Vertrag mit Morgan über Mesabi hatte ihn zum größten Aktionär der U.S. Steel werden lassen und ihm einen Sitz in deren Direktorium eingebracht. Er hatte kräftig in ein frisch gegründetes Unternehmen namens General Motors investiert und besaß nach wie vor die Kontrollmajorität von Consolidated Coal und Colorado Fuel and Iron. Der Trust war tot, aber Rockefeller besaß weiterhin die Kontrollmehrheiten der Gesellschaften, aus denen er bestanden hatte. Noch 1931 besaß er rund 23% der Standard of New Jersey, 18% der Standard of Ohio, 15% der Standard of California und 10% der Standard of Indiana.*

Rockefellers alter Schulkamerad und Freund, Mark Hanna, hatte einmal gesagt,

---

\* Der 1. Weltkrieg hatte den Wert dieser Gesellschaften erheblich steigen lassen. 1918 hatte die Standard of New Jersey ein Nettoeinkommen von 45 Millionen Dollar, Standard of New York von 29 Millionen Dollar und Standard of California von 31 Millionen Dollar. Die Gesellschaften, die vormals den Standard Trust gebildet hatten, zeigten Einnahmen von 450 Millionen Dollar für dieses Jahr.

John D. sei »verrückt nach Geld«, und in seinem Ruhestand gab es nichts, was diesen Eindruck hätte zerstören können. Seinen Angestellten gegenüber war er nicht gerade geizig, aber als generös konnte man ihn auch nicht bezeichnen. Einer der vielen Gärtner von Pocantico konnte möglicherweise amüsiert, auf keinen Fall aber überrascht sein, wenn er eine Weihnachtsgratifikation in Höhe von 5,00 Dollar erhielt, dann aber feststellen mußte, daß ihm 5,00 Dollar von seinem Lohn abgezogen worden waren, weil er die Feiertage bei seiner Familie verbracht hatte.

Er war und blieb der Mann, der nach Feierabend herumgegangen war und die Gaslaternen gelöscht hatte, und der einmal mahnend zu George Rogers (seinem persönlichen Sekretär, der auf die Rückgabe einer 5-Cent-Münze verzichten wollte, die er Rockefeller für ein Telefongespräch geliehen hatte) gesagt hatte: »Nein, Rogers, vergessen Sie diese Transaktion nicht; das sind die Zinsen eines ganzen Jahres für einen Dollar.« Ein Geizhals aber war er nicht. Seine Familie lebte in königlichem Stil, wenn auch nicht in der protzenden, luxuriösen Eleganz der Goulds, Fricks und Morgans.

Rockefeller war es tatsächlich nicht gegeben, Wert anders als in Dollars ausgedrückt zu begreifen. An Büchern oder Gedanken war er nicht interessiert. Das Geld blieb das philosophische Zentrum seiner Welt während seines ganzen langen Lebens. Selbst als er den Bau seines Pocantico-Besitzes überwachte, bestand sein größtes Vergnügen darin, die nur auf dem Papier existierenden Gewinne der Gärtnerei zu verbuchen, die Setzlinge an seine anderen Besitzungen verkaufte. Alles in seinem geordneten Universum hatte seinen Preis.

In Rockefellers Leben hatte es eine große Leidenschaft gegeben – die Standard – und als er sich dann innerlich von dieser Institution gelöst hatte, glich er einem Lachs nach dem Laichen, zufrieden, im Seichten zu bleiben, erfüllt von der Gewißheit, sein Schicksal erfüllt zu haben. Er entspannte sich. Jetzt, im Alter, gestattete er sich exzentrische Eigenheiten, wie sie einem Mann anstehen, der den Sturm öffentlicher Mißachtung überstanden hatte und zu einer Art nationalem Besitztum geworden war, Träger eines Namens, der in Witzen und Schlagertexten als Synonym für großen Reichtum benutzt wurde.

Da war zum Beispiel seine Angewohnheit, Münzen zu verschenken – zu Anfang Fünf-Cent-Münzen, später fünf Cent für Kinder und zehn Cent für Erwachsene. Das war zu einem Teil ein Public-Relations-Einfall, entsprungen der fruchtbaren Phantasie Ivy Lees. Aber Rockefeller griff die Sache begeistert auf. Von den schätzungsweise 30000 blanken, münzfrischen Fünf-Cent-Stücken, die er in seinen späten Jahren verschenkte, gingen die meisten mit einer Ermahnung einher, wie seine Mutter sie ausgesprochen haben könnte: »Einen Fünfer für die Bank, einen Pfennig zum Ausgeben.« Wo er auch erschien, überall warteten die Menschen mit hingehaltener Hand und schrien nach einer der Münzen. Vielleicht hofften sie, daß ein wenig vom Genie des Spenders auf sie abfärbte. Rockefeller hatte immer auch ein paar Kastanien in der Tasche und ließ gelegentlich eine davon in eine der ausgestreckten Hände gleiten. Er sagte dann, das sei gut gegen Rheumatismus.

Seine Schwägerin Lucy Spelman hatte einmal gesagt, Rockefeller sei »bei größter

Bald hieß die Gegend die »Oil Regions«. Über
Nacht wuchsen winzige Siedlungen zu geschäftigen
Städten. In Fässern und Kähnen, dann mit der
Eisenbahn wurde das Öl nach den Seehäfen und
Raffinerien befördert.

»Die Stadt riecht und schmeckt nach Öl. Fluß und See sind ölverschmiert. Ölwaggons poltern durch die Straßen. Brände zwingen die Feuerwehren zu ständiger Wachsamkeit und erfüllen das Tal mit Angst«, schrieb ein Zeitgenosse über Cleveland.

Mit dem Ölboom, der Cleveland zu einer reichen Stadt machte, wurde auch Rockefeller ein reicher Mann. 1863 stieg er in das Raffineriegeschäft ein. Wohlstand und Ansehen erlaubten es John D., an die Gründung einer Familie zu denken. Unter der Rubrik »Unvorhergesehenes« verbuchte er in seinem Hauptbuch seine Brautgeschenke, 50 Cents pro Woche für Blumen-Bouquets. Im März 1864 war Verlobung mit Laura (»Cettie«) Spelman.

Nüchternheit verspielt«, und ein gewisser, fern aufleuchtender Humor zeigte sich, je stärker er sich seines Alters und seiner Sterblichkeit bewußt wurde. Oft stand er vom Frühstückstisch auf, um sich ins Büro zu begeben, und sagte: »Na, wollen mal sehen, was sich machen läßt, um das schlimmste Elend abzuwenden.« Einmal, als er massiert wurde und hörte, wie seine Knochen krachten, sagte er brummig vor sich hin: »Alles Öl des ganzen Landes, sagen die Leute, aber nicht genug Öl in meinen Gelenken.«

Er hatte ein Haus in New York, Florida, und in Seal Harbor, Maine. Er baute sich einen Zufluchtsort in Lakewood, New Jersey, genannt »Golf House«, wo er sich der Leidenschaft seines Alters widmete. Aber nachdem der alte Besitz Forest Hill in Cleveland 1917 abgebrannt war, blieb Pocantico seine eigentliche Liebe.

Sein Tagesablauf blieb immer gleich; so sehr, daß er schon fast rituellen Charakter annahm. An einem seiner Geburtstage wurde der Presse so ein Tagesplan übergeben, wohl angemessen für einen Mann, dessen ganzes früheres Leben ein Beispiel für den Satz gewesen war, daß Zeit gleich Geld ist: 6.30 – steht auf; 7.00 bis 8.00 – liest die Tageszeitungen; 8.00 bis 8.30 – frühstückt; 8.30 bis 8.45 – plaudert; 8.45 bis 10.00 – widmet sich geschäftlichen Angelegenheiten; 10.00 bis 12.00 – neun Löcher Golf; 12.00 bis 1.15 – nimmt ein Bad und ruht; 1.15 bis 3.00 – speist zu Mittag, spielt Numerica; 3.00 bis 5.00 – Spazierfahrt mit dem Auto; 5.00 bis 7.00 – ruht und läßt sich etwas vorlesen; 7.00 – speist zu Abend; 8.00 bis 10.00 – spielt Numerica, hört dem Musizieren seines Dieners zu; 10.00 – zieht sich für die Nacht zurück.

Er schien mit den Jahren zu schrumpfen, und in seinen Neunzigern wog er kaum noch 45 Kilogramm. Sein dünnes Gesicht hatte die Textur eines alten, gebräunten Pergaments angenommen, so brüchig wie die Schriftrollen vom Toten Meer und so faltenreich, daß es schien, als würden Mund und Augen nur noch von einem Netzwerk winziger Narben an Ort und Stelle gehalten. Er aß wie ein Vogel und nahm nur einen kleinen Bissen von den verschiedenen Gerichten, die ihm vorgesetzt wurden. Er wurde zu einem Echo aus einem anderen Zeitalter, und die schiere Zahl der Jahre, die er angehäuft hatte, verlieh ihm so etwas wie Anmut. Er wurde zu einer exzentrischen Person. Er »fuhr Rad«, indem er auf dem Sattel balancierte, während ein Diener ihn mit der einen Hand schieben, mit der anderen aber einen Sonnenschirm über ihn halten mußte. Golf spielte er täglich, auch wenn es bedeutete, daß eine kleine Armee von Angestellten mobilisiert werden mußte, um knöcheltiefen Schnee vom Platz zu schaufeln, und auch als Mann von nahezu neunzig Jahren konnte er den Ball noch 100 Meter weit vom Tee schlagen. Ganz gleich, welches Wetter herrschte, Rokkefeller bereitete sich auf seinen täglichen Autoausflug vor, indem er eine Weste aus Papier, eine Fliegerbrille und eine Rennfahrerkappe anlegte, deren Ohrenklappen zu beiden Seiten herunterhingen wie die Schlappohren eines Bluthunds. Jedes Jahr erschien er am Tage seiner Geburt vor den surrenden Kameras der Wochenschauen, tippte an seinen Strohhut, lächelte und sprach gelegentlich ein paar nüchterne Worte. So haben die Pathé-Tonwochenschauen aufgezeichnet, wie er durch die runzligen Lippen eines uralten Mannes fast unhörbar flüstert: »Gott segne Standard Oil, Gott segne uns alle.« [80]

Sein Geburtstag war für die Menschen aus der näheren Umgebung ein bedeutendes Ereignis. Die Kinder kamen, um den Musikkapellen zuzuschauen und um sich an Kuchen und Eis übersatt zu essen. Er übernahm die Rolle eines Patriarchen von Kijkuit, beobachtete, wie seine Familie wuchs und sich mehrte nach bester biblischer Art, darin die Linie Stillman Rockefeller überholend, die sein Bruder William gegründet hatte. Elizabeth (»Bessie«), seine älteste Tochter, hatte Dr. Charles Strong geheiratet, einen Professor an der Universität Cornell und Sohn des prominenten Baptistengeistlichen Augustus Strong. Deren einzige Tochter heiratete den Marquis George de Cuevas, einen spanischen Aristokraten, und John D. fand diese transatlantische Liebesgeschichte doch ein wenig schockierend. Die zweite Tochter, Alta, heiratete E. Parmalee Prentice, einen jungen Anwalt aus Chicago, der später nach New York zog und dort das Anwaltsbüro gründete, das die Familiengeschäfte der Rockefellers erledigte und durch Fusionen schließlich zu der weithin renommierten Kanzlei Milbank, Tweed wurde. Nur Edith, die dritte Tochter, machte ihm Kummer.

Nach ihrer Hochzeit mit Harold Fowler McCormick, dem Erben des International-Harvester-Vermögens, im Jahre 1895 war Edith nach Chicago gezogen und hatte einen königlichen Lebensstil entwickelt. An einem Abend trug sie eine Perlenkette im Werte von zwei Millionen Dollar, am nächsten ein Smaragdkollier mit 1657 kleinen Brillanten, Wert eine Million Dollar. Einfache Prunkentfaltung hätte ihr Vater wohl noch toleriert; was ihn peinlich berührte, waren ihre außerehelichen Affären und ihre absonderlichen intellektuellen Neigungen. Sie befaßte sich fanatisch mit der Psychoanalyse, studierte mehrere Jahre in der Schweiz unter Jung, dann kehrte sie nach Amerika zurück und behauptete, diese neue Kunst versetze sie in den Stand, Tuberkulose und andere Krankheiten zu heilen. Dann verlagerte sich der Schwerpunkt ihrer Interessen mehr auf Astrologie und Reinkarnation, und sie verkündete, sie sei die wiedererschienene Akn-es-en-pa-Aten, Kindbraut eines Pharao.

Edith trennte sich von ihrem Mann, der im Alter von 50 Jahren wieder heiratete und sich einer vielberedeten Drüsenverpflanzung unterzog. Der Spender, hieß es, sei ein Grobschmied gewesen, was dazu führte, daß ein Vers die Runde durch die Salons von Chicago machte und der etwa so ging: »Die alte Schmiede steht im Hain / Unter Kastanienriesen; / Der Schmied, er schaut so trübe drein / McCormick hat seine Drüsen.« Sie verschwendete weiter ihre Millionen, hatte aufsehenerregende Affären mit ihren Sekretären und benahm sich auch sonst, wie ihr Vater und ihr Bruder einhellig meinten, ganz ausnehmend skandalös.

Edith, Bessie, Alta und deren Kinder erschienen gelegentlich, zu Weihnachten oder am Geburtstag des Patriarchen, aber ein Zweifel kam nie auf – in Pocantico herrschte das Recht des erstgeborenen Sohnes. Die Töchter bekamen ein großzügiges Erbe, aber der Sohn, John D. Rockefeller Junior, behielt den Familiennamen und die Bürde, die darauf ruhte, am Ende aber auch das ungeheure Vermögen von mehr als 500 Millionen Dollar für sich und seine Erben. In Zukunft waren er und seine Linie praktisch die einzigen Rockefellers.

# Teil II: Der Sohn

»Die Wurzel des Königreichs ruht im Staat. Die Wurzel des Staates ruht in der Familie. Die Wurzel der Familie ruht in der Person ihres Oberhaupts.«

*Mencius*

# Kapitel 5

Im Winter 1874 befand sich John D. Rockefeller Senior in der Mitte seiner Karriere. Zwölf Jahre zuvor hatte er die Firma Clark and Rockefeller gegründet; zwölf Jahre weiter, und er schuf den großen Standard-Trust. Es war ein Augenblick der Ruhe in einer Karriere, deren Tempo von keinem der anderen Giganten des Vergoldeten Zeitalters erreicht werden sollte. Noch war er nicht in Stadt und Land bekannt, aber ein paar Leute mit Scharfblick hatten schon erkannt, daß dieser junge Mann es noch weit bringen werde. War er auch noch nicht der reichste Mann der Welt oder auch nur Clevelands, so konnte er sich doch erhobenen Hauptes in der neuen Klasse der industriellen Patrizier bewegen, die in der harten Stadt des Eisens und des Öls das Heft in die Hand genommen hatten. Alles, was er berührte, schien zu Gold zu werden. Und am 29. Januar lächelte ihm wieder das Glück, das ihm sein ganzes bisheriges Leben lang treu geblieben war. Cettie schenkte seinem Sohn und Erben das Leben. Der Junge war kräftig und gesund. Natürlich wurde er auf den Namen John D. Rockefeller Junior getauft.

Jahre später sollte Edith Rockefeller ihren Bruder nicht ganz ohne einen Anflug von Eifersucht den »Kronprinzen« nennen. Doch wenn er heranwuchs wie ein Prinz aus königlichem Hause, so konnte man doch nicht sagen, daß er in allem verwöhnt wurde. Er war immer ein wenig zu klein, er kränkelte oft, hatte das rechteckige Kinn eines Spelman, einen großen Mund und einen beinahe furchtsamen, wehen Blick. Mr. Junior – den Namen zog er sich zu, weil er altklug darauf bestand, daß es eben nur *einen* John D. Rockefeller geben könne – wuchs als schüchternes, ernstes Kind heran, und meistens war er alleine. Keine Spielkameraden kamen zu Besuch in die Euclid Avenue; einsam machte er seine Spaziergänge durch die Wälder des Familienbesitzes Forest Hill, es sei denn, der Sohn des Pförtners konnte als Begleiter rekrutiert werden. Viele Stunden verbrachte er in der Kirche, aber das war kein Mittel gegen seine Einsamkeit. Die Gemeinde bestand, wie er später in einem unbedachten Augenblick sagte, »aus Leuten des unteren Mittelstandes, die wir nicht als besonders kongenial empfanden«.[81]

Die Familie war seine einzige Kraftquelle, und sein Wachstum war nach innen gerichtet, hin zu dieser Familie. Seinen Vater sah er als einen Helden. Der ältere Rockefeller stand damals gerade auf dem Gipfel seiner Mannesjahre, eine Gestalt, die sich der Phantasie des Jungen für immer einprägte – groß und entschlossen, mit blauen

Augen, die aussahen, als könnten sie Stahl gefrieren lassen, mit vollem, rötlichem Backenbart. Andere empfanden den dünnen Mund als grausam, doch zu Hause lachte dieser Mund oft. Als Junior sich später im Leben voller Herzlichkeit an seinen Vater erinnerte, sagte er: »Er war einer von uns. Er brachte uns das Schwimmen, Rudern, Eislaufen, Kutschieren bei ... In Forest Hill legte er für sein Leben gern Fußwege durch die Wälder an, und als wir das Radfahren gelernt hatten, fuhren wir im Mondschein über diese Wege.«[82]

Aber diese Augenblicke höchster Vertrautheit waren hauptsächlich deshalb so unvergeßlich, weil sie so selten waren. Während Junior heranwuchs, war sein Vater immer intensiver mit den Eroberungskriegen beschäftigt, die er als Oberhaupt der Standard Oil führte. Nun war es keineswegs so, daß er die Zeit genoß, die er fern von seiner Frau und seiner Familie verbrachte; im Gegenteil, für ihn waren Heim und Familie Bastionen gegen die Welt. Von einer seiner Reisen, die ihn länger in New York festhielt, als ihm lieb war, schrieb er an Cettie daheim in Cleveland: »Stärker denn je habe ich das Gefühl ... daß die Welt voller Trug, Schmeichelei und Täuschung ist; zu Hause, das ist ein Hafen der Ruhe und der Freiheit.« Doch das Reich, das er aufbaute, verlangte alles, was er an Energie und Aufmerksamkeit aufbringen konnte. Oft war er fern von zu Hause, und dann fiel seinem Sohn die Rolle des einzigen männlichen Wesens im Haushalt zu.

Da gab es Großmutter Eliza, hager und streng und so verliebt in ihren erfolgreichen Sohn, wie sie empfindlich war, wenn die Rede auf ihren stets abwesenden Mann kam. Und es gab die Schwester seiner Mutter, Lucy, die Tante, die er Lute nannte. Sie wurde vom häufigen Gast zum ständigen Mitglied des Haushalts, als sie die unsichtbare Grenze von der noch ledigen Tochter zur alten Jungfer überschritt. Da war auch Großmutter Spelman, die nach dem Tode ihres Mannes zu ihrem Schwiegersohn gezogen war. Als ebenso leidenschaftliche Anhängerin der Prohibition, wie sie zwei Jahrzehnte vorher Gegnerin der Sklaverei gewesen war, nahm sie führend teil am Kreuzzug der Temperenzler-Union von Ohio gegen den Dämon Rum, und sie ruhte nicht eher, bis sie ihren einzigen Enkel so weit hatte, daß er an Temperenzler-Versammlungen für Kinder teilnahm. Sie erreichte, daß Junior vor seinem zehnten Geburtstag den Eid ablegte, »sich des Tabaks, der profanen Ausdrücke und des Trinkens berauschender Getränke zu enthalten«.

Und es waren da seine Schwestern – Bessie, Alta und Edith, acht, drei und zwei Jahre älter als er. Sie waren seine Spielgefährten und seine Mentoren. Als ihr Schüler war er bald so tüchtig im Nähen und Stricken, wie er ungeschickt im Sport war. Die vier verbrachten lange Stunden damit, in den Astgabeln einer Buche in Forest Hill zu hocken. Bessie las Geschichten vor, Junior stickte die schönsten Muster, Edith und Alta baumelten mit den Beinen und starrten in die Ferne. Aus einer Sparsamkeit heraus, die ganz besonders unnötig war, trug Junior die abgelegten Kleider seiner Schwestern, bis er acht war.

Von allen Frauen aber, die seinen Alltag bestimmten, hatte seine Mutter den bei weitem größten Einfluß. Die kleine, zerbrechliche Frau mit dem bemerkenswert starken Willen schritt wie eine Gottheit durch seine Tage, ihren Geist und ihre Energie (wie ihr Sohn es später sagte) darauf konzentrierend, »das Leben Christi nachzuahmen«. Die sanfte Disziplin, die sie verlangte, war theologisch – und unwiderstehlich. Zwang war unnötig. Es war, wie ihre Schwester Lute sagte: »Wenn sie einem so sanft die Finger auf den Arm legte, dann war Überzeugungskraft in dieser Berührung.« Gegen Ende seines Lebens sagte Junior zu einem Freund, er könne sich nicht daran erinnern, daß seine Mutter jemals ein »scharfes oder schmollendes Wort zu ihrem Mann, zu ihren Kindern oder zu irgendeinem Mitglied des Haushalts« gesprochen habe. Sie war im Haushalt ebenso Vorbild wie ihr Mann in der Welt da draußen.

Jeden Morgen wurde am Frühstückstisch gebetet, abwechselnd las jedes Familienmitglied aus der Bibel vor. Am Freitagabend traf man sich zum Gebet. Sonntags veranstaltete Mrs. Rockefeller ihre »Gespräche zu Hause«. Es waren Plaudereien am Kamin, und jedes Kind wurde gebeten, sich speziell auf eine Sünde zu konzentrieren, mit ihr darüber zu sprechen, mit ihr darüber zu beten und sich vorzunehmen, diese Sünde in der folgenden Woche zu besiegen. Sie drang bei den Kindern darauf, alles, was sie taten, zu bedenken. »Ist es recht?«, mußten sie sich auf Geheiß ihrer Mutter fragen, wenn sie ihren Wunsch gegen die Folgen abwogen. »Tue ich meine Pflicht?« [83]

Die Frauen, die in der beherrschten Stille des Hauses Rockefeller lebten, führten einen entschlossenen Kampf gegen die profane Welt, die Anspruch auf ihre Männer erhoben hatte – auf den selten erblickten William Avery Rockefeller, auf John D. und auf Junior. Sie klammerten sich an ihre Nüchternheit als Baptisten und an den Grundsatz, daß das Leben im Grunde eine ernste Angelegenheit sei, wo es, wie Samuel Johnson gesagt hatte, viel zu ertragen gab und wenig zu genießen, und wenn das Gute über das Böse siegen sollte, dann war es schon am besten, die Versuchung ganz und gar zu meiden. Karten waren im Hause Rockefeller verboten; sonntags gab es keine warmen Mahlzeiten, damit die Arbeit des Kochens den Feiertag nicht entheiligte. Leichtfertigkeit wurde auch an Wochentagen nicht gern gesehen; sogar die Familie von Onkel William Rockefeller galt als ein wenig zu leichtsinnig, und das führte allmählich zu einer Abkühlung zwischen den beiden Rockefeller-Linien. »Alles drehte sich um das Heim und die Kirche, sonst gab es nichts«, sagte Junior später. »Wir hatten keine Freunde in unserer Kindheit, wir hatten keine Schulfreunde.« [84] Nicht Ida Tarbell oder Henry Demarest Lloyd waren die Feinde in Juniors Kindheit. Die Feinde waren die Welt, das Fleisch und der Teufel.

Die Schwestern, und vor allem die muntere Edith, deren spätere Eskapaden zu einer schweren Bürde für ihren Vater und ihren Bruder werden sollten, mögen insgeheim hier und da rebellische Gedanken gehegt haben, aber bei Junior kam das sehr wahrscheinlich nie vor. Als er heranwuchs und anfing, seine Handschrift in seinen Heften zu üben, schien eine der Maximen, die so gut in dieses Haus paßten, und die er in säuberlicher Schrift Hunderte von Malen niederschrieb, alles zusammenzufassen, was er bisher vom Leben gelernt hatte: »Wer sich selbst besiegt, ist der größte Sieger.« Die Erben der anderen großen Vermögen des 19. Jahrhunderts mochten sich auf ein Leben in Luxus und Vergnügen vorbereiten, aber John D. Rockefeller Junior war für höhere Dinge ausersehen. Ihm war der Name der Familie in Obhut gegeben und damit ihre Ehre. Seine Pflicht war es, dafür zu sorgen, daß die Welt seinen Vater so kannte, wie er ihn kannte, nämlich als einen großen Mann.

Mochte sie sich noch so große Mühe geben, es gab für Cettie Rockefeller keine Möglichkeit, die kindliche Unschuld ihrer Kinder hinüberzuretten ins erwachsene Leben. Einmal waren die Geschäftsfreunde ihres Mannes, die ewig kamen und gingen, viele von ihnen schwarze Zigarren rauchend, einen Hauch von Whiskey in ihrem Atem und im Salon laut fluchend, während sie bis spät in die Nacht da hockten und die Strategie für die Schlachten entwarfen, die Standard Oil zu schlagen hatte. Zum anderen war das Geld im Hause Rockefeller reichlich vorhanden, so reichlich, daß Junior sich später zu erinnern vermochte, es sei »wie Luft oder Wasser oder ein anderes Element« gewesen. [85] Daran konnten die gebrauchten Kleider, die das nächstjüngere Kind zu tragen hatte, ebenso wenig etwas ändern wie die Tatsache, daß die Kinder sich ein einziges Fahrrad teilen mußten. Als Junior kein Kind mehr war, sondern ein Jüngling, war das große Vermögen zusammengetragen, und der Aufschrei der Öffentlichkeit gegen dieses Vermögen erreichte seine größte Lautstärke. Er glaubte nicht, was die Enthüllungsschreiber ihrem Publikum vorsetzten, aber das Schuldgefühl, dem sein Vater sich zu entziehen vermochte, legte sich in verdoppelter Schwere auf den Jungen.

Er arbeitete schwer daran, das Geld zu bändigen. Sein Vater half ihm dabei. Er versicherte ihm, daß der Herr ihnen das Vermögen in die Obhut gegeben habe und daß es sich um eine Treuhandschaft handele, die auf keinen Fall vergeudet werden dürfe. Er zeigte Junior, wie man ein Kontobuch führt, das aufs Haar seinem eigenen Hauptbuch A glich. Aber ein solches Buch zu führen, wenn man ein 18jähriger Buchhalter ist, der unbedingt seinen Weg in der Welt machen will, ist etwas ganz anderes als der Auftrag, das gleiche zu tun, wenn man der Kronprinz ist, der einmal den Thron von Standard Oil einnehmen wird. Junior muß geahnt haben, daß seine Buchungen eine Parodie dessen waren, was sein Vater damals eintrug: »Geige üben, 0,05 Dollar die Stunde; heißes Wasser trinken, 0,05 Dollar pro Glas; Fliegen töten, 0,02 Dollar pro Fliege.« Aber hier war Form wichtiger als Inhalt; er führte seine Bücher als eine Art Zuchtmittel, das er später auch seinen eigenen Kindern verordnete, so als könne man durch peinlichst genaue, wissenschaftliche Buchführung den Makel austreiben, der dem Gelde anhaftete, und die grenzenlosen Gelüste beherrschen, die es weckte.

Als er zehn Jahre alt war, erlebte Junior einen Wechsel der Szene. Sein Vater sah sich gezwungen, einen immer größeren Teil seiner Zeit in New York zu verbringen, und er hatte angefangen, seine Familie mit dorthin zu nehmen. Während der Verhandlungen der Standard im Osten, die sich in die Länge zogen, hatte er Cettie und die Kinder in eleganten Suiten privater Hotels wie dem Windsor oder dem Buckingham untergebracht. Das wurde mit der Zeit unzweckmäßig, und er kaufte eine solide, efeubewachsene Villa, 24 W. 54th Street, die einst Collis Huntington gehört hatte, dem Eisenbahnmagnaten von Kalifornien.

Die Schlafzimmer mit ihren Seidentapeten, Parkettfußböden und Perlmuttintarsien in der Täfelung sollten später Ausstellungsstück des Museum of the City of New York werden, das Grundstück selbst aber Freilichtzone des Museum of Modern Art. Doch als Junior in dieses Haus einzog, war die Nachbarschaft noch so dünn besiedelt, daß die Gegend beinahe ländlich wirkte. Er erinnerte sich zeitlebens an das Lärmen der eisenbereiften Räder auf dem Kopfsteinpflaster der 5th Avenue, und er unternahm weite Spaziergänge über unbebaute Grundstücke. Die Villen, die es da schon gab, machten die Gegend fast zu einer Standard-Oil-Kolonie: Flagler hatte auf der anderen Straßenseite gebaut, und weiter unten hatten die William Rockefellers ihr Haus.

Von 1884 war New York offiziell Wohnsitz der Rockefellers, dem Herzen nach aber blieben Cleveland und insbesondere Forest Hill immer ihre Heimat. Die Familie wurde Mitglied der Fifth Avenue Baptist Church. John D. wurde dort Diakon und Treuhänder, und Cettie Rockefeller lehrte mit so gründlicher Hingabe in der Sonntagsschule, daß sie in ihrem Klassenbuch ein »C« neben die Namen der glücklichen Kinder setzte, die ihrem Urteil nach Christen und damit erlöst waren.

Juniors weltliche Erziehung hatte in den Händen von Privatlehrern gelegen, aber jetzt, entschied seine Mutter, sei es Zeit für ihn, zur Schule zu gehen. Ein Jahr war er Schüler der New Yorker School of Languages, dann schrieb er sich, im Alter von 16 Jahren, in der standesgemäßen Cutler School ein. Er war ein guter Schüler; aber das merkwürdig Neurasthenische an ihm trat jetzt deutlicher hervor. Es hatte seinen Eltern schon lange Sorge bereitet. Es war, als stehe das Kind ständig unter irgendeinem Druck, es schien sich sehr davor zu fürchten, einen Fehler zu machen, und Augenblicke des Übermuts erlaubte es sich nie. Was die Eltern des Jungen behutsam als »nervösen Zustand« bezeichneten, führte ihn bald an den Rand eines Zusammenbruchs. Er verließ die Schule und ging nach Forest Hill, um sich zu erholen. Dort verbrachte er in voller Abgeschiedenheit sein siebzehntes Jahr. Er harkte Laub, sägte Holz für den Kamin und fällte Bäume, als könne angestrengte Arbeit seine unbekannten Dämonen austreiben, seiner Weinerlichkeit den Garaus machen und ihn stärken für das, was vor ihm lag. Einen großen Teil des Winters verbrachte er unter den kahlen, eisklirrenden Ahornbäumen, zapfte ihnen den Sirup ab und dickte ihn zu Zucker ein. Das war angenehme Arbeit, aber selbst so ein unschuldiges Vergnügen bedurfte der Rechtfertigung, und in ein kleines Notizbuch, das Junior in der Brusttasche stets bei sich hatte, trug er genau Ertrag und Verkaufserlös ein.

Im folgenden Jahr konnte er an die Cutler-Schule zurückkehren, danach besuchte er zwei Jahre lang die Browning School, zusammen mit seinem Vetter Percy Rockefeller und Harold McCormick, dem International-Harvester-Erben, der dann schon bald seiner Schwester Edith den Hof machte. 1893 war er reif fürs College. Nun war er fast zwanzig Jahre alt, und er war, wie er später selber sagte, »schüchtern, schlecht angepaßt und nicht sehr robust«. [86]
Junior hatte mit dem Gedanken gespielt, nach Yale zu gehen, verlor aber jede Lust dazu, als er hörte, daß eine »flotte Clique« von Studenten dort den Ton angab. Nach-

dem er den Freund der Familie William Rainey Harper konsultiert hatte, den Mann, den sein Vater zum Präsidenten der Universität von Chicago gemacht hatte, gelangte er zu der Überzeugung, daß ein kleineres Institut für einen Menschen von seinem konservativen Zuschnitt angemessener sei. Als er zum ersten Mal in seinem Leben seine Familie verließ, wünschte seine Großmutter ihm Gottes Segen, und seine Mutter ermahnte ihn, stets auf den Wegen der Rechtschaffenheit zu wandeln. In Providence traf er als ein sehr naiver junger Mann ein. Er konnte nicht tanzen und wollte es auch nicht; vom Football hatte er wenig Ahnung. Er war 1,65 Meter groß, wog 57 Kilogramm und wirkte mit seinem kantigen Kinn unter dem gewohnheitsmäßig verkniffenen, ernsten Gesicht nicht wie ein sorgloses erstes Semester, sondern viel eher wie ein salbungsvoller junger Vikar.

Er richtete sich häuslich in Slater Hall ein, dem neuesten Studentenheim auf dem Campus, und gab seinen neuen Zimmergenossen sogleich Gelegenheit, sich über ihn zu amüsieren, denn als allererstes setzte er sich und säumte seine Servietten. Aber unaufrichtig war er nicht, und zum ersten Mal in seinem Leben begann er, Freundschaften zu schließen. Nach seiner ersten Woche schrieb er begeistert nach Hause, daß die neuen Studenten schon ein sehr lebhaftes Gebetstreffen gehabt hätten, ein gutes Vorzeichen für die nächsten vier Jahre, und er fügte hinzu, daß Großmutter Spelman bei ihren rassischen Sympathien gewiß »mit Interesse hören wird, daß es drei farbige Männer in der Klasse gibt«.

In seinem ersten Jahr an der Universität erweiterte sich Juniors Gesichtskreis erheblich. Obwohl er jede Woche nach Hause schrieb und den Rat seiner Mutter etwa in solchen Fragen einholte, welche Clubs richtig für ihn seien, so stand er doch zum ersten Mal in seinem Leben auf eigenen Füßen. Cettie schrieb, aus dem Ton seiner Briefe könne sie nur den Schluß ziehen, daß er sich »weitgehend dem Vergnügen hingebe«. Er gestand ihr, daß er noch spät abends Freunde zu einem Imbiß in sein Zimmer eingeladen habe – es gab Graham-Kekse und Schokoladenmilch. Er raffte seinen ganzen Mut zusammen und schrieb Großmutter Spelman, daß er sorgfältig das Für und Wider abgewogen habe und zu dem Schluß gelangt sei, daß er diejenigen, die ihn in seinem Quartier besuchten, nicht am Rauchen hindern könne. Aber die eigentliche Krise, die Frage nämlich, ob er tanzen solle oder nicht, ereilte ihn erst in seinem zweiten Jahr. Es war ein Dilemma vor allem wegen der bekannten Einwände seiner Mutter gegen diese Vergnügung. In seinem ersten Jahr hatte er alle Einladungen abgelehnt, sah aber ein, daß er so nicht weitermachen konnte, oder man würde ihn für den ganzen Rest seines Studiums als Mauerblümchen abschreiben. Voller Befürchtungen schlimmster Art nahm er eine Einladung an. Aus Angst, daß er auf dem spiegelblanken Boden des Ballsaals ausgleiten könnte, brachte er einen seiner Zimmergenossen dazu, vorher mit ihm den Walzer zu tanzen; er wollte ganz sicher sein, daß er die Geometrie der Tanzschritte nicht vergessen hatte. Als er spät abends heimkam, mußte er zugeben, daß Unterhaltung dieser Art so übel nicht sei.

In seinem zweiten Jahr an der Brown-Universität wurde er 21, und der lange Arm der Familie reichte von New York nach Providence, um den Anlaß mit einer Erinnerung daran zu feiern, daß große Dinge von ihm erwartet würden. Er bekam schriftliche Glückwünsche von Großmutter Spelman, von Tante Lute und von seiner Mutter, die ihm schrieb: »Du kannst Deinen Geburtstag nicht besser feiern . . . als durch ernste Arbeit, die Du, wie ich weiß, Gott und der Errettung der Seelen Deiner Kommilitonen widmest.« Sein Vater schickte ihm einen Scheck über 21 Dollar anstelle der gleichen Anzahl von Kerzen zur Feier der Großjährigkeit und einen kurzen Brief, in dem es hieß: »Ich kann nicht ausdrücken, wie glücklich wir mit Dir sind und wie sehr wir uns auf Dich für die Zukunft verlassen und uns darauf freuen.«[87]

Das College war in gewisser Beziehung ein normalisierendes Erlebnis, für den Augenblick die Zukunft auslöschend, die drohend am Horizont heraufzog. Zum ersten und wahrscheinlich einzigen Mal in seinem Leben tat er, was andere junge Männer seines Alters auch taten. Er verabredete sich mit Mädchen, ging zum Football und zum Tanz; im Sommer vor seinem letzten Jahr ließ er sich einen säuberlich getrimmten Bart stehen und unternahm mit einem Freund eine Fahrradtour durch Europa. Aber er blieb bei den Ritualen, mit denen er Geld kontrollierte und sparte, was ihm den Ruf eintrug, einigermaßen exzentrisch zu sein. Seine Kommilitonen sahen belustigt, daß der Erbe eines der größten Vermögen im Lande sich wie ein armer, auf ein Stipendium angewiesener Student benahm, ausgefranste Kanten seiner Manschetten beschnitt oder in selbstvergessener Konzentration sich über einen dampfenden Teekessel beugte, um zwei zusammengeklebte Briefmarken wieder voneinander zu lösen.

In seinem letzten Jahr in Brown beschloß Junior, einen Tanz zu geben, um sich bei denen zu bedanken, deren Gast er gewesen war. Er brauchte eine Anstandsdame und schilderte seiner Mutter brieflich das Problem: »Es würde mir die größte Freude bereiten, wenn Du bei einem solchen Anlaß meine Gäste empfangen würdest, aber ich kenne ja Deine Empfindungen solchen Dingen gegenüber, und da kommt es wohl, meine ich, gar nicht in Frage . . .« Cettie Rockefeller besprach die Bitte ihres Sohnes mit ihrem Mann, und in ihrer Antwort schlug sie Junior vor, statt dessen doch einen musikalischen Abend zu geben und damit »einen Maßstab des Vergnügens zu setzen, der besser ist als ein Tanz«. Aber ihr Sohn bestand auf seinem Plan, und widerstrebend erklärte sie sich bereit, im Abendkleid zu erscheinen, um seine mehr als vierhundert Gäste in einem gemieteten Saal zu empfangen. Am Abend des Ereignisses wurde sie jedoch plötzlich von Kopfschmerzen befallen, jener letzten Zuflucht victorianischer Damen, und sie setzte keinen Fuß vor die Tür ihres Hotelzimmers. Angetan mit Frack und weißen Handschuhen, stand John D. Rockefeller Senior feierlich und allein in der Empfangsreihe.

Als der Universitätsabschluß kam, hatte Junior sich inzwischen von vielen kleinstädtischen Ansichten und Gewohnheiten befreit, mit denen er einst ausgezogen war. Er war als Student erfolgreich genug, um die Auszeichnung des Phi-Beta-Kappa-Schlüssels zu erringen; die rigorose Spelman-Moral war jetzt ein wenig gemäßigt durch eine Philosophie, die sich besser mit der pragmatischen Sinnesart seines Vaters vertrug. Junior schrieb seiner Großmutter Spelman: »Ich stelle fest, daß meine Ideale und Meinungen sich in vielerlei Hinsicht verändern. Ich setze jetzt weniger auf den Buchstaben des Gesetzes und mehr auf seinen Geist.«

Als das Zwischenspiel in Brown zu Ende ging, begann die Zukunft wieder schwer auf Junior zu lasten. Inzwischen hatte sein Vater so schwere Angriffe auszuhalten, daß sogar seine eiserne Konstitution in Mitleidenschaft gezogen wurde, und es schien, als habe er seine Gesundheit eingebüßt. So gern der Junge sich hinter dem sorgenfreien »Johnny Rock« versteckt hatte, wie seine Kommilitonen ihn nannten, so blieb er doch in Wahrheit John D. Rockefeller Junior, und seine Pflicht war klar: An der Seite seines Vaters zu stehen in der Schlacht gegen jene, die ihn schmähten. Er hatte immer gewußt, daß darin seine Lebensarbeit bestehen werde. Später fragte ein Mitarbeiter ihn einmal, ob er je daran gedacht habe, Geistlicher zu werden, wofür er vielleicht besser geeignet gewesen wäre. Junior antwortete: »Daran habe ich absolut nie gedacht. Schon als Junge habe ich immer nur den einzigen Gedanken gehabt, meinem Vater zu helfen. Ich wußte von Anfang an, daß ich zu ihm ins Büro gehen würde.«[88] Es war wie eine religiöse Berufung, erinnernd an das Christuswort: Ich muß an meines Vaters Werk gehen.

# Kapitel 6

Im Jahre 1897 warfen Tausende von jungen Männern aus guter Familie einen letzten, wehmütigen Blick auf die efeubewachsenen Mauern und gotischen Torbogen, hinter denen sie ihre College-Jahre verbracht hatten, und zogen hinaus, um ihren Platz in der betriebsamen Welt des Geschäftslebens einzunehmen. Es war eine berauschende Zeit für die Mächte der Finanz und der Industrie in Amerika. Im Präsidentschaftswahlkampf des vergangenen Jahres hatte Mark Hanna, John D. Rockefellers alter Schulfreund, das Seine getan für den Sieg des Goldstandards und des »Klassengeldes« über das »Massengeld«. Das Tor zu einer gewaltigen Hochkonjunktur war aufgestoßen. Über Nacht wurden mächtige Gesellschaften geboren, und wie ein Niagara stürzten Aktienströme über die zu hektischer Betriebsamkeit aufgepeitschten Börsen dahin, große Vermögen wurden gemacht und verspielt, und der Schwerpunkt der amerikanischen Industrie verlagerte sich unaufhaltsam zur Wall Street, wo die Kapitäne der Hochfinanz die Börsenmärkte beherrschten. Es war des Geldmanns großes Grenzerepos, die Ära der frenetischen Finanzen.

Broadway 26 gehörte zu den berühmtesten finanziellen Sturmzentren der Zeit, aber für Junior war nichts Romantisches dabei. Der Sohn des John D. Rockefeller konnte auf übliche Weise keine Selbstbestätigung finden: Seine Ankunft an dieser berühmten Adresse war keine Leistung, sondern eine Unvermeidbarkeit. Er hatte keine andere Wahl, als nach dem Universitätsabschluß seine Sachen zu packen und pflichtgetreu ins Büro zu gehen. In dem kleinen, karg möblierten Raum im neunten Stock, wo die Privatangelegenheiten der Rockefellers verwaltet wurden, stand schon ein schwerer Eichenschreibtisch für ihn bereit. Dort gesellte er sich George Rogers zu, dem persönlichen Sekretär seines Vaters, einem Angestellten namens Charles O. Heydt, der Telegraphistin Mrs. Tuttle, die auch die Aufgabe hatte, die Haßbriefe zu beantworten, und einem Kontingent von Buchhaltern. Diesem ganzen Betrieb saß der erhabene Reverend Frederick T. Gates vor mit seinen scharf herausgemeißelten Gesichtszügen und dem welligen grauen Haar.

Junior fühlte sich nie recht wohl in seiner Gesellschaft; ihm waren die Energien dieses Mannes zu undiszipliniert, seine Leidenschaften lagen ihm zu sehr an der Oberfläche. Aber Junior respektierte Gates und begriff, daß er sein Mentor werden sollte; er richtete sich also auf eine Lehre im Familiengeschäft ein unter der wohlwollenden Anleitung des ehemaligen Geistlichen. Als er die Arbeitsweise des Büros begriffen hatte, unternahm Junior zusammen mit Gates lange Eisenbahnreisen, um die über das ganze Land verstreuten Geldanlagen der Familie zu besuchen. Er hörte zu, wenn der Chefberater seines Vaters ihm seine Lieblingstheorien vortrug – wie ein so großes Vermögen sehr leicht zum Fluch für eine Familie werden könne, und daß man die Pflicht habe, zu bewirken, daß das Geld eine soziale Rendite abwirft. Junior stimmte zu, aber er sah noch nicht, wie er eigentlich in die Pläne von Gates paßte. Es wurde tatsächlich nie deutlich gemacht, was er in dem Büro tun sollte. Später pflegte er zu sagen, daß es eine kluge Strategie seines Vaters gewesen sei, darauf abgestellt, ihn zur Entwicklung eigener Interessen zu zwingen. Aber während seiner ersten Tage am Broadway 26 litt er an der Angst, daß er in eine Welt eingetreten sei, in der einem alles geschenkt wird und in der man nichts aus eigener Kraft erringen kann. »Ich habe nie die Befriedigung gekannt, meinen Lebensunterhalt selbst zu verdienen«, sagte er einmal fast sehnsüchtig, als er sich in dem Büro umsah. »Die Sekretäre, die hier arbeiten, haben einen Vorteil, den ich nie hatte. Sie können vor sich selbst ihren kommerziellen Wert beweisen.«

Diese ersten Tage waren keine glücklichen Tage für Junior. Er hatte es mit zwei starken Persönlichkeiten zu tun – mit Gates und seinem Vater – und keine Chance, sich selbst zu definieren. Später sagte er: »Von dem Tage meines Eintritts in das Büro meines Vaters bis zu seinem Tode bestand mein einziger Wunsch darin, ihm in jeder Weise zu helfen, die in meiner Kraft stand. So froh wie ich war, wenn ich seine Schuhe putzen, seine Koffer packen konnte . . . so froh war ich später, wenn ich ihn in seinen verschiedenen Angelegenheiten, in geschäftlichen und philanthropischen, vertreten konnte.« [89] Aber selbst die eine romantische Schwärmerei, die er sich leistete – sich als Paladin zu sehen, der den Makel vom Schild der Familie zu wischen entschlossen ist – war schwer in die Tat umzusetzen. Es war eine zu große Aufgabe, und er wußte nicht, wo und wie er beginnen sollte.

So wie er es später sein ganzes Leben lang in Augenblicken der Krise tun sollte, flüchtete Junior sich auch jetzt ins Detail. Er wurde Zahlmeister für die Angestellten am Broadway 26 und für das Personal in den verschiedenen Rockefeller-Haushalten. Er wählte die Tapeten für die Wohnung seiner Schwester Alta aus, als sie heiratete. Er übernahm es, das Geld anzulegen, das sein Vater allen Familienangehörigen zu Weihnachten und zum Geburtstag zu schenken pflegte. Er wurde zu einer Art Oberbuchhalter für alle Rockefeller-Angelegenheiten. Es kam ein Tag, an dem es ihm übertragen wurde, sämtliche Tintenfässer am Broadway 26 zu füllen. Es war Arbeit von der Sorte, wie er sie ein Jahrzehnt zuvor geleistet hatte, als er Buch über die Teilnahme an den Familiengebeten führte; während er eine gewisse Sicherheit daraus bezog, solche Routinearbeiten zu tun, so trugen Aufgaben dieser Art doch nicht dazu bei, den Abgrund zu schließen, der zwischen seinen Pflichten und den Erwartungen klaffte, die man mit seinem Namen verband.

Im Jahre 1921, als er seine Probleme längst hinter sich gelassen hatte, sagte er zu einem Journalisten der *The Saturday Evening Post*, der ihn interviewte: »Ich hatte keine Gelegenheit, mein Leben zu formen. Es kam große Verantwortung in vielerlei

Gestalt, die übernommen werden mußte. Ich war nicht unbedingt der beste Mann, um sie zu übernehmen, aber ich war der einzige . . . Ich glaube, wenn ich eine entschiedene Neigung für irgendeine andere Betätigung gehabt hätte, dann wäre ich nicht bei dieser Arbeit, aber das war eben nicht der Fall . . .« Dann aber fügte er schnell hinzu: »Doch gewinnen Sie bitte nicht den Eindruck, daß ich nicht der glücklichste aller Menschen sei . . . Ich bin dankbar und demütig angesichts der großen Möglichkeiten, die mir gegeben worden sind. Und außerdem sind die Bürden, die ich trage, nicht so drückend, wie sie wohl gewesen wären, wenn sie mich in meinen vierziger, fünfziger Jahren überfallen hätten. Ich bin mit ihnen geboren worden und habe nie etwas anderes gekannt.«[90]

Hatte Junior jemals insgeheim davon geträumt, in die Riesenfußtapfen seines Vaters zu treten, so harrte seiner ein rauhes Erwachen, als ihm seine erste beträchtliche Summe gegeben wurde, damit er sie investiere. Seit seinem ersten Tag im Büro hatte er – zu sechs Prozent Zinsen pro Jahr – von seinem Vater Geld geborgt, um es für sich selbst und Alta anzulegen; den Ertrag teilte er mit ihr. Nach einigen bescheidenen Erfolgen lernte Junior einen Investor namens David Lamar kennen. Lamar gelang es, ihm einzureden, daß er Geheiminformationen über bestimmte wichtige Entwicklungen besitze, die sehr bald zu einer dramatischen Steigerung im Wert der US-Leather-Company-Aktien führen würden. Mit einem Eifer, an dem abzulesen war, wie sehr ihm daran lag, seinen »kommerziellen Wert zu beweisen«, investierte Junior erheblich. Einmal an diese Firma gebunden, kaufte er alle US-Leather-Aktien, die er nur auftreiben konnte. Erst später begriff er, daß er auf den Leim geführt worden war. Lamar (der später als »Wolf von der Wall Street« zu einigem Ruhm gelangte) hatte die von ihm angepriesenen Aktien selber besessen und sie auf den steigenden Markt geworfen, den Rockefellers stürmische Käufe erst erzeugt hatten.

Juniors Verluste beliefen sich auf mehr als eine Million Dollar. Er ging zu seinem Vater, um ihm zu beichten, was geschehen war. Der alte Mann (den die Büroangestellten jetzt Mr. Senior zu nennen begonnen hatten) sah ihn mit seinen leidenschaftslosen Augen an und sagte nur: »Gut, John. Mach dir keine Sorgen, ich helfe dir da durch.« Das Ausbleiben jeder Kritik machte die Medizin womöglich noch bitterer. Wenige Tage später schrieb Junior in einem Anfall von Niedergeschlagenheit und Reue an seinen Vater: »Mein einziger Gedanke, mein einziges Ziel seit meinem Eintritt ins Büro war es, in jeder nur möglichen Weise die Bürden leichter zu machen, die Du so lange getragen hast. Jetzt sehen zu müssen, daß ich, anstatt das zu tun, wesentlich . . . dazu beigetragen habe, Deine Bürden noch schwerer zu machen, das ist sehr bitter und demütigend.«[91]

Wie Christian in der Pilgerreise (mit dem ein Geistlicher ihn später vergleichen sollte), versuchte Junior, sich von weltlichen Dingen abzuwenden und sich auf die Himmlische Stadt zu konzentrieren. Im Jahre 1900 übernahm er von seinem Lehrer Charles Evans Hughes die Führung der Männer-Bibelklasse in der Fifth Avenue Baptist Church. Damit wurde er zum ersten Mal eine Persönlichkeit des öffentlichen

Lebens, und sogleich bekam er einen Geschmack von dem Odium, das dem Namen seines Vaters anhaftete. Die Presse hatte sich hämisch ins Fäustchen gelacht, als ihm der Wolf von der Wall Street zum ersten Mal in seinem Leben das Fell über die Ohren gezogen hatte (einige Zeitungen bliesen Juniors Verlust voller Wonne auf Summen bis zu 20 Millionen Dollar auf). Jetzt griffen die Zeitungen seinen öffentlichen Dienst an der Religion als Beweis für Heuchelei an.

Doch er machte weiter. Als er die Klasse ein Jahr lang unterrichtet hatte, war die Teilnehmerzahl von 50 auf mehr als 200 gestiegen, wobei ihm allerdings bewußt war, daß dieser Erfolg nicht unbedingt auf seine geistliche Beredsamkeit zurückgeführt werden mußte. Ein Journalist der *New York Times,* der sich in die Klasse eingeschlichen hatte, merkte an, daß viele der dort lauschenden jungen Männer offensichtlich auf eine gute Stellung hofften, und er berichtete dann über Juniors Erläuterung einer Textstelle aus dem Matthäus-Evangelium (»Abermals ist gleich das Himmelreich einem verborgenen Schatz im Acker«) mit kaum verhohlener Ironie. »Sie werden finden«, belehrte der junge Rockefeller seine Klasse, die zum größten Teil ganz offensichtlich aus Männern von bescheidenem Einkommen bestand, »daß weltliche Vergnügungen und weltlicher Besitz nichtswürdig sind – ganz und gar nichtswürdig sind, wenn sie erlangt wurden . . . auf Kosten des Charakters und der Selbstachtung. Sie dürfen sicher sein: Hat ein Mensch keinen persönlichen Charakter, keine Ideen, kein reines Gewissen, das er am Ende des Tages mit nach Hause nehmen kann, dann hat er nichts gefunden, dann wird er am Ende seines Lebens nichts haben.«

Dennoch nahm sein Selbstvertrauen zu, bis er bereit war, ehrgeizigere Dinge in Angriff zu nehmen, und er arrangierte einen Vortrag vor dem Verein Christlicher Junger Männer an der Brown University. In diesem Vortrag unternahm er es, darzulegen, daß Christentum und Geschäft nicht antithetisch seien, wie die Populisten damals behaupteten, sondern daß sie einander sogar ergänzten. Er ging noch einen Schritt weiter und argumentierte, daß der Wettbewerb unweigerlich zu Fusionen führe und daß diese Ausschaltung kleinerer, weniger leistungsfähiger Einheiten ein wohltätiger Vorgang sei. Nur durch Beschneiden, sagte er in einem Vergleich, den er sehr bald bereuen sollte, konnte die Rose American Beauty entwickelt werden.

Diese gärtnerische Metapher sprach er genau in der Zeit aus, in der Ida Tarbells *History of Standard Oil* als Serie in *McClure's* abgedruckt wurde und einer riesigen Leserschaft bewußt machte, in welcher Weise der ältere Rockefeller das Gärtnermesser gegen die unabhängigen Erzeuger und Raffinerien angesetzt hatte, um sein Monopol zu entwickeln. Die Presse griff Juniors unbedachtes Bild auf und stürzte sich voll heiligem Zorn auf die Rockefellers. Eine Karikatur, die weite Verbreitung fand, zeigte ihn als Börsenticker, der einer Sonntagsschulklasse Aktienkurse predigt. Noch sieben Jahre später konnte ein ranghoher Geistlicher aus Michigan Schlagzeilen machen, indem er an die Metapher erinnerte und anmerkte: »Eine Rose, wie immer man sie nennt, wird dennoch süß duften, aber der Geruch *jener* Rose erinnert mich doch sehr stark an den Geruch von Rohöl.«

Junior mußte jetzt zur Kenntnis nehmen, daß man seine Alltagsgewohnheiten sehr

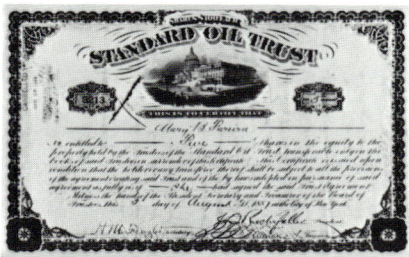

1870 war Rockefeller soweit, seine eigene
Firma gründen zu können: die Standard
Oil Company of Ohio. Sein Versuch,
zusammen mit anderen Raffinerie-
besitzern und den Eisenbahngesellschaften
ein Kartell zu gründen, scheiterte. Die
»South Improvement Company« platzte,
Rockefellers Name erschien auf den
Schwarzen Listen der Zeitungen. Doch bis
Ende der 70er Jahre hatte er die Kon-
kurrenten fast ausnahmslos aufgekauft.
Es gab nur noch die Standard Oil. Ein
Industrie-Imperium entstand.

THE BLACK LIST.

P. H. WATSON, PRES. S. I. CO.

Charles Lockhart,

W. P. Logan,

R. S. Waring,

A. W. Bostwick,

W. G. Warden,

John Rockefeller,

Amasa Stone.

These seven are given as the Direc-
tors of the Southern Improvement
Company. They are refiners or mer-
chants of petroleum

Atlantic & Ct. Western Railway.

L. S. & M. S. Railway.

Philadelphia & Erie Railway.

Pennsylvania Central Railway.

New York Central Railway.

Erie Railway.

Kurz vor der Geburt seines Sohnes John D. jr. hatte Rockefeller seinem Erfolg mit dem Kauf eines Hauses an der teuren Euclid Avenue in Cleveland Ausdruck verliehen und das Herrenhaus Forest Hill als Sommersitz erworben.

genau unter die Lupe nahm. Ein emsiger Journalist meldete, daß der Sproß des reichsten Hauses der Welt täglich 30 Cent für sein Mittagsmahl ausgab. Ein anderer faszinierte seine Leser mit einer Enthüllung seiner Trinkgeld-Gewohnheiten. Seinen Vater übertreffend, der einem Gepäckträger oder Kellner eine Handvoll Kleingeld hinzuhalten pflegte, damit er sich nehme, was zu nehmen er wagte, gab Junior überhaupt kein Trinkgeld. Als er im grellen Licht der öffentlichen Aufmerksamkeit weich wurde und seinem Friseur fünf Cent gab, wurde die Münze gerahmt und an der Wand aufgehängt; auch das fand seinen Weg in die Zeitungen.

Es waren schwere Zeiten. Weit davon entfernt, Angriffe von seiner Familie abwehren zu können, schien alles, was er tat, die Rockefellers nur neuem Spott auszusetzen. Außerdem schien die Öffentlichkeit nicht begreifen zu wollen, daß der Zusatz »Junior« hinter seinem Namen bedeutete, daß er ein anderer sei als der Mann, der die Standard Oil aufgebaut hatte. Er war ein Rockefeller, und die ganze Welt wurde sich gerade damals erst klar darüber, wie sehr sie die Rockefellers haßte.

Es war, als solle seine ganze Karriere die Antithese zu der seines Vaters sein: Eine Niederlage folgte der anderen. Während seiner ersten Jahre am Broadway 26 eilte Junior oft nach getaner Büroarbeit heim, begab sich in den Pferdestall hinter dem Haus an der 54th Street, zog seinen Rock aus, nahm die Säge und verbrachte Stunden damit, die Baumstämme zu zersägen, die er sich vom Lande hatte schicken lassen. Er arbeitete wie besessen, bis er schweißüberströmt war und sein Atem in keuchenden Stößen ging; dann griff er seinen Rock und lief ins Haus, wo er sich in physischer und geistiger Erschöpfung aufs Bett warf.

Aber wenn Juniors erste Jahre am Broadway 26 eine Zeit der Unsicherheit, der Ziellosigkeit und der Gefühlskrisen waren, so gab es doch Augenblicke, die später als Wendepunkte gesehen werden konnten. Ein solcher Augenblick kam im Jahre 1902, als seine erste und einzige ernsthafte Liebesaffäre einen Höhepunkt erreichte.

Er hatte Miß Abby Greene Aldrich auf jenem ersten schicksalsschweren Ball kennengelernt, an dem er sieben Jahre zuvor als Student der Brown-Universität teilgenommen hatte. Die Tochter des Senators Nelson Aldrich von Rhode Island war eine junge Frau von angenehmem Äußeren mit langer Nase, kräftig ausgebildetem Kinn und üppigem Haar in reizenden Locken. War sie auch vielleicht nicht so attraktiv wie andere junge Damen, die er kennengelernt hatte, so verstand sie es doch, ihre Vorzüge zur Geltung zu bringen, und sie war eine jener Frauen, die man als ausgesprochen gutaussehend empfindet, wenn sie die mittleren Jahre erreichen. Sie war liebenswürdig, anmutig und kultiviert – Eigenschaften, durch die Junior sich nicht auszeichnete. Als sie einander kennenlernten, hatte sie schon zusammen mit ihrer Schwester ihre Grand Tour durch Europa hinter sich.

Wenn sie auch nicht so reich waren wie die Rockefellers, so waren die Aldrichs doch eine mächtige Familie[92] von einer Legitimität, die niemand in Zweifel ziehen konnte. Nelson Aldrich stammte väterlicherseits von einer Familie der Bay Colony ab und mütterlicherseits von Roger Williams, während seine Frau ihre Ahnenreihe zurückverfolgen konnte bis auf einen gewissen Brewster, der an Bord der »Mayflower« in die Neue Welt gekommen war. Es war ein Augenblick in der Entwicklung des Landes, wo derlei Dinge ernster genommen wurden als in späteren Jahrzehnten. Zum ersten Mal in der amerikanischen Geschichte hatte sich eine nationale Oberschicht herausgebildet, die das Bedürfnis empfand, sich zu definieren und durchzusetzen. Aristokratische Institutionen und genealogische Gesellschaften wie die Söhne und Töchter der amerikanischen Revolution hatten in den letzten Jahren eine geradezu hektische Blüte erlebt. Hier konnten sich die alten Familien der Ostküste zusammenfinden und sich klar abgrenzen von den plötzlich reich gewordenen Neuankömmlingen aus Cleveland und anderen provinziellen Vorposten.

Die Rockefellers hatten nicht den Ehrgeiz, genealogischen Glanz zu verbreiten. Als entfernte Verwandte, die einen Rockefeller-Familienverband gegründet hatten, John D. später mitteilten, daß ihre Nachforschungen ihnen Grund zu der Annahme gegeben hätten, daß der Familienname zumindest bis auf den französischen Adel des 16. Jahrhunderts zurückverfolgt werden könne und möglicherweise sogar zu noch erhabeneren Ursprüngen, blieb der Milliardär ungerührt. Aber Senior fehlte keineswegs der Sinn für den praktischen Nutzen, den die Verbindung mit einer »Familie« einem in den Schmutz gezogenen Namen bringen konnte. Seine eigenen gesellschaftlichen Kreise waren vom Verein Christlicher Junger Männer, von der Temperenzler-Gesellschaft und der Fifth Avenue Baptist Church eingegrenzt; von seinem Sohn erwartete er, den gesellschaftlichen und politischen Horizont der Familie zu erweitern.

Nelson Aldrich [93] hatte im US-Kongreß einen beinahe ebenso beherrschenden Namen wie Rockefeller in der Wirtschaft. 1881 trat er in den Senat ein als ein Mann, dessen Wert auf 50 000 Dollar geschätzt wurde. Als er dreißig Jahre später ausschied, hatte er das Oberhaus unter sieben Präsidenten beherrscht und ein Vermögen von 30 Millionen Dollar erworben. Es war die Zeit, in der man den Senat wenig respektvoll den »Millionärsclub« nannte; noch wurden die Senatoren nicht vom Volke gewählt, und es hieß, jeder vertrete eine große Interessengruppe. Von Nelson Aldrich sagte man, er vertrete sie alle. Er sah es, wie er einmal sagte, als seine Hauptaufgabe an, »Politik und Business enger zusammenzuführen«.

Aber ganz abgesehen davon, daß diese Partie als naturgewolltes Bündnis zwischen den Rockefellers und den Aldrichs erscheinen mußte, hatte von dem Augenblick an, da Junior den Mut aufbrachte, Abby zum ersten Mal zum Tanz aufzufordern, zwischen den beiden ganz offensichtlich eine tiefe Zuneigung bestanden. Sie erbarmte sich seiner gesellschaftlichen Ungewandtheit und half ihm, seinen instinktiven Hang zum Umgang mit Mauerblümchen zu überwinden. In der Zeit, die ihm noch an der Universität verblieben war, erschien sein Name oft auf ihrem gesellschaftlichen Terminkalender. Er unternahm mit ihrer Familie weite Reisen, und bald kannte er ihre Vorlieben so gut, daß er stets einen Vorrat von Graham-Keksen in der Jackentasche mitführte, von dem sie naschen konnte, wenn sie Spaziergänge in den Wäldern unternahmen, die das Sommerhaus der Familie Aldrich in Maine umgaben.

Alle Zeichen einer ernsthaften Werbung waren gegeben. Fast an jedem Sonntag führte er sie in die Kirche, dann zu irgendeiner Vergnügung, etwa einer Kanufahrt auf dem Ten Mile River, und schließlich nach Hause zu ihrer Familie in die Benevolent Street 110, wo gewöhnlich ein leichtes Abendessen ihrer harrte.

Während seines letzten Studienjahres wurde allgemein mit der baldigen Bekanntgabe ihrer Verlobung gerechnet. Aber als Junior seine Abschlußexamina abgelegt hatte und abreiste, um am Broadway 26 zu arbeiten, da verabschiedete er sich als Abbys »Beau«, nicht als ihr Verlobter. Von 1897 bis 1901 fuhr er oft nach Providence, um das Wochenende bei der Familie Aldrich zu verbringen. Die Erkenntnis, daß seine Unschlüssigkeit es anderen Freiern gestattete, an Wochentagen im Hause an der Benevolent Street zu erscheinen und ein leichtes Abendessen oder ein geselliges Spielchen mit Miß Aldrich zu genießen, trug wenig dazu bei, das Gefühl drohenden Unheils zu zerstreuen, das ihn heimsuchte, wenn er sonntags um Mitternacht in sein Schlafwagenabteil stieg, um Montag rechtzeitig am Broadway 26 zu sein. Den Entschluß fassen aber konnte er nicht.

Ein Jahrzehnt später erwähnte Junior vor seiner Bibelklasse geheimnisvoll ein Dilemma, vor dem er einmal in seinem Leben gestanden habe. Befreit hätten ihn nur »Jahre leidenschaftlichen Gebets, um den Willen Gottes zu erfahren«. Fast ein halbes Jahrhundert später gab er zu, daß diese Krise entstanden war, weil er nicht wußte, ob er Abby Aldrich heiraten solle oder nicht. »Ich hatte sie sehr gern«, sagte er in einem freimütigen Gespräch mit seinem Freund Raymond Fosdick, »aber ich hatte große Angst davor, jemanden zu heiraten und dann zu entdecken, daß ich jemand anders liebte . . . Ich habe deshalb vier Jahre lang gebetet.«

Aber es war seine Mutter, nicht sein Gott, die ihn schließlich rettete. Junior und Abby wußten, daß ihre Liebesgeschichte nicht vorankam, und sie hatten beschlossen, sich einer Prüfung zu unterziehen. Sie wollten einander ein halbes Jahr lang nicht sehen und auch keine Briefe schreiben. Aber lange vor dem Ende dieser Prüfungszeit hatte Junior, im Beruf schon unglücklich genug, sich ganz aufgeregt an Cettie gewandt und sie um ihren Rat in dieser langwierigen Herzensangelegenheit gebeten. »Natürlich liebst Du Miß Aldrich«, schrieb seine Mutter ihm barsch. »Warum gehst Du nicht hin und holst sie Dir?« [94] Zwei Tage später saß Junior im Zug nach Narragansett Bay, zum Sommerhaus der Familie Aldrich. Senator Aldrich empfing ihn zu formeller Audienz an Bord seiner Jacht, die vor Newport ankerte, und wenn Junior auch nicht gebeugten Knies um Abbys Hand bat, so bereitete er seinem zukünftigen Schwiegervater (der nach einer Familienüberlieferung der Aldrichs den jungen Rockefeller insgeheim immer für einen ziemlichen Mucker gehalten hat) doch viel Vergnügen, indem er ihm tiefernst und detailliert seine finanziellen Aussichten darlegte.

Die Hochzeit fand im Oktober 1901 in Warwick statt. Der ältere Rockefeller hatte mehrere Zimmerfluchten im Hotel von Narragansett für Gäste reservieren lassen. Er charterte zwei Dampfer, um sie auf die Insel zu schaffen; eine Straßenbahn beförderte sie weiter auf das Landgut. »Seit Tagen schon«, hieß es in dem Bericht der *Times* über den Empfang, »hat jedes Schiff und jeder Zug aus New York, Washington, Newport und anderen Städten seinen Anteil an Gästen aus gesellschaftlich und politisch prominenten Kreisen des Landes gebracht . . .« Mehr als tausend kamen, und zum leichten Ärger der Rockefellers wurde Champagner gereicht.

Die Zeitungen trompeteten »Schönheit heiratet Reichtum«, und Reporter versuchten, dem Paar in die Flitterwochen zu folgen, aber es gelang Junior, mit seiner Braut nach Pocantico zu entkommen, das seine Eltern geräumt hatten, um die Jungvermählten ungestört zu lassen. Es war ein Zwischenspiel langer Spaziergänge im morgendlichen Rauhreif und den feurigen Herbstfarben der Nachmittage. Die Liebesgeschichte, die hier begann, sollte in Wahrheit ewig dauern. Wenige Wochen später schrieb Junior voller Überschwang einen Brief an seine Mutter und dankte ihr dafür, daß sie ihm geholfen hatte, sich zu entscheiden. In ihren ersten idyllischen Tagen hatte es nur einen einzigen Mißklang gegeben – als Junior seiner jungen Frau befahl, nach Rockefeller-Art genau über ihre täglichen Ausgaben Buch zu führen. Sie hatte das rundweg abgelehnt. Seiner Mutter gegenüber erwähnte er diese kleine Unbotmäßigkeit nicht, merkte aber doch ein wenig unsicher an, daß sie nie eine Meinung über seine junge Frau geäußert habe. »Sie scheint mir eine Frau wie nach Maß für dich zu sein«, hatte Cettie geantwortet und damit seine letzten Zweifel ausgeräumt.

In vieler Hinsicht war Abby das genaue Gegenteil von ihm. Sie war fröhlich und gesellig, er war zurückhaltend; sie war ebenso impulsiv wie er vorsichtig war. Sie war nicht brillant, aber hatte genug Verstand, um einer älteren Dame, die sie während eines langen nachmittäglichen Besuches immer wieder als »Mrs. Roosevelt« anredete, ohne mit der Wimper zu zucken zuzuhören. Ihr neuer Schwiegervater indes hatte das Gefühl, daß sie vielleicht ein wenig zu leichtfertig sei. »Dein Vater fürchtet, daß ich mit allzu vielen Leuten zu vertraut werden könnte«, schrieb sie Junior, der in New York bei seiner Arbeit geblieben war, während sie seine Eltern auf einer Reise begleitete. »Deshalb essen wir gewöhnlich im Speisesaal für alte Leute, wie ich ihn nenne, weil er meint, daß ich dort sicherer bin.« Doch ziemlich schnell hatten sich die Rockefellers an sie gewöhnt. *

Nach ihren Flitterwochen waren die Jungverheirateten in das Haus 4 W. 54th

---

* Für Junior sollte es immer nur diese eine Frau geben. Diese rührende Zuneigung konnte gelegentlich auch eine humorvolle Seite haben. Der ehemalige US-Außenminister Christian Herter hat dem *Washington-Post*-Reporter Chalmers Roberts eine Rockefeller-Anekdote erzählt, die er selber von seinem Vater gehört hat, einem Maler, der zu Juniors Bekannten gehörte. »Pa« Herter, der in Paris lebte, malte gerade einen schönen weiblichen Akt, als Rockefeller sich zu einem Besuch anmeldete. »Pa sagte zu Yvonne, dem schönen Modell, daß jeden Augenblick ein ziemlich sittenstrenger Besucher kommen werde, sie möge deshalb unbeweglich sitzenbleiben, während er mit Rockefeller sprach. Der war kaum in der Tür, als er auch schon das nackte, üppige Mädchen erblickte. Er konnte kaum den Blick von der Schönen wenden. Seine gar nicht verstohlenen Blicke begannen Yvonne zu ärgern. Wortlos und langsam erhob sie sich in ihrer ganzen unverhüllten Pracht, berührte den Fußboden mit den Fingerspitzen, warf die Beine in die Höhe und ging dann auf ihren Händen direkt auf Rockefeller zu. Mit einem Ausdruck des Entsetzens floh er zur Tür. Als er sie noch nicht ganz erreicht hatte, drehte er sich noch einmal zu Pa um und schrie: ›Sagen Sie meiner Frau nie ein Wort!‹«

Street eingezogen, gegenüber den alten Rockefellers; dort wollten sie bleiben, bis das Stadthaus fertig war, das sie nebenan, 10 N. 54th, bauen ließen. Das war damals eines der größten Privathäuser in Manhattan. In den neun Stockwerken gab es Kinderzimmer, einen Gymnastiksaal und geräumige Quartiere für Hauspersonal und Angestellte. Das große Haus begann sich bald zu füllen. Den Anfang machte 1903 ihre einzige Tochter, Abby. Dann folgten die fünf Söhne, die in der nachfolgenden Generation eine so große Rolle spielen sollten: John D. III. (1906), Nelson (1908), Laurance (1910), Winthrop (1912) und David (1915).

Die Familie pendelte zwischen der 54th Street und Abeynton Lodge, dem alten Haus, das zum Pocantico-Besitz gehörte und in Rufweite von Kijkuit stand. Junior und Abby reisten gern; sie nutzten jeden Tag, den er sich vom Broadway 26 freimachen konnte. Sie verliebten sich in die schwermütige Küste von Maine, insbesondere in die Insel Mount Desert, ein schönes, dreißig Kilometer langes Oval voller Seen und grüner Berge. 1910 entdeckten sie dort ein großartiges Haus, das zum Verkauf stand. Es erhob sich hoch über einer Bucht in Seal Harbor und trug den höchst treffenden Namen Eyrie – Adlerhorst. Es hatte 104 Zimmer, war aus heimischem Granit gebaut und hatte vom Seeklima verwitterte Dachziegel. Sie richteten es ganz neu ein, später legten sie in dem weitläufigen Park einen orientalischen Garten an und bauten eine Umfriedung mit Ziegeln darauf, die einmal Teil der großen chinesischen Mauer gewesen waren.

Abby Aldrich Rockefeller wurde sehr bald im kulturellen und gesellschaftlichen Leben New Yorks tätig. Sie wurde eine Vorkämpferin der Moderne, die damals an die Tore des traditionsgebundenen Kunstestablishments hämmerte, und 1929 gehörte sie zu den Gründern des Museum of Modern Art, dem die Familie das Haus West 54th Street stiftete. Für Junior aber war sie mehr als eine große Dame der Gesellschaft, die das Prestige der Familie Rockefeller vergrößerte. Sie war der einzige Mensch, bei dem er selbst sein durfte, bei dem er Schwächen ebenso zeigen durfte wie Stärke, bei dem er für Augenblicke die ungeheure Selbstbeherrschung aufgeben durfte, in deren Zeichen die ersten fünfundzwanzig Jahre seines Lebens, öffentlich wie privat, gestanden hatten. Junior war unglücklich, wenn er nicht bei ihr sein konnte; ließ es sich nicht vermeiden, schrieb er ihr leidenschaftliche Liebesbriefe, in denen er bilderreich beschrieb, wie sehr er sich nach ihr sehnte. Gegen Ende seines Lebens, als Abby schon seit vielen Jahren tot war und er seine Privatpapiere für das Familienarchiv durchsah, stieß er auf diese Briefe, die Abby aufbewahrt hatte. Er las sie, besprach die Angelegenheit mit einem Mitarbeiter, der ihm beim Ordnen der Papiere half, und entschied, daß es besser sei, einen Teil wegen der Passagen, die von seiner Leidenschaft handelten und die nur sie beide etwas angingen, zu verbrennen.

# Kapitel 7

Als um die Jahrhundertwende viele der großen Gestalten, die die amerikanische Wirtschaft umgeformt hatten, alt wurden und von der Bühne des Lebens abzutreten begannen, schenkte man der Übertragung ihrer großen Vermögen ebensolche Aufmerksamkeit, als seien sie mächtige Fürsten gewesen. Man ging davon aus, daß die meisten Erben das Geld ganz einfach durchbringen würden. Der berühmte John W. Gates, dessen rasante Attacken auf dem Aktienmarkt, dessen tollkühne Glücksspiele in der Stahlindustrie ihm den Beinamen »Ich wette 'ne Million«-Gates eingetragen hatten, hinterließ sein Vermögen einem Sohn, dessen Ausschweifungen die Öffentlichkeit derart begeisterten, daß die Zeitungen ihn nur noch den »Ich laß 'ne Million springen«-Gates nannten. Kein Mensch glaubte, daß Junior einmal zu einem verlorenen Sohn werden könnte, aber man war doch neugierig darauf, was er mit dem großen Standard-Oil-Vermögen anfangen werde. Im Juni 1905 veröffentlichte Hearsts *Cosmopolitan* ein Symposion unter dem Titel »Was wird er damit tun?« Der Einführungsartikel begann:

»Kein geringes Interesse richtet sich auf das größte Vermögen der Welt, das Vermögen des Mr. John D. Rockefeller. Irgendwann wird dieses Vermögen dem Sohn, Mr. John D. Rockefeller Jr., als Erbe zufallen. Es erübrigt sich, darauf hinzuweisen, daß sich die Macht des Geldes auf ein so gewaltiges Gebiet erstreckt, daß der Erbe eines solchen Vermögens es in seiner Macht hat, die Welt zu revolutionieren . . . oder aber so bösen Gebrauch davon zu machen, daß die Zivilisation um ein Vierteljahrhundert zurückgeworfen wird.«

Das aber waren Fragen, die andere stellen mußten. Fürs erste jedenfalls ging es Junior darum, sich am Broadway 26 zu etablieren und sich dort durchzusetzen. Seine Ehe und die Gründung seiner eigenen Familie hatten ihm geholfen, Zweifel an seiner eigenen Situation und seinem Auftrag zu überwinden. Außerdem hatte es schon Anzeichen dafür gegeben, daß er sich im Büro seines Vaters wohler zu fühlen begann, bevor er noch Miß Aldrich den Heiratsantrag gemacht hatte. Seinen ersten uneingeschränkten Erfolg als ein Rockefeller hatte er in der Endphase des Kampfes errungen, den sein Vater um die Mesabi-Eisenerze führte. Der General in dieser Schlacht war Frederick Gates gewesen, aber Junior hatte sich in den langwierigen Verhandlungen als tüchtiger Soldat gezeigt. Der große Augenblick kam, als Henry Rogers, der farbigste unter den Briganten der Standard Oil Gang, ihn zu J. P. Morgan mitnahm, der damals in Verhandlungen steckte, um den Besitz für das Riesensyndikat U.S. Steel zu erwerben.

»Na, was fordern Sie?« hatte er gefragt, Gewittergrollen in der Stimme, die buschigen Augenbrauen zusammenziehend, die gewaltige Karbunkelnase flammend rot anlaufend.

»Ich glaube, hier liegt ein Irrtum vor«, hatte Junior mit einer Selbstsicherheit geantwortet, die den Vorfall zu einer Lieblingsanekdote seines Vaters machte; auf Jahre hinaus spielte er seinen Dinnergästen die Szene vor. »Ich bin nicht gekommen, um zu verkaufen. Meines Wissens wollen Sie kaufen.«[95]

Als die Nachricht von dieser Begegnung seine Eltern in Pocantico erreichte, schrieb Cettie Rockefeller ihm sofort einen Brief. Sie gratulierte ihrem Sohn und teilte ihm mit, daß sein Vater nach der Lektüre des Briefes über das Treffen mit Morgan laut gesagt habe: »Beim Cäsar, der John ist ja ein As!«

Junior nahm von nun an einen prominenteren Platz in den Angelegenheiten seiner Familie ein. Sein Vater vertraute ihm immer größere Verantwortung an, bis er zu einem Vizeregenten der Rockefeller-Interessen geworden war. Er erhielt Sitz und Stimme im Direktorium der National City Bank, der United States Steel, der Standard of New Jersey, der Colorado Fuel and Iron, verschiedener Eisenbahnen und der Universität von Chicago. Alles in allem wurde er Direktor bei siebzehn der größten finanziellen und industriellen Unternehmen des Landes. Ein Zeichen dafür, daß er Gutes leistete, war die Entscheidung seines Vaters, sein Gehalt zu erhöhen. Das war die Art des älteren Rockefeller, Zuneigung auszudrücken – wie damals, als er Cettie einen Strickkorb zu Weihnachten geschenkt hatte, der einhundert goldene Fünf-Dollar-Münzen enthielt. Der 26 Jahre alte Sohn schrieb seinem Vater einen überschwenglichen Dankesbrief:[96]

Lieber Vater:

Mir stockte vollständig der Atem, als Du mir neulich während meines Besuches im Hause die Mitteilung über mein Gehalt für das abgelaufene Jahr machtest. Tiefer, als ich es zu sagen vermag, weiß ich diesen zusätzlichen Ausdruck Deiner Liebe und Deines Vertrauens zu schätzen. Ich kann nicht glauben, daß irgendein Dienst, den ich leisten könnte, Dir eine Summe von 10 000 Dollar im Jahr wert sein soll. Meine Fähigkeiten habe ich immer sehr gering eingeschätzt, aber ich brauche Dir nicht zu versichern, daß sie so, wie sie nun einmal sind, ganz und absolut Deinen Interessen dienstbar gemacht werden, daß Du mir jetzt und in aller Zukunft vertrauen kannst, wie Du es immer getan hast.

Herzlichst,<br>John.

Juniors ganze Erziehung war darauf ausgerichtet gewesen, ihn zur Erfüllung seiner Pflicht anzuhalten. Aber sie hatte auch mancherlei Sehnsüchte in ihm entstehen lassen, die geschäftlicher Erfolg nicht zu stillen vermochte. Nach seiner ganzen Art war es nur natürlich, daß er sich eher zu Hause fühlte, wenn er für die philanthropischen Stiftungen arbeitete, die Reverend Gates aufbaute, als bei seiner Tätigkeit in Gesellschaften wie der Standard Oil. Bei dem einen galt es, jungfräulichen Boden zu beackern; dem anderen haftete immer ein gewisser Makel an.

Der ältere Rockefeller interessierte sich weder für die Details der philanthropischen Projekte von Gates, noch war er besonders gut über die Fragen informiert, um die es hier ging. Daß er innerlich der organisierten Wohltätigkeit so fern stand – wie überreichlich seine finanziellen Investierungen dann auch waren –, schuf eine Gelegenheit, zu der Junior sich unwiderstehlich hingezogen fühlte. »Gates war der brillante Träumer und Schöpfer«, sagte er später. »Ich war der Verkäufer – der Zwischenträger, der im günstigen Augenblick bei Vater zu intervenieren hatte.« Er verstand es, den strategisch richtigen Zeitpunkt zu wählen, wenn der ältere Rockefeller » entspannter Stimmung« war – nach dem Abendessen oder während einer Spazierfahrt. So konnte Junior seine Zustimmung zu Ideen erlangen, »was anderen nicht gelungen wäre, weil der Augenblick falsch war«. [97] Auf der Suche nach solch einem günstigen Augenblick wurde oft auch Cettie eingespannt. Junior schickte ihr dann einen Bericht über eines seiner Projekte und bat sie in einem Begleitbrief, eine gute Gelegenheit zu nutzen, um »Vater den Bericht laut vorzulesen« und ihn auf diese Weise mit dem Werk und seinen »Möglichkeiten« vertraut zu machen.

Im Laufe der nächsten zwölf Jahre sollte der Vater 446 719 371,22 Dollar (wahrhaft eine Rockefeller-Rechnung) in vier riesige philanthropische Gesellschaften einbringen, in das Institute for Medical Research, in das General Education Board, die Rockefeller Foundation und den Laura Spelman Rockefeller Memorial Fund. Er verschaffte damit Junior »Geschäfte«, die nicht nur bedeuteten, daß er einen Familiensitz in einem Direktorium einnahm, sondern die ihm Gelegenheit boten, eine tätige Rolle im Management zu spielen – Geschäfte, die dem Erben des Rockefeller-Vermögens wohl anstanden und die auch dem leidenschaftlichen Wunsch des Sohnes entgegenkamen, die Ehre des väterlichen Namens wiederherzustellen.

Wenn Gates, wie Junior behauptete, die »schwere Denkarbeit« bei diesen Projekten übernahm, so ging doch seine eigene Rolle weit über das von ihm genannte Ziel hinaus, seinen Vater für die jeweilige Idee zu gewinnen und die Familienschatulle zu öffnen. Er half bei den vorbereitenden Untersuchungen, was meistens die Befragung von Kapazitäten auf dem jeweiligen Gebiet bedeutete, und bei der Suche nach den geeigneten Männern, die das Projekt leiten konnten. Als zum Beispiel Gates den Gedanken eines medizinischen Forschungsinstituts konzipierte, suchte Junior Dr. William Welch vom Johns Hopkins, einen der führenden Mediziner der Zeit, zum Präsidenten des neuen Instituts aus. Junior trug dazu bei, Simon Flexner als Direktor zu gewinnen, und suchte auch die anderen Mitglieder des Direktoriums. Danach verhandelte er für das Institut mit seinem Vater und gewann ihn für die Gestalt annehmenden Erweiterungspläne.

1901 war Junior von Robert Ogden, seit langem Förderer des Schulwesens im Süden, zusammen mit fünfzig anderen Prominenten zu einer historischen Eisenbahnreise zu den Negerschulen in den Südstaaten eingeladen worden. Der »Millionärs-Expreß«, wie der Zug bald genannt wurde, besuchte so berühmte Institute wie

Hampton, Tuskegee, und das Atlanta Female Baptist Seminary, das 1884, nach Erhalt einer Spende von mehr als 5000 Dollar von John D. Rockefeller Sr., in Spelman Seminary umbenannt worden war, um die für die Abschaffung der Sklaverei kämpfenden Großeltern Juniors zu ehren.

Höhepunkt der Reise war eine Konferenz in Winston-Salem, auf der beschlossen wurde, eine Kampagne zur Förderung aus Steuergeldern unterstützter Schulen im Süden zu führen. Diese Konferenz hatte Weiterungen, die über das Erziehungswesen bedeutend hinausgingen. Hauptredner war Charles B. Aycock, der gerade die Gouverneurswahlen von North Carolina gewonnen hatte, weil er energisch für die Vorherrschaft der Weißen eingetreten war. Er schlug in seiner Rede ein »stilles Tauschgeschäft« von weitreichender Bedeutung vor. Darüber heißt es in einem Standardwerk über die Geschichte der Rassentrennung im Süden: »Die Philanthropen fanden sich stillschweigend mit der Vorenthaltung des Wahlrechts für Neger und mit Rassentrennungsgesetzen ab und sagten zu, eine entsprechende Haltung im Norden zu fördern, während Aycock öffentlich zusicherte, daß die Schulen der nicht wahlberechtigten Neger durch die Macht und das Ansehen seines hohen Amtes vor feindseliger Gesetzgebung durch diesen Bundesstaat geschützt sein würden.« [98]

Aycocks Schritt war Teil einer Bewegung von Südstaaten-Konservativen, das Gebiet für Kapital aus dem Norden zu öffnen, sein Erziehungssystem zu modernisieren und die Geburt eines neuen, industrialisierten Südens herbeizuführen. Die Southern Education Conference in Winston-Salem brachte eine nationale Koalition von Philanthropen aus dem Norden zur Förderung dieser Bewegung zustande. Spitzenorganisation wurde das neu gebildete Southern Education Board, hinter dessen Front Junior und die ungeheuren Mittel des Rockefeller-Reichtums eine einzigartige Rolle spielen sollten.

Nach seiner Rückkehr von dieser Reise mit Ogden, die er später als »eines der herausragenden Ereignisse in meinem Leben« bezeichnen sollte, begann Junior sofort mit einer ganzen Serie von Diskussionen über die Reise mit Gates, seinem Vater und dem rundlichen Sekretär der Baptist Home Mission Society, Dr. Wallace Buttrick. Das Resultat dieser Zusammenkünfte war die Bildung einer kleinen Gruppe, die sich im Februar 1902 in Juniors Haus traf, um das General Education Board zu gründen. Im Namen seines Vaters sagte der junge Rockefeller der neuen Stiftung die Summe von einer Million Dollar zu, die verteilt über die folgenden zehn Jahre ausgegeben werden sollten. Die meisten Treuhänder des neuen General Education Board rekrutierten sich aus dem Southern Education Board, darunter auch der Vorsitzende, William H. Baldwin. *

---

* Als Vizepräsident von Morgans Southern Railway und Vorsitzendem der Treuhänder von Tuskegee war Baldwin von entscheidender Bedeutung unter den Kräften, die den neuen industrialisierten Süden formten. Als Wohltäter der Neger hatte Baldwin seine eigene Philosophie der Rassenbeziehungen entwickelt, die zugleich der Ratschlag war, den er seinen Schutzbefohlenen gab: »Sieh den Tatsachen ins Auge; meide soziale Fragen; laß die Finger von der

Binnen zweier Wochen nach Erhalt der Briefe von Junior mit den Vorschlägen über die Schaffung des GEB gab Senior 10 Millionen Dollar, denen er anderthalb Jahre später ein Geschenk von 32 Millionen Dollar folgen ließ. Im Laufe des folgenden Jahrzehnts folgten immer neue Schenkungen, bis im Jahre 1921 eine Gesamtsumme von 129 209 167,10 Dollar erreicht war. Das waren Rockefeller-Größenordnungen, und es entsprang daraus ein charakteristischer Rockefeller-Einfluß. Männer von Weitblick wurden von dieser Stiftung angezogen, weil sie Hebel und Werkzeug für die Verwirklichung ihrer Pläne und Träume sein konnten; andere formten ihre eigenen Programme gemäß den Konturen dieser Stiftung in der Hoffnung, von ihr die erforderlichen Gelder zu bekommen.

Das GEB fungierte als Bank für die Programme des Southern Education Board und wurde damit zur zentralisierenden Kraft hinter einer Bewegung, die den weiteren Kurs des Erziehungswesens und der Beziehungen zwischen den Rassen bis weit in die Zukunft der Nation hinein beeinflussen sollte.

»Auf den von Robert Ogden organisierten Reisen nach Hampton und Tuskegee, mit der Organisation des Southern Education Board und schließlich mit der Gründung des General Education Board«, schrieb der namhafte Neger-Wissenschaftler W. E. B. Du Bois, »wurde eine neue Rassenphilosophie für den Süden entwickelt. Diese Philosophie schien zu besagen, daß dem Versuch entgegengewirkt werden müsse, eine ›kindliche Rasse‹ durch Entsendung ihrer Jungen hauptsächlich auf Colleges zu gut auszubilden; der Neger müsse es lernen, hinzunehmen, was die Weißen ihm zu geben bereit seien; in einer von Weißen regierten, vom Schicksal auch dazu bestimmten Welt müßten die Neger den Platz einer demütigen Gruppe von Schwerarbeitern einnehmen, über deren weiteres Geschick allein ihre weißen Arbeitgeber zu bestimmen haben.«[99]

Während die philanthropischen Investierungen seines Vaters in Institut und GEB Junior zur Zentralgestalt einer mächtigen Konstellation sozialer und kultureller Institutionen daheim in den Vereinigten Staaten machten, zog die missionarische Leidenschaft des Frederick Gates, der sich nun mit den internationalen Programmen der Rockefeller Foundation befaßte, in eine Gesellschaft von Männern und Ideen, die sich nach dem 1. Weltkrieg zu einem auserlesenen Kreis zusammenfanden und begannen, ein amerikanisches Empire im Ausland aufzubauen. Gates hatte schon um die Jahrhundertwende angefangen, die möglichen internationalen Auswirkungen der Rockefeller-Philanthropie zu erkennen, als er eine umfassende Übersicht über die Arbeit englischsprachiger Missionare aller Konfessionen gelesen hatte, und ihm war aufgefallen, daß die philanthropischen Bemühungen in Amerika im letzten Jahrzehnt so gewaltig zugenommen hatten, daß die Fonds und die Stiftungen »einander zu überschneiden und ins Gedränge zu geraten« schienen. In fremden Ländern aber gab es relativ geringe Bemühungen dieser Art.

Politik; übe weiter Geduld; führe ein moralisches Leben; lebe schlicht; lerne es, zu arbeiten und intelligent zu arbeiten ... Lerne, daß es ein Fehler ist, dich so weit zu bilden, daß du nicht mehr in deine Umgebung paßt.«

Mit einem Blick, wie Rockefeller ihn zu Anfang seiner Laufbahn auf die Oil Regions geworfen hatte, erkannte Gates, daß die Missionstätigkeit im Ausland zerstreut und überhaupt nicht koordiniert war. Aus diesem Grunde lieh er ein geneigtes Ohr, als die Kongregationalisten-Kirche im Jahre 1905 um eine Spende für ihre Auslandstätigkeit bat – was dann sehr bald zu dem Streit um das »schmutzige Geld« führen sollte. Nachdem er den Vorschlag gründlich geprüft hatte, schrieb Gates seinem Chef, daß ein Blick auf die Weltkarte »eine so umfassende Organisation, eine Einheit des Plans, eine Meisterschaft in Strategie und Taktik beweist, daß man die Ausführung eines großen, im voraus erarbeiteten Plans erkennt und zu der Annahme gelangen muß, daß das Ganze von einem einzigen beherrschenden Geist kontrolliert und gelenkt wird«.

Die göttliche Inspiration der Missionsbewegung ging Hand in Hand mit ihrer kommerziellen Gewandtheit.

»Tatsächlich werden heidnische Völker in allen Teilen der Welt durch direktes oder indirektes Wirken der Missionare durchzogen mit Licht und Zivilisation«, erkannte Gates, »mit modernem industriellen Leben, angewandter moderner Wissenschaft. Einmal ganz abgesehen von der Frage bekehrter Personen, sind die bloßen kommerziellen Resultate der Missionsarbeit für unser eigenes Land das, hätte ich beinahe gesagt, Tausendfache dessen wert, was in jedem Jahr für Missionen ausgegeben wird. Dies zur Illustration: Unser Handel mit den Hawaii-Inseln . . . beläuft sich heute, wie man mir sagt, auf 17 000 000 Dollar pro Jahr. Fünf Prozent davon in einem Jahr entspricht ungefähr dem gesamten Geld, das jemals für die Christianisierung und Zivilisierung der Eingeborenen ausgegeben worden ist . . . Missionare und Missionsschulen führen in den fremden Ländern die Anwendung moderner Wissenschaft, Dampf und Elektrizität, moderne landwirtschaftliche Maschinen und moderne Manufaktur ein. Das Endresultat wird die Vervielfachung der Produktivität der fremden Länder sein. Das wird sie als Käufer amerikanischer Erzeugnisse reicher machen, und es wird uns als Importeure ihrer Erzeugnisse reicher machen. Wir stehen erst im frühen Morgendämmer des Handels und der Wirtschaft, und wir verdanken diese Morgenröte mitsamt ihrer großen Verheißung den von christlichen Missionaren eröffneten Wegen.«

Diese Vision war Junior und den anderen Treuhändern der Rockefeller Foundation schon bei ihrer ersten Versammlung vermittelt worden. Das Gefühl eines weltumspannenden Missionsauftrages und die damit einhergehenden Metaphern aus Eroberung und Erlösung waren mehr als bloße literarische Verzierungen. In Gates nahm wie in einer Offenbarung ein Zeitalter des imperialen Optimismus für die Sache der »englisch-sprachigen Rassen« Gestalt an; die Pflicht, dunklen Erdteilen das Licht zu bringen, war ein immer wiederkehrendes Leitmotiv von Männern, die gleich ihm Amerikas christliche und industrielle Amtswalterschaft auszubreiten suchten.

Als Teil dieser Pflicht leiteten Gates und die Stiftung eine Reihe großer Feldzüge gegen die Krankheiten ein, die die tropischen Gebiete der Welt verseuchten und sie für alle zivilisierten Einflüsse und Unternehmungen höchst unwirtlich machten. Diese

Konzentration auf die öffentliche Gesundheit war mehr als bloße Wohltätigkeit; sie war aus militärischen und kolonialen Unternehmungen Amerikas auf den Philippinen und den Karibischen Inseln erwachsen, und das Personal, das die globalen Bemühungen der Stiftung leiten sollte, rekrutierte sich aus dieser Quelle.

Als die Stiftung im Jahre 1914 ihre Gelbfieber-Kommission unter der Leitung von General William C. Gorgas ins Leben rief und ihre bis dahin größten Anstrengungen zur Ausrottung der Krankheit begann, konnte Gates bei den Treuhändern die Schaffung des China Medical Board erreichen, und es wurden die Pläne für ein modernes medizinisches Lehrinstitut in der Kaiserstadt Peking ausgearbeitet. Untergebracht in den neunundfünfzig Häusern mit Jadedächern, die an den alten Palast des Prinzen Yu grenzten und über deren mit Fliesen ausgelegten Höfen bald Juniors leicht nasale Stimme ein geisterhaftes Echo weckte, wenn wieder einmal etwas eingeweiht wurde, sollten das Peking Union Medical College and Hospital des Medical Board zu »Chinas Johns Hopkins« werden – zur führenden medizinischen Lehranstalt in Asien.

In einem Zeitalter expandierender Imperien und des erwachenden Nationalismus wurde das Medical College unweigerlich zu einem höchst ambivalenten Symbol. Drei Jahre vor der Schaffung des China Medical Board hatte China seine moderne Geschichte als Republik unter der Führung Sun Yat-sens begonnen. Aber das Joch ausländischer Vorherrschaft blieb, und für die Dauer von vierzig Jahren sollten Bürgerkriege das Land zerreißen. Junior mag nicht ganz verstanden haben, warum es so wichtig sein sollte, diesen Vorposten in China zu errichten, aber John R. Mott, den er und Gates zum ersten Vorsitzenden der Treuhänder des Instituts machten, hatte 1914 in einer Rede auf Chinas Labilität und nationale Schwäche hingewiesen und sich mit größtem Nachdruck für die Verwirklichung des Projekts ausgesprochen. »Wenn wir warten, bis China sich stabilisiert hat«, sagte er vor dem China Medical Board, »berauben wir uns selbst der besten Chance, die wir jemals haben werden, uns mit dieser Nation auseinanderzusetzen.«

Seit der Ausrufung der ersten chinesischen Republik im Jahre 1911 war Mott besessen von dem Gedanken an die »absolut einzigartige Chance«, die diese neue Wendung bot. »Es gibt nur eine Nation von 400 Millionen Menschen«, hatte er geschrieben. »Diese Nation wird nur eine einzige erste Generation haben, die die moderne Ära erlebt. Diese erste Welle der Studenten, die eine moderne Ausbildung genossen haben, wird einen im Vergleich zur Gesamtbevölkerung gewaltigen Prozentsatz der Führer des neuen Chinas stellen – sie werden die Maßstäbe setzen und das Tempo vorgeben.« Diese Aufgabe lautete, Herz und Hirn dieser Schrittmacher für das Christentum und den Westen zu gewinnen.

Woodrow Wilson hatte versucht, Mott für das Amt des US-Botschafters in China zu gewinnen, doch er lehnte ab, weil er glaubte, daß dieses Amt ihn zu sehr einengen werde; die Ansprüche, die die private Weltmission an ihn, an F. T. Gates und eine Reihe anderer Männer von Weitblick stellte, hatten Vorrang. Diese Mission bestand darin, die Zukunft des internationalen Systems durch Unterweisung und missionarische Arbeit zu formen. Die Rockefeller Foundation sollte sich diesem Kreuzzug nicht nur anschließen, sondern ihn durch die 1914 ins Leben gerufenen internationalen Studien- und Stipendienprogramme bewußt säkularisieren.

Es gab ein philanthropisches Unternehmen, das Bureau of Social Hygiene, das Juniors Aufmerksamkeit in stärkerem Maße als andere auf sich zog, und mehr als andere Stiftungen trug dieses Sozialhygienische Büro den Stempel seines Charakters und seiner Denkweise.

Im Jahre 1909 gehörte die Prostitution zu den wichtigsten Themen des New Yorker Bürgermeister-Wahlkampfes, und im Kielwasser dieses Wahlkampfes ließ Tammany Hall seine Drähte spielen und erreichte, daß ein besonderes Geschworenengericht die weiße Sklaverei untersuchte, um jeden Verdacht aus der Welt zu schaffen, daß er selber an diesem Handel beteiligt sein könnte. Weil man von ihm nicht befürchtete, daß er unnötig Porzellan zerschlagen werde, bat man Junior, das Amt des Ersten Geschworenen dieser Grand Jury zu übernehmen. Zunächst sträubte er sich. Aber man beschwor ihn, das Amt anzunehmen und erklärte, es sei geradezu seine Pflicht als Bürger. Da gab er nach, denn »meine Eltern hatten mich in dem Sinne erzogen, daß man einer Pflicht nicht ausweichen kann«.

Dieser Aufgabe einmal verpflichtet, widmete er sich ihr mit einer Energie, daß Tammany es mit der Angst zu tun bekam. »Ich habe in meinem ganzen Leben nicht schwerer gearbeitet«, sagte er später. »Ich war morgens, mittags und abends an der Arbeit.« Ursprünglich sollte die Jury nur einen Monat lang tagen, aber sie tagte sechs Monate und gab am Ende einen detaillierten Bericht heraus, in dem die Einsetzung einer Kommission gefordert wurde, die alle sich auf dieses soziale Übel beziehenden Gesetze prüfen und mögliche Bekämpfungsmethoden untersuchen sollte; die Untersuchung sollte sich auch »auf die führenden Städte der ganzen Vereinigten Staaten und Europas« erstrecken und das Ziel verfolgen, »dieses Übel in der Stadt New York auf ein Minimum zu reduzieren«. Als der Bürgermeister die Schaffung einer solchen Kommission ablehnte, beschloß Junior, es selbst zu tun.

Mit bezeichnendem Fleiß und großer Umsicht begann er, Erziehungsfachleute, Intellektuelle und Geschäftsleute über das Projekt zu befragen. Alles in allem sprach er mit mehr als hundert Leuten, unter denen sich auch ein dynamischer junger Anwalt namens Raymond B. Fosdick befand. In Princeton war er ein Protegé von Woodrow Wilson gewesen, der jetzt als Präsident des New Yorker Rechnungshofes amtierte. Fosdick sollte zu einem der einflußreichsten Männer seiner Generation werden. Abgesehen davon, daß er Juniors Vertrauter und Biograph wurde, amtierte er später als stellvertretender Generalsekretär des Völkerbundes und wurde schließlich Präsident der Rockefeller Foundation.

Nachdem Junior den besten Rat eingeholt hatte, der überhaupt zu haben war, gründete er 1911 das Bureau of Social Hygiene. Es gab im Laufe seiner Arbeit mehr als 5 Millionen Dollar des Rockefeller-Geldes aus und spielte eine bedeutende, wenn auch weithin unbekannt gebliebene Rolle in der Sozialpolitik der Vereinigten Staaten. Das ganze Büro war durchtränkt mit dem neuen, von Dewey propagierten Optimismus hinsichtlich der Anwendung wissenschaftlicher Methoden auf die Probleme der Sozialreform. Gleich zu Beginn seiner Tätigkeit schickte das Büro Abraham Flexner, den Bruder von Rockefeller-Institute-Chef Simon Flexner, nach Europa, um dort die Prostitution eingehend zu untersuchen und festzustellen, inwiefern sie sich von der amerikanischen unterschied. Ausgerüstet mit Empfehlungsschreiben von Außenminister Elihu Root und anderen, machte Flexner in bedeutenden Städten des ganzen Kontinents Station. Obwohl er sich von der in Skandinavien üblichen liberalen Behandlung der Prostituierten angezogen fühlte, gelangte er zu dem Schluß, daß man dieses Laster nur kontrollieren könne, wenn man es in den Untergrund triebe und isoliere, da man es schon nicht ausrotten könne. [100]

Außerdem gelangte Flexner zu der Einsicht, daß es unmöglich sei, die Prostitution zu verstehen, wenn man nicht auch die vom Gesetz geschaffene Umwelt verstehe, in der sie florieren kann. Das nächste große Projekt des Büros bestand folglich darin, Fosdick nach Europa zu schicken, damit er die erste systematische, internationale Übersicht über die Polizeiadministration erarbeite. Fosdick lernte den Professionalismus der europäischen Polizei gründlich kennen, kehrte in die Vereinigten Staaten zurück und war entsetzt über die undisziplinierte, von Launen und Zufällen abhängige Arbeit der Polizei in seinem eigenen Land. Fosdicks Studie wurde veröffentlicht, und das brachte dem Büro die Mitarbeit von Oberst Arthur Woods ein, einem ehemaligen New Yorker Polizeipräsidenten. Er organisierte die Ausarbeitung von mehr als zwei Dutzend Studien über Polizei und Polizeisysteme, und in jeder einzelnen Arbeit wurden wissenschaftliche Verfahren und Verwaltungsmethoden gefordert.

Als eine der ersten Institutionen befaßte sich das Büro auch mit Rauschgiften und entwickelte die einander ergänzenden Linien der Kriminalisierung und der Behandlung, die zur amtlichen Politik in den Vereinigten Staaten wurde, als die Opiumgefahr der Öffentlichkeit zu Bewußtsein kam und die Bundesregierung in Washington dazu übergegangen war, Rauschgiftsachverständige zu Rate zu ziehen. Auf jedem Gebiet, mit dem es sich befaßte, schuf das Büro für Sozialhygiene eine Gruppe von Experten, die ihre ganze Sachkenntnis auf soziale Probleme richteten und dabei das Ziel verfolgten, die Sünde in Quarantäne zu schicken, damit eine Versuchung gar nicht erst aufkommen konnte, und so aus Sündern Kriminelle zu machen. Trotz ihrer Modernität ähnelte die vom Büro praktizierte Sozialwissenschaft doch in ganz auffälliger Weise der gefestigten baptistischen Atmosphäre des Haushalts in Cleveland, in der Junior groß geworden war.

# Kapitel 8

In einem seiner Briefe, in denen er versuchte, John D. Senior für die Schaffung der philanthropischen Gesellschaften zu gewinnen, hatte Reverend Gates hervorgehoben, sie sollten so groß sein, »daß Treuhänder einer dieser Gesellschaften zu werden, gleichbedeutend wäre mit dem Schritt von einer privaten zu einer Persönlichkeit des öffentlichen Lebens«. Wie sehr sich das bewahrheiten sollte, zeigte sich später, als Männer wie John Foster Dulles und Dean Rusk, hervorgegangen aus der Rockefeller Foundation, Außenminister der Vereinigten Staaten wurden. Aber es galt auch, im Anfang dieses Unternehmens, für Junior selbst. Noch wenige Jahre vorher war er für die Öffentlichkeit ein Nichts gewesen. (»Der junge Mr. Rockefeller bietet nur ein Schauspiel des Passiven und Harmlosen«, hatte A. H. Lewis noch 1905 im *Cosmopolitan* versichert. »Ohne Tugenden ebenso wie ohne Laster, ist er die Sublimierung des Mittelmäßigen – das Negative auf dem Gipfelpunkt – ein Triumph des Alltäglichen.«) Aber als man ihn mit den Stiftungen in Verbindung zu bringen begann und mit den Millionen von Dollars, die sie verteilten, begann Juniors Bild in der Öffentlichkeit sich zu wandeln. Er wurde zu einer Berühmtheit.

Sein frischer Ruhm entging der Aufmerksamkeit der Köpfe nicht, die jetzt die Standard führten – Archbold, Rogers und A. C. Bedford. Auf ihre Anregung hin war Junior zu einem der Vizepräsidenten des Trusts ernannt worden. Er war auf Reisen gegangen und hatte eine breite Skala diplomatischer Pflichten auf sich genommen, einschließlich der Aufgabe, die Senatskollegen von Nelson Aldrich zu kultivieren und sie mit den Ansichten der Standard über Gesetze vertraut zu machen, die die Zukunftsaussichten der Ölindustrie direkt betrafen. Aber während er als Sprecher der Geschworenen bei der Untersuchung der »weißen Sklaverei« diente, was ihm neuen Ruhm einbrachte, enthüllte die Hearst-Presse die berüchtigten Archbold-Briefe. Wenn Junior es vorher noch nicht gewußt hatte, so überzeugte ihn der allgemeine Zorn, der den Trust nach diesen Enthüllungen umbrandete, davon, daß er es sich nun nicht mehr leisten könne, mit der Verwaltung der Standard identifiziert zu werden. Weiterhin als Galionsfigur für das Geschäft zu dienen, würde alle seine Bemühungen als Philanthrop in Frage stellen. Er begriff, daß er ein für allemal zwischen Geschäft und Wohltätigkeit zu wählen hatte, und für ihn gab es keinen Zweifel, welcher dieser beiden Tätigkeitsbereiche der zukunftsträchtigere sei. Nach mehreren Diskussionen mit seinem Vater trat er als Vizepräsident der Standard Oil und der U.S. Steel zurück.

Seine anderen Direktorenposten gab er wenig später auf. Eine der wenigen Gesellschaften, zu denen er seine Verbindung nicht abbrach, war ein relativ harmloses Kohlenbergwerk weit im Westen. Es nannte sich die Colorado Fuel and Iron.

Die Rockefeller-Interessen an Colorado Fuel and Iron gingen bis auf die Jahrhundertwende zurück. In den Jahren, als Junior noch versuchte, sich mit seiner wenig befriedigenden Lehrzeit am Broadway 26 abzufinden, hatte der Sohn des berüchtigten Jay Gould, George, zeitweilig ein Geschäftspartner des älteren Rockefeller, den Milliardär dazu überreden können, sich doch einmal die Aktien der Colorado Fuel and Iron anzusehen. Rockefeller, dessen gewaltige Barreserven durch den Mesabi-Verkauf an Morgans U.S.-Steel-Syndikat noch weit über ihren gewohnt hohen Pegel hinaus angeschwollen waren, hatte F. T. Gates heimlich nach Colorado geschickt, damit er sich das Unternehmen einmal etwas genauer ansehe. Sein Bericht veranlaßte Rockefeller, eine Anfangsinvestition von 6 Millionen Dollar zu riskieren.

In den nächsten Jahren überzeugte Gates ihn außerdem davon, daß CF&I nur dann Gewinne abwerfen könne, wenn die Politik der Geschäftsleitung geändert würde, also stockte Rockefeller seine Beteiligung auf mehr als 20 Millionen Dollar auf; mit 40 Prozent der allgemeinen und Vorzugsaktien sowie 43 Prozent der Schuldverschreibungen der Gesellschaft besaß er jetzt die effektive Kontrolle. Nachdem er 1907 das alte CF&I-Management ausgebootet hatte, suchte Gates jetzt den richtigen Mann, den man als neuen obersten Chef nach Denver schicken könne. Nun ergab es sich, daß LaMont Montgomery Bowers, Gates' 60jähriger Onkel, der sich schon als tüchtiger Helfer beim Aufbau der für den Mesabi-Erfolg so entscheidend wichtigen Flotte von Eisenerzfrachtern bewährt hatte, seiner Frau Heilung oder zumindest Besserung verschaffen wollte. Sie litt an Schwindsucht, und die Ärzte hatten ihr einen Umzug in das Gebiet von Colorado empfohlen. Bowers erklärte sich bereit, alles Erforderliche zu unternehmen, um der Kohlengesellschaft zum Profit zu verhelfen. Er wurde zum Vorsitzenden des Direktoriums ernannt und angewiesen, sich regelmäßig zur Berichterstattung bei Gates und Junior am Broadway 26 zu melden.

Die Gesellschaft, deren Kommando er jetzt übernommen hatte, war ein Musterbeispiel dafür, was die liberale Presse später als »industriellen Absolutismus« bezeichnen sollte. Die geringen Löhne der Bergarbeiter (ungefähr 1,68 Dollar pro Tag) wurden in Gutscheinen ausgezahlt, die nur in gesellschaftseigenen Läden eingelöst werden konnten, und diese Läden berechneten erpresserisch hohe Preise. Die Arbeiter lebten gewöhnlich in kleinen Zweizimmerbaracken, die die Gesellschaft ihnen zu überhöhten Mieten überließ und aus denen sie mit dreitägiger Kündigung hinausgeworfen werden konnten. Ihre Kirchen wurden von Geistlichen geleitet, die bei der Gesellschaft in Lohn und Brot standen; ihre Kinder wurden in Schulen unterrichtet, die die Gesellschaft verwaltete; die Bibliotheken der Gesellschaft prüften ihre Bestände in strengster Selbstzensur auf etwaige subversive Bücher (wie Darwins *Ursprung der Arten);* solche Bände wurden sofort ausgemerzt. Mehr als 20000 Dollar jährlich gab die Gesellschaft für eine Truppe von Detektiven aus, für Grubenwächter und Spitzel, deren Aufgabe es war, die Arbeiterlager vor dem ansteckenden Gift der Gewerkschaften zu schützen.

Colorado Fuel and Iron war der bei weitem größte Erzeuger in diesem Gebiet, Sprecher für alle Unternehmer und zugleich eine bedeutende politische Macht in Colorado. Bowers brüstete sich später damit, daß nach seiner Ankunft in Denver die Gesellschaft jeden von ihr beschäftigten Mann und jede Frau als Wähler registrieren ließ, einschließlich der 70 Prozent, die noch nicht einmal eingebürgert waren, und daß »sogar ihre Maultiere . . . registriert wurden, wenn sie das Glück hatten, einen eigenen Namen zu führen«[102]. Diese politische Macht verlieh den Unternehmern die Gewißheit, daß sie sich nicht einmal an die primitiven Sicherheitsbestimmungen zu halten brauchten, die damals galten. Das Resultat war natürlich eine Serie von Unfällen mit einer hohen Zahl von Toten und Verletzten unter den Arbeitern. Die Bergarbeiter hatten niemanden, bei dem sie sich beschweren konnten. Die Bezirksgerichte, so hieß es damals, waren Filialen der CF&I, und die Sheriffs hatten ungefähr den Rang von Obersteigern.

Die Gewerkschaft United Mine Workers war die Organisation, deren Name genannt wurde, wenn sich Unzufriedenheit und Zorn in den Bergarbeiterlagern Luft machten. Bowers gab seinerseits den Gewerkschaftsfunktionären (die er »verächtliche Agitatoren, Sozialisten und Anarchisten« nannte) die Schuld an den Schwierigkeiten, auf die die CF&I im Umgang mit ihren Arbeitern zu stoßen begann. Er nahm die Herausforderung an und ließ sich von den kleineren Unternehmern zum Führer in dem bevorstehenden Kampf küren. »Wenn man es zuläßt«, sagte er in einem Schlachtruf, den er den Gewerkschaftern widmete, »daß Männer wie diese, Seite an Seite mit billigen College-Professoren und noch billigeren Schmierfinken in schlammschleudernden Magazinen, unterstützt von einem Haufen von Milch- und Wasserpredigern . . . die Geschäftsleute angreifen, die die großen Industrien aufgebaut haben . . . dann ist es höchste Zeit, daß kraftvolle Maßnahmen ergriffen werden.«[103] Daheim am Broadway 26 war sein Neffe ganz seiner Meinung. Gates, wie immer zu hohem Pathos entschlossen, sah den bevorstehenden Kampf als nichts Geringeres denn als apokalyptischen Krieg zwischen Gut und Böse. »Die führenden Männer der Colorado Fuel and Iron Company«, erklärte er, »stehen zwischen diesen Vereinigten Staaten und dem Chaos, der Anarchie, der Ächtung und der Enteignung, und für jeden Mann, der sein Vaterland liebt, ziemt es sich, ihnen zu helfen.«[104]

Die Unternehmer in Colorado sicherten sich die Dienste der Detektei Baldwin-Felts. Sie sollte die Speerspitze ihres Angriffs gegen die UMW bilden. Aus haltlosen Gesellen und Revolverhelden gebildet, die im Wilden Westen nun nichts mehr zu tun hatten, waren die Detektive von Baldwin-Felts noch verhaßter als selbst die Pinkerton-Männer. Mit neuen Winchesterbüchsen bewaffnet und von den örtlichen Sheriffs mit der Würde von stellvertretenden Sheriffs ausgestattet, fielen die Detektive in die Kohlengebiete ein wie eine wildgewordene Privatarmee. Ihr Auftauchen ließ bei der UMW die Überzeugung reifen, daß die Zeit für eine entscheidende Kraftprobe nun gekommen sei, und ihre Funktionäre kauften alle Gewehre und Patronen auf, die sie in den Gemischtwarenläden der kleinen Ortschaften von Colorado nur auftreiben konnten.

Die Ereignisse bedurften bald nicht mehr des Anstoßes. Am Morgen des 23. September 1913 zogen mehr als 9000 Bergarbeiter mit ihren Familien – es waren nahezu 70 Prozent der gesamten Arbeiterschaft – aus den Lagern und ließen sich in Zeltkolonien nieder, die die UMW in der Nähe der kleinen, so gut wie unbekannten Bergwerksorte dieses Gebiets für sie errichtet hatte. Eine dieser Kolonien hatte den Namen Ludlow bekommen.

Was man vorher als vereinzelte Zwischenfälle zwischen den Detektiven und den Bergarbeitern betrachtet hatte, verwandelte sich jetzt in militärische Gefechte. Zu einem der schwersten kam es am 17. Oktober, als die Männer von Baldwin-Felts in das gepanzerte Fahrzeug sprangen, das die Bergarbeiter den »Todes-Expreß« nannten, und damit durch eine Zeltkolonie bei Forbes rasten. Sie beharkten das ganze Gebiet mit dem Feuer zweier schwerer Maschinengewehre und verschwanden dann mit hoher Fahrt in der Abenddämmerung.

Die Bergarbeiter zahlten es ihnen heim, so gut sie konnten, und zwei Wochen später setzte Gouverneur Ammons von Colorado endlich die Nationalgarde ein, um den Frieden wiederherzustellen. Eine Zeitlang versuchte diese Miliz, dem in Colorado geltenden Gesetz Respekt zu verschaffen, nach dem es verboten war, Streikbrecher in ein Gebiet zu schaffen, das von einem Arbeitskampf betroffen war. Aber in den bitteren Wintermonaten, die jetzt folgen sollten, stellte es sich heraus, daß der Bundesstaat den Sold der Miliz ohne Hilfe der Wirtschaft nicht mehr zahlen konnte; die Nationalgarde begann, ganz offen für die eine Seite Partei zu ergreifen, und brachte unter ihrem Schutz Streikbrecher in die Kohlengruben, die man per Eisenbahn sogar aus dem fernen Pittsburgh und Toledo herbeitransportiert hatte. Ende Februar waren die Kassen des Bundesstaates nahezu erschöpft, und Gouverneur Ammons schickte bis auf wenige, an strategisch wichtigen Punkten eingesetzte Einheiten die Garde nach Hause. Die meisten Milizionäre, die noch blieben, machten aus ihrer Feindseligkeit gegenüber den Streikenden keinen Hehl.

Am Morgen des 20. April erreichte der Arbeitskrieg, der bisher schon Dutzende von Menschenleben gefordert hatte, seinen blutigen Höhepunkt. Eine Milizkompanie, die schon mehrfach mit den Streikenden zusammengestoßen war, bezog Stellung auf einer kleinen Anhöhe, von der aus man die Zelte von Ludlow überblicken konnte. Der kalte Wind peitschte die Wäsche, die steif auf den Leinen trocknete, und er wirbelte den Rauch in Fetzen davon, der aus den Ofenrohren kam, die man durch Löcher in den Zeltdächern gesteckt hatte. Mißtrauisch beobachteten die streikenden Männer die Gardisten über dem Zeltlager auf der Anhöhe. Kurz nach Tagesanbruch wurde, man weiß nicht woher, ein Schuß abgefeuert, und die nervösen Milizionäre eröffneten das Feuer mit ihren Hotchkiss-Schnellfeuerwaffen. Es begann eine Schlacht, die den ganzen Tag dauern sollte.

Als ihre von Geschossen zerfetzten Zelte Feuer fingen, zogen sich die Bergarbeiter in Keller zurück, die sie unter den Fußbodenbrettern ihrer Zelte ausgehoben hatten. Als der Abend kam, bot das Lager ein Bild vollständiger Verwüstung. Es hatte vierzig Tote gegeben und zahlreiche Verletzte. Das Schlimmste sollte aber erst noch kommen. Denn als die Menschen von Ludlow am nächsten Morgen aus ihren Erdlöchern stiegen, durch die schwelenden Trümmer der Kolonie wanderten und zählten, was sie verloren hatten, entdeckten sie die Leichen von zwei Frauen und elf Kindern, die in einem Keller erstickt waren, als das Zelt über ihren Köpfen niederbrannte. In ihnen hatte die Bluttat ihr Symbol gefunden, und als die Kunde sich ausbreitete, eröffneten die Streikenden anderer Kolonien eine Offensive gegen die Bergwerksunternehmer. In einem Umkreis von 400 km um Ludlow besetzten sie Ortschaften und griffen Vorposten der Gesellschaften an. Präsident Woodrow Wilson ließ Truppen der Bundesregierung in das Gebiet einmarschieren, um den Ausbruch des drohenden allgemeinen Krieges zu verhindern.

In den Anfangstagen des Streiks hatte Junior alle Hände voll mit anderen Krisen zu tun, zum Beispiel mit der allem Anschein nach vorhandenen Absicht der Wilson-Administration, die Anti-Trust-Gesetzgebung durch den Kongreß zu peitschen, Thema seiner Erörterungen mit J. P. Morgan und anderen führenden Geschäftsleuten auf der Jacht des Senators Aldrich. Allmählich aber machten ihn die Ereignisse in Colorado nervös, und er las die Berichte aus Denver jetzt mit größerer Sorge als bisher. Bald widmete er den größten Teil seiner Zeit am Broadway 26 dem Streik und den Gewalttaten, die er ausgelöst hatte. Noch bevor die Bergarbeiter ihre Lager verlassen hatten, sah er sich vom Weißen Haus selbst unter Druck gesetzt: Er möge doch seinen Einfluß geltend machen, um den Konflikt beizulegen. Seine Antwort blieb immer die gleiche; er sei nur Aktionär der Gesellschaft, die Führung der Tagesgeschäfte der Colorado Fuel and Iron liege bei der Geschäftsleitung in Denver. Wurde er wegen dieser Haltung kritisiert, und das geschah oft in den Monaten zwischen dem Exodus der Streikenden und dem Massaker, dann wies er darauf hin, daß sein Büro am Broadway 26 zweitausend Meilen von Colorado entfernt sei. Dadurch seien ihm die Hände gebunden.

In Wahrheit aber war er in dieser Frage alles andere als unvoreingenommen. Ohne jeden Zweifel hatte er sich uneingeschränkt auf die Seite derjenigen gestellt, die er als Autoritäten anerkannte: auf die Seite von Gates und seinem Vater. Der ältere Rockefeller vertrat in dieser Angelegenheit ungewöhnlich entschiedene Ansichten. Für ihn war die Beschäftigung eines Arbeiters ein Akt der Wohltätigkeit; traten Gewerkschaften gegen sie auf, so waren Industriekapitäne seiner Überzeugung nach berechtigt, strenge Gegenmaßnahmen zu ergreifen. Als er etliche Jahre zuvor hörte, daß Fricks befohlen hatte, Streikende in den Carnegie-Stahlwerken von Homestead niederzuschießen, hatte er sofort ein Telegramm an den Koksmagnaten abgefeuert und ihm darin seine Unterstützung zugesichert. Frick wurde für ihn zu einem Symbol des heldenmütigen Widerstandes, nicht nur wegen seiner Handlungweise in Homestead, sondern auch wegen seiner Haltung, als später ein Mann in Wut und Trauer über die ermordeten Arbeiter ihn in seinem Büro überfiel. Durch mehrere Schüsse und Messerstiche verletzt, setzte Frick sich mit Erfolg gegen seinen Angreifer zur Wehr und bestand dann darauf, umwickelt mit blutigen Verbänden, die Arbeit des Tages zu Ende zu führen. Was er dann nach Feierabend zu Zeitungsreportern sagte, setzte einen Maßstab für alle seine Standesgenossen: »Ich glaube nicht, daß ich sterbe. Aber ob ich sterbe oder nicht, die Carnegie Company wird die gleiche Politik fortsetzen, und sie wird siegen.« [105]

Briefe, die später unter Strafandrohung vom Ausschuß für Arbeitsbeziehungen beschlagnahmt und veröffentlicht wurden, zeigten, daß Junior sich ohne jede Einschränkung zu den Ansichten seines Vaters bekannte. Schon am 15. September 1913, eine Woche, bevor die Bergarbeiter ihre Arbeitsplätze verließen, hatte Arbeitsminister William Wilson seinen Chefunterhändler Ethelbert Stewart nach Broadway 26 geschickt, damit er Rockefeller um Hilfe bei den Bemühungen bitte, den bevorstehenden Konflikt abzuwenden. Junior hatte Stewart an den Rechtsberater der Familie, Starr J. Murphy, verwiesen, aber erst, nachdem er Murphy Anweisung erteilt hatte, ihn seinerseits an die Büros von CF&I in Denver weiterzureichen. Bowers von der CF&I berichtete Junior brieflich über sein Treffen mit Stewart: »(Der Unterhändler) wurde dahingehend informiert, daß wir die Arbeit in denjenigen Gruben, die wir schützen können, fortsetzen werden und daß wir die anderen schließen und daß Unterzeichneter Seite an Seite mit den anderen leitenden Angestellten dieser Gesellschaft zu dieser Erklärung stehen wird, bis unsere Knochen weißgebleicht sind wie Kalk in den Rocky Mountains.« Drei Wochen später schrieb Junior einen Brief an Bowers, in dem er dessen Haltung billigte: »Unserer Meinung nach haben Sie recht und billig gehandelt und gegenüber der Einführung von Gewerkschaften in den Zechen eine Position bezogen, die im Interesse der Arbeiter der Gesellschaft liegt. Wie die Sache am Ende auch ausgehen mag, wir stehen zu Ihnen.« Vier Tage später fügte er hinzu: »Es ist mir bewußt, daß die Leitung der Kohlengesellschaft jetzt schwere Tage durchlebt. Ihr Handeln wird von unserem Büro mit großem Interesse verfolgt, und die starke und gerechte Position, die sie bezieht, wird der Unterstützung durch uns nicht ermangeln.«

Wenige Monate später schrieb Bowers einen Weihnachtsbrief an Junior, in dem er ihn über den Druck unterrichtete, der ausgeübt worden war, um Gouverneur Ammons Haltung in der entscheidenden Frage zu ändern, ob es der Miliz gestattet werden sollte, Streikbrecher zur Arbeit in den Bergwerken zu begleiten. Bis zu diesem Tag hatte die Regierung des Bundesstaates derartige Eskorten verweigert, und die Fairneß gegenüber den Arbeitern, die daraus sprach, hatte viel dazu beigetragen, daß es nur sporadisch und örtlich begrenzt zu Gewalttätigkeiten gekommen war. »Es wird Sie interessieren«, schrieb Bowers, »daß es uns gelungen ist, die Kooperation der Bankiers in der Stadt zu mobilisieren, die drei oder vier Gespräche mit unserem kleinen Cowboy-Gouverneur geführt haben . . . Es ist unwahrscheinlich, daß jemals von den stärksten Männern dieses Bundesstaates ein so starker Druck auf einen Gouverneur ausgeübt worden ist wie eben jetzt auf Gouverneur Ammons.«

Junior, den die Wirksamkeit des Streiks bis jetzt verärgert und mit einiger Sorge erfüllt hatte, war höchst erfreut über die Resultate und ignorierte in seinem Antwortbrief die Beleidigung des Gouverneurs Ammons. »Ich entnehme Ihren Worten, daß die Lage sich so weitgehend normalisiert hat«, schrieb er an Bowers, »daß die Geschäfte allgemein wiederaufgenommen werden können. Es ist ein sehr beruhigendes Gefühl, zu wissen, daß dieser Kampf so rasch zu einer Sache der Vergangenheit wird. Ich weiß, daß Vater die Ereignisse der letzten Monate dort bei Ihnen im Kohlenbergbau mit außerordentlichem Interesse und tiefer Befriedigung verfolgt hat.«

Die Dinge normalisierten sich nicht. Sie gerieten vielmehr gänzlich aus der Kontrolle, und Präsident Wilson versuchte, eine Formel zu finden, die für beide Seiten annehmbar war. Als Bowers und die Bergwerksunternehmer, die jetzt zuversichtlich mit ihrem Sieg rechneten, jedes Angebot einer Vermittlung durch die Bundesregierung ablehnten, eröffnete ein Unterausschuß des Bergbauausschusses des Repräsentantenhauses eine Anhörung über die Lage. Sie begann Anfang Februar, und im März, genau einen Monat vor dem Massaker von Ludlow, wurde Junior zur Zeugenaussage vorgeladen.

Der Vorsitzende des Unterausschusses, der Abgeordnete Martin Foster, schnitt sogleich die Frage der philanthropischen und geschäftlichen Interessen Juniors an. »Wenn ich recht unterrichtet bin, befassen Sie sich mit soziologischen und aufbauenden Bewegungen und waren vor kurzem Erster Geschworener der Grand Jury, die einen Bericht über den Handel mit weißen Sklaven vorgelegt hat«, sagte der Vorsitzende. »Meinen Sie nicht auch, daß Sie ein wenig Aufmerksamkeit den blutigen Streikzuständen in Colorado hätten zuwenden können, wo Sie eintausend Arbeiter haben, für deren Wohlfahrt Sie kein besonders tiefes Interesse aufgebracht zu haben scheinen?«

»Ich habe getan, was meiner Meinung nach das allerbeste im Interesse dieser Arbeiter und der großen Kapitalinvestierung ist, die ich vertrete«, erwiderte Junior ausweichend. »Wir haben die besten Männer, die man finden kann, und wir vertrauen auf deren Urteil.«

Der Vorsitzende drang weiter in ihn: »Aber da wurden doch Menschen getötet, es wurden Kinder erschossen – war das nicht wichtig genug für Sie, um sich mit anderen Direktoren in Verbindung zu setzen und mit ihnen darüber zu beraten, ob man nicht irgend etwas unternehmen könnte, um derlei zu beenden?«

In seiner Antwort berief sich Junior auf jenen Grundsatz, den sein Vater und Gates für allesentscheidend hielten. Es ginge hier nicht um eine örtlich begrenzte Frage, sagte er, sondern um eine das ganze Land berührende Frage, nämlich darum, ob Arbeiter das Recht haben, unter allen Bedingungen zu arbeiten, die sie selbst wählen. »Als Teilhaber jener Gesellschaft ist unser Interesse an dem arbeitenden Menschen in diesem Land so ungeheuer, so tief, so profund, daß wir bereit sind, eher jeden Cent zu verlieren, den wir in diese Gesellschaft gesteckt haben, als zuzusehen, wie die Männer, die wir eingestellt haben, ihrer Arbeitsplätze beraubt werden und wie ihnen

Bedingungen aufgezwungen werden, die sie nicht gesucht haben und von denen weder sie noch wir erkennen können, daß sie in unserem Interesse liegen.«

»Sie sind bereit«, stieß der Vorsitzende nach, »sich lieber mit diesem Mord und Totschlag abzufinden, als hinzufahren und etwas zu tun, um die Bedingungen zu regeln?«

Junior antwortete. »Es gibt nur eins, um diesen Streik beizulegen, und das ist die ausschließliche Zulassung von Gewerkschaftsmitgliedern im Lager, aber unser Interesse an den Arbeitskräften ist so tief und wir glauben so aufrichtig, daß das allgemeine Interesse die Freiheit der Lager von den Gewerkschaften verlangt, daß wir entschlossen sind, die Männer, die in unserem Auftrag handeln, um jeden Preis zu unterstützen und zu ihnen zu stehen.«

»Und das werden Sie tun, auch wenn es Sie Ihren ganzen Besitz kostet, auch wenn es den Tod aller Ihrer Arbeiter bedeutet?«

»Es ist ein großes Prinzip«, erwiderte Junior. [106]

Manche kritisierten ihn wegen seiner kompromißlosen Haltung, aber Juniors Eltern waren freudig erregt. Voller Stolz telegraphierte seine Mutter ihm von Pocantico aus, daß seine Zeugenaussage »ein heller Trompetenstoß . . . für das Prinzip« gewesen sei, und sein Vater ließ ihn wissen, daß er ihm zehntausend Aktien der Colorado Fuel and Iron zum Geschenk mache; wie immer griff er auf den goldenen Klang des Geldes zurück, wenn er seinen Gefühlen Ausdruck verleihen wollte. Junior fühlte sich seiner Sache sicherer denn je. Er verkalkulierte sich tatsächlich nur in einer Hinsicht, nämlich in der Wirkung, die Ludlow auf die öffentliche Meinung haben sollte.

Das aber war ein entscheidender Kalkulationsfehler, und kaum hatte sich die Nachricht von dem Massaker über das ganze Land verbreitet, da richtete sich ein Haß auf ihn, wie er schlimmer auch seinen Vater nie getroffen hatte. Upton Sinclairs Demonstranten folgten ihm überall hin [107], ihre schwarzen Armbinden ein memento mori, das ihn ständig mit den Leichen in Verbindung brachte, die man aus den schwelenden Zelten von Ludlow gezerrt hatte. Es gab Massenversammlungen und Demonstrationen. Die Emotionen wurden so aufgepeitscht, daß eine UMW-Funktionärin namens Marie Ganz auf einer Gewerkschaftsversammlung in Colorado Männern, die ihrem Zorn in Worten Luft machten, zuschreien konnte: »Wenn ihr Mumm in den Knochen hättet, dann wäre John D. Rockefeller morgen nicht mehr am Leben.« [108] Kurz darauf sprengten sich ein paar aufgeregte Leute in einer Hinterhauswohnung in der New Yorker Lexington Avenue in die Luft, und die Polizei gab bekannt, ihre selbstgebastelte Bombe sei für Juniors Stadthaus in der West 54th Street bestimmt gewesen.

Aber nicht nur von ein paar Radikalen kam die Kritik. »Jedes Gebet, das Rockefeller spricht, ist eine Beleidigung jenes Christus, der für die leidende Menschheit gestorben ist«, schrieb eine Zeitung in Denver. Die ersten Zeilen eines Artikels auf der ersten Seite des *Leader* in Cleveland lauteten: »Die verkohlten Leichname von zwei Dutzend Frauen und Kindern beweisen, daß ROCKEFELLER WEISS, WIE MAN SIEGT!« Und die liberale Presse einschließlich geachteter Zeitschriften wie *The Nation, The*

*New Republic, The Survey* und *Collier's* stand in diesem Konflikt eindeutig auf der Seite der Arbeiter.

Es war oft schmerzlich für ihn, die Zeitungen zu lesen, und Junior lernte es, sich vor schlechten Nachrichten zu verstecken. Es war eine Lektion, an die er sich jedesmal erinnern sollte, wenn er in seinem späteren Leben in eine Kontroverse verstrickt wurde. Als er das Rockefeller Center baute und die Architektur des Riesenprojekts fast täglich angegriffen wurde, fragte einer seiner Mitarbeiter Junior einmal, ob ihn die Nachrichten und Kommentare denn gar nicht belasteten. »Wenn Ärger und Schwierigkeiten in der Luft liegen, lese ich die Zeitungen nie«, erwiderte Rockefeller. »Das habe ich damals während des Streiks im Westen gelernt.«

Ganz eindeutig drohte Ludlow zu einem Mühlstein zu werden, der ihm für den Rest seines Lebens um den Hals hing. Selbst wenn er das Bild hätte ertragen können, das er im Spiegel der öffentlichen Meinung sah, so wurde ihm jetzt doch bewußt, daß seine ganze geduldige Arbeit in Gefahr geriet, dem Namen Rockefeller wieder Achtung und Respekt zu verschaffen. Am schlimmsten war, daß die beiden Männer, auf die er sich immer gestützt hatte, sein Vater und der Reverend Gates, ihm nicht mehr helfen konnten. Ihre Ideen waren für immer erstarrt im Bernstein des vorigen Jahrhunderts.

Junior begann sich nach neuen Beratern und nach neuem Rat umzuschauen. Er fand zwei Männer, die offensichtlich auf der Höhe der sich ändernden Zeit waren und die einen Ausweg aus dem Chaos zu wissen schienen. Ivy Lee, ein Mann aus den Südstaaten, und Mackenzie King, ein kanadischer Liberaler, mochten sonderbare Verbündete für den Sohn des reichsten Mannes der Welt sein. Eine Eigenschaft aber hatten sie beide: Jeder war auf seine Weise ein Prophet der neuen Zeitalters, und jeder hatte bewiesen, daß er ein visionäres Gefühl für den Fortschritt besaß. Jeder sollte auf seine Weise Hebammendienste bei der Wiedergeburt der Rockefellers leisten, nicht nur, indem er Juniors Flucht aus der Schuld von Ludlow ermöglichte. Sie beide entwarfen die unentbehrliche Strategie, die nötig war, um Institutionen zu bauen und aufrechtzuerhalten, die die Dynastie der Rockefellers in das zwanzigste Jahrhundert hineinführen konnten.

»Massen führt man mit Hilfe von Symbolen und Parolen«, sagte Ivy Lee einmal vor einer Versammlung von Eisenbahnbossen, denen er die Grundsätze seines Handwerks erläuterte. »Erfolg im Umgang mit Massen . . . hängt von der Kunst ab, Glauben zu finden. Wir wissen, daß Heinrich VIII. die Menschen durch seine sklavische Beachtung der Formen des Gesetzes dazu bringen konnte, so unbedingt an ihn zu glauben, daß er alles mit ihnen machen konnte.« [109]

Vielleicht hat Lee die modernen Public Relations erfunden. Auf jeden Fall war er der Mann, der sie zu einer Kunst erhoben hat, zu einem unentbehrlichen Bestandteil im Leben der großen Gesellschaften des Landes. Er war groß, schlank, eine fast poetische Gestalt mit blauen Augen, kastanienbraunem Haar und behaftet mit einem leichten Hinken, das deutlicher wurde, wenn er müde war. Der Gegensatz zwischen ihm und den anderen Männern, die Junior in den Kreis der Rockefeller-Mitarbeiter aufnahm, hätte nicht krasser sein können. Nicht nur sein singender Südstaaten-Tonfall und seine eleganten Südstaaten-Manieren unterschieden ihn von den anderen, die der Familie Rockefeller dienten, sondern die Tatsache, daß seine Erziehung ihm einen anderen Blickwinkel verliehen hatte.

Ivy Lee, Sohn eines liberalen Predigers aus Georgia, gehörte zu den aristokratischen Vorkämpfern für einen neuen, industrialisierten Süden, Mitglied jener Gruppe, die sich so aufgeschlossen zeigen sollte für das Schul- und Bildungsprogramm, das vom General Education Board für den Süden entwickelt wurde.

Nach Abschluß seines Studiums in Princeton im Jahre 1898 (er war dort, genau wie Raymond Fosdick, ganz in den Bann Woodrow Wilsons geraten) ging Lee nach New York. Als sich ihm in der Wall Street keine geeignete Möglichkeit eröffnete, ging er zum New Yorker *Journal*. Das war die erste der Zeitungen, die ihm Gelegenheit gaben, über wirtschaftliche Fragen zu schreiben. Die Funktionsweise der großen Gesellschaften faszinierte ihn. Ihre Mängel zogen ihn ebenso in ihren Bann wie ihre Macht; aber er gehörte nicht zu den Journalisten, die Schmähschriften über die großen Wirtschaftsunternehmen verfaßten. Er hatte im Gegenteil die Idee, daß jetzt, wo die Pamphletisten die Warzen im Gesicht des Big Business vergrößerten, die journalistische Technik auch angewandt werden könne, um die edleren Züge sichtbar zu machen. Im Jahre 1903 verließ er die Zeitung, um freier Publizist zu werden.

Als Junior sich im Mai 1914 um seine Dienste bemühte, war Lee Direktionsassistent bei Samuel Rea, Präsident der Pennsylvania Railroad. Die beiden Männer trafen sich zu einem Gespräch am Broadway 26, und Junior gab ohne Umschweife zu erkennen, daß er lernen wolle, wie man Glauben findet. In seiner unterkühlten Art sagte er zu Lee: »Ich habe das Gefühl, daß mein Vater und ich von der Presse und den Menschen dieses Landes mißverstanden werden. Ich möchte von Ihnen hören, wie man unsere Position verständlich machen kann.«

Zu Beginn seiner Arbeit gab Lee mit Billigung Juniors und der Bergwerksunternehmer eine Reihe von Bulletins über die Ereignisse von Colorado heraus. Sie stellten die Handlungen der Unternehmer in möglichst günstigem Licht dar und versuchten, die Gewerkschaften in Mißkredit zu bringen.

Eins der Bulletins enthielt die Erklärung eines Vizepräsidenten der Law and Order League von Colorado, die besagte, daß der Tod der beiden Frauen und der elf Kinder auf ihre Achtlosigkeit zurückzuführen sei, nicht auf das Gewehrfeuer der Miliz; sie hätten nämlich den Ofen in ihrem Zelt umgestoßen. Am Broadway 26 war man beeindruckt von Lees Tüchtigkeit, aber falsche Darstellungen dieser Art machten ihn avantgardistischen Kreisen höchst verdächtig. Upton Sinclair verlieh ihm den Spitznamen »Poison (Gift) Ivy«. John Dos Passos karikierte ihn erbarmungslos in seinem *42. Breitengrad.* Carl Sandburg schrieb im New Yorker *Call:* »Er steht noch unter dem gedungenen Mörder und Schläger. Sein Sinn für Recht und Unrecht ist eine bösere Kraft in der organisierten Gesellschaft als derjenige der Mörder, die in Ludlow Frauen erschossen und kleine Kinder verbrannten.«

Doch waren Lees Ansichten auf jeden Fall weniger reaktionär als die seines Arbeitgebers. Nach einer Reise durch Colorado im August 1914 riet er Junior, die gesamten Rockefeller-Anteile an Colorado Fuel and Iron öffentlich bekanntzugeben, und er erklärte ihm, daß Bowers und die Geschäftsleitung in ihrer Haltung gegenüber den Streikenden viel zu unnachgiebig gewesen seien. Er empfahl, in allen Gruben Plakate auszuhängen, auf denen den Bergarbeitern mitgeteilt wird, daß die Gesellschaft sie fair behandeln und ihre Klagen und Beschwerden hören möchte. »Ich glaube, daß diese Politik der Publizität von bedeutendem Wert *als erster Schritt* sein kann, um das vollständige Vertrauen der Bergarbeiter und der Öffentlichkeit in diesem Bundesstaat zu erwerben«, schrieb er an Junior. Aber er fügte hinzu: »Es ist von größter Wichtigkeit, so bald wie möglich einen umfassenden Plan über einen Beschwerdeapparat auszuarbeiten. Das würde nicht nur den Gewerkschaften den Wind aus den Segeln nehmen, sondern es würde sich meiner festen Überzeugung nach auch positiv auf den besten und solidesten Teil der öffentlichen Meinung auswirken.«

Lee war nicht der Mann, selbst einen solchen Plan zu erarbeiten, und das wußte er auch. Doch als er noch dabei war, seine Arbeit in Denver abzuschließen, war in den weit geworfenen Netzen der Foundation der richtige Mann gefangen und mit Junior bekanntgemacht worden.

Als er in das Rockefeller-Team eintrat, war Mackenzie King ein ehemaliger Wunderknabe der kanadischen Politik. Seine einst vielversprechende Karriere schien für immer ins Stocken geraten zu sein. Fünfzehn Jahre vorher hatte das Arbeitsministerium ihn eingestellt. Er bewährte sich glänzend. Im Alter von 34 Jahren wurde er ins Parlament gewählt, und der liberale Premierminister Sir Wilfrid Laurier machte ihn zu seinem Arbeitsminister. Aber 1911 stürzte die liberale Regierung und King mit ihr. In den nächsten Jahren bemühte er sich vergeblich um die Parteiführung. Als er sich zur Wiederwahl ins Parlament stellte, wurde er geschlagen. Jetzt mußte er auch noch für seine altgewordenen Eltern sorgen, was seine mageren Einkünfte weiter belastete. Vergeblich hielt er nach einer Frau Ausschau; als verheirateter Mann, dachte er, hätte er vielleicht bessere Chancen in der Politik. Die Zukunft, die für ihn vor wenigen Jahren noch so strahlend ausgesehen hatte, bot jetzt nur noch quälende Verpflichtungen ohne Aussicht, ihnen gerecht werden zu können.

Aber dann, am 1. Juni 1914, erhielt King ein Telegramm von der Rockefeller Foundation. Die Stiftung bat ihn, zu Gesprächen über ein neues Projekt nach New York zu kommen. Als King am Morgen des 6. Juni in der 10 West 54th Street erschien, fühlte Junior sich sofort zu dem schüchternen, seltsam mystisch wirkenden Kanadier hingezogen. Er war ebenso alt wie er und schien mit ihm ein Gefühl persönlicher Unzulänglichkeit zu teilen.

Gegen Ende August 1914 hatte sich der größte Teil der vom Streik ausgelösten Kritik wieder beruhigt; dank des Einsatzes von Streikbrechern und der allmählichen Rückkehr von hungernden und eingeschüchterten Bergarbeitern unter Tage war die Produktion der CF&I sowie der anderen Unternehmen beinahe wieder normal. Kings

Aufgabe lief darauf hinaus, Ivy Lees Vorschlag eines Beschwerdeapparats zu verwirklichen, der beweisen konnte, wie sehr sich die Gesellschaft um Fairneß gegenüber ihrer besiegten und gezüchtigten Arbeiterschaft bemühte.

King verfaßte einen sechsseitigen vorläufigen Bericht. Kern seines Plans war die Schaffung von Gremien, in denen Vertreter der Arbeiterschaft und der Betriebsleitung unter der Schirmherrschaft der Gesellschaft zusammentreffen und ohne die trennenden Einflüsse unabhängiger Gewerkschaften Kontakt aufnehmen konnten. Was er da erfunden hatte, war die »Firmengewerkschaft«, die sich, bevor sie 1935 gesetzlich verboten wurde, als unschätzbar wertvolles Werkzeug der Arbeitgeber in ihrem Kampf gegen die Gewerkschaften erweisen sollte. Als er von dem Vorschlag erfuhr, schnaubte AFL-Führer Samuel Gompers verächtlich: »Welchen Einfluß kann so eine Pseudogewerkschaft schon darauf haben, auf die Beseitigung schweren Unrechts zu dringen oder die Gewährung wirklicher Rechte anzustreben?« [110] Doch als der Plan bekannt wurde, erschien es einigen, als hißte man am Broadway 26 die weiße Fahne. Erschüttert darüber, daß der junge Rockefeller mitten im großen Kampf desertierte, schrieb L. M. Bowers in aller Hast einen Brief. In dem King-Plan sei zwar nicht ausdrücklich die Rede von einer Anerkennung der Gewerkschaften, aber andere würden ihn doch als Kapitulation verstehen. Unterstützt wurde er von Gates und sogar von dem gemäßigten Starr J. Murphy, den Junior zur Erkundung der Situation nach Denver geschickt hatte und dessen Empfehlung darauf hinauslief, »bis zum Ende« gegen die geschwächten Bergarbeiter zu kämpfen.

Junior ließ die Sache eine Zeitlang schmoren, wußte aber, daß er sich entscheiden mußte. Im Januar 1915 bat er Bowers, seinen Rücktritt zu erklären. Fragte man ihn später nach den Gründen, die ihn dazu bewogen hatten, antwortete er, der alte Mann sei nicht bereit gewesen, »voranzuschreiten in den neuen Tag«. Für Bowers war der Kampf zu Ende, für Junior fing er gerade erst an. Während King die Bergwerke besuchte, war inzwischen die Nachricht am Broadway 26 eingetroffen, daß Junior im Januar vor Frank Walsh und dem Ausschuß des Präsidenten für Arbeitsbeziehungen in der Industrie zu erscheinen habe.

Dieser Ausschuß war 1912 im Gefolge von Arbeitsunruhen geschaffen worden, die schon vor der Tragödie von Ludlow das ganze Land schockiert hatten. Vom Kongreß mit weitreichenden Vollmachten zur Untersuchung der Arbeitsunruhen ausgestattet und beauftragt, Reformgesetze vorzuschlagen, stand Frank Walsh an der Spitze des Ausschusses, ein progressiver Anwalt aus Missouri, über den viele Anekdoten erzählt wurden und der einmal in einem Sensationsprozeß den wegen Eisenbahnraubs angeklagten Sohn von Jesse James verteidigt hatte. Walsh, ein Mann mit breitem, grobknochigem Gesicht, ließ keinen Zweifel daran, daß diejenigen sich täuschen würden, die da hofften, der Ausschuß werde einen flüchtigen Blick auf die Probleme der Arbeiter und Gewerkschaften werfen und dann einen nichtssagenden Bericht veröffentlichen. Er war entschlossen, die Verhältnisse in der amerikanischen Industrie so gründlich zu untersuchen, wie es noch nie geschehen war.

Im Verlauf der Anhörungen lud Walsh unter Strafandrohung Carnegie vor, J. P.

Morgan, Henry Ford und die anderen Titanen des Zeitalters, aber die Tage, die sie vor Gericht verbrachten, waren im Grunde noch gemütlich. Es zeigte sich sehr bald, daß Walsh von niemandem so fasziniert war wie von den Rockefellers und daß er sich für den Sohn mehr interessierte als für den Vater.

Als Junior im Januar 1915 zum ersten Mal vor dem Ausschuß erschien, hatte King ihm seine Rolle gründlich einstudiert. Seine Verteidigung war darauf aufgebaut, daß die Verantwortung für die Vorgänge von Colorado ausschließlich bei der zuständigen Geschäftsleitung liege und daß er als einer der Direktoren und Aktionäre bei den Entscheidungen über die Firmenpolitik weder befragt noch besonders gut über die gegebenen Bedingungen informiert worden sei. Seine Eröffnungserklärung enthielt die Gedanken Kings in den geschickten Formulierungen Ivy Lees; zum ersten Mal zeigte sich hier der neue Rockefeller. »Ich halte es für ebenso angemessen und vorteilhaft, wenn sich die Arbeiterschaft in organisierten Gruppen zur Förderung ihrer legitimen Interessen zusammenschließt, wie ich es für richtig und nützlich halte, wenn das Kapital sich zu dem gleichen Zweck verbindet«, sagte Junior vor den Mitgliedern des Ausschusses, die sich zu einem großen Teil noch gut daran erinnern konnten, wie er sich zwei Jahre zuvor ohne Einschränkung gegen Gewerkschaften ausgesprochen hatte. Manchmal, fuhr Junior fort, schaffen derartige Zusammenschlüsse »nützliche Einrichtungen, manchmal bemühen sie sich um Lohnerhöhungen, aber worin ihr spezieller Zweck auch besteht, solange er das Wohlergehen der Arbeitnehmer fördert und dabei die berechtigten Interessen des Arbeitgebers und der Öffentlichkeit angemessen berücksichtigt . . . trete ich aus ganzem Herzen dafür ein.«

Der Ausschußvorsitzende Walsh war nicht beeindruckt. Die nächsten drei Tage verbrachte er damit, Juniors Verhältnis zu den Ereignissen von Colorado zu untersuchen. Immer wieder kam er dabei auf die Frage zurück, bei wem letztlich die Verantwortung liege. Walsh versuchte, Junior aus der Ruhe zu bringen, indem er das Thema Ivy Lee anschnitt. Wenn er wirklich so ohne jede Schuld war, wie er behauptete, warum hatte er dann einen hauptberuflichen Publizisten in Colorado stationiert? Er habe, antwortete Rockefeller höflich und ruhig, Mr. Lee entsandt, weil die Menschen seiner Meinung nach ein Recht darauf hätten, zu erfahren, was auf dem Schauplatz dieses tragischen Streiks vor sich geht. Walsh rief John Lawson von der UMW in den Zeugenstand und lenkte die Diskussion auf die philanthropischen Beiträge der Rockefeller Foundation in Colorado. Der populäre UMW-Führer, der den Streik in Gang gehalten hatte und in den Kohlerevieren mit seinem roten Halstuch und dem schweren Revolver an der Hüfte zu einer legendären Gestalt geworden war, sagte sarkastisch: »Was diese Herren der kommerzialisierten Tugend da ausgeben, das ist nicht ihr Geld. Es sind die Löhne, die sie der amerikanischen Arbeiterklasse vorenthalten haben . . . Gesundheit für China, eine Zuflucht für die Vögel . . . Pensionen für Witwen in New York, und nie auch nur ein Gedanke an einen Dollar für die Tausende, die in Colorado hungerten.« [111]

Aber am Ende der ersten Runde der Anhörungen hatte Junior die meisten Zuhörer für sich gewonnen. Er war stets der Gentleman geblieben, der die besten Absichten hatte. Er machte den Eindruck eines Menschen, der viel zu schwach war, um tatsächlich selbst an einer so mörderischen Politik mitzuwirken. In *The New Republic* merkte der jugendliche Walter Lippmann an:

»Hier saß ein Mann, der eine Anhäufung von Reichtum repräsentierte, wie sie wahrscheinlich ohne Beispiel in der Geschichte ist, der Nachfolger eines Vaters, der mit Recht Hohepriester des Kapitalismus genannt worden ist. Die Freiheit des Unternehmertums, der schrankenlose Anreiz für den Profitmacher kulminieren in seiner Familie. Er ist die höchste Verneinung aller Gleichheit, das Symbol der bedrohlichsten Tatsache im Leben der Republik. Doch er sprach von sich selbst in den plattesten moralischen Kategorien eines kleinen Krämers.«

Als er die Anhörungen verließ, teilte man Junior mit, daß seine Korrespondenz über den Streik unter Strafandrohung als Beweismittel beschlagnahmt sei. Als das Material im Laufe der nächsten Wochen zur Kenntnis des Ausschusses gelangte, sah Walsh, daß er Rockefeller in der Hand hatte. In seiner Kanzlei in Kansas City gab der Vorsitzende am 23. April seine dramatischen Erkenntnisse der Presse bekannt. Die Briefe und Memoranden, die er den Journalisten vorlas, zeigten einen ganz anderen Menschen als den ernsthaften jungen Erben, der im Januar nachdenklich, flexibel und ausgewogen Zeugnis abgelegt hatte. Hier zeigte sich ein eingefleischter Feind der Gewerkschaften, ein Mann, der Tarifverhandlungen mit allen Waffen bekämpfen wollte, ein Mann, der seine Feldmarschälle in Denver ohne Einschränkung mit allen Kräften unterstützt hatte.

Als Walsh an jenem heißen Nachmittag des 19. Mai 1915 Junior in Washington, D.C., wieder in den Zeugenstand rief, war Juniors Selbstsicherheit wie weggeblasen. Verschwunden war die Sympathie, die er auf den Zuhörerbänken gefunden hatte. Kerzengerade aufgerichtet saß er mit gefalteten Händen da. An seinem Haaransatz standen Schweißperlen. Es war ein schwüler Tag. Walsh zog ihm den Boden unter den Füßen weg. Er sprach unsicher und stockend. Lee und King sahen hilflos zu.

Der Ausschuß befragte ihn in einer Weise, die sechzig Jahre lang ohne Beispiel blieb, bis Juniors Sohn Nelson die Familienarchive offenlegte, damit man ihn in seinem Amt als Vizepräsident bestätigte.

Der Vorsitzende Walsh erforschte alle Flächen und Falten in Juniors Charakter, er sondierte Motive und Ansichten der Rockefellers, wie es später nie wieder geschehen ist.

Für den Zeugen war es eine Tortur. Unter ähnlicher Befragung war der rauhe Bowers zusammengebrochen. Er hatte bei bloßer Erwähnung des Massakers die Hände vor die Augen geschlagen: »Das war übel, ekelhaft, schändlich . . . Ich wollte, ich könnte das vergessen.«

Junior war standhaft geblieben. Unter der unbarmherzigen Sonde, mit der Walsh in ihm herumstocherte, hatte er nicht mehr den Ahnungslosen spielen können. Doch das Verhör, das Walsh anstellte, rannte sich schließlich an der steinernen Mauer der Distanz Juniors von den Ereignissen bei CF&I fest. Wie sehr Rockefeller auch mit den Managern übereingestimmt haben mochte, er hatte ihre Reaktion auf den Streik nicht befohlen.

Die zweite Runde der Anhörungen brachte nichts Neues. Als Walsh schließlich Junior aus dem Zeugenstand entlassen mußte, hatte die Untersuchung keinen Wind mehr in den Segeln. Der Walsh-Ausschuß veröffentlichte seinen Abschlußbericht und bezeichnete Ludlow darin als »Anarchismus, entkleidet selbst des geringsten Anscheins jenes chimärenhaften Idealismus, der den gestörten Geist des Bombenwerfers beflügelt . . . (es war) Anarchismus aus Profitgier und Rache.« Walsh sah sich durch Gegensätze in seinem Ausschuß, durch Kritik von der New Yorker *World* und anderen einflußreichen Zeitungen sowie durch die Tatsache behindert, daß das Mandat seines Ausschusses abgelaufen war. Er versuchte, privat Gelder aufzubringen, um weiter arbeiten zu können, wie Junior es getan hatte, als die Grand Jury über die Weiße Sklaverei die Arbeit einstellen mußte. Aber eine Regierungsfunktion auf privater Basis weiter auszuüben, das war das Vorrecht des Reichtums, nicht des Gewissens. Das letzte Wort behielt Junior, nicht der Kreuzritter aus Missouri.

Kurz nach dem Ende der quälenden Verhöre schlug King einen Besuch des Kohlereviers von Colorado vor. Die Reise begann im September; wegen des Todes von Cettie Rockefeller hatte man sie verschieben müssen. King fungierte als Reiseführer, er hatte die Reviere in Colorado ja schon einmal gesehen. Den ersten Halt machte ihre kleine Autokolonne an der kahlen, windigen Stelle, wo einst die Zeltkolonie Ludlow gestanden hatte. Die Reisegruppe stieg aus und verharrte einen Augenblick lang schweigend. Staub setzte sich auf die dunklen Anzüge, als sie zu dem verkohlten Kreuz aus Eisenbahnschwellen hinübergingen, das die Stelle bezeichnete, an der die dreizehn gestorben waren. Verlegen blieben sie eine oder zwei Minuten lang stehen, dann stiegen sie wieder in die Autos, und weiter ging es über den kurvenreichen Weg zu den kleinen Bergarbeiterlagern von Colorado.

In den nächsten vierzehn Tagen war Junior genauso ansprechbar wie irgendein Smith oder Jones, der zufällig die Lager besuchte. Die Bergarbeiter staunten, hier einen Rockefeller in ihrer Mitte zu sehen. Er sprach mit ihnen über ihre Sorgen, aß mit ihnen Bohnen und Kartoffelbrei von Blechtellern und tunkte wie sie die Sauce mit Brotstücken auf. Er besuchte sie in ihren Wohnungen, plauderte mit ihnen im schmutzig-gelben Licht der Petroleumlampen, saß auf ihren Betten, durch deren Matratzen die gebrochenen Sprungfedern stachen. Zusammen mit King zog er Overalls an, setzte den Helm mit der Grubenlampe auf und fuhr ein, um die Sicherheitsvorkehrungen zu inspizieren.

Der Höhepunkt des zweiwöchigen Besuchs war die Einladung, als Ehrengast an einem geselligen Abend im Lager Cameron teilzunehmen. In der Schule hielt er eine kurze Ansprache an die Arbeiter und ihre Angehörigen und schlug dann zur allgemeinen Überraschung vor, die Stühle wegzuräumen, um eine Tanzfläche zu schaffen. Das Orchester spielte einen Foxtrott. Junior bat die Frau des Obersteigers um die Ehre.

Die Journalisten stürzten an das einzige Telefon. Im Laufe dieses Abends tanzte er mit jeder der rund zwanzig anwesenden Frauen.

Am 2. Oktober trafen sich Rockefeller und King in der Kleinstadt Pueblo mit rund zweihundert Arbeitervertretern der Colorado Fuel and Iron sowie leitenden Angestellten der Gesellschaft, um mit ihnen über den Industrial-Representation-Plan zu diskutieren. Junior sprach als erster: »Ich bin in Ihre Waschkauen gegangen, und ich habe vor und nach dem Duschen mit den Männern gesprochen. Wie Sie wissen, fehlte nicht viel, und wir hätten auch das Nachtlager geteilt – man hat berichtet, daß ich in einem Ihrer Nachthemden geschlafen hätte – ich wäre stolz, wenn der Bericht stimmte.«

Dann kam eine Lektion in Volkswirtschaft. Junior zeigte auf einen rechteckigen Tisch, der in der Nähe stand. Er entwickelte ein Gleichnis. Die vier Seiten des Tisches, sagte er, repräsentierten die Aktionäre, die Direktoren, die leitenden Angestellten und die Arbeiter. »Dieser kleine Tisch verdeutlicht meine Vorstellung von einem Unternehmen«, begann er. »Erstens einmal sehen Sie, daß er nicht komplett wäre, wenn er nicht alle seine vier Seiten hätte. Jede Seite ist unentbehrlich; jede Seite hat ihre eigene Aufgabe zu erfüllen.« Junior legte dann eine Handvoll Münzen auf den Tisch und erinnerte die Bergarbeiter an »diese Rockefeller-Burschen da in New York, die größten Schurken, die es je gegeben hat, die Millionen von Dollars aus dieser Gesellschaft abgezogen haben«. Während er so vor sich hin erzählte, wischte er plötzlich mehr als die Hälfte der Münzen vom Tisch und erklärte, das entspräche dem Anteil am CF&I-Einkommen, das pünktlich alle zwei Wochen an die Lohnempfänger ausgezahlt wird. Während sein Publikum atemlos zuschaute, nahm er einen kleineren Teil von dem Haufen weg. Das, sagte er, seien die Managergehälter. Dann nahm er die paar letzten, noch verbliebenen Münzen, die Vergütung der Direktoren. »Und hoppla! Es ist nichts mehr da! Das muß die CF&I-Gesellschaft sein! Denn nicht ein einziges Mal, seit mein Vater und ich uns zuerst als Aktionäre für diese Gesellschaft interessiert haben, und das ist runde vierzehn Jahre her, hat es auch nur einen einzigen Cent für die allgemeinen Aktien gegeben. So, da kauen Sie mal drauf herum. Untersuchen Sie mal, ob das mit dem übereinstimmt, was man Ihnen über die Aktionäre erzählt hat, die Sie unterdrücken und übers Ohr hauen.«

Ganz unmerklich wurde es zu einer Lektion in Moral. Wer mit seinem fairen Anteil nicht zufrieden ist, der stört die Harmonie und gefährdet das Einkommen aller. Die Münzen wurden wieder auf den Tisch gelegt, und eins der Tischbeine wurde angehoben, um zu zeigen, was mit dem erarbeiteten Einkommen geschieht, wenn einer der Partner versucht, mehr als seinen fairen Anteil einzusacken. Unausgesprochen wurde deutlich, daß das die wahre Absicht der Gewerkschaft sei. Es gab da Männer, sagte Junior, die zogen durch das ganze Land und redeten den Arbeitern ein, sie müßten einen möglichst kurzen Arbeitstag bei möglichst geringer Arbeitsleistung durchsetzen. »Wer das predigt, ist nicht Ihr Freund, sondern Ihr Todfeind.« [112]

Junior überließ King das Podium. Der Kanadier trug seinen Plan vor. In geheimer Abstimmung sollten die Arbeiter ihre Vertreter wählen, und zwar einen für je 150

Mann. Diese Vertreter sollten dann mit der Geschäftsleitung über Arbeits- und Lebensbedingungen, Sicherheit, Gesundheitsfürsorge, Wohnungen und Schulen entscheiden. Bezirkskonferenzen sollten mindestens einmal alle vier Monate stattfinden, und es wurde ein kompliziertes Beschwerdeverfahren entwickelt. Die Abstimmung fand am 4. Oktober statt. Obwohl mehr als 2000 Bergarbeiter sich nicht an der Wahl beteiligten, wurde das Programm mit 2404 der 2846 abgegebenen Stimmen angenommen. Der Welt wurde dieses Modell dann unter der Bezeichnung Rockefeller-Plan bekannt. [113]

Als er aus Colorado zurückkehrte, wußte Junior, daß die lange Qual endlich ein Ende gefunden hatte. Er nahm Mackenzie King mit zu einem Besuch bei seinem Vater, der nach der abendlichen Unterhaltung zu dem Kanadier sagte: »Ich wünsche mir, ich hätte Sie in meinen dreißig oder vierzig Jahren im Geschäft als Berater für meine Politik gehabt.«

Sein Sohn erwiderte: »Ich bin froh, daß du ihn nicht gehabt hast. Sonst hätte ich Mr. King in den folgenden dreißig oder vierzig Jahren entbehren müssen.«

Ludlow war für Junior ein furchtbares Erlebnis, aber auch ein wichtiger Einschnitt. Lange nachdem das Massaker im großen Vergessen der amerikanischen Geschichte versunken war, sagte Junior in einem Gespräch mit Raymond Fosdick über alte Zeiten, es sei »eins der wichtigsten Dinge« gewesen, »die der Familie je widerfahren sind«, eine Äußerung, die er später gegenüber seinen Enkeln noch einmal wiederholen sollte. Dieses Ereignis bezeichnete den Augenblick des Eintritts der Familie Rockefeller in das zwanzigste Jahrhundert. Vor allem aber bezeichnete es Juniors persönliche Befreiung von der Vergangenheit. In dieser Krise hatte er die Führung, hier verdiente er sich seine Sporen. Die Führung der Familie war an ihn und an seine Mitarbeiter übergegangen. Gates hatte den Broadway 26 verlassen, um sich ganz auf die Verwaltung der Stiftung zu konzentrieren. Junior befand sich jetzt auf dem Wege, selbst zu einer eigenständigen Persönlichkeit im Bewußtsein der Nation zu werden. Nun würde man sein Wort ernstnehmen, wenn er sich zu so verschiedenen Phänomenen vernehmen ließ wie der Frage der Prostitution oder der ökumenischen Bewegung.

Die Ironie der weiteren Entwicklung wollte es, daß er sich auch als eine Art industriellen Staatsmanns etablieren konnte. 1919 lud Präsident Wilson ihn ein, an einer Konferenz über die Zusammenarbeit der Sozialpartner teilzunehmen. Die 45 Konferenzteilnehmer vertraten drei Gruppen, nämlich die allgemeine Öffentlichkeit, die organisierte Arbeiterschaft und die Unternehmer. Wie erfolgreich Kings Kampagne gewesen war, konnte man an der Tatsache ablesen, daß Junior zum Sprecher der Konferenzgruppe gemacht wurde, die die allgemeine Öffentlichkeit vertrat. Mehr noch, er schien den Erwartungen zu entsprechen, als er sich auf die Seite der Arbeiter und der Öffentlichkeit schlug und sich gegen die Stimme der Unternehmer für eine Anerkennung des Gewerkschaftsgedankens aussprach (auch wenn es für King hinter den Kulissen Schwerarbeit gewesen war, ihn für das Prinzip kollektiver Tarifverhandlungen zu gewinnen). Es war dann aber doch schön, zu lesen, wie die Zeitungen ihn einen »verdienten Staatsmann auf dem Gebiet der Beziehungen zwischen den Sozialpartnern« nannten, ihm »moralischen Mut« bescheinigten und seine »edlen Überzeugungen« lobten.

Die öffentliche Meinung über die Rockefellers begann sich zu wandeln. Zu einem Teil entsprang das auch der neuen Grundstimmung der patriotischen Einigkeit, die auf Amerikas Eintritt in den 1. Weltkrieg folgte. Von Anfang an sorgte Junior dafür, daß der Familienname mit dieser Bewegung in Verbindung gebracht wurde. Er veranlaßte die Stiftung zu einem großen Kriegshilfe-Programm. Im Jahre 1917, als Ludlow endgültig hinter ihm lag, warf Junior sich mit Energie auf die Aufgabe, den ganzen philanthropischen Apparat für die Kriegsanstrengungen einzuspannen. Während Ivy Lee noch damit beschäftigt war, Artikel darüber in die Zeitungen zu lancieren, daß der Rockefeller-Erbe in seiner Freizeit warme Schals für die Frontsoldaten strickte, brach er zu einer Vortragsreise durch die Garnisonen auf. Im Verlauf einer zehntägigen Reise brachte er es auf 35 Reden. Das ganze Programm war vom Verein Christlicher Junger Männer für das Kriegsministerium organisiert worden. Auch seinen Vater spannte er ein. Auf mehreren Reisen nahm er den alten Mann mit und veranlaßte ihn, dem Roten Kreuz, dem CVJM und anderen zu den Kriegsanstrengungen beitragenden Organisationen erhebliche Beträge zu spenden. Daß solche Spenden glänzende Publizität ermöglichten, wurde nicht übersehen.

Mit dem Kriegsende sollte die »Ära der Normalität« beginnen, und mit ihr kam die neue, konservative Art, sich mit dem Big Business und dem Reichtum abzufinden. Aber noch vor der Einstellung der Feindseligkeiten begann sich, zunächst kaum merklich, ein Wandel in der Einstellung der Öffentlichkeit gegenüber der Ölindustrie und ihren Pionieren, Familien wie den Rockefellers, anzukündigen. Das »Zeitalter der Beleuchtung« war in das »Zeitalter der Energie« übergegangen; der Verbrennungsmotor hatte das Öl zu einem lebenswichtigen Element für den gesamten modernen Verkehr gemacht. »Wer das Öl hat, wird die Welt besitzen«, hatte Frankreichs Kriegskommissar für Öl gesagt und damit die neue Bedeutung dieses Rohstoffs deutlich gemacht. Die Alliierten, hatte Lord Curzon in einer berühmt gewordenen Sentenz nach dem Krieg gesagt, seien »auf einer Woge des Öls zum Siege getragen worden«.

1916, fünf Jahre nach dem erfolgreichen Prozeß der Regierung gegen den Standard Trust, wurde A. C. Bedford, der Nachfolger John Archbolds als Präsident der Standard Jersey, vom Weißen Haus gebeten, das Amt des Vorsitzenden eines Mobilisierungsausschusses zu übernehmen, der die gesamte Ölwirtschaft für die Landesverteidigung organisieren sollte. Der Ausschuß, dem die Chefs einiger alter Hauptsäulen des Standard Trusts ebenso angehörten wie die neu hinzugekommenen Großen – Gulf, Texaco, Sinclair –, trat zum ersten Mal in dem berühmten Haus am Broadway 26 zusammen, und zwar unter dem Porträt John D. Rockefellers. Das wurde allgemein als Symbol verstanden. Die das ganze Land erfassende Organisation der Ölwirtschaft, deren Aufbau John D. Rockefeller sein Leben gewidmet hatte und der 1911 der Oberste Gerichtshof und eine aufgebrachte Öffentlichkeit ein Nein entgegengesetzt hatten, wurde jetzt im Namen des nationalen Interesses und unter der Schirmherrschaft der Regierung verwirklicht.

Washingtons Unterstützung der Ölwirtschaft wurde jetzt unter Hardings Außenminister Charles Evans Hughes (dem ehemaligen Mentor Juniors in der Bibelstunde an der Fifth Avenue) so eifrig, daß seine Kritiker ihn den »Ölminister« nannten. Ein Beamter des britischen Außenministeriums klagte: »Washingtoner Regierungsbeamte fangen an, wie Standard-Oil-Männer zu denken, zu reden und zu schreiben.«

Das Öl war zu einem entscheidenden Faktor der nationalen Macht geworden. Der Kampf um die Quellen wurde mit einer solchen Leidenschaft geführt, daß Washington das nationale Interesse in aller Form mit den Bemühungen der von der Standard angeführten amerikanischen Gesellschaften gleichsetzte, ausländische Ölreserven unter ihre Kontrolle zu bringen.

Inzwischen hatten die neue internationale Präsenz der amerikanischen Macht und die zunehmend komplizierter werdende Artikulierung der Außenpolitik die Schaffung neuer Organisationen zur Formung der Politik auf höchster Ebene unumgänglich gemacht. Im Jahre 1921 wurde der Council on Foreign Relations von führenden Finanziers und Industriellen gegründet, von Männern wie Thomas W. Lamont, Wilsons Finanzberater und Seniorpartner im Hause Morgan, und John W. Davis, Syndikus bei Morgan, Bannerträger der Demokratischen Partei im Jahre 1920 und Treuhänder der Rockefeller Foundation. Junior und die philanthropischen Stiftungen Rockefellers wurden ebenfalls für die Anfangsfinanzierung dieses »Rates für Auswärtige Angelegenheiten« herangezogen, zu dessen eingetragenen Mitgliedern nicht nur die privaten und geschäftlichen Freunde Rockefellers gehörten, sondern auch Fosdick und Jerome Greene aus dem inneren Kreis seiner Berater.

Es war, als habe sich das politische und gesellschaftliche Schwerkraftgesetz geändert. Junior sah sich in das Zentrum der Ereignisse hineingezogen. Vorbei waren die Zeiten, als man ihn und Abby zum Tee ins Weiße Haus einlud, wie es unter Präsident Taft geschehen war, und sie in letzter Minute ersuchte, doch lieber den Hintereingang zu benutzen, aus Furcht, daß die Tatsache dieses Besuches, wurde sie bekannt, einen Skandal auslösen könnte. Schon bald sollte er mit Präsident Coolidge im Ovalen Zimmer frühstücken – nicht als alter Freund, nicht als großzügiger Spender für den Wahlkampf-Fonds, auch nicht als ein ganz gewöhnlicher Repräsentant der Wirtschaft, sondern als Oberhaupt einer Gruppe der prominentesten Bürger, die es sich zum Ziel gesetzt hatte, das Ihre zur Förderung der Gesetzestreue beizutragen.

Ludlow war die Krise des Fiebers, das die Familie viele Jahre lang geplagt hatte. Jetzt war die Krise überwunden. In Zukunft sollten die Rockefellers Politik machen, nicht Objekt der Politik sein.

113

# Kapitel 9

Junior leitete nun eine Reihe kultureller und wirtschaftlicher Einrichtungen, die bis ins Ausland reichten und deren Einfluß in Amerika ohnegleichen war. Er erhielt Einladungen zum Frühstück mit Präsidenten, und er war auch in jenen Kreisen gern gesehen, in denen man seinen Vater verfluchte.

Das Geld hätte letzten Endes wohl zu Reibereien zwischen ihm und seinem Vater geführt, wenn 1916 nicht ein Gesetz verabschiedet worden wäre, durch das die Bundesregierung die Erbschaftssteuer für Vermögen von mehr als fünf Millionen auf zehn Prozent erhöhte. Im nächsten Jahr wurde die Erbschaftssteuer für Vermögen von zehn Millionen sogar auf 25 Prozent heraufgesetzt. Zu jener Zeit begann der alte Rockefeller, seinen Besitz allmählich auf seinen Sohn zu übertragen[114], ohne daß er dieses Vorhaben ankündigte oder näher erklärte. Zuerst überschrieb er ihm ein riesiges Aktienpaket der Jersey Standard, der Socony Mobil (Standard of New York), der Standard of Indiana und anderer Gesellschaften des großen Trusts. Dann kamen die Industrieanlagen, die er und Gates in 30 Jahren zusammengetragen hatten. Im ganzen dauerte die Überschreibung fünf Jahre; bis 1921 war sie abgeschlossen. Dem Junior wurde ein Vermögen von fast 500 Millionen Dollar in die Hand gegeben. Etwa die gleiche Summe hatte sein Vater schon verschenkt, so daß dem alten Herrn nicht viel mehr als 20 Millionen für seine Spiele an der Börse blieben.

Zwölf Jahre nach dem Abschluß der finanziellen Transaktion, als Junior im Begriffe stand, wegen seiner weitgespannten philanthropischen Neigungen einer der am meisten bewunderten Männer der Welt zu werden, bekundete er in einem Brief an seinen Vater, daß sich seine Auffassung von der Rolle eines Sachwalters nicht geändert habe. »In all den Jahren der Mühen und Anstrengungen haben Dein Leben und Vorbild den stärksten und anregendsten Einfluß auf mich ausgeübt«, schrieb er. »Was Du für die menschliche Gemeinschaft und für das Geschäftsleben im weitesten Sinne getan hast, hat mich sehr beeindruckt. Es ist für mich das höchste Glück meines Lebens gewesen, daß ich Dir ein stiller Helfer bei der Verwirklichung dieser großen, nützlichen Ziele und Werke sein durfte.«

Diese Einschätzung stellt aber wohl die Dinge auf den Kopf. Schließlich war während der mehr als dreißig Jahre ihres Zusammenwirkens der ältere der beiden Rockefeller ein »stiller Partner«. Er nahm an keiner Sitzung der Stiftungen teil und zeigte bloß ein flüchtiges Interesse an den eindrucksvollen Leistungen seines Sohnes.

Die uneingeschränkte Bewunderung, die Junior für seinen Vater empfand, führte unvermeidlich dazu, daß sich zwischen ihnen eine Kluft auftat. »Weder Vater noch ich waren besonders aufgeschlossen«, sagte Junior später. »Wir besprachen, was eben zu besprechen war, aber nichts abschließend.« Man kann sich nur schwer vorstellen, was der alte Mann bei den überschwenglichen Briefen seines Sohnes empfand. Obwohl er längst finanziell unabhängig war, bedankte er sich noch immer für die kleinsten Gefälligkeiten und Gesten.

Im Jahre 1920 zum Beispiel, als der 46jährige Junior die letzten Teile seines großen Erbes erhielt, schrieb er: »Meinen herzlichen Dank für Deinen Scheck über tausend Dollar zu Weihnachten. Ich möchte Dir meine Dankbarkeit ausdrücken, nicht nur für dieses weitere schöne Geschenk, sondern auch für alle die wundervollen Geschenke, die Du uns im zurückliegenden Jahr gemacht hast. Ebenso danke ich für die wiederkehrenden Gaben, die so sehr zur Annehmlichkeit und Behaglichkeit unseres Familienlebens beitragen. Sie werden nicht weniger geschätzt, weil sie fortlaufend gewährt werden. Ich denke da an den Verbrauch von Elektrizität in der Stadt, an den Gebrauch der Pferde und Wagen auf dem Lande und wie wir uns mit Dir gemeinsam freuten, was der Garten hergab, die Blumen und Pflanzen aus dem Gewächshaus, an das Wohnrecht in der Abeynton Lodge und an die vielen Dienste für unsere Familie . . .«

Das Verhalten Juniors gegenüber seinem Vater verwundert noch mehr, wenn man bedenkt, welche bestürzenden Eigenarten der alte Mann an den Tag legte, als er die 90 überschritten hatte. Er spielte noch den Gastgeber für große Dinners in Kijkuit, bei denen er selbst kaum einen Bissen zu sich nahm. Aber er versuchte noch die Gespräche zu beherrschen, und er ignorierte einfach alle Konversation, der er nicht mehr gewachsen war.

Im Jahre 1932, als Senior in seinem 92. Lebensjahr war und Junior 58 Jahre alt, fühlte sich der Sohn noch von einer Marotte des Alten getroffen, die er eigentlich als einen unbedeutenden Scherz hätte übergehen sollen. Eines Abends hielt Senior Thomas M. Debevoise, dem persönlichen Rechtsbeistand des Jungen, auf einmal vor, sein Sohn schulde ihm annähernd 3,5 Millionen Dollar. Es sei nur recht und billig, wenn durch diese Summe die Auslagen für die Geschäftsräume der Familie in den vergangenen zehn Jahren beglichen würden. Am Morgen, nachdem er von der Forderung erfahren hatte, schrieb Junior niedergeschlagen an Debevoise: »In allen Jahren meiner geschäftlichen Verbindung mit Vater habe ich in großen und kleinen Dingen peinlich genau darauf geachtet, korrekt zu sein . . . Ich vermag nicht einzuräumen, daß meinerseits etwas geschehen sei, was unbillig gewesen wäre . . . Um meiner Selbstachtung willen, um meines Ansehens bei meiner Frau und meinen Kindern willen kann ich keinen Augenblick eine solche Forderung anerkennen oder auch nur in Betracht ziehen oder auch nur annehmen, daß ein solcher Anspruch auf einer berechtigten Grundlage bestehen könnte . . .«[115]

Dann wandte sich Junior »der anderen Seite der Medaille« zu, wobei er sein Innerstes so weit wie kaum jemals wieder offenlegte: »Wenn ich mich recht erinnere, habe ich noch nie in meinem Leben Vater um einen einzigen Cent gebeten. Er ist über alle Maßen großzügig mir gegenüber gewesen. Die großen Summen, die er mir gegeben hat, wollte ich in seinem Sinne nutzen, wobei ich an seine weitherzigen Stiftungen dachte . . . Ich hatte es nicht darauf abgesehen und es mir auch nicht ausgesucht, großen Reichtum zu empfangen. Der ist mit beunruhigender Verantwortung ebenso unausweichlich verbunden wie mit wunderbaren Möglichkeiten. Das Geld bedeutet mir nicht das höchste Glück. Von kleinauf hatte ich nur einen Gedanken und Wunsch: Meinem Vater nach besten Kräften dienlich sein zu können. Darum habe ich mich zeitlebens bemüht. Es war mir stets eine Ehre, die Erfolge als sein Verdienst auszugeben; denn das kam ihm zu. Ich bin sehr stolz auf seine großen, beispiellosen Leistungen in der Industrie und seinen die Welt umspannenden Dienst an der Menschheit. Nie habe ich etwas für mich selbst beansprucht. Immer war ich bemüht, seinen Interessen förderlich zu sein. Vielleicht können Sie deshalb verstehen, wie tief verletzt ich war durch die Kritik, die aus Vaters Ersuchen herausklingt. Nichts in meinem Leben hat mich so sehr getroffen.«

Natürlich hatte der alte Herr die ganze Angelegenheit schon längst vergessen, als der Sohn diesen Brief unterschrieb.

Als gelte es, den Generationswechsel bei den Rockefellers auch äußerlich sichtbar zu machen, unternahm Junior 1923 einen beachtlichen Schritt, der die Sendung der Rockefellers institutionalisierte: Er ließ das Büro im Standard-Oil-Gebäude am Broadway 26, das nun *sein* Büro war, renovieren. Für Gates und seinen Vater brauchte es nur zweckmäßig zu sein. Inzwischen war es etwas schäbig geworden.

In der nächsten Generation sollte dieses Büro jedoch zu einem Privatzimmer werden, in dem große Pläne entworfen wurden. Junior beauftragte den Londoner Innenarchitekten Charles, die Räume von Grund auf neu herzurichten. Das ließ er sich 70 000 Dollar kosten. Aus einem englischen Tudor-Landsitz kam die eichene Täfelung, der Kamin wurde mit elisabethanischem Schnitzwerk verkleidet, es wurden Stühle und Tische aus Klöstern aus der Zeit Jakobs I. und mächtige Kronleuchter herbeigeschafft. Jetzt war es nicht mehr irgendein Büro, sondern *das* Office.

Junior baute auf gute Verwaltungsarbeit. Ludlow hatte ihn gelehrt, wie wertvoll fundierter Rat sein konnte, ebenso brauchbare Mitarbeiter, die (wie Fosdick es gefordert hatte) für ihn die Augen und Ohren offenhalten und auch seine Ansichten im Ausland verbreiten konnten. So fand er die perfekte Lösung: Einerseits konnte er sich absondern, andererseits konnte er jederzeit eingreifen.

Damit kam eine neue Mannschaft in der Rockefeller-Zentrale zur Geltung: die Gesellschafter. Junior hatte schon Statthalter um sich geschart; nun gab er ihnen einen offiziellen Status. Und er schuf mit ihnen den Kern einer Organisation, die eine wichtige Stütze in seinem Leben sein sollte und später auch seinen Kindern und Enkelkindern dienen würde. Er machte es sich zur Gewohnheit, täglich mit seinen Beratern zu Mittag zu essen, wenn er in der Stadt war. Dabei wurden die Angelegenheiten der Familie Rockefeller erörtert. Diese Arbeitssessen erinnerten an die Besprechungen seines Vaters mit den Standard-Managern. Nur übertraf die Macht der Männer, die Junior um sich versammelt hatte, sogar noch die Macht der Standard-Oil-Bosse vergangener Tage. Die Mitarbeiter Rockefellers wechselten mühelos vom Dienst an der Familie über zum Dienst am Gemeinwohl.

Der personelle Ausbau des Büros bis auf mehrere hundert Angestellte nahm Jahrzehnte in Anspruch. Es begann recht bescheiden, indem Junior die Berater aus der Gates-Ära übernahm. Einer von ihnen war Charles O. Heydt, der 1897 eingetreten war und sich mit der Grundstücksentwicklung befaßte. Ein anderer war Bertram Cutler, der 1901 als Buchhalter in die Dienste der Rockefellers trat und ein so großes Können als Finanzberater an den Tag legte, daß er nach dem Fortgang Gates' die Leitung sämtlicher Geldanlagen der Familie übernehmen konnte. In Kürze kannte man Cutler in der Wall Street als »die Stimme der Rockefeller-Aktien«. In dieser Funktion wirkte er 51 Jahre lang für die Familie.

Schon bald besetzte Junior die Schlüsselpositionen in seinem Büro mit Mitarbeitern seines Alters und seines Vertrauens. Als Starr J. Murphy 1921 starb, blieb der äußerst wichtige Posten des Rechtsberaters der Familie drei Jahre lang vakant, ehe sich Junior für Thomas M. Debevoise, seinen Kommilitonen, entschied. Er hob sich von dem kultivierten, konservativen Murphy vor allem dadurch ab, daß er keiner bestimmten Ideologie anhing und auch nie seine Interessen mit denen der Rockefellers verwechselte. In den 25 Jahren seines Dienstes für Junior gewann er einen Einfluß auf den Werdegang der Rockefellers wie kein anderer – mit Ausnahme von Frederick Gates.

Die meisten engen Mitarbeiter Juniors brauchten keine festen Stunden im Büro abzusitzen, vielmehr bildeten sie einen Beraterkreis, der immer dann zusammentrat, wenn er gebraucht wurde. Zunächst gab es die Berater, die vor und während des Massakers von Ludlow gehört worden waren. Mackenzie King wurde allerdings nur noch zu allgemeinen Fragen konsultiert. Ivy Lee vertrat hingegen die Rockefellers weiterhin für eine jährliche Pauschale in Höhe von 10 000 Dollar. Er besorgte die Öffentlichkeitsarbeit der Familie und führte die Bücher der Körperschaften. Lee trat stark in Erscheinung bei der Förderung bedeutender philanthropischer Vorhaben und bei heftigen Auseinandersetzungen. Er empfahl Junior auch, seine Unterstützung für einen 18. Verfassungszusatz zurückzuziehen. Dadurch wurde der Weg frei für den Widerruf der Prohibition. Schließlich veranlaßte er die Associated Press, einen vorbereiteten Nachruf für John D. Senior umzuschreiben. Alle Angaben, die von Tarbell und journalistischen Schnüfflern dieser Sorte stammten, wurden durch eine wohlwollendere Darstellung ersetzt.

Einige Mitarbeiter umgaben Junior seit der Arbeit im Bureau of Social Hygiene. Zu ihnen gehörte Oberst Arthur Woods, ein ehemaliger Lehrer aus Groton, der eine Morgan geheiratet und einen seiner Söhne John Pierpont genannt hatte. Woods war von 1914 bis 1918 Polizeipräsident in New York. Ihm war es zu verdanken, daß die Blüte des Verbrechens aufhörte – vorher hatte der New Yorker Chef der Kriminalpolizei den Gangstern und Ganoven praktisch freie Hand gelassen, sofern sie sich in der

117

Wall Street und in der Fifth Avenue nicht blicken ließen und Spitzeldienste über nach New York eingesickerte Verbrecher leisteten.

Im Gegensatz zu Woods waren die meisten Mitarbeiter, von denen Junior eingenommen war, keine Administratoren, sondern Neuerer. Obwohl sie in das Gravitationsfeld des unermeßlichen Rockefeller-Vermögens gerieten, behielten sie ihre Wirkungsbereiche außerhalb des Büros. Sie waren zu der Geldmacht gestoßen, weil sie alle in erster Linie Männer mit Sendungsbewußtsein waren, die in der Macht des Geldes große Chancen für die Verwirklichung ihrer Wunschziele sahen.

Gates war der erste in einer Reihe begabter Männer, die Rockefellers soziales Engagement lenkten: Wickliffe Rose, die Gebrüder Flexner, John R. Mott und andere. Aus der Generation Juniors ragt Raymond Fosdick hervor, sein langjähriger Freund und späterer Biograph. Der schmalgesichtige, ehrgeizige Mann war Demokrat und ein Progressiver vom Schlage Wilsons. Nachdem er in Verbindung mit dem Bureau of Social Hygiene in den Gesichtskreis Rockefellers gekommen war, zählte er zu den ersten Befürwortern einer nichtstaatlichen Organisation zur Verbesserung der Arbeit der Regierung. Fosdick erhielt die Unterstützung Rockefellers für die Schaffung des Institute of Government Research, aus dem bald die einflußreiche Brookings Institution hervorging. Im Jahre 1916 wurde er von Kriegsminister Newton Baker als Sachverständiger für Prostitution nach Washington gerufen. Er setzte sich für die Schließung aller Bordelle in den USA ein, so daß die amerikanischen Soldaten, als die Vereinigten Staaten 1917 in den Krieg eintraten, »für den Kampf tauglich« waren. Nach Kriegsende ernannte Präsident Wilson Fosdick zu einem Sekretär des Völkerbundes. Und nachdem die USA den Beitritt zum Völkerbund verweigert hatten, wurde er treibende Kraft bei der Schaffung der Foreign Policy Association und Mitgründer des Rates für Auslandsbeziehungen. Dieser illustre Kreis war zum ersten Mal im Jahre 1918 von Oberst House versammelt worden, um die amerikanische Delegation auf der Pariser Friedenskonferenz zu beraten. Fosdick half, Rockefeller für den Rat zu gewinnen und an der Frage des neuen Kräfteverhältnisses der Weltmächte zu interessieren.

Der innere Kreis enger Mitarbeiter Rockefellers wurde ständig erweitert. Fosdick hatte als erster Junior auf Woods aufmerksam gemacht. Im Jahre 1921 holte er einen weiteren jungen Mann mit vorzüglicher Begabung heran, der ein Gutachten über das Metropolitan Museum, das American Museum of Natural History und die Öffentliche Bücherei New Yorks ausarbeiten sollte. Junior wollte für sie je eine Million Dollar zur Verfügung stellen. Dieser junge Mann war Beardsley Ruml, ein hünenhafter Tscheche mit frischem Gesicht, der an der Universität von Chicago Psychologie studiert hatte. Er hatte sich schon einen Namen in der Geschäftswelt und bei der Förderung philanthropischer Unternehmungen gemacht, bevor Fosdick ihn Junior vorstellte. Ruml war als Geschäftsführer der Scott Company und Mitarbeiter des Vorsitzenden der Carnegie Corporation einer der intellektuellen Unternehmer jener Zeit, die an den Universitäten, im Geschäftsleben und in der Regierung gleichermaßen zu Hause waren. Sie schufen neue Institutionen, ein Netz von Verbindungen und trug allgemein dazu bei, den neuen Verwaltungsstaat einzurichten. Während der ersten Jahre der Führung Juniors verwandelte sich das Office zusehends in einen professionellen Betrieb. Entscheidungen, die früher Gates und Senior je nach Lust und Laune gefällt hatten, wurden nun auf geregelte Weise getroffen. Die Stiftungen hatten ihre eigenen Verwalter. An ihrer Spitze stand Arthur Packard, ein früherer Außenmitarbeiter der Weltfriedensstiftung. Packard berief eine Arbeitsgruppe, deren Aufgabe einzig und allein darin bestand, mögliche Empfänger für Rockefeller-Spenden zu überprüfen. Unter seiner Führung wurde die »Abteilung Mäzenatentum« in die reibungslose Tätigkeit des Büros einbezogen. So war es Junior vergönnt, die Kunst des Geldausgebens ebenso zu meistern, wie sein Vater die Kunst des Geldverdienens beherrscht hatte.

Rockefellers Scheckbuch, so schien es, schwebte über jeder neuen Entwicklung in Amerika. Überall schien er eine Hand im Spiele zu haben, ob es sich um den Wiederaufbau des kriegszerstörten Versailles oder um die Ausrüstung von Expeditionen der Ägyptologen in den Vorderen Orient handelte. Das veranlaßte seine Frau Abby, auf die Frage nach seinem Aufenthalt zu entgegnen: »Ich habe nicht die geringste Ahnung, wo John steckt. Aber sicher ist er irgendwo damit beschäftigt, die Welt zu retten.« [116]

Vieles erledigten seine engsten Mitarbeiter im Namen Rockefellers, vorwiegend bei neuartigen Vorhaben. Die philanthropischen Projekte, die ihm selbst am meisten am Herzen lagen, bewegten sich im althergebrachten Rahmen – wie der Bau von Museen und die Restaurierung von Palästen und Kathedralen. So etwas hatten steinreiche Familien seit jeher aus ihrem Füllhorn gefördert. Die finanziellen Reserven Juniors waren jedoch so immens und seine Ambitionen so weitgespannt, daß er auch hierbei Dinge vollbrachte, von denen niemand geträumt hätte.

Bei einer Zusammenkunft der akademischen Vereinigung Phi Beta Kappa im Jahre 1923 traf Rockefeller, nur um ein Beispiel zu erwähnen, mit Pfarrer Dr. William Goodwin zusammen, Professor für Religiöse Literatur am William and Mary College und zeitweise Vorsitzender des Spendenkuratoriums. Rockefeller nahm an dem Treffen in seiner Eigenschaft als Präsident des Ausschusses teil, der Geld für die Vereinigung aufzubringen hatte. Goodwin träumte seit Jahren davon, die kleine Stadt Williamsburg, vor drei Jahrhunderten das kulturelle und politische Zentrum der »Virginia-Dynastie«, mittlerweile etwas schäbig und heruntergekommen, restaurieren zu lassen. Die »Virginia-Dynastie« hatte eine führende Rolle bei der Gründung der amerikanischen Republik gespielt. An diesem Abend brachte Goodwin das Gespräch auf dieses Thema; scharfsinnig schloß er, daß ein Rockefeller ein nicht nur flüchtiges Interesse daran haben mußte, an einem Vorhaben beteiligt zu sein, durch das eine mit der Geburtsstunde der amerikanischen Demokratie eng verbundene nationale Gedenkstätte geschaffen wurde.

Junior zeigte sich äußerst aufgeschlossen, jedoch versagte er es sich vorerst, daran beteiligt zu werden. Als Goodwin 1926 erfuhr, Junior und Abby würden auf der Rückreise aus dem Süden wieder Williamsburg besuchen, entschloß er sich zu einem neuen Vorstoß. Er arrangierte für sie eine Rundfahrt zur Besichtigung des »alten« Williamsburg, bei der besonderes Augenmerk auf die Gebäude gelenkt wurde, die aus der Kolonialzeit übriggeblieben waren. Dazu gab Goodwin den Rockefellers ein paar Zeichnungen in die Hand, aus denen sie ersehen sollten, wie eine restaurierte Stadt aussehen könnte. Es war recht ermutigend für ihn, daß Junior sich bereitfand, die Skizzen nach New York mitzunehmen.

Als eines der wenigen erhaltenen alten Backsteinhäuser, das durch eine Erwähnung in Boswells *Life of Johnson* bekannte Gasthaus, zum Verkauf stand, willigte Junior in den Erwerb ein. Das Telegramm, mit dem er Goodwin die gute Nachricht zukommen ließ, unterschrieb er mit »Davids Vater« (sein zuletzt geborener Sohn trug diesen Vornamen). Später legte er sich das Pseudonym »Mr. David« für Grundstückskäufe zu, weil er befürchten mußte, daß die Preise in die Höhe schössen, sobald das Interesse eines Rockefeller bekannt wurde. Mit der Diskretion, die Junior verlangte, ging Goodwin daran, ein großes Areal der Altstadt aufzukaufen. Erst nach einem Jahr solcher geheimen Käufe teilte Junior Goodwin mit, daß er nun bereit sei, die ganze Stadt nach den ihm früher vorgelegten Plänen wiederherzustellen. Es verstrich noch ein ganzes Jahr, bevor Goodwin in einem überfüllten Saal den Bürgern von Williamsburg den Namen des Mäzens preisgeben konnte.

Junior fühlte sich sehr wohl inmitten wiederhergestellter Altertümer. Das galt auch für sein Verhältnis zur Kunst. Er ließ es nie dazu kommen, daß Sammlerleidenschaft ihn packte. Doch er hatte bestimmte Vorlieben, besonders für chinesisches Porzellan. In der gleichen Weise, auf die er selbst über die kleinsten Dinge bei den Aufkäufen in Williamsburg auf dem laufenden blieb, wozu er Häuserzeichnungen und alte Stadtpläne mit größter Sorgfalt studierte, brachte er ungezählte Stunden damit zu, neue Porzellanstücke vor und nach dem Erwerb gründlich zu prüfen, sie ablichten zu lassen und dann selbst zu katalogisieren. Im Laufe der Zeit eignete er sich auch ein solides Wissen über die Malerei des Manierismus und der französischen Romantik an. Eine andere Kunstrichtung hingegen, die Eingang in sein Haus gefunden hatte und im Ausstellungsraum in der obersten Etage, dem früheren Spielzimmer der Kinder in der Stadtwohnung an der 54th Street, hing, war gar nicht nach seinem Geschmack. Es handelte sich um die Werke moderner Malerei, die Abby bestellt und aus ihrem Aldrich-Erbteil bezahlt hatte, die O'Keefes und Bellows wie die Braques und Picassos. [117]

Diese Gemälde stellten Ansprüche an Junior, denen er nicht ganz gewachsen war. »Ich suche das Schöne«, sagte er einmal, »in der modernen Malerei kann ich im großen und ganzen keine Schönheit finden.«

So unbehaglich er sich auch angesichts der zügellosen Individualität der Malerei fühlte, die Abby sammelte, so gab er ihr in dieser Sache doch ohne Murren nach. Er mußte bei Dinners mit Matisse und anderen sehr leiden, denn sie ließen Junior ihre Verachtung spüren. Trotzdem gab er fünf Millionen Dollar dafür, daß seine Frau 1927 Mitbegründerin des Museum of Modern Art werden konnte. Als die Kinder herangewachsen waren und das Elternhaus verlassen hatten und er mit Abby in eine kleinere Wohnung an der 5th Avenue umgezogen war, machte er sogar das Grundstück in der 54th Street für die Freilichtanlage zugänglich, die in der Familie immer »Mutters Museum« genannt wurde.

Viel mehr lag Junior das Projekt Cloisters am Herzen, ein Museum mit romanischen Bögen, gotischen Skulpturen und mittelalterlichen Gobelins. Wie in Williamsburg erwies sich Junior hier als Vollender der Träume eines anderen – diesmal war es ein überspannter Künstler namens George Grey Barnard, den man später als »einen der romantischsten und derbsten Kunstsammler unserer Zeit« bezeichnete. Weil es ihm an dem nötigen Geld fehlte, durchstöberte er selbst die Ruinen von Klöstern und Kirchen in Europa nach Kunstschätzen. Junior kaufte alles für das Metropolitan Museum of Art.

Der Drang, Enklaven stiller Harmonie zu schaffen, war in Junior tief verwurzelt und führte ihn wie von selbst zum Naturschutz. Schon der 3500 Morgen große Landsitz Pocantico, dessen Entwicklung hauptsächlich Junior geleitet hatte, stellte einen Versuch in dieser Richtung dar. Und als er sein Ferienhaus in Seal Harbor erwarb, wurde er vom früheren Harvard-Präsidenten Charles W. Eliot, von Edsel Ford und den anderen wohlhabenden Nachbarn gewahr, daß sie sich um die Unberührtheit der Mount Desert Island sorgten – wegen des Autoverkehrs und der Touristen. Junior übernahm eine maßgebliche Rolle, dieses Gebiet vor diesen Übeln zu bewahren. Bis zum Jahre 1916 hatte er dazu beigetragen, mehr als 5000 Morgen zusammenzubringen, die der Bundesregierung für den ersten Nationalpark der Ostküstenstaaten übertragen wurden.

Im Jahre 1924 brach Junior mit Abby und seinen drei ältesten Jungen, John III., Nelson und Laurance, zu einer ausgedehnten Entdeckungsreise in den Westen auf. Sie fuhren zunächst durch New Mexico und Colorado, dann besuchten sie den Yellowstone-Nationalpark, das Glanzstück der seit 1916 im Aufbau begriffenen Nationalparks. Der Direktor von Yellowstone, Horace Albright, wurde telegraphisch von Washington informiert, daß Mr. Rockefeller Junior, der inkognito als Mr. Davison reise, ihn besuchen werde. Als Albright die Rockefellers am Bahnhof begrüßte, mußte er feststellen, daß Junior Limousinen mit Chauffeuren bestellt und einen Zeitplan für den Besuch aufgestellt hatte. Nicht minder war er überrascht, daß Rockefeller seinen Jungen befahl, dem einzigen Gepäckträger, einem Schwarzen, beim Ausladen des Gepäcks sämtlicher Passagiere zu helfen.

Drei Tage lang durchstreifte Junior den Yellowstone-Nationalpark. Die nächste Station war der Glacier-Nationalpark, wo er gemeinsam mit den Jungen eine zweiwöchige Wandertour in die Berge unternahm. Nach New York zurückgekehrt, schrieb er Albright, sie hätten in Yellowstone schöne Stunden verbracht, aber die Abfälle an den Landstraßen durch den Nationalpark hätten ihn gestört. Deshalb fragte er bei Albright an, was es kosten würde, die Wege zu säubern. Albright nannte ihm die Summe, und Junior schickte einen Scheck.

Zwei Jahre später kam Junior mit Laurance und den beiden jüngeren Brüdern, Winthrop und David, wieder nach Yellowstone. Diesmal ließ er sich von Albright führen. Absichtlich führte er die Rockefellers an einigen verfallenen Ranches und Holzhütten vorbei, die dort über die Landschaft verstreut lagen. Er teilte dem aufmerksam zuhörenden Junior seine Befürchtung mit, daß die Schönheit der Natur noch weiter durch Verkaufsbuden und Reklametafeln an den Straßen beeinträchtigt werden könnte, die nicht mehr lange auf sich warten lassen würden. Albright schloß die Rundfahrt mit einem Besuch an dem Abgrund über den Tetons ab. Es war ein atemberaubender Blick hinunter auf den Snake River, der sich durch das Jackson Hole Valley schlängelt. Beiläufig erwähnte Albright, daß dieses schöne Gebiet durch die Spekulation und Nutzung, die damals einsetzte, von der Zerstückelung bedroht sei.

Im selben Winter bat Junior Albright, mit Plänen für die Rettung dieses Gebietes nach New York zu kommen. Der Direktor glaubte, er meinte den Streifen an der Durchfahrt, und erschien mit Landkarten und Bildern und erklärte, für den Kauf dieser Ländereien seien an die 250 000 Dollar aufzuwenden. An Ort und Stelle ging ihm aber auf, daß Junior daran dachte, das ganze Jackson Hole Valley aufzukaufen. Rockefeller sagte: »Ich bin nur an Idealvorhaben interessiert. Sie zeigten mir ein Ideal.« Dann trug er dem verblüfften Albright auf, sich ins Büro von Oberst Woods zu begeben und die Einzelheiten zu regeln.

Auf seiner zweiten Reise in den Westen hatte Junior auch in Nordkalifornien einen Aufenthalt eingelegt, wo er von Anhängern der Kampagne zur Rettung der Redwoods angesprochen wurde. Sie unternahmen mit ihm eine Autofahrt durch die Redwood-Wälder nach Eureka und dann nach Crescent City. Newton Drury, der Vorsitzende der Kampagne, erinnerte sich, daß eine Pause eingelegt wurde, damit Junior ein Glückwunschtelegramm zum Geburtstag seines Vaters aufgeben konnte. Die Telefonleitung war gestört, und Junior meldete sich mehrmals mit »Hier spricht Mr. Rockefeller, hier spricht Mr. Rockefeller!« Plötzlich hielt er inne und lauschte angespannt. Dann wandte er sich den Umstehenden zu, verzog sein Gesicht und sagte: »Der Mann am anderen Ende ruft andauernd ›Ja, und hier spricht Mr. Carnegie‹!« [118] Diese Stimmung hielt während der ganzen Fahrt an, und am Ende erklärte sich Junior bereit, eine erste Spende von insgesamt mehr als zwei Millionen Dollar für das Vorhaben zu überweisen. Das war die Geburtsstunde des Redwood-Nationalparks.

# Kapitel 10

Anfang der dreißiger Jahre stand der eigene Erfolg Juniors außer Frage, aber er war zu einem hohen Preis erkauft worden. Aus seinen Briefen spricht ein Mann, der sich vor Krankheiten fürchtete und manchmal bis an den Rand des Erträglichen erschöpft war. Schon 1922 litt er unter qualvollen Kopfschmerzen, die kein Arzt zu lindern vermochte. Er hielt sich drei Wochen lang in einem Sanatorium in Michigan auf, wurde gründlich untersucht und schließlich als ein Fall von »Selbst-Intoxikation« erkannt, hervorgerufen durch Überanstrengung.

Seinem Vater war es vergönnt gewesen, sich zu entspannen und zu erholen, auf dem Golfplatz und bei seinen Späßen an der Dinnertafel. Junior fehlten verjüngender Witz und die Ironie des alten Mannes. Er brannte stets darauf, ein neues Projekt zu beginnen, er suchte stets nach neuen Wegen, um die Dynastie einen Schritt voranzubringen. Sein Schaffen und Streben mochte nach seinem Vater ausgerichtet sein, doch er schlug nach seiner Mutter aus. Unbewußt verurteilte er alle unverdiente Freude als unwürdig. Abby kannte diese Neigung und bekämpfte sie.

Junior konnte viele seiner Schwächen überspielen, aber vergnügt und amüsant war er nie. Harold Ickes, Roosevelts Innenminister, schrieb nach einem Besuch bei den Junior Rockefellers in Pocantico in sein Tagebuch: »Bei diesem üppigen Abendessen wurden weder Cocktails noch Wein gereicht. Er sprach das Tischgebet. Er mußte vorher zur Stille mahnen, und Mrs. Rockefeller raunte mir zu, daß er immer darauf bestehe, das Tischgebet selbst zu sprechen, auch wenn ein Pfarrer zugegen ist.«[119] Es herrschte stets eine steife Förmlichkeit. Er redete selbst vertraute Mitarbeiter wie Mackenzie King und Raymond Fosdick mit »Mr. King« und »Mr. Fosdick« an, und das in all den Jahrzehnten ihrer Zusammenarbeit. Es war ihm gegeben, Loyalität mit Geld zu belohnen (100 000 Dollar für King, 50 000 Dollar für Kenneth Chorley, andere großzügige Geschenke für treue Mitarbeiter), aber nicht mit Gefühlen. In ihm schien ständig Großmut, von der er viel hielt, mit Knauserigkeit zu kämpfen, die seinem Wesen eher entsprach. Als Winthrop Aldrichs dreijähriger Sohn plötzlich starb, bestellte Junior spontan einen privaten Salonwagen, in dem die Trauergesellschaft zur Beerdigung fuhr. Doch hinterher ärgerte er sich über die Kosten und stellte seinem Schwager die 229 Dollar in Rechnung.

Er war ein merkwürdiger kleiner Mann voller Widersprüche. Falls er sich je gefragt hat, was er eigentlich mit den verschenkten Millionen erreicht habe, so konnte er sagen: Ich habe versucht, Menschen und Völker einander näherzubringen, wichtige, aber zerrüttete gesellschaftliche Bereiche zu festigen und ein paar Marksteine zu setzen, von denen viele Menschen lernen und an denen sie Freude haben könnten.

Noch ehe er selbst über das riesige Vermögen verfügen konnte, hatte Junior seinen Vater davon zu überzeugen versucht, daß Anpassung an die neue Zeit nötig sei. Schon 1911 riet er nachdrücklich dem alten Herrn, einen Teil des Geldes in Lending and Trust Companies zu investieren. Senior hegte wie Henry Ford eine Abneigung gegen Bankiers und ihre Geldinstitute. Er hatte zu viele Aktienpläne in all den Jahren erlebt, so daß er es zufrieden war, sein Geld festangelegt auf der Bank zu wissen. Doch sein Sohn ließ nicht locker. Er schrieb seinem Vater deswegen und zitierte zustimmend aus einem Memorandum, das er von Gates erbeten hatte: »Dieser Besitz wird für alle Zukunft qualifizierter Männer bedürfen, wenn er gut geführt werden soll. Große Einlagen bei verschiedenen Trusts verschaffen dem Besitztum das Recht, seine Vertreter in die Direktorien dieser Unternehmen zu entsenden. Die Verbindungen und die Informationen, die bei ihren Sitzungen gewonnen werden, sind von großem Nutzen für die Bevollmächtigten. Sie werden es Ihrem Vater ermöglichen, jederzeit über die wichtigen Vorgänge in der Geschäftswelt im Bilde zu sein.« [120]

Andere Mitarbeiter Rockefellers bestärkten ihn in der Meinung, daß die Geldwirtschaft der Dreh- und Angelpunkt des Geschäftslebens dieser Epoche sei. Sein Schwiegervater Nelson Aldrich war der Sprecher der Finanzinteressen im Kongreß und eine treibende Kraft bei der Gesetzgebung, durch die 1913 das Bundesreservesystem geschaffen wurde, sowie bei der Schaffung einer Kooperation von Bankiers und Regierung bei der Haushaltsführung der Nation. Mit ihrer Hilfe konnte Junior seinen Vater doch dazu bringen, eine Aktienmehrheit an der Equitable Trust Company zu erwerben, früher eine Tochtergesellschaft der Equitable Life Assurance Society, die sich nach dem Reformgesetz von 1911 von ihr trennen mußte.

Die verborgene Macht des Rockefeller-Vermögens trug zur schnellen Expansion der Equitable Trust Company bei. Im Jahre 1920 wies sie rund 254 Millionen Dollar an Einlagen aus und war zur achtgrößten Bank in den USA aufgestiegen. Bis 1929 schluckte sie 14 kleinere Banken und Trust Companies in einer Serie von raffinierten Fusionen. Jetzt galt die Equitable als eine der solidesten Banken des Landes, sie verfügte über eine Anzahl ausländischer Niederlassungen. Sie war zu einem wichtigen Bestandteil in der immer komplizierter werdenden Finanzplanung der Familie geworden. Und als der Equitable-Präsident Chellis Austin im Dezember 1929 starb, machte sich Junior Sorgen über die Zukunft der Bank. Mit seinem geschätzten Ratgeber Thomas Debevoise begab er sich zu seinem Schwager Winthrop Aldrich und bot ihm den Posten an.

Abbys jüngerer Bruder war ein idealer Anwärter für diese Position. Er sah gut aus mit seinen grünen Augen und dem üppigen Schnurrbart. Er hatte 1907 an der Rechtsfakultät in Harvard promoviert. Er heiratete eine Enkelin von Charles Crokker, die einen Teil des Reichtums des kalifornischen Eisenbahnkönigs als Mitgift in die Ehe brachte. Er hatte seine berufliche Tätigkeit bei Byrne, Cutcheon and Taylor begonnen. Doch wie bei vielen anderen Aldrichs sollte seine Karriere im Dienst der Rockefellers verlaufen. Im Jahre 1918 richtete Junior die Bitte an Charles Evans Hughes, für seinen Schwager eine passende Anstellung zu suchen. »(Winthrop) hat viele der ausgezeichneten Eigenschaften und Fähigkeiten seines Vaters, Senator Aldrich, geerbt. Er ist sehr gebildet, kultiviert, gesellschaftlich erfahren und außerordentlich beliebt . . . Ich möchte meinen, daß er heute einer der fähigsten jungen Männer in der Stadt ist . . .«[121]

Der zukünftige Außenminister antwortete, er habe zur Zeit keinen Posten für Aldrich in seiner Firma. Junior beschaffte ihm eine Anstellung im Anwaltsbüro Murray, Prentice and Howland, das schon seit Jahren für die Familie tätig gewesen war.

Hauptklient des Anwaltsbüros Murray war der Equitable Trust, dessen rechtliche Belange – vor allem die Verhandlungen über die zahlreichen Zusammenschlüsse, die ihn zu einer der größten Banken in Amerika machten – hauptsächlich von dem jungen Aldrich geführt wurden. Er war wie geschaffen für den vakanten Posten des Equitable-Präsidenten, und sobald er sich in seiner neuen Aufgabe eingearbeitet hatte, wurde befunden, daß der Stellung der Trust Company während der unbeständigen Wirtschaftslage vor der Depression durch eine Fusion mit einer noch größeren Institution gut gedient wäre. Junior und seine engsten Mitarbeiter prüften alle Möglichkeiten, übrig blieb nur die Chase National Bank, der sie 1930 ein Fusionsangebot unterbreiteten.

An der Spitze der Chase stand Albert H. Wiggin. Die Aktiva der Chase überstiegen zwei Milliarden Dollar. Das Geheimnis ihres Erfolges beruhte zu einem großen Teil auf den persönlichen Verbindungen Wiggins. Er hatte ein namhaftes Direktorium auf die Beine gestellt, mit Charles Schwab von der Bethlehem Steel, Alfred Sloan von General Motors und Otto Kahn von Kuhn, Loeb. Er selbst saß in den Direktorien von fünfzig anderen Gesellschaften außer der Chase, wobei er es zur Bedingung für seine Mitarbeit machte, daß alle diese Unternehmen Konten bei seiner Bank unterhielten. Nach dem Vorbild der »Dollardiplomatie« seiner Konkurrenz von der National City Bank hatte Wiggin die Chase zu einem mächtigen Finanzinstitut in einigen Ländern Lateinamerikas, besonders in Kuba, gemacht.[122]

Nach der formellen Vereinbarung über die Fusion wurden Geschäftsführung und Aufsichtsrat der neuen Gesellschaft berufen. Wiggin wurde Vorsitzender und Aldrich Präsident des Direktoriums. Er erhielt den einzigen führenden Posten, der an einen Equitable-Mann fiel. Die Chase war jetzt die größte Bank der Welt, gemessen an ihren Aktiva, sie unterhielt 50 Niederlassungen im In- und 10 im Ausland, die 34 amerikanischen und 66 überseeischen Geschäftsstellen ihrer Tochtergesellschaft, der American Express Company, nicht mitgerechnet.

Aus dem Weißen Haus prangerte damals Roosevelt die Banker und andere »wirtschaftliche Royalisten« an, weil sie die Finanzgeschicke des Landes nach ihren eigensüchtigen und willkürlichen Interessen bestimmten.

Die vom Präsidenten gereizten und in der Öffentlichkeit angegriffenen Löwen der Wall Street schlugen wütend zurück. Im vertraulichen Kreis wurde Roosevelt als

»Verräter an seiner Klasse« verdammt, in der Öffentlichkeit als ein neuer Cäsar bezeichnet, der Amerika in den Kollektivismus führe. Doch selbst die abgebrühtesten Verfechter der Interessen der Wall Street konnten schwerlich der Erklärung Roosevelts in seiner Botschaft an den 73. Kongreß widersprechen: »Unsere erste Aufgabe ist es, alle soliden Banken wieder zu eröffnen.« Mit Rückenstärkung durch die Rockefellers ging Winthrop Aldrich noch einen Schritt weiter. Seit Wiggins Pensionierung war er zum Sprecher der Chase geworden. In der ersten Jahreshälfte 1933 pendelte er zwischen New York und Washington hin und her, sprach vor einem Kongreßausschuß nach dem anderen und stellte sich mit seiner Bank eindeutig hinter die Absichten des Präsidenten zur Lösung der Krise. Ganz gleich, was er selbst dabei gedacht haben mag, in der Öffentlichkeit trat Aldrich als Vorkämpfer für eine Reform des Bankwesens auf. Dabei ging er geschickt und mit viel Einfühlungsvermögen vor. Aldrich mochte seinen Kollegen als Überläufer erscheinen, doch die Rockefellers hatten erkannt, daß das ganze System auf dem Spiel stand und nur durch eine Reform gerettet werden konnte.

Als einer der wenigen prominenten Finanzleute sprach er sich öffentlich für eine Trennung der Aufgaben einer Investmentbank und einer Handelsbank aus und forderte langfristige Deckungsrücklagen für die Banken anstatt kurzfristiger Finanzierungen. Die Bündelung dieser Tätigkeit war die Grundlage der großen Macht Morgans gewesen. Auf diese Weise hatte er U.S. Steel, General Electric und andere riesige Konzerne zusammengebracht und dann kontrolliert. Die Gerüchte, die in der Wall Street kursierten, wollten davon wissen, daß Aldrich ein Strohmann Rockefellers sei, bei dem Versuch, die Macht des Hauses Morgan in den Finanzgeschäften der Vereinigten Staaten zu brechen. Tatsächlich stand fest, daß weder die Rockefellers noch die Chase durch eine Neuordnung wesentlich in Mitleidenschaft gezogen würden; denn die Stärke der Chase lag in ihrem kommerziellem Geschäftszweig. Auf jeden Fall würden das öffentliche Ansehen und der Einfluß der Rockefellers durch ihr Eintreten für fortschrittliche Veränderungen steigen.

Der Senatsausschuß für Banken und Währung unter Vorsitz von Ferdinand Pecora trat 1933 zu einer Untersuchung über die Finanzwelt zusammen. Die Anhörung begann mit einem seltsamen Vorspiel: Eine zu diesem Zweck angeworbene Liliputanerin sprang auf den Schoß des jüngeren J. P. Morgan, der so für die Fotografen posierte. Hinter den Kulissen wurde der Knoten zu einem ernsteren Schauspiel geschürzt. Wohl wissend, daß die Wölfe auf ein Fressen lauerten, entschlossen sich die Rockefellers, Albert Wiggin zu opfern. Ebenso wie sein Gegenspieler Charles Mitchell von der National City Bank hatte er während des goldenen Booms seine Manipulationen an der Börse im großen Stil vollführt. Niemand in diesen Kreisen hatte bis zum Beginn der Untersuchungen seine Handlungen als unerlaubt angesehen, obwohl dazu solche Machenschaften gehörten wie die Spekulation mit Aktien der eigenen Chase Bank, wozu er Geld der Chase Securities Company (der zugehörigen Investmentbank) borgte, deren Präsident er gleichfalls war. Diese Praktiken wurden in einer zermürbenden Untersuchung aufgedeckt. [123]

Wiggin sagte vor dem Ausschuß aus und versuchte, sich zu verteidigen. Doch das war unmöglich; er stand förmlich bloß und hilflos da. Während seiner Aussagen distanzierte er sich von jenem Manne, den er früher als den führenden Banker Amerikas gelobt hatte. Albert Milbank und die juristischen Berater der Chase gaben Aldrich und den anderen, die bei der Anhörung aussagten, Rechtsbeistand – aber nicht Wiggin, obgleich er noch Großaktionär der Bank war. Ivy Lee war in Washington zur Stelle und achtete darauf, daß die Zeitungen die Aussagen Aldrichs im bestmöglichen Licht erscheinen ließen, aber auch er half Wiggin nicht aus der Patsche. Als die Verhöre abgeschlossen wurden, war Wiggin ein alter, gebrochener Mann, dessen Ansehen befleckt und dessen Einfluß in der Bank, die er zur Größe geführt hatte, verschwunden war.

Wiggins Nachfolger als Vorsitzender des Chase-Direktoriums, Charles McCain, mußte ebenfalls vor dem Ausschuß aussagen und unter Eid zugeben, daß auch er persönliche Vorteile – Darlehen und andere Vergünstigungen – der Bank genossen hatte. Auch er war kompromittiert. Kurz nach dem Auftritt McCains erklärte Präsident Roosevelt in einem vertraulichen Gespräch mit Aldrich im Weißen Haus, es könne nicht zugelassen werden, daß solche Männer in einflußreichen Positionen säßen. So kam es nicht unerwartet, daß McCain bald nach seiner Einvernahme in Washington von heute auf morgen seinen Posten aufgab, und es war auch keine Überraschung, daß er durch Winthrop Aldrich als neuer Vorsitzender des Chase-Direktoriums ersetzt wurde.

Mit ein und demselben Schachzug hatte die Familie Rockefeller die Kontrolle über die größte Bank der Welt erlangt und zugleich sich vor aller Öffentlichkeit mit dem Begehren nach einer Bankreform verbunden.

Junior machte die Chase Bank zum Grundstein für die Finanzmacht der Rockefellers in den kommenden Jahren. Zugleich reinvestierte er einige Portefeuilles aus seinem Standard-Aktienpaket in IBM, General Motors, General Electric und anderen neuen Konzernen. Dabei vergaß er keineswegs den Ursprung des großen Vermögens. Obgleich er auf den hohen Posten in der Verwaltung der Standard Oil verzichtet hatte, der ihm kraft seiner Geburt zustand, behielt er seinen Einfluß auf die Gesellschaften. Trotz der beträchtlichen Stiftungen, die er gemacht hatte, besaß er noch das größte Aktienpaket der Standard-Gesellschaften, das in einer Hand war. Indirekt kontrollierte er noch größere Beteiligungen durch die Dotationen der von ihm geschaffenen Stiftungen. Er war ein Freund von A. C. Bedford (Jersey Standard), von Walter Teagle (Standard of California) und den anderen Gesellschaften, die bei der Aufteilung des Trusts entstanden waren. Oft traf er sich mit ihnen zum Abendessen. Dabei war er sich stets bewußt, daß die Standard Oil immer der wunde Punkt bleiben würde, soweit es seine Familie in der öffentlichen Meinung betraf. Mit der fähigen Unterstützung durch Ivy Lee bemühte er sich, sein unternehmerisches Verhältnis verborgen zu halten. Einmal bot sich aber auch die Gelegenheit, seine Verbundenheit mit der Standard zu seinem Vorteil zu nutzen: Das war 1929, als er in die berühmte

Auseinandersetzung mit Oberst Robert W. Stewart, dem dynamischen Präsidenten der Standard of Indiana, verstrickt wurde. [124]

Stewart stach von den meisten leitenden Angestellten ab, die führende Positionen in den 33 Gesellschaften übernommen hatten, als der Trust aufgelöst worden war. Er hatte seinen Weg nach oben nicht in der Hierarchie des Trusts zurückgelegt, sondern war als ein vielversprechender junger Anwalt aus Süddakota für die Aufgabe eingestellt worden, zur Regelung der juristischen Probleme des Unternehmens in Indiana beizutragen. Während der Verhandlung vor dem Obersten Bundesgericht hatte Stewart auf das Büro Rockefeller Eindruck gemacht, und 1918 wurde er zum Chefberater der Indiana Company ernannt und darauf mit persönlicher Zustimmung Juniors in das Direktorium gewählt. Drei Jahre später, nach dem Tode von W. P. Cowan, einem langjährigen engen Mitarbeiter Rockefellers und Präsidenten der Indiana seit dem Entscheid des Obersten Gerichtes, wurde Stewart ihr Generaldirektor.

Stewart hatte sich mit Haut und Haaren dem Öl-Business verschrieben, und er wurde rasch zu einer bekannten Erscheinung im Mittleren Westen. Er zog durch die Lande, in denen seine Gesellschaft vertreten war, und verteidigte die Standard und die großen Unternehmen überhaupt gegen die Angriffe LaFollettes und seiner Populisten. Zuweilen sang er zum Schluß seiner Ansprachen im tiefen Baß ein Liedchen, das er selbst komponiert hatte:

> Standard Oil, Standard Oil,
> bringt Licht in die Dunkelheit,
> sorgt für zufriedene Kunden.
> Standard Oil, Standard Oil,
> verwünscht sie, verflucht sie,
> aber ihr kommt ohne sie nicht aus,
> Standard Oil!

Stewart war aber nicht nur ein geschickter Verkäufer, sondern auch eine achtunggebietende Persönlichkeit des amerikanischen Business. Er hatte sich angriffslustig dafür eingesetzt, ausreichende Rohöllieferungen für die große Raffineriekapazität und das ausgedehnte Verteilernetz der Indiana zu bekommen. Er trieb den Aufbau eines Tankstellennetzes zur Steigerung des Absatzes voran. Als die Konkurrenten ihren Treibstoff noch an Tankwagen verkauften, eroberte er mit der Pumpe den Markt für seine Firma. Unter seiner resoluten Führung war die Indiana bestens darauf eingestellt, alle Vorteile aus dem Zeitalter der Fließbandproduktion zu ziehen, das Henry Ford mit der Ankündigung eingeläutet hatte, er werde »einen Kraftwagen für die Masse« produzieren. Bis 1928 war die Indiana marktbeherrschend auf einem Gebiet, in dem die Hälfte aller Automobile zugelassen war – Traktoren und andere landwirtschaftliche Fahrzeuge nicht mitgerechnet. Allein in den acht Jahren unter der Leitung von Stewart konnte die Indiana ihr Nettovermögen mehr als verdreifachen. Die *New York Times* schrieb 1925 über Stewart: »Sollte das Öl einen neuen Rockefeller oder, bescheidener ausgedrückt, einen neuen Jim Hill oder Harriman hervorbringen, dann dürfte es Stewart sein.« Doch wie es vielen anderen Aufsteigern in jenen Jahren erging, sollte auch der Höhenflug Stewarts jäh gestoppt werden.

Nach der gerichtlichen Anweisung zur Entflechtung war das Imperium der Standard Oil gewissermaßen mit dem Blick eines Juweliers geteilt worden. Der Trust wurde zwar zerschlagen, um den Wettbewerb zu heben, doch die einzelnen Teile ergänzten sich eher, als daß sie gegeneinander konkurrierten. Behielten ja die Männer, die ihnen vorstanden, das tiefverwurzelte Gefühl der Treue gegenüber der alten Zentrale. Diese Verbundenheit wurde durch finanzielle Überlegungen noch gefestigt. W. P. Cowan, der Vorgänger Stewarts, um nur ein Beispiel zu nennen, war ein Geschäftsführer mit Aktienbesitz der Standard Trust, der nach der Auflösung 303 Anteile (im Werte von 165 135 Dollar) seiner neuen Gesellschaft erhielt. In Übereinstimmung mit den Bedingungen, die das Oberste Bundesgericht festgelegt hatte, erhielt er auch 420 Anteile (228 000 Dollar) der Standard of Jersey, 320 Anteile (172 000 Dollar) der Standard of New York und weiterer Unternehmen. Selbst wenn in diesem Kreise das Eigeninteresse völlig hintangestellt worden wäre, hätten die Statthalter des alten Imperiums nur zu genau den Erfahrungssatz gekannt: Konkurrenz schadet allen. Die Beherzigung dieses Grundsatzes war geradezu das Leitmotiv für alle Standard-Töchter.

Anfang der zwanziger Jahre waren etliche aus der alten Standard-Garde gestorben oder in den Ruhestand gegangen. Sie wurden durch Männer der zweiten Generation ersetzt, die eine geringere persönliche Loyalität gegenüber der Familie Rockefeller und weniger Korpsgeist hinsichtlich des alten Trusts besaßen. Zu ihnen zählte Stewart. Er scheuerte sich wund an den Regeln der alten Ordnung, lehnte sich gegen die ungeschriebenen Gesetze auf, die den Trust wie durch Gespensterhand als Monopol zusammenhielten. Er hatte es abgelehnt, mit der Union Tank Car Company zusammenzuarbeiten. Dieses Kesselwagen-Unternehmen hatte der ältere Rockefeller vor Jahren gegründet, um seine Konkurrenten aus dem Felde zu schlagen. Anstatt nun diese Transportkapazität zu nutzen, wie es für die anderen Standard-Töchter selbstverständlich war, ließ Stewart einen eigenen Wagenpark der Indiana bauen. Wichtiger noch, er hatte viele Auflagen durchkreuzt, die seinem Unternehmen im Nachgang zu der Auflösung des Trusts erteilt worden waren.

Stewart war ein Eindringling, der alles durcheinanderbrachte. Es war undenkbar, ihn durch eine schmutzige Intrige aus dem Unternehmen hinauszuwerfen. Es dürfte aber hitzige Diskussionen an der Ostküste darüber gegeben haben, wie man mit dem Emporkömmling umgehen sollte. Da bescherte das Schicksal den Skandal um die Continental Trading Company, so daß man sich seiner vom hohen Podest der Moral aus annehmen konnte.

Wenn es in der Politik die Faustregel geben sollte, daß jede Regierung den Skandal bekommt, den sie verdient hat, so würde Teapot Dome einen Fall von sühnender Gerechtigkeit abgeben. Harding war selbst ein Mann, den der politische Apparat Mark Hannas hervorgebracht hatte, und er drängte John Archbolds Protegé, Senator

Joseph Foraker, im Jahre 1908 zur Präsidentschaft. Seinem Kabinett, von seinen Gegnern »Erdöl-Administration« gelästert, gehörten ein Rechtsanwalt der Standard Oil (Charles Evans Hughes) als Außenminister, der Gulf-Oil-Eigner (Andrew Mellon) als Finanzminister, ein Rechtsanwalt der Sinclair Oil (Will Hays) als Postminister und ein Protegé von Doheny, Sinclair and Cleveland Dodge – Albert Fall – als Innenminister und Treuhänder der staatlichen Ländereien an. Der Skandal wurde durch den Umstand ausgelöst, daß Fall von Sinclair ein Schmiergeld für die Überlassung eines Pachtvertrages für die Öllager der Kriegsmarine in Teapot Dome (Wyoming) angenommen hatte.

Stewarts Verwicklung setzte am 17. November 1921 bei einer Zusammenkunft einer kleinen Gruppe im Vanderbilt-Hotel in New York ein. Mit Sinclair und den Präsidenten der Midwest Oil Company (einem Tochterunternehmen der Indiana Standard) und der Prairie Oil & Gas, einem Zweig des alten Trusts, war A. E. Humphreys zusammengekommen, ein wilder Spekulant, der gerade im märchenhaften Mexia-Ölfeld in Texas fündig geworden war. Humphreys verpflichtete sich, 33 333 333⅓ Barrels Rohöl aus seiner Förderung zum Preise von 1,50 Dollar pro Barrel an die Gruppe zu verkaufen. Sie kauften das Öl jedoch nicht für die Unternehmen, denen sie vorstanden, sondern auf eigene Rechnung. Zu diesem Zweck hatten sie die Continental Trading Company gegründet. Die Continental sollte das Öl zum Preise von 1,75 Dollar pro Barrel an die Sinclair and Prairie Oil and Gas Companies weiterverkaufen, wobei das Konsortium einen Schnitt von acht Millionen Dollar machen wollte.

In der Zwischenzeit war die Sache mit Teapot Dome aufgeflogen, und die Gruppe löste in aller Eile ihre Gesellschaft auf und vernichtete deren Geschäftsunterlagen. Bis dahin hatten sie erst drei Millionen Dollar, 750 000 Dollar für jeden von ihnen, in die eigene Tasche wirtschaften können.

So wie die Dinge lagen, wäre die Affäre den bohrenden Blicken der Öffentlichkeit verborgen geblieben, hätte Harry Sinclair nicht einen Teil seines 750 000-Dollar-Gewinns für die Bestechung von Minister Fall verwandt. Doch die Sache kam ins Rollen, und Oberst Bob Stewart wurde in den Strudel des Skandals gezogen. Der Prozeß gegen Sinclair begann im März 1923 in Cheyenne (Wyoming), Stewart wurde dort als Starzeuge erwartet. Während der ersten Verhandlungen wurde jedoch dem Gericht von einem Bevollmächtigten der Standard die Mitteilung überbracht, daß Stewart zu einer Geschäftsreise »mit unbekanntem Ziel« in Lateinamerika abgereist sei und nicht erreicht werden könne.

Das löste einen Sturm aus. Junior hatte versucht, sich aus dem Anfangsstadium der Untersuchung herauszuhalten (wie immer, wenn ein Konflikt um die Standard Oil aufkam, beteuerte er, daß die Familie längst nicht mehr am Geschäftsbetrieb aktiv beteiligt sei). Nun blies auch ihm der Wind ins Gesicht. Die Leute wußten, daß der bei weitem größte Anteilseigner war, und sie machten ihn dafür verantwortlich, daß Stewart die Bemühungen des Kongresses erschwerte, Licht in das Dunkel des Skandals zu bringen. Diese Erschütterungen untergruben das Vertrauen zur Regierung in einem Maße, wie es bis zur Watergate-Affäre ein halbes Jahrhundert später ohne Beispiel bleiben sollte.

Junior fühlte sich vor allem von einem Kommentar der New Yorker *World* vom 23. März 1925 getroffen. Darin hieß es: »Wo sind die Männer, die für die reichen und respektierten Gruppen auftreten und handeln, die diese Unternehmen kontrollieren? Was haben sie getan und was werden sie tun zur Wahrung ihres eigenen Ansehens und ihrer persönlichen Ehre? John D. Rockefeller junior ist ein Großaktionär der Prairie Oil and Gas Co., auch die Rockefeller Foundation besitzt ein großes Aktienpaket. Das General Education Board hat ebenfalls beträchtliche Anteile an der Prairie Oil und der Standard Oil of Indiana. Beide Stiftungen werden durch Spenden Rockefellers unterhalten. Mr. Rockefeller pflegt im Weißen Haus zu frühstücken und mit dem Präsidenten über die Einhaltung der Gesetze zu plaudern. Was hat er aber beigetragen, um die Durchsetzung des Rechts zu gewährleisten, soweit es Ölgesellschaften angeht, an denen er beteiligt ist? Wann wird er damit beginnen, und was beabsichtigt er wohl zu tun im Falle seiner eigenen Gesellschaft, deren leitende Angestellte und Direktoren ihre Pflicht gegenüber der Regierung vernachlässigt haben?«

Noch am selben Tag, zusätzlich aufgestört durch die Warnung Fosdicks, daß die Angelegenheit bereits die verschiedenen Stiftungen (die erhebliche Standard-Aktienpakete hielten) in Mitleidenschaft zögen und zu einem »zweiten Ludlow« hochkochen könnte, falls sie nicht schleunigst beigelegt werde, sandte der Junior ein Telegramm an die Indiana Company und verlangte, daß es von der Geschäftsleitung unverzüglich an Stewart weitergeleitet werde – wo immer er sich auch aufhalte. Mit wütendem Unterton stellte Junior fest, daß Stewarts Verhalten »der Geschäftsleitung, ihrem Unternehmen und ihren Großaktionären, unter ihnen besonders mir selbst, dem General Education Board und der Foundation«, herbe Kritik eingebracht habe. Er forderte Stewart auf, sofort dafür zu sorgen, »daß jeder berechtigte Grund für Kritik behoben wird«. [125]

Stewart kehrte am 27. März nach New York zurück und sprach mit Junior. Voller Groll über die Unterstellung, er könnte aus einer nicht legitimen Überlegung heraus ins Ausland gereist sein, sagte Stewart klipp und klar, soweit es ihn und sein Unternehmen betreffe, sei bei der Transaktion mit der Continental Trading Company nichts Ungehöriges geschehen – im Gegenteil, das Geschäft sei nützlich gewesen. Der Oberst war nicht bereit, zu Kreuze zu kriechen, und Junior ließ die Sache auf sich beruhen.

Doch die Ungewißheit und die öffentliche Kritik an Rockefeller dauerten an. Die Angriffe der *World* und der *St. Louis Post-Dispatch* wurden so arg, daß Junior und Debevoise gemeinsam Ralph Pulitzer aufsuchten, um ihm die heikle Lage der Rockefellers zu erklären. Die Presse verlangte nunmehr, daß Rockefeller Stewart entlassen sollte. Aber gerade das wollte er nicht tun, denn dadurch würde er selbst die von ihm ständig vertretene These Lügen strafen, die Familie habe bei Standard Oil nichts mehr zu sagen. Im Januar 1928 ersuchte dann Thomas Walsh, der Vorsitzende des Senatsausschusses, der die Untersuchung über die Continental Trading Company führte, Junior in einem Schreiben, Stewart und andere Standard-Mitarbeiter zu zwingen, vor dem Ausschuß zu erscheinen und die Wahrheit zu sagen. Junior versprach, er werde alles in seinen Kräften Stehende dazu beitragen. Nachdem er Stewart dann doch öffentlich zur Aussage aufgefordert hatte, willigte dieser schließlich ein. Allerdings bestritt er unehrliche Handlungen und weigerte sich, einige kritische Fragen zu beantworten. Daraufhin trat Junior selber als Zeuge auf und bekundete seine Enttäuschung darüber, daß Stewart bei der Befragung ausgewichen sei. Rockefeller erklärte: »Ich habe selbst große Beteiligung in der Ölindustrie. Darüber hinaus war mein Vater einer der Wegbereiter dieses Wirtschaftszweiges . . . Die gegenwärtige Lage berührt nicht nur einige wenige, sondern die gesamte Ölindustrie.« [126] Nach seiner Erklärung vor dem Untersuchungsausschuß hielt er eine Rundfunkansprache über das ganze Netz der amerikanischen Sender, in der er Unehrlichkeit im Geschäftsleben verurteilte.

Am 24. April 1928 trat Stewart erneut in den Zeugenstand. Inzwischen hatte man herausgefunden, daß auch er 750 000 Dollar kassiert hatte. Mit einer überraschenden Kehrtwendung gab er diesmal zu, das Geld erhalten zu haben. Immerhin behauptete er, es sei von Anbeginn an seine Absicht gewesen, das Geld seiner Gesellschaft zu überweisen, deshalb habe er es auch einem Treuhänder übergeben. Zu der Anklage wegen Mißachtung des Gerichts kam nun noch eine Meineidsklage hinzu.

Jetzt sah sich Junior zum Handeln gezwungen. Drei Jahre hindurch hatte er geschwankt, was zu tun sei, doch jetzt mußte er etwas unternehmen. Er rief Stewart in sein Büro am Broadway 26 und forderte seinen Rücktritt. Colonel Bob lehnte ab. Am nächsten Tag gab Rockefeller eine Erklärung über ihre Unterredung heraus und betonte, daß er das Vertrauen zu Stewart verloren habe. Jetzt begann das mit größter Spannung verfolgte härteste Ringen um die Kontrolle eines Unternehmens, das es in der Geschichte der amerikanischen Konzerne bis dahin gegeben hatte.

Die Jahreshauptversammlung der Aktionäre war für den 7. März 1929 angesetzt worden. Schon im Januar schuf Junior einen Kriegsrat, der insgesamt 100 000 Dollar aufwendete, um den trotzigen Obersten abzusetzen. Winthrop Aldrich führte draußen den Feldzug an, Thomas Debevoise arbeitete die Planung aus, und Ivy Lee leistete die publizistische Schützenhilfe. Bertram Cutler, Fosdick und Oberst Woods beteiligten sich ebenfalls an dem Gemetzel, Charles Evans Hughes wurde von dem »Generalstab« als juristischer Adjutant herangezogen. Bis zur Jahreshauptversammlung trat diese Gruppe jeden Morgen um 10 Uhr zusammen, um über die Strategie zu beraten. Sie konzentrierte ihre Anstrengungen auf die Aktionäre in 24 großen Städten. Die Nachrichten bei dieser Kampagne wurden nur verschlüsselt ausgetauscht, weil Junior die Angst plagte, Stewart könnte vorzeitig herausfinden, daß der Machtkampf schon im voraus gegen ihn entschieden war, und »die Gewißheit seiner Niederlage könnte unseren Gegner dazu bringen, mit Schmutz um sich zu werfen«.

Stewart war Realist genug, um zu wissen, daß Junior kein Mann war, der eine Auseinandersetzung begonnen hätte, ohne des siegreichen Ausgangs sicher zu sein. Dennoch nahm er den Kampf mit den Rockefellers auf. Er trat dazu wie ein kleiner Politiker in »der größten Demokratie der Welt« an, der sich um ein Wahlamt bewirbt. Auf Massenversammlungen der Standard-Beschäftigten erinnerte er an seine Errungenschaften und Reformen für die Arbeiter. Er rief die dankbaren Arbeitnehmer auf, von Haus zu Haus auf »Stimmenfang« zu gehen, also Aktionäre der Indiana für Stewart zu gewinnen. In den Zeitungen erschienen Anzeigen, die von den Standard-Beschäftigten aufgegeben und bezahlt wurden, mit einem Bild Stewarts und der Parole: »Er hält zu uns, wir halten zu ihm.« Am 29. Januar gab er bekannt, daß der Gewinn des letzten Geschäftsjahres doppelt so hoch wie der des vorherigen sei und daß den Aktionären eine Dividende von neun Dollar für jede Aktie ausbezahlt werde. Eine Woche später schlug er Kapital aus der Konjunktur seines Unternehmens und seines eigenen Erfolges, indem er mit dem Direktorium die höchste Dividende und die großzügigste Ausgabe von Gratisaktien beschloß, die dieses Unternehmen jemals ausgeschüttet hat. Über Nacht waren die Standard-Aktien an den Börsen sehr gefragt.

Alles zusammengenommen, wäre das eine überwältigende und unschlagbare Formation gewesen, wenn die Standard tatsächlich als der »Welt größte Demokratie« hätte gelten können, wie Stewart behauptet hatte. Aber der Volkswille spielte hier überhaupt keine Rolle. Bereits am 25. Januar, also kaum zwei Wochen nach Beginn der Rockefeller-Kampagne, hatte das »Proxy Committee« schon 43,5 Prozent des Aktienkapitals auf seine Seite gebracht, und zwei Wochen später, am 7. Februar, gab Aldrich in aller Öffentlichkeit bekannt, daß die Mehrheit von 51 Prozent erreicht sei. Davon brachten Junior, seine Familie und die Stiftungen zusammen 15 Prozent auf. Ein guter Teil der übrigen Aktien, die für Rockefeller in die Waagschale geworfen wurden, gehörten Whitney, Flagler, Harkness, Rogers und anderen Familien der Standard Oil, die ohne Zögern dem Wunsch aus dem Büro nachgekommen waren.

Am Morgen des 7. März fuhr gegen 10.20 Uhr eine Eskorte von Polizisten mit Motorrädern vor dem Whiting Community House vor, wo die Jahreshauptversammlung der Aktionäre der Standard Oil Company of Indiana stattfand. Ihnen folgte eine Kavalkade von Limousinen mit den 25 Vertretern der Rockefellers, angeführt von Winthrop Aldrich. Junior war nicht dabei. Zwei Monate zuvor, als der Kampf noch nicht so recht begonnen hatte, hatte er sich am 9. Januar nach Ägypten eingeschifft, um außer Reichweite zu sein, wenn der Konflikt voll entbrannte. An diesem kalten, ungemütlichen Morgen hielt er sich in Palästina auf. Er wurde telegraphisch über das Ergebnis informiert.

Nur wenige in dem überfüllten Saal waren schon vorher sicher, wie die Abstimmung ausgehen würde. Indes Stewart wußte Bescheid. Er war dorthin gekommen, um den Vorsitz bei seiner eigenen »Hinrichtung« zu führen und einen letzten Triumph davonzutragen. Er eröffnete die Sitzung und verlas den Geschäftsbericht für das letzte Jahr. Es war das glänzendste in der Geschichte des Unternehmens gewesen, und Stewart unterstrich immer wieder die Erfolge. Der Reingewinn hatte sich verdoppelt, die liquiden Mittel waren so groß wie nie zuvor, und der Profit für das angelegte Kapital machte 17 Prozent aus.

Als es soweit war, daß das neue Direktorium gewählt werden mußte, schlug Stewarts persönlicher Rechtsanwalt die Wiederwahl der bisherigen Direktoren vor. Dann erhob sich Winthrop Aldrich in einer vorderen Stuhlreihe, die für die Rockefeller-Leute reserviert worden war, stellte sich den Teilnehmern an der Hauptversammlung vor und schlug dieselbe Besetzung vor – mit den Ausnahmen von Stewart und L. L. Stephens, einem Direktor, der dem Rockefeller-Ausschuß aufgefallen war, weil er in dem Machtkampf übermäßige Treue gegenüber Stewart gezeigt hatte. Nun lief die Stimmabgabe ab. Sie verlief alles andere als dramatisch. Die Auszählung ergab, daß die Stimmen von 31 000 Aktionären für Stewart und von nur 15 000 für Rockefeller abgegeben worden waren, daß aber die Parteigänger Rockefellers 60 Prozent und die Stewarts nur 32 Prozent des Aktienkapitals kontrollierten. Damit war das neue Direktorium gewählt worden. Obwohl es bis auf Stewart und Stephens mit dem alten identisch war, handelte es sich doch um ein völlig anderes Gremium. Der Aufsichtsrat hatte seinen Kopf verloren und einen neuen Herrscher bekommen; denn die Vollmacht der Aktionärsmehrheit für Rockefeller galt für ein Jahr und konnte jederzeit benutzt werden, einen oder sämtliche Direktoren zu entlassen.

Während der ganzen Auseinandersetzung war die Presse der größte Bundesgenosse Rockefellers. Im Januar und Februar sammelte Ivy Lee 428 Kommentare zu diesem Thema aus Zeitungen in 45 Staaten. Die überwältigende Mehrheit der Leitartikler unterstützte Rockefeller.

Viele Leute im Mittleren Westen und nicht wenige Aktionäre, die gegen den Rockefeller-Coup gestimmt hatten, witterten hinter der Absetzung Stewarts den Versuch der Standard-Oil-Gesellschaften von der Ostküste, das unabhängige Wachstum der Indiana zu bremsen. Diese Annahme gewann an Glaubwürdigkeit, als die neuen Direktoren der Indiana 1932 den wertvollen Auslandsbesitz der Pan American Petroleum and Transport an die Standard of New Jersey verkauften – auf deren Wunsch. Zu diesen Anlagen im Ausland gehörten die Ölfelder in Mexiko und in Venezuela. Ihre Erwerbung war ein Geniestreich Stewarts gewesen. Der venezolanische Besitz gab später die Basis für die legendäre Creole Petroleum Company ab, eine Jersey-Tochter, deren schier unglaubliche Gewinne das Wirtschaftsmagazin *Fortune* zu der Feststellung veranlaßten, dieses Geschäft sei »der Diebstahl des Jahrhunderts«. Der Kauf wurde mit Jersey-Aktienkapital abgewickelt, und durch diese Transaktion wurde die Indiana (mit sieben Prozent der Anteile) ein Hauptaktionär der Jersey, wodurch eine offizielle Interessengemeinschaft zwischen beiden Gesellschaften hergestellt wurde, gegen die Stewart angegangen war. Diese Verbundenheit wurde noch durch das Angebot an die Direktoren der Indiana und der Jersey gestärkt, in das Direktorium der Chase National Bank einzutreten.

Die Auseinandersetzung mit Stewart hatte die Rolle Juniors als maßgeblicher Sprecher der verantwortungsbewußten Unternehmer Amerikas gefestigt. Am 24. Okto-

ber 1929, dem »Schwarzen Donnerstag«, als der erste jähe Sturz des großen Börsen-
krachs die Aktienkurse in den Keller jagte, schien allerdings die Zukunft der
Finanzgewaltigen schwer bedroht. Im Bürogebäude von J. P. Morgan & Co. in der
Wall Street 23 waren die Spitzen der führenden Banken Amerikas mit großer publi-
zistischer Begleitmusik zusammengekommen, um das Vertrauen wiederherzustellen.
Die Parallele war beabsichtigt: 22 Jahre zuvor hatte der alte Morgan die »Panik von
1907« beendet. Nicht weit davon, in der Broad Street 13, bestürmte gerade Ivy Lee
am Telefon Junior, er sollte doch überlegen, wie segensreich sich eine öffentliche
Erklärung des 90jährigen Rockefeller-Patriarchen in dieser ungemein kritischen
Lage auswirken könnte.

Um seinem Sohn gefällig zu sein, erklärte Senior sich schließlich bereit, eine Pres-
seerklärung zu verlesen. Sie enthielt nicht mehr weise Lehren für die Wirtschaft als
die schon klassische Feststellung von Calvon Coolidge: Je mehr Leute erwerbslos
werden, desto größer wird die Arbeitslosigkeit. Mit zitternder Stimme, die länger als
zehn Jahre nicht mehr in der Öffentlichkeit zu hören gewesen war, sagte er: »Wir
glauben, daß die Grundlagen unseres Landes in Ordnung sind. Deshalb haben mein
Sohn und ich seit Tagen solide Aktien gekauft.« [127]

In den folgenden zwei Wochen sackte der Börsenindex um weitere 82 Punkte ab,
das war ein Viertel des übriggebliebenen Wertes, und die Zeitungen meldeten, die
Rockefeller-Familie kaufe Millionen von Aktien auf, um den Kurs der Standard Oil
of New Jersey bei 50 zu halten.

Die Ausführungen Seniors über die Stabilität der Nation waren nicht als eine aus-
gereifte wirtschaftliche Analyse gedacht, sondern sollten lediglich unterstreichen, daß
die Rockefellers wieder an den Aufschwung in Amerika glaubten. Die Rolle, die
Winthrop Aldrich und die Chase bei der Reform des Bankwesens spielten, und die
Auseinandersetzung Juniors mit Stewart reichten aus, um sie in dieser Zeit der
Anfechtungen auf die Seite des Rechts zu stellen. Wenn es noch eines zusätzlichen
Beweises bedurft hätte, so war es die Entscheidung, trotz der Katastrophe an den
Börsen das Rockefeller Center zu bauen. [128]

Mit der Zeit schaffte es Ivy Lee, dieses Projekt geradezu als ein mit privaten Mitteln
gespeistes Arbeitsbeschaffungsprogramm hinzustellen. Die Wirtschaftslage erschwerte die Finanzierung selbst für einen Rockefeller. Allein die Gebäude kosteten
schätzungsweise 120 Millionen Dollar. Davon wurden 45 Millionen Dollar durch
eine Anleihe der Metropolitan Life Insurance Company gedeckt, für die Junior eine
persönliche Bürgschaft übernahm. Die restliche Summe brachte er selbst auf – trotz
des abzusehenden enormen Verlustes. Eines Tages suchte Junior den Chefarchitekten
des Center, Wallace Harrison, in dessen Büro auf. Harrison holte später die RCA
als einen Hauptmieter ins Rockefeller Center. Harrison bemerkte, wie niedergeschlagen sein Besucher wirkte, und fragte ihn, was denn schlecht laufe. Darauf erwiderte
Junior, er habe sich genötigt gesehen, einen Teil seiner Aktien der Standard of New
York zum Kurs von zwei Dollar zu verkaufen. Dennoch: Schritt für Schritt kam das
Projekt voran. 1933 wurde das RCA-Hochhaus eröffnet, und Junior beging dieses

Ereignis mit der Verlegung des Büros der Rockefeller-Familie vom Broadway 26 in die 56. Etage der Rockefeller Plaza 30.

Hinter der »Stadt in der Stadt«, die das Rockefeller Center darstellte, lagen etliche weniger erfolgreiche Versuche, finanzielle Investitionen mit Vorhaben zu verbinden, die ein lohnendes gesellschaftliches Verdienst einbringen würden. *(Fortune* sprach von »Philanthropie zu sechs Prozent«.) So gut wie kein Erfolg war der Absicht Juniors beschieden, das alte Cleveland Estate in Forest Hill aufzuschließen und zu bebauen. Nachdem das Herrenhaus 1917 abgebrannt war, dachten die Rockefellers nicht an einen Wiederaufbau. Junior erhielt 1928 die Genehmigung seines Vaters, aus Forest Hill ein erstklassiges Villenviertel für die jungen, erfolgreichen Geschäftsführer in Cleveland zu machen. Der Landbesitz wurde in Bauplätze aufgeteilt; eine große Fläche blieb Parks und einer Golfanlage vorbehalten. Junior schwebte die Errichtung von tausend Villen in der Preisklasse von 25 000 bis 40 000 Dollar vor. Sie sollten normannischen Burgen nachgebildet, auf das neuzeitlichste ausgestattet und harmonisch in die Landschaft eingepaßt werden. Die Gesamtkosten wurden auf 75 Millionen Dollar veranschlagt.

Während es in New York wohl angehen mochte, daß es dort unter den leitenden Angestellten eine genügende Anzahl gab, die es sich hätte leisten können, in eine so exklusive Schlafstadt zu ziehen, war man in Cleveland noch nicht soweit. Trotz seines Angebots, das ganze Vorhaben zu günstigen Bedingungen vorzufinanzieren, konnte Junior lediglich 300 Häuser loswerden. Daraufhin wurde die weitere Erschließung des Geländes eingestellt. Eines Tages überließ Junior das restliche Land kostenlos der Stadt.

Zu einer späteren Zeit beteiligte er sich am Bau moderner Wohnungen für Beschäftigte der Jersey Standard in Bayonne und für Gewerkschaftsmitglieder in der Bronx. Doch beide Projekte scheiterten, weil die Mieten zu hoch waren. Er hatte auch den ganzen Block zwischen der 149. und der 150. Straße sowie der 7. und der 8. Avenue erworben, um dort billige Wohnungen für Neger zu bauen. Die Wohnanlage erhielt den Namen »Paul Laurance Dunbar Apartments«. Wie der Rockefeller-Mitarbeiter Charles O. Heydt erklärte, wurden sie mit der Absicht errichtet, »einmal vorzumachen, was auf der Grundlage des gemeinnützigen Wohnungsbaus für Neger getan werden kann, damit andere diesem Beispiel folgen sollen«. Der Komplex wurde Ende 1929 eröffnet. Trotz so berühmter Mieter wie W. E. B. DuBois und Bill »Bojangles« Robinson ging die Rechnung nicht auf. Schon 1932 war Junior gezwungen, vom Konzept einer Genossenschaft abzugehen und die Dunbar-Apartments regelrecht zu vermieten. Später verkaufte er die ganze Anlage.

Beim Rockefeller Center lief es jedoch anders. Der Philanthrop in ihm mag es als eine Gelegenheit erachtet haben, etwas für New York zu tun; der Grundstücksentwickler in ihm sah die Chance, einen geschäftlichen Erfolg zu erzielen. So achtete er von Beginn der Verhandlungen darauf, daß kaufmännische Maßstäbe angelegt wurden. Gleich nachdem Ivy Lee ihn von den Verhandlungen der Opera Company mit der Columbia University unterrichtet und für das Projekt gewonnen hatte, setzte

Junior eine Änderung der Pläne durch: Der von der Oper nicht genutzte Teil des Komplexes sollte für kommerzielle Zwecke entwickelt werden. Er hatte mit mehreren Fachleuten die Frage erörtert, welcher Ertrag zu erwarten sei, wenn Gelände an andere Gesellschaften weiterverpachtet würde, die dann eigene Gebäude bauten. Die Schätzungen beliefen sich bis auf 5,8 Millionen Dollar, einer der Gründe für seine anfängliche Begeisterung.

Als die Depression sich verschlimmerte und die Opera Company ihr Vorhaben aufgeben mußte, beschloß Junior, die Pläne im großen Stil allein zu verwirklichen. Von jetzt an konnte es keinen Zweifel mehr an der Zielsetzung geben. Das Direktorium befand denn auch: »Von jetzt an wird dem Square ein Geschäftszentrum zugrunde gelegt, das so schön wie möglich ausgestaltet werden soll, wobei eine höchstmögliche Rendite angestrebt wird.« [129]

Die allgemeine Auffassung, es handele sich hierbei um ein Denkmal, das sich Junior selbst setzte, war noch mehr verbreitet als die Vorstellung, es handele sich um eine Kapitalanlage. Man sah es als eine Huldigung an den Träger des berühmtesten Namens in der Geschäftswelt und der Geschichte der Philanthropie. Einige Architekturkritiker wie Lewis Mumford mochten herumnörgeln, aber schon als der Bau erst halb fertig war, sprachen die Zeitungen von einem »achten Weltwunder«.

Wie bei allen anderen Unternehmungen der Familie wurde auch bei diesem Projekt die öffentliche Meinung behutsam umworben. Täglich blieben zahlreiche Passanten an der Baustelle stehen, um die Ausschachtungsarbeiten zu verfolgen. Junior und Lee kamen da auf die Idee, einen sogenannten Sidewalk Superintendent's Club zur Beobachtung des Fortgangs der Bauarbeiten zu gründen. Den eifrigsten Zaungästen wurden richtige Club-Mitgliedskarten ausgehändigt. Streiks gab es nicht auf dieser Baustelle. Der Building and Construction Trades Council war heilfroh über die Millionen von Tagewerken, die hier für seine Mitglieder anfielen. Aber erst der junge Nelson Rockefeller, der gerade Dartmouth absolviert hatte und nun bemüht war, seinen Einstand in den Geschäften der Familie zu geben, vermochte seinen Vater zu überreden, den Namen des Projekts zu ändern. (Vorher hatte Junior abgewehrt: »Ich möchte nicht, daß der Name der Familie an allen Bauvorhaben prangt.«) Was auf den Zeichenbrettern als »Radio City« entworfen worden war, wurde nun das Rockefeller Center.

Im Jahre 1937, als das große Bauwerk vor seiner Vollendung stand, verschied John D. Rockefeller senior. Bis zuletzt war er seines Geistes mächtig, doch als er Mitte Neunzig war, wurde er sich doch der Gebrechlichkeit seines Körpers bewußt. »Ich komme mir wie dein Fahrrad vor, wenn du den Berg im Freilauf hinabrollst«, sagte er einmal zu seinem Enkel Laurance. »Ich kann gerade noch so im Leerlauf rollen. Daran läßt sich nichts mehr ändern.« [130] Am 23. Mai, einem Sonntag, wurde Junior früh am Morgen vom Arzt seines Vaters gerufen. Um 4 Uhr früh verlor der alte Mann das Bewußtsein, eine Stunde später tat er seinen letzten Atemzug.

Am nächsten Tag schrieb Abby ihrer Schwester: »Ich glaube, man kann sagen, daß er im Schlaf gestorben ist. Er hat einen schönen Tod gefunden. Manchmal hatten John und ich befürchtet, er würde bettlägerig und sich selbst lästig werden. Doch noch am Freitag, bevor er starb, ist er 40 Meilen mit dem Auto gefahren, und am Samstag hat er vier Stunden auf das angenehmste im Garten zugebracht. Lediglich am Sonntagmorgen konnte er das Morgengebet nicht mehr sprechen. Es war schon ein ungewöhnliches Leben.«

Die Trauerfeier wurde am 25. Mai von Reverend Harry Emerson Fosdick in Pocantico abgehalten. Zwei Söhne Juniors, Nelson und Winthrop, waren gerade in Lateinamerika, als die Nachricht vom Tode des Großvaters eintraf. Sie waren 48 Stunden unterwegs, um noch rechtzeitig zur Beisetzung einzutreffen. Es erschienen auch die Nachkommen von William Rockefeller, ebenso die Familien der ehemaligen Partner im Trust, sowie ein paar alte Freunde, mit denen Senior in den letzten Jahren verkehrt hatte. Nach dem Trauergottesdienst defilierten die Bediensteten von Pocantico, mit den Hüten in der Hand, durch das große Haus, um von dem Herrn von Kijkuit Abschied zu nehmen. Um 6.30 Uhr am Abend bestiegen Junior und seine fünf Söhne zwei Sonderwagen der Eisenbahn, in denen sie den Leichnam auf der letzten Fahrt begleiteten. Am 27. Mai kam John D. Rockefeller wieder in Cleveland an, wo er 75 Jahre zuvor sein großes Abenteuer begonnen hatte. In der Stunde, als sein Sarg zwischen den Gräbern seiner Mutter und seiner Frau in die Gruft hineingelassen wurde, an jener Grabstelle, die er vor Jahrzehnten für sich ausersehen hatte, ruhte in den Betrieben und Büros der Standard Oil und aller ihrer Tochterunternehmen in Amerika und in der ganzen Welt für fünf Minuten die Arbeit. Sie ehrten das Andenken des Mannes, dem so viel Haß zuteil geworden war und den man nun als Wohltäter der Menschheit bewunderte.

Zwei Jahre danach setzte Junior einen Schutzhelm auf, zog schwere Arbeitshandschuhe an und befestigte mit großer körperlicher Anstrengung die letzte Niete im Rockefeller Center. Er war jetzt 65 Jahre alt. Sein Leben war noch nicht annähernd abgeschlossen, doch man konnte sagen, er hatte erreicht, was er sich vorgenommen hatte. Die Stimme des Volkes, die aus Ida Tarbell, Frank Walsh und vielen anderen sprach, hatte den Reichtum angeklagt; Junior bemühte sich, zu beweisen, daß das seiner Familie anvertraute Vermögen zum Wohlergehen der Menschheit genutzt werde. Es war behauptet worden, der Name Rockefeller sei ein Synonym für Privilegien und Macht ohne Verantwortung; Junior versuchte den Nachweis zu führen, daß er die Verkörperung von Verantwortungs- und Pflichtbewußtsein war. Als er von dem Eisenträger zurücktrat und den Niethammer unter lautem Beifall niederlegte, konnte er nicht nur einen persönlichen Erfolg feiern, wie er 40 Jahre zuvor unmöglich erschienen war, sondern er konnte sich auch als Schöpfer eines Rockefeller-Mythos betrachten. Das Rockefeller Center bildete die Krönung seines Lebens. Als sein wahrer Lebenserfolg sollten sich aber seine Kinder erweisen, die jetzt noch im Hintergrund darauf warteten, ihren eigenen Weg zu gehen.

# Teil III: Die Brüder

»Die Familie hat heute in keinem geringeren Maße als im kaiserlichen Rom die oberste Herrschaft über den Reichtum. Sie trägt ihn zusammen, hütet ihn und sorgt dafür, daß er ungeschmälert von Generation zu Generation weitergereicht wird. Da sie (im Gegensatz zu der relativ neuen Einrichtung der Aktiengesellschaft) eine private Einheit ist, die sich mit striktester Rechtmäßigkeit öffentlicher Kontrolle entzieht, eignet sich die Familie trefflich zu festen Bündnissen und dient als Werkzeug für vertrauliche finanzielle Transaktionen. Per definitionem ist die Familie eine sakrosankte Institution, und keine Behörde darf es wagen, in ihren Angelegenheiten herumzuschnüffeln, ohne Zorn auf sich zu ziehen . . . Allein die Familie bietet eine sichere Zuflucht vor den demokratischen Abläufen – nicht außerhalb des Gesetzes, sondern über dem Gesetz.«

*Ferdinand Lundberg*

# Kapitel 11

Juniors Kinder hatten es von Anfang an leichter als er selbst. Als Mrs. David Gardiner, Matrone einer in der New Yorker Gesellschaft tonangebenden Familie, ihrem Sohn untersagte, mit den fünf Jungen Rockefellers umzugehen, und dazu bemerkte: »Keines meiner Kinder wird mit den Enkeln eines Gangsters spielen«, wurde das bloß noch als geschmacklos, ja als ein komischer *faux pas* belächelt. Die Rockefellers waren längst in den höchsten Kreisen der amerikanischen Gesellschaft akzeptiert. Sie wurden nicht nur von den »richtigen Leuten« empfangen, sondern man bemühte sich um ihre Bekanntschaft. Mrs. Rockefeller jr. war eine der wenigen Damen in der Stadt, die an einem Abend eine Party im Hause von William Vanderbilt und am nächsten eine Soiree bei Mrs. Cornelius Vanderbilt besuchen konnte, ohne in den erbitterten Familienkrieg zwischen den beiden Häusern hineingezogen zu werden.

Zwar wußte Junior, daß es für seine Kinder [131] notwendig sei, mit dem »passenden« Umgang aufzuwachsen, doch lag ihm nichts daran, daß sie zu augenfällig mit der Oberschicht in Verbindung gebracht wurden. Es gab da Beispiele, wie andere Erben großer Vermögen in einem Labyrinth von Versuchungen herumtappten, wahre Karikaturen reicher Nichtstuer, ohne Halt und Ziel, die ihr Geld, so H. L. Mencken, für die beiden Hauptbeschäftigungen der Wohlhabenden vergeudeten – Polo und Polygamie.

Das Privatleben der Rockefellers blieb privat. Die Leute erfuhren nur, was sie erfahren sollten – daß John D. zurückgezogen gelebt hatte und manchmal etwas exzentrisch war, mit den Jahreszeiten von einem prächtigen Landsitz zum anderen umzog, nur gelegentlich in der Öffentlichkeit erschien zu einer Runde Golf oder um Münzen aus vollen Taschen zu verteilen. Sonst wußte man nur, daß sein Sohn die denkbar großzügigsten Stiftungen vornahm und daß es sechs Kinder in der dritten Generation gab. Das erste, die Tochter Abby (Babs genannt, damit sie nicht mit ihrer Mutter verwechselt wurde), war 1903 geboren worden. Dann kamen John III 1906, Nelson 1908, Laurance 1910, Winthrop 1912 und David 1915. Ihre Namen und Geburtstage – das war alles, was in den Zeitungen über sie erschien, bis sich Nelson 1922 aus Versehen mit einem Luftgewehr ins Bein schoß.

Junior erkannte, daß er einst unter seiner Isolation gelitten hatte. Das wollte er seinen Kindern ersparen. Auf jeden Fall brachte es seine Tätigkeit mit sich, daß er in New York City zu sein hatte, wo die Familie in einem großen, neunstöckigen Stadthaus mit der Adresse 10 West 54th Street wohnte. Das war unweit des Central-Park, wo die Kinder jeden Tag nach der Schule in Begleitung französischer Gouvernanten oder anderer Beschützer unerkannt spielten.

Die Kinder wurden nicht gerade verwöhnt, aber sie hatten, was sie sich wünschten. Immerhin, das Geld, das sie ausgeben wollten, mußten sie wie ihr Vater erst verdienen: mit Fliegenfangen, Schuheputzen und Laubharken. Nach dem Vorbild ihres Vaters mußten sie über alles Buch führen. Sie durften Großvaters Hauptbuch A durchblättern, die vergilbten, brüchigen Seiten mit den Eintragungen in verblaßter Tinte, gerade so, als wäre es der Erstdruck eines Kirchenbuches. »Ich war stets in Sorge, meine Kinder könnten durch das Geld verzogen werden«, sagte Junior später, »und ich wollte ihnen beibringen, seinen Wert zu achten und es nicht etwa zu verschwenden.« Wer von den Kindern am Ende einer Woche eine Ausgabe im Kassenbuch nicht belegen konnte, mußte fünf Cent Buße zahlen; wer Soll und Haben ausgeglichen hatte, erhielt fünf Cent zur Belohnung. Es beschäftigte Junior ungemein, daß John III meistens belohnt und Winthrop fast immer bestraft wurde. Er redete sich gern ein, wie gut es doch gehe, die Kinder auf diese Weise mit ihren großen finanziellen Erwartungen vertraut zu machen, und er freute sich über eine Anekdote (auch wenn sie nicht stimmte), die man sich über seine Jungen erzählte. Da soll einer ihrer Freunde, der ihr verhältnismäßig kleines Segelboot mit einer in der Nähe liegenden großen Jacht verglich, gefragt haben: »Warum habt ihr nicht auch so eins?« Worauf ein Rockefeller-Junge verächtlich geantwortet habe: »Was glaubst du wohl, wer wir sind. Die Vanderbilts vielleicht?«

Es brauchte seine Zeit, bis sie selbst begriffen, was es bedeutete, Rockefeller zu sein. Sie lebten in ihrer eigenen Welt, meistens spielten sie miteinander in der obersten Etage in dem Haus an der 54th Street. Manchmal durften sie vor dem Zubettgehen die bedeutenden Gäste sehen, die ihre Eltern zum Abendessen eingeladen hatten, und sie schnappten Brocken der Unterhaltung auf. Mehr Eindruck machte auf sie, als sie von ihrer Mutter für die Mithilfe in der Rotkreuz-Gruppe »eingezogen« wurden, die sie während des Ersten Weltkrieges zur Herstellung von Verbandmaterial im Keller gegründet hatte. Sogar der erst drei Jahre alte Winthrop bekam eine weiße Uniform und durfte mithelfen, die Binden aus dem Raum, wo sie gewickelt wurden, zur Versandstelle zu tragen [132]. Sie nahmen sicherlich an, alle Kinder täten dasselbe; und alle Kinder könnten vom Patio auf die Paraden der Kriegsteilnehmer auf der Fifth Avenue herabschauen, bei denen die großen Lücken in den Reihen erkennen ließen, wie viele Kameraden auf den Schlachtfeldern geblieben waren.

Die Sommer verbrachten die jungen Rockefellers in Seal Harbor, wo sie mit den Kindern der Familien Edsel Ford, Eliot und anderer spielten. Denen war es gelungen, die Mount Desert Island auf die Anwartschaftsliste für Nationalparks setzen zu lassen, um die Schönheit der Insel und ihre einsamen Feriensitze zu schützen. Auf Fahrten mit ihrem kleinen Boot hinaus auf den Atlantik lernten sie segeln. Bei diesen Familienferien in Maine wurde jedes Kind von einer eigenen Gouvernante begleitet. Hin und wieder stahlen sich Junior und Abby zu Spaziergängen fort, auf denen sie im Rest House, der geräumigen »Cabin« weit hinter dem Eyrie in den Wäldern, einkehrten und wo sie Blaubeeren zu Butterbroten aßen. Diese seltenen Stunden des Alleinseins, fern von allen Hausbediensteten, feierten sie, indem sie nach dem Essen eigenhändig das Geschirr spülten.

Die Kinder waren gern in Seal Harbor, aber es war bescheiden, verglichen mit Pocantico, dem weitläufigen, 3500 Morgen großen Landbesitz, wo sie Wochenenden und kürzere Ferien verbrachten. Das Haus, in dem sie aufwuchsen, Abeynton Lodge, lag in Rufweite des Big House, Kijkuit, das ihr Vater für den Großvater gebaut hatte. Es steht auf einer beherrschenden Anhöhe, und von dort blickt man auf die Wälder und die wechselnden Gezeiten des Hudson herab. Vor dem majestätischen Landsitz im georgianischen Stil nahm sich der runzlige alte Mann, den sie förmlich Großvater anredeten, recht klein aus. Sie begriffen durchaus schon, daß es eher sein Denkmal als seine Heimstatt war, das Kernstück eines Landsitzes, den Junior zu seinen Ehren geschaffen hatte. Landschaftsgärtner hatten englische und französische Gärten angelegt, mit riesigen Blumenbeeten und kunstvoll gestutzten Sträuchern, mit Pomeranzenbäumen aus den Gärten des Marquis d'Aux in Le Mans, schottischen Lärchen, englischen Eiben, steinernen Wasserspielen, die einen von bunten Steinen eingefaßten Bachlauf speisten, sowie einem Golfplatz mit neun Löchern. Junior hatte für Babs ein Spielhaus bauen lassen, vier möblierte Zimmer in der Größe einer kleinen Wohnung, so daß sie einen Platz zum Spielen hatte, wenn die Mädchen aus dem Städtchen Pocantico Hill zu ihr kamen. Wenn man aber von *dem* Playhouse sprach, so war damit die einstöckige Sporthalle gemeint, die einen Swimming-pool, Tennis-, Basketball und Squashplätze, einen Billardraum und eine Kegelbahn enthielt. Diese Halle hatte er für die Jungen bauen lassen. Hier tummelten sie sich als Kinder, und hier feierten sie als Heranwachsende. Zu ihren Festen luden sie bis zu 50 Freunde ein. Junior engagierte die Kapellen für die musikalische Unterhaltung aus New York, und Abby kümmerte sich darum, daß genügend Anstandsdamen zur Stelle waren. Später, als Nelson Gouverneur von New York war, ging es auf den Tanzfesten nicht mehr so schicklich zu. Ein Wärter, der die früheren Feste miterlebt hatte und nun sah, wie die beschwipsten Paare nach den Tanzpausen mit zerknitterter Abendgarderobe aus den Büschen zurückkamen, sagte bissig: »Zu den Zeiten des Mr. Junior hätte es so etwas nicht gegeben.«

Pocantico war zehnmal so groß wie Monaco und fünfmal so groß wie der Central-Park. Der Unterhalt des Big House allein erforderte 50 000 Dollar im Jahr, für den gesamten Landsitz mußten 500 000 Dollar aufgewendet werden. Die Jungen konnten zu den gemauerten Reitställen gehen und mit dem Reitmeister auf den eigens angelegten Wegen ausreiten. Sie konnten einen Elektrowagen besteigen und damit geräuschlos in dem 250 Morgen großen Park, dem Herzstück des Anwesens, herumkurven. Die ganze Anlage strahlte Größe und Herrlichkeit aus – das war die andere Seite der Medaille, auf der Sparsamkeit, pedantische Buchführung und Hausarbeiten standen. Es kam einem so vor, als wollte der Vater seinen Kindern den Lohn harter Arbeit vor Augen führen.

Pocantico war das Zentrum der Familie; es hatte für die Rockefellers etwa die gleiche Bedeutung wie Blenheim für die Churchills. Sie wuchsen gewissermaßen in Ehrfurcht vor Pocantico auf. Ein Parkwärter erinnerte sich, wie er den jungen David Rockefeller einmal mit seiner Braut Peggy McGrath beim Spaziergang auf einem Reitpfad getroffen hatte. Als Peggy dabei eine Orange schälte und im Gehen die Schale fallen ließ, drehte sich David um, ging den Weg zurück, sammelte jedes Stück auf und steckte die Abfälle mit der Bemerkung in die Tasche: »Wir werfen hier keine Abfälle weg.«

Das Besondere an dem Landsitz war aber, daß Großvater hier lebte. Die Kinder wußten, daß sie nicht seine Lieblinge waren. Auf unfaßbare Weise schien er Fowler McCormick ihnen vorzuziehen, den einzigen Sohn seiner skandalösen Tochter Edith. Immerhin hatte er etwas für sie übrig und ließ sie weitaus öfter zu sich kommen als irgendeines seiner Enkelkinder. In dem viel zu großen Herrenhaus lebte er nur mit seiner Haushälterin und seinem Diener. Die Kinder waren immer wieder verblüfft, wie sehr er sich von ihrem Vater unterschied. Der erstaunlich flinke alte Mann spielte mit ihnen noch Einkriegen, und alle Jungen hatten über ihn eine Lieblingsgeschichte. Für Winthrop war es die Erinnerung daran, wie er seinen Vater bei einem Besuch in Kijkuit begleitete. Der Großvater war krank und lag noch im Bett. Als sie sein Schlafzimmer betraten, wachte er auf und lächelte, sagte aber nichts, bis er seinen Diener bat, die Mittagszeitung hereinzubringen. Erst nachdem er das Blatt in die Hand genommen und die letzten Börsennotierungen überflogen hatte, sprach er mit ihnen.

Die Sonntagabende verliefen beinahe feierlich. Die Brüder mußten zum Dinner im Hause des Großvaters in Eton-Kragen, dunklen Gehröcken und Nadelstreifenhosen erscheinen. Ihnen ist noch sein Anblick an der Stirnseite der Tafel gegenwärtig, mit leicht verrutschter weißer Perücke, aus der ein Stück des Stoffutters heraushing. Während er seine Bissen aufgabelte, schossen seine wimpernlosen Augen schnelle Blicke auf alle Herumsitzenden ab, und er imitierte mit seiner schleppenden Stimme Leute, die sie alle kannten. Gelegentlich schien ihr Vater verlegen, doch die Ehrerbietung des Juniors für den alten Mann mit dem Pergamentgesicht schloß jeden Gedanken daran aus, ihn für einen alten Sonderling zu halten. Was sie von anderen unterschied, das erkannten sie schon früh in ihrem Leben, war nicht so sehr ihr Reichtum, sondern die Tatsache, daß sie von diesem Großvater abstammten.

Juniors Kinder waren während der größten Krisen der Familie geboren worden. Babs kam in dem Jahr zur Welt, als Ida Tarbells Buch veröffentlicht wurde, Laurance zu der Zeit, als die Standard durch Gerichtsbeschluß zum gesetzwidrigen Monopol erklärt wurde, Winthrop im Jahr des Massakers von Ludlow und David während der Walsh-Untersuchungen. In ihrer Kindheit gingen ständig anonyme Drohungen bei der Familie ein, so daß Junior um ihr Leben bangte und sie Tag und Nacht beschützen ließ. Später, als die Konflikte abflauten, konnte er sich mehr mit ihnen beschäftigen und sie vorbereiten auf »die großen Angelegenheiten, die uns auferlegt sind«.

Die Kinder Bessie, Alta, Edith und »Mister Junior« kannten einen anderen Vater als den John D. Rockefeller, den die Welt als gnadenlosen Ausbeuter haßte und fürchtete. Sie sahen ihn im Sommer beim Baden im See von Forest Hill oder im Winter in Frack und Zylinder Schlittschuh laufen, bevor er zur Arbeit ging.

Rockefeller gab nie mehr als zehn Cents Trinkgeld oder Almosen. Später wurden damit Public Relations gemacht. Wo er auch erschien, überall warteten Menschen mit aufgehaltener Hand. Vielleicht hofften sie, daß ein wenig vom Erfolg des Spenders auf sie abfärbte.

Junior machte die Rolle eines Lehrers Spaß. Zumindest zum Frühstück wollte er sie alle sehen. Es begann genau um 7.45 Uhr. Er leitete es mit dem Morgengebet ein. Dann fragte er sie nach ihren Hausaufgaben. Er ließ sie Rechenschaft ablegen und schärfte ihnen ein, nicht benötigte Lampen auszuschalten, ihre Teller leer zu essen und jegliche Vergeudung zu unterlassen. In Pocantico unternahm er mit ihnen lange Spaziergänge, auf denen er ihnen Namen und Eigenschaften der heimischen Bäume erklärte.

Er ermahnte sie, sonntags in der Kirche anständig dazusitzen, und gelegentlich wies er sie darauf hin, daß sie sich ihrer besonderen Stellung als Rockefeller bewußt sein müßten. Jeden Mittwochabend fand die »hauswirtschaftliche Ausbildung« statt. Den Kindern gehörte die Küche, und jedes mußte einen Gang für das Abendessen zubereiten. Das sollte ihnen die eventuell aufkommenden Flausen nehmen, etwas Besseres zu sein. Auf einer Reise 1924 in den Westen zu einer Campingtour durch den Yellowstone-Nationalpark hielt Junior sie dazu an, dem Gepäckträger beim Ausladen des Reisegepäcks zu helfen und dann mit den übrigen Touristen zum Quartier zu fahren. Nur er und Abby wurden von einem Chauffeur gefahren.

Junior war ein gewissenhafter Vater, aber es fiel ihm nicht leicht, auch ein liebevoller zu sein. Seine Veranlagung ließ ihn seine Zuneigung sparsam dosieren. Auch nachdem Ludlow gut überstanden war, fühlte er sich oft starkem Druck ausgesetzt. Und für die Kinder war es nichts Ungewöhnliches, wenn er mit Erkältungen oder fürchterlichen Kopfschmerzen zu Bett lag. Über ihr jugendliches Ungestüm regte er sich leicht auf, und verschiedentlich wußte er nicht so recht, wie er sich ihnen gegenüber verhalten sollte. Dann überließ er sie seiner Frau. Abby war der Mittelpunkt der Herzlichkeit im Haushalt der Rockefellers. Sie spürte auch, daß sie alle ihrem Manne auf die Nerven gingen. »Euer Vater ist so überaus rücksichtsvoll«, schrieb sie in einem Brief an einen Sohn, »und so aufmerksam gegenüber allen Leuten, mit denen er zu tun hat, daß ich glaube, wir machen ihm manchmal tüchtig zu schaffen. Vielleicht steckt in uns zuviel Aldrich und nicht genug Rockefeller.«[133]

Die Aldrich-Großeltern starben, als die Rockefeller-Kinder noch klein waren. Es blieb nur eine schwache Erinnerung an sie. Doch es waren stets andere Verwandte aus der Familie ihrer Mutter zur Stelle – ihr Onkel Richard Aldrich, ein Kongreßabgeordneter aus Rhode Island, und Onkel Winthrop Aldrich, ein enger Mitarbeiter im väterlichen Büro und Direktor der Bank. Es gab auch Aldrich-Cousins, mit denen sie spielen konnten. Und da war noch die abenteuerlustige (und schwerhörige) unverheiratete Tante Lucy Aldrich, die häufig in irgendeinen entlegenen Winkel der Erde reiste. Bei einer Reise in den Fernen Osten im Jahre 1923 machte sie unfreiwillig Schlagzeilen: Sie wurde von chinesischen Banditen entführt und mehrere Tage lang festgehalten, doch konnte sie durch ihr giftiges Wesen ihre Keuschheit bewahren, und ihre kostbaren Juwelen rettete sie, indem sie sie im Futter ihrer Schuhe versteckte.

Zwischen Abby und den Kindern entstand so etwas wie eine heimliche Verschwörung. Die strenge baptistische Lebenshaltung, wie Junior sie in seiner Jugend gekannt hatte, bröckelte in dieser gelockerten Atmosphäre ab, so daß er schon »Bestechungs-gelder« von 2500 Dollar für jeden aussetzen mußte, als er seinen Söhnen das Versprechen abnahm, nicht vor dem 21. Lebensjahr zu rauchen und Alkohol zu trinken. Schließlich hielten es nur Nelson und David lange genug durch, um das Geld kassieren zu können. Junior neigte dazu, die Kinder, vor allem die fünf Jungen, als ganzes zu sehen. In seiner Vorstellung verkörperten sie die nächste Generation der Rockefellers. Sie sollten nicht nur erben, was von dem großen Reichtum übriggeblieben war, sondern sie sollten auch die vielgestaltigen Finanz- und Stiftungseinrichtungen übernehmen, die er zur Verwaltung des Vermögens geschaffen hatte. In den Augen Abbys aber waren sie Einzelwesen, jedes mit eigenen Problemen und Angewohnheiten fürs ganze Leben. Babs wirkte in dieser Männerwelt ein bißchen verloren. Von ihr, so schien es, wurde nichts anderes erwartet, als eine gute Heirat zu machen. John III, auch »Johnny« genannt, konnte es nicht so recht verwinden, daß er diesen Namen trug. Sein langes Gesicht hatte immer einen mürrischen Zug, sein schmächtiger Körper zuckte plötzlich, als wollte er sich selbst mit einer geringschätzigen Geste abtun. Er schlug nach der Art seines Vaters, und Abby verletzte oft seine Gefühle, wenn sie ihn spaßhaft »Demijohn« nannte. Nelson streckte wie sie das Kinn heraus und hatte die Energie eines Aldrich. Ihm kam es immer darauf an, seine Brüder zu übertreffen, und meistens schaffte er es auch.

Laurance war zart und oft krank, aber er war das einzige der Kinder, das Sinn für Ironie hatte. Er wurde Nelsons Komplize in allem. Seine scharfen Züge, sein Lachen, mit dem er sich selbst zu ironisieren schien, erinnerten an den ersten John D. Rockefeller. Winthrop, etwas dicklich und mit einem richtigen Mondgesicht, war freundlich, schwierig und leicht zu hänseln; seine Brüder fanden schnell heraus, daß er der am wenigsten abgehärtete in der Familie war, und sie hackten immer auf ihm herum. David steckte noch in samtenen Kniehosen und Hemden mit Brokat, als die anderen schon erwachsen wirkten. Er strahlte aber Gelassenheit und Selbstvertrauen aus, das den anderen abging. Als Nesthäkchen der Familie hatte er es leichter, er brauchte sich nicht so nach oben zu strecken. Die Bediensteten in Pocantico sahen ihn oft allein herumwandern, mit einem Schmetterlingsnetz in der Hand oder einem Strohkörbchen, in dem er seiner Mutter selbstgepflückte Rosen brachte.

Sie schlossen wechselnde Bündnisse untereinander, von denen die starke Bindung zwischen Nelson und Laurance und der Beistandspakt zwischen Winthrop und David allein zu beständigen Freundschaften heranreiften. Die Stellung zueinander in der Familie war nicht fest umrissen, und sie stritten um Vorrang und Macht. Babs, John III und Laurance waren eindeutig Rockefellers, kühler im Temperament als die anderen, und nahmen sich auch die Belehrungen ihres Vaters über Pflicht und Verantwortung mehr zu Herzen. Nelson, Winthrop und David waren Aldrichs, sowohl in der äußeren Erscheinung als auch im Wesen. Sie waren verwegener, herzlicher und eher zum Erproben von Neuem aufgelegt als die anderen. Sie wurden von ihrer Mutter vorgezogen.

Obwohl Nelson seinen Vater ständig ärgerte und sich dessen Tadel zuzog, weil er bei Tische mit seinen Possen Gekicher auslöste, war Abby zuversichtlich, daß er mit seiner Zähigkeit eines Aldrich immer durchkommen würde. Bei Winthrop war sie sich dessen nicht so sicher. Sie wußte, daß Nelson und Laurance ihn neckten und sich über ihn lustig machten, damit er aus der Haut fahren sollte und sie einen Vorwand hatten, um über ihn herzufallen. Als Winthrop mit einer Nierenerkrankung, an der kürzlich sein Cousin Winthrop Aldrich jr. gestorben war, darnieder lag, erschreckten sie ihn mit einer Litanei, die ihm dasselbe Schicksal verhieß: »Zwei Cousins, beide mit demselben Namen, mit derselben Krankheit; einer starb daran. Wie fühlst du dich heute?«

Abbys Bestreben war es, die Konflikte zu entschärfen. Einmal schrieb sie an Nelson: »Ich hoffe sehr, wenn Ihr Burschen nach Hause kommt, daß Du Davids gegenwärtig freundschaftliches Verhältnis zu Winthrop nicht zerstörst. Ich finde es grausam, daß Ihr großen Jungen Eure Launen immer an Winthrop auslaßt. Ich weiß, er ist oft schwierig. Aber Ihr wißt sehr wohl, daß man ihm nur helfen kann, wenn man nett zu ihm ist. Beleidigungen machen ihn wütend und ausfallend, wenn ihm aber Liebe und Freundlichkeit entgegengebracht werden, geht er für einen durchs Feuer.« Junior ließ sich von solchen Zwistigkeiten gelegentlich dazu hinreißen, den Jungen eine Tracht Prügel zu verabreichen. Eine Bestrafung, an die sie sich noch lange erinnerten, geschah an der Wippe. Nelson lockte Winthrop auf die andere Seite und drückte ihn nach oben. Dann sprang Nelson von seinem Balken ab, so daß der Bruder herabstürzte. Winthrop rächte sich mit einer Heugabel, die er Nelson ins Knie stach.

Babs, die Miß Chapins streng geführte Mädchenschule besucht hatte, war die aufsässigste von allen [134]. Sie führte eine jahrelange Fehde mit ihrem Vater, die nach ihrem Studienabschluß 1921 noch schärfer wurde. Als erste der Rockefellers aus drei Generationen (Eliza ausgenommen, die an ihrer Maiskolbenpfeife zog) rauchte sie ungeniert und trank hin und wieder. Einmal schlief sie mit einer brennenden Zigarette in der Hand ein; ihr Bett geriet in Brand. Sie wuchs zu einer außerordentlich hübschen jungen Dame heran, trug die kessen Kleider und Cloche-Hüte der zwanziger Jahre und gab sich dem Fieber des Jazz hin. Nach ihrem offiziellen Debüt ging sie viel zu Abendgesellschaften und Tanzpartys, kam spät nach Hause und schlief bis zum Mittag des nächsten Tages, um am folgenden Abend wieder frisch zu sein. Ein junger Rechtsanwalt, David Milton, dessen Eltern ein Sommerhaus in der Nähe hatten, machte ihr den Hof. Er fuhr einen roten Stutz-Sportwagen und hatte wie sie eine Leidenschaft für schnelles Fahren. Sie fegten über die Wege von Pocantico und hielten an verschwiegenen Plätzchen außer Sicht ihrer Eltern, ließen sich aber von anderen Leuten bei ihrer Romanze nicht stören. Ein Arbeiter meinte, die hielten sie wohl für Baumstämme. Sie heirateten 1922.

John III, Juniors ältester Sohn, folgte seinem Vater nach der Browning School und holte seinen Abschluß in Loomis, einem Internat in Connecticut. Dort erhielt er einen Brief seiner Mutter, die sich Gedanken darüber machte, ob er mit dem Namen auch die Veranlagung seines Vaters geerbt habe. Sie forderte ihn darin auf, zum Tanz zu gehen. »Ich bekam am Montag Deinen sehr entmutigenden Brief«, antwortete er ihr.

»Ich könnte nicht behaupten, gerade in der richtigen Stimmung zu sein, um zu diesem Tanz zu gehen . . . Mir kommt es so vor, als sei es Dein ganzer Ehrgeiz, mich zum Tanzen zu bewegen. Nun gut, ich werde gehen, wenn Dir so viel daran liegt.« Bei seiner Schulausbildung wie bei anderen Dingen wurde John III anders behandelt als seine jüngeren Brüder. Ihnen war es gestattet, an einem der interessantesten Schulversuche jener Zeit teilzunehmen.

Die Lincoln-Schule entsprang einer Idee von Abraham Flexner.[135] Er und sein Bruder Simon, der Leiter des Rockefeller Institute for Medical Research, waren seit langem enge Mitarbeiter der Familie. Schon etliche Jahre führte Flexner eine erfolgreiche Privatschule in seiner Heimatstadt Louisville. Dort gab es keine Prüfungen und keine Zeugnisse, und der Lehrplan war zugunsten von Fächern, die auf den Fortschritt im 20. Jahrhundert abgestellt waren, von altem Ballast befreit worden. Viele Schüler Flexners kamen nach Harvard und fielen dem Präsidenten Charles W. Eliot auf. Als Eliot und Flexner 1914 dem General Education Board angehörten, das besorgt festgestellt hatte, die amerikanischen Oberschulen seien im Bildungsgang »langsam und unergiebig«, kamen sie überein, einige Erfahrungen des Schulversuchs von Louisville auf eine Muster-Oberschule zu übertragen, in der neue Wege der Schulbildung beschritten werden sollten.

Im Jahre 1917 gründete das G.E.B. in Zusammenarbeit mit dem Lehrerseminar an der Columbia in einem großen Gebäude an der 123. Straße und der Amsterdam die Lincoln School. Vom ersten Tage an war sie ein Vorbild an Deweyschem Pragmatismus. Latein und Griechisch wurden fallengelassen, das Auswendiglernen von Geschichtsdaten reduziert. Statt dessen wurde ein Blockunterricht über neuzeitliche Kultur eingeführt, der auf neue Methoden der Soziologie zurückging. Die Lincoln School gewährte den Schülern eine freiere Entfaltung. Sie konnten das Lerntempo selbst bestimmen und wurden nicht unter Leistungsdruck gesetzt. Im Interesse des Bildungsversuches und mit Rücksicht auf die philanthropischen Erwägungen der Rockefellers und anderer wohlhabender Förderer wurden ein paar Stipendien an Kinder aus ärmlichen Verhältnissen und von Bevölkerungsminderheiten vergeben. Als die Lincoln School 1917 eröffnet wurde, waren 23 der besten Absolventen des Lehrerseminars in der Lage, die 116 Schüler zu unterrichten.

Die Rockefeller-Jungen mußten frühmorgens zur Schule gehen. Während der ersten Jahre legten sie ein Stück der Fifth Avenue zu Fuß oder auf Rollschuhen zurück, bis es ihnen zuviel wurde. Dann stiegen sie in den Fond einer Limousine ein, die auf Anweisung Juniors am Straßenrand langsam neben ihnen gefahren war. (Ihre Mutter holte sie um 3 Uhr am Nachmittag mit einem Elektrowagen ab, der wegen seiner hohen, kantigen Karosserie »Hutschachtel« genannt wurde.) Als sie älter waren, fuhren sie gemeinsam in Nelsons stotterndem alten Ford Roadster. Mrs. Linda Storrow, damals ihre Mitschülerin, erinnerte sich: »Jeder in der Schule wußte, daß es die Rockefellers waren, aber nach einer Weile dachte keiner mehr daran. Sie gehörten einfach dazu. Vor allem Nelson hing sich immerzu an andere und lachte viel mit ihnen. Er war sehr beliebt, bewarb sich stets für das Amt des Klassensprechers und siegte auch.

Alle Mädchen fanden ihn ungemein attraktiv und hatten eine Schwäche für ihn.«

Die Rockefellers gaben der Schule nicht nur Geld, das diesen Versuch ermöglichte, sondern viel mehr. Auf Einladung Rockefellers sprach Admiral Byrd, dessen Polarexpedition Junior mitfinanziert hatte, an der Lincoln School. Die Lincoln School spielte eine bedeutende Rolle bei der Erziehung der Brüder; unter anderem lernten sie, wie man sich gesellschaftlich anpaßt, ohne sich unbehaglich zu fühlen wegen der Kluft, die man zwischen sich und anderen spürte. (Laurance und David kamen im Unterricht sehr gut mit, bei Nelson mußte man zeitweilig befürchten, er würde es nicht bis zum College schaffen, und Winthrop war ein völliger Versager, so daß er von der Lincoln School genommen und nach Loomis geschickt werden mußte.)

Im Jahre 1929 durfte die Presse zum ersten Mal einen Sohn Juniors sprechen. Es war der älteste der Brüder, John D. III, der vor kurzem die College-Ausbildung abgeschlossen hatte und nun die Familientradition fortsetzen und im Büro seines Vaters mitarbeiten wollte. Der hochgewachsene, schlanke junge Mann strahlte jene unschuldige Ehrlichkeit aus, die Charles Lindbergh und Gary Cooper bald als das Gesicht des typischen amerikanischen Helden berühmt machen sollten. Nach dieser ersten Befragung durch Journalisten schrieb der Reporter des Magazins *Outlook* 1929: »Wenn es jemals einen gab, so steht er hier, der Prince of Wales des plutokratischen Amerika.«

»Mr. John«, wie man ihn im Office seines Vaters nannte, hatte sich zwar bereitgefunden, zu Tanzfesten zu gehen, weil seine Mutter es wünschte. Aber er fand wenig Gefallen daran. Die Abschlußklasse 1929 in Princeton hatte ihn zum »Abgänger mit der größten Aussicht auf Erfolg« gekürt. Doch er hatte sich an dem College, das Scott Fitzgerald, »Bunny« Wilson und andere Freunde zu einer »Akademie der Jazzära« gemacht hatten, nie richtig wohlgefühlt. Trotz des Wohlstandes und der Verbindungen seiner Familie kam er sich provinziell vor. Der berühmte Name schien ihm eine ebenso große Last zu sein wie anderen vielleicht ein Buckel. Bekannte ergötzten sich daran, die Geschichte zu erzählen, wie er in einem Laden in der Nähe des Campus etwas einkaufen wollte. Der Besitzer warf einen Blick auf die Unterschrift auf dem Scheck, brummte ärgerlich und spießte ihn dann an der Wand über seiner Registrierkasse auf, wo alle die gefälschten Schecks mit den Namenszügen von J. P. Morgan, Abe Lincoln und anderen hingen. John III lief dabei krebsrot an. Dies war nicht das erste Mal, daß er andere von seiner Identität überzeugen mußte. Aber viel öfter mußte er ihre Neugierde über die Rockefellers abwehren. Er hatte nicht nur denselben Namen und das gleiche Temperament wie sein Vater, ihn plagten auch die gleichen Selbstzweifel, an denen Junior als junger Mann gelitten hatte. Sein ganzes Leben lang suchte er nach einem Platz eigener Wahl, den er mit den Pflichten und Rechten des erstgeborenen Sohnes seiner Generation in Einklang bringen konnte.

In Princeton warb er eine Zeitlang für Anzeigen in der Schulzeitung. JDR3 (dieses Kürzel hatte er sich selbst gewählt) gab in seiner Freizeit Kindern von Einwanderern Nachhilfeunterricht und half bei Arbeitseinsätzen des Vereins Christlicher Junger

Männer, weil er »einen Beitrag leisten« wollte. Wer ihn kannte, erlebte manchmal mit, wie er sich vor anscheinend leichten Entscheidungen lange den Kopf zerbrach. Er besaß eine fast schon peinliche Naivität. Einige Jahre nach seinem Studienabschluß heiratete er Blanchette Ferry Hooker (ihre Mutter war die Erbin des Ferry-Vermögens, ihr Vater war der Gründer der Hooker Electric Company). Als der junge Rokkefeller und seine hübsche Braut nach den Flitterwochen auf den Bermudas das Schiff verließen, fragten ihn die Reporter, was denn der Höhepunkt der Reise gewesen sei. Errötend gab er an: »Na ja, der Honeymoon.«

Im Sommer nach seinem dritten Studienjahr arbeitete JDR3 im Informationsbüro des Völkerbundes. Nach der Promotion reiste er als Vertreter seines Vaters zu einer Konferenz des Institute for Pacific Relations nach Kyoto in Japan (der Auftakt zu seinem fortdauernden Interesse am Orient) und unternahm anschließend eine Weltreise. Gleich nach seiner Rückkehr trat er in das Büro seines Vaters ein und sah sich nach einem Betätigungsfeld um, wo seine Stärken – eine steife Moral und die Fähigkeit zu angestrengter Konzentration – von Nutzen sein konnten. Er arbeitete an einem Gutachten über die Jugendkriminalität in New York mit. [136] Dabei führte er lange Gespräche mit Jugendlichen und Behörden.

Der große Unterschied zwischen Junior und seinen Söhnen bestand darin, daß er allein und mit dem ausschließlichen Ziel aufgewachsen war, seinem Vater zu dienen. Das war ihm auch gut gelungen, so daß nun keine vergleichbaren Aufgaben vor seinen Söhnen lagen. Aber die Angelegenheiten der Familie hatten sich in den vergangenen dreißig Jahren erheblich ausgedehnt. Obwohl er keinen fertigen Plan vorliegen hatte, wie sie eingespannt werden könnten, rechnete Junior doch damit, daß sie sich einschalten würden. [137] Seinen ältesten Sohn hielt er am besten dafür geeignet, die philanthropischen Werke zu übernehmen. Im Jahre 1931 war JDR3 ein Treuhänder der Foundation, des General Education Board, des Institute, des China Medical Board und anderer Einrichtungen geworden – insgesamt 33 verschiedener Vorstände und Ausschüsse.

43 Jahre später, als er in seinem eichengetäfelten Büro im 56. Stockwerk des RCA-Gebäudes im Rockefeller Center unter einem von Charles Eastman gemalten Porträt des ersten John D. saß, erinnerte sich JDR3 dieser frühen Tage mit einer Ironie, die eine schleichende (aber nicht eingestandene) Bitterkeit verdeckte. »Mein Vater hatte die Vorstellung, daß seine Söhne in seine Fußtapfen treten müßten. Meine Brüder und ich sollten das tun, was für ihn nützlich ist. Ich nahm Anteil an zahlreichen seiner Beschäftigungen. Ich rückte schon in jungen Jahren in alle die seit langem bestehenden Institutionen ein, in denen ich mit älteren und fähigeren Mitgliedern zusammenarbeitete. Es war außerordentlich interessant und lohnend, aber ich befand mich in einer Rolle, in der eigentlich alles für mich getan wurde. Ich konnte nicht einmal selbst einen Fehler begehen. Ich gab den Vorsitzenden eines Einstellungsausschusses für Mitarbeiter hier und einen Vorsitzenden eines Finanzkomitees dort ab. Überall, wo Vater drin war, mußte ich auch rein. Das reichte dann von der Rockefeller Foundation bis zum Seal Harbor Tennis Club. Ich war sogar Vorsitzender des Seal

Harbor Tennis Committee, und mir oblag es, jedes Jahr einen Trainer anzuheuern. Das zeigt die ganze Bandbreite meiner Möglichkeiten.« [138]

Die Erfahrungen, die JDR3 sammelte, blieben nicht ohne Eindruck auf seine jüngeren Brüder. Sie erkannten, daß auf sie das gleiche Schicksal wartete. Sie mußten ihr Leben aufsplittern und auf ihre Ambitionen verzichten, wenn sie den Erfordernissen der hergebrachten Familienherrschaft gerecht werden wollten. Doch sich dagegen aufzulehnen, das war zumindest für JDR3 undenkbar. Wer nun einmal der Prince of Wales ist, der weicht nicht vor den zeremoniellen Aufgaben zurück oder trauert einer Laufbahn eigener Wahl nach. Er hat einfach zu warten, bis es an der Zeit ist, den Thron zu besteigen.

Die meisten Außenstehenden nahmen an, die größte Auseinandersetzung in der dritten Generation würde sich daraus ergeben, wie JDR3 mit den Vollmachten, die ihm sein Vater einräumte, die Angelegenheiten der Familie fördern könnte. Doch wer sich bei den Rockefellers auskannte, der stellte fest, daß der älteste Sohn nicht die Stärke besaß, um eine außergewöhnliche Vision von der Zukunft der Familie zu entwickeln, die seinen ererbten Anspruch auf die Führungsrolle untermauert hätte. Die Auseinandersetzung in der dritten Generation würde eher daraus erwachsen, daß dieses Recht des Erstgeborenen übergangen und JDR3 in eine Stellung von zweitrangiger Bedeutung unter seinen Brüdern zurückgesetzt wurde.

Es gab aber keinen offenen Machtkampf. Alles war durch die Geburtenfolge und die Launen der Erbregeln im voraus bestimmt.

Als Junge schien Nelson unbegrenzte Kräfte zu haben. Obschon Junior die Ausgelassenheit seines Sohnes bewunderte und ihn wegen der Gefühle, die er bei seiner Mutter erweckte, auch beneidete, so neigte er doch mehr dazu, den Jungen an die Kandare zu nehmen und ihn nach seinen strengeren Begriffen von Verantwortungsbewußtsein zu erziehen. Es war ein tiefgehender, schier unlösbarer Konflikt im Verhältnis der beiden zueinander. Eine bezeichnende Krise löste Nelsons Veranlagung als Linkshänder aus. Junior hielt das für eine schlechte Gewohnheit und wollte sie ihm austreiben. Bei den Mahlzeiten streifte er ihm ein Gummiband über die Hand, an dem ein Bindfaden befestigt war. Sobald sein Sohn mit der linken Hand nach etwas griff, riß der Vater sie zurück. Einige sahen in dieser Gängelung ein Gleichnis für das, was Junior mit allen Jungen vorhatte. Die wahre Erkenntnis lautete aber, daß der Junge in dem jahrelangen verbissenen Kampf, der zwischen dem Vater und seinem überschwenglichen zweiten Sohn währte, nicht aufgab.

Nelson war sich von Anfang an bewußt, für etwas Besonders ausersehen zu sein. Er hatte den Namen seines Großvaters mütterlicherseits erhalten, Nelson Aldrich. An ihn konnte er sich nur durch die Erzählungen erinnern, die er von seiner Mutter über den Mut des Senators gehört hatte. Er sah es noch mehr als eine Vorbedeutung an, daß er am gleichen Tage wie John D. Rockefeller senior geboren wurde. (Es war in dem Jahr, als der alte Mann in dem Aufteilungsverfahren den Zeugenstand betrat und dem Gericht versicherte, der Standard Trust sei durch die »wohltätige Assimilierung« der Konkurrenten entstanden.) Nelson war sich stets der doppelten Tradition bewußt. Später einmal sagte er: »Das Vorbild meines Großvaters stellte für mich eine mächtige Herausforderung dar . . . Großvater Rockefeller ging anderen als Führer voran. Großvater Aldrich war ganz anders, er konnte gut mit Menschen umgehen.« [139] Im Unterschied zu John III versuchte Nelson erst gar nicht, die Herkunft zu begreifen, von der er geformt wurde, er nahm sie einfach hin, freudig und ohne Zweifel.

Ursprünglich hatte Nelson gehofft, er werde JDR3 nach Princeton folgen, aber seine Beurteilungen waren so schlecht, daß es eine Weile fraglich schien, ob er überhaupt an einer der »guten« Hochschulen ankommen würde. Obwohl er Nachhilfestunden bei Repetitoren nehmen mußte, wurde sein Selbstvertrauen nicht erschüttert. Eines Tages bekannte er einem Freunde: »Wie du weißt, ist mein I.Q. nicht sehr hoch.« Der Freund wollte wissen, woraus er das schließe, und Nelson antwortete unbefangen: »Nun, ich habe so einen Test gemacht.« Im letzten Schuljahr an der Lincoln School büffelte er tüchtig und schaffte dann die Aufnahme in Dartmouth. Dort arbeitete er so eifrig, daß er trotz Legasthenie ein Phi Beta Kappa wurde. Die Sehstörung, zu der Zeit noch nicht erkannt, wurde erst später offenbar. Er interessierte sich weniger für Ideen als für Tatsachen und ließ das Bestreben erkennen, alle Konzepte auf ihre praktische Anwendung hin zu prüfen, also erst den Marktwert einer Sache ergründen, bevor er sie akzeptierte.

Kommilitonen haben ihn als einen Studenten in Erinnerung, der sich nachlässig kleidete, meistens Cordhosen und ausgebeulte Pullover trug. Unter krausem Haar war er schnell zu einem Grinsen aufgelegt, bei dem seine Augen sich zu Schlitzen verengten und die untere Partie seines vierkantigen Gesichts bebte.

Er war etliche Zentimeter kleiner als JDR3, aber von kräftiger Statur. Wo etwas los war, machte er mit. So holte er sich beim alljährigen Getümmel zwischen den Füchsen und den älteren Semestern ein blaues Auge. Er war der Typ eines jungen Mannes, den man auch ohne den Namen Rockefeller womöglich »Rocky« genannt hätte. Bei ihm war dieser Spitzname unvermeidlich. Einige Kommilitonen in Dartmouth mißtrauten ihm; sie behaupteten, seine Kumpelhaftigkeit sei nichts anderes als – wie Dr. Johnson es genannt hatte – die bequeme Arroganz der Reichen. Doch die meisten waren von seiner unbeschwerten Art und seinem sorglosen guten Aussehen so eingenommen, daß sie ihn zum stellvertretenden Klassensprecher im dritten Studienjahr wählten, nachdem er sich zweimal vergeblich um den Posten des Schulsprechers beworben hatte.

Nelson steckte voller Widersprüche. Einerseits war er derjenige unter den Brüdern, der am meisten seinen Eingebungen und Wünschen nachging und am wenigsten unter dem Schuldgefühl litt, das anscheinend ebenso zu den Rockefellers gehörte wie das Geld. Andererseits nutzte er diese Freiheit nicht dazu, eigene Wege einzuschlagen. Im Gegenteil: Er war schnell dabei, wenn es galt, die Familie zu verteidigen. Als er ein Thema für seine Examensarbeit in Wirtschaftswissenschaften anzugeben hatte, entschloß er sich, eine Rechtfertigung des Aufbaus der Standard Oil durch seinen Großvater zu schreiben. Der alte Mann schmunzelte, als er von der Absicht erfuhr,

152

lehnte aber die Bitte Nelsons um ein offizielles Gespräch ab. Für ihn war das alles längst Geschichte.

Kurz vor der Promotion schrieb Nelson in einem Brief an seine Eltern: »Meine Vorstellung von einem erfüllten Leben ist es nicht, etwa in einem Unternehmen, das ein anderer aufgebaut hat, meinen Weg nach oben zu erdienen, dabei ständig in den Fußtapfen anderer zu folgen, bestenfalls hier und da ein paar kleine Änderungen vorzunehmen und dann vielleicht im Alter von sechzig Jahren an die Spitze zu rücken, wo ich dann ein paar Jahre lang die wirkliche Herrschaft ausüben könnte.« [140]

Allerdings wurde seine Entscheidung hierüber vorläufig aufgeschoben, weil eine andere von großer Bedeutung von ihm getroffen werden mußte. In den Semesterferien zwischen dem dritten und dem letzten Studienjahr hatte Nelson gemeinsam mit seinem Bruder Laurance an der Antarktis-Expedition von Sir Wilfred Grenfell teilgenommen. Auf der Rückfahrt drängten sich zu seinen Sorgen über die berufliche Zukunft zusätzlich Gedanken auf, die um Mary Todhunter Clark kreisten. Dieses Mädchen hatte er vor Jahren in Seal Harbor kennengelernt und war seitdem mit ihr ausgegangen. Während der ersten drei Jahre in Dartmouth war »Tod« für ihn nur eine seiner vielen Freundinnen. Nun aber, mit dem Studienabschluß vor der Tür, sollte es eine ernste Sache werden. Nelson schrieb seiner Mutter: »Du weißt, ich fange an zu glauben, daß ich mich in Tod richtig verliebt habe, was auch immer Verliebtsein bedeutet. Sie ist das einzige Mädchen, das ich kenne, welches ungefähr Dir gleichkommen könnte . . .« Trotz des dringenden Rates seines Vaters, sich noch Zeit zu lassen, verlobte er sich mit ihr im Frühherbst seines letzten Studienjahres.

Junior wurde sehr wütend, weil er in der Verlobung ein weiteres Anzeichen des Ungestüms in Nelson sah. Was aber das Mädchen anging, so mochten er und Abby sie sehr gern. Mary Clark war eine schlanke Brünette mit einem schmalen, aristokratischen Gesicht. Sie war auf einem Landsitz in Philadelphia aufgewachsen, den König Georg III. ihren Vorfahren geschenkt hatte. Sie war intelligent und hatte Humor; ob im Reitanzug oder im langen Abendkleid, stets wirkte sie zwanglos und selbstsicher. Ihre Umgangsformen waren ohne Fehl, und ihre kühle Würde gewann später eine fast majestätische Größe, als sie gelassen die außerehelichen Beziehungen ihres Mannes zur Kenntnis nahm und die Scheidung einreichte.

Abby konnte Junior allmählich besänftigen, so daß er der Verlobung zustimmte. Die Verbindung hatte eine gewisse Ähnlichkeit mit ihrer Heirat, brachte sie doch der Familie neue Beziehungen zu gesellschaftlich ranghöheren Kreisen. (Tods Großvater mütterlicherseits, George B. Roberts, war Präsident der Pennsylvania Railroad; ihr Cousin Joseph Clark errang als liberaler Demokrat einen Senatssitz in Pennsylvanien.) Im Winter 1929 schickte Junior das Brautpaar nach Florida zum Feriensitz des Seniors, und der alte Mann bezeigte sein Einverständnis mit der künftigen Enkelin, indem er eine Runde Golf mit ihr spielte. Als nach Nelsons Studienabschluß die Hochzeit mit Tod als großes gesellschaftliches Ereignis in Philadelphia gefeiert wurde, ließ Junior den Senior wissen, eine Hochzeitsgabe von 20 000 Dollar, so viel wie er Babs zu ihrer Vermählung gegeben hatte, sei völlig ausreichend. »Ich bin sicher, daß sie das Geld als einen Notgroschen in eine sichere Anlage stecken werden«, schrieb er ihm. Junior schenkte ihnen eine Weltreise.

Daraus wurde eine Reise, wie sie nur ein amerikanischer Sonderbotschafter oder eben ein Rockefeller unternehmen konnte. Sie liefen exotische Häfen und Länder an, darunter Honolulu, Tokio, Seoul, Peking, Java, Sumatra und Bali. Aber es war keine Reise in die dunkle Wildnis; denn die Standard Oil hatte seit einem halben Jahrhundert auch in diese Gebiete ihr zivilisatorisches Licht getragen. An jedem Zielort wurden die Neuvermählten von einem Vertreter des Unternehmens begrüßt und zu so exotischen Erlebnissen wie einem Elefantenritt durch den Dschungel eingeladen. Sie begleiteten das Paar auch zu offiziellen Essen, die ihnen zu Ehren gegeben wurden und zu denen Fürsten, Könige und hohe Würdenträger erschienen. Junior hatte für sie Empfehlungsschreiben des britischen Premierministers Ramsay MacDonald besorgt, die ihnen den Zugang zu Gebieten des britischen Empires ermöglichten, in die der Arm der Standard Oil nicht reichte. In Delhi begegneten sie dem Dichter Tagore und suchten Gandhi in dessen Haus auf. Er verbrachte gerade einen Tag stiller Meditation, ließ ihnen aber die Nachricht zukommen, daß sie ihm am nächsten Morgen willkommen seien.

Nach fast neunmonatiger Abwesenheit kehrten sie nach New York zurück und zogen in ein Appartement an der Fifth Avenue ein. Junior hoffte, Nelson werde nun zur Ruhe kommen und sich wie sein älterer Bruder in den Dienst der Familie stellen. Doch die Menschen, denen er auf der Reise begegnet war, und die Eindrücke, die er in fernen Ländern gewonnen hatte, entflammten um so mehr seinen Ehrgeiz, selbst eine große Aufgabe anzupacken.

Im Sommer 1931, als er zum Broadway 26 ins Büro ging, fand er seine schlimmsten Befürchtungen bestätigt. Dort ging es tatsächlich nach dem Zeitmaß seines Vaters zu. Alles richtete sich nach den von ihm in den zurückliegenden 40 Jahren entwickelten Gewohnheiten. Wohin sich Nelson auch wandte, überall fühlte er sich beengt durch die erdrückende Vorsorge, die Cutler, Debevoise und die anderen Berater seines Vaters trafen.

Im Jahre 1932 wurde Nelsons erstes Kind, Rodman Clark Rockefeller, geboren. Aus diesem Anlaß stellten sich vier Generationen der Rockefellers den Fotografen zu einer historischen Aufnahme. (Babs hatte schon zwei Mädchen gehabt, die Mitzie und Marilyn hießen, aber nach der Geburt weiblicher Nachfahren war es nicht üblich, ein Gruppenbild der Dynastie zu machen.) Unbeschadet seines Stolzes, den ersten männlichen Erben der nächsten Generation gezeugt zu haben, kam sich Nelson unter der Herrschaft des Broadway 26 wie geknebelt vor. Eines Tages fing er an, sich davon frei zu machen. Er setzte sich über den ausdrücklichen Wunsch Juniors hinweg, seine ganzen Kräfte für Aufgaben zu bewahren und einzusetzen, über deren Bedeutung sie beide sich geeinigt hatten, und er nahm das Angebot an, Kurator am Metropolitan Museum of Art zu werden. (Vorher hatte er bereits eine aktive Rolle beim Museum of Modern Art übernommen.) Nelson schrieb seinem Vater: »Die Berechtigung dafür, daß ich Zeit für diese Tätigkeit aufwende, liegt darin, daß nach meiner Meinung die ästhetischen Dinge im Leben eines Menschen nicht minder wichtig sind als seine geistige Entwicklung oder sein körperliches Wohlergehen. Und . . . im übrigen bin ich der Ansicht, daß die in einer solchen Position sich ergebenden Verbindungen auch nicht gering zu achten sind.« [141]

Nelson stellte seine Arbeit im Büro nie völlig ein, er entfernte sich lediglich zu anderen Vorhaben. Mit ein paar Freunden gründete er 1923 eine Gesellschaft, die sie Turck and Company nannten. Ihre Geschäftstätigkeit stellte eine merkwürdige Mischung von Maklertätigkeit und der Vermietung von Geschäftsräumen dar. Nelson bewies einen guten unternehmerischen Blick und zeigte keine Hemmungen, die Geschäftsverbindungen der Familie für sich zu nutzen, was Junior mißfiel. Nach kurzer Zeit zahlte Nelson seine Partner aus, änderte den Namen der Gesellschaft in Special Work, Inc. und beschränkte ihre Geschäftstätigkeit auf die Vermietung von Räumen im Rockefeller Center.

Letzten Endes mußte er sich aber eingestehen, daß nur die Familie über die Einrichtungen verfügte, die ihm die angestrebte Macht bescheren konnten. Diese Wende kam gegen Ende 1933, nachdem er von einer Reise aus Mexiko zurückgekehrt war, wo er Bilder für das Museum of Modern Art erworben hatte. In einem Schreiben an seinen Vater räumte er ein, daß er sich hinsichtlich seiner Ansichten und Vorstellungen »in einem ständigen Wechsel« befinde, und er versicherte, »gerade eine neue Phase erreicht zu haben«. Aus dem Brief ging hervor, daß er seine Ziele jetzt längerfristig ins Auge zu fassen begann:

»Für die nächste Zukunft beabsichtige ich, mich mit allen Aspekten Deiner Anlagen in Immobilien vertraut zu machen und mich für jede Gelegenheit bereitzuhalten, mehr über Deine Öl-, Kohle- und Bankbeteiligungen zu erfahren. Sollte es aber besondere Probleme geben, die ich allein oder mit Deiner Hilfe lösen kann, so bin ich selbstverständlich bereit, mein Möglichstes zu tun.

Zusammenfassend möchte ich noch einmal darauf hinweisen, daß ich Dir durch diesen Brief sagen wollte: Ich bin in den Schoß der Familie zurückgekehrt, soweit es meine beruflichen Interessen betrifft. Und von jetzt an wird es mein einziger Wunsch sein, mit meiner begrenzten Erfahrung Dir soweit wie möglich behilflich zu sein . . .« [142]

So verschieden er in anderen Dingen von seinem Vater war, so stimmte er doch mit ihm darin überein, daß die Familie im Begriffe stand, so viel Macht zu erlangen, wie sie noch keine Gruppe in Amerika besaß. Er glaubte wie sein Vater, daß die Rockefellers von der Geschichte eine besondere Aufgabe erhalten hatten, und er sah es als seine Pflicht an, sie zu erfüllen.

Zwischen Junior und dem Sohn, der ihm so wenig ähnelte, entstand eine seltsame Zusammenarbeit. Nelson trat gewissermaßen als seines Vaters Stellvertreter in der dritten Generation auf und verfolgte aufmerksam das Vorankommen seiner Brüder, die er auf ihren Wegen ermutigte. Je mehr er sich wieder im Büro des Vaters blicken ließ, desto bewußter achtete er auf deren Entwicklung. Er machte sich Gedanken darüber, wie sich in Zukunft ihre Anstrengungen ergänzen könnten. Er schwelgte in der

Vorstellung, die in der Öffentlichkeit über die fünf bemerkenswerten jungen Männer schon aufkam: Selbstlos, durch den Reichtum nicht verzogen und einer gemeinsamen guten Sache verpflichtet.

Am 18. Dezember 1934 teilte Junior allen seinen Söhnen brieflich mit, daß er nahezu alles, was von seinem großen Vermögen übriggeblieben war, ihnen in Form von Treuhandvermögen überschreiben werde, das hauptsächlich in Aktien der Standard Oil bestehe und sich auf etwa 40 Millionen Dollar für jeden belaufe. »Ich habe heute einen Trust zu Deinem Nutzen und ebenso Trusts für jedes der anderen Kinder geschaffen«, schrieb er an Laurance. »Ich habe bereits mit Dir über diese Trusts und meine Gründe für ihre Schaffung gesprochen. Ich habe sie in Übereinstimmung mit dem Verfahren, das Euer Großvater Rockefeller gegenüber seinen Kindern angewandt hatte, und in der Hoffnung geschaffen, daß es auch von Euren Kindern einmal befolgt werden wird . . . Wie Ihr wißt, sind der Großvater und ich uns stets der Verantwortung bewußt gewesen, die der Besitz großer Reichtümer mit sich bringt. Er glaubt so wie ich, daß diese Verantwortung und die Möglichkeiten, die sie für ein erfülltes Leben und einen selbstlosen Dienst an der Menschheit bieten, mit denen der nächsten Generation geteilt werden sollten, wenn sie das Alter und die nötige Reife erreicht haben, die es gerechtfertigt erscheinen läßt, es ihnen anzuvertrauen . . .« [143]

Mit der testamentarischen Verfügung über seinen Besitz hatte es Junior eiliger, als er es normalerweise für wünschenswert gehalten hätte, aber die neue Erbschaftssteuer nach dem New Deal veranlaßte ihn dazu. Andernfalls wären mehr als 70 Prozent seines Besitzes an den Staat gefallen, wenn er sich nicht schon zu Lebzeiten davon getrennt hätte. 1934 kam auch das neue Securities and Exchange Act heraus, das Aktionären mit mehr als zehn Prozent Anteilen an einer Gesellschaft auferlegte, das volle Ausmaß ihrer Beteiligung anzugeben. Nachdem er die »'34 Trusts« (diese Bezeichnung wurde geläufig) eingerichtet hatte, stieß Junior noch genug Aktien der Standard of New Jersey und der Standard of California ab, so daß er nicht verpflichtet war, nach dem Gesetz genaue Angaben zu machen.

Obgleich der Zeitpunkt durch äußere Umstände diktiert worden war, hätte die Weitergabe des Vermögens von der einen auf die andere Generation ohnehin vorgenommen werden müssen. Sie bedeutete einen schicksalsschweren Moment für die Dynastie Rockefeller, das wußten die Brüder genausogut wie Junior. Nelson schien davon bei seinen Bemühungen stärker angespornt zu werden als die anderen. Schon seit seiner Rückkehr ins Büro am Broadway 26 war er ein Direktor des Rockefeller Center, aber jetzt stürzte er sich Hals über Kopf in die Bemühungen, den Platz im Center in einer von der Depression gezeichneten Marktlage zu vermieten. Die Zeit war schlecht für die Suche nach Mietern. Er inszenierte seine Werbung mit beachtlichem Geschick und holte Freunde in neue Räume, so auch den jungen George Meany, damals Boß der New Yorker Gewerkschaft Building and Trades Workers. Dank dieser Freundschaft blieb das Bauvorhaben von Streiks verschont, und später entstand daraus eine wichtige politische Verbindung.

Er wurde Public-Relations-Chef des Center und fand Gefallen daran, bei der Eröffnung der Gebäude und Plazas – wie ein Journalist im *New Yorker* anmerkte – »geziemende kurze Ansprachen nach der Art eines besonders erfolgreichen Trainers eines Oberschul-Basketballteams« zu halten. Daß das Center um 1938 trotz der ungünstigen Wirtschaftslage nicht nur aus den roten Zahlen kam, sondern bereits Gewinn abwarf, war hauptsächlich Nelsons Verdienst. In Anerkennung dieser Leistung ernannte ihn Junior zum Präsidenten des Rockefeller Center.

Nicht anders verhielt es sich bei anderen Institutionen, in denen er mitarbeitete. Seine Kräfte schienen unerschöpflich zu sein, so daß er gleichzeitig bei mehreren verschiedenartigen Vorhaben sich engagieren konnte und es obendrein verstand, die oft gegensätzlichen Dinge unter einen Hut zu bringen. Zur gleichen Zeit, als er sich ernsthaft um die geschäftlichen Angelegenheiten der Familie im Rockefeller Center kümmerte, schloß er sich der Avantgarde unter den Förderern moderner Kunst an. Bereits im ersten Semester im College hatte er die Leidenschaft seiner Mutter für moderne Kunst geteilt. Von seiner Hochzeitsreise durch die Welt brachte er das erste Stück (ein Messergriff in der Form eines Schrumpfkopfes von Sumatra) zu einer Sammlung mit, die zur besten Kollektion primitiver Kunst in Amerika wurde. Kurz nach seiner Rückkehr nach New York trat er auf Betreiben seiner Mutter in das Junior Advisory Committee des Museum of Modern Art ein. Während der Zeit seiner geschäftlichen Betätigung außerhalb des Büros der Familie (und vielleicht auch als Reaktion auf die allgemein bekannte Aversion seines Vaters gegen die Moderne) widmete er sich sehr stark dem Museum of Modern Art. Er wurde sehr gut mit den internen Auseinandersetzungen fertig und schaffte es, sich 1932 in das Kuratorium wählen zu lassen. (Später betonte er hierzu: »Ich habe im Museum of Modern Art gelernt, wie man sich im politischen Leben durchsetzt.«) Als Mitbegründerin des Museums ließ Abby ihrem Sohn bei seinen künstlerischen Bestrebungen jede Unterstützung angedeihen. Nelson wurde 1935 Finanzchef und vier Jahre später Präsident des Museums.

Einige Kuratoriumsmitglieder mochten seinem Geschmack mißtrauen, innerlich zurückschrecken, wenn er die ständige Ausstellung »das Zeug da unten« nannte, und sich darüber aufregen, daß er Rationalisierungsexperten beauftragte, den Arbeitsablauf im Museum zu analysieren. Sie konnten ihm aber nicht ihre Bewunderung darüber versagen, wie er die Mitgliederzahl in die Höhe brachte und damit die finanzielle Grundlage des Museums erweiterte. Als das Museum 1939 seinen ständigen Sitz an der 54. Straße erhielt (das Gelände stellten die Rockefellers zur Verfügung), hielt Franklin D. Roosevelt zur Eröffnung eine vom Rundfunk in ganz Nordamerika übertragene Ansprache.

Das Geschäft der Künste und die Kunst der Geschäfte wurden für Nelson eins, wenn er zu internationalen Konferenzen reiste und schwerbeladen mit Schätzen heimkehrte. Im Jahre 1937 trat er seine erste Reise nach Peru an. Sein zweimotoriges Charterflugzeug war mit Gegenständen für die Sammlung so vollgeladen, daß es kaum die hohen Gebirgszüge der Anden überfliegen konnte. Drei Jahre danach, als er den mexikanischen Präsidenten Cardenas zu einer Unterredung über den enteigne-

157

ten Besitz der Standard Oil aufsuchte, trat er nicht etwa als »El Principe de Gasolina« (so nannten ihn einige der mexikanischen Zeitungen) auf, sondern als Präsident des Museum of Modern Art, der in New York eine Ausstellung über die Kultur der Frühgeschichte Mexikos plante.

Nelson führte ein ungemein vielseitiges Leben. So blieb es auch nicht aus, daß er früher oder später mit den mächtigen Ölgesellschaften in Verbindung kam, mit denen die Familie verschwiegene Kontakte unterhielt. Nach seiner Rückkehr 1934 in die Verwaltung der Familie trat er auf Anraten von Debevoise in die Chase Bank ein, um den Geschäftsbetrieb kennenzulernen und einen besseren Überblick zu gewinnen, wie die Bank mit den anderen Beteiligungen seines Vaters zusammenhing. Er begleitete seinen Onkel Winthrop Aldrich und andere Spitzenmanager der Chase in einem Eisenbahnsonderwagen auf einer Public-Relations-Tour durch das von der Depression heimgesuchte Land. Der Zweck dieser Reise war es, die Verdächtigungen über die Banken (besonders über die Chase), die bei dem Pecora-Anhörverfahren aufgekommen waren, zu zerstreuen.

Aber Nelson hatte nur Interesse an der Auslandsabteilung der Chase und an ihren internationalen Beziehungen sowie den Beziehungen zu den Ölgesellschaften.

Während seiner Ausbildungszeit in der Chase Bank freundete er sich mit Joseph Rovensky an, der als Leiter der Auslandsabteilung die führenden Männer des Kartells kannte, die die Rohstoffmärkte kontrollierten. Genausogut kannte Rovensky die maßgeblichen Leute der Ölgesellschaften. Als Nelson 1935 als Repräsentant der Chase nach London ging, verschaffte ihm Rovensky die notwendigen Kontakte. Mit Genugtuung sah er, wie sein junger Protegé zwischen den verschiedenen Institutionen im Machtbereich der Familie in einer Weise agierte, von der sich sein Vater nichts hätte träumen lassen. Als ihm der Vizepräsident der Chase, Fred Gehle, auftrug, die Konten der Standard-Oil-Gesellschaften auf die Chase überschreiben zu lassen, berichtete ihm Nelson: »Ich habe gestern mit ihm (dem Finanzchef der Standard of New Jersey) lange darüber gesprochen, und er wird sukzessive mehr als zwanzig Konten ihrer Tochtergesellschaften auf die Chase National Bank übertragen . . . Nach meiner Rückkehr aus Europa werde ich mich an die Socony-Vacuum (Standard of New York) mit der Frage einer engeren Verbindung wenden . . .«[144]

Bei den Partys, die Nelson für den internationalen Oil Set in London und Paris gab, drehten sich die Gespräche um die märchenhaften Ölvorkommen im Maracaibo-See, die fast über Nacht Venezuela zum größten Ölproduzenten der Welt nach den Vereinigten Staaten gemacht hatten[145]. Mehr als hundert Gesellschaften hatten im Wettbewerb um das venezolanische Rohöl gelegen, schließlich kontrollierten aber nur drei Unternehmen 99 Prozent der Produktion. Diese drei waren die Standard of New Jersey, die im Nachgang zu der Auseinandersetzung mit Stewart die Anlagen der Indiana Standard an sich gebracht hatte und nun eine Beteiligung von 49 Prozent in Venezuela besaß, die Shell mit 36 Prozent und die Gulf-Tochtergesellschaft Mene Grande mit 14 Prozent. Das bei weitem größte in Venezuela operierende Unternehmen war die Creole Petroleum Company, gewissermaßen das Kronjuwel der Jersey-

Ableger. Auf diese Gesellschaft hatte es Nelson abgesehen. Er ersuchte seinen Vater, einen Teil der Standard-Aktien, die in einem Trust auf seinen Namen angelegt waren, gegen Creole-Aktien in ausreichender Anzahl umzutauschen, so daß er als Besitzer eines stattlichen Aktienpaketes seine Berufung in das Direktorium der Creole durchsetzen konnte.

Das Jahr 1935 wurde ein Wendepunkt für die Creole und die anderen Gesellschaften, die den Ölreichtum Venezuelas ausbeuteten: Mitte Dezember starb Juan Vicente Gomez, der das Land seit 1908 als Diktator regiert hatte. Das Regime Gomez' war eines der grausamsten und korruptesten in der Geschichte Lateinamerikas. Während das venezolanische Volk darbte, hatten die ausländischen Ölgesellschaften phantastische Gewinne erzielt. Zu Beginn des Ölbooms in den zwanziger Jahren, bei der Vergabe der Konzessionen in der Bucht von Maracaibo, hatte Gomez ihnen zugestanden, was sie nur verlangten – und war dafür gut honoriert worden. Bei seinem Tode machten die Öllieferungen 99 Prozent der Ausfuhren Venezuelas aus. Aber mehr als 70 Prozent der Bevölkerung waren Analphabeten, rund 60 Prozent hausten in Lehmhütten, und nicht einmal ein Drittel der gesamten Einwohner Venezuelas hatte eine feste Beschäftigung.

Nach dem Tode des Diktators waren die Ölmanager, mit denen Nelson in enger Verbindung stand, über die einschneidenden Erdölgesetze der neuen Regierung bestürzt. Sie waren verabschiedet worden, um die während der Jahrzehnte der Gomez-Diktatur unterdrückten nationalistischen Kräfte zu beschwichtigen und um Unruhen zu verhüten. Noch mehr gab den Ölmanagern zu denken, daß offenbar die ganze westliche Hemisphäre zunehmend von politischen Strömungen beherrscht wurde, die man dem Kommunismus zurechnete. Im Jahre 1937 verstaatlichte ein revolutionäres Regime in Bolivien den dortigen Standard-Oil-Besitz, und im darauffolgenden Jahr enteignete die mexikanische Regierung unter Cardenas auf Betreiben marxistischer Gewerkschaftsführer alle ausländischen Ölunternehmen.

Der junge Rockefeller stand inmitten dieses Aufruhrs. Im Frühling 1937 trat er eine Rundreise durch zwanzig Staaten in Lateinamerika an, die mit einer Fahrt an Bord der Jacht der Standard Oil Company auf dem Orinoco in Venezuela abschloß. Zu seiner Reisegesellschaft gehörten Rovensky, der Standard-Direktor Jay Crane, seine Frau Tod und sein Bruder Winthrop (der sich ebenfalls für Erdöl interessierte). Nach der Besichtigung der Anlagen der Creole Company und einer Rundfahrt durch Caracas, wo er bei zwei Partys General Lopez Contreras, den Nachfolger von Gomez, sein gesamtes Kabinett und die Gouverneure von vier Bundesstaaten Venezuelas kennengelernt hatte, berichtete Nelson, spürbar ermutigt, seinen Eltern: »Sofern nichts Unvorhergesehenes geschieht, hat es den Anschein, als werde dies eines der sichersten . . . Länder der Erde sein, und Erdöl gibt es hier sicherlich genug.«

Diese Reise war eine Wendemarke in seinem Leben. Sie brachte ihn auf »etwas Großes«, wonach er Ausschau gehalten hatte. Aus Caracas heimgekehrt, begann er einen Intensivkursus in Spanisch an der Berlitz School. Nur wer ihn nicht gut genug kannte, mochte dies für ein Strohfeuer der Begeisterung halten. Doch ihm war es ernst mit seinem Interesse an Lateinamerika. Er versuchte, sein Gespür für die krisenartige Entwicklung und für die Möglichkeiten in einer Zusammenkunft von Managern der Jersey Company darzulegen. Er forderte eine von größerer sozialer Verantwortung getragene Unternehmenspolitik und wies darauf hin, daß der Besitz der Gesellschaft in jener Region von der Stimmung der Bevölkerung und von den Gesetzen der Regierungen abhänge. Wenn der Konzern seine soziale Verantwortung nicht erkenne, betonte er, »werden sie unseren Besitz wegnehmen«.

Niemand im Ölgeschäft konnte es sich leisten, einen Rockefeller zu ignorieren, auch wenn er gerade erst 30 Jahre alt war. Aber das Direktorium der Jersey war ein Gremium mit eigener Machtvollkommenheit, und nichts hätte es nötigen können, auf Rockefellers Vorstellungen einzugehen. Doch Nelson ließ sich nicht entmutigen. Er nahm einfach seine sieben Sachen und ging nach Venezuela, wo er in seiner Eigenschaft als ein Direktor der Creole eine aufmerksamere Anpassung an die örtlichen Gegebenheiten verlangte. Dabei ging er noch eifriger als sonst zuwege. Vor allem drang er darauf, daß künftig die offenkundigsten Anzeichen des kulturellen Chauvinismus unterblieben, der allzu oft das Auftreten amerikanischer Unternehmen im Ausland kennzeichnete.

Abgebrühte Kämpen des Ölgeschäfts sahen sich mit einem Male unter Beschuß eines Rockefeller-Erben, der wochenlang auf ihren Anlagen herumreiste und ihnen einreden wollte, daß die Veränderungen, die ihm vorschwebten, nichts mit einem wirren Idealismus, sondern mit der Vorsorge zu tun hatten, den Kommunisten keine Angriffsflächen zu bieten und schließlich – wie in Mexiko – alles zu verlieren. (»Er war nicht sehr belesen«, stellte Nelsons Mitarbeiter in Venezuela, Carl Spaeth, einmal fest, »aber er hatte ein Buch über das Mißgeschick der Esso in Mexiko gelesen, das einen großen Eindruck bei ihm hinterließ. Er bestand darauf, daß wir alle es lasen und uns den mexikanischen Präzedenzfall stets vor Augen hielten.«)

Nelson fand widerstrebende Verbündete in Arthur Proudfit, dem Generalmanager der Creole, und in Eugene Holman, dem Vorsitzenden des Direktoriums. (Holman wurde später Präsident der Jersey Company, Proudfit rückte zum Präsidenten der Creole auf.) Sie witterten ebenfalls die in Lateinamerika glimmende Lunte des Aufstands. Das Problem der Ölgesellschaften bestand darin, den Venezolanern klarzumachen, »daß wir eine Bereicherung für die Kultur, die Bildung und den allgemeinen Wohlstand sind«. So drückte es Proudfit einmal aus.

Wer in der Creole-Gesellschaft die Ideen des jungen Rockefeller ablehnte oder seine soziale Ader für Schwäche hielt, wurde sehr bald versetzt, in den Ruhestand geschickt oder auf einen Posten in den USA hochgelobt. Auf dem Gelände der Creole an der Bucht von Maracaibo fielen schon bald die Stacheldrahtverhaue. Von der Berlitz School wurden zwölf Lehrer unter Vertrag genommen, die den amerikanischen Geschäftsführern des Unternehmens bessere spanische Sprachkenntnisse und Grundbegriffe der venezolanischen Kultur vermitteln sollten. Weiter wurde mit Unterstützung der Regierung ein Gesundheitsprogramm, wie es schon andere der Rockefeller Foundation gab, zur Bekämpfung des Hakenwurms, der Malaria und

Ende des Jahrhunderts begann die immer stärkere geschäftliche Belastung ihren Tribut zu
verlangen. Die hohe Gestalt verwandelte sich in einen gebeugten, von Beschwerden geplagten
Mann. Der »Öl-König« zieht sich allmählich vom Geschäft zurück. 1897 tritt Junior
in die Firma ein und bezieht am Broadway 26 ein Büro.

Sein Geld hatte der Herr über Standard
Oil gemacht. Jetzt wollte er es so einsetzen, daß es seinem Erben erspart bleiben
würde, mit dem gleichen Haß verfolgt zu
werden wie er. Langsam begann die Ver-
wandlung des Monopolherrn in den Stifter
wohltätiger Einrichtungen. Mit Frederick T.
Gates und Junior baute er jene Stiftung auf,
die seinen Namen zu einer amerikanischen
Institution machte: die Rockefeller
Foundation.

anderer tropischer Krankheiten in die Wege geleitet, unter denen die Arbeiter in den Gebieten der Ölförderung litten.

Der Hauptvorwurf, der in den Jahren nach dem Tode Gomez' gegen die Erdölgesellschaften erhoben wurde, bestand darin, durch den Ölboom sei Venezuelas Wirtschaft von einem einzigen Produkt abhängig geworden. Das habe zu einer Vernachlässigung der Landwirtschaft und zu überhöhten Preisen geführt. Die Folge davon sei: die heimische Industrie werde ruiniert. Alle Richtungen im Lande stimmten darin überein, daß eine wirtschaftliche Diversifikation notwendig sei, um die Abhängigkeit von der Erdölproduktion zu verringern. Nelsons nächste Kampagne verfolgte nun das Ziel, den Weg zu einer derartigen Diversifikation aufzuzeigen (wobei gewinnbringende Unternehmen aufgebaut werden konnten).

Er brachte 1940 etliche Freunde und Geschäftspartner zur Gründung der *Compania de Fomento Venezolano* (Venezolanische Entwicklungsgesellschaft) zusammen. Als Startkapital wurden drei Millionen Dollar eingesetzt. Ein Drittel der Summe gaben die Rockefellers, ein Drittel steuerten venezolanische Partner bei, und ein Drittel des Kapitals brachten die Ölgesellschaften auf. (Nelson hatte sich an die Jersey Standard mit dem Vorschlag gewandt, zur Stabilisierung der venezolanischen Wirtschaft beizutragen. Man sagte ihm eine Investition in Höhe von 300000 Dollar zu, falls die Gulf und Shell dieselben Verpflichtungen eingingen – was er zur Überraschung der Jersey Standard tatsächlich erreichte.) Das erste gemeinsame Vorhaben war der Bau eines großen Ferienhotels, das den Namen Avila erhielt. Weil es das Startprojekt der *Compania* war, wandte Nelson viel Zeit dafür auf. Er machte Blitzbesuche in Venezuela und ließ zeitweilig bis zu fünf Assistenten zwischen New York und Caracas hin und her reisen, die das Vorhaben zu beaufsichtigen hatten.

Angesichts der drohenden Kriegsgefahr wollte Nelson sichergehen, daß solche Kapitalanlagen auch ungefährdet blieben – egal, wie ein Krieg ausgehen würde. Deshalb entsandte er Carl Spaeth nach Caracas, der die Möglichkeiten prüfen sollte. Spaeth riet ihm: »Wenn wir solche Vorhaben bis nach Kriegsende aufschieben, würden wir eine gute Gelegenheit verpassen, vor den deutschen Handelsinteressen eine starke Marktposition zu erringen. Die Deutschen werden mit Sicherheit in großer Zahl und mit beträchtlicher staatlicher Unterstützung hierher kommen, wenn Deutschland den Krieg gewinnt.«

Diese Art der Realpolitik gefiel besonders denjenigen, die sich mehr darum sorgten, daß die Kommunisten die nationalistischen Leidenschaften in Lateinamerika entfachen könnten, als über die Konsequenzen eines möglichen deutschen Sieges in Europa für die westliche Hemisphäre. Doch der aufziehende Krieg schuf eine Reihe neuer Voraussetzungen in Nord- und Südamerika, und der Ehrgeiz Nelsons zielte in Richtung Washington. Etwa zur gleichen Zeit, als er die *Compania* gründete, versammelte er einige Männer seines Alters und ähnlicher Einstellung um sich, die er seit seiner ersten Reise nach Südamerika kennengelernt hatte. Der regelmäßige Meinungaustausch, den sie über die Lage in Lateinamerika führten, und die daraus entwickelten Pläne glichen einem Kriegsrat.

»Uncle Joe« Rovensky, der 20 Jahre älter als die anderen war, gab die graue Eminenz der Gruppe ab. Rovensky hatte sich bei den Ermittlungen über die Chase während der Pecora-Anhörung mit dem New Deal angelegt, und er höhnte über die schlauen Köpfe im Stabe Roosevelts, »die erst dann zufrieden sind, wenn sie im ganzen Lande alles gleichgemacht haben«. Was die wirtschaftlichen Zusammenhänge der Nation anging, so kannte er sich darin wie kein anderer aus. Als Nelson später nach Washington ging und in die Administration Roosevelts eintrat, folgte ihm Rovensky. Jay Crane von der Jersey Standard zählte ebenso zu der Studiengruppe Rockefellers wie Wallace Harrison, der große, schlagfertige junge Mann aus Neuengland, der als leitender Architekt am Rockefeller Center von sich reden gemacht hatte. Seine Zeitgenossen mochten ihren Werken einen stärkeren stilistischen Stempel aufdrücken, aber »Wally« konzentrierte sich darauf, für mehr als eine Milliarde Dollar zu bauen – er wurde der Hofarchitekt der Familie Rockefeller. Nelson konnte sich stets auf ihn verlassen.

Schließlich gehörte noch Beardsley Ruml dazu, ein stattlicher Tscheche mit frischem Gesicht, ein gelernter Volkswirt. Er war schon früher von Raymond Fosdick in den Kreis der Mitarbeiter der Familie gebracht worden. Jetzt war er die wichtigste intellektuelle Kapazität in »Der Gruppe« (wie sie von Außenstehenden genannt wurden; unter sich sprach man von der »Junta«, eine Erfindung Rumls). Die Gruppe traf sich anfangs in Rumls Wohnung in Greenwich Village und später in Nelsons Appartement an der Fifth Avenue. Je mehr sich die Weltkrise zuspitzte, desto mehr drehten sich ihre Erörterungen um den Entwurf einer Politik für die westliche Hemisphäre nach den Vorstellungen Nelsons. Gegen Ausgang des Frühjahres 1940 hatte Ruml ihre Ideen in der Schrift *Hemisphere Economic Policy* nach der Art eines Weißbuches zusammengefaßt. Darin wurden Wege zu größeren US-Investitionen in Lateinamerika gewiesen und Möglichkeiten aufgezeigt, wie dort ein diplomatischer Sieg der Nazis, deren Armeen im Blitzkrieg durch Europa marschierten, verhindert werden konnte.

Am Abend des 14. Juni 1940 suchte Nelson das Weiße Haus auf und übergab Harry Hopkins, Roosevelts rechter Hand, ein dreiseitiges Memorandum. Auf Bitten Hopkins' begann Rockefeller laut vorzulesen. Der Anfang klang eher nach einem Manifest als nach einer politischen Empfehlung: »Ohne Rücksicht darauf, ob der Krieg mit einem Sieg der Deutschen oder der Alliierten enden wird, sollten die Vereinigten Staaten ihre internationale Stellung durch den Einsatz wirtschaftlicher Mittel schützen, die im Vergleich zu den totalitären Praktiken wirksam sind . . .«

Am 8. Juli, kaum einen Monat später, feierte Nelson mit seiner Familie und guten Feunden seinen 32. Geburtstag. Da klingelte das Telefon, und er wurde aus Washington verlangt. Der Anruf kam von James Forrestal, dem Sonderberater Präsident Roosevelts. Forrestal, ein heftig reagierender, argwöhnischer Mann, hatte sich bereits als »Boy Wonder« in der Wall Street durch die von ihm herbeigeführte Fusion von Chrysler Automobiles und der Dodge Corporation einen Namen gemacht. Ein paar Jahre zuvor, als er vom Pecora-Ausschuß gerichtlich vorgeladen war, hatte er zugegeben, daß er während der Hausse in den zwanziger Jahren nicht ganz astreine Transaktionen mit ausländischen Werten in Millionenhöhe gemacht hatte. Aber wie viele, die der Präsident als »Wirtschaftsroyalisten« angeprangert hatte, leistete Forrestal dafür Sühne, indem er nun – wenn auch mürrisch – die Rooseveltschen Reformen unterstützte. So konnte man in der Stunde der Prüfung der Nation wieder auf ihn für große Aufgaben zurückgreifen.

Am Telefon wollte er von Nelson wissen, ob er bereit sei, nach Washington zu kommen, um den neu geschaffenen Posten des Koordinators für die interamerikanischen Beziehungen zu übernehmen. [146] Rockefeller bat sich ein paar Tage Bedenkzeit aus. Er führte ins Feld, er müsse dafür die Einwilligung des republikanischen Präsidentschaftsanwärters Wendell Willkie einholen, dessen Kandidatur sein Onkel Winthrop betrieben hatte und dessen Wahlkampagne von der Familie stark unterstützt worden war. Aber noch bevor er den Hörer auflegte, wußte er eigentlich schon, wie seine Antwort lauten würde – nicht nur deshalb, weil er diese Aufgabe als seine patriotische Pflicht ansah (das sagte ihm auch Willkie), sondern weil er die Schaffung eines solchen Postens knapp einen Monat vorher in seiner Unterredung mit Harry Hopkins angeregt hatte.

# Kapitel 12

Laurance Spelman Rockefeller und Nelson waren als Kinder und später als Erwachsene immer enge Freunde. Zu der Zeit aber, als Forrestal aus Washington anrief, war Laurance schon aus dem Schatten seines Bruders hervorgetreten. Der große, distinguierte junge Mann hatte eine vielversprechende Zukunft vor sich. Wirkte er früher schelmisch, so waren seine Züge jetzt scharf und spitz. Sein langes Gesicht mit der geraden Nase und den wissenden Augen erinnerte an den ersten John D., und seine spöttischen Mundwinkel ließen auf einen Zynismus schließen, der keineswegs in ihm steckte. Er schien sich auf Cocktailpartys besonders wohlzufühlen, wenn er an einer Zigarette zog und insgeheim die Gesichter in der Menge überflog. Als Junge hatte er mit mechanischen Geräten herumgebastelt und sich dafür interessiert, wie sie funktionierten. Als Erwachsener zeigte er sich an seinen Mitmenschen ganz ähnlich interessiert.

Daß er in Gesellschaft so geschickt auftrat, lag nicht etwa daran, daß er etwas von Nelsons unbeschwerter Vertraulichkeit an sich hatte. Diese Art der Selbstdarstellung lag ihm nicht. Mit anderen Menschen zusammen zu sein, das war für ihn ein angenehmes Spiel. Er liebte das Geplänkel. Besonderen Spaß machte es ihm, die Zudringlichkeit anderer abzuwehren. Von allen Brüdern empfand er am stärksten den Konflikt, in den ein Rockefeller geraten mußte, der seine Eigenschaften besaß. Sein stiller Agnostizismus gegenüber der Familie entsprach etwa seinen Gefühlen, die er als Heranwachsender empfunden hatte, wenn er Zweifel an Gott verdrängen mußte, während die anderen Brüder die Art und Weise der religiösen Haltung ihres Vaters einfach hinnahmen, selbst wenn sie nichts davon begriffen. Ausgeprägter als die anderen war Laurance ein Freidenker.

Er folgte John III nach Princeton, wo auch er zum Absolventen mit den besten Erfolgsaussichten gewählt wurde. Er legte das Staatsexamen in Philosophie ab, nachdem er sämtliche Vorlesungen seiner Fakultät belegt hatte. Seine Arbeit für das Bakkalaureat trug den Titel: »Das Konzept des Wertes und seine Relation zur Ethik«. Später dann, als er mehr ins Rampenlicht trat, wandelte sich Laurances Interesse von Immanuel Kant zu Norman Vincent Peale (*Die Kraft des positiven Denkens* wurde sein bevorzugtes Werk); denn als derjenige unter den Brüdern, der sich der moralischen Probleme seiner Stellung am stärksten bewußt war, versuchte er, Schwierigkeiten durch Willensstärke zu überwinden.

164

Ehe Laurance vom College kam, hatten seine beiden älteren Brüder schon einen Platz in der Verwaltung des Familienbesitzes eingenommen und waren vielbeschäftigte junge Männer. Laurance stand vor der Aufgabe, für sein Leben einen unverwechselbaren eigenen Weg zu suchen, damit er es aus eigener Kraft zu etwas bringen könnte, ohne sich mit dem Platz zufriedengeben zu müssen, den ihm JDR3 und Nelson offenließen.

Laurance war kein Büromensch; von allen Brüdern zog es ihn am stärksten in die Natur. Das neuentdeckte Feld des Naturschutzes war wohl geeignet für eine philanthropische Betätigung, aber damals hätte es noch nicht ausgereicht, um darauf den Werdegang eines Rockefellers aufzubauen.

Nicht zuletzt weil seine Mutter meinte, »es wäre doch ganz schön, wenn wir einen Rechtsanwalt in der Familie hätten«, schrieb er sich an der Juristischen Fakultät in Harvard ein. Aber er faßte dort erst gar nicht richtig Tritt. Zur Hälfte des ersten Semesters erkrankte er. Abby hatte sich schon in seiner Kindheit über die zarte Konstitution Laurances gesorgt. Während des letzten Jahres in Princetown erkrankte er so schwer an Masern, daß sie ihn heimholte. Um seine Augen zu schonen, las sie ihm in einem abgedunkelten Raum die Texte vor, die er für sein Schlußexamen durcharbeiten mußte. Das nächste Mal bekam er eine Lungenentzündung, und sie schickte ihn nach Florida, wo er die Wintermonate mit seinem Großvater verbrachte.

Nach Harvard kehrte er 1934 zurück. Am Ende des Semesters gestand er sich ein, daß ihn die Jurisprudenz nicht interessierte. Statt dessen entschloß er sich, Mary French zu heiraten. Sie war die Schwester eines Zimmergenossen Nelsons in Dartmouth und stammte aus der Billings-Familie in Vermont, deren Vorfahren zu den Gründern der Northern Pacific Railroad gehörten. Da es nun zwei Marys in der Familie gab, kam Abby darauf, sie mit »Mary Nelson« und mit »Mary Laurance« anzureden.

Zunächst gründeten sie ihren Haushalt in New York (später bezogen sie das Herrenhaus auf dem Landsitz von Marys Familie in Vermont, Woodstock), und Laurance nahm die Arbeit in Room 5600 auf. Er durchlief eine mehrmonatige Ausbildung in der Chase und trat dann in das Direktorium des Rockefeller Center ein. Wie er später sagte, schaute er sich aber noch nach einer Beschäftigung um, die »keinen French mit den Familieninteressen brachte und deshalb keine vorprogrammierten Enttäuschungen enthielt«.

Laurance interessierte sich für zeitgenössische skandinavische Möbel, die Mitte der dreißiger Jahre *de rigueur* waren. Mit den Architekten Wallace Harrison und Harmon Goldstone gründete er 1937 die New Furniture Inc., eine Handels- und Importgesellschaft. Laurance sah sein geschäftliches Engagement weniger als eine Möglichkeit zum Geldverdienen an – obschon auch das als Gradmesser des Erfolges wichtig war –, sondern als eine Gelegenheit zur Selbstbestätigung, »indem er auch Risiken einging«. Wenige Wochen nach dem Tode des Seniors kaufte Laurance den Sitz des Großvaters an der Börse. Allerdings kümmerte er sich kaum um die Aktien der dort alteingeführten Konzerne, sondern befaßte sich mit den aufstrebenden jungen Unternehmen, denen er Auftrieb verschaffen konnte, wenn er den guten Namen und die Verbindungen der Familie für sie ins Spiel brachte.

Die Luftfahrt war die erste der neuen Technologien, in die er investierte. Weder sein Großvater noch sein Vater hatten jemals ein Flugzeug betreten, aber Laurance ging ebenso mit der Zeit, wie sie es vor ihm getan hatten. Er trug 1937 zur Gründung der Air Youth of America bei. Im Jahre darauf wurde er von Bill Harding (von der Investment-Bank Smith, Harvey) darauf angesprochen, an der Bildung eines Konsortiums mitzuwirken, das Hauptmann Eddie Rickenbacker finanziellen Rückhalt geben sollte. Rickenbacker zählte zu den Männern, die Laurance in seiner Jugend bewundert hatte. Das Flieger-As aus dem Ersten Weltkrieg wollte die Eastern Airlines (unter seiner Leitung stark im Aufwind) von General Motors kaufen, und dafür benötigte er 3,5 Millionen Dollar. Das Smith, Barney-Konsortium brachte das Kapital auf. Laurance gab zunächst nur 10 000 Dollar. Der hart arbeitende, tatkräftige Rikkenbacker beeindruckte Laurance so sehr, daß er in den nächsten fünf Jahren seine Kapitalanlage bei der Eastern im Zuge von Kapitalaufstockungen und der Wahrnehmung seines Optionsrechtes so sehr erhöhte, daß er mit einem Male der Hauptaktionär war und den größten Einfluß auf das Direktorium besaß.

Im Jahre 1939 wandte sich ein anderer junger, ehrgeiziger und selbstbewußter Unternehmer an Laurance. Es handelte sich um James S. McDonnell, einen dünnen, energiegeladenen Schotten, der seit Jahren als Chefkonstrukteur bei der Glenn L. Martin Corporation gearbeitet hatte. Er sah den Krieg am Horizont heraufziehen und entschloß sich, ein eigenes Unternehmen für den Bau von Flugzeugen nach seinen eigenen Entwürfen zu gründen. Zunächst mietete er ein paar Räume über der Flugzeug-Wartungshalle der American Airlines auf dem Städtischen Flugplatz in St. Louis, dann stellte er 15 Ingenieure ein und gab ihnen den Auftrag, ein neues Jagdflugzeug zu entwerfen. McDonnell selbst mußte sich erst noch nach Geldgebern und nach Interessenten für seine Maschinen umsehen.

Das erste Mal hörte Laurance ihn aus reiner Höflichkeit an, weil auch McDonnell in Princeton studiert hatte. Allmählich erwachte aber sein Interesse an dessen Vorschlägen; nicht allein deshalb, weil McDonnell zu einer Zeit mit der Herstellung von Jagdflugzeugen beginnen wollte, in der sie offensichtlich benötigt würden, sondern mehr noch wegen seiner Idee eines Flugzeugs mit Düsenantrieb. Laurance steckte 10 000 Dollar in das Unternehmen und griff McDonnell weiter unter die Arme, indem er ihm Regierungsaufträge beschaffte.

Um das Jahr 1940 hatte sich Laurance so stark in solchen Unternehmungen engagiert, daß er seinen Vater um die Einwilligung dazu ersuchte, sein Hauptkapital an den »'34 Trusts« angreifen zu dürfen. Er schrieb ihm:

»Wie Du weißt, werde ich aus dem Trust, den Du in so großzügiger Weise zu meinem Nutzen eingerichtet hast, am Ende des Jahres, in das mein 30. Geburtstag fällt, über die gesamten Zinserträge und zusätzliches Kapital verfügen können. Da nun dieser Augenblick gekommen ist, möchte ich Dich in aller Form bitten, zusätzliches Kapital flüssigmachen zu dürfen . . . Mit dem Kapital, um das ich nachsuche, habe ich folgendes vor: Die Verlagerung von Erdölaktien in Investitionen im Bereich des Luftverkehrs, hauptsächlich der Eastern Airlines. Ich habe mich bereits zur Anlage weiterer 50 000 Dollar in unserer South American Development Company bereiterklärt, und ich sehe es als gerechtfertigt an, noch weitere Mittel in Zukunft nachzuschießen. Bisher habe ich schon fast 100 000 Dollar in mehreren kleinen Unternehmen der Flugzeugindustrie investiert. Daraufhin hat mich der Staatssekretär im Marineministerium, Mr. James Forrestal, um die Bildung einer Gesellschaft gebeten, die seinem Ministerium bei der Leitung und Finanzierung einiger Unternehmen behilflich sein soll . . .« [147]

Aus diesen ersten Ansätzen entwickelte sich dann im Krieg während seines Dienstes in der Marine eine Berufung für Laurance.

Abgesehen von dem Eifer Nelsons, in das Geschehen in Washington einzugreifen, schien der nahende Krieg für die Rockefellers noch fern zu sein. Diese einzigartige Familie lebte anscheinend in einer Idylle, jedenfalls wirken die offiziellen Fotografien so, auf denen die stolzen Eltern von ihren freundlich lächelnden Kindern umgeben sind. Nun gab es auch bei ihnen hinter der äußeren Fassade drei Klassen: Sieger, Überlebende und Verlierer. Einige Kinder von John III behaupteten später, die persönliche Entfaltung ihres Vaters sei durch den starken Druck, den Junior auf ihn ausgeübt habe, verhindert worden. Und die Töchter Babs' waren davon überzeugt, daß durch Abbys offene Bevorzugung ihrer Jungen ein Schatten auf das Leben ihrer Mutter gefallen sei. Doch diese seelischen Wunden waren klein, verglichen mit denen Winthrops. Abby kannte seine Verwundbarkeit, aber sie stand zu hoch über dem Tagesablauf seiner Kindheit, als daß sie daran etwas hätte ändern können. Sowohl seine Offenherzigkeit und Naivität als auch seine Gereiztheit und seine Schreianfälle waren von seinen Brüdern für Zeichen der Schwäche gehalten worden. Das nutzten sie aus und fielen über ihn her, eben weil er so reagierte.

Genau besehen machten ihm jene Probleme zu schaffen, die auf alle Kinder »in der Mitte« zukommen. Er wurde von den Älteren, Nelson und Laurance, tyrannisiert, und er wurde von dem Jüngeren, dem altklugen David, überstrahlt. Ihm war praktisch die psychologische Existenzberechtigung in der Familie entzogen. Sobald die Schwierigkeit erst einmal aufgetreten war, vergrößerte sie sich wie von selbst. Denn je mehr Winthrop heruntergemacht wurde, desto reizbarer wurde er, und je verschlossener er wurde, desto mehr hielten die anderen ihre Schmähungen für berechtigt. Deshalb hielt er sich bald selbst für einen Außenseiter, der nicht so recht in diese Familie paßte. Ein düsteres Kindheitserlebnis, das in seiner Erinnerung haftengeblieben ist, vertraute er später einem Mitarbeiter an. Wenn er abends zu Bett ging, so berichtete er, fiel sein Blick stets auf Schatten an der Wand, die im Mondlicht von den Eisengittern vor dem Fenster herrührten. Sein Vater hatte die Stäbe zum Schutz vor Einbrechern anbringen lassen, doch Winthrop redete sich ein, sie sollten ihn am Fortlaufen hindern.

Er wurde das »schwarze Schaf« der Familie. Und doch bemühte er sich verzweifelt darum, auf dem vom Vater vorgezeichneten Weg zum Erfolg zu kommen. Aber es blieb dabei, Winthrop schien keine andere Möglichkeit offen, um sich von ihnen zu unterscheiden, als durch sein Versagen.

1935 immatrikulierte er in Yale. Nach etlichen katastrophalen Semestern fiel er ein ganzes Jahr zurück. Blickte er hernach auf seine Jahre in Yale zurück, so gab er die Ansicht von sich, dort nur das Rauchen und das Trinken gelernt zu haben. Als er seiner Mutter und seinem Vater eröffnete, es sei für ihn nutzlos, weiterzustudieren, gaben sie ihm recht. Beim Abschied aus New Haven war er etwas besorgt, aber nicht unglücklich. Von seinen Bekannten wurde der baumlange Zweizentnermann häufig als »träge« und »gutmütig« apostrophiert, alles Eigenschaften, die in der Wertskala seiner Familie nicht unbedingt als Empfehlung gelten.

Mit seinem Vater war er sich einig, daß es nicht gut wäre, wenn er sich schon jetzt in das Büro der Familie zwängen würde. Junior vermittelte ihm vielmehr eine Anstellung bei der Humble Refining Company, dem riesigen Tochterunternehmen der Standard in Texas.

Winthrop verbrachte fast das ganze Jahr 1936 auf den texanischen Ölfeldern. Er arbeitete dort als »Boll weevil«, als Anlernling ohne körperliche Schonung. Als erster der Brüder kam er dabei unter das arbeitende Volk. Nach der ersten Morddrohung gegen ihn wollte sein Vater Leibwächter für ihn anstellen, aber Winthrop lehnte es ab, sich ständig beschatten zu lassen. Statt dessen ließ er einen ganzen Dollar an Gebühren für einen Hilfssheriff-Stern springen. Der Stern berechtigte ihn, einen Revolver zu tragen. Ein ernsteres Problem für ihn war anfangs der Verdacht der ihm mürrisch begegnenden Arbeiter, er sei von der Firmenleitung als Spitzel zu ihnen geschickt worden. Schließlich sahen sie ein, daß der Konzern kaum jemand mit dem Familiennamen Rockefeller zum Ausspionieren schicken würde. Die Arbeiter trieben gutgemeinte Späße mit ihm und stellten seine Ausdauer und Kraft auf die Probe. Er zeigte, daß er arbeiten konnte. Am Ende seines Jahres auf den Ölfeldern hatte er alle Stadien der Erdölproduktion durchlaufen (Exploration, Förderung, Raffinerien, Bau von Pipelines). Wer mit ihm arbeitete, schätzte und respektierte ihn. Sie nannten ihn einfach Rock. Winthrop fühlte sich zu dieser Arbeitswelt hingezogen, weil hier allein die Leistung zählte, nicht der Name. Dieses Jahr wertete er als die beste Zeit seines Lebens.

Sein Erfolg als Arbeiter konnte jedoch keine Dauerlösung für ihn sein. Die Arbeit machte ihm Spaß, aber er wußte sehr gut, daß sie nur ein Vorspiel zu der künftigen Beschäftigung in New York war. Nach Ablauf des Jahres bei der Humble rief ihn Junior zurück und brachte ihn als Hospitant in der Chase Bank unter. Gleichzeitig paßte er auf, wo bei einer Ölgesellschaft, bei der er Einfluß nehmen konnte, eine passende Position für Winthrop frei wurde. Als Nelson 1937 von seiner Fahrt auf dem Orinoco und der Besichtigung der venezolanischen Ölfelder zurückgekehrt war, trat Winthrop eine Stelle in der Außenhandelsabteilung der Socony-Vacuum an. Außerdem wurde er Vizepräsident des Greater New York Fund, übernahm also einen Teil der philanthropischen Verpflichtungen der Familie. Er bemühte sich sehr darum, seinen Platz in der Familie auszufüllen, aber die anderen hielten mit ihrer Anerkennung zurück. Den 25jährigen nannten die meisten noch immer »Winny«.

Die Vereinigten Staaten warteten auf den Weltkrieg. Viele junge Männer stellten ihre Zukunftspläne zurück, weil niemand wußte, was werden sollte. Winthrop boten sich weitaus mehr Möglichkeiten als anderen, aber er schien noch weniger zu wissen, was er anfangen sollte. Sein Vater machte sich Sorgen wegen der Gerüchte, nach denen sein Sohn viel trinke und Stammgast in Nachtlokalen sei. So atmete er regelrecht auf, als sein schwierigster Sohn 1941 als Freiwilliger zur Armee ging.

Bei ihren Zusammenkünften machten sich die Brüder gelegentlich darüber lustig, daß Gesellschaftskritiker ihnen Macht über die ganze Welt zuschrieben. In Abwesenheit Winthrops gingen sie einmal daran, je nach ihren Interessen die Welt unter sich aufzuteilen. Nelson »bekam« Lateinamerika, an John fiel Asien, David erhielt Europa, und so weiter. Ein Zeuge dieses Spiels hörte die Frage: »Ja, und was bekommt Winny?« Es war Laurance, der die passende Antwort fand. »Winny? Na gut, ihm überlassen wir die Armee.«

Wenn Winthrop von allen jungen Rockefellers der natürlichste war, dann war sein jüngerer Bruder David der ernsteste. Er war sich seines Namens von kleinauf bewußt. Mit seiner Zurückhaltung und mit seinem steifen Umgangston erinnerte er an seinen Vater. Er war das jüngste Kind der Familie, stets das Baby.

Er wuchs selbstsicher auf, mit Verstand begabt, aber frei von Zweifeln. Sein Glück war es, daß vier ältere Brüder die Kämpfe zu bestehen hatten, deren Erfolge auch ihm zufielen, ohne daß er selbst ein Risiko hatte eingehen müssen. Horace Albright erinnerte sich, wie David bei dem Besuch im Yellowstone-Nationalpark als pausbäkkiger kleiner Junge in den Wäldern herumsprang und unter den Steinen nach fossilen Blättern und Käfern suchte. Hier zeigte sich das erste Interesse an seinem späteren Hobby, der Entomologie. Im späteren Leben, selbst noch, als er an der Spitze der erhabenen Chase Manhattan Bank stand, überraschte er Mitarbeiter und Bekannte, die andere Vorstellungen vom Verhalten eines Rockefellers hatten, öfter damit, daß er mitten im Gespräch plötzlich wie in einen Trancezustand versank. Dann faßte er langam nach seiner Westentasche, holte ein Glasröhrchen heraus, starrte zu Boden, packte ein Insekt, stopfte es in die Phiole, verkorkte sie und ließ sie in der Tasche verschwinden, worauf er die Unterhaltung fortsetzte, als sei nichts geschehen. Seine private Käfersammlung, eine der besten der Welt, ist vom Museum of Natural History katalogisiert worden. Als Gegenleistung zahlte er Zuschüsse für eine Forschungsstation in Arizona, von der aus Expeditionen durch den Südwesten unternommen wurden. Zwei Käferarten, die dabei entdeckt wurden, sind nach ihm benannt: die Armaeodera Rockefelleri (ein kleiner brauner Käfer mit gelben Punkten) und der Cicindela Rockefelleri (eine Abart des Tigerkäfers).

Als Junge war David dick und linkisch. Nach einer Familienanekdote mußten seine Eltern während der Ägypten-Reise 1926 zwei arabische Träger für David mieten. Einer zog und einer schob ihn auf die Pyramide.

169

In der Lincoln-Schule war er nicht besonders beliebt. Mrs. Marr, damals eine Klassengefährtin Nelsons, berichtete, alle hätten Nelson, Laurance und Winthrop gemocht. »David war jünger, und er gab immer damit an, wieviel Geld er habe, wo er überall gewesen sei, daß er schon Europa kenne und daß seine Familie furchtbar reich sei. Aus der Sicht einer Schülerin war er einfach unausstehlich.«

Beim Studienabschluß 1936 in Harvard war David stattlich, aber nicht mehr fett. Seine lange Fuchsnase ragte aus einem freundlichen Gesicht hervor. Sein Vater schickte ihn nach Kanada zu Mackenzie King, um den Rat des Premierministers einzuholen. Junior schrieb seinem alten Freund aus der Zeit des Ludlow-Massakers über seinen jüngsten Sohn:

»Er hat einen hellen Kopf und zeigt großes Interesse an der Weltpolitik und an kulturellen Dingen. Man wird abwarten müssen, ob er sich in irgendeiner Weise geschäftlich betätigen, eines Tages in die Politik gehen oder in den diplomatischen Dienst eintreten wird.« [148]

King war auch der Meinung, daß dem jungen Rockefeller alle Türen offenständen, aber er riet dazu, eine Entscheidung aufzuschieben. Bei einer so undurchsichtigen Weltlage wäre es das beste, wenn David seine Studien fortsetzte. Im Herbst ging er nach London und schrieb sich an der London School of Economics ein. Er lernte die Familie von US-Botschafter Joseph Kennedy kennen und ging mit dessen Tochter Kathleen aus. Nebenbei arbeitete er jede Woche auch ein paar Stunden in der Londoner Niederlassung der Chase.

Gegen Ende seines zweiten Jahres an der LSE erhielt er einen Brief von Nelson, der gerade im Begriffe stand, seine neue Rolle als Sprecher der dritten Generation zu übernehmen. Er enthielt eine Menge onkelhaften Rates für das Leben im Ausland und gute Nachrichten über die Familie zu Hause:

»Winny macht sich ganz gut und zeigt größeres Interesse, und Larry bleibt wie immer auf unnachahmliche Weise er selbst. Die Aussichten unserer Familie, anderen zu nützen und eine wichtige Aufgabe im Leben unserer Nation zu erfüllen, werden mit jedem Tag größer. Die Erfahrungen, die Du erwirbst, werden für unsere Gruppe unschätzbar sein, und ich freue mich schon sehr darauf, wenn Du uns nach der Beendigung Deines Studiums Deine Ansichten zukommen läßt, die uns gegenwärtig sehr fehlen.« [149]

Nelson spielte damit auf die gründlichen Kenntnisse Davids in der Wirtschaftswissenschaft an. Nach dem Aufenthalt in London ging er noch an die Universität Chicago und promovierte dort 1938. Eliza Rockefellers eherner Grundsatz »Verschwendung schafft Not« wurde von ihm ein weiteres Mal mit der Doktorarbeit unter dem Titel »Ungenutzte Reserven und wirtschaftliche Vergeudung« variiert.

Er kehrte nach New York zurück und heiratete Margaret McGrath. Damals hielt man David noch für denjenigen unter den Brüdern, der am ehesten das Zeug zum Politiker habe. Innenminister Harold Ickes schrieb 1939 in sein Tagebuch: »David Rockefeller war bei uns. Er ähnelt seiner Mutter und ist ein netter Bursche. Er hat es sich vorgenommen, in die Politik zu gehen, und er bat mich um Rat. Er hatte ein

Angebot, bei Bürgermeister LaGuardia anzufangen. Aber er ist sich noch nicht darüber im klaren, ob er annehmen oder möglicherweise nach Washington gehen soll.«[150]

Er trat dann doch 1940 in den Stab LaGuardias ein. Die Arbeit für die Stadt machte ihm Spaß. Allerdings brachte der Bürgermeister ihn von der Gewohnheit ab, sich bei Telefonanrufen mit den Worten zu melden:»Hier ist das Rathaus, Rockefeller am Apparat.« Bei dieser Tätigkeit wurde er sich darüber schlüssig, daß die Politik doch wohl nicht das richtige für ihn sei, zumindest nicht auf einem Posten, der vom Wählerwillen abhängt. Ihm ging nicht etwa der Ehrgeiz Nelsons ab, nur lag es ihm weniger, sich durch Konflikte voranzukämpfen. Wie Nelson strebte er nach Macht, aber er suchte die in sich festbegründete Macht, nicht die Macht, die von unberechenbaren Stimmverhältnissen abhing. »Das Schlimme an der Politik ist«, so faßte er später einmal seine Meinung zusammen, »daß man seine ganze Zeit darauf verwenden muß, die nächste Wahl zu gewinnen.«

Für David und seine Brüder brachte der Zweite Weltkrieg einen Schritt hinweg über die Vergangenheit, wie Virginia Woolf über einen früheren Konflikt geschrieben hatte. Doch gleich zu seinem Beginn wurde das Unternehmen in einen neuen Skandal verwickelt. Die Jersey Company hatte in den zwanziger Jahren ein Kartell mit dem deutschen Petrochemie-Monopol I.G. Farben geschlossen. Diese Geschäftsbeziehungen waren auch nach der Machtergreifung Hitlers fortgeführt worden.

Die Jersey Company hatte 1934 Ivy Lee zu Gesprächen mit der I.G. Farben nach Deutschland geschickt. Man wollte überlegen, wie man das Ansehen der I.G. Farben und das des Dritten Reiches – zu dem es enge politische und wirtschaftliche Kontakte gab – verbessern könnte. Nach seiner Rückkehr wurde Lee einer strengen Inquisition durch den Ausschuß des Repräsentantenhauses unterzogen, der unamerikanischen Aktivitäten nachging. Die Protokolle des Ausschusses wurden Anfang Juli veröffentlicht, anderthalb Wochen nach der »Nacht der langen Messer«, Hitlers blutiger Säuberungsaktion in der SA. Der zeitliche Zusammenhang dieser Vorgänge ließ Schlagzeilen wie diese entstehen: »Lee als Presseagent Hitlers bloßgestellt«. Ivy Lee, der an Kopfkrebs litt, hatte schon den Tod vor Augen. Die jetzt einsetzenden Angriffe nahmen ihm den Lebenswillen. Ein Jahr darauf starb er, von der Öffentlichkeit geächtet. Der amerikanische Botschafter in Berlin schrieb in sein Tagebuch: »Es handelte sich um einen der unzähligen Fälle, in denen Menschen ihr Leben durch die Gier nach dem Geld ruiniert haben . . . Ich vermag dem Außenministerium nicht ein lobendes Wort über ihn mitzuteilen.« Und in Ormond (Florida), wo sich am Abend nach dem Todes des Mannes, der dem ersten John D. dazu verholfen hatte, seinen Namen reinzuwaschen, die Reporter am Portal drängten, um eine Stellungnahme zum Ableben Lees einzuholen, wurde lediglich erklärt, Mr. Rockefeller könne unter gar keinen Umständen nach sechs Uhr abends gestört werden.

Mit dem Lee-Skandal noch in frischer Erinnerung, machte sich Junior große Sorgen, als der Arnold-Ausschuß die Verwicklungen des Standard-Farben-Kartells un-

171

tersuchte. Mittlerweile war bekanntgeworden, daß die I.G. Farben Häftlinge aus den Konzentrationslagern beschäftigte. Junior forderte privat ein Memorandum der Standard-Geschäftsleitung über ihre Geschäftsbeziehungen mit den Achsenmächten an, damit er gewappnet war, falls er selbst ins Schußfeld geraten sollte. Doch dieser Fall trat nicht ein. Er war ein Staatsbürger geworden, der außerhalb jeden Verdachtes stand. Ludlow gehörte unwiderruflich der Vergangenheit an.

# Kapitel 13

Das Jahr 1942 fand die Rockefellers mobilisiert. John III stellte sich mit der Übernahme einiger weiterer Vorstandsposten auf den Kriegsausbruch ein – im Kinderflüchtlingsausschuß, im USO, im Amerikanischen Roten Kreuz und in etlichen anderen Organisationen. Noch vor Jahresende gehörte er der Kriegsmarine an und wurde nach Washington versetzt. Dort war auch Laurance stationiert. Durch seine Bekanntschaft mit Forrestal und durch seine Verbindungen zu der im Entstehen begriffenen Flugzeugindustrie hatte er sich einen Posten verschafft, von dem aus die Entwicklung und Produktion von Jagdflugzeugen koordiniert wurde. Als einziger diente sich Winthrop von unten bis zum Offizier hoch. Ihm sagte die kameradschaftliche Gesinnung in der Infanterie zu; vorher auf den Ölfeldern hatte er ähnliches schätzen gelernt. Er nahm am Feldzug im Pazifik teil und wurde bei der Invasion auf Okinawa leicht verwundet. David trat kurz nach Pearl Harbor unter die Fahnen. Er absolvierte eine Offiziersschule, diente zwei Jahre lang beim militärischen Nachrichtendienst in Nordafrika und wurde später stellvertretender Militärattaché in Paris.

Unterdessen war Junior, ebenso wie im Ersten Weltkrieg, an der Heimatfront aktiv. Er förderte nach Kräften die USO und ähnliche Bestrebungen, die auf eine Stärkung der Moral und des Kampfgeistes der Truppe abzielten. Abby hingegen, mit ihrer beträchtlichen Aldrich-Erbschaft (dem »Taschengeld«, mit dem sie viele Werke moderner Kunst erwarb, die ihr Mann so verachtete), verfiel auf eigenwillige Kriegsbeiträge. Sie beschäftigte sich mit Problemen, die außerhalb des Vorstellungsvermögens ihres Mannes lagen. So bemerkte sie bei einer Ferienreise ins koloniale Williamsburg, daß dort Soldaten auf Urlaub den Schülerinnen des William and Mary College zusahen. Weil es keine Sitzgelegenheiten gab, standen die jungen Männer herum oder lagen auf dem Rasen. Abby schaffte Abhilfe; sie ließ auf ihre Kosten einige Bänke an besonders günstigen Stellen aufstellen, so daß die Urlauber fortan in aller Bequemlichkeit den Mädchen Blicke zuwerfen konnten.

Abby sorgte sich sehr um ihre Söhne, die in den Streitkräften dienten. Oft blieb sie abends lange auf, um die letzten Kriegsnachrichten anzuhören. Um ihren Mann im Schlaf nicht zu stören, setzte sie sich im Badezimmer auf die Kante der Badewanne und lauschte der Stimme aus dem Radio, mit einer Hand am Ohr. Nur Winthrop und David standen im Kampfgebiet, so daß sie um diese beiden die größten Ängste ausstand. Aber sie befürchtete auch, daß John und Laurance eines Tages auf das

Schlachtfeld geschickt würden. Ihrem Lieblingssohn Nelson, der ja kein Soldat war, schenkte sie wie immer besondere Aufmerksamkeit. Vielleicht hatte er mehr mit dem Krieg zu tun, obwohl er Zivilist blieb.

Als Nelson 1940 nach Washington ging und das Amt für interamerikanische Beziehungen übernahm, trat er dort – so drückte es der spätere Vorsitzende der amerikanischen Atomenergiebehörde, David Lilienthal, aus – als »der größte Geschäftlhuber aller Zeiten« auf. Langgediente Beamte des Außenministeriums, denen die ungeklärten Zuständigkeiten des neuen Amtes gegen den Strich gingen (schon die Zustimmung des Präsidenten zur Gründung des Amtes hatte sie verärgert), wurden nicht gerade dadurch besänftigt, daß der stürmische 32jährige gleich einen ganzen Beraterstab mitbrachte. »Bee« Ruml wollte zwar von einem festen Posten im Stabe Rockefellers nichts wissen, fand sich aber bereit, regelmäßig zu Besprechungen mit Nelson nach Washington zu kommen. Schlüsselstellungen nahmen in dem neuen Amt Joe Rovensky und Wally Harrison ein, John Hay Whitney, ein Freund der Familie, Produzent des Filmes *Vom Winde verweht* und zukünftiger US-Botschafter am Hofe von St. James, Carl Spaeth von der *Compania* sowie John Lockwood, ein verbindlicher, wenn auch noch etwas unentschlossener junger Rechtsanwalt aus der Kanzlei von Milbank, Tweed, den JDR 3 Nelson empfohlen hatte. Mit Ausnahme von Spaeth, der sich später den Unwillen Nelsons zuzog, weil er zu einer anderen Dienststelle des Außenministeriums überwechselte, verband alle eine absolute Loyalität gegenüber dem Chef.

Mittlerweile hatten Nelson und Tod fünf Kinder. Zu Rodman kamen Ann und Steven sowie die Zwillinge Michael und Mary hinzu. Die Familie war in ein großes Haus an der Foxhall Road umgezogen. Obgleich das Haus der Rockefellers von der Herzlichkeit Nelsons erfüllt war, wurde es doch nie zu einem Salon für lateinamerikanische Kultur, wie es ihm vorgeschwebt hatte. Bei allem Aufwand mit Mariachikapellen und Tortillas blieben die Partys ein wenig steif und gekünstelt. Eine Frau, die während der Kriegsjahre öfter daran teilnahm, denkt daran zurück, wie Nelson seine Gäste an der Haustür begrüßte und ihnen Zettel mit Liedertexten in spanischer Sprache in die Hand drückte, die sie auf ein Zeichen hin im Verlauf des Abends gemeinsam singen sollten.

Er hatte einen fabelhaften Expertenstab um sich versammelt und beabsichtigte offenbar, den »Rockefeller Shop« (unter diesem Namen wurde das Amt bekannt) zur Schaltstelle für die Diplomatie in der westlichen Hemisphäre zu machen. Washington bot ihm ein neues Feld, wo er keine Älteren über sich hatte wie im Büro seines Vaters. Die Möglichkeiten, die noch vor ihm lagen, spornten ihn weiter an.

Schon morgens um sechs Uhr begann er seine Arbeit. Er verfolgte die Rundfunknachrichten und schrieb Aktennotizen während des Frühstücks. Manchmal reichte die Zeit auch noch für ein Tennisdoppel mit Henry Wallace auf seiner Seite. Um halb neun traf er in seinem Büro ein. Er arbeitete die Mittagsstunden hindurch und nahm unerledigte Papiere sowie den Wagen voller Mitarbeiter mit nach Hause. Abends sprach er beim Essen noch mit lateinamerikanischen Diplomaten und US-Regierungsbeamten. Nicht selten schlief er um Mitternacht mitten in der Konversation in seinem Sessel völlig übermüdet ein.

Es galt als unwahrscheinlich, daß Lateinamerika zum Kriegsschauplatz werden würde, aber als Rohstofflieferant kam ihm große Bedeutung im Kampf mit den Achsenmächten zu. Niemand in Washington schrieb sich die Parole von der »Entlassung« des Subkontinents von der »Achsenpest« mit größerer Begeisterung auf die Fahne als Rockefeller. Selbst bei der Lektüre einer Denkschrift Rumls an Harry Hopkins, in der er Möglichkeiten zur Stärkung der Beziehungen zwischen Nord- und Südamerika vorschlug, dachte er an die neuesten Aussichten, die der Krieg in Europa eröffnete. Als Folge der britischen Blockade waren die Märkte für ein Drittel der Ausfuhren aus Lateinamerika abgeschnitten. Die Voraussetzungen waren demnach günstig, eine Neuorientierung des Handels in Richtung der USA zu erreichen. »Ein Hauptziel des langfristigen Programms des Büros ist es«, schrieb Rockefeller in einem amtlichen Memorandum, »die Abhängigkeit Lateinamerikas von Europa als Absatzmarkt für Rohstoffe und als Lieferant von Industriegütern zu verringern.« Er fügte hinzu, dies sei als »eine Verteidigungsmaßnahme der westlichen Hemisphäre« wichtig. [151]

Je heftiger die Auseinandersetzung mit den Achsenmächten wurde (die Vereinigten Staaten waren nach außen hin noch neutral), desto eifriger führte das Amt Rockefellers eine Propaganda- und Pressionskampagne bei den amerikanischen Firmen in Lateinamerika, die ihre deutschen und italienischen Staatsbürger entlassen sollten. Der Koordinator selbst wurde gelegentlich bei säumigen Unternehmen vorstellig und drang bei der Geschäftsleitung auf die Beachtung der von ihm aufgestellten Schwarzen Liste. Nicht einmal die Briten wurden bei dem Kreuzzug zur Befreiung der westlichen Hemisphäre von fremdem Wirtschaftseinfluß verschont. Joe Rovensky, den Nelson zum stellvertretenden Koordinator ernannt hatte, entwarf einen weitreichenden Plan, nach dem die britischen Verbündeten genötigt werden sollten, einige ihrer wertvollsten Beteiligungen in Chile und Argentinien für Lebensmittellieferungen abzutreten.

Mit dem Fortgang des Krieges wurde zunehmend klarer, daß Großbritannien für sein Überleben mit dem Verlust seines Empire würde zahlen müssen. Sogar die Lend-lease-Hilfe wurde gegen wertvolle Stützpunkte im karibischen Raum eingetauscht. Der Präsident der amerikanischen Handelskammer erklärte damals zu dieser Umschichtung: »So wie das vorige Jahrhundert in Lateinamerika ein ›britisches Jahrhundert‹ war, so wird das nächste ein ›amerikanisches Jahrhundert‹ sein.« Doch Nelson wäre der letzte gewesen, der zugegeben hätte, daß seine Anstrengungen wenigstens zum Teil der Eroberung des lateinamerikanischen Marktes dienten. Er hatte zu Lateinamerika geradezu ein persönliches Verhältnis, seiner Kultur und Kunst begegnete er mit der Leidenschaft eines Sammlers. Es gefielen ihm die Leute, und nicht selten nutzte er auf einer Inspektionsreise die Gelegenheit, hemdsärmelig auf einen *mercado* zu gehen, mit den Händlern zu reden, einige Dinge zu kaufen.

In Venezuela erwarb er einen großartigen Besitz in den Bergen, unweit der

Gegend, wo der Befreier Simón Bolívar gelebt hatte, als er seine berühmte Erklärung abgab: »Die Vereinigten Staaten scheinen von der Vorsehung dazu bestimmt zu sein, im Namen der Freiheit Amerika mit Elend zu überziehen.« Nelson war sich der Vorwürfe bewußt, daß die amerikanische Lateinamerika-Politik nicht gerade auf idealistischen Grundsätzen beruhe, aber er war entschlossen, sich damit auseinanderzusetzen. »Die totalitäre Propaganda greift bereits die Politik der Solidarität unserer Regierung in der westlichen Hemisphäre mit der Behauptung an, wir würden die lateinamerikanischen Länder aus unaufrichtiger, selbstsüchtiger Berechnung für unsere egoistischen Zwecke in Zeiten der Not ausnutzen«, lautete eine seiner amtlichen Erklärungen. »Um diesen offenkundigen Unwahrheiten entgegenzuwirken und die Aufrichtigkeit und Dauerhaftigkeit unserer Politik unter Beweis zu stellen«, hieß es weiter in jenem Schreiben, sei es zur Ergänzung der Handelsbeziehungen notwendig, »engere kulturelle und geistige Verbindungen herzustellen«.

Unter seiner Leitung organisierte das Amt für interamerikanische Beziehungen einen ganzen Strauß von Studienreisen und Austauschprogrammen, wie Kunstausstellungen, Ballett-Gastspiele, sportliche Wettkämpfe, Beratungen durch Techniker sowie Begegnungen von Politikern. Das Programm entwickelte sich in einem viel größeren Rahmen, als ursprünglich vorgesehen, wodurch die Kosten in die Höhe schossen. Als Forrestal ihm den Posten des Koordinators anbot, war er noch von einem jährlichen Budget in Höhe von 3,5 Millionen Dollar ausgegangen. Dazu sollten zusätzliche Mittel kommen, sofern der Kongreß sie bewilligte. Am Ende des vierten Jahres auf diesem Posten hatte Rockefeller bereits 140 Millionen Dollar erhalten und ausgegeben, nicht zuletzt für Hunderte von Mitarbeitern.

Daran nahmen konservative Kritiker im Kongreß laut Anstoß. Von jetzt an stand er im Rufe eines »großen Geldausgebers«, ein Ruf, der ihn während seiner ganzen politischen Karriere begleitete.

Das Amt für interamerikanische Angelegenheiten wurde zu einer der glanzvollsten Regierungsstellen in Washington. Das sichtbarste Arbeitsgebiet war das der Presse- und Informationsabteilung. Die Hauptfigur dieser Abteilung war Francis Jamieson, ein schmächtiger, früh ergrauter ehemaliger AP-Journalist. Jamieson war für seine genauen Berichte über die Lindbergh-Entführung mit dem Pulitzer-Preis ausgezeichnet worden. Er hatte sich auch als erstklassiger politischer Stratege erwiesen, als er die Wahlkampagne Charles Edisons um den Posten des Gouverneurs von New Jersey gegen den Parteiapparat Hagues führte. Später machte er bei einer Sammlung zugunsten des Greater New York Fund, in dessen Dienst sich beide gestellt hatten, die Bekanntschaft Winthrop Rockefellers. Winthrop wiederum führte ihn bei Nelson ein. Dieser fand Gefallen an Jamiesons entwaffnender Offenheit. Er bot ihm die Leitung der Public-Relations-Abteilung der Creole Petroleum Company und dann den Posten des Pressechefs des Präsidentschaftsbewerbers Willkie an, doch Jamieson lehnte beide Male ab. Erst die Offerte aus Washington ließ er dann nicht an sich vorübergehen. In der Erinnerung von Kollegen aus der Zeit des Amtes für interamerikanische Angelegenheiten stellt sich Jamieson so dar: Der ehemalige Trinker, der nun

Abby Green Aldrich, Juniors Frau, Tochter des einflußreichen Senators Nelson Aldrich von Rhode Island, entstammte einer der alten Familien der Ostküste. Senior hatte nicht den Ehrgeiz, sich einen langen Stammbaum konstruieren zu lassen, aber er erkannte den praktischen Nutzen, den die Verbindung mit einer »Familie« den Neureichen aus Cleveland bringen konnte.

Der alte Rockefeller überlebte alle, die mit ihm gearbeitet und konkurriert hatten. Zu Lebzeiten noch wurde er zu einer Legende, zu einem Relikt des vergangenen Jahrhunderts. Sein Gesicht wurde wie Pergament und so faltenreich, daß es schien, als würden Augen und Mund nur von einem Netz von Narben zusammengehalten. Er übernahm die Rolle des Patriarchen und sah zu, wie seine Familie wuchs und sich mehrte nach biblischer Art.

ein Kettenraucher war, hatte bei den Sitzungen stets eine Zigarette in einem Mundwinkel und gab sich anscheinend ganz der Säuberung seiner Fingernägel mit einem Streichholz hin. Seine schneidenden Zwischenbemerkungen zeigten aber, wie aufmerksam er zuhörte. Man verließ sich ganz auf ihn bei zusammenfassenden Darstellungen und Analysen. Gemeinsam mit dem Rechtsanwalt John Lockwood und Wally Harrieson gehörte Jamieson zum engsten Kreis Nelsons. Man nannte ihn im Office des Koordinators »des Teufels Advokat«, weil er stets die konträre Position vertrat, um auf diese Weise die Tragfähigkeit und die Dauerhaftigkeit von Rockefellers plötzlichen Einfällen zu testen. Sein politischer Verstand gab Jamieson ein, daß das Amt für interamerikanische Angelegenheiten eine ausgezeichnete Startrampe für eine politische Karriere abgab. Er arbeitete nicht nur für die Programme dieser Regierungsstelle, sondern ebenso für das Image Nelsons. Schon bald nannte Nelson ihn »Frankie« – er wurde der beste Freund und engste Berater, den er jemals hatte.

Unter der Leitung Jamiesons wurde die Presse- und Informationsabteilung der schlagkräftigste Apparat im ganzen Amt für interamerikanische Angelegenheiten und zugleich die erste wirksame Propagandastelle der Regierung, also noch vor dem Office of Facts and Figures unter Archibald McLeish. Zu ihren Leistungen zählte die Monatsschrift *En Guardia*, die in blendender Ausstattung und mit neuen Ideen (in spanischer Sprache und nach dem Muster von *Life*) herausgebracht wurde. Das Heft wurde überall in Lateinamerika verbreitet und erreichte schließlich eine Lesergemeinde von mehr als einer halben Million. Die Presse- und Informationsabteilung ließ eine Wochenausgabe der *New York Times* in Chile drucken und in Lateinamerika verteilen – mit Ausnahme von Argentinien, wo sie von der Zensur verboten wurde. Jamiesons Dienststelle besorgte auch die Nachrichtensendungen für Lateinamerika; man könnte von einem Vorläufer der »Stimme Amerikas« sprechen.

Die anderen hochgesteckten Ziele in der Planung des Koordinators, zum Beispiel die Förderung einer langfristigen Wirtschaftsentwicklung in Lateinamerika, ließen sich nicht so leicht verwirklichen wie die propagandistischen, nämlich die USA südlich der Grenze als einen »guten Nachbarn« erscheinen zu lassen. Der Widerstand gegen alle Vorstöße, die sich gegen die feudalen Lebensverhältnisse richteten, kam zu einem großen Teil von den Verbindungsausschüssen, die Nelson in allen lateinamerikanischen Ländern gegründet hatte. Ihnen gehörten »die größten Geschäftsleute« an (wie sich ein altgedienter amerikanischer Diplomat [152] in einem Schreiben an den Staatssekretär im Außenministerium beschwerte), und unter ihnen waren Manager der Standard Oil, von Guggenheim, General Electric und der United Fruit. »Sie haben sehr feste Vorstellungen davon, wie unsere Politik im großen und ganzen aussehen sollte, und im allgemeinen haben sie extrem reaktionäre Vorstellungen.« * Durch die

* Rovensky mußte 1942 seine Mitarbeit im Amt des Koordinators aufgeben. Nach dem Massaker in Catavi unter Bergleuten der bolivianischen Zinnbergwerke wurde bekannt, daß der US-Botschafter in Bolivien durch seine Intervention für die Zinnbarone den Konflikt ausgelöst hatte. Rovensky war Vizepräsident der Patinogruben, die zu den größten des Landes zählten.

großen Waffenlieferungen an lateinamerikanische Diktatoren und durch den zwangsläufigen Konflikt zwischen dem, was Joseph Rovensky das »Handeln im Notfall« und die »langfristige Planung« nannte, wurden demokratische Reformen und die wirtschaftliche Entwicklung auf der Liste des Amtes für interamerikanische Angelegenheiten hintangestellt.

Stimmen der Kritik vertraten eine Minderheit unter denjenigen, auf die es ankam. Lange bevor abzusehen war, daß der Krieg zugunsten der Alliierten ausging, befand sich Lateinamerika schon fest im amerikanischen Einflußbereich. Dazu hat in nicht geringem Maße die Arbeit des jungen Nelson Rockefeller beigetragen. Die Panamerikanische Gesellschaft verlieh ihm am 17. Mai 1944 in Anerkennung seiner Verdienste während des Krieges ihre Goldmedaille. Tags darauf schrieb ihm sein Vater einen Glückwunschbrief, den er mit den Worten schloß: ». . . und so sage ich Dir mit dankerfülltem Herzen und voller Stolz: Gut gemacht, mein Sohn. Du hast gute Arbeit geleistet. Du hast das hohe Ideal der Familie vom Dienst an der Gemeinschaft hochgehalten. Du hast für den Namen der Familie Ehre eingelegt.«

Auf einer Reise nach Haiti erfuhr er im folgenden November davon, daß an der Spitze des State Department ein Wechsel eintrat, der für ihn eine neue Phase in seiner Karriere in Washington mit sich brachte. Außenminister Cordell Hull war zurückgetreten, und sein Nachfolger Edward Stettinius jr., früher in der Geschäftsleitung der U.S. Steel, ließ Nelson wissen, daß der Präsident ihn zum neuen Staatssekretär für lateinamerikanische Angelegenheiten berufen wollte. Da er sich durch sein unermüdliches Machtstreben schon viele Feinde im State Department gemacht hatte, verstand Nelson sehr gut den tieferen Sinn der Formulierung, die Stettinius gewählt hatte: Der *Präsident* wolle ihn auf dem Posten haben, nicht der Außenminister. Deshalb zögerte er mit seiner Zustimmung. Doch Harry Hopkins versicherte ihm, daß FDR voll und ganz seine Vorstellungen von der Einheit in der westlichen Hemisphäre unterstütze. Nach dem Gespräch mit Hopkins übergab er dann das Amt des Koordinators seinem Freunde Wally Harrison und akzeptierte den neuen Posten im Außenministerium.

Die Karriere, die Nelson nun einschlug, war nicht von großer Dauer. Doch sie hatte weitreichende Auswirkungen. Es war ihm beschert, den Anstoß zu starken Bewegungen zu geben, die nur in einer Zeit möglich sind, in der das ganze Gefüge der internationalen Beziehungen große Erschütterungen und Veränderungen erfährt. Nelson blieb nur neun Monate Staatssekretär. In dieser kurzen Zeitspanne fand immerhin das letzte, geschichtsträchtige Treffen der Großen Drei in Jalta statt, wurde in San Francisco die Gründungsversammlung der Vereinten Nationen abgehalten, fiel auf Hiroshima die erste Atombombe. Von noch größerer Tragweite auf internationaler Bühne war der Zerfall der alten kolonialen Imperien Europas und Japans. Gleichzeitig trat eine neue Macht, die Sowjetunion, höchst beunruhigend hervor. Mit dem Kriegsende verging eine alte Ordnung. Eine neue Ordnung wurde aus einem neuen Krieg, dem kalten Krieg, geboren. Nelson hatte 1944 an einer Zusammenkunft des Interamerikanischen Verteidigungsausschusses teilgenommen, in der der Vorsitzende, General Embick, Chef der amerikanischen Kriegsplanung, eine düstere Prognose für die Weltlage nach Kriegsende gab. Die Sitzung hinterließ einen starken Eindruck bei Nelson. General Embick vertrat die Auffassung, daß künftige Kriege nur mit Rohstoffen, industrieller Kapazität, Bevölkerungspotential und einer großen Landmasse geführt werden könnten. Darüber verfügten nur zwei Regionen der Erde: die westliche Hemisphäre und die Sowjetunion. China könnte das Zünglein an der Waage zwischen beiden werden, fügte er hinzu.

An den Ereignissen, die darauf folgten, waren nur wenige beteiligt, so daß Nelson den Eindruck haben konnte, »bei der Schöpfung zugegen zu sein« – so die denkwürdige und bezeichnende Feststellung von Dean Acheson. Das hauptsächliche Geschehen des kalten Krieges spielte sich zuerst in Europa und dann in Asien ab. Im Frühjahr 1945 kam es aber auch zu einem kurzen, spannungsgeladenen Moment auf lateinamerikanischer Bühne.

Die lateinamerikanischen Republiken hatten sich in der Auseinandersetzung mit den Achsenmächten weitgehend zurückgehalten. Nur zwei der zwanzig Republiken schickten ein geringes Truppenkontingent ins Kampfgebiet. Sieben andere, angeführt von Argentinien, erklärten der Achse nicht einmal den Krieg. Vor dem Ende des Krieges drangen Rockefeller und das Außenministerium auf eine geschlossenere Front gegen die Achsenmächte in der westlichen Hemisphäre. Den lateinamerikanischen Nationen, die Deutschland und Japan noch nicht den Krieg erklärt hatten, wurde dazu eine Frist bis zum 1. Februar gesetzt. Andernfalls sollten sie nicht zur neuen Organisation der Vereinten Nationen zugelassen werden. Zur selben Zeit ließ Rockefeller die Planung für eine Interamerikanische Konferenz anlaufen, auf der das im Entstehen begriffene interamerikanische System in eine feste Form gebracht und ein Verteidigungspakt geschlossen werden sollte.

Die Konferenz fand im berühmten Schloß Chapultepec in Mexico City statt. Von Anbeginn wurde sie zu einer großen Vorstellung Rockefellers. Mit einer grandiosen Geste paternalistischer Diplomatie hatte Nelson ein Sonderflugzeug gechartert, mit dem er von sich aus die lateinamerikanischen Botschafter in Washington zur Konferenz fliegen ließ. Außenminister Stettinius nahm auch an der Konferenz teil, doch nach dem Urteil des US-Botschafters in Mexiko war er »überhaupt nicht im Bilde«. Kurz über lang kam es zu tiefen Meinungsverschiedenheiten in der amerikanischen Delegation, was zwei Monate später Konsequenzen für die UNO-Konferenz in San Francisco hatte.

Der Streit entzündete sich an dem gegenseitigen Verteidigungsabkommen, das als »Akt von Chapultepec« bekannt wurde und das dauerhafteste Ergebnis der Konferenz in Mexico City blieb (als Muster für die späteren Allianzen NATO und Seato). In dem Abkommen wurden die bestehenden Grenzen garantiert und festgelegt, daß ein Angriff auf einen amerikanischen Staat als Angriff auf alle angesehen wird. Diese regionale Ausrichtung des Paktes rief den Zorn der Internationalen Abteilung im Außenministerium hervor, das unter Leitung von Leo Pasvolsky, Sonderberater des Außenministers, stand. Pasvolsky und seine Mitstreiter wiesen darauf hin, daß ein derartiges Abkommen im Widerspruch zu den Verpflichtungen stehe, die die Vereinigten Staaten gerade in Dumbarton Oaks eingegangen waren, alle Streitigkeiten in der neuen Weltorganisation vorzubringen. Der Sowjetunion und anderen großen Mächten werde hier ein Vorwand geliefert, ähnliche regionale Sicherheitspakte mit kleineren Staaten zu schließen, die von den Großen leicht beherrscht werden konnten.

Aus der heftigen Kontroverse innerhalb der US-Delegation in Mexico City ging Rockefeller zusammen mit A. A. Berle jr. (der kurz vorher aus dem State Department als Botschafter nach Brasilien entsandt worden war) und Senator Warren Austin, einem einflußreichen Republikaner im Auswärtigen Ausschuß, als Sieger hervor. Sie besaßen die Rückendeckung höchster Militärs der Armee und Marine, denen es gegen den Strich gegangen wäre, ein militärisches Sicherheitsabkommen für ein – wie sie es sahen – idealistisches Konzept zu opfern.

Noch vor dem Kriegsende schwenkte Nelson auf den Kampf gegen den Kommunismus um. Er warf den ideologischen Ballast des antifaschistischen Feldzuges über Bord und bezog eine Stellung, die für die politische Haltung Washingtons im kalten Krieg der kommenden Jahre charakteristisch wurde. Kurz vor der Konferenz reichte Nicolo Tucci, der Leiter des Büros für Lateinamerikastudien im Außenministerium, seinen Rücktritt ein und ersuchte obendrein Außenminister Hull, dieses Amt aufzulösen, weil – so begründete er später – »mein Büro der nazistischen und faschistischen Propaganda in Südamerika entgegenwirken sollte, aber Rockefeller die schlimmsten Faschisten und Nazis in Washington um sich versammelt«. Als Tucci seine Beschwerde direkt bei Nelson vorbrachte, wurde ihm erwidert: »Jeder ist nützlich, lassen Sie uns doch diese Leute für die Freundschaft mit den Vereinigten Staaten gewinnen.« Nach Tuccis Angaben fügte Rockefellers Rechtsanwalt Larry Levy hinzu: »Seien Sie unbesorgt, wir werden diese Leute kaufen.« [153]

Eine »Erwerbung«, die Empörung in der liberalen Presse auslöste, war Argentinien (der bisherige Außenminister Hull hatte vor kurzem noch von »dem Zufluchtsort und dem Hauptquartier der faschistischen Bewegung in der westlichen Hemisphäre« gesprochen). Auf der Konferenz in Chapultepec brachte Nelson eine von Berle entworfene Resolution ein, in der dargelegt wurde, welche inneren Änderungen in Argentinien notwendig seien, bevor Buenos Aires wieder in das interamerikanische System und in die Gemeinschaft der demokratischen Staaten eintreten könne.

Kaum jemand glaubte daran, daß sich die argentinische Regierung wandeln würde, aber Nelson wartete auch nur auf irgendeine Geste. Gleich nachdem Perón persönlich knapp zwei Wochen vor dem Ende des Krieges in Europa den Achsenmächten den Krieg erklärt hatte, entsandte Nelson seinen Stellvertreter Avra Warren nach Argentinien, der dort pro forma eine Untersuchung über die politischen Verhältnisse vornahm. Die Wahl war nicht ohne Grund auf Warren gefallen. Der frühere Botschafter in der Dominikanischen Republik, ein enger Freund des Diktators Trujillo (an dessen Militärschule er seinen Sohn ausbilden ließ), nahm sich dafür nur zwei Tage Zeit. Dann kehrte er wieder zurück und versicherte Nelson, das argentinische Militärregime sei keineswegs mehr faschistisch, weder in seinen Handlungen noch in seiner Gesinnung.

Einen Tag nach der Vorlage des Warren-Berichtes flog Rockefeller wieder mit Diplomaten aus lateinamerikanischen Ländern in einem Sonderflugzeug zu einer Konferenz, diesmal zur Gründungsversammlung der Vereinten Nationen in San Francisco. Er hatte sich fest vorgenommen, die Versuche Pasvolskys und anderer Widersacher im State Department scheitern zu lassen, das Abkommen von Chapultepec den Erfordernissen der neuen Weltorganisation unterzuordnen und den Beitritt Argentiniens zu vereiteln.

Ursprünglich war Rockefeller nicht einmal zu dieser Konferenz eingeladen. Seit dem Tode Franklin D. Roosevelts hatte Nelson keinen Gönner mehr in Washington. Als dann Stettinius in San Francisco eingetroffen war und bedachte, daß bei den Abstimmungen ein Staatenblock für die USA nützlich sein könnte, ließ er Rockefeller nachkommen und übertrug ihm gewissermaßen die Rolle eines Einpeitschers der lateinamerikanischen Nationen. Kaum hatte er die Konferenzszene betreten, war Rockefeller emsig dabei, hinter den Kulissen die Fäden zu ziehen. Er konferierte ständig mit Vertretern der westlichen Hemisphäre und mit Mitgliedern der US-Delegation, die seinem Standpunkt nahestanden (vor allem der einflußreiche rechtsgerichtete Senator Arthur Vandenberg). Auf diese Weise erreichte es Rockefeller, daß die offizielle amerikanische Haltung in Einklang mit seinen Vorstellungen gebracht wurde.

Rockefeller ging dabei wie ein Wahlkämpfer vor, der nicht an Morgen dachte. Eine seiner wohl nicht recht durchdachten Erklärungen lautete, wenn die USA »nicht mit einem geschlossenen Block in der westlichen Hemisphäre auftreten, können wir auf der Weltbühne unseren Willen nicht durchsetzen«.[154] Darüber beklagte sich ein Regierungsbeamter aus dem State Department mit den Worten: »Niemand wußte so recht, was er gerade vorhatte. Er spielte sich beinahe so auf, als sei er seine eigene Delegation.«

In der amerikanischen Delegation gab es eine starke Opposition gegen Rockefellers Auffassungen, und die Erregung darüber war groß. Drei andere Staatssekretäre im Außenministerium (Dean Acheson, James Dunn und Archibald MacLeish) teilten die Befürchtungen Pasvolskys und anderer in der Internationalen Abteilung hinsichtlich der Fürsprache Rockefellers für das Perón-Regime. Roosevelt hatte Stalin in Jalta zweimal versprochen, daß die Vereinigten Staaten das Ersuchen Argentiniens um Beitritt zur Weltorganisation wegen seiner faschistischen Vergangenheit nicht unterstützen würden. Doch solche Überlegungen hielten Rockefeller nicht im geringsten davon ab, mit aller Entschlossenheit und gegen jeden Widerstand die Aufnahme Argentiniens durchzuboxen.

Er nutzte sogar den geschwächten Zustand des kranken Präsidenten aus, um nur einen Monat vor Roosevelts Tod dessen Zustimmung zu seinem argentinischen Manöver zu erlangen, wie seine Kritiker im State Department behaupteten. Ein paar Jahre später schrieb Charles E. Bohlen, ein Karrierediplomat, der mit Roosevelt in Jalta gewesen war und an anderen großen Konferenzen während des Zweiten Weltkrieges teilgenommen hatte, mit einiger Bitterkeit: »Ich machte mir ständig Sorgen über Roosevelts Befinden, und es wurde jetzt vielen klar, daß er ein kranker Mann war. Seine Hände zitterten so sehr, daß er Mühe hatte, ein Telegramm zu halten ... Da Präsident Roosevelts Konzentrationsfähigkeit nachließ und auch seine Energie überhaupt schwand, war er gezwungen, sich noch mehr als sonst auf den guten Willen und das sichere Urteil seiner Berater zu verlassen. Leider muß ich hierzu feststellen, daß einige Roosevelts Verfassung ausgenutzt haben. Zum Beispiel legte ein Mitarbeiter der amerikanischen Regierung – er wurde mir als Staatssekretär Nelson A. Rockefeller benannt – Roosevelt ein Memorandum vor, durch das die Einladung an Argentinien erging, als Gründungsmitglied der Vereinten Nationen aufzutreten. Das ist heute fast schon eine vergessene Episode, aber es handelte sich um einen offenen Bruch unserer Übereinkunft von Jalta, wonach dafür nur jene Nationen in Frage kamen, die Deutschland den Krieg erklärt hatten. Argentinien hatte diese Voraussetzung nicht erfüllt. Roosevelt unterzeichnete das Schriftstück, ohne sich dessen Inhalts richtig bewußt zu sein.« [155]

Als es dann in der Generalversammlung zur großen Kraftprobe mit den Russen kam, setzte sich die von Rockefeller hinter den Kulissen angeheizte Stimmendampfwalze unaufhaltsam in Bewegung. Zunächst konnte der sowjetische Außenminister Molotow bei den verbalen Wortgeplänkeln noch triumphieren. Zur nicht geringen Verlegenheit der amerikanischen Delegation zitierte er nach Belieben aus früheren Urteilen Roosevelts, Hulls und Rockefellers über Perón und den argentinischen Faschismus. Bei der Abstimmung hatte er jedoch das Nachsehen. Die Vereinigten Staaten hatten die Mehrheit auf ihrer Seite: 32 votierten für die Zulassung Argentiniens, und nur vier des sowjetischen Blocks (Rußland, die Ukraine, Weißrußland und Jugoslawien) stimmten dagegen.

Nächster Punkt auf der Tagesordnung in San Francisco war das Abkommen von Chapultepec. Darüber wurde debattiert, nachdem Nelson zu Besprechungen mit Präsident Truman nach Washington zurückgeflogen war, weil die Abstimmung über Argentinien scharfe Kritik ausgelöst hatte. Bei seiner Rückkehr zur UNO-Konferenz am 5. Mai mußte er feststellen, daß Stettinius dem Druck aus der amerikanischen Delegation nachgegeben hatte. Von ihm lag eine Absichtserklärung für eine Änderung der UNO-Charta vor, mit der klargestellt werden sollte, daß mit Ausnahme »von Maßnahmen gegen Feindstaaten in diesem Krieg« keine Zwangsmaßnahmen »gemäß regionaler Abmachungen oder durch regionale Institutionen ohne die Ermächtigung des Sicherheitsrates« unternommen werden dürfen.

Durch diese Änderung der UNO-Charta wurde für die internationale Ordnung der Grundsatz der Universalität zugrundegelegt. Die USA selbst hatten ihn in Dumbarton Oaks vorgeschlagen; er sollte die imperialen Blöcke und militärischen Allianzen ersetzen, die zwei schreckliche Kriege in einer Generation entfesselt hatten. Nelson sah darin aber eine Klausel, die einen Zusammenschluß in der westlichen Hemisphäre verhinderte, den er betrieb. Sogleich nach der Ankunft in San Francisco bat er um ein vertrauliches Gespräch mit Stettinius. Der Außenminister ließ sich jedoch nicht sprechen, weil er »erschöpft« sei. Statt dessen wurde Nelson geraten, mit Pasvolsky oder Staatssekretär James Dunn, also zwei Sprechern der Gegenseite, zu reden. Nelson kam es nicht in den Sinn, etwa klein beizugeben. Vielmehr eröffnete er eine Gegenoffensive. Sie begann mit einem Essen für Senator Vandenberg, der nicht nur ein gewichtiges Mitglied der amerikanischen Delegation, sondern auch eine Schlüsselfigur im Ringen um die Zustimmung des Senats war. Ohne diese Zustimmung hätte es eine Wiederholung jenes Fiaskos gegeben, als der amerikanische Beitritt zum Völkerbund abgelehnt wurde.

In den Gesprächen, die in der Suite Rockefellers im Saint-Francis-Hotel stattfanden, schürte Nelson das bekannte Mißtrauen Vandenbergs gegenüber den Sowjets. Er führte ins Feld, die vorgeschlagene Änderung der UNO-Charta laufe auf eine Annullierung der Monroe-Doktrin hinaus. Auch hofften die Briten und Franzosen auf die Verabschiedung des Antrages, weil so das interamerikanische System geschwächt werde, das ihrer politischen Expansion in der westlichen Hemisphäre im Wege stehe. Bevor der Abend zu Ende ging, kündigte Vandenberg an, er wolle in einem Schreiben an Stettinius verlangen, daß der Vertrag von Chapultepec ausdrücklich von der UNO-Änderung ausgenommen werde, weil dieses Bündnis »der Ausdruck einer fortgesetzten interamerikanischen Politik seit mehr als einem Jahrhundert und ohne Aussicht auf eine gegenwärtig denkbare Nachahmung irgendwo in der Welt« sei. [156]

Als Stettinius am nächsten Morgen dieses Schreiben erhielt, war in seinem Penthouse »die Hölle los« (so vertraute jedenfalls Vandenberg seinem Tagebuch an). Die meisten Mitglieder der US-Delegation lehnten den Vorstoß von Rockefeller und Vandenberg ab. Einige, auch Pasvolsky, die sich seit Monaten mit dem lästigen jungen Rockefeller hatten herumschlagen müssen, hatten gehofft, in San Francisco etwas von dem in Mexico City verlorenen Terrain wiederzugewinnen. Die Opposition bestand aber nicht nur aus Idealisten und jenen, die Rockefeller aus politischen oder persönlichen Gründen nicht über den Weg trauten. Einer der schärfsten Kritiker war kein geringerer als John Foster Dulles, ein bekannter Rechtsanwalt und außenpolitischer Ratgeber der Republikaner. Als Seniorpartner in der Anwaltskanzlei Sullivan & Cromwell, als Rechtsberater der Standard Oil und als langjähriger Treuhänder der Rockefeller Foundation gab Dulles eine bedeutende Figur im gesellschaftlichen Spektrum Rockefellers ab. Doch in diesem Falle zeigte er sich äußerst erbost über Nelsons Kumpanei mit Vandenberg. Er warf ihm vor, einen »gefährlichen und schädlichen« Kurs zu verfolgen, der »die Konferenz zum Scheitern bringen könnte«.

Nach der Ansicht von Dulles und anderen behielten die USA außer dem Recht auf Selbstverteidigung, das in der UNO-Charta verankert ist, noch genügend Bewegungsfreiheit für die regionale Verteidigung, somit auch für Interventionen in den unruhigen Ländern Lateinamerikas. Eine ausdrückliche Anerkennung dieses Rechtes, so befürchteten sie, könnte die Russen zu dem Verlangen nach ähnlichen Vorrechten in Osteuropa und in anderen angrenzenden Gebieten anregen. Dieses Argument klang überzeugend, doch blieben Rockefeller und Vandenberg hartnäckig.

Nach der Zusammenkunft wandte sich der Staatssekretär im Kriegsministerium, John J. McCloy, telefonisch mit der Bitte um Rat an seinen Vorgesetzten, Kriegsminister Henry Stimson. Stimson galt damals als der Doyen der amerikanischen Diplomatie, hatte er doch fünf Kabinetten bis hin zur Taft-Administration als Außen- oder Kriegsminister angehört.

Er war der stille Lenker im Council on Foreign Relations. Sein Amt glich fast einer Akademie für junge Diplomaten vom Schlage McCloys, Robert Lovetts und vieler anderer, die Amerikas Politik in der Nachkriegsära beeinflußten, durchweg hervorragende und hochintelligente junge Männer, die außerhalb ihrer eigenen Welt der Elite noch nahezu unbekannt waren. *

In dem dringenden Telefongespräch aus San Francisco erklärte McCloy Kriegsminister Stimson: »Ich bin davon ausgegangen, daß wir das Beste herausholen werden: Wir behalten es uns vor, in Übereinstimmung mit dem regionalen Abkommen in Südamerika vorzugehen, aber auch in Europa sofort einzugreifen, wenn es notwendig wird.« Die Befürworter des Entwurfes von Dumbarton Oaks in der amerikanischen Verhandlungsdelegation, so meldete McCloy, verträten die Auffassung, daß eine Ausdehnung des regionalen Konzepts (wie es Rockefeller anstrebte) das Konzept einer Weltorganisation unterminieren würde.

Stimson pflichtete ihm bei. Allerdings hielt er es für vertretbar, den Wunsch der Vereinigten Staaten vorzubringen, ein einzigartiges Recht auf ein Eingreifen in Lateinamerika beizubehalten. Er regte des weiteren an, die US-Delegation sollte gegen eine entsprechende Forderung der Russen in Europa angehen, weil Rußland im Vergleich zu den europäischen Staaten nicht groß genug sei, um es als gewährleistet ansehen zu können, daß dort Interventionen in »gemäßigter« Weise unternommen würden. Im Gegenteil, »wenn wir uns bei diesen kleinen Burschen (in Lateinamerika) zu schaffen machen, wird dadurch das Gleichgewicht in Europa nicht im geringsten berührt«.

Am selben Nachmittag unterrichtete McCloy die amerikanische Delegation davon, daß der Kriegsminister eine Ausnahmeregelung für die interamerikanische Allianz befürworte, »selbst auf Kosten einer nicht sofort zu erreichenden Übereinkunft mit der Sowjetunion«. Stimson hoffte nach der Darstellung McCloys, daß keine weiteren Wünsche für Sonderregelungen vorgebracht würden. Die dann von Harold Stassen auf Wunsch Rockefellers entworfene Klausel nahm ausdrücklich das Abkommen von Chapultepec und die Monroe-Doktrin von dem Verbot regionaler Bündnisse aus. Die Briten, deren Interessen in Lateinamerika beeinträchtigt wurden, bezeichneten dies als einen »Regionalismus der übelsten Sorte«, doch schließlich konnte ein Kompromiß unter den Alliierten erzielt werden. Ein Bezug auf Chapultepec wurde fallen-

---

* McCloy, ein Rechtsanwalt bei Cravath Swaine, bekleidete zum Beispiel die Posten des Hochkommissars in Nachkriegsdeutschland, des Koordinators bei den amerikanischen Abrüstungsbestrebungen und des Vorsitzenden der Chase Manhattan Bank sowie der Ford Foundation.

gelassen, und das Regionalkonzept wurde in der Selbstverteidigungsklausel, die als Artikel 51 der UNO-Charta* bekannt wurde, förmlich verankert. Sie gab die »legale« Grundlage für alle militärischen Allianzen der Nachkriegszeit ab.

Wieder hatte Nelson gewonnen, doch er hatte sich in dieser Schlacht verausgabt. Er hatte zwar im Weißen Haus nie in hoher Gunst gestanden, seitdem dort Harry Truman eingezogen war, aber nach dem Abschluß der Konferenz von San Francisco und nach der Ablösung des unglücklichen Stettinius durch James Byrnes war sein Stern rapide gesunken.

Es paßte zusammen, daß ausgerechnet eine Neuauflage des Streites über Argentinien den Abschied Nelsons von Washington beschleunigte. Bei den andauernden Angriffen von seiten der Gewerkschaften und liberaler Kräfte gegen die amerikanische Tuchfühlung mit dem Peronismus bot sich die Absetzung Rockefellers als ein Schritt an, durch den man die von ihm vertretene Politik gerade noch retten konnte. Am 23. August traf er mit Außenminister Byrnes zu einem Gespräch über die Nachkriegszeit in Lateinamerika zusammen. Bevor Rockefeller auch nur mit ein paar einleitenden Sätzen zu Worte kam, unterbrach ihn Byrnes mit der barschen Feststellung: »Offen gesagt, wir brauchen uns gar nicht weiter zu unterhalten. Der Präsident wird Ihre Rücktrittserklärung annehmen.« Nelson begab sich nun zu einer Audienz mit dem Präsidenten ins Weiße Haus. »Ich erklärte ihm, daß ich nicht zurücktreten wolle«, schilderte er das Gespräch. »Ich wies darauf hin, daß Südamerika viel zu wichtig sei.« Truman stimmte höflich zu, erklärte ihm aber, daß er sich hinter Byrnes stellen müsse. Wenn er später mit Freunden über seinen Abgang und die Unterredung im Weißen Haus sprach, schloß er stets mit den Worten: »Er hat mich rausgeschmissen!« [157]

---

* Im Einklang mit dem Artikel 51 schufen die USA 1947 den Pakt von Rio. Der Nordatlantikpakt (NATO) folgte zwei Jahre später (die Sowjets reagierten darauf mit dem Warschauer Pakt) und der Südostasienpakt (Seato) im Jahre 1954. Im Rahmen der Seato kamen US-Truppen nach Vietnam.
John Foster Dulles, der Schöpfer der letzten und verhängnisvollsten Allianz Amerikas, entschuldigte sich bald darauf bei dem jungen Rockefeller für sein Entgegenwirken in San Francisco. Er wußte es zu würdigen, welchen wichtigen Beitrag Rockefeller bei der Entwicklung der Grundlagen für die Außenpolitik gelegt hatte, die er dann selbst als Außenminister unter Eisenhower verfolgte.

# Kapitel 14

Für die Brüder Rockefeller brachten die Kriegsjahre eine Befreiung von der Disziplin, in der ihr Vater sie hielt, und sie konnten so ihre Lebensbahnen auf halbem Wege korrigieren. Nelson, der als einziger den Weg seines Großvaters im Erdölgeschäft hätte einschlagen können, entdeckte – ob zum Guten oder zum Schlechten, sei dahingestellt – seinen Ehrgeiz, in Washington politische Macht auszuüben. John III, zum ersten Mal in seinem Leben frei vom Einwirken seines Vaters, sah sich, wie er sagte, in die Lage versetzt, »meinen wirklichen Interessen nachzugehen«. Laurance hatte herausgefunden, wie er am besten sein Geschick beim Geldverdienen mit seinen Interessen an neuen technischen Entwicklungen, die für die Rüstung und Verteidigung so wichtig geworden waren, verbinden konnte. David war darauf gekommen, daß die günstigste seiner vielen Möglichkeiten der Eintritt in die Chase war. Nur Winthrop hatte sich noch nicht entschieden. Aber was er auch anfing, seine künftigen Fehler würden keine Jugendsünden mehr sein, sondern die Irrungen eines Erwachsenen. Bei Ausbruch des Krieges waren sie noch Mr. Rockefellers Söhne gewesen. Als der Krieg vorüber war, waren sie die Gebrüder Rockefeller.

Sie kehrten voller Zuversicht und Vertrauen nach Hause zurück. Sie vertrauten der Fähigkeit ihrer Generation, die Dinge in der Welt zu ordnen, und ihrer eigenen Fähigkeit, die Führung der Familie von ihrem Vater zu übernehmen. Im Jahre 1940, kurz bevor Amerika in den Krieg eintrat, hatten sie zur Abwicklung ihrer persönlichen philanthropischen Betätigungen den Rockefeller Brothers Fund geschaffen. In der Gründungsurkunde fügten sie eine Absichtserklärung ein, die fast wie eine Präambel zu einer Verfassungsurkunde klang: »Wir, die Unterzeichner, als Brüder und mit gemeinsamen Absichten und Zielen, haben uns in dem Bestreben zusammengeschlossen, die Tradition des Dienstes an der Allgemeinheit und der furchtlosen Führung fortzusetzen, die von unserem Großvater begonnen und von unseren Eltern weitergeführt und ausgedehnt worden ist. Indem wir unsere Anstrengungen vereinen und unsere Betätigungen koordinieren, hegen wir die Hoffnung, noch wirkungsvoller die Bewahrung und Entwicklung der republikanischen Regierungsform und des privaten Wirtschaftssystems unterstützen zu können, die nach unserer Meinung grundlegende Faktoren dafür gewesen sind, die Vereinigten Staaten zu einer starken Nation und einem freien Volk zu machen ... In Übereinstimmung mit dieser Überzeugung sind wir bereit, persönliche und einzelne Interessen dem größeren Ziele unterzuordnen, wann immer dies zur Erlangung dieser Ziele erforderlich ist. Wir geloben, unsere individuellen Fähigkeiten und alle materiellen Mittel, die zu unserer Verfügung stehen, zur Förderung dieser Ziele einzusetzen. Durch das gemeinsame Handeln mit einem gemeinsamen Bestreben sehen wir uns in die Lage versetzt, sowohl unsere gemeinsamen Interessen zu fördern als auch unsere individuellen Interessen zu pflegen und zu verwirklichen. Es steht uns frei, voneinander unabhängige und verschiedene Berufswege zu gehen, doch zugleich ist es uns möglich, aus unseren diversen Interessen bei der Erreichung der gemeinsamen Ziele den vollen Nutzen zu ziehen. Demgemäß schließen wir hiermit einen Gesellschaftervertrag, der darauf gerichtet ist, dem obengenannten Ziele zu dienen.«[158]

Pearl Harbor hatte sie teilweise von diesem Vorhaben abgebracht, jedoch nun, sechs Jahre später, kehrten sie in Büros in der 56. Etage des RCA-Gebäudes im Rockefeller Center zurück. Ihr Vater hatte ihnen den Platz reservieren lassen, als das Büro der Familie von dem historischen Broadway 26 hierher verlegt wurde, obwohl Winthrop noch auf den Ölfeldern arbeitete und David noch das College besuchte. In der Mitte der Räume lag Room 5600 (unter dieser Bezeichnung wurde jetzt das Büro der Familie bekannt), in das Junior die schwere Einrichtung mitgebracht hatte, die seit Jahrzehnten in seinem Büro gestanden hatte.

»Jetzt begann eine neue Zeit«, stellte John III später fest. »Wir versammelten uns alle und befanden, daß eine Neuverteilung der Aufgaben vorgenommen werden sollte.« Nelson wurde die Verantwortung für das Rockefeller Center und John für die Rockefeller Foundation übertragen; Laurance übernahm die Jackson Hole Preserve, Inc. sowie die anderen Obliegenheiten im Naturschutz, David trat in den Vorstand des Institute for Medical Research (das kurz darauf in Rockefeller University umbenannt wurde) ein und nahm sich der Riverside Church an.

Bei dieser Neuordnung ging es nicht ohne einiges Durcheinander ab, aber das war nicht anders zu erwarten. Im ganzen gesehen, ließ sich alles recht ordentlich an, gerade so, wie Junior es sich stets erhofft hatte. Er war nun 70 Jahre alt, noch bei guter Gesundheit und erfreute sich eines großen Ansehens. An seinen Abgang aufs Altenteil dachte er noch lange nicht, vielmehr freute er sich darauf, in dieser Zeit großer Möglichkeiten und Erfordernisse für Amerika mit seinen Söhnen zusammenzuarbeiten. John Lockwood, der Rechtsanwalt von Milbank Tweed, der mit Nelson nach Washington gegangen und nun auch mit ihm zurückgekehrt war, verglich das Büro mit einem gut funktionierenden Sonnensystem: »Mr. Rockefeller junior nahm den Platz der Sonne ein, die Jungen umkreisten ihn wie die Planeten. Kam einer ihm zu nahe, dann verbrannte er sich; entfernte einer sich zu sehr, dann flog er aus der Umlaufbahn. Alles war darauf eingestellt, daß jeder Sohn seine eigene, ideale Bahn um den Vater zog.«

Allerdings herrschte dort keineswegs nur die platonische Harmonie höherer Sphären. Unter der Oberfläche des gemeinsamen Handelns und der guten Sitten, die bei den Rockefellers auch in Zeiten größter Spannungen untereinander bewahrt wurden, schwelten Konflikte, wogte der Kampf um die Vormachtstellung unter den Söhnen, gab es das Verlangen, aus dem Bannkreis der väterlichen Autorität auszubrechen. Nelson stand dabei natürlich wieder im Brennpunkt. Er hatte sich in Washington daran gewöhnt, sich so frei zu bewegen, wie es sein politisches Geschick zuließ. Ihm behagte es gar nicht, in eine wesentlich strengere Ordnung zurückkehren zu müssen, zumal sich dort die Veränderungen, die er in den vergangenen fünf Jahren mitgemacht hatte, nicht ausgewirkt hatten.

Nelson war von Bürgermeister O'Dwyer in einen Ausschuß berufen worden, der die UNO dafür gewinnen sollte, ihr Hauptquartier in New York einzurichten. Die anfänglichen Hoffnungen, das Gelände der alten Weltausstellung in Flushing Meadow würde von den Delegierten akzeptiert werden, erfüllten sich nicht. Auf einmal schienen Philadelphia und sogar San Francisco bessere Aussichten zu haben, ständiger Sitz der Weltorganisation zu werden. Da bot Nelson aus einer impulsiven Regung heraus das Rockefeller Center als Konferenzraum für die Vollversammlung an. Dieser Vorschlag wurde sofort von der Presse aufgegriffen. Sein Vater aber, der verärgert war, weil man ihn vorher nicht gefragt hatte, legte Einspruch ein. So sah sich sein Sohn gezwungen, das Angebot zurückzuziehen. Es war eine Blamage, und er war wütend.

Die UNO-Delegierten hatten sich für die Entscheidung eine Frist bis zum 11. Dezember 1946 gesetzt. Nelson hielt sich mit Frank Jamieson zur Amtseinführung von Präsident Aleman in Mexiko auf, als der Chefredakteur der *New York Times*, James Reston, Jamieson wissen ließ, die Delegierten würden noch immer New York vorziehen, sofern sich ein geeignetes Grundstück finden lasse. Da entschloß sich Nelson, zurückzufliegen und einen letzten Versuch zu unternehmen. Am Morgen des 10. Dezember beriet er im Room 5600 mit seinen engsten Mitarbeitern Jamieson, Harrison und Lockwood sowie seinem Bruder Laurance. Dabei wurde Pocantico als mögliches Gelände erwähnt. Sogleich ließ sich Nelson Karten reichen. Dann nahm er das Telefon und bestürmte seine abwesenden Brüder, dem Plan zuzustimmen, den gesamten Grundbesitz oder einen Teil der Familienländereien in Tarrytown abzugeben. Einer nach dem anderen willigte ein. John III nur mit großem Widerstreben und David erst nach der traurigen Frage: »Könnte ich nicht Geld anstatt Grund und Boden geben?« Sogar Junior gab unter Schmerzen seine Zustimmung. Doch dann ließ der Ausschuß, der den UNO-Sitz auszuwählen hatte, durchblicken, daß den Delegierten Westchester County zu abgelegen sei.

An jenem Abend, als die Entscheidung der UNO anstand, schlug Wally Harrison auf einmal ein 17 Hektar großes Areal vor, auf dem der Grundstücksmakler William Zeckendorf, Spezialist für großartige Projekte, am East River zwischen der 42. und der 49. Straße die sogenannte »City« bauen wollte. Harrison (der dort leitender Architekt werden sollte) rechnete sich aus, daß Zeckendorf das Gelände für 8,5 Millionen Dollar verkaufen würde. Wenn es zum Abschluß käme, könnten zwei Fliegen mit einer Klappe getroffen werden: Man brauchte sich nicht um eine mögliche Konkurrenz für das Rockefeller Center zu sorgen, das damals erst zu 60 Prozent vermietet war, und ein großes Gebiet in der Mitte Manhattans würde saniert.

In wesentlich besserer Stimmung rief Nelson seinen Vater an, der von sich aus die ganze Summe dafür anbot. »Vater, das ist aber sehr großzügig!« rief Nelson aus. Noch bevor er den Hörer aufgelegt hatte, war Harrison schon von ihm auf die Suche nach Zeckendorf geschickt worden. Er traf ihn in seinem Nachtclub Monte Carlo an, wo das Geschäft dann abgeschlossen wurde.

Zwei Tage später, als das Gelände am East River von den UNO-Delegierten in aller Form akzeptiert worden war, unterschrieb Junior beim Frühstück mit Nelson die Papiere. Nelson war schon auf dem Sprung zu Senator Warren Austin, dem Chef der amerikanischen Delegation bei den Vereinten Nationen, um ihm die Dokumente zu überbringen.

Im übrigen waren Nelson und seine Brüder davon überzeugt, daß sie aus dem Schatten ihres Vaters hervortreten *mußten*. Als Entscheidungszentrale, von der aus die finanziellen und philanthropischen Beteiligungen der Familie kontrolliert wurden, bot das Büro den richtigen Ansatzpunkt für eine Machtveränderung. Die Brüder brachten aus dem Krieg neue Ideen mit, und sie waren von Ungeduld gegenüber der älteren Generation erfüllt. Das alles verwirrte Junior. Seine Alte Garde der Mitarbeiter war bestürzt; sie sah die Brüder als eine Gefahr für den Apparat. Sie fürchtete, daß die Brüder – vor allem Nelson – aus dem Büro sogleich einen lauten Geschäftsbetrieb, ja einen Zirkus machen würden.

Eine Zeitlang schwelte der Konflikt, doch 1947 brach er offen aus. Nelson wollte John Lockwood (der bereits die Rolle seines privaten Rechtsberaters übernommen hatte) zum offiziellen Rechtsbeistand der ganzen Familie machen. Zwar wußte »Premierminister« Debevoise, daß für ihn die Zeit gekommen war, einem anderen zu weichen. Aus Verantwortungsgefühl für die anderen der Alten Garde versuchte er aber, Vanderbilt Webb, der bereits seit 1939 mit dem Büro zu tun hatte, als Nachfolger einzuführen. Der sich daraus entwickelnde Machtkampf wurde auf die eleganteste Weise ausgetragen. Bei den Beratungen bediente man sich einer so zurückhaltenden Sprache, daß die Angestellten im Büro nicht einmal bemerkten, was sich da eigentlich abspielte. Darauf verstand sich auch Nelson seit seinen Jahren in Washington. Als sich dann der Rauch verzog, hatte Lockwood seine Bestallung zum ersten Rechtsanwalt der Familie, Webb wurde nur noch für Sonderaufträge herangezogen, und Debevoise sah sich in den Ruhestand versetzt, wurde aber weiter von Junior konsultiert.

Nach der Ablösung von Debevoise fiel der Widerstand gegen die Brüder in sich zusammen. Als Gegenleistung stellten die Brüder klar, daß sie nicht die Absicht hätten, etwa eine »Säuberung« im Room 5600 zu veranstalten, sondern sie wollten die Alte Garde bis zum Erreichen des Pensionsalters auf ihren Posten belassen. Streng genommen waren die Söhne Untermieter ihres Vaters, obwohl er ihnen nie Miete abnahm und sie nicht zu den beträchtlichen Kosten des Büros heranzog. Trotzdem schufen sie in ihren Räumen eigene, selbständige Büros. Sie holten eigene Partner herein, die wiederum in den Stab Juniors aufrückten, sobald dort durch Tod oder Pensionierung ein Platz frei wurde. Auf dem Namenstäfelchen an der Tür zum Room 5600 stand nun »Rockefeller: Office of the Messrs.« Bei so vielen Herren im Hause gewöhnte es sich das Personal an, die Rockefellers mit »Mr. John«, »Mr. Nelson«, »Mr. Laurance« usw. anzureden.

Die nächste Operation startete im Rockefeller Center. Nach langwierigen Gesprächen überzeugte Nelson seinen Vater, daß es angebracht sei, die Aktien des Center ihm und seinen Brüdern zu übertragen. Der Bau des Rockefeller Center war in den dreißiger Jahren ein großes finanzielles Risiko gewesen, das sich jetzt bezahlt machte. Das Center stellte den eindrucksvollsten und wertvollsten Immobilienbesitz in New York dar. Sein Marktwert war mit jedem Bauboom gestiegen, der in Mid-Manhattan im Nachgang zu dem UNO-Projekt eingesetzt hatte. Wer das Center kontrollierte, hatte nicht nur eine gewichtige Stimme in den kommunalen Angelegenheiten, er konnte auch hochbezahlte Posten im Rockefeller Center mit Leuten seines Vertrauens besetzen (was sie auch taten), die dort gewissermaßen eine Wartestellung bezogen. Nelson war sich bewußt, daß das Center die bedeutendste Anlage seiner Generation war, und er überredete seinen Vater, das Center an die »'34 Trusts«, den er für seine Söhne eingerichtet hatte, »zu verkaufen«.

Obwohl er von seinen Söhnen für autoritär gehalten wurde, gab Junior den Forderungen der jungen Männer leichter als erwartet nach. Nur als es um Pocantico ging, reagierte er beleidigt auf ihre Machtübernahme. Auf dem Landsitz waren neue Gebäude errichtet worden, wuchs eine neue Generation – die vierte – heran, spielten Rockefeller-Kinder in den Wäldern. Doch dieser Landsitz war noch abgelegen und friedlich wie vor einem halben Jahrhundert, als Junior seinen Vater zum Kauf überredet hatte.

Seither hatte er die Besitzung vergrößert; jedes Stück Land, das in der Nachbarschaft zum Verkauf stand, erwarb er hinzu. Nach dem Tode des Seniors zog er in das Big House ein und übernahm damit die Rolle des Grundherrn von Kijkuit. Seine Kinder bezogen Häuser, die wiederum die Eigenarten und Wechselbeziehungen der dritten Generation widerspiegelten.

John III suchte die Abgeschiedenheit. Er ließ 1940 an einem langgestreckten, hügeligen Weideland nahe der Ortschaft Mount Pleasant ein französisches Château mit Schieferdach nachbilden. Die Wahl dieses Standortes schien seinen Wunsch zu unterstreichen, der Belastung seiner Ältestenrolle in der Nähe von Kijkuit zu entgehen. Seine jüngeren Brüder zog es dagegen in das geistige Zentrum des Besitztums. Nelson nahm sich nach der Heirat das Hawes House. Es war im alten holländischen Kolonialstil erbaut und wies tiefe Kerben in der Haustür auf. Nach der örtlichen Legende sollen sie von Säbelhieben hessischer Söldner während der amerikanischen Revolution herrühren.

Für Laurance wurde ein modernes Haus aus weißen Backsteinen errichtet, das er Kent House taufte. Es lag unweit des Hauses von Nelson. Und David erwarb das Heim von Babs nach ihrer Scheidung 1943. Von da an hieß es Hudson Pines. Winthrop kam nie so weit, ein ständiges Heim in Pocantico zu schaffen. Von Zeit zu Zeit wohnte er aber im Breuer House. Dieses ultramoderne Gebilde aus Holz und Glas war von Marcel Breuer entworfen und im Museum of Modern Art ausgestellt worden.

Später ließ man es in Teile zerlegen, auf Tieflader hieven, nach Pocantico schaffen und dort wieder aufbauen.

Als nächstes regte Nelson an, die Brüder sollten sich auch Pocantico überschreiben lassen, so wie es mit dem Rockefeller Center geschehen war. Doch dieser Vorschlag kam nicht so gut an. Vielleicht hätte es keine verletzten Gefühle und keine langgezogenen Verhandlungen darüber gegeben, wenn Abby da gewesen wäre und in ihrer erprobten Weise als Vermittlerin zwischen ihrem Mann und ihren Kindern fungiert hätte. Sie litt seit der Kriegszeit an Herzbeschwerden, die 1946 so schlimm wurden, daß sie die kalten Wintermonate in Tucson verbringen mußte, wo sie mit ihrem Mann einen kleinen Gasthof entdeckt hatten, der beiden sehr gefiel. Tagsüber saß sie dort in der Sonne und schrieb Briefe an ihre Kinder und Enkelkinder. Junior las ihr aus »Jane Eyre« vor, doch mochte er »Wuthering Heights« nicht zu Ende lesen, weil ihm die sprachlichen Ausschweifungen mißfielen. Im Jahre 1948 starb Abby.

Nach eingehenden Erörterungen brachte Nelson Junior 1950 endgültig dazu, der Gründung einer Holdinggesellschaft für den Grundbesitz der Familie, Pocantico eingeschlossen, mit dem Namen Hills Realty zuzustimmen. Schon 1952 drängte er seinen Vater, seinen Anteil an Hills Realty an die Brüder zu verkaufen.

Erst später in diesem Jahr gab Junior nach. Er verkaufte seine Beteiligung an der Hills Company an seine Söhne, behielt aber das Wohnrecht auf Lebenszeit. Die Aktien wurden entsprechend der Anlagen aufgeteilt: Nelson und Laurance, die dort ihre Häuser hatten, erhielten $30^3/_4$ Prozent, David, der in der Nähe des Parks wohnte, bekam 23 Prozent, auf John III und Winthrop entfielen je $7^3/_4$ Prozent. Der Kaufpreis, den sie für die 245 Hektar Land und die Gebäude entrichteten, hätte Immobilienmakler vor Neid erblassen lassen: Ganze 311 000 Dollar für einen Besitz, der das Zehn- bis Zwanzigfache wert war. Wohl hatte ihn die Eile, mit der seine Söhne die Einrichtungen der Familie an sich brachten, aus der Fassung gebracht, aber Junior gestand sich auch ein, daß er sie selbst konsequent auf diese Aufgabe vorbereitet hatte. Sorge bereitete ihm nur der Umstand, daß Nelson mit so viel mehr Ehrgeiz und Kompetenz als seine Brüder auftrat und daß seine Söhne auch viel weniger Interesse an wohltätigen Vorhaben zeigten, als er gehofft hatte.

Die Familie besaß noch Einfluß auf die Rockefeller Foundation, aber sie hatte die Kontrolle über die Stiftung verloren. Die Wendemarke wurde Anfang 1936 erreicht. Damals bestand Raymond Fosdick darauf, die Foundation von der Familie unabhängig zu machen, bevor er die Präsidentschaft der Foundation übernahm.

Junior wußte, daß das größte philanthropische Werk der Familie nicht der Kritik ausgesetzt sein durfte, es sei ein Spielball der Förderer. Er selbst hatte soviel Geld geerbt, daß er nicht der Rockefeller Foundation bedurfte, um etwas für das Gemeinwohl zu tun. Seine Söhne würden jedoch längst nicht soviel bekommen und ausgeben können. Deshalb wurde der Rockefeller Brothers Fund gegründet. Deshalb gab Junior im Jahre 1951 diesem Fonds 58 Millionen Dollar. Diese Stiftung nahm mit einem Schlage den vierten Rang in Amerika ein. Nun konnten die Brüder daran gehen, aus eigener Kraft ihre eigenen Unternehmungen zu beginnen.

# Kapitel 15

Die Gebrüder Rockefeller, so schien es, verkörperten die beste Tradition der Reichen und Mächtigen in Amerika. Sie repräsentierten *verantwortungsbewußten* Reichtum und Einfluß. Das im Room 5600 aufgenommene Gruppenbild porträtiert fünf Ritter in dreiteiligen Anzügen, im Aufbruch zu Ruhmestaten zum Wohle der Menschheit.

Einiges aber war auf dem Bild nicht zu sehen. Konkret ausgedrückt: Babs. Da sie eine Frau war, erwartete man von ihr nicht mehr, als eine glückliche Ehe zu führen. Eben das schien ihr nicht vergönnt zu sein. Um das Jahr 1942 hatten die Handwerker und Dienstboten in Pocantico, die immer als erste wußten, was hier vorging, die oft lange Abwesenheit ihres Mannes David Milton bemerkt. Im folgenden Jahr ließ er sich überhaupt nicht mehr blicken. Beide ließen nun ihre Trennung publik werden. Nach der Scheidung und dem Verkauf ihres Hauses an ihren Bruder David zog Babs nach Long Island. Sie heiratete den nächsten ihrer insgesamt drei Ehemänner. Fragte man sie, warum sie so selten den Landsitz der Familie aufsuchte, gab sie zur Antwort, dort überkämen sie jedesmal »bittersüße Erinnerungen«.

Junior beunruhigte das Problem Babs, aber er hatte die Schwierigkeiten einer willensstarken, dabei ziellosen Frau schon bei seiner Schwester Edith erlebt. In gewisser Weise hatte er sich damit abgefunden, von seiner Tochter enttäuscht zu werden. Daß Winthrop nicht den Erwartungen entsprach, bereitete ihm weitaus mehr Kopfschmerzen.

Abgesehen von Äußerlichkeiten – sein Haar wurde schütter, und er hatte von einem Kamikaze-Angriff auf das Schiff während der Invasion von Okinawa die Narben von Brandwunden behalten – war Winthrop ziemlich unverändert aus dem Kriege heimgekehrt. In vieler Hinsicht unterschied er sich nicht von den anderen: er war konservativ eingestellt, mit angenehmer Lebensart, ein Republikaner.

In anderer Hinsicht war er jedoch mit den anderen nicht zu vergleichen. Ihm lag es beispielsweise nicht, eine Chance mit beiden Händen zu ergreifen und zu seinem Vorteil zu nutzen. Nach der Entlassung aus dem Militärdienst schlug er Kriegsminister Robert Patterson vor, sein Ministerium sollte eine Untersuchung über die Probleme der Kriegsteilnehmer anstellen. Der Kriegsminister stimmte dem Vorhaben zu. So bereiste Winthrop in der ersten Jahreshälfte 1946 im Auto die USA, um herauszufinden, wie die Männer, die die besten Jahre ihres Lebens der Nation opfern mußten, in der Heimat zurechtkamen. In seinem Bericht an das Pentagon bemerkte er am

Golf spielte er täglich, ganz gleich, welches Wetter herrschte, und auch mit neunzig konnte er den Ball noch hundert Meter weit schlagen.

Die Grundsätze der Baptistenkirche blieben für das häusliche Leben von Cettie und
Senior immer bestimmend. Jeden Morgen wurde am Frühstückstisch gebetet. Karten waren
im Hause verboten, und sonntags gab es keine warmen Mahlzeiten, damit die Arbeit des
Kochens den Feiertag nicht entheilige.

Abby Aldrich wurde eine Vorkämpferin der Moderne in der Kunst. Junior hatte bei den Dinners
mit den Künstlern sehr zu leiden, denn sie ließen ihn ihre Verachtung spüren. Trotzdem gab er
fünf Millionen, damit Abby zu den Gründern des Museum of Modern Art gehören konnte.

Jahresende, daß die entsprechende Gesetzesvorlage nur »ein Versuch ist, die Kriegsteilnehmer mit Geld abzufinden«. Er schlug Bürgerkomitees in allen Gemeinden vor, die sich der Sorgen und Nöte der Heimkehrer auf individueller Basis annehmen sollten. Winthrop erklärte sich bereit, die erste Million Dollar dafür aus der eigenen Tasche zu zahlen. Doch Präsident Truman, der sich gerade von einem Rockefeller getrennt hatte, war nicht darauf erpicht, einen zweiten auf einen wichtigen politischen Posten zu setzen, und verwarf das Vorhaben.

Nelson hätte Mittel und Wege gefunden, seinen Vorschlag dennoch in die Tat umzusetzen. Doch Winthrop gab auf. Er kehrte nach New York zurück und arbeitete wieder für die Socony Vacuum. Vor dem Krieg hatte er in der Auslandsabteilung gearbeitet und die Länder am Persischen Golf sowie andere Erdölländer im Nahen Osten besucht. Jetzt saß er ohne Begeisterung in der Produktionsabteilung. Von den Umwälzungen, die sich in der Familie abspielten, wurde er nur am Rande betroffen. Er übernahm jedoch einige Aufgaben, die ihm sein Vater stellte. Bei allem, was er tat, wirkte Winthrop wie ein Schlafwandler. Es kam Beobachtern immer so vor, als sehe er sich ständig vor Anforderungen gestellt, die für ihn eine Nummer zu groß waren. Seine alternde Mutter erkannte, wie es ihm erging, und sorgte sich sehr.

Er stürzte sich wieder ins Nachtleben, wie er es vor dem Krieg getan hatte. Mit der Schauspielerin Mary Martin ging er so oft aus, daß die Klatschkolumnisten schon Spekulationen über den Heiratstermin anstellten. Er fing wieder an, viel zu trinken, und man sah ihn häufig mit einem Gefolge von Schmarotzern der New Yorker Gesellschaft. Ein guter Freund der Familie bemerkte: »Er war ein schrecklich netter Junge, aber mit 35 Jahren war er schon ein chronischer Trinker.« Eine Minute vor Mitternacht des Valentinstages 1948 heiratete er die üppige Blondine Barbara »Bobo« Sears. Die Hochzeit wurde im Hause eines Freundes in Florida gefeiert. Es kamen der Herzog und die Herzogin von Windsor. Junior und Abby kamen nicht.

Journalisten versuchten herauszufinden, wer eigentlich diese Bobo Sears war. Cholly Knickerbocker schrieb in seiner Klatschkolumne, es handele sich um die frühere Mrs. Barbara Paul Sears aus der Hauptlinie der Sears in Philadelphia. Aber die Wirklichkeit sah anders aus. »Bobo« hieß Jievute Paulekiute, sie war die Tochter litauischer Einwanderer, geboren im Bergbaugebiet von Noblestown in Pennsylvania. Um sich interessant zu machen, hatte sie sich den Vornamen Eva zugelegt und den Familiennamen auf Paul abgekürzt. Sie hoffte, für die Leinwand entdeckt zu werden. Mit 17 Jahren war sie bei einem Schönheitswettbewerb in Chicago zur »Miß Litauen« gewählt worden. Danach hatte sie gelegentlich eine kleine Theaterrolle bekommen, schließlich sogar die Hauptrolle in *Tobacco Road* bei einer Wanderbühne. Im Jahre 1945 heiratete sie einen Richard Sears, einen Bostoner Bürger, der dritter Sekretär an der US-Botschaft in Paris wurde. Noch nach ihrer Scheidung behielt sie einige seiner gesellschaftlichen Vorurteile bei. »Ich war wirklich überrascht, die Rockefellers im ›Social Register‹ zu finden«, erwiderte sie auf die Frage eines Reporters, wie sie sich nach der »Märchenhochzeit« vorkomme. Und weiter: »Die Familie Sears hielt die Rockefellers für Krämer.« [159]

Im September, als das erste und einzige Kind, Winthrop Paul, geboren war, ging die New York Times in ihrer Geburtsnachricht darüber hinweg, daß die Ehe noch keine sieben Monate alt war. Aber schon vor der Niederkunft hatte die »Märchenhochzeit« ihren Zauber verloren, und die Ehe ging in die Brüche. Bevor ein Jahr herum war, hatten sie sich wieder getrennt. Bobo nahm den Sohn mit nach Hause zu ihrer Mutter im Mittleren Westen. Sie übertrug die Scheidungsklage einem Rechtsanwalt, der eine Abfindung von sechs Millionen Dollar für sie forderte. Die Gebrüder Rockefeller griffen Winthrop sogleich unter die Arme. Sie liehen ihm Geld für die Regelung des Scheidungsfalles und ließen sich vorübergehend seinen Besitz in Pocantico und anderswo übertragen, so daß diese Immobilien nicht auch von Bobo als vordem gemeinsamer Besitz beansprucht werden konnten. Indes waren sich alle darüber einig, daß Winthrop sich zum Narren hatte halten lassen und der ganzen Familie Schande bereitet hatte. Niemand brauchte es offen auszusprechen, aber es unterlag keinem Zweifel. Für Winthrop brachte diese Affäre wieder einmal die Erkenntnis, daß es für ihn in der schnellebigen Welt seines Vaters und der Brüder einfach keine Chance zu geben schien, auch einmal erfolgreich zu sein. Er gab seine Tätigkeit bei Socony auf und brach allmählich die Bindungen zu der Umgebung ab, in der er aufgewachsen war. Er trank jetzt noch mehr, seine Augen sahen gelblich aus, und sein massiger Körper wirkte aufgedunsen. Anfang 1953 ging er nach Arkansas. Dafür gab es zwei Gründe: Zum einen wollte er einen Aufenthalt von 90 Tagen nachweisen können, wie es die Bestimmungen dieses Staates für eine schnelle Scheidung vorschrieben, zum anderen wollte er Frank Newell, einen alten Freund aus der Militärzeit, besuchen, der dort lebte. Newell führte ihn in Arkansas herum und machte ihn mit einigen maßgeblichen Leuten in Little Rock bekannt. Winthrop fand das alles herrlich provinziell, und es schoß ihm der Gedanke durch den Kopf: In New York war er nur einer von fünfen, in Arkansas konnte er der erste unter Millionen sein. Nach ein paar Reisen zwischen Little Rock und Manhattan entschloß er sich, für immer nach Arkansas überzusiedeln, wohl nicht bedenkend, daß sich nach dem Verlassen der Familie sein Vater wie der Erzengel mit dem flammenden Schwert aufstellen und eine Heimkehr nicht zulassen werde.

Er ging als ein geschlagener Mann in den Süden, aber er begann keineswegs ein asketisches Leben. Als erstes kaufte er 927 Morgen gutes Land auf einem Höhenzug des stark bewaldeten, zerklüfteten Perit Jean Mountain nahe der abgeschiedenen Kleinstadt Morrilton. Dann heuerte er eine ganze Truppe von Arbeitskräften an, die ans Roden gingen und buchstäblich die Bergkuppe abtrugen, damit er dort eine große Farm anlegen konnte. Sie wurde Winrock genannt, und manche erblickten darin einen Versuch, hier Pocantico nachzuahmen. Winthrop investierte zwei Millionen Dollar in diesen Besitz. Er ließ langgestreckte, den Bodenwellen folgende Rasenflächen schaffen und eine Landebahn für Sportflugzeuge in dem bewaldeten Tal anlegen. So konnte er zu Hause mit seinem Falcon-Jet aufsteigen und schon fünf Minuten später in Little Rock landen. Er ließ auch zwei künstliche Seen anlegen, die er nach seiner Mutter und seiner Tante Lake Abby und Lake Lucy taufte. Schließlich holte er bestes

Zuchtvieh des Santa-Gertrudis-Herdbuches heran und schaffte es, daß schon nach kurzer Zeit seine Ranch bei den Viehaufkäufern sehr geschätzt war.

Binnen weniger Jahre war die Winrock-Farm so etwas wie das erste Wunder in Arkansas. Jährlich kamen mehr als 50 000 Besucher, die meisten stammten aus dem ärmsten Bundesstaat der Nation. Sie bestaunten die wirklich erstaunlichen Dinge auf der Farm, darunter den auf 31 000 Dollar geschätzten Zuchtbullen Rock. Winthrop nahm jetzt Anteil am öffentlichen Leben und stiftete mehrere Millionen Dollar für den Bau einer Musterschule, die einen Ausweg aus dem katastrophalen Bildungssystem in Arkansas weisen sollte, und für die Einrichtung einer Klinik. Einem Reporter gegenüber erklärte Winthrop, er fühlte sich in diesem Staate sehr wohl, weil »man gleich sieht, was man geschaffen hat. Die Ergebnisse sind schnell greifbar.«

Im Jahre 1956, nachdem er an die Spitze der Arkansas Industrial Development Commission berufen worden war, räumten ihm Beobachter gute Chancen für eine politische Zukunft in Arkansas ein, falls er sich bei den Demokraten einschreiben würde. Im selben Jahr heiratete er Jeannette Edris, eine hübsche, geschiedene Frau, die Tochter des Besitzers einer Kinokette. Er schien glücklich zu sein. Es hatte den Anschein, als fühle er sich als »Hillbilly-Rockefeller« endlich wohl in seiner Haut. Auf einer Besichtigungsfahrt mit Journalisten von der Ostküste hielt er auf seiner Farm Winrock plötzlich an, wies von den Höhen des Petit Jean Mountain in das weite Tal hinab und erklärte: »Das da ist meine Sache. Sie hat mit keinem Projekt der Familie Rockefeller etwas zu tun.« [160]

Während Winthrop als Außenseiter seinen Weg ging, zeigten sich die anderen bestrebt, ihrem Gelöbnis treu zu bleiben, »persönliche Interessen, wenn nötig, gemeinsamen umfassenderen Zielen unterzuordnen«. Allerdings gab es Spannungen. Nelson hatte die Auseinandersetzung mit dem Vater nicht etwa geführt, um die Familienpolitik von einem Kollektiv bestimmen zu lassen. Sie waren alle gleich, doch einer war gleicher als die anderen. Sobald im Room 5600 ein Posten frei wurde, besetzte ihn Nelson mit einem *seiner* engsten Mitarbeiter. Er beherrschte das Büro und sorgte dafür, daß seine Einstellung zur Geltung kam. So schlug Nelson für den Posten eines Koordinators der Öffentlichkeitsarbeit für die ganze Familie Frank Jamieson vor. Es konnte eigentlich niemand opponieren. Jamieson hatte sich in den langen Jahren der Arbeit mit Nelson auch mit den anderen Brüdern angefreundet. Doch dieser Vorstoß glich einem Putsch, wie vorher die Ablösung von Debevoise durch John Lockwood. Lockwood meinte dazu später: »Die Leitung der Öffentlichkeitsarbeit war ausschlaggebend; denn wer darauf Einfluß hatte, der war praktisch der Führer der Familie. Und es konnte nie einen Zweifel daran geben, daß Frank stets in erster Linie für Nelson und erst in zweiter Linie für die anderen Brüder arbeitete.«

Die anderen begehrten jedoch nicht gegen Nelson auf. Die potentiell explosive Lage im Room 5600 wurde dann ausgerechnet durch Nelsons Ehrgeiz auch wieder entschärft. John Lockwood beobachtete: »Nelson sah immer auf klare Verhältnisse. Er wollte stets wissen, wo wer stand und was er darstellte. So konnte er sich einschalten. Seine Einstellung gegenüber dem Büro war zu starr. Ich zweifle nicht daran, daß die Sache mit der Zeit schiefgegangen wäre, wenn er länger beim Room 5600 geblieben wäre. Die Tatsache, daß alles so gut weiterlief, ist hauptsächlich darauf zurückzuführen, daß Nelson häufig nicht da war.« Er hatte die Familie im Sturm erobert, aber seine Gedanken kreisten noch immer um die Achse, die von Washington nach Lateinamerika reichte.

Einen Tag nach seinem »Rücktritt« als Staatssekretär im Außenministerium am 26. August 1945 war Nelson nach New York zurückgekehrt und hatte eine Zusammenkunft der »Gruppe« einberufen. Sein Brain Trust, der sich vor dem Kriege mit Lateinamerika beschäftigt hatte, war inzwischen um Lockwood, Frank Jamieson und Berent Friele erweitert worden. Der Norweger Friele, dessen Familie seit fünf Generationen im Kaffeegeschäft steckte, trat von seinem Posten als Präsident der American Coffee Corporation und als Direktor des Lebensmittelkonzerns A & P zurück, um Partner bei Nelson zu werden. Bei diesem Treffen der »Gruppe« und den folgenden Beratungen in der Nachkriegszeit ging es darum, wie man die Vorstellungen Nelsons verwirklichen konnte. Sie wurden als entscheidend für die Zukunft der interamerikanischen »Kooperation« angesehen, aber auch für die Beschleunigung seiner triumphalen Rückkehr nach Washington.

Das Ergebnis ihrer Besprechungen war die Gründung der sogenannten American International Association for Economic and Social Development (AIA), die »zum Zwecke der Förderung der Entwicklung durch Selbsthilfe und zur Schaffung eines besseren Lebensstandards sowie der Verständigung und der Zusammenarbeit zwischen den Völkern der ganzen Welt« organisiert wurde. In der Praxis konzentrierte sich die Tätigkeit der AIA jedoch auf Lateinamerika und dort auf zwei vorrangige Zielgebiete: Venezuela, wegen des Öls, und Brasilien, weil es das größte und wichtigste Land in Südamerika ist.

Die AIA war eine gemeinnützige Einrichtung, deren Programme vorwiegend auf die Ausbildung von Lateinamerikanern ausgerichtet waren, so durch Wissensvermittlung über Ernährung, Gesundheit und Wohnungsbau für ländliche Bewohner, durch technische Informationen über bessere Methoden in der Landwirtschaft und durch Lehrerausbildung für die Hilfsprogramme.

Hudgens und Rockefeller flogen im September 1948 nach Belo Horizonte, der Hauptstadt des brasilianischen Bundesstaates Minas Gerais, und hofften, hier ein Pionierprojekt beginnen zu können. Man hatte sich vorgestellt, nach dem Anlaufen des Programmes sukzessive das Geld von Privatleuten und von Unternehmen beschaffen zu können. Damit hatten sie keinen Erfolg, obwohl Rockefeller die brasilianische Regierung dazu bewegen konnte, die Finanzierung des Vorhabens nach der Anlaufphase zu übernehmen.

Die Erdölgesellschaften zeigten sich hingegen nur zu gern bereit, die Anstrengungen der AIA in Venezuela zu unterstützen. 1945 war hier Rómulo Betancourts linksgerichtete *Acción Democrática* an die Macht gekommen, die sofort eine Steuer von 50 Prozent auf die Ölprofite legte (ein niederschmetternder Satz, nachdem die Creole

196

Petroleum Company im Jahre 1948 allein noch mehr als 200 Millionen Dollar Gewinn erzielt hatte). Schlimmer noch wirkte sich das Aufkommen einer erfolgreichen Gewerkschaftsbewegung aus, die zunehmend höhere Lohnforderungen bei den Ölgesellschaften durchdrückte. Die Reaktion darauf war auf verschiedenen Ebenen zu bemerken. So verfolgten die Ölgesellschaften jetzt nachdrücklicher die Pläne, neue Ölquellen im Nahen Osten zu erschließen, um damit künftige Konkurrenten für das venezolanische Rohöl zu schaffen, und sie verstärkten ihre Kontakte zu rechtsgerichteten Offizieren in Caracas, die die sozialistische Ausrichtung der neuen Regierung mißvergnügt beobachteten. Gleichzeitig starteten sie eine Kampagne, die die Venezolaner davon überzeugen sollte, daß die amerikanischen Ölproduzenten tatsächlich verantwortungsbewußte Mitbürger seien, die am wirtschaftlichen Wachstum und am sozialen Fortschritt des Landes großes Interesse hätten. Als Nelson seine Pläne für die Förderung der Entwicklung Venezuelas auf der Grundlage einer Partnerschaft zwischen amerikanischem und venezolanischem Privatkapital propagierte, fand er offene Ohren. Die Ölgesellschaften brachten schließlich etwa die Hälfte der 14 Millionen Dollar auf, die von der AIA während ihres zwanzigjährigen Bestehens ausgegeben wurden. Die andere Hälfte kam fast ausschließlich von der Familie Rockefeller. Bei der Verwirklichung dieser Partnerschaft sah sich Rockefeller allerdings gezwungen, das ursprüngliche AIA-Konzept abzuändern. Lockwood hatte von Anfang an darauf hingewiesen, daß die als eine gemeinnützige Einrichtung konzipierte AIA, deren philanthropische Aufgaben von den auf Gewinnstreben ausgerichteten Konzernen finanziert werden sollten, sich als nicht arbeitsfähig erweisen werde. »Bei der einen sollte es sich um ein Sonntags- und bei der anderen um ein Werktags-Unternehmen handeln«, gab er zu bedenken. »Das läge in der historischen, puritanischen und protestantischen Tradition unseres Landes, nämlich die Woche hindurch Geld zu verdienen und sich am Sonntag wohltätigen Werken zu widmen.«

Am 9. Januar 1947 folgte Nelson dem klugen Rat Lockwoods und gründete die International Basic Economy Corporation (IBEC), das Profitpendant zur AIA. In ihrer Satzung wurde jedoch das übliche Geschäftsziel, einen Profit zu erwirtschaften, nicht erwähnt. Als ihre Aufgabe wurde es erklärt, »die wirtschaftliche Entwicklung in anderen Teilen der Welt zu fördern, die Produktion zu erhöhen und die Verfügbarkeit von Gütern und Dienstleistungen zu steigern, die für das Leben und den Lebensunterhalt ihrer Völker nützlich sind, so daß ihr Lebensstandard sich hebt.« Das war neu in der Welt des Business: Ein Unternehmen mit einer politischen Ideologie, allem Anschein nach weniger auf das Erzielen eines Gewinns ausgerichtet als auf das Propagieren von Ideen – in diesem Falle des leidenschaftlichen Antikommunismus, zu dem Nelson sich bekannte.

Einige seiner Freunde vertraten später die Theorie, daß sich Nelsons Fixierung auf den Marxismus zurückverfolgen lasse auf das Jahr 1939, als er in das Furore verwickelt wurde, das die Schließung der Lincoln School umgab, und er zu der Überzeugung gelangte, daß Kommunisten und deren Mitläufer ihn in der Kontroverse, die sich anschloß, mißbraucht hätten. Andere sagen, das bestimmende Ereignis seines ideologischen Lebens sei die Verstaatlichung des US-Ölbesitzes durch die mexikanische Regierung gewesen, die sich etwa zur gleichen Zeit ereignete. Wie dem auch sei, sein beinahe an Besessenheit grenzendes Interesse am Kommunismus war neu für alle, die sich daran gewöhnt hatten, daß Nelson sich plötzlich heiß für irgendeine neue Konzeption oder eine neue Idee interessieren und sie ebenso plötzlich wieder über Bord werfen konnte. In der Zeit seines erwachenden Interesses für Venezuela trug er eine Weile stets *Das Kapital* mit sich herum, zitierte daraus und bestand darauf, daß seine Mitarbeiter sich mit den Lehrsätzen des dialektischen Materialismus vertraut machten. Sobald sein Spanisch dazu ausreichte, ließ er sich auf den Ölfeldern von Maracaibo in hitzige Wortgefechte mit kommunistischen Gewerkschaftsfunktionären ein, die in Venezuela die Triumphe der Linken über die Ölgesellschaften wiederholen wollten, die sie in Mexiko und Bolivien errungen hatten.

Seine Arbeit im Büro des Koordinators im Kriege hatte noch mehr Öl in das ideologische Feuer geschüttet, das ihn fast zu verzehren schien, und sie bot ihm die Gelegenheit, sich auf internationaler Ebene in das Getümmel zu stürzen. Er beharrte auf der Überzeugung, daß die Nazis in Lateinamerika ein kurzfristiges Problem seien, während die Kommunisten ein Feind seien, mit dem man sich noch auseinanderzusetzen haben werde, wenn Hitler längst besiegt und vergessen sei.

Nelson bewahrte sich die Kontakte zu den Gewerkschaften, zum US-Außenministerium und zu den verschiedenen Geheimdiensten, die er sich im Büro des Koordinators geschaffen hatte, und wurde so zu einem Mann von entscheidendem Einfluß hinter den Kulissen der antikommunistischen Tätigkeit, die Amerika in den Nachkriegsjahren in Lateinamerika betrieb. Er beschloß, den öffentlichen Kampf vermittels der AIA und IBEC zu führen, vor allem in Venezuela, das er sich gleichsam als Forschungs- und Entwicklungsprojekt für seine antikommunistischen Ansichten ausgesucht zu haben schien.

Zusammen mit dem, was er schon von den Ölgesellschaften bekommen hatte, nahm er eine Investierung in Höhe von 4,5 Millionen Dollar von der Regierung Betancourt an und gründete eine IBEC-Tochter namens »Venezuelan Basic Economy Corporation« (VBEC). Im folgenden Jahr stürzte die Regierung Betancourt nach einem Staatsstreich der Rechten. Die neue Diktatur zerschlug die Gewerkschaftsbewegung und die Linke und ging zu einer für die Ölgesellschaften günstigen Politik über. Die VBEC verfolgte unterdessen ihren Gedanken weiter, daß die wirtschaftliche Entwicklung gefördert werden könne durch die Einfuhr von US-Verfahren zur Verbesserung der Lebensmittelverteilung, zur Schaffung billigerer Dienstleistungen und zum Aufbau neuer Industrien. Von Anfang an jedoch stieß die VBEC auf Schwierigkeiten. Zum Teil lag es an fehlendem Verständnis für einheimische Kultur. (Ein komplizierter und kostspieliger Versuch, eine Thunfisch-Industrie aufzubauen, scheiterte vor allem deshalb, weil entscheidende Faktoren, wie zum Beispiel der Platz, den Fisch in den Eßgewohnheiten der Venezolaner einnimmt, nicht berücksichtigt worden waren.) Das Grundproblem aber war die Tatsache, daß die Persönlichkeit der IBEC gespalten war zwischen der kommerziellen Festlegung auf den Status quo und der ideologischen Verpflichtung, die Dinge zu verändern. Das Programm für die Nahrungsmittelverteilung zeigte diesen Widerspruch besonders deutlich. Nelson hatte beschlossen, die CADA zu übernehmen, den Verteilerapparat der Ölgesellschaften, der Lebensmittel an die Werksläden lieferte. Nelson beabsichtigte, die CADA zu einem Großhandelsunternehmen für das ganze Land auszubauen. (Weil die Gewerkschaften sie unter Druck setzten, die Lebensmittel an die Arbeiter preiswert abzugeben, waren die Ölgesellschaften recht froh darüber, die CADA auf diese Weise loszuwerden.) Sehr rasch stieß die IBEC auf ein neues Problem. Die Ausführung des Planes bedeutete, daß die venezolanischen Geschäftsleute, die das bestehende Verteilernetz für Lebensmittel kontrollierten, unterboten werden mußten. Einen von ihnen zitierte das US-Magazin *Fortune:* »Sie haben gut reden von niedrigeren Gewinnspannen zugunsten des Wohlergehens der gesamten Wirtschaft, Mr. Rockefeller, doch nehmen Sie allen Ernstes an, wir würden auf Gewinne von 30, 50 oder sogar 100 Prozent verzichten, die bei unserem Kapitalmangel durchaus möglich sind, und uns mit zehn Prozent zufrieden geben?«[161]

Nichts lag Nelson ferner, als die Struktur der venezolanischen Ölwirtschaft in Frage zu stellen oder den blühenden Mittelstand herauszufordern. *Fortune* schrieb dazu: »Rockefeller scheint erkannt zu haben, daß die IBEC-Gesellschaften die in Lateinamerika üblichen Profite abwerfen müssen, wenn sie die erhoffte Nachahmung auf breiter Basis finden wollen.« Doch ehe das Unternehmen diese neue Geschäftsmentalität nutzen und das Konzept der »guten Partnerschaft«, von Nelson als nüchtern und unsentimental bezeichnet, entwickeln konnte, mußte eine Bilanz der Fehlschläge in der Anlaufzeit gezogen werden. Sowohl die venezolanische Regierung als auch die Ölgesellschaften zogen sich bis 1952 aus dem Unternehmen zurück. In Brasilien traten ebenfalls hohe Verluste ein, und es kam zu geschäftlichen Zusammenbrüchen. Bevor die Konsolidierungsphase erreicht wurde, hatte Nelson in den ersten zehn Jahren der IBEC-Fehler mehr als sieben Millionen Dollar zugesetzt.

Er wandte sich an Junior wegen der Mittel, die er zum Ausgleich der IBEC-Verluste benötigte. »Vater, ich brauche eine Million Dollar, um die IBEC zu retten«, sagte er zu dem Patriarchen. Junior beunruhigte aber die Feindschaft lateinamerikanischer Nationalisten, die sich Nelson durch seine Einmischung in die inneren Angelegenheiten zuzog. Und seine Befürchtungen wurden keineswegs durch die Versicherung Jamiesons ausgeräumt, daß sein Sohn »wahrscheinlich der Nordamerikaner Nr. 1 in den Augen des Durchschnittsbrasilianers ist«. Junior willigte ein, seinem Sohn finanziell unter die Arme zu greifen, aber er stellte eine Bedingung: Sobald die IBEC saniert ist, soll ihre Geschäftstätigkeit eingestellt werden. »Nun gut, Vater«, erwiderte Nelson kühl und verließ den Raum.

Schließlich beschaffte er das Geld aus anderen Quellen, und für die IBEC begann ein neuer Abschnitt in ihrer Geschichte. Nach der Aufgabe der schlecht gehenden Unternehmen baute er die erfolgreichen weiter aus und hielt nach neuen, profitableren Investitionsmöglichkeiten Ausschau. Was mit dem CADA-Programm zur Lebensmittelversorgung geschah, war symbolisch für die veränderte Wesensart seiner

Gesellschaft. Nachdem sie erst einmal darauf eingestellt worden war, »normale« lateinamerikanische Gewinne abzuwerfen, folgte als nächster logischer Schritt die Gewinnmaximierung durch die Eröffnung von Supermärkten im ganzen Lande, die mit Erzeugnissen amerikanischer Hersteller vollgepfropft wurden. Anstatt zum Aufbau einer eigenen venezolanischen Wirtschaft beizutragen, bewirkte sein Unternehmen – noch dazu unter der Tarnung einer amerikanisch-venezolanischen Gesellschaft –, daß Venezuela in Wirklichkeit noch abhängiger von Konsumgütern aus den USA wurde.

Der Erfolg wurde um den Preis der guten Vorsätze bei der Gründung der IBEC erkauft, die sie von anderen Unternehmungen unterschieden hatten. Während noch die CADA und andere Programme umgestellt wurden, erwarb die IBEC gewinnträchtige amerikanische Industriebetriebe, die V. D. Anderson Co., die Ausrüstungen für die Erdölförderung in Cleveland herstellte, und die Bellows Co., die hydraulische Anlagen in Akron produzierte. Später wurden noch die Arbor Acres Farms in Connecticut, eine der größten Geflügelfarmen der Welt, hinzugekauft. Der Hauptteil der staatlichen Anlagen der IBEC bestand nun aus bereits bestehenden und erfolgreichen US-Gesellschaften, die durch Kauf erworben wurden, nicht aus neuen Unternehmen in Venezuela oder in Brasilien. Am Ende des zweiten Jahrzehnts seit der Gründung schöpfte die IBEC mehr als die Hälfte ihrer Profite aus Lateinamerika, aber dort hatte sie nur ein Drittel ihrer Kapitalanlagen getätigt, und die dort gezahlten Löhne und Betriebskosten beliefen sich nicht einmal auf ein Drittel der Gesamtkosten.

Die Kehrtwendung der IBEC kam nicht von heute auf morgen. Aber ihr Wachstum blieb konstant. Am Ende ihres zweiten Jahrzehnts belief sich der Umsatz auf mehr als 200 Millionen Dollar im Jahr. Damit rückte die IBEC in die Liste der 500 größten Unternehmen der amerikanischen Wirtschaft, die von *Fortune* ermittelt werden. Sie schloß mehr als 140 Tochterunternehmen in 33 Ländern ein, darunter Versicherungen, Bauunternehmen und eine Vielzahl anderer Gesellschaften. Sie war wohl zu einem Wegbereiter geworden, allerdings nicht in dem Sinne, der Rockefeller ursprünglich vorgeschwebt hatte. Weit davon entfernt, ein halbwegs gemeinnütziges Unternehmen zu sein, das die Abhängigkeit Lateinamerikas überwinden half, war die IBEC geradezu die Offenbarung einer neuen Geschäftsform geworden. Sie war ein amerikanischer multinationaler Konzern mit Tochterunternehmen und Absatzmärkten auf der ganzen Erde, eine Geschäftsform, die zum dominierenden Faktor im wirtschaftlichen Leben der unterentwickelten Welt in der zweiten Hälfte des 20. Jahrhunderts wurde.

Zur gleichen Zeit, als Nelson sich damit abmühte, die IBEC aus den roten Zahlen zu bringen, bereitete Harry Truman die Antrittsrede zu seiner zweiten Amtseinführung vor, die in der Außenpolitik drei Hauptziele umriß. Die ersten beiden Punkte bekräftigten die Fortsetzung bereits früher eingeschlagener Wege. Doch der dritte Punkt, der eine »gemeinsame Übereinkunft zur Stärkung der Sicherheit im nordatlantischen Raum« in Aussicht stellte, bedeutete etwas Neues in der amerikanischen Außenpolitik: den Eintritt in ein militärisches Bündnis – die NATO – mit überseeischen Mächten zu Friedenszeiten.

Noch während der Entwurf für die Amtsantrittsrede ausgearbeitet wurde, regte Ben Hardy beim Präsidenten einen vierten Kernpunkt an. Hardy war ein Mitarbeiter des Außenministeriums, der im Kriege der Presseabteilung im Koordinierungsbüro unter Nelson und Jamieson angehört hatte. Ihn hatten die amerikanischen Programme zur Gewährung technischer Hilfe – zuerst die unter der OIAA und später jene von Nelson in der Anlaufzeit der AIA entwickelten – stark beeindruckt. Deshalb schlug er dem Präsidenten vor, in seine Botschaft die Zusage weiterer technischer Unterstützung für die unterentwickelten Länder aufzunehmen. Dadurch würde seine Rede einen idealistischen Zug gewinnen und die Schärfe des Punktes 3 verlieren. Truman griff in letzter Minute den Vorschlag Hardys auf und forderte ein »kühnes neues Programm« für die technische und die Entwicklungshilfe. Das Echo darauf aus vielen Hauptstädten der Erde war voll des Lobes über den Weitblick und die Großzügigkeit, von denen dieser Vorschlag kündete. Und »Punkt Nr. 4« sollte der Teil der Rede des Präsidenten werden, der allein in der Erinnerung haften blieb.

Nelson las den Wortlaut der Ansprache Trumans in der Morgenzeitung und war begeistert. Zwischen ihm und dem Weißen Haus hatte es keine Kontakte gegeben, seit Truman ihn vor dreieinhalb Jahren entlassen hatte. Doch jetzt konnte er nicht schnell genug dem Präsidenten in einem Schreiben versichern, daß der Punkt 4 die seit Jahrzehnten bedeutsamste Sache in der Außenpolitik sei. Er fügte noch die Schmeichelei hinzu, dieser Vorschlag werde ganz gewiß Truman einen Platz in den Geschichtsbüchern sichern. Diese Lobessprüche verrieten Nelsons ungeduldigen Wunsch, wieder nach Washington zu gehen. Aber der Brief brachte ihm keine Berufung ein. Als Truman im Juni den Kongreß um die Bewilligung von 45 Millionen Dollar für das Punkt-4-Programm bat, stellte sich durch diese verhältnismäßig bescheidene Summe schon heraus, daß er an diesem Vorschlag in erster Linie aus rhetorischen Gründen interessiert gewesen war. Nelson begab sich einige Male nach Washington und berichtete vor parlamentarischen Gremien über seine Erfahrungen mit der AIA und der IBEC in Lateinamerika, die für die Gesetzgebung zum Punkt 4 von Belang sein konnten. Immer wieder wies er darauf hin, daß für diese Programme eine Regierungsstelle geschaffen werden müsse, die nicht der Kontrolle des Außenministeriums unterstehen dürfe.

Im Sommer hatte Nelson Gelegenheit, den Präsidenten aufzusuchen. Unter Hinweis auf die geschlossene Unterstützung der Länder Lateinamerikas in der UNO für das amerikanische Eingreifen in Korea regte er an, der Präsident sollte diese Haltung in einer Rede würdigen. Truman stimmte zu, und Nelson erbot sich, »ein paar Gedanken zu skizzieren«, die für diese Rede gut zu gebrauchen seien. Der Präsident gab Nelsons Essay an Außenminister Dean Acheson zur Prüfung weiter, der sich Nelsons Auftreten in San Francisco ins Gedächtnis zurückrief, wo er mit anderen Delegationsmitgliedern aus der Internationalen Abteilung des State Department zu

Pasvolsky gehalten hatte. Wohl nahm Acheson die Gedanken Nelsons höflich auf, aber es wurde daraus keine Rede des Präsidenten.

Truman berief jedoch Nelson im November 1950 zum Vorsitzenden eines neuen International Development Advisory Board, das Empfehlungen für die Verwirklichung von Punkt 4 unterbreiten sollte. Rockefellers anfängliche Begeisterung über die Berufung steigerte sich noch, als der Präsident ihn wissen ließ, dieses Gremium solle den Boden für das neue Hilfsprogramm in der gleichen Weise vorbereiten, wie ein von Averell Harriman geleiteter Ausschuß die Grundlagen für den Marshall-Plan gelegt hatte. Um sicherzustellen, daß das International Development Advisory Board wirklich so weitreichende Befugnisse erhalten würde, stellte Nelson die Bedingung, die gründlichen Untersuchungen dürften sich nicht nur auf die technische Hilfe beschränken, sondern müßten das gesamte Problem der wirtschaftlichen Unterstützung für die unterentwickelte Welt umfassen.

Für seinen Mitarbeiterstab gewann Nelson Stacy May, seinen alten Lehrer für Wirtschaftswissenschaften in Dartmouth, der ihn über Karl Marx und die kommunistische Gefahr aufgeklärt hatte und auf dessen ökonomischen Rat er bei Projekten der AIA und der IBEC vertraute, sowie Oscar Ruebhausen aus dem Anwaltsbüro Debevoise, Plimpton and Gates, an den er sich immer häufiger in juristischen Angelegenheiten wandte, da Lockwood im Büro mit Arbeit stark eingedeckt war.

Nach fünfmonatiger Arbeit veröffentlichte das International Development Board seinen Bericht »Partner im Fortschritt«. [162] Darin wurde die Schlüsselrolle des Privatkapitals für die Entwicklung betont und festgestellt, daß die Ausgangsbasis dafür durch den Bau von Straßen, Häfen, Bewässerungsanlagen und Kraftwerken mit Regierungsmitteln geschaffen werden müsse. Der Hauptpunkt in den Empfehlungen stammte von Nelson selbst: Alle wichtigen Wirtschaftshilfe-Projekte im Ausland sollten in einer Regierungsstelle, der U.S. Overseas Economic Administration, zusammengefaßt und von einem Direktor geleitet werden, der dem Präsidenten unmittelbar verantwortlich sein sollte.

Die Ziele des Punkt-4-Programms wurden unterdessen von der konservativen Rechten angegriffen. Mit Parolen, wie »Eine Tüte Milch für jeden Hottentotten«, wurde der Plan lächerlich gemacht. Rockefeller kümmerte sich deshalb um mögliche Widersacher im Kongreß, so die Senatoren Taft und Byrd. Während er sich Rückendeckung auf dem Capitol Hill verschaffte, übersah er, daß sich eine weitaus gewichtigere Opposition auf hoher Ebene der Exekutive formierte.

Sobald er sich der Unterstützung durch Taft versichert hatte, posaunte Nelson die gute Nachricht in einem Gespräch mit Averell Harriman aus. Der Sonderberater des Präsidenten galt als eine Kapazität auf dem Gebiet der Auslandshilfe-Programme und leitete die Economic Cooperation Administration (die den Marshall-Plan abwickkelte), die nach Nelsons Vorschlag der neuen Behörde untergeordnet werden sollte. Ihre Zusammenkunft verlief nicht gut. Rockefellers Überschwenglichkeit prallte an dem unbeweglichen Gesichtsausdruck Harrimans ab. Er war ein einflußreicher Mitgestalter der Außenpolitik in der letzten Roosevelt-Administration gewesen (auch in

San Francisco war er dabei) und hielt Nelsons Vorschlag für einen Versuch, sich selbst eine Sinekure zu verschaffen. In bestimmtem Ton erklärte er Nelson, daß er die ECA (die eigentlich nur für eine befristete Zeit geschaffen worden war) zu einer dauerhaften Einrichtung mit größerem Verantwortungsbereich ausbauen werde, so daß die von Nelson vorgeschlagene neue Behörde überflüssig sei.

Nelson war jetzt der Boden unter den Füßen entzogen. Da bat ihn Edward G. Miller jr., der auf Rockefellers früherem Platz als Staatssekretär für lateinamerikanische Angelegenheiten saß, vor dem Außenpolitischen Ausschuß des amerikanischen Repräsentantenhauses auszusagen. Nelson nutzte die Gelegenheit, um eine Grundwelle der Zustimmung für die von ihm gewünschte Overseas Economic Administration auszulösen. Nach der Aufzählung seiner Erfahrungen in den Angelegenheiten Lateinamerikas verlas er eine vorbereitete Erklärung, die unter der Überschrift stand »Eine neue Betrachtung zur internationalen Sicherheit«. [163] Er begann mit den Worten: »Unsere Nation zählt sechs Prozent der Bevölkerung der Erde und verfügt über sieben Prozent der Landfläche. Noch vor dem Kriege produzierten wir ungefähr $33^{1}/_{3}$ Prozent, also ein Drittel aller in der Welt hergestellten Güter, und erzeugten ein Drittel der Rohstoffe der Welt. Zwischen beidem hatte ein Gleichgewicht bestanden.« Jetzt wandte sich Nelson einem Berg statistischer Unterlagen und Tabellen zu, die seine Mitarbeiter vorbereitet hatten, so daß er das vergleichbare Wachstum der Industriegüter und der Rohstoffe in den Jahren von 1889 bis 1951 aufzeigen konnte. Daraus ging hervor, daß die Industrieproduktion der USA inzwischen auf die Hälfte der Gesamtmenge in der Welt angestiegen war, während die Rohstofferzeugung noch immer nur ein Drittel des Ganzen betrug. Nelson erläuterte dazu: »Es besteht also eine Lücke zwischen unserer Produktion an Industriegütern und an Rohstoffen. Wir sind heute von anderen Ländern abhängig, die mehr als ein Drittel der in unseren Fabriken benötigten Rohstoffe liefern . . . Es stellt sich die Frage, woher wir die Rohstoffe bekommen, die wir einführen müssen. Die Antwort lautet: 73 Prozent des Bedarfs an strategischen und knappen Rohstoffen kommen aus den unterentwickelten Gebieten. Wir stehen vor der unbequemen Tatsache, daß die Vereinigten Staaten nicht mehr die Voraussetzungen zu ihrer Sicherheit innerhalb der eigenen Grenzen vorfinden. Das ist eine alarmierende Erkenntnis angesichts unserer Geschichte der – vermeintlichen – völligen Unabhängigkeit.«

Nelson war in gewisser Hinsicht der Bahnbrecher für die Bündnisse gewesen, die Washington nun über die Erdkugel spannte. (Bei seiner Anhörung ging es um den Mutual Security Act, mit dem ein Programm umfangreicher Militärhilfe für andere Länder anlaufen sollte.) Im Jahre 1947 waren die Vorkehrungen des Vertrages von Chapultepec mit der Schaffung des Paktes von Rio, dem ersten Verteidigungsabkommen der Nachkriegszeit, in die Tat umgesetzt worden, obwohl etliche Kritiker des Paktes meinten, die Konfliktgefahr in Lateinamerika rühre hauptsächlich von seinen eigenen zahlreichen Militärregimen her.

Rockefeller sah die militärische Hilfe als unerläßlich für die Sicherheitsprogramme an, aber er war auch davon überzeugt, daß sie in einen umfassenderen Plan für die wirtschaftlichen und sozialen Anstrengungen einbezogen werden mußte. Die technische Hilfe und Programme für die öffentliche Gesundheitsfürsorge waren nicht nur notwendig, um den Sinn für Zusammenarbeit zwischen den unterentwickelten Ländern zu wecken, sondern auch wesentliche Faktoren für die wirtschaftlichen Vorgänge, von denen letztlich die nationale Stärke und Sicherheit abhingen. »Man konnte zum Beispiel während des letzten Krieges kein Rohgummi aus dem Amazonasgebiet beziehen, weil die Gewinnung wegen Seuchen, Erkrankungen und Lebensmittelmangel nicht möglich war«, erklärte Nelson vor dem Auswärtigen Ausschuß des Repräsentantenhauses. »Solange diese Probleme nicht bewältigt waren, konnte man nicht an Rohgummi herankommen. Man sieht also, es besteht ein innerer Zusammenhang zwischen all diesen Faktoren, besonders in den unterentwickelten Gebieten der Erde.«

Nelson schloß seinen Auftritt im Kongreß mit dem Appell ab, eine U.S. Overseas Economic Administration zu schaffen, deren Aufgabe es sein sollte, den Kapitalfluß von Milliarden Dollar privater Anleger aus den USA in die unterentwickelte Welt mit Unterstützung und Garantien der Regierung zu lenken und zu fördern. Die Abgeordneten des Repräsentantenhauses nahmen seinen Vorschlag begeistert auf.

Rockefeller erhielt jedoch keine Einladung aus dem Senat, um auch dort auszusagen. Als abzusehen war, daß er bei seiner Bewerbung um den Posten des Leiters der gesamten Wirtschaftshilfe der USA in der Nachkriegszeit den kürzeren ziehen würde, bat er um eine Unterredung mit Präsident Truman und reichte seinen Rücktritt vom International Development Advisory Board ein. Bei der Ankunft am Weißen Haus traf er zufällig Harriman, der gerade im Aufbruch begriffen war. Die beiden Männer schüttelten sich die Hände und musterten sich mit vorsichtiger Herzlichkeit. Da eröffnete ihm Nelson: »Ich werde gleich meinen Rücktritt als Vorsitzender des Beratungsgremiums einreichen.«

»Oh, nein«, rief Harriman aus. »Die Arbeit fängt doch jetzt erst richtig an.« Rockefeller lächelte, ging hinein und gab seinen Entschluß bekannt. Dieser Besuch erinnerte an ein ähnliches Gespräch im Weißen Haus vor sechs Jahren, doch diesmal war keiner der beiden überrascht. »Wir führten ein ausgezeichnetes Gespräch«, berichtete Nelson anschließend. »Er hätte nicht freundlicher zu mir sein können.« [164]

Nelsons jüngste Erfahrungen in Washington waren entmutigend gewesen. Die Truman-Administration hatte seine Ideen akzeptiert, ihm aber nicht die Funktion, die er nach eigener Einschätzung verdiente, zu ihrer Verwirklichung übertragen. Nun ging auch die Amtszeit dieser Regierung zu Ende, und die Rockefellers unterstützten die Kandidatur von General Dwight D. Eisenhower ebenso nachhaltig wie vorher die Kandidaturen von Willkie und Dewey, diesmal mit wesentlich größeren Erfolgsaussichten. Nelsons Onkel Winthrop hatte eine entscheidende Rolle dabei gespielt, daß Eisenhower seine Bewerbung anmeldete, und dann noch einmal vor der Konvention der Republikaner, daß die Finanzwelt Ike und nicht Taft unterstützte. Somit hatte er allen Grund zu der Annahme, daß er in einer Ära republikanischer Regierungen auf einen wichtigen Posten in der Außenpolitik klettern könnte. Schon eine Woche nach der Wahl ernannte ihn Eisenhower zum Vorsitzenden eines Ausschusses, der den Präsidenten bei der Reorganisation der Regierung beraten sollte. Die Aufgabe des Ausschusses war es, die administrativen Trümmer der zwanzigjährigen Herrschaft der Demokraten beiseite zu räumen. Zunächst schien es, als sei nun tatsächlich seine Zeit angebrochen.

Aber dieser Posten war nicht unbedingt das, was er sich erträumt hatte. Er war ein Mann entschiedener Ansichten, und als der kalte Krieg heißlief, machte sich sein Antikommunismus deutlich bemerkbar. Es drängte ihn, an die vorderste Front der Außenpolitik zu treten, doch im Außenministerium saßen noch vorwiegend die Leute, die sein Verhalten vor sieben Jahren in San Francisco in schlechter Erinnerung behalten hatten. Und der gefürchtete Dulles (obschon er sich längst mit Nelson ausgesöhnt hatte) war nicht im geringsten geneigt, irgendwen an seiner Stellung als außenpolitischer Sachwalter des Präsidenten rütteln zu lassen. *

Nun hatte der Posten, den Nelson bekleidete, zwar nicht viel Glanz, aber in dieser Stellung kam er häufig in Kontakt mit dem Präsidenten und dessen zivilem Stabschef im Weißen Haus, Sherman Adams, auch ein alter Herr von Dartmouth, mit dem er im Kuratorium der Schule saß.

Als Vorsitzender des President's Advisory Committee on Government Organization konnte sich Nelson der Außenpolitik indirekt zuwenden. Zu den ersten Vorschlägen, die sein Ausschuß dem gewählten Präsidenten unterbreitete, war die Empfehlung, einen Superposten im Kabinett zu schaffen, von dem aus die Tätigkeit der nahezu 40 Regierungsstellen koordiniert werden sollte, die auf irgendeine Weise in die Außenpolitik hineinspielten. Doch dieser Plan lief frontal den Vorstellungen Dulles' zuwider, der Rockefellers hauptsächliche, wenn auch nicht einzige Nemesis während der Eisenhower-Administration abgeben sollte. Eine andere war Dulles' Staatssekretär General Walter Bedell (»Beetle«) Smith, der gerade die Leitung des amerikanischen Geheimdienstes CIA an Dulles' Bruder Allen abgegeben hatte. Als früherer Stabschef in Ikes Armee kam »Beetle« eine Schlüsselrolle in der Regierung zu. Über ihn führte der einzige absolut sichere Weg zum Präsidenten. Es war eine der bizarren Ungereimtheiten, wie sie in der McCarthy-Ära häufig vorkamen, daß »Beetle« davon überzeugt war, Nelson sei trotz seines glühenden Eifers für die Sache der freien Welt ein Kommunist oder zumindest ein linker Radikaler. Während er

---

* Dulles war sich darüber im klaren, daß er nicht die erste Wahl Eisenhowers als Außenminister war. Das wäre John L. McCloy gewesen, gegen den jedoch Senator Robert Taft opponiert hatte, weil er nach seiner Meinung den »internationalen Bankiers« und den »Leuten des Rooseveltschen New Deal« zu nahe stand, auf Umwegen auch den Rockefellers. (Nach seiner Niederlage auf dem Parteitag 1952 behauptete Taft verbittert: »Alle republikanischen Präsidentschaftskandidaten seit 1936 sind von der Chase Bank nominiert worden.«) Dulles gehörte gleichfalls zum Establishment der Ostküste, aber er legte einen militanteren Antikommunismus als McCloy an den Tag, was den Ausschlag gab (Dulles lag besonders in Asien auf der Linie der radikalen Rechten). [165]

noch an der Spitze der CIA stand, hatte er diese Einschätzung auch Ike offen mitgeteilt.

In den ersten Monaten der neuen Regierung produzierte der Ausschuß Nelsons einen Reorganisationsplan nach dem anderen, beginnend für das Landwirtschaftsministerium über das Verteidigungsministerium bis hin zum Weißen Haus. Einer dieser Pläne sah die Zusammenfassung der Programme des New Deal auf den Gebieten Erziehung, Gesundheit und soziale Sicherheit in einem Ressort vor. Und als das Ministerium für Gesundheit, Erziehung und Wohlfahrt im April 1953 vom Kongreß formell gebilligt wurde, bekam Nelson den Posten des Staatssekretärs unter Oveta Culp Hobby.

In dieser Funktion gebot Rockefeller über ein Budget in Höhe von zwei Milliarden Dollar und über 35 000 Mitarbeiter des neuen Ministeriums. Wie zu Zeiten des Amtes für Interamerikanische Angelegenheiten richtete er sogleich einen Stabsraum ein, in dem bei den wöchentlichen Besprechungen die modernsten audiovisuellen Geräte benutzt wurden. Zweifellos agierte er in der kurzen Zeit, die er auf diesem Posten verbrachte, als die bewegende Kraft des Ministeriums. Allerdings war er nicht mit ganzem Herzen dabei. William Mitchell, ein Beamter der Verwaltung für soziale Sicherheit, bemerkte nachher über Nelsons Amtszeit: »Er ist mir weder als leistungsstark noch als besonders einfallsreich aufgefallen . . . und er schien mit Beratern zu regieren, die als verschwommene Gestalten am Rande der Innenverwaltung auftauchten. Anscheinend waren es Leute, die mit den vielen Betätigungen Rockefellers außerhalb des Hauses verknüpft waren, und ich bin davon überzeugt, daß es für ihn sicherlich besser gewesen wäre, wenn er auf sie verzichtet hätte.« [166]

Achtzehn Monate nach seiner Ernennung als Staatssekretär für Gesundheit, Erziehung und Wohlfahrt bekam Nelson endlich seine Chance in der internationalen Politik: C. D. Jackson trat als Sonderberater des Präsidenten zurück, Nelson wurde als Nachfolger berufen. Der komplette Titel Jacksons lautete: Sonderberater für psychologische Strategie; Nelson wurde Sonderberater für Strategie des kalten Krieges. Die eigenartige Bezeichnung spiegelte die merkwürdige Aufgabe wider, die nach offizieller Lesart darin bestand, »mit Rat und Unterstützung zur Hebung des gegenseitigen Verständnisses und der Zusammenarbeit zwischen allen Völkern beizutragen«, doch in Wirklichkeit die Rolle eines Koordinators für die CIA * im Weißen Haus verbarg.

* Nach Angaben von Dillon Anderson, Nelsons Nachfolger in dieser Funktion, wurde dieser Posten erforderlich, weil der Kongreß die CIA seit ihrer Gründung der Jurisdiktion des Nationalen Sicherheitsrates unterstellt hatte. Aus verfassungsrechtlichen Gründen entschied jedoch Eisenhower, die CIA müsse der Jurisdiktion des Präsidenten unterstehen. Gleichzeitig war Eisenhower jedoch darauf bedacht, die geheimen Operationen der CIA, wie vor kurzem der Sturz der demokratisch gewählten Regierung Arbenz in Guatemala, offiziell nicht zur Kenntnis nehmen zu müssen. Zu dieser Haltung trugen die Schwierigkeiten bei, mit denen er auf Pressekonferenzen zu kämpfen hatte, als er die Sache vertuschen wollte. Um diesen Schwierigkeiten aus dem Wege zu gehen, setzte er ein Gremium ein, dem der stellvertretende Verteidigungsminister, der Staatssekretär im Außenministerium und sein Sonderberater angehörten. Es sollte Einsätze dieser dieser überwachen.

206

Nelson hatte in dieser Stellung die Möglichkeit des direkten Vortrags beim Präsidenten, und er nahm an den Sitzungen des Kabinetts, des Rates für Wirtschaftspolitik im Ausland und des Nationalen Sicherheitsrates, des höchsten Gremiums für politische Entscheidungen der Regierung teil. Zugleich fungierte er als Leiter einer geheimen Gruppe mit der Bezeichnung Planning Coordination Group, der neben ihm der stellvertretende Verteidigungsminister und der CIA-Chef angehörten. Ihre Aufgabe bestand darin, die Beschlüsse des Nationalen Sicherheitsrates in die Tat umzusetzen. In dieser Position liefen nun etliche Fäden zusammen, so wie er es mit seinem Vorschlag für den Posten eines Superkoordinators angestrebt hatte. Auch diesmal kam ihm Dulles in die Quere. Dieser konnte sich noch sehr gut daran erinnern, wie sein Onkel Robert Lansing, Außenminister unter Woodrow Wilson, von Oberst House überspielt worden war. Zwar vermied er eine offene Fehde mit Rockefeller, doch ließ er seine Untergebenen, besonders Staatssekretär Herbert Hoover Junior, gewähren, wenn sie Nelson Knüppel zwischen die Beine warfen. Der größte Konflikt brach 1955 bei der Genfer Gipfelkonferenz über den Plan »Offener Himmel« aus.

In den ersten Jahren der Präsidentschaft Eisenhowers hatte es fortwährende Auseinandersetzungen über die nukleare Politik gegeben. Jetzt stand die Sowjetunion im Begriff, den atomaren Vorsprung der Vereinigten Staaten aufzuholen, und Eisenhower kam zu der Erkenntnis, daß ein Atomkrieg »selbstmörderisch« sein würde. Dulles hielt hingegen an der Doktrin der »massiven Vergeltung« fest. In der Asien-Politik hatte er sich mit Admiral Radford zusammengetan, dem Vorsitzenden des Gemeinsamen Gremiums der Stabschefs und ranghöchstem Befürworter eines »präventiven Atomschlages«. Beide traten für das amerikanische Eingreifen in den französischen Konflikt in Indochina ein. Nur widerstrebend ließ er sich zur Teilnahme an dem Gipfeltreffen bewegen, der ersten Zusammenkunft der führenden Staatsmänner der USA und der Sowjetunion seit 1945.

Die sowjetischen Verhandlungspartner löschten am 10. Mai neun Jahre einer entgegengesetzten Haltung in der Abrüstungspolitik aus und akzeptierten den westlichen Plan für Truppenbegrenzungen, die Verringerung der konventionellen Waffen und den westlichen Zeitplan und das Verfahren für die Auflösung der atomaren Arsenale sowie die Verringerung aller Streitkräfte. Völlig unerwartet kam dabei, daß die Sowjets zum ersten Mal auch westlichen Vorschlägen für eine Überwachung zustimmten, also Inspektionen an Ort und Stelle durch ständige internationale Kontrollposten hinter dem »Eisernen Vorhang«.

Historiker äußerten später die Annahme, hier habe sich vielleicht die erste und letzte Gelegenheit zur Beendigung des nuklearen Wettrüstens geboten. Im Pentagon und in der CIA-Zentrale in Langley, West Virginia, wurde die Nachricht von der russischen Kehrtwendung jedoch mit Mißtrauen aufgenommen. Man war entschlossen, den Vorsprung der USA im Rüstungswettlauf zu erhalten, befürchtete aber, daß eine unverbrämte Ablehnung der anscheinend von den Sowjets gemachten Zugeständnisse Wasser auf die Mühlen des Kreml bei seiner laufenden »Friedensoffensive« leiten würde. Es kam also darauf an, die politische Initiative zurückzugewinnen. Mit dieser Aufgabe wurde der Sonderberater für die Strategie des kalten Krieges beauftragt.

Nelsons erster Schritt war die Heranziehung eines großen Stabes technischer Experten, Wissenschaftler und »Denker«, die unter striktester Geheimhaltung auf der Marinebasis Quantico zusammenkamen. Nach mehrtägigen Beratungen konzipierten sie den Plan »Offene Himmel«. Er sah eine Vereinbarung zwischen den Sowjets und den Amerikanern über eine gegenseitige Luftaufklärung über dem Territorium des anderen vor; auf diese Weise sollten Überraschungsangriffe ausgeschlossen werden. In der Weltöffentlichkeit, so erwarteten die Amerikaner, würde dieser Vorstoß als kühn und großherzig gewertet werden, von den Russen würde er dagegen sicherlich zurückgewiesen werden, weil er für sie einen Rückschritt gegenüber bereits getroffenen konkreten Abrüstungsmaßnahmen darstellte. Außerdem hätten sie ihren wichtigsten Vorteil, die Geheimhaltung, ohne greifbare Gegenleistungen aufgeben müssen. (Zu dieser Zeit verfügten die Sowjets noch nicht über die Trägerwaffen für einen nuklearen Angriff auf die USA, vielmehr war die Sowjetunion von amerikanischen Luftstützpunkten umringt.) Um ganz sicher zu gehen, daß ihr Vorschlag für die Russen unannehmbar war, schlugen die Pläneschmiede von Quantico noch den Austausch der vollständigen Karten aller militärischen Anlagen in beiden Ländern vor. »Wir wußten im voraus, daß die Sowjets nicht darauf eingehen würden«, gab Eisenhower später zu, »ja, wir waren uns dessen ganz sicher.«

Einige Tage vor der Abreise des Präsidenten zu der Gipfelkonferenz unterbreitete ihm Nelson den Gedanken »Offene Himmel« in einer einseitigen Aktennotiz. Der Präsident befand die Idee für gut und bat Rockefeller zu einer Unterredung mit Außenminister Dulles, die am Vorabend ihrer geplanten Abreise stattfand. Dulles hatte Nelsons Vorgehen mit Mißbilligung verfolgt. »Er scheint sich mit einem großen Mitarbeiterstab zu umgeben«, äußerte er besorgt gegenüber Sherman Adams. »Er hat sie nach Quantico geholt, und keiner weiß so recht, was sie da tun.« Dulles mochte nicht einsehen, welchen Wert schon ein »Friedensplan« haben sollte. Seiner Meinung nach sollte die Gipfelkonferenz lediglich das Forum für die Verkündung der Grundsätze und Verpflichtungen der Vereinigten Staaten abgeben, die ihre ablehnende Haltung zum Kommunismus bekräftigten – und nichts weiter. »Wir wollen dieses Treffen nicht zu einem Propagandaschlachtfeld machen«, meinte er nicht ohne Hohn auf Nelsons Vorschlag.

Die letzten Tage vor der Gipfelkonferenz waren angefüllt mit Intrigen. Im Außenministerium war man bestrebt, eine Teilnahme Nelsons in Genf zu hintertreiben, so wie man früher schon versucht hatte, ihn von der UNO-Konferenz in San Francisco fernzuhalten. Der Präsident sah sich schließlich zu einem Kompromiß genötigt: Rockefeller durfte nach Paris reisen, wo ein vorbereitendes Treffen von Experten stattfand, die dann nach Genf gingen, er aber sollte dort nicht erscheinen.

Sobald er in Europa war, begann Nelson allerdings, um Unterstützung für seinen Vorschlag »Offene Himmel« zu werben. Diesmal konnte er sich dabei nicht auf einen gestandenen Politiker wie Senator Vandenberg stützen, aber er verschaffte sich die

Das General Education Board war Teil
einer Bewegung, das Erziehungssystem der
Südstaaten zu modernisieren. Die ungeheuren Mittel der Rockefellers spielten eine
einzigartige Rolle beim Aufbau dieser
Stiftung. Das GEB und seine Treuhänder
sollten den weiteren Gang der Beziehungen
zwischen den Rassen bis weit in die Zukunft
der Nation beeinflussen.

Der Südstaatler Ivy Lee mochte ein sonder-
barer Verbündeter für den Sohn des reichsten
Mannes der Welt sein. Doch er wurde einer
jener Berater, die die unentbehrliche
Strategie entwarfen, um die Dynastie in das
20. Jahrhundert hineinzuführen. Lee erhob
die Public Relations zu einer Kunst, mit der
er den Namen Rockefeller wieder mit der
Öffentlichkeit versöhnte.

Juniors finanzielle Reserven waren so immens und seine Ambitionen so weit gespannt, daß er die verfallene kleine Stadt Williamsburg, in der Kolonialzeit Zentrum der ›Virginia-Dynastie‹, von Grund auf restaurieren lassen konnte. Ein Rockefeller mußte ein Interesse daran haben, an einem Vorhaben beteiligt zu sein, durch das eine mit der Geburtsstunde Amerikas eng verbundene nationale Gedenkstätte entstand.

Rückenstärkung durch den NATO-Oberbefehlshaber General Gruenther und durch Admiral Radford. Am Eröffnungstag der Gipfelkonferenz fand der sowjetische Ministerpräsident Bulganin große Aufmerksamkeit, als er die westlichen Abrüstungsvorschläge akzeptierte und eine drastische Verringerung der konventionellen Streitkräfte der Großmächte forderte. Am folgenden Morgen erhielt Dulles ein verschlüsseltes Telegramm von Admiral Radford, in dem er eindringlich die Annahme des Rockefeller-Planes befürwortete, um das Genfer Treffen zu retten. Nelson (er hatte am Vorabend lange Zeit mit dem Leiter der amerikanischen Abrüstungsbehörde, Harold Stassen, über dem Entwurf dieses Telegramms verbracht) ging sicher, daß auch der Präsident eine Abschrift durch seinen Adjutanten, Oberst Andrew Goodpaster, erhielt.

Nelson wurde nach Genf gerufen, wo Eisenhower mit Außenminister Dulles noch einmal den Plan »Offene Himmel« durchging. Der Außenminister räumte nun ein, daß die Umstände einen Meinungswandel bei ihm bewirkt hätten, und am nächsten Tag stand Eisenhower im Völkerbundpalais vor gespannten Zuhörern. Mit festem Blick auf die sowjetische Delegation und der ganzen Aufrichtigkeit des guten Amerikaners aus Kansas in seiner Stimme, erklärte er: »Die Zeit ist gekommen, um den kalten Krieg zu beenden.« Danach erläuterte er den Plan »Offene Himmel«. Der Erfolg zeigte sich sofort und ungeschmälert. Eisenhower wurde der Triumphator der Konferenz. Einen Monat später konnte dann Harold Stassen, der amerikanische Chefunterhändler bei der Abrüstungskonferenz, sämtliche Abrüstungsvorschläge, die von den Vereinigten Staaten in den vergangenen zehn Jahren vorgelegt und die im großen und ganzen von der Sowjetunion angenommen worden waren, ohne Aufhebens zurückziehen.

Manche spitzfindigen Beobachter bemängelten, daß Rockefellers Plan kaum mehr als eine bloße Geste gegenüber der öffentlichen Meinung sei. Und Dulles blieb aus einer anderen Sicht her skeptisch. »Genf hat den freien Nationen gewiß einige Probleme aufgebürdet«, stellte er nach seiner Rückkehr in einem Fernschreiben an alle Missionschefs fest. »Acht Jahre lang wurden sie hauptsächlich durch den Mörtel der Furcht und des Gefühls moralischer Überlegenheit zusammengehalten. Jetzt hat die Furcht nachgelassen, und die moralische Trennungslinie ist etwas verschwommen.«

Ungeachtet dessen schritt Nelson voran. Er erreichte bei Eisenhower die Zustimmung zu einem weiteren Seminar in Quantico (das als Quantico II bekannt wurde). Diesmal sollte darüber beraten werden, wie die in Genf errungenen Vorteile am besten im kalten Krieg genutzt werden konnten. Als dann die Empfehlungen dem Kabinett vorgelegt wurden, stieß er auf eine mächtige Mauer der Ablehnung.* Der alte Fuchs Dulles war, wiewohl er mit ihm in den Grundfragen der Politik übereinstimmte, entschieden dagegen. Das traf auch auf Schatzminister George Humphrey

---

* Die auch heute noch als »streng geheim« klassifizierten Empfehlungen von Quantico II enthielten praktisch einen Generalstabsplan für die künftige Politik im kalten Krieg und sahen Aufwendungen in Höhe von 18 Milliarden Dollar vor.

zu, einen Konservativen aus dem Mittleren Westen, der ein einflußreicher Gegner hoher Staatsausgaben war. Humphrey gelang es, seine Stellung als privater Freund Eisenhowers zu nutzen, um Nelsons Vorschläge zu Fall zu bringen und seine kostspieligen Vorhaben anzuprangern.

Als Nelson in den Monaten nach Genf immer seltener Zugang zu Eisenhower fand, spielte er mit Rücktrittsgedanken. Verteidigungsminister Charles Wilson, von dem die klassische Gleichsetzung der Interessen der Nation mit denen seiner alten Firma General Motors stammte, fragte Rockefeller, ob er nicht sein Stellvertreter werden wolle. Rockefeller sagte ja, weil er davon Wind bekommen hatte, daß Wilson aus dem Kabinett ausscheiden wollte, und weil er mit der Möglichkeit rechnete, zu seinem Nachfolger ernannt zu werden. Doch in der folgenden Woche bat Wilson ihn nochmals zu sich und mußte ihm eröffnen, daß seine Berufung ins Verteidigungsministerium geplatzt sei. Humphrey hatte Ike eingegeben, daß es falsch wäre, wollte man einen »großen Geldausgeber« auf diesen Schlüsselposten in der Verteidigung setzen. Am 31. Dezember 1955 ging Rockefellers dritte »Amtszeit« in Washington zu Ende: Er erklärte seinen Rücktritt als Sonderberater für die Strategie des kalten Krieges.

# Kapitel 16

Mitte der fünfziger Jahre waren die Vereinigten Staaten in eine weltweite Auseinandersetzung verwickelt, und die Familie Rockefeller nahm eine bedeutsame Stellung im öffentlichen Leben Amerikas ein. Es war nicht gerade die »Verschwörung der Rockefellers«, wie manche behaupteten, aber sie boten den Anblick einer geschlossenen Truppe. Durch ihre Verbindungen zur Chase Bank und zu den Standard-Oil-Gesellschaften sowie durch ihre Beziehungen zu den großen Investment-Häusern und Anwaltskanzleien der Wall Street hatte die Familie die Hand am Puls des Wirtschafts- und des Finanzgeschehens in Nordamerika. Über die Rockefeller Foundation, den Rat für Auslandsbeziehungen und die Republikanische Partei stand sie im Kontakt mit den höchsten politischen Entscheidungsgremien der Nation. Wann immer die Mächtigen zusammenkamen und die schwierigen Entscheidungen der Nachkriegszeit trafen, wurden stets einige wichtige Persönlichkeiten aus Einrichtungen hinzugezogen, an denen sich die Rockefellers stark engagiert hatten. John McCloy, Douglas Dillon, James Forrestal, Robert Patterson, die beiden Brüder Dulles, Winthrop Aldrich und andere erlangten ihre Ämter durch keine Wahl, übten aber eine Macht aus, die meistens größer und dauerhafter war als die gewählter Regierungsmitglieder, für die sie arbeiteten. Als sie noch die Konturen der amerikanischen Nachkriegspolitik formen halfen, waren die politischen Technokraten, die sie ablösten – junge Männer wie die Brüder Bundy, W. W. Rostow, Zbigniew Brzezinski und Henry Kissinger – bereits dabei, im Bereich der internationalen Institute und der »Denkfabriken«, zu deren Schaffung die Rockefeller Foundation einen entscheidenden Beitrag geleistet hatte, ihren Weg nach oben zu suchen.

Das ganze Milieu, in dem sich die Rockefellers bewegten, bestand aus Personen und Einrichtungen, die zusammengenommen ein unter Ausschluß der Öffentlichkeit aufgebautes Machtsystem repräsentierten, welches das Wirtschafts- und Geistesleben der Nation bestimmte. Für die Brüder und ihre Umgebung brachte der kalte Krieg eine weltweite Ausdehnung ihres Einflusses.

JDR 3 kehrte aus dem Washington der Kriegsjahre noch schlank und mit scharfkantigen Gesichtszügen nach Hause zurück. Er hatte viel von seiner Naivität abgelegt, die in den ersten Jahren nach seinem Abgang vom College so aufgefallen war. Ihm hatte die untergeordnete Tätigkeit, bei der er lediglich militärische Dokumente lesen und Berichte verfassen mußte, eine wichtige Gelegenheit zur Selbstprüfung verschafft. Ihm lag nicht die Art Nelsons, sich Freunde zu machen, indem er jemanden an sich heranzog und ihm einen Witz erzählte. Das wußte er jetzt. Doch da man seinen gewohnheitsmäßigen Ernst als Aufrichtigkeit auslegte, sollte ihm das mit der Zeit auch Freundschaft eintragen.

Für ihn hatte es vor dem Krieg keine Gelegenheit gegeben, seine Interessen darzulegen. Alle Aufgaben und jede Verantwortung, das Alltägliche wie das Bedeutende, was immer ihm aufgetragen wurde, nahm er passiv hin. In der Kriegsmarine gewann er den Abstand und die Möglichkeit, darüber nachzudenken, daß ihm etwas gefehlt hatte. Einer seiner engsten Mitarbeiter, Donald McLean, sprach es offen aus: »John lebte von 1927 bis zum Kriegsausbruch wie in einer Gummizelle.« Nach seiner Rückkehr wollte er sich nicht wieder in eine Zwangsjacke stecken lassen.

Zu dieser Entschlossenheit hatte seine Frau beigetragen. Ein Verwalter des Museum of Modern Art (dessen Präsidentin sie später wurde) äußerte einmal über sie: »Wenn es jemals eine natürliche Aristokratie geben sollte, und ich meine keine Aristokratie des Geldes, sondern eine höherer Werte, würde Blanchette meine Favoritin als Königin sein.« Die gebürtigen Rockefellers hatten schon früh gelernt, solchen Schmeicheleien zu mißtrauen, »Mrs. John« (so wurde sie von den Mitarbeitern Rockefellers genannt) brauchte nicht argwöhnisch zu sein. Ihr gefielen solche Komplimente, und sie schien in der gesellschaftlichen Welt ihres Mannes besser aufgehoben zu sein als er selbst. Sie war eine großartige und attraktive Frau, die es sich leisten konnte, mit einer eiskalten Eleganz bei offiziellen Anlässen zu erscheinen. Sie kannte seinen schweigenden Zorn über die »Machtergreifung« Nelsons, und sie kochte manchmal innerlich wegen der Einstellung einiger Angestellter des Room 5600, die JDR3 für langweilig und einfallslos hielten. Wo sie nur konnte, gab sie ihrem Manne einen Anstoß, aber dies geschah wiederum so unauffällig, daß er dabei das Gefühl hatte, es aus eigenem Antrieb zu tun. Donald McLean, Chef der Leahy Clinic in Boston, 15 Jahre lang der engste Vertraute von JDR3, bemerkte: »Johns Fortentwicklung ist darauf zurückzuführen, daß Blanchette großen Anteil an seiner Karriere nimmt. Sie versuchte nicht, seine Arbeitsgebiete an sich zu ziehen; das käme ihr nicht in den Sinn. Sie bemühte sich nur darum, ihn aus der Höhle hervorzuholen, in der er sich verkrochen hatte, und das gelang ihr.« [167]

Selbst als er nach Unabhängigkeit strebte, hielt er sich an den Rahmen, den Nelson gezogen hatte. Es war schon bezeichnend, daß er McLean zu seinem Berater machte und ihm die Leitung seines Büros übertrug. McLean war ein junger, aufstrebender Rechtsanwalt bei Milbank, Tweed. Dort arbeitete er bei John Lockwood, der damals schon Nelsons Rechtsberater war. Eine Zeitlang hatte er bereits gelegentliche Aufträge für die Familie und für JDR3 wahrgenommen. McLean hatte lange genug mit dem Büro der Rockefellers zu tun gehabt, um zu wissen, daß es sich um einen »komplizierten Posten« handelte. Er ließ sich aber von Lockwood überzeugen und nahm an.

JDR3 beneidete Nelson um dessen Fähigkeit, sein Leben als ganzes zu leben, das

Öffentliche mit dem Privaten in Einklang zu bringen. Vor dem Kriege hatte er versucht, eine solche Synthese zu erreichen, aber er war immer wieder darauf gestoßen, daß ihm die Pflicht bestimmte Aufgaben auferlegte, denen andere am liebsten aus dem Wege gingen. Nun versuchte er, das beste daraus zu machen. In mancher Hinsicht war die Familie, die er mit Blanchette auf der Fieldwood Farm aufzog (der Tochter Sandra folgten erst der Sohn »Jay«, dann zwei weitere Töchter, Hope und Alida) ein Gegenpol zu *der* Familie.

Es fing mit Asien an. Zunächst hatte er sich für diesen Teil der Erde interessiert, weil sein Vater daran Interesse hatte. Allerdings gab es noch ein anderes auslösendes Moment, das ihn mit Asien verband. Im Jahre 1929 besuchte er Kyoto und schritt durch die Tempel und Heiligtümer, bewunderte die vergoldeten Holzschnitzereien und sprach in den kunstvollen Gärten mit Angehörigen der alten Herrschaftsschicht. Wie Nelson sich von der spontanen Begeisterung des südländischen Temperaments und dem kulturellen *machismo* angezogen fühlte, so schien JDR3 seinen Frieden in der feierlichen Zurückhaltung des orientalischen Geistes zu finden.

Während seines Dienstes in der Marine erkannte JDR3 im Orient weniger ein Betätigungsfeld für philanthropische Einrichtungen als vielmehr ein wichtiges Gebiet für das Gleichgewicht der Mächte. Er war ins Wehrersatzamt der Marine eingetreten, dann zu einem Ausschuß versetzt worden, dem die Abstimmung zwischen Kriegs-, Marine- und Außenministerium oblag. Er bekleidete dann den Posten eines Sonderberaters für Fernöstliche Angelegenheiten beim Staatssekretär im Marineministerium, Artemus Gates. Seine kontinuierliche Beschäftigung mit Asien, das er als lebenswichtig für die USA einschätzte, wurde deutlich, als er die gemeinsame Konferenz von Vertretern des Kriegs- und des Außenministeriums über den Fernen Osten besuchte, die nach dem Sieg in Honolulu stattfand.

Im Sommer 1949, als die Russen ihre erste Atombombe zündeten und die Armeen Mao Tse-tungs zum letzten Sturm auf Peking ansetzten, berief Außenminister Acheson eine dreiköpfige Delegation, die auf eine Erkundungsreise durch Asien geschickt wurde. Die Leitung wurde Philip Jessup vom Außenministerium anvertraut, die beiden anderen waren Raymond Fosdick (inzwischen Präsident der Rockefeller Foundation) und Everett Case, ein Direktor des Instituts für die Beziehungen zum pazifischen Raum. Die Gruppe trug ihre Erkenntnisse bei einem Gespräch am runden Tisch mit Chinaexperten im Außenministerium vor. [168] Es sollten Vorschläge für die amerikanische Haltung gegenüber den chinesischen Kommunisten ausgearbeitet werden. JDR3 war in diesem ausgewählten Kreis von Chinakennern zugegen.

Der Meinungsstreit ging darum, ob man das neue Regime in Peking in der Absicht, seinen Sturz herbeizuführen, unter starken Druck setzen oder ob man die diplomatischen und Handelsbeziehungen zum Festland aufrechterhalten sollte, um so die Kräfte des Nationalismus zu ermutigen, und zwar in der Hoffnung, daß Peking sich vom Lager Moskau fernhielte. An der Erörterung dieser Fragen beteiligte sich JDR3 nur wenig, doch wenn er das Wort ergriff, kam er gleich zur Sache.

An einem Punkte der Aussprache erklärte er: »Was den amerikanischen Handel mit China angeht, so bin ich dafür, daß er eingestellt wird. Mir scheint es die beste Methode zur Eindämmung des Kommunismus zu sein, ihn in den Augen des chinesischen Volkes zu diskreditieren. Ich bin davon überzeugt, daß Opposition gegen das Regime aufkommt, wenn sich die Wirtschaftslage verschlechtert. Und nach meiner Ansicht ist das Entstehen einer Opposition ausschlaggebend dafür, wenn in China neue Führungskräfte auftreten sollen . . .«[169]

Wie er selbst hinzufügte, sei dies »eine negative Einstellung zu dem Problem in China, und ich mag keine negativen Einstellungen«. Doch sie war die übereinstimmende Auffassung der Herren, die sich mit JDR3 im Council on Foreign Relations berieten und die er als Ebenbürtige schätzte. Die Gruppe am runden Tisch hatte eine andere, unterschiedliche Zusammensetzung. Sie hatte ein höheres intellektuelles Niveau, war aber gesellschaftlich von geringerem Rang. Die geringe Neigung dieses Gremiums, sich auf eine harte Linie festzulegen, ärgerte JDR3. Wieder in New York eingetroffen, richtete er im Nachgang zu den Beratungen ein Schreiben an Philip Jessup, den Vorsitzenden der Zusammenkunft. Er führte aus, daß doch wohl weitgehend Übereinstimmung herrsche, daß China, auch wenn es nicht tatsächlich von Moskau kontrolliert werde, in seinem Denken und in seiner Ideologie auf der Wellenlänge des Kreml liege. Die »große Frage«, die jetzt offen bleibe, sei diese: »Ist China anders?« JDR3 erfüllte es mit Sorge, daß viele Experten davon auszugehen schienen. »Ein großer Teil der Diskussionen unserer Konferenz, so kam es mir vor, wurde mit der Prämisse geführt, daß es sich mit China anders verhalte. Ist diese Annahme heute gerechtfertigt, wenn totalitäre Regime so wirksame Kontrollmethoden wie die Geheimpolizei und die Unterdrückung mit Waffengewalt haben?«[170]

Dies war gewiß nicht die scharfsinnigste Sicht der Faktoren, von denen Chinas Schicksal bestimmt wurde, aber sie wurde zur vorherrschenden Meinung für die nächsten zwanzig Jahre. Die amerikanische Asienpolitik zielte nun auf die Isolierung und Einkreisung Maos ab; deshalb wurde Japan zum Angelpunkt für die Strategie Washingtons im Fernen Osten. Es war jetzt an der Zeit, einen Friedensvertrag mit Japan auszuhandeln, damit es Partner im amerikanischen Sicherheitssystem in Asien werden konnte. Um sich bei beiden Parteien in den USA abzusichern, beauftragte Dean Acheson John Foster Dulles, den außenpolitischen Berater Deweys, mit den Verhandlungen über einen Friedensvertrag. Dulles bat JDR3, ihm dabei behilflich zu sein.

Kleinlich und rücksichtslos, wie er war, konnte Dulles keine ausgeprägte Loyalität bei seinen Kollegen erwecken. Dennoch kam zwischen ihm und JDR3 eine herzliche Beziehung zustande.[171] Sie kannten einander seit Jahren, verkehrten in derselben kleinen gesellschaftlichen Welt der exklusivsten New Yorker Clubs, Vereinigungen und Aufsichtsräte. Dulles gehörte dem Kuratorium der Rockefeller Foundation seit 1935 an. Nach seiner Ernennung zum Vorsitzenden des Vorstandes im Jahre 1950 traf er öfters mit JDR3 zusammen.

Dulles mochte Nelson nicht über den Weg trauen, aber er fand Gefallen an John. Vielleicht erkannte er in ihm, der von allen Rockefeller-Brüdern am meisten geduckt worden war, Ansätze zur Entfaltung. Auf alle Fälle sah er, daß jemand wie John bei den Verhandlungen nützlich sein werde, da sich kulturelle und philanthropische Verbindungen als höchst wertvoll erweisen könnten. Die offizielle Reise 1951 nach Japan war für JDR3 ein Wendepunkt. Und das nicht allein deshalb, weil er auf hoher Ebene in die Diplomatie und die politischen Entscheidungen eingeführt wurde. Sein eigener Auftrag war viel enger begrenzt, wie er selbst feststellte, als der des hart verhandelnden Dulles.

Obgleich er eigentlich nur als Ornament der Delegation nach Japan gereist war, hatte Dulles JDR3 versichert, daß seine Bemühungen eine wichtige Rolle in den künftigen Beziehungen zwischen den USA und Japan spielen würden. Die Vorstellung, daß die kulturellen Beziehungen einen wichtigen Aspekt der Diplomatie ausmachten, hatte sich seit Nelsons Pionierarbeit im Koordinationsbüro in den Gremien, die sich mit Außenpolitik befaßten, im zunehmenden Maße durchgesetzt. JDR3 nahm einen eigenen Mitarbeiterstab nach Japan mit und nutzte mehrere Wochen für Gespräche mit prominenten Vertretern des politischen und kulturellen Lebens im ganzen Lande. Nach der Rückkehr arbeitete er einen 88 Seiten starken Bericht aus, in dem er einen kulturellen Brückenschlag über den Pazifik, den Austausch von Studenten und Professoren, die Einrichtung von amerikanisch-japanischen Kulturzentren in den USA und in Japan sowie einen regelmäßigen Meinungsaustausch zwischen den Staatsmännern beider Länder vorschlug.

Im Vergleich zu den streng geheimen Verhandlungen über Stützpunkte für Atom-Unterseeboote, über Handelszölle und andere gewichtige Dinge nahmen sich Rockefellers Bemühungen eher bescheiden aus. Dulles würdigte aber die Bedeutung der Untersuchungen und der daraus gezogenen Schlußfolgerungen. Nachdem er sich mit den Ergebnissen beschäftigt hatte, schrieb er an Paul Hoffman, vordem Administrator des Marshall-Planes und nun bei der Ford Foundation: »Sie (die Japaner) möchten zur freien Welt gehören. Von unserer Warte aus ist es lebenswichtig, daß sie dieses Ziel erreichen . . .«

Durch den offiziellen Auftrag von Dulles fühlte sich JDR3 ermutigt, von sich aus eine Reihe von Vorhaben zu beginnen. Sie alle waren von dem Geist der amerikanischen Mission in Asien durchdrungen, den pazifischen Raum zu einem Damm gegen die kommunistische Flut zu machen – durch Leistungen auf sozialem und kulturellem Gebiet.

Für JDR3 eröffnete sich nun das Betätigungsfeld eines inoffiziellen Reisebotschafters in japanischen Angelegenheiten. Kurz nach der Fertigstellung seines Berichtes erhielt er ein Schreiben des Außenministeriums, in dem er gebeten wurde, seine Bemühungen um die Schaffung von amerikanisch-japanischen Verbindungen auf dem »privaten Sektor« fortzusetzen. Hierfür bot sich die Japan-Gesellschaft als besonders geeignete Organisation an. Sie war 1907 gegründet und während des Krieges übereilt geschlossen worden. Nach einem Neuanfang wurde jetzt ein Präsident für die Japan-Gesellschaft gesucht. Als JDR3 dieser Posten angeboten wurde, sagte er zu, und er versicherte sich unverzüglich der Mitarbeit Dulles', der Vorsitzender des neukonstituierten Vorstandes wurde. Als Präsident der Japan Society gab JDR3 das erste Essen für den ersten japanischen Botschafter in den USA in der Nachkriegszeit, und er empfing in dieser Eigenschaft in der Folgezeit alle japanischen Minister- präsidenten und sämtliche Mitglieder der kaiserlichen Familie, die die Vereinigten Staaten besuchten.

Die Reise mit Dulles erschloß ihm noch andere Betätigungsfelder. Eines davon war die Bevölkerungspolitik. Weder für JDR3 noch für seine Familie war dies etwas Neues. Bereits im Jahre 1925 hatte Beardsley Ruml, der damalige Direktor des Laura Spelman Rockefeller Memorial Fund, an Raymond Fosdick geschrieben: »Ich stimme darin überein, daß wir die Geburtenkontrolle in jeder passenden Weise un- terstützen sollten . . . Mir scheint jeder denkbare Beitrag, den wir in angemessener und vorsichtiger Weise dieser Bewegung zukommen lassen, unendlich wertvoll zu sein – verglichen mit dem sonst erzielten sozialen Nutzen.«

Neun Jahre später, als der Memorial Fund mit dem General Education Board zur Rockefeller Foundation zusammengelegt wurde, teilte JDR3 seinem Vater mit, ihm liege viel daran, daß das Programm zur Sexualerziehung des General Education Board von der Stiftung weitergeführt werde, und er regte an, sein Vater sollte es mit privaten Zuwendungen unterstützen. »Ich nehme mir die Freiheit, Dir dies vorzu- schlagen«, schrieb er seinem Vater, »weil ich mich persönlich mit der Geburtenkon- trolle und den damit zusammenhängenden Fragen sehr befasse . . . Ich bin ziemlich sicher in meinem Entschluß, daß ich mich – zumindest gegenwärtig – mit diesem Thema beschäftigen werde und dazu meinen eigenen Beitrag leisten möchte.«[172]

Damals war es allerdings noch kein populäres Anliegen. Die katholische Kirche lehnte die Geburtenkontrolle mit derselben Heftigkeit ab wie später den Schwanger- schaftsabbruch. Die American Medical Association (Ärztekammer) hieß die Gebur- tenkontrolle erst 1937 gut, und auch dann wurde sie von »therapeutischen Gründen« abhängig gemacht. Erst in den fünfziger Jahren verlor die Geburtenkontrolle ein we- nig von ihrer Anrüchigkeit, besonders durch die Diskussion um ihre Einführung in den Ländern der unterentwickelten Welt. Je mehr dieses Problem der Öffentlichkeit bewußt wurde, desto mehr beschäftigte man sich damit, so auch namhafte Geschäfts- leute und Militärs wie Hugh Moore und General William Draper, die mit apokalypti- schen Begriffen wie der »Bevölkerungsbombe« die Leute aufrüttelten.

JDR3 hatte Anteil an diesem Wandel. Er kehrte von seiner Asienreise 1951 voller Bestürzung über den Anblick der wimmelnden Menschenmassen in Asien zurück, und er war davon überzeugt, daß die Stabilität und der wirtschaftliche Fortschritt der unterentwickelten Länder voraussetzten, daß große Aufmerksamkeit ihrer unbändi- gen Geburtenrate gewidmet wurde.

Die Rockefeller Foundation erwies sich als die am besten geeignete Institution für die Einführung eines bevölkerungspolitischen Programms. Fosdick hatte 1948 eine vierköpfige Forschungsgruppe zu einer Erkundungsreise nach Asien entsandt. In einem vorsichtig abgefaßten Katalog von Empfehlungen rieten die Gutachter dazu, zunächst weitere Untersuchungen anzustellen, bevor ein Programm anlaufen sollte.

216

Doch selbst ihre zurückhaltenden Vorschläge für künftige Programme zur Geburtenkontrolle wurden vom Vorstand der Stiftung verworfen. Nun unterbreitete JDR3 seine Vorschläge der Foundation.

John war der Vertreter der Familie Rockefeller im Aufsichtsrat der Foundation, 1952 rückte er auf den Posten des Präsidenten, nachdem Dulles in die Eisenhower-Administration eingetreten war. Immerhin hatte sich die Foundation seit der Zeit, da sie von Gates aufgebaut und dann von Junior geleitet worden war, schon sehr verändert. Jetzt genoß sie ein großes internationales Ansehen und besaß einen unabschätzbaren gesellschaftlichen und politischen Einfluß in den Vereinigten Staaten. Dean Rusk, der im Jahre des Fortganges von Dulles als Präsident in die Stiftung eingetreten war, ging als Außenminister Kennedys nach Washington, und seinem Nachfolger, J. George Harrar, wurde das Außenministerium angeboten, als Nixon ins Weiße Haus einzog, geradezu, als ob diese Stellung in der Stiftung ein Erbrecht dafür enthielt.

Lewis Strauss war ein erfolgreicher Investment-Banker bei Kuhn-Loeb und eines der frühen Mitglieder der Atomenergiebehörde. Er hatte ein Jahr zuvor die Truman-Administration verlassen, um eine neue Tätigkeit im Room 5600 zu übernehmen. Während eines kurzen Gesprächs mit John erwähnte Strauss, daß er davon gehört habe, JDR3 suche nach Mitteln und Wegen, wie das Interesse am Problem des Bevölkerungszuwachses geweckt werden könnte. Er regte an, eine Konferenz von Wissenschaftlern einzuberufen, nicht nur von Leuten, die sich mit Demoskopie und Geburtenkontrolle beschäftigen, sondern auch Kapazitäten der verwandten Disziplinen, etwa des Naturschutzes, der Ernährungsforschung und der Landwirtschaft. »Diese Konferenz könnte unter der Ägide der Nationalen Akademie der Wissenschaften veranstaltet werden. Det Bronk ist der Präsident, und ich bin sicher, er wird die Konferenz sehr gern organisieren, wenn wir das Geld geben.«

JDR3 erörterte Strauss' Vorschlag mit McLean und befand ihn für gut. Indem sie mit dem wissenschaftlichen Establishment zusammenarbeiteten, konnten sie namhafte Leute wie Bronk (Präsident des Rockefeller Medical Institute) und Karl Kompton vom Massachusetts Institute of Technology einschalten, zugleich aber das übertriebene Aufsehen vermeiden, das die Geburtenkontrolle seit der Auseinandersetzung mit der katholischen Kirche zu erregen pflegte. Im Juni 1952 wurde die Konferenz in Colonial Williamsburg eröffnet. Alles ging glatt. Am Ende des Treffens schlugen Strauss und McLean die Schaffung einer Stiftung zur Erforschung der Bevölkerungsprobleme vor. Der Antrag wurde einstimmig angenommen.

Der Brothers Fund lehnte es ab, sich für das Vorhaben zur Erforschung des Bevölkerungszuwachses zu engagieren. Frank Jamieson hielt das Thema für politischen Sprengstoff. Nicht aus religiösen Skrupeln etwa wollte der abtrünnige Katholik Jamieson eine Verbindung zu der von JDR3 vorgeschlagenen Organisation vermeiden, sondern er sah das Vorhaben mit den Augen eines Mannes, der hoffte, eines Tages den politischen Wahlfeldzug für Nelson Rockefeller zu führen.

Bis November 1952 bauten John und Strauss eine neue Organisation auf, die sie den Population Council nannten. McLean leistete dabei die Kleinarbeit. Rockefeller bestritt das Budget für das erste Jahr in Höhe von 250000 Dollar, übernahm den Vorsitz des Bevölkerungsrates und berief den ehemaligen Armeegeneral Frederick Osborn zum Präsidenten. Während der nächsten Jahre, als die erschreckenden Statistiken mit der »Verdoppelungsrate« für die Weltbevölkerung zuerst die amerikanische Öffentlichkeit aufzuschrecken begannen, spielte der Pop Council (so die geläufige Abkürzung) eine entscheidende Rolle bei der Schaffung einer Organisation für die Erforschung des Bevölkerungszuwachses.

Ungefähr zur gleichen Zeit, als JDR3 den Pop Council ins Leben rief, gründete er auch eine Organisation für landwirtschaftliche Entwicklung mit der Bezeichnung Agricultural Development Council. (»John hatte es ständig mit Gremien, die er ›Council‹ nennen konnte«, sagte McLean.) Dieser Schritt spiegelt sein Streben nach Gleichgewicht wider: Das Negativum, die Geburtenkontrolle, sollte durch ein Positivum, die Erhöhung der Nahrungsmittelproduktion, kompensiert werden. Ursprünglich war die Arbeit des Rates besonders auf Asien ausgerichtet. Zu seinen Aufgaben gehörte es, technische Hilfe zu geben. So sollten die Forschungsergebnisse der Rockefeller Foundation, wie die Züchtung des sogenannten »Wunderweizens«, in der Praxis verbreitet und so die »grüne Revolution« vorbereitet werden.

Gegen Ende der fünfziger Jahre hatte sich JDR3 weit von der Rolle entfernt, die er einmal als besserer Büroangestellter seines Vaters gespielt hatte. Doch noch immer wußten die meisten Amerikaner kaum etwas von ihm, und es warteten noch immer kleine Demütigungen auf ihn, wie etwa die Eintragung in der *Encyclopaedia Britannica* über Nelson als »der älteste Sohn von John D. Rockefeller Junior«. Die Eingeweihten aber kannten ihn als »Mr. Asia« (diese Bezeichnung hatte das Magazin *The New Yorker* für ihn geprägt). Recht häufig wurde er vom Außenministerium zu Rate gezogen. Im Jahre 1953 rief Sherman Adams, der Chef des zivilen Stabes im Weißen Haus unter Präsident Eisenhower, an und offerierte JDR3 den Posten des amerikanischen Botschafters in Indonesien. Rockefeller lehnte ab; denn er hielt an dem Grundsatz seines Vaters fest, daß der Träger des Namens Rockefeller über den Parteien und der Politik stehen solle.

»Mr. Asia« nahm seine Aufgaben sehr ernst. Fast jedes Jahr trat er eine Reise nach Asien an, oft zu einer anstrengenden Tour durch Dutzende von Ländern und von mehreren Monaten Dauer. Andere hätten daraus vielleicht eine Vergnügungsreise gemacht, aber nicht der älteste der Gebrüder Rockefeller. Er lehnte entschieden die Angebote der Ford Foundation und anderer amerikanischer Unternehmen ab, die von ihnen in den Ländern auf seinem Reiseplan unterhaltenen Gästehäuser zu benutzen. Statt dessen zog er es vor, die Mühsal der örtlichen Hotels auf sich zu nehmen, um auf diese Weise in einen engeren Kontakt zu den Menschen zu kommen.

Als die fünfziger Jahre ihrem Ende zugingen, hatte JDR3 bis zu einem gewissen Grade seine Befreiung von der Familie erreicht, zwar nicht von ihrem Mythos, an dessen Bewahrung er mithalf, sondern im täglichen Leben. Er führte dies alles auf Dulles zurück. »Ich schrieb Foster, als er von Krebs gezeichnet im Sterben lag, wieviel die Japan-Reise für mich bedeutet hatte«, stellte er fest. »Aber er hat mir nicht mehr geantwortet. Ich weiß nicht einmal, ob er meinen Brief gelesen hat.«[173] Wie dem auch sei, John D. Rockefeller 3 wurde von der Witwe Dulles' als einer von 23 Männern berufen, die dem Sarg des früheren Außenministers das Ehrengeleit gaben. Als Rockefeller zu der Trauerfeier erschien, kam er nicht nur als jemand, der dem Begräbnis seinen symbolträchtigen Namen lieh, sondern als eine Persönlichkeit des öffentlichen Lebens mit eigenen Leistungen und eigener Identität.

# Kapitel 17

Im Oktober 1954 erreichte den New Yorker Makler William Zeckendorf ein Ferngespräch von Spyros Skouras, Direktor der 20th-Century-Fox-Studios. Skouras sagte, sein Freund, der menschenscheue Milliardär Howard Hughes, den er aus seinen ersten Tagen in Hollywood kannte, wolle alle seine Geschäfte aufgeben und verkaufen, um sich und sein Geld ganz der medizinischen Forschung widmen zu können. »Kennen Sie jemanden, der für so was groß genug ist?« fragte er.

Nach kurzer Pause sagte Zeckendorf mit einem Anflug von Pathos: »In meinen Ohren klingt das wie ein Rockefeller-Projekt.«

Zeckendorfs Bekanntschaft mit der Familie datierte aus der Zeit, als er Nelson den Verkauf des UNO-Geländes vermittelt hatte. Aber jetzt telefonierte er mit Laurance, der nun 40 Jahre alt war und im Rufe stand, ein gerissener Finanzier zu sein. Er galt als der aktivste Geschäftsmann unter den Rockefellers.

»Glauben Sie, daß Hughes es ernst meint?« hatte Laurance mit seiner etwas nasalen Stimme gefragt, als ihn Zeckendorfs Anruf in Room 5600 erreichte. Der Makler mußte zugeben, daß er es nicht wußte, die Sache aber für brisant hielt. Zeckendorf erinnerte sich später: »Laurance hatte angebissen. Die Sache war etwas für seinen Abenteuergeist.« Rockefeller willigte ein, nach Kalifornien zu fliegen, um der Sache auf den Grund zu kommen.

Nicht lange danach saßen er, Zeckendorf und Skouras auf der Terrasse des Beverly-Hills-Hotel beim Mittagessen und planten die Sicherheitsvorkehrungen für ein Treffen mit Hughes. Die Vorsichtsmaßnahmen erheiterten Rockefeller. Dennoch fügte er sich dem Plan: Punkt 1 Uhr 30 sollte Skouras aufbrechen und mit einem Taxi zu einem verabredeten Ort fahren, wo er Hughes treffen würde, um 1 Uhr 50 sollten Rockefeller und Zeckendorf ihm folgen; an einer bestimmten Kreuzung sollte ein Mann mit einem roten Hemd auf sie warten und sie dann in seinem Auto zum Treffpunkt bringen.

Sie erreichten ein großes Gelände in einem Villenvorort von Los Angeles und wurden von einem jungen Wachmann zur Haustür begleitet, dann betraten sie einen Raum, in dem Hughes auf sie wartete. Er trug zerknitterte Hosen, schmutzige Tennisschuhe, einen drei Tage alten Bart und richtete ein Hörrohr immer auf den, der gerade sprach. Rockefeller wirkte im Vergleich zu ihm wie ein europäischer Graf.

Es war fast unmöglich, sich vorzustellen, daß die beiden außer ihrem großen

Reichtum noch andere Gemeinsamkeiten haben könnten. Dennoch hatten sie beide die Anfänge der Zivilluftfahrt mitgemacht – Laurance als Teilhaber der Eastern Airlines und Hughes als der aggressive Unternehmer, der TWA zu einer der größten Fluggesellschaften Amerikas gemacht hatte und nun ihr Eigentümer war.

Allerdings wurde schon nach den ersten Minuten des Gesprächs klar, daß weder Hughes, der Exzentriker, der sich über Rockefellers offensichtliches Interesse amüsierte, noch Hughes, der Geschäftsmann, der erfahren wollte, wie hoch ein Mann mit Laurances Geschäftsverbindungen seinen Besitz einschätzen würde, wirklich daran dachte, zu verkaufen. Zeckendorf brachte die Zahl 500 Millionen Dollar ins Spiel; Hughes meinte, das wäre weit daneben getroffen, weigerte sich aber, einen eigenen Preis zu nennen. Laurance bemerkte kalt, er sei nicht gekommen, um Geld zu verdienen, sondern weil Hughes angedeutet hätte, der Erlös des Verkaufs solle bedeutenden medizinischen Forschungsvorhaben zugeführt werden. Das Treffen endete, indem beide versprachen, sich weiterhin über das Geschäft Gedanken zu machen, aber sie wußten, daß es nie zustande kommen würde.

JDR3 hätte sich vielleicht von Hughes an der Nase herumgeführt gefühlt, nicht so Laurance. Er sah es als eine willkommene Bereicherung seines Anekdotenschatzes.

Vor dem Krieg hatte Laurance sich weniger als seine Brüder profilieren können. Aber bei der Marine hatte er sich einen Überblick verschafft über Investitionsmöglichkeiten, die sowohl seinen eigenen als auch den »nationalen Interessen« dienen würden. Den größten Teil des Krieges hatte er damit verbracht, an der Westküste für das Luftfahrtamt die Produktion von Aufklärungsmaschinen zu überwachen. Dann bekam er es einige Monate vor Hiroshima mit Kampfflugzeugen zu tun. Diese Position benützte er, um alten Bekannten unter die Arme zu greifen, wie etwa der McDonnell Company. Als J. S. McDonnell hörte, daß Laurance mit dem Marinebeauftragten James Forrestal wegen einer Anstellung verhandelte, hatte er sofort einen Brief geschrieben, in dem er an gemeinsame Interessen erinnerte. »Wir sind für den Wettbewerb«, stand in dem Brief, »aber in dieser Notlage der Nation könnte unsere Gesellschaft der Marine ohne jede Verzögerung zur Seite stehen – wenn die Marine uns von Mann zu Mann genau sagen könnte, welche Eigenschaften ein neues Flugzeug haben müßte . . .«

Vielleicht wußte Laurance von Forrestals Plan, noch während des Krieges die Stimmung im Kongreß für Nachkriegsrüstung und deren Finanzierung auszunützen; auf alle Fälle hatte er jedoch Konstruktionszeichnungen von Flugzeugen und anderen Waffen gesehen, die nicht nur die Kriegführung, sondern auch die gesamte Wirtschaft und möglicherweise sogar die Gesellschaft radikal verändern würden. Um den Grad von »Bereitschaft« zu erreichen, nach dem die Militärlobby strebte, konnte die Regierung nicht darauf warten, daß Forschung und Entwicklung sich spontan ergaben, sondern mußte wie im Krieg die Rüstungsproduktion fortlaufend vorfinanzieren.

Er hatte die Luft in jenem völlig neuen Bereich, den Präsident Eisenhower später den »militärisch-industriellen« nannte, gerochen und es hatte ihn beeindruckt. Nelsons Vorbild folgend, hatte er den Übergang vom Weltkrieg zum kalten Krieg mitgemacht, fast ohne zu bemerken, daß inzwischen der Friede ausgebrochen war.

McDonnell war nur ein Eisen, das Laurance in diesem neuen militärischen Zeitalter im Feuer hatte. 1946 hatte die Marine einen neuen Auftrag für ihn. Eine Firma, die 1943 einen Auftrag über 20 kleinere Hubschrauber bekommen hatte (ihr Gründer war Frank Piasecki, Sohn eines eingewanderten polnischen Schneiders) war in Schwierigkeiten. Ob Laurance wohl helfen·könne? Laurance sah sich die Firma an und entschied, daß sie mehr Kapital und eine straffere Geschäftsleitung brauche. Er willigte ein, ein Konsortium mit seinen Freunden Douglas Dillon und A. Felix DuPont zu führen, und er kaufte 51% der Piasecki-Aktien für 500 000 Dollar. Bis zum Koreakrieg hatte er die Firma finanziell saniert, und als ein Beauftragter der Firma zum Kriegsschauplatz fuhr und dort Armeegeneräle davon überzeugen konnte, daß ein Hubschrauber, den seine Firma im Auftrag der Luftwaffe für arktische Rettungseinsätze gebaut hatte, leicht zum Truppentransporter umgebaut werden könne, war die Firma Piasecki ein unübersehbarer Faktor im Bereich des »begrenzten Krieges« geworden.

Bald folgten Investitionen in andere Firmen mit strategischem Potential. Die Marine interessierte sich für Reaction Motors, eine Firma in New Jersey, die an Geheimprojekten im Bereich der Raketen mit Flüssigtreibstoff beteiligt war. Wie bei Piasecki waren gute Produktionsmöglichkeiten und eine mangelhafte Geschäftsführung vorhanden. Laurance kaufte 21% der Anteile für 500 000 Dollar und brachte seine Leute ins Management. Außerdem erwarb er 20% der Anteile von Marquardt Aircraft, die Düsenraumflugzeuge bauten und 27% von Wallace Aviation in der Produktion von Rotorblättern für Düsentriebwerke, außerdem stieg er mit 30% in Flight Refueling ein, erwarb 24% am Airborne Instruments Laboratory und 24% der Anteile von Aircraft Radio.

Die Mitarbeiter von Laurance unterschieden sich von denen, die die anderen Brüder nach Room 5600 gebracht hatten. Sie kümmerten sich nicht um Familienpolitik oder um die persönliche Laufbahn ihres Arbeitgebers. Es waren Geldmänner und Techniker des Geschäfts mit der neuen Technologie.

Anfang der 50er Jahre, noch ehe die Atomenergiekommission ihre Pläne zur friedlichen Nutzung von Kernenergie vorgelegt hatte, war Laurance seinen Beratern gefolgt und hatte 17% einer jungen Firma aufgekauft, die sich Nuclear Development Associates nannte und begonnen hatte, sich mit atomarem Brennstoff zu befassen im Vorgriff auf den Tag, an dem sich die Zahl der Atomreaktoren vervielfachen würde.

Natürlich kamen ihm Kontakte zur Regierung und Finanzwelt (seine eigenen und die seiner Familie) enorm zugute, aber Laurance war stolz darauf, ein Mann zu sein, der es auch ohne den klangvollen Namen Rockefeller geschafft hätte. Obwohl er normalerweise weniger »Missionseifer« als seine beiden älteren Brüder verspürte, beteiligte er sich an der Diskussion über die Richtung, die die dritte Rockefeller-Generation einschlagen sollte. Wie in anderen Angelegenheiten unterstützte er Nelsons

Ansicht, daß der Einfluß der Familie sich vergrößern müsse, und er meinte, der beste Beitrag, den er dazu leisten könne, sei der finanzielle. Er wußte, daß die Nachkriegszeit und der technische Fortschritt neue Machtzentren schaffen würden, mit denen sich die Rockefellers verbünden mußten, wollten sie nicht eine Familie zweiten Ranges werden.

1945 schien die damalige Formation Rockefeller Brothers Inc.[174] für Laurance Geschäft, Familie und Mission zu vereinen. Sie selbst sah sich als »eine Gesellschaft zur Sammlung von Ideen« und als »einen Versuch, sozialen und ökonomischen Fortschritt mit einem gerechten Profit zu verbinden«. Die 1,5 Millionen Dollar Anfangskapital wurden von den Brüdern zu gleichen Teilen aufgebracht.

Dennoch war die Kreuzzugsidee für Laurance von untergeordneter Bedeutung. Randolph Marston, einer seiner Berater, schrieb in einem Brief an den Direktor der Chase Bank: »Hiermit möchte ich Ihnen einen Überblick über die derzeitigen Investitionsinteressen der Rockefeller Brothers Company geben. Die wesentlichen Interessen liegen im Bereich der Luftfahrtindustrie und des Luftverkehrs, andere interessierende Gebiete (umfassen) industrielle Entwicklungen im Ausland in der Nähe von Rohstoffvorkommen, besonders wenn es um eine Gelegenheit geht, Dinge von sozialem Nutzen zu produzieren.«

Eins der größten Projekte begann damit, daß Laurance einen Mitarbeiter nach Belgisch-Kongo sandte – in die berüchtigte afrikanische Kolonie, zugleich ein Land mit sagenumwobenen Rohstoffvorkommen –, um »die Bedingungen zur Errichtung einer Baumwolltextilfabrik zu erkunden«. Der Mitarbeiter berichtete, daß die Arbeitskräfte billig seien (zwischen 5 und 7 Cent pro Stunde) und daß Baumwolle für die Hälfte des amerikanischen Preises zu haben sei.

Also gründete Laurance zusammen mit belgischen Unternehmern (denen 60% der Anteile gehörten) und dem Familienfreund Douglas Dillon die »Filiatures et Tissages Africains«. Eine vollständige Baumwollspinnerei wurde aus South Carolina herbeigeschafft, Kongolesen wurden als Arbeiter eingestellt und die Firma nahm 1955 die Produktion auf. Bald kamen die ersten Profite, und der Einfluß auf Konsumgewohnheiten der wenigen Kongolesen, die Geld verdienten, begann zu wachsen. »Es war interessant zu sehen, wie bei den Frauen Modebewußtsein entstand«, bemerkte ein Gesellschafter. »Man kam sich vor wie auf der Fith Avenue.«

Andere Investitionen im Kongo folgten. Aber diese Vorhaben waren nie Teil einer Strategie, wie es bei den IBEC-Projekten in Lateinamerika der Fall war, und die meisten Beteiligungen wurden während der Wirren des kongolesischen Weges zur Unabhängigkeit verkauft.

Rockefeller Brothers, Inc. war nur der erste von mehreren Schritten, die Laurance unternahm, um sicherzustellen, daß die Familie an neuen und tendenziell wichtigen geschäftlichen Unternehmungen teilhatte. Diese Entwicklung – obwohl nur bescheidenen Umfangs – bewirkte eine bemerkenswerte Veränderung im Selbstverständnis der Familie. Laurance hatte es geschafft, das Geschäftliche wieder zum Kern des Büros zu machen, so wie es zur Zeit seines Großvaters gewesen war.

JDR3, der sah, daß das Menschliche in den Hintergrund gedrängt wurde, war mit diesem neuen Akzent nicht besonders einverstanden, und Winthrop, der sich immer mehr in seine persönlichen Probleme verwickelte und sich nach Arkansas zurückzog, beteiligte sich nicht mehr wesentlich an den Unternehmungen von RBI. Laurance jedoch hatte schon lange begriffen, daß das Dreieck Nelson, David und er selbst mit seinen Fähigkeiten und Interessen die Stoßrichtung der dritten Rockefeller-Generation bestimmten mußte. Keiner von ihnen machte sich Gedanken darüber, daß das Familienbüro zu einer funktionstüchtigen Maschine zum Geldverdienen wurde. Da Laurance sich weniger um öffentliche Angelegenheiten kümmerte als seine Brüder, wurde er der bestimmende Kopf im Room 5600.

Bertram Cutler, der 1902 in dem Büro am Broadway 26 als Buchhalter eingestellt worden war und sich später um die Familieninvestitionen gekümmert hatte, blieb als einer der alten Garde, weil er über alle möglichen Informationen verfügte und immer auf der Seite des Jüngsten gestanden hatte. Dennoch war Laurance schon lange vor dem endgültigen Rücktritt von Cutler 1951 dabei, sich nach einem Nachfolger umzusehen. Er meinte, den richtigen Mann gefunden zu haben, als er 1950 Lewis Strauss einstellte.

Strauss (er bestand auf der englischen Aussprache seines Namens: Stross, [175] Verleumder meinen, um seine jüdische Herkunft zu verschleiern) hatte eine Laufbahn hinter sich, die über zwei Generationen reichte und sich über mehrere Berufe erstreckte. Im Ersten Weltkrieg war er Herbert Hoovers Berater gewesen und hatte in Frankreich Mortimer Schiff getroffen, den Herrscher über die Kuhn-Loeb-Bank-Dynastie, die ihn für den Firmensitz in New York engagierte. 1928 war Strauss Geschäftspartner der Investment-Bank geworden und hatte später im Aufsichtsrat der DuPont U.S. Rubber Co. (der späteren Uniroyal) mitgewirkt, er hatte George Eastman dabei geholfen, das Kodachromeverfahren zu patentieren und zu vermarkten, und die frühen Erfindungen von Dr. Edward Land, dem Vater der Polaroidkamera, unterstützt.

Als Reserveoffizier der Marine (jeder, der zur Oberschicht gehören wollte, ging damals zur Marine) meldete er sich nach Pearl Harbor zum aktiven Dienst. Durch den Einfluß seines Wall-Street-Freundes James Forrestal hatte er es bald zu einer einflußreichen Position im Marineministerium gebracht und wurde zwei Monate nach Hiroshima zum Konteradmiral befördert.

Laurance wußte genau, daß Strauss Forrestal dazu gebracht hatte, 1944, als überall noch starke Kriegsstimmung herrschte, den Kongreß zur Bewilligung der Nachkriegsrüstung zu bewegen. Strauss hatte es auch fertiggebracht, noch während des Krieges Deutschland nach wissenschaftlichen Talenten abzugrasen, mit der Absicht, sie nach dem Zusammenbruch als legitime Kriegsbeute zu importieren. Nach dem Krieg wurde er Mitglied der ersten Atomenergie-Kommission. 1950, vor seinem Rücktritt, schaffte er es fast ohne Unterstützung, Präsident Truman von der Zweckmäßigkeit der Entwicklung der Wasserstoffbombe zu überzeugen.

Für seine Rückkehr ins Privatleben suchte er sich den Job bei Messrs. Rockefeller

Während des Besuchs seiner Bergwerke in
Colorado sprach Junior mit den Bergarbeitern,
aß mit ihnen Bohnen von Blechtellern,
besuchte sie in ihren Wohnungen. Zusammen
mit Mackenzie King zog er einen Overall
an, setzte den Helm mit der Grubenlampe
auf und fuhr ein, um die Sicherheitsvorkehrungen zu inspizieren.
Junior wußte, wie wertvoll Mitarbeiter
sein konnten, die für ihn Augen und Ohren
offenhielten und seine Ansichten im Ausland
verbreiteten. So fand er die perfekte Lösung:
einerseits konnte er sich im Hintergrund
halten, andererseits jederzeit eingreifen.
Damit kam eine neue Mannschaft in die
Rockefeller-Zentrale: die Gesellschafter,
unter ihnen Debevoise und Fosdick.

Trotz der Katastrophen an der Börse in der großen Krise fiel die Entscheidung für den Bau des Rockefeller Center. Die Wirtschaftslage erschwerte die Finanzierung selbst für eine Familie wie diese. Doch Schritt für Schritt kam das Projekt voran. 1933 wurde das RCA-Hochhaus eröffnet; Junior beging dieses Ereignis damit, daß er sein Büro vom Broadway in die 56. Etage verlegte.

(wie Room 5600 neuerdings genannt wurde), Strauss übernahm das Office Management Committee, eine Art Direktion der vielen Unternehmungen. Seine Doppelpersönlichkeit als Investmentbankier und früherer Berater der Regierung prädestinierte Strauss geradezu, sowohl das wachsende Portefeuille der Rockefeller Brothers, Inc. zu verwalten als auch neue Investitionen auf Gebieten vorzuschlagen, wo sie sich mit Verteidigungsausgaben glücklich treffen würden. Strauss ging außerdem in das Direktorium des Rockefeller Center, des wertvollsten gemeinsamen Aktivpostens der Brothers, Inc., und verbrachte einen guten Teil des Jahres 1952 mit komplizierten Verhandlungen mit der Columbia-Universität, um eine Verlängerung des Pachtvertrags für das Center zu erreichen. Obwohl er allgemein als Laurances Berater galt, war Strauss für die Brothers ein starker Aktivposten. Als JDR3 beschloß, sich mit Bevölkerungspolitik zu befassen, lieferte Strauss ihm den wissenschaftlichen Apparat. Als die Chase Bank als erste begann, sich für das zukunftsträchtige Feld der Atomenergie zu interessieren und den Bau von Reaktoren zu finanzieren, wurde ein alter Freund von Strauss, der Physiker Laurance Hafstad, mit dem er das Manhattan Project organisiert hatte, Chef der neuen Abteilung.

Strauss blieb nicht lange in Room 5600. 1953 verließ er die Rockefellers, um einem Ruf Präsident Eisenhowers zu folgen, der ihn zum Vorsitzenden der Atomenergie-Kommission ernannt hatte. Als Strauss ging, machten Laurance und David sich auf Talentsuche, um dauerhaften Ersatz zu finden, und sie einigten sich 1957 endlich auf J. Richardson Dilworth, einen jungen Investmentbanker aus dem Hause Kuhn, Loeb. Dilworth bildete vorerst mit Frank Jamieson und John Lockwood ein Triumvirat, das die Geschäfte der Familie leitete, aber eines Tages – das war klar – würde er den Mittelpunkt der Macht in Room 5600 bilden.

Nach seinem »Zehn-Jahres-Zyklus« begannen sich Laurances Unternehmungen termingerecht auszuzahlen. Die Firmen, mit denen er sich liiert hatte, waren stark genug geworden, um für Fusionsangebote attraktive Partner darzustellen. Ungefähr zur selben Zeit, als Piasecki Helicopter von Boeing aufgekauft wurde, fusionierte Reaction Motors mit Thiokol. Einige Manöver waren komplizierter. 1950 hatte Laurance 85% der Anteile von Marquardt Aircraft erworben. Vier Jahre danach verkaufte er so viele seiner Anteile an Olin Mathiesen, daß er 25% der Marquardt-Anteile besaß und er selbst einen Sitz im Direktorium bei Olin bekam. Von hier aus konnte er dazu beitragen, Olin Mathiesens Chemical Division mit einer seiner anderen Unternehmungen, Nuclear Development Associates, zusammenzubringen; das Resultat war United Nuclear, das größte private Kernbrennstoffunternehmen des Landes.

Aber es lag diesen Zusammenschlüssen keine übergreifende Strategie zugrunde, es wurde kein Versuch unternommen, eine Machtstellung in der Luftfahrt- oder Verteidigungsindustrie aufzubauen. Für einen Enkel des ersten John D. waren Bemühungen um Monopolstellungen tabu. Die Fusionen erfolgten in der Regel mit Firmen, die zu groß waren, als daß die eigenen Zukunftsperspektiven hätten wirksam durchgesetzt werden können. Auf der anderen Seite verkaufte er normalerweise seine

225

Anteile, wenn dabei ein ausreichender Gewinn heraussprang. Eine Ausnahme machte dabei allerdings der Fall Itek. [176] Die Firma war praktisch von einem Tag zum anderen führend geworden in Luftaufklärungs- und Luftvermessungstechnologie (sie stellte die Kameras für die U-2-Aufklärer und Spionagesatelliten her) und kletterte in diesem Jahrzehnt mit einem Jahresumsatz von mehr als 100 Millionen Dollar in die Elite der von *Fortune* ermittelten 500 größten Firmen auf. Hier wurde nichts verkauft.

Einen Monat nach der Gründung von Itek befand sich ihr Vizepräsident Dr. Duncan MacDonald auf einer Reise nach St. Louis, um eine wissenschaftliche Studie abzugeben. Auf der Rückreise entschloß er sich, in Langley Field, Virginia, im Hauptquartier der CIA vorzusprechen, um eine Angelrute abzuholen, die er dort bei einem seiner häufigen Besuche vergessen hatte. Dort erreichte ihn ein Anruf von seinem Nachfolger als Leiter des Physics Research Laboratory in Boston, das er im Auftrag der Luftwaffe gegen Ende des Zweiten Weltkrieges als Fachzentrale für Luftaufklärung gegründet hatte. Der Anrufer berichtete MacDonald, daß die sparsame Eisenhower-Regierung dem Labor gerade den Vertrag mit 30tägiger Frist gekündigt habe. Es war der 4. Oktober 1957, und die Russen hatten gerade ihren ersten Satelliten gestartet: Sputnik. MacDonald wußte, daß die Regierung ihren Beschluß aufheben würde, kehrte eilig zurück nach Massachusetts und erreichte bei seinen Kollegen, daß das Labor für Itek erworben wurde. »Innerhalb von sechs Monaten«, sagte er, »hatte Itek ein Polster von drei oder vier Millionen Dollar an Regierungsaufträgen, und wir boten Itek-Aktien für 30 Dollar das Stück an.«

In seinen ersten eineinhalb Jahrzehnten als Unternehmer hatte Laurance aus 9 Millionen investierten Dollar immerhin 40 Millionen gemacht. War auf der einen Seite ein Kapitalzuwachs um das Viereinhalbfache mehr als akzeptabel, so konnte er auf der anderen Seite seine Augen auch nicht vor der Tatsache verschließen, daß die wesentlich höheren Summen, die er in konservativen Socony-Oil-Aktien angelegt hatte, in derselben Zeit ihren Wert verdreifacht hatten, ohne auch nur die geringste Anstrengung von seiner Seite.

Laurance hatte einen Höhepunkt seiner Laufbahn erreicht. Als Rockefeller war es ihm verwehrt, aggressiv loszuschlagen und viel Geld zu verdienen oder nach entscheidenden Machtpositionen zu streben. Aber als Mitglied der dritten Generation einer großen Dynastie konnte er sich in seiner gewohnten Rolle hinter den Kulissen auch nicht so recht wohl fühlen. Gegen Ende seines Zehn-Jahres-Zyklus begann er sich mehr und mehr von den Geschäften zurückzuziehen, um ein Tätigkeitsfeld zu suchen, das ihm die Grundlage für eine Rolle im öffentlichen Leben bieten konnte, wie jeder Sohn von John D. Rockefeller Junior sie zu spielen hatte.

Folgerichtig wandte er sich dem Naturschutz zu. Er hatte sich schon immer stärker als seine Brüder für die Natur interessiert, und er kannte die Verdienste seines Vaters um die Nationalparks.

Anfang der 50er Jahre hatten der Naturschutz im weitesten Sinne und die Erhaltung nationaler Werte gewaltig an Bedeutung gewonnen. Der Koreakrieg und die zunehmende Polarisierung der Welt in zwei bewaffnete Lager warfen auch die Frage auf, ob Amerikas Rohstoffe ausreichen würden, um die kommende Krise zu überstehen. Diese Frage stellte sich angesichts der Unabhängigkeitsbewegungen in der dritten Welt um so dringlicher. 1951 berief Präsident Truman einen hochkarätigen Ausschuß über Rohstoffpolitik unter der Leitung des CBS-Chefs William Paley ein, der den gegenwärtigen und zukünftigen Bedarf des Landes katalogisieren sollte. Dabei sollte die Möglichkeit von Kriegen nicht ausgeschlossen werden, und der Ausschuß sollte Empfehlungen für die Rohstoffpolitik vorlegen. Zusammen mit Horace Albright erschien Nelson vor dem Ausschuß, um über die Krise auszusagen.

Der Bericht der Kommission, 1952 unter dem Titel *Resources for Freedom* erschienen, [177] begann mit der Frage: »Haben die Vereinigten Staaten von Amerika die materiellen Mittel, um die gegenwärtige Zivilisation aufrechtzuerhalten?« Einen großen Teil des fünfbändigen Werkes nahm eine detaillierte Aufzählung aller strategisch wichtigen Rohstoffe in den unterentwickelten Ländern ein, die, wie es in dem Bericht hieß, für das Problem der Vereinigten Staaten die beste Lösung boten, weil sie gesegnet seien mit reichen, relativ wenig erschlossenen Rohstofflagern in Mengen, die oft ihren absehbaren Eigenbedarf bei weitem übertrafen. Für das eigene Land forderte der Bericht eine Freigabe von Rohstoffvorkommen und staatlichen Ländereien für die private Industrie. Der Ausschuß, so hieß es in dem Bericht weiter, wolle die Erhaltung der natürlichen Schätze »so verstanden sehen, daß sie gleichgesetzt wird mit gutem Management«.

Laurance und seine Freunde waren von den Folgerungen des Berichts begeistert. Sie stimmten in den Chor derer ein, die die Kontrolle der Rohstoffvorkommen als eine notwendige Form der Vorbereitung auf eine neue Weltkatastrophe hinstellten.

Im Dezember 1953 führte die Ford Foundation die Diskussion fort, indem sie eine »Mittjahrhundert-Konferenz über Energie und Rohstoffe für die Zukunft« einberief. Nachdem Präsident Eisenhower die 1600 Delegierten begrüßt hatte, ließ man ein Arbeitspapier der Brookings Institution zirkulieren. Die einleitende Frage lautete: »Kann die weltweite Erschließung von Energie- und Rohstoffquellen langfristig mit dem wachsenden Bedarf der amerikanischen Wirtschaft Schritt halten?« Und weiter: »In welchem Umfang werden die steigenden Erwartungen und Bedürfnisse der Menschen in anderen Ländern es zulassen, daß die Vereinigten Staaten einen so großen Teil der Gesamtrohstoffproduktion beanspruchen, wie es jetzt der Fall ist? Welche Sicherheitsaspekte ergeben sich aus langen und verwundbaren Versorgungsrouten?«

Die Ford Foundation beschloß, eine permanente Organisation »Resources for the Future« (RFF) zu schaffen, die sich mit der Rohstoffpolitik beschäftigen und sicherstellen sollte, daß diese Fragen in Washington weiter im Bewußtsein blieben. RFF bot Soziologen ein Forum, wo sie heute über die Verschmutzung des nordwestlichen Pazifik diskutieren konnten, um morgen über die Beschaffung von Rohstoffen aus Südostasien zu sprechen. Kurz nach der RFF-Gründung verteidigte Präsident Eisenhower das neue Engagement der USA in Südvietnam damit, daß es der erste einer ganzen Reihe von Dominosteinen sei und daß »zwei Dinge, die die Welt braucht, aus diesem Gebiet kommen: Zinn und Wolfram. Sie sind beide sehr wichtig. Es gibt natürlich noch mehr: die Gummiplantagen und so weiter.«

Hauptsächlich betrafen die Überlegungen der RFF (die Organisation bot 1958 Laurance einen Posten als Direktor an) Rohstoffquellen in aller Welt. Außerdem interessierte sie sich für Veränderungen der amerikanischen sozialen Struktur, besonders für das Phänomen des Nachkriegswohlstands, der neuerdings der Mittelschicht Möglichkeiten zu Mobilität und Freizeit bot, wie sie früher nur den Reichen offengestanden hatten. Das war auch ein Thema in den Clubs und Verbänden, denen die Rockefellers angehörten. Laurance sah hier eine willkommene Gelegenheit, seine unternehmerische Vergangenheit mit seiner konservatorischen Zukunft zu verbinden. Unter dem Vorwand, »er sei bemüht, Mensch und Natur in Harmonie zusammenzubringen«, begann er Pläne zu schmieden. Er dachte an Erholungsgebiete in der Wildnis, die unerreichbar gewesen waren, bis Eastern und andere Fluggesellschaften begonnen hatten, Langstreckendüsenflugzeuge auf ihren Routen einzusetzen.

Die Saat dieses Plans hatte »Bee« Ruml 1951 gesät. Er war unter anderem der einzige Nordamerikaner, der in der Arbeitsgruppe für die industrielle Entwicklung Puerto Ricos mitarbeitete. Man versuchte damals, amerikanische Industrie mit dem Angebot billiger Arbeitskräfte und den Vorteilen einer Steueroase auf die Insel zu locken. Auf einer seiner Rundreisen durch Puerto Rico entdeckte Ruml die schönen Livingston-Ländereien an den Stränden westlich von San Juan. Die Universität von Puerto Rico wollte zwar aus dem Gelände einen botanischen Garten machen, aber Ruml hatte einen anderen Plan – als Teil des Entwicklungsprogramms »Bootstrap« sollte in Livingston ein großes Erholungsgebiet entstehen mit Golfplätzen und Badestränden. Er trug Laurance die Idee vor, und sofort wurde eine Studie in Auftrag gegeben, die positive Ergebnisse brachte. Man begann mit dem Bau des eleganten Dorado-Beach-Hotel, das 1956 fertiggestellt wurde. Kosten: 9 Millionen Dollar.

Als Rockefeller war Laurance ein großartiger Blick für die Peripherie sozusagen angeboren. Was andere für Zufälle hielten, waren für ihn Parallelentwicklungen. Eine Unternehmung führte zwangsläufig zur nächsten, jedes Betätigungsfeld verband sich auf Dauer mit dem genau Entgegengesetzten. Als er hörte, daß die Caneel Bay Plantation auf St. John, ein exklusiver Erholungsort auf der unberührtesten der amerikanischen Jungfrauen-Inseln, zu verkaufen sei, schlug er sofort mit 600 000 Dollar zu und begann außerdem, das Umland aufzukaufen. Wie sein Vater vor Jahrzehnten seinen damaligen Landsitz in Seal Harbor durch Landkäufe geschützt hatte, die später den Kern des Acadia-Nationalparks bilden sollten, war auch Laurances Strategie der Landkäufe nicht nur geeignet, seine Investition zu schützen, sondern es war auch eine noble philanthropische Geste: die Insel sollte ein Juwel unter den Nationalparks werden. Bis 1955 hatte seine Jackson Hole Preserve Inc. für mehr als 2 Millionen Dollar fast 6000 Morgen Land angekauft, die Laurance dann dem Innenministerium übergab. Der Nationalpark »Jungfraueninseln« wurde im folgenden Jahr feierlich eröffnet. Das fiel zufällig genau mit der Eröffnung des neuen Erholungsgebietes in Caneel Bay zusammen.

Außer seiner ästhetischen, sozialen und finanziellen Dimension brachte das wiedergefundene Feld des weitgefaßten Naturschutzes die Befriedigung eines persönlichen Bedürfnisses. Jahrelang hatte Laurance sich in der Anonymität der Kulissen des Big Business wohlgefühlt. Er war erfolgreich gewesen, aber anders als seine Brüder. Jetzt fühlte er zum ersten Mal in seinem Leben das Bedürfnis, auch in der Öffentlichkeit Ansehen zu erringen. Vielleicht hatte dieser Drang etwas mit einer biologischen Uhr zu tun – es war kurz vor seinem fünfzigsten Geburtstag –, aber weit bedeutsamer war die Tatsache, daß er Mitglied einer Familie war, die gewohnheitsmäßig auf einen bestimmten Jahresdurchschnitt an Erwähnungen in der *New York Times* Wert legte.

Der Naturschutz wurde nun sein hauptsächliches Tätigkeitsgebiet. Analog zu anderen wurde auch dieser Schritt mit einer Untersuchung eingeleitet. Der ausführliche Bericht begann mit der Bemerkung, daß der Durchschnittsamerikaner derzeit eine ungeahnte Erweiterung seines Einkommens und seiner Freizeit erfahre. (». . . diese Tendenz ist so gewaltig, daß sehr wohl ernste soziale Probleme entstehen könnten, wenn keine Möglichkeiten geschaffen werden, diese Freizeit sinnvoll zu verbringen«. [178])

Die Studie empfahl, daß Jackson Hole Preserve Inc. sich einen anderen Namen geben müsse, um dann innerhalb der Bewegung eine Führungsrolle anzustreben. Die Gesellschaft erfülle dafür die Voraussetzungen, weil »sie einen spezifischen und positiven Erfahrungsschatz einbringt . . . (und) sich bereits in der Branche einen Namen gemacht habe«. Mehr noch ist die Gesellschaft von dem Mann geprägt, »der mehr als jeder andere geholfen hat. Es ist sehr unwahrscheinlich, daß es in der kommenden Zeit einen Mann geben wird, der ihm auf diesem Gebiet ebenbürtig ist.«

Laurance war nicht der Mann, der eine solche Schmeichelei zurückwies; besonders dann nicht, wenn sie genau mit seinem Bedürfnis übereinstimmte, eine herausragende öffentliche Rolle als »Bürger und Naturschützer« zu spielen. Dank der historischen Verdienste der Jackson Hole Preserve Inc. wurde die Gesellschaft nicht umbenannt, sondern Laurance gründete eine neue unter dem Namen American Conservation Association. 1958 waren die Weichen für seine neue Laufbahn gestellt. Er war Beauftragter des Palisades Park, Direktor der Gesellschaft zur Erhaltung des Hudson River, Treuhänder der Conservation Foundation und der New Yorker Zoologischen Gesellschaft sowie RFF-Direktor. Noch im selben Jahr bot Präsident Eisenhower ihm seine erste Regierungsposition an. Er sollte den Vorsitz der Outdoor Recreation Resources and Review Commission führen, die den nationalen Bedarf an Erholungsanlagen bis zum Jahre 2000 vorausplanen sollte. Nun war derjenige der Rockefeller-Brüder, der seinen eigenen Mangel an Popularität verspottet hatte (»Ich bin der Harpo Marx der Familie«) in der Lage, nach Ruhm und Ansehen zu greifen.

# Kapitel 18

Die ersten zehn Jahre seiner Laufbahn verbrachte er mit dem gleichen Morgenritual wie andere junge und aufsteigende Geschäftsleute auch – rasch ein paar Gymnastikübungen, ein leichtes Frühstück mit Toast, Schinken und Kaffee, dann der kurze Spaziergang von seinem vierstöckigen roten Backsteinhaus auf der oberen East Side zur Untergrundbahn in der Lexington Avenue. Er sah groß aus und schwerer als er wirklich war. Er trug eine pralle Aktentasche, hatte das Wall Street Journal unter den Arm geklemmt und war immer gleich gekleidet: dunkler Anzug, weißes Hemd (am Kragen leicht gestärkt), dezente Schuhe. Das Gesicht mit der vorstehenden langen Nase gehörte David Rockefeller, von Beruf Bankier und Finanzmann, dessen Lebensphilosophie ein Satz war, den er einmal zu seinem ältesten Sohn gesagt hatte: »Was du auch tust, es wird dir dann Spaß machen, wenn du es mit harter Arbeit verbindest. Harte Arbeit ist das Wichtigste.«

David hatte seine Laufbahn, wie Junior stolz anmerkte, »ganz unten« begonnen. Während seine Brüder um Posten im Familienbüro wetteiferten, hatte er 1946 in der Auslandsabteilung der Chase Bank als stellvertretender Geschäftsführer angefangen – an unterster Stelle der Hierarchie. Zwei Jahre später war er zweiter Vize der Abteilung und leitete die Geschäfte in Südamerika, Kuba, Puerto Rico und Panama und gab eine einflußreiche, vierteljährlich erscheinende Finanzzeitschrift heraus: die *Latin American Highlights*.

1952 war er einer von sechs Senior-Vizepräsidenten der Chase Bank. (Allerdings war er noch nicht Direktor, wie sein Bruder Laurance – der einzige Mann im Direktorium unter 50.)

1955 wurde er geschäftsführender Vizepräsident, und ein Jahr später bekam er seine bis dahin bedeutendste Beförderung – zum stellvertretenden Vorsitzenden des Chase-Direktoriums. [179] Außer anderen Vorteilen bot ihm diese neue Stellung einen eigenen Dienstwagen mit Chauffeur, was den unbequemen Fahrten mit der Untergrundbahn während des Berufsverkehrs ein Ende bereitete. Natürlich hätte er sich solche Vorteile jederzeit erkaufen können, aber David hatte das ungeschriebene Gesetz gelernt, daß unverdienter Luxus der Laufbahn, wenn nicht sogar dem Selbstbewußtsein schadet.

Für einen kaum Vierzigjährigen war das ein schneller Aufstieg. Dennoch war es nicht so schnell gegangen, daß man hätte sagen müssen, es sei *ausschließlich* auf

Protektion zurückzuführen. Mit seiner Jugend, seinem Doktor der Wirtschaftswissenschaften war David (ungeachtet seines Namens) genau der Mann, der im Bankgeschäft gesucht wurde. Obwohl er nicht vorhatte, den mühsamen Aufstieg eines Unbekannten nachzuvollziehen, wußte er, daß er niemals die erforderliche Autorität besitzen würde, wenn er sich auf seinen Status als Sohn des Besitzers verlassen hätte.

David betonte die Distanz zu anderen durch eine höfliche, aber entschiedene Reserviertheit, die ihm bei einem Kollegen den Ruf eines »phlegmatischen Vierzigjährigen« eintrug. Er konnte nicht wie Nelson Wärme und Nähe heucheln (»Keiner, und ich meine wirklich *keiner*, nennt David Rockefeller ›Rocky‹«, mußte ein Angestellter der Bank einen vorwitzigen Journalisten zurechtweisen). Aber seine Konstitution erlaubte ihm, den ganzen Tag zu arbeiten, um dann nach Hause zu kommen, sich umzuziehen und den Rest des Tages auf Gesellschaften zuzubringen, was ihn zu einem bedeutenden Aktivum in der Bank machte.

Manchmal arbeitete er 18 Stunden am Tag. »Ich bin verblüfft über diesen Arbeitseifer«, bemerkte ein Vizepräsident der Bank. »Wenn Sie seinen Zeitplan für die Versammlung der American Bankers' Association sehen könnten – Sie würden es nicht glauben. Ich habe ihn mir angesehen und mir dabei gedacht: wenn ich David Rockefeller wäre, würde ich ihn einfach der Sekretärin zurückgeben.« Sobald er bei der Bank Einfluß gewonnen hatte, sah er sich als »self-made man«. Seine Frau Peggy, die kritischste und unabhängigste aller Rockefeller-Ehefrauen, erzog ihre Kinder in dem Bewußtsein, daß sie anders seien als ihre Vettern und Kusinen, weil ihr Vater der einzige Rockefeller mit einem richtigen Beruf sei.

Mit fortschreitendem Alter erinnerte David die Freunde der Familie immer mehr an seinen Vater. Er war ein methodischer Mensch, ordnungsliebend und vernünftig. Er tanzte gut genug, um einmal zwischendurch mit seiner Frau einen Polkawettbewerb zu gewinnen, interessierte sich aber insgesamt mehr für Fakten und Pläne als für Phantastereien. Obwohl er später eine führende Persönlichkeit im Museum of Modern Art werden sollte, begann er damit – wie Junior – chinesisches Porzellan zu sammeln, es in seinem Apartment in der Park Avenue aufzustellen und stundenlang zu katalogisieren. Außerdem hatte er von seinem Vater das Interesse für Immobilien und Bauwirtschaft geerbt. Zweifel an der Mission der Familie hatte er nicht. Er erfüllte also alle Voraussetzungen, um mit der Zeit ein richtiger Rockefeller zu werden.

Junior hatte die Verantwortung für die von ihm aufgebauten Institutionen und Geschäfte unter seinen Kindern verteilt, und Davids Ernsthaftigkeit und Kompetenz machten ihn zum richtigen Mann für den Vorsitz des Institute for Medical Research, der wahrscheinlich stolzesten Schöpfung der Familie. 1950 wurde er Nachfolger seines Vaters als Präsident des Instituts, räumte den Platz aber 1953, um Vorsitzender des Direktoriums zu werden.

Sein Nachfolger als Präsident wurde Detlev Bronk, der mit der Unterstützung

Davids in kurzer Zeit aus dem Institut eine Universität mit Forschungszentrum machte. 1965 wurde es offiziell in Rockefeller University umbenannt. Man konzentrierte sich auf fortgeschrittene naturwissenschaftliche Forschung, und bald gehörte das Institut zu den sechs angesehensten des Landes. Nur Harvard und die kalifornische Universität Berkeley konnten mehr Nobelpreisträger unter ihren Professoren vorweisen.

Davids Aufstieg in der Bank vergrößerte seinen Einfluß in der Finanzwelt. Seine städteplanerischen Ambitionen richteten sich mehr auf die Geschäftsviertel, deren Zukunft Mitte der fünfziger Jahre zweifelhaft erschien. Obwohl im Wall-Street-Gebiet Anfang des Jahrhunderts die ersten Wolkenkratzer entstanden waren, hatte man seit der Rezession dort wenig gebaut. Die Chase Bank selbst platzte im alten Hauptquartier aus allen Nähten, und sie hatte ihre Verwaltung schon auf acht verschiedene Gebäude in der Umgebung verteilen müssen.

Experten wußten, daß ein Umzug der Bank leicht eine Lawine ins Rollen bringen konnte, die das Geschäftsviertel zur Geisterstadt gemacht hätte. Das Gebiet war aber doch »das Herz und die Pumpe des Kapitals, des Blutes der freien Welt«. Die Tatsache, daß die Bank etwa 40 Millionen Dollar an Immobilienwerten in dem Gebiet besaß, war ein weiterer Grund, die Sanierung des Stadtteils zu betreiben. David sagte: »Ein Baum ist zum Tode verurteilt, wenn sein innerer Kern verfault. Genausowenig kann eine Stadt leben, die nur in den Außenbezirken gesund ist . . . Außerdem ist es wahr, daß ein Geschäftsviertel an Bedeutung verliert, wenn man die Innenstadt verrotten läßt.«

Es war eine ungeheure Aufgabe: Bauplätze mußten gefunden werden, alte Büros verkauft, Mietverträge abgeschlossen, und das alles unter den schwierigsten Marktbedingungen, da die Zukunft des Viertels noch ungewiß war. Für diese Unternehmung holte David sich William Zeckendorf, der sich schon mit der phantasievollen Gestaltung des UNO-Geländes und kühnen Plänen für das L'Enfant-Plaza-Projekt in Washington, D. C., einen Namen gemacht hatte. Für das Wall-Street-Manöver – wie David sein Vorhaben später bezeichnete – war er genau der richtige Mann.

Ausgehend von einer Zusage der Chase Bank, einen 60-Millionen-Dollar-Bau hinzustellen, trommelte Zeckendorf den Kern der zukünftigen Wall Street zusammen, und David gründete die Downtown Lower Manhattan Association, in der sich sämtliche größeren Finanzinstitute zusammenfanden, um die Zukunft der Region zu planen. Die Vorschläge der DLMA erforderten 1 Milliarde Dollar an öffentlichen und privaten Geldern für Wohnungsbau, Bürogebäude und Parks südlich der Wall Street, einem Bezirk, der nach Davids Worten »ein geschäftliches Slumgebiet direkt neben den größten Immobilienwerten der Stadt« darstellte. [180]

Das gewagteste Vorhaben der DLMA-Planer war die Schaffung eines Welthandelszentrums. Zwei hundertzehnstöckige Wolkenkratzer sollten Davids Antwort auf das Rockefeller Center werden. »Ein Welthandelszentrum ist notwendig, und es ist plausibel, es neben die Banken zu stellen, die den größten Teil des amerikanischen Außenhandels abwickeln«, war seine einfache Erklärung.

Das Welthandelszentrum sollte auf Land entstehen, das jetzt von kleinen Geschäftsleuten gepachtet war und niedrigen Einkommensklassen Wohnungen bot. Man ging vor Gericht und machte geltend, daß das Projekt weniger geeignet sei, den Handel zu fördern, als vielmehr dazu, Grundstücke der Chase Bank wertvoller zu machen. Wenn David von solcher Kritik unberührt blieb, so deshalb, weil er in dem festen Glauben handelte, genau wie sein Vater nur dem öffentlichen Wohl zu dienen. Wenn das, was für die Stadt gut war, gleichzeitig auch seiner Bank nützte – um so besser.

Für die Familie bedeutete Davids führende Rolle in der Bank, daß sein Platz im Room 5600 und in der Bank zum Angelpunkt der wirtschaftlichen Macht der Rockefellers wurde. Die Interessen der Familie und die der Bank waren ohnehin eng verflochten. Die Bank war das Geldinstitut der Standard Oil Company, und es bestanden Verbindungen zu der Milbank, Tweed, wo Talente wie John J. McCloy arbeiteten. Die Möglichkeiten der Chase und ihre Armee von Wirtschaftswissenschaftlern und Analytikern standen den Finanzleuten des Familienbüros immer zur Verfügung. Als Laurance seine Mitarbeiter in die Luft- und Raumfahrtindustrie schickte, konnten sie mit günstigen Krediten der großen Bank ihren Vorschlägen Nachdruck verleihen.

Oft war es tatsächlich schwierig, zwischen Bank und Familie einen Trennungsstrich zu ziehen, so stark war die Verflechtung der Interessen. Manchmal kam es zu Konflikten mit anderen Aufsichtsbehörden. So untersagte das Civil Aeronautics Board eine Fusion von Eastern und American Airlines.

Wie ihr größter Konkurrent, die First National City Bank, war die Chase ein internationales Institut und als solches stets direkt von der Politik der Regierung in ihren Auswirkungen auf das Auslandsgeschäft betroffen. David war als Internationalist erzogen worden. Deshalb war es nur natürlich, daß er sich von diesem Zweig des Bankgeschäfts am meisten angezogen fühlte.

1948 hatte er auf einer Rundreise die Niederlassungen der Bank und Nelsons AIA-Zweigstellen in Lateinamerika aufgesucht. Der Bericht, den er seinem Onkel Winthrop Aldrich bei seiner Rückkehr vorlegte, zeigte, daß er – wie sein älterer Bruder – dazu tendierte, dem amerikanischen Auslandsgeschäft Mimikry zu verschaffen, indem er nationalistische Emotionen akzeptierte: »Ohne Zweifel besteht in Lateinamerika eine wachsende Tendenz zum Nationalismus mit allem, was dazu gehört. Die Zeit der amerikanischen Institutionen auf lateinamerikanischem Boden wird bald vorbei sein, wenn sie sich nicht stärker für die nationale Wirtschaft engagieren. Ich glaube, daß es daher unserem eigenen Interesse dienen würde, wenn die Chase Bank ihre Politik in bezug auf Lateinamerika noch einmal gründlich überdächte ... So weit ich es beurteilen kann, haben andere Branchen der amerikanischen Wirtschaft noch keine Schritte in dieser Richtung unternommen, also eröffnet sich uns die Gelegenheit, hier Pionierarbeit zu leisten.«[181]

Es war durchaus üblich, daß Direktoren und Beauftragte der Chase (und anderer großer New Yorker Banken) regelmäßig zwischen Washington und der Wall Street hin- und hereilten, um die Regierung zu beraten und die Interessen der Finanzwelt in die komplizierten Staatsgeschäfte – vor allem die internationalen Angelegenheiten – einzubringen. * Einer ihrer Treffpunkte war das Council on Foreign Relations, dessen Zusammenkünfte im alten Pratt Mansion stattfanden, das Junior gekauft und der Organisation als Hauptquartier gespendet hatte. Dort traf man sich, diskutierte über Außenpolitik und übergab die Ergebnisse der Presse.

David war 1957 Mitglied der Organisation geworden, der John und Nelson ebenso angehörten wie andere Familien- und Geschäftsfreunde, unter ihnen John Lockwood, Debevoise, Raymond Fosdick, Donald McLean, Frederick Osborn, Beardsley Ruml, Douglas Dillon und John McCloy. Aber während seine Brüder nur kamen, wenn ihr Terminkalender es ihnen gerade gestattete, verschrieb sich David ganz dieser Organisation. Er diente der Gesellschaft als Verwalter, Gastgeber und Teilnehmer. 1953 spendete er 23 000 Dollar für eine Studie über Zölle. Ein Jahr später beteiligte er sich an einer Diskussion über Nuklearwaffen und Außenpolitik, die von dem aufstrebenden Harvard-Professor und ehemaligen Geheimdienstoffizier Henry Kissinger geleitet wurde.

Als David einmal beschlossen hatte, sich dem Council zu widmen, war sein Aufstieg zum Vorsitzenden genauso unvermeidlich wie sein Aufstieg in der Bank. Zwar wurde er es erst 1972, aber das lag nur daran, weil McCloy den Posten zwanzig Jahre lang besetzt hielt. In der Zwischenzeit begnügte er sich mit einer Vizepräsidentenschaft und der Tatsache, daß sein bester Freund und Vetter George S. Franklin, genannt »Benjy«, Verwaltungsdirektor war. Ihm unterstand das Personal, er setzte Ausschüsse ein und organisierte Diskussionsgruppen, besetzte Untersuchungsausschüsse und organisierte Vorträge über die Tätigkeit der Gesellschaft.

Davids Stil ließ ihn hier nicht als dynamischen Machtmenschen auftreten. Er nahm an jeder Entscheidung über Finanzen oder das Budget regen Anteil, und seine Finanzkenntnisse sowie seine unvergleichlichen Verbindungen zu Quellen und Institutionen verliehen seinem Wort Gewicht und Gehör. Aber seine Eignung zum Führer

---

* Später sagte David: »Es ist unmöglich, Geschäfte mit einer großen internationalen Bank zu tätigen, ohne in die Regierungsgeschäfte verwickelt zu werden«. Die Chase war genau der Ort für solche Erkenntnisse. Analog seiner Unterstützung der Reformen des New Deal hatte Winthrop Aldrich die Bank so eng mit nationaler Politik verknüpft, daß Patriotismus schon fast zum persönlichen Geschäftsstil gehörte. Im Krieg hatte die Chase für das amerikanische Expeditionskorps in Nordafrika Zweigstellen eröffnet (auch David war dort als Geheimdienstoffizier stationiert gewesen). Auf den Fersen von Eisenhowers Invasionstruppen hatte sie 1944 ihre Zweigstelle in Paris wiedereröffnet. 1947 hatte Aldrich, nach einem Vorschlag von Justizminister Tom Clark, den »Freiheitszug« der American Heritage Foundation organisiert. Man war umhergefahren und hatte überall Texte der Verfassung als Alternative zum Kommunismus verbreitet. 1948, nach Titos Bruch mit Stalin, wurde die Chase zur Hauptverbindung mit der Bank von Jugoslawien, und 1950 gewährte sie als erste Francos Spanien (das im kalten Krieg ein wichtiger Verbündeter war) Kredite. Zwanzig Jahre später eröffnete sie als erste Bank eine Filiale in Moskau und ging praktisch mit Nixon nach China.

lag noch auf einer anderen Ebene. Er besaß, wie ein Kollege bemerkte, die Fähigkeit, »in jeder Situation einen für alle Beteiligten akzeptablen Konsensus zu formulieren«.

Seine Tätigkeit im Council brachte David in engen Kontakt mit außenpolitischen Entscheidungen. Gab es eine politische Krise im Ölgebiet des Nahen Ostens, so informierte Außenminister Dulles (selber CFR-Mitglied) unfehlbar die Mitglieder der Gesellschaft über Entwicklungen. Als das amerikanische Interesse sich nach der Suez-Krise mehr auf den afrikanischen Kontinent konzentrierte, setzte die Gesellschaft einen Ausschuß unter der Leitung von Rockefeller-Intimus Harold K. Hochschild ein, Chef umfangreicher Kupferabbauinteressen in Südafrika, um die Situation und ihre Möglichkeiten zu klären.

Im September 1958 bereisten David und andere Teilnehmer der Untersuchungsgruppe zwei Wochen lang Afrika. Im selben Jahr eröffneten die Brüder – auf Anraten Nelsons, der unbedingt den kalten Krieg vom schwarzen Kontinent aus belauschen wollte – ein Büro in Lagos, Nigeria. Es sollte das einzige Auslandsbüro der Brüder bleiben. Es untersuchte Investitionsmöglichkeiten in Ghana und Nigeria und stellte die Rockefellerpräsenz in ganz Afrika her. Leiter des Büros wurde Robert Fleming, ein ehemaliger Nachrichtenoffizier und Mobil-Oil-Direktor in Afrika. *

1959 erklärte sich der Aga Khan während einer Amerikareise zu einem Treffen mit David bereit. Die Rockefellers hatten schon etliche Angelegenheiten mit der Dritten Welt geregelt und dabei geschickt Bankgeschäfte mit größeren geopolitischen Fragen verbunden. Auf seinen vielen Reisen hatte David bei vielen Staats- und Regierungschefs Höflichkeitsbesuche abgestattet. Wie der Aga Khan wohl wußte, galt sein besonderes Interesse Afrika. Riesige Gebiete mit umfangreichen Erzvorkommen waren im Begriff, sich von der europäischen Kolonialherrschaft zu befreien. Hier gab es Investitionsmöglichkeiten für amerikanisches Kapital.

Beim Mittagessen mit David im Geschäftszimmer der Chase Bank erbat der Aga Khan die Hilfe seines Gastgebers für eine Krebsklinik, die seine Africa Research Foundation in Kenia aufbauen wollte. David sagte sofort und freudig zu. Aber der Aga Khan wollte mehr. Er wollte einen Rockefeller als stellvertretenden Vorsitzenden der Foundation. Hier wollte David nicht zustimmen. Später, in einem Brief, drängte Aga Khan ihn, seine Absage noch einmal zu überdenken: »Ich habe vergessen, einen Punkt herauszustellen, dessen Bedeutung für Ostafrika von Tag zu Tag wächst: nationalistische Führer Afrikas, wie Julius Nyerere, Tom Mboya und Dr. Kiano werden, was neue ausländische Unternehmungen in Ostafrika betrifft, immer

---

* Fleming schrieb in einem seiner Jahresberichte: »Ein Element der Lage in Ghana, welches man nicht unterschätzen sollte, ist der wachsende osteuropäische Einfluß . . . Der Direktor hat die Bekanntschaft eines sowjetischen Handelsattachés gemacht und ist somit im wesentlichen über ihre Pläne und Absichten bezüglich der nationalen Wirtschaft unterrichtet. Diese brauchen uns nicht zu kümmern, außer in ihrer Eigenschaft als Konkurrenten, da es um dieselben Angebote geht, die auch von uns kommen.«

mißtrauischer . . . Im Hinblick auf Ihr Interesse am Kitobere-Sujar-Valley-Projekt und die Möglichkeit, daß Sie sich vielleicht zukünftig für andere, ähnliche Projekte in dem Gebiet entscheiden möchten, meine ich, daß eine öffentliche Verbindung mit einer unpolitischen, nichtrassistischen Organisation sicherlich von Vorteil wäre . . . Vielleicht haben Sie auch festgestellt, daß die Nachricht von umfangreichen Investitionen der Chase Manhattan Bank in Südafrika auf dem ganzen Kontinent Aufsehen erregt hat, und nicht alle haben die Nachricht günstig aufgenommen . . .« [182]

Allerdings hatte die Bank Niederlassungen in Johannesburg, Kapstadt und in Transvaal eröffnet und dadurch Beziehungen zur Apartheidpolitik und der Herrschaft der Weißen in Südafrika hergestellt, aus denen später für David eine ernsthafte Krise erwachsen sollte. Die Chase Bank und ihre Chase International Corporation waren dabei, sich in Nigeria und Ostafrika zu engagieren, David und Laurance waren beide an einer Textilfirma im Kongo beteiligt, und David spekulierte in Kenia mit Land. Dennoch konnte er es sich leisten, die versteckte Drohung in dem Brief des Aga Khan zu ignorieren. Die Rockefeller-Institutionen hatten schon lange so breitgestreute Aktivität entfaltet, daß David ohne weiteres von sich aus mit den Führern der jungen Staaten Kontakt aufnehmen konnte. Zur selben Zeit, als er den Brief des Aga Khan bekam, sandte David gerade eine Nachricht an Sir Ernest Vesey, einen britischen Offizier der Kolonialzeit, mit der Zusage einer persönlichen Spende von 10 000 Dollar für den Bau des United Kenya Club – Treffpunkt in Nairobi für Geschäftsleute aller Farben. Ehemals Finanzminister von Kenia, hatte Vesey vor kurzem den gleichen Posten in Tanganjika in der Regierung Julius Nyerere angenommen. David hatte bereits mit Mboya durch ein Austauschprogramm für Studenten freundlichen Kontakt gefunden und hatte Nyerere als Gast in Pocantico empfangen. Er schrieb an Vesey: »Ich freue mich zu hören, daß Sie der Nyerere-Regierung beigetreten sind, dies um so mehr, als ich von ihm während seines kürzlichen Besuchs in den Vereinigten Staaten sehr beeindruckt war. Vielleicht hat er Ihnen schon von unserem gemeinsamen Mittagessen in Tarrytown erzählt . . . Wenn Afrika mehr Männer seiner Art hätte, sähe ich zuversichtlich in die Zukunft.«

Gegen Ende des Jahrzehnts war David ein Bank- und Staatsmann besonderer Prägung geworden. In der Familien-Caravelle mit 15 Sitzen raste er von einem Kontinent zum anderen, beriet sich mit Herrschern und Ministern und hatte Einblick in Papiere, wie er sonst nur höchsten Regierungsvertretern zustand. In der Chase Bank hatte er Karteikarten mit 20 000 Namen hochstehender Persönlichkeiten in aller Welt, die er zu seinen »persönlichen Freunden« zählte. Seine sechs Kinder (David Jr., Abby, Neva, Peggy, Richard und Eileen) bekamen ihn ab und zu als Privatperson zu sehen – wenn er sie z. B. zu sich in die Badewanne einlud – aber das geschah selten. Für sie war er – wie für die ganze übrige Welt – in erster Linie Bankier und Rockefeller.

1960 wurde er von der New Yorker *Post* als der ideale Kandidat für das Amt des Bürgermeisters vorgeschlagen. David fühlte sich in Versuchung geführt – allerdings nicht genug, denn er wußte, daß er politische Ziele, sei es die Erneuerung New Yorks oder Beeinflussung der Außenpolitik, inzwischen auch erreichen konnte, ohne sich der politischen Prozedur zu unterwerfen. Noch nicht 45 Jahre alt, wußte er dennoch, daß er bald Präsident der Chase Bank und Vorsitzender ihres Direktoriums sein würde. Später gab es dann noch die Möglichkeit, die Ernennung auf einen hohen Regierungsposten anzunehmen. Vorläufig aber konnte er sich selbst und der Familie am besten dienen, wenn er in der Institution blieb, die den Eckpfeiler ihrer Macht bildete.

# Kapitel 19

Nelson freute sich über die Erfolge Davids und seiner anderen Brüder, nicht zuletzt auch deshalb, weil sie seine eigene Laufbahn nur um so strahlender zur Geltung brachten. Allerdings war nach den Erfahrungen mit der Eisenhower-Administration nicht ganz klar, wohin diese Laufbahn führen werde. Als er 1955 zum drittenmal Washington verließ, wußte er, daß sein Wunschtraum – einmal Außenminister zu werden – nie in Erfüllung gehen werde. Er hatte zu viele Brücken hinter sich abgebrochen, um noch einmal zurückzukehren. Außerdem war er nicht ein Mann, der eine halbe Laufbahn damit verbrachte, die Cliquenwirtschaft der Republikanischen Partei mitzumachen, um endlich einmal eine hohe Stellung zu erlangen, von der aus sich Politik machen ließ. Als er nach New York zurückkehrte, stand er an einem Wendepunkt seines Lebens.

Ehe er eine Entscheidung traf, nahm er wieder seine alte einflußreiche Stellung in den Familieninstitutionen ein: als Präsident des Rockefeller Center, Vorsitzender von IBEC und AIA und des Museum of Modern Art. Es war wieder häufiger im Familienbüro anzutreffen, das mit den Laufbahnen der Brüder gewachsen war und damals mehr als 100 Angestellte in den Bereichen Steuern, Konten, Investitionen, Öffentlichkeitsarbeit und Philanthropie beschäftigte.

Als Nelson 1956 die Präsidentschaft von seinem älteren Bruder übernahm, ging er daran, den Rockefeller Brothers Fund (RBF) in ein persönliches Instrument umzuwandeln. Er hatte eingesehen, daß er die ersehnte Macht nur durch ein Mandat der Wähler erreichen konnte. Es war keine neue Idee. Schon 1949 war er als Bürgermeister von New York vorgeschlagen worden. (Worauf einer seiner Helfer gestichelt hatte: »Er will nicht Bürgermeister werden, sondern Papst.«) Sieben Jahre später erwogen republikanische Führer ernstlich seine Kandidatur für den Sitz im US-Senat, den Irving Ives freigemacht hatte. Aber Nelson war entschlossen, Gouverneur zu werden, ein Sprungbrett, das vor ihm Al Smith, FDR und Tom Dewey benützt hatten, um Präsident zu werden – das einzige Ziel, das seinem Ehrgeiz hoch genug schien.

Die Gouverneurswahlen waren erst 1958 fällig. Für die Zwischenzeit war der Rockefeller Brothers Fund ein ideales Mittel, Nelsons Namen publik zu machen.

Das bei weitem ehrgeizigste seiner Projekte, die diesem Zweck dienen sollten, waren die Rockefeller Panel Studies. Als diese Studien drei Jahre später fertig waren und unter dem Titel *Prospect for America* veröffentlicht wurden, hatten die Direktoren mehr als eine Million Dollar ausgegeben, um nahezu hundert der berühmtesten und einflußreichsten Männer Amerikas für das Projekt zu gewinnen. Es war der Versuch, das persönliche Manifest einer Rockefeller-Partei zu schaffen (vielleicht aus Unmut über die Eisenhower-Administration, von der sich die Familie brüskiert fühlte). Als sechs Ausschüsse ihre Berichte fertiggestellt hatten, fanden ihre Empfehlungen Eingang in die Programme beider Parteien für den Präsidentschaftswahlkampf 1960. Sie übten damit einen starken Einfluß auf die nächsten zehn schwierigen Jahre amerikanischer Militär- und Innenpolitik aus.

Vorsitzender des Ausschusses für Außenpolitik war der Präsident der Rockefeller Foundation, Dean Rusk, der bald darauf Außenminister der Kennedy-Administration werden sollte. John Gardner, Präsident der Carnegie Corporation, war Leiter des Ausschusses für Fragen der Erziehung und sollte ebenfalls in Kürze derselben Regierung als Minister für Gesundheit, Erziehung und Wohlfahrt dienen. Es gab Ausschüsse sowohl für Außenwirtschaftspolitik des 20. Jahrhunderts als auch für Binnenwirtschaft. Den stärksten Einfluß auf die Struktur der amerikanischen Gesellschaft der folgenden Jahre hatte der internationale Sicherheitsausschuß unter der Leitung von Henry Kissinger. *

Panel II, wie die sicherheitspolitische Gruppe genannt wurde, war in mancherlei Hinsicht eine Erweiterung der Studiengruppe über Nuklearwaffen, die Kissinger im Auftrag des Auswärtigen Ausschusses geleitet hatte. Sechs seiner Mitglieder hatten vormals in der Studiengruppe mitgewirkt, unter ihnen auch der Vorsitzende, Gordon Dean, ehemals Bevollmächtigter des Atomenergie-Ausschusses AEC und gegenwärtig Vizepräsident der Abteilung für Nuklearenergie bei General Dynamics, einer der größten Firmen im Verteidigungsgeschäft. Leiter war der Kernphysiker Edward Teller, der zusammen mit Strauss, Dean und der Luftwaffenlobby im Jahre 1950 die denkwürdige Schlacht gegen die AEC-Mehrheit für die Entwicklung der Wasserstoffbombe gewonnen hatte. Damals war eine Spaltung des wissenschaftlich-militärischen Interessentenkreises eingetreten, die zehn Jahre nicht überwunden wurde. Teller teilte Nelsons Ansicht, daß Amerika seinen Vorsprung im Wettrüsten halten müsse, und beide sollten später mehrfach Gelegenheit haben, sich gegenseitig zu unterstützen.

---

* Wie Nelson, war auch Kissinger damals an einem kritischen Punkt seiner Karriere angelangt. Zwei Jahre zuvor hatte er als junger ehrgeiziger Harvarddozent für Politik damit begonnen, sich außerhalb der akademischen Welt um die Erfahrung und das Ansehen zu bemühen, die ihm eine spätere Rückkehr nach Cambridge ermöglichen sollten. Anfang 1955 war er für den Posten des Herausgebers von *Foreign Affairs* vorgeschlagen worden, aber da ihn sein teutonischer Schreibstil für dieses Amt disqualifizierte, empfahl ihn Harvard-Dekan McGeorge Bundy einer Studiengruppe des Auswärtigen Ausschusses über Nuklearwaffen als Berichterstatter. In Zusammenarbeit mit Männern wie General James Gavin, Roswell Gilpatric und Paul Nitze hatte Kissinger Diskussionsergebnisse der Gruppe für sein Buch *Kernwaffen und Außenpolitik* verwendet.

Das ganze Untersuchungsprojekt war ein Ausfluß der apokalyptischen Auffassung Nelsons vom kalten Krieg. (»Es geht um nicht weniger als die Zukunft Amerikas und die Freiheit der Welt«, verkündete er im Vorwort des Abschlußberichts.) Internationale Sicherheitsfragen waren für ihn von brennendem Interesse. Im Bericht von Panel II wurde Eisenhowers Verteidigungspolitik Punkt für Punkt widerlegt, und es wurden besonders die Versuche der Regierung kritisiert, die Rüstungsausgaben einzuschränken. »Wenn es um die Sicherheit der Vereinigten Staaten geht und die freie Welt auf dem Spiel steht, dürfen Kostenfragen nicht die Grundlage der Überlegungen werden«, heißt es in einer der bemerkenswertesten Passagen des Berichts.

Nuklearwaffen waren im Panel II häufigster Diskussionspunkt, und nur einmal gab es Meinungsverschiedenheiten, nämlich als es um die Wirksamkeit »taktischer Atomwaffen« für »begrenzte Kriege« ging. Solche Zweifel konnte allerdings der Vorsitzende, Kissinger, ersticken. »Äußerst starke Atomwaffen können so eingesetzt werden, daß geringfügige Folgen für die Zivilbevölkerung entstehen«, wurde im Abschlußbericht behauptet. Unter anderem wurde von Panel II die Freigabe von Kernwaffen für die NATO-Partner gefordert sowie die Möglichkeit des Einsatzes von Atomwaffen bei Konflikten »von kleineren Polizeiaktionen« bis zu örtlich begrenzten Kriegen.

Das Aufsehen, das der Bericht erregte, erklärte sich zweifellos aus dem Zeitpunkt seines Erscheinens. Im Pentagon und allen anderen Bereichen der, wie der scheidende Präsident Eisenhower sie in seiner Abschiedsansprache nannte, »militärisch-industriellen Lobby« wuchs der Widerstand gegen die sparsame Verteidigungspolitik Eisenhowers sowie gegen seine Außenpolitik der Verständigung mit den Russen. Am 4. Oktober 1957 hatten die Russen westliche Strategen durch den Start des ersten Erdsatelliten weiter verblüfft und einen kleinen, aber unerwarteten Vorsprung auf einem Teilgebiet des Wettrüstens demonstriert. Mitten im Aufschrei des Pentagons nach mehr Geld setzte Nelson die Fertigstellung des Berichts von Panel II durch.

Am 10. Januar 1958, verzweifelt über die Handlungsunfähigkeit der Regierung in einer Situation, die für ihn einem nationalen Notstand gleichkam, erschien Nelson vor dem Senatsausschuß für die Streitkräfte und sagte: »Seit dem Ende des Zweiten Weltkriegs haben die Vereinigten Staaten den Stand der militärischen Technologie der UdSSR sträflich unterschätzt ... Wenn die gegenwärtige Tendenz anhält, wird sich das Machtverhältnis auf der Welt zugunsten des Ostblocks verschieben. Wenn das passiert, werden wir wahrscheinlich keine Gelegenheit mehr haben, unseren Fehler wiedergutzumachen ...« [183]

Alles, was ein »privater Bürger« tun konnte, war getan worden. Außerdem war er wieder einmal so weit, daß er, nachdem er etwas in Gang gebracht hatte, das Interesse verlor und andere das Werk fortführen ließ. Im Frühling 1958, als die Berichte des Ausschusses veröffentlicht waren oder kurz davor standen, entließ er Kissinger wieder nach Harvard und trat selbst zurück. Laurance blieb als Vorsitzender der Special Studies Group und Präsident des RBF, um die Aufräumarbeiten zu erledigen.

Was ihn selbst betraf, so hatte er jetzt die gewünschte Gelegenheit, sich auf den kommenden Wahlkampf vorzubereiten.

Zunächst einmal traf er auf unerwarteten Widerstand. Einige Familienmitglieder, vor allem JDR3, erblickten einen großen Unterschied zwischen dem Dienst an der Öffentlichkeit durch Mitarbeit in Ausschüssen und Entgegennahme von Ernennungsurkunden und aggressivem Wahlkampf, der alte Feindschaften wieder aufwecken mußte. Der Wunsch, die Familie abzuschirmen, wurde von David und den Frauen der Familie (die in den Beratungen von Room 5600 keine offizielle Stimme hatten) getragen. [184] Für Nelson waren das überflüssige Sorgen.

Die Experten waren sich einig, daß 1958 ein Jahr der Demokratischen Partei werden würde. Tom Dewey riet Nelson, die ganze Sache zu vergessen. Sogar Frank Jamieson, der seit 15 Jahren an Rockefellers politischer Laufbahn arbeitete, war mit einer Strategie des Abwartens einverstanden. Ausgerechnet der New Yorker Gouverneur Averell Harriman, dessen Amtszeit jetzt zu Ende ging, gab Nelson den Anstoß, sich zu entscheiden. 1957 hatte er gespottet, die Chancen der Republikaner stünden so schlecht, daß man sich nach einem guten Außenseiter – wie Nelson Rockefeller – umschauen sollte, und nun machte er ihn zum Vorsitzenden eines gemischten Ausschusses des Bundesstaates, der einen Streit der Parteien über die Rückerstattung von Wahlkampfausgaben schlichten sollte. Dieser in der Verfassung vorgesehene Ausschuß erlaubte es Nelson, im ganzen Land umherzureisen, mit örtlichen politischen Größen zu sprechen und sich im Bewußtsein der Wähler als ein Mann darzustellen, der mit den Problemen des Staates vertraut ist.

Im Frühjahr 1958 hielt er seine Zeit für gekommen. Er stellte ein Wahlkampfteam zusammen, dessen Kern aus altvertrauten Beratern bestand: Jamieson, Lockwood, Harrison und Stacy May. Neben einer Bronzefigur seines Großvaters in Room 5600 stehend, gab Nelson seine Kandidatur vor einer Batterie von Fernsehkameras bekannt. »Wir brauchen neuen politischen Mut, um die Ideen von Männern mit Überzeugung und Phantasie sowie Glauben an die Zukunft in die Tat umsetzen zu können.« [185] Im August wurde er auf dem Landesparteitag der Republikaner als einziger Kandidat nominiert.

Als Redner beeindruckte Nelson nicht. Den Fachleuten seines Stabes lief es kalt den Rücken herunter, wenn er Reden vom Blatt ablas. Er stolperte über einzelne Wörter und machte einen konfusen Eindruck. Dennoch hatte er einen entscheidenden Vorzug: er konnte Politik als Kontaktsport auffassen. Die Menschenmengen, in die er sich hineinstürzte, waren begeistert, nicht weil sie ihn als Durchschnittsbürger sahen, sondern weil sie in ihm den kühlen Aristokraten erkannten, der – zumindest für den Augenblick – einer der Ihren war. Alle wollten ihn sehen und berühren. Er wußte das und kostete es aus.

Für die New Yorker Mischgesellschaft war er der ideale Kandidat. Sein Wahlkampf trug ihn auf der offenen Ladefläche eines Lastwagens nach Harlem mit Count Basie am Klavier neben sich. Puertoricanische Versammlungen begrüßte er in seinem

241

inzwischen fast flüssigen Spanisch und versicherte ihnen, er wolle ein »autentico representante del pueblo« werden. Seine ohnehin leicht nasale Stimme entwickelte einen geradezu plebeischen Klang, wenn er mit Arbeitern sprach. Die Wahlkampf-themen wurden zweitrangig, wenn Nelson auf einer von seinen Helfern organisierten Versammlung auftauchte und hier begann, Witze zu reißen, Hula-Hoops herumzu-wirbeln und jeden erreichbaren volkstümlichen Leckerbissen herunterzuschlingen. (Was ihm später betreffend seiner Präsidentschaftsabsichten zornige Spottreden der Demokraten eintrug: »Was zum Teufel hat der Typ überhaupt bisher geleistet außer Spezialitäten fressen?«) Tom Morgan, der spätere Berater von Bürgermeister John Lindsay, beobachtete Nelsons Wahlkampf 1958 und schrieb: »Er ließ Menschen-mengen erzittern. Er zeigte seine prahlerische, berühmte und gefürchtete Rockefeller-persönlichkeit, die – wie Schönheit bei Frauen – sowohl angeboren als auch gemacht war.«[186]

Ein anderer demokratischer Kandidat hätte vielleicht Nelsons Reichtum gegen ihn ausgespielt, aber Harriman war selbst Erbe eines Raubrittervermögens und gab ebenso viel wie die Rockefellers für diesen »Wettkampf der Millionäre« aus. Ver-geblich versuchte der Gouverneur, die Eisenhower-Administration zum Thema Nummer 1 zu machen, Nelson blieb in der Offensive. Gegen Ende der Schlacht war Harrimans hohe Patriziergestalt von Müdigkeit gebeugt, seine stolze Phalanx brach in der Niederlage zusammen. Nelson sah jugendlicher und energischer aus, als er in Wirklichkeit war.

Früh am Abend des 5. November verließ der Gouverneur seine Suite im Biltmore und begab sich in den Ballsaal, um seine Niederlage einzugestehen. Einige Straßen weiter schob Nelson sich durch Menschenmassen nach vorn, um Anspruch auf den Sieg zu erheben. Seine Frau Tod und sein Lieblingssohn Michael waren bei ihm. Es war ein historischer Augenblick, als er einige Wochen später am Neujahrstag den Amtseid sprach und dabei die rechte Hand auf die große alte Bibel seiner Großmutter Eliza legte.

Man konnte es kaum wahrnehmen – so gründlich hatte er es gelernt, seine Gefühle zu unterdrücken –, aber niemanden bewegte die Vereidigung so sehr wie seinen Vater. Mit 85 Jahren war Junior langsam schwächer geworden, zumindest körperlich, und um so stolzer war er auf seine Söhne, deren Erfolge sein eigenes Leben krönten. 1955 richtete er ein Rundschreiben an sie, was er bei wichtigen Anlässen öfter tat, nachdem er in der Zeitschrift *Fortune* ein Kollektivporträt seiner Söhne gelesen hatte. »Eure Verdienste um die Menschheit sind atemberaubend«, schrieb er. »Erst diese Serie hat mir Eure derzeitigen Aktivitäten richtig vor Augen geführt. Wie stolz bin ich auf den Beitrag, den Ihr Eurer Zeit und Generation leistet, auf die kluge und be-scheidene Art, in der Ihr das tut, und vor allem darauf, daß Ihr so seid, wie Ihr seid. Unsere Familie steht vor einzigartigen Möglichkeiten. Damit ist auch im gleichen Maße die Verantwortung gewachsen. Ihr Jungen tragt auf herrliche und zugleich be-scheidene Weise beidem, den Möglichkeiten und der Verantwortung, Rechnung.«

Als seine Söhne aus dem Krieg zurückgekommen waren und anfingen, zu übernehmen, was er aufgebaut hatte, fühlte Junior sich überrumpelt. Im Endeffekt wurde ihm klargemacht, daß die Jugend ihren Tribut fordere und daß er Platz machen müsse. Dabei fühlte er sich auf dem Höhepunkt seines Lebens. Alte Mitarbeiter wie Debevoise, die ihm lange und treu gedient hatten, wurden nicht mehr als Berater akzeptiert. Die ganze Ordnung der Familie wurde umgekrempelt, Dinge wurden getan, die ihm fremd waren, und andere, die ihm wichtig erschienen, wurden ignoriert. Er hätte das alles aufhalten können. Aber die Tatsache, daß sie von sich aus die Verantwortung übernahmen, erfüllte eigentlich die Hoffnungen, die er und Abby auf ihre Kinder gesetzt hatten. Er hatte also versucht, einen eleganten Abgang zu finden, indem er langsam seine Tätigkeit einschränkte.

Noch in den frühen 50er Jahren kam Junior öfter ins Büro. Immer wenn er in der Stadt war, setzte er sich für lange Stunden an den riesigen jakobinischen Schreibtisch und erledigte Geschäfte, die ihm wichtig erschienen. Außerdem verschaffte er sich so einen Überblick über die Tätigkeitsbereiche seiner Söhne und die Unternehmungen, in die sie sich und die Familie verwickelten. Er hatte zumindest noch die Macht des Geldes auf seiner Seite. 200 Millionen Dollar des riesigen Vermögens, welches nicht von Treuhändern für seine Nachkommen angelegt wurde, befanden sich unter seiner Kontrolle. Wenn seine Söhne schnelles Geld für eins ihrer Unternehmen brauchten, ohne dabei den Kern ihrer Depositen angreifen zu wollen, kamen sie immer noch zu ihm. Er bezahlte fürs Büro die Rechnungen. Er war immer noch derselbe Patriarch wie in seiner Jugend, aber er wurde älter – jeden Tag.

Jahrelang hatte er öffentliche Anerkennung gemieden. Mitte der 50er Jahre fand er sich drein. Er ließ sich zur Berühmtheit machen. Was jetzt seinen Höhepunkt fand, hatte etwa vierzig Jahre früher auf den windgepeitschten Ebenen von Southern Colorado seinen Anfang genommen. Sein Name auf dem Briefkopf war für eine Gesellschaft wie den United Negro College Fund die beste Empfehlung, und seine Anwesenheit bei einer Feier gab der Angelegenheit eine moralische Autorität, die kein anderer so herstellen konnte. 1956 sorgte sein Freund Henry Luce dafür, daß seine Geschichte zur Titelgeschichte der *Time* wurde. Die Überschrift lautete: »Der gute Mensch.« Und es hieß darin: »John D. Rockefeller Junior ist deshalb ein echter nationaler Held – wie jeder General, der jemals eine Schlacht gewonnen hat, wie jeder Staatsmann, der auf dem Felde der Diplomatie Triumphe für die Vereinigten Staaten errungen hat –, weil sein ganzes Leben von konstruktivem und sozialem Geben geprägt war.«

In seiner Haltung immer eher victorianisch als modern, wirkte er in der Geschäftigkeit der Nachkriegswelt seiner Söhne wie ein Überbleibsel aus alter Zeit. 1952 wunderte sich David Lillienthal (ehemaliger Beauftragter für das Tennessee-Projekt und die Atomenergie-Behörde) über die altertümliche Haltung und Redeweise Juniors. Als er nach einem Dinner bei JDR3 nach Hause kam, trug er über seine Begegnung mit Junior folgendes in sein Tagebuch ein: »Nach dem Essen setzte er sich zu mir in die Bibliothek und war offensichtlich genauso neugierig auf mich wie ich auf ihn. Ich weiß nicht, was ihn an mir interessierte; ich jedenfalls gebe zu, von seinen Schuhen fasziniert gewesen zu sein. Sie waren *hochgeknöpft!* Sehr schön natürlich und blankgeputzt . . . Was er zu mir sagte, klang ziemlich besorgt. Zum Beispiel mußte er mit seiner Enttäuschung über zu kurze Arbeitszeiten sehr zurückhalten, damit ich nicht etwa glaubte, er trete für übermäßig lange Arbeitstage ein – aber, meinte er, wozu ist die Freizeit überhaupt gut, wenn die Leute nicht wissen, was sie damit anfangen sollen?«[187]

Abbys Tod hatte ihn sehr schwer getroffen. Nach dem Begräbnis hatte er die gesamte Belegschaft von Room 5600 zu sich nach Pocantico gebeten. Er hatte sie durch das Haus und die Gärten geführt und dabei unablässig von seiner verstorbenen Frau und seiner Liebe zu ihr gesprochen. Er war ohne sie einsam, fast verloren, und seine Söhne atmeten auf, als er einige Jahre später, 1953, Martha Baird Allen heiratete, die Witwe eines alten Studienfreundes. Alle mochten »Tante Martha«, und es wurde erst später kompliziert, als sie den Eindruck gewannen, daß sie Junior ganz mit Beschlag belegte und es immer schwieriger wurde, ihn zu besuchen. Sie wußten aber, daß die Wiederheirat keine Mißachtung ihrer toten Mutter darstellte. Sie bewahrte Junior vor dem Alleinsein und war außerdem für die Besteuerung seines Wohnsitzes bedeutend. (Die Experten des Büros hatten nämlich eine Methode gefunden, Grundsteuer überhaupt zu vermeiden, indem sie festsetzten, daß die Hälfte an seine Frau und die andere an den von der Steuer befreiten Rockefeller Brothers Fund fallen würde – ein Trick, der in der Branche als »Rockefeller-Testament« bekannt wurde.)

Dennoch hatte Junior noch nicht jene herbstliche Zeit der Versöhnung erreicht, die man dem Alter gemeinhin zuschreibt. Zumindest nicht in bezug auf seinen fehlgeleiteten Sohn Winthrop. Dessen frühe Verfehlungen, seine Playboyallüren, den katastrophalen Fehltritt seiner Heirat und Scheidung – das alles konnte man zwar verzeihen, aber nicht vergessen. Als sich Winthrop dann aufmachte und nach Arkansas ging, war das ein weiterer Schlag für Juniors Vorstellungen vom Familienleben.

Es gab keinen offenen Bruch, die Beziehungen waren eher freundschaftlich, wenn Winthrop nach New York kam – was häufig passierte. Aber beide Männer wußten, daß eine unsichtbare Grenze überschritten worden war. Junior fuhr nie nach Arkansas, um Winthrops neues Leben auf Winrock Farm und seine neuen Errungenschaften kennenzulernen. Jeder wußte, daß der Sohn des Vaters Segen brauchte, um die alte Schuld endgültig loszuwerden, dennoch lehnte Junior alle Einladungen ab. Er tat es mit der Begründung, die Reise sei zu beschwerlich – obwohl er und Martha jeden Winter nach Arizona fuhren.

Seine letzten Jahre widmete er dem Nachdenken über den Namen der Familie, nun, da seine eigene Mission beendet war. Obwohl er für die Öffentlichkeit der anonyme Rockefeller geblieben war, Brücke zwischen einem berüchtigten Vater und berühmten Söhnen, hatte er seinen Beitrag geleistet. Er hatte das Erbe bewahrt und vermehrt, aber er hatte es auch so angelegt, daß zukünftige Generationen einen Namen erben würden, der Respekt und Scheu zugleich auslöste. Es wäre ihm vielleicht nicht in den Sinn gekommen, den Ausdruck »Dynastie« zu gebrauchen, aber es gab da etwas, eine bestimmte moralische und soziale Ausstrahlung vielleicht, das er selbst geschaffen hatte und das seine Familie von anderen unterschied, die vielleicht auch sehr reich waren und viel geleistet hatten, bei denen aber nationale und Familienangelegenheiten nie so zu einer Einheit verschmolzen waren wie in seiner Familie.

1959 wurde er an der Prostata operiert. Anfang 1960 war er 86 und wurde zusehends schwächer. Die Knochen traten aus seinem Gesicht hervor, und seine Finger zitterten so, daß er kaum mehr schreiben konnte. Oft saß er mit einer Decke um die Knie am Fenster in der warmen Frühlingssonne, wenn alte Freunde kamen, um ihn – wie sie wohl wußten – zum letzten Mal zu sehen. Seine Arbeit wurde von seinen Söhnen fortgesetzt, und es geschah oft, daß sie über sein Bedürfnis, allein zu sein, staunten. Am 10. Mai 1960 starb Mr. Junior. Er hatte so lange und so teuer für die Übergriffe seines Vaters gezahlt, daß die Welt jetzt in seiner Schuld stand.

Das Hinscheiden dieses Archetyps eines Rockefeller kam zu einer Zeit, als seine größte Schöpfung, die Familie selbst, ihrem Höhepunkt zustrebte. Allerdings sahen einige bereits jetzt, daß sein Tod für die Familie ein Verlust war, der sie für die Zukunft schwächte. Sein Enkel John D. Rockefeller IV kam per Flugzeug aus Japan, wo er studierte, um der Trauerfeier beizuwohnen. Er sagte später: »Ich weiß noch, daß ich das Gefühl hatte, es sei nicht nur Großvater gestorben. Es war das Ende einer Ära. Es war die Geschichte selbst, die an uns vorbeizog.«[188]

# Kapitel 20

Juniors Sterben berührte seine Söhne nicht so, wie es der Tod ihrer Mutter getan hatte. Nicht Liebe war die Basis der Beziehung des alten Mannes zu seinen Kindern gewesen, sondern Leistung. Ihre Trauer war zurückhaltend. Die dritte Rockefeller-Generation atmete unhörbar auf, als der Mann, der zugleich Vater, Aufseher und Symbol gewesen war, das Zeitliche gesegnet hatte.

Für Nelson, der mit Laurance nach Tucson geflogen war, um Junior in seinen letzten Stunden beizustehen und um seine Asche nach New York zu bringen, war der Verlust leichter zu ertragen als ein anderer, der ihn einige Monate früher getroffen hatte: Frank Jamieson, der Mann, der ihm außer Laurance in den letzten 20 Jahren am nächsten gestanden hatte. »Frankie« war der Fels gewesen, auf dem Nelson seine Laufbahn aufgebaut hatte. Jetzt war er tot. Im Alter von 55 Jahren hatte ihn der Lungenkrebs hingerafft, noch ehe er die Früchte seiner Arbeit für Nelsons politische Karriere recht hatte ernten können.

Nelson hatte kaum seinen ersten Wahlsieg gefeiert, als er sich schon um das nächste Amt bewarb. In seiner Antrittsrede als Gouverneur hatte er die New Yorker aufgefordert, den Weg in eine bessere Welt zu weisen, als ob sie nur die Vorhut seiner gesamten Anhängerschaft bildeten. Kaum zwei Monate nachdem er seinen ersten Gouverneurstag damit verbracht hatte, seinen Amtssitz mit den schönsten Picassos und Légers seiner Sammlung zu schmücken, hatte er zwei Stadthäuser in der 55th Street, die ihm gehörten, in ein politisches Büro umgewandelt und einen umfangreichen Stab eingerichtet, der diskret seine Nominierung zum Präsidentschaftskandidaten der Republikaner für die Wahl 1960 betreiben sollte. Die Sache lief bald auf vollen Touren, so daß die Bemühungen von John F. Kennedy in diesem Frühjahr vergleichsweise bescheiden aussahen.

Nelson wußte, daß er in seinem Wahlkampf 1958 die Begeisterung von republikanischen Städtern im ganzen Land geweckt hatte. Spätestens seit seinem Ausscheiden aus der Eisenhower-Administration hatte Nelson mit dem Weißen Haus geliebäugelt. Der Gedanke an seinen Mitbewerber Richard Nixon bestärkte ihn nur in seinem Vorsatz. Nelson hatte nie mit seiner schlechten Meinung über den Vizepräsidenten hinterm Berg gehalten.

»Es graut mir, wenn ich mir Dick Nixon als Präsidenten vorstelle«, sagte er zu einem Freund. [189] Nixon hatte falsche Ideen, falsche Freunde und die falsche Motivation für sein Streben nach Macht. Er hatte keine Beziehung zur Republikanischen Partei, geschweige denn zum Präsidentenamt.

Die Leute, die Nelson auf seiner Rundreise sahen, waren von seinem Enthusiasmus und dem volkstümlichen Klang seiner Stimme angetan. Allerdings war die Begeisterung bei Bezirksvorsitzenden und anderen Parteileuten schon wesentlich geringer. Nixon hatte während der letzten sechs Jahre auf örtlichen und landesweiten Kampagnen ganze Arbeit geleistet und den Boden für einen Präsidenten vorbereitet, der nicht »politisch festgelegt« sein sollte. Sie aber hatten ihre Zweifel, ob Rockefellers Vorstellung vom Republikanertum die richtige sei. Sie schien doch weit entfernt zu sein von der Behutsamkeit, mit der »Ike« Eisenhower acht gute Jahre lang den Wählerstamm des Mittelwestens bei der Stange gehalten hatte.

Zum erstenmal in seiner politischen Laufbahn bekam Nelson die verborgene Kraft jenes Parteiflügels zu spüren, dessen Vertreter lange Jahre hindurch Robert Taft gewesen war – auf die geographische Mitte des Landes bezogen, mißtrauisch gegenüber jedem Internationalismus, gegenüber der Wall Street und der Ostküste, abgeneigt allen großen Ideen und großen Budgets. Aber sogar seine eigene zweite Heimat, die Wall Street, mochte nicht auf Nelson setzen. Seine Kundschafter, unter ihnen sein Bruder David, fanden, daß die republikanischen Geschäftsleute fest hinter Nixon standen – nicht, weil er ihnen besonders gut gefiel, sondern weil sie wußten, daß er kein politisches Konzept hatte, so daß sie ihm ihre eigenen Interessen diktieren konnten. Sie befürchteten, daß der von Spenden unabhängige Rockefeller eigenwilliger sein könnte.

Die Tür zu den Vorwahlen stand noch offen. Nelson konnte nun beweisen, was er die ganze Zeit zum Partei-Establishment gesagt hatte – daß Nixon die Wähler nicht auf seine Seite bringen werde. Allerdings hätte er direkt gegen Eisenhower selbst auftreten müssen. Sosehr er auch davon überzeugt war, daß die Regierung sich unfähig gezeigt habe, so brauchte Nelson nicht erst Frank Jamiesons Warnung, um zu wissen, daß eine öffentliche Verleugnung der letzten acht Jahre dem politischen Selbstmord gleichgekommen wäre.

Emmett Hughes, Journalist und früherer Redetexter Eisenhowers, tat sich mit Kissinger als Nelsons Chefideologe zusammen und machte sich daran, Wahlthemen auszuarbeiten, die Nixon in die Defensive drängen sollten. Dennoch mußte Nelson Ende 1959 nach sechs entmutigenden Sondierungsmonaten einsehen, daß seine Lage aussichtslos war. Am Tag nach Weihnachten verlas er eine von Hughes ausgearbeitete Erklärung, mit der er sich aus einem Wettkampf zurückzog, in den er offiziell nie eingetreten war. Er ließ wissen, daß er auf keinen Fall an der Nominierung als Kandidat für die Vizepräsidentschaft interessiert sei.

Dennoch hatte er die Hoffnung noch nicht ganz aufgegeben. Von Zeit zu Zeit betätigte er sich als Heckenschütze gegen jene Parteibosse, die seiner Nominierung im Wege standen. Ein Hinweis darauf, daß er sich noch immer zu den potentiellen Kandidaten für die Nominierung zählte, kam später im Frühling, als er sich mit dem sowjetischen Ministerpräsidenten Nikita Chruschtschow während dessen Amerikabesuch traf. Es war der erste Besuch eines sowjetischen Regierungschefs seit 1917, und es war ein dramatischer Schritt zur Beendigung des kalten Krieges, den Eisenhower gegen massiven politischen Druck durch seinen starken persönlichen Einfluß ermöglicht hatte. Bei dem Treffen hatte der sowjetische Ministerpräsident einen Toast auf die »friedliche Koexistenz« vorgeschlagen. Den hatte Nelson aber abgelehnt und gemeint, er würde nur auf die »Kooperation« anstoßen. Später erklärte er dem Journalisten Chalmers Roberts, daß er überzeugt gewesen sei, Chruschtschows Besuch habe unter anderem dazu gedient, einen persönlichen Eindruck von möglichen zukünftigen Präsidenten zu gewinnen. Auch deshalb habe er nicht schwach erscheinen wollen.

Als das Gipfeltreffen der Staatsoberhäupter am 17. Mai 1960 nach dem Abschuß eines U2-Spionageflugzeugs und Eisenhowers Weigerung, sich wegen des Zwischenfalls zu entschuldigen, platzte, sah Nelson seine Chance. Er ließ seinen Freund und Ratgeber Oren Root die Möglichkeiten einer Stimmenwerbung in letzter Minute eruieren, wie er sie als junger Mann für Wendell Willkie organisiert hatte, und er ließ seinen Organisator Judson Morhouse bekanntmachen, er stehe zur Verfügung und habe beschlossen, nun doch am Parteikonvent teilzunehmen. Am Memorial Day – nur sieben Wochen vor dem geplanten Treffen der Delegierten in Chicago – ging Nelson mit Hughes in Klausur, um dann in einem Blitzkrieg gegen die Republikanische Partei und Nixon loszuschlagen.

»Ich bin besorgt«, eröffnete Rockefeller am 8. Juni vor der Presse die Schlacht, »weil diejenigen, die die Partei jetzt lenken, nicht klargestellt haben, welches der Kurs dieser Partei ist und wohin sie die Nation zu führen gedenkt . . .« Auf einen »gefährlichen Rückstand in der Produktion von Raketen« hinweisend, forderte er eine Erhöhung der Verteidigungsausgaben um 5 Milliarden Dollar, eine Aufstockung der Zivilverteidigung um 500 Millionen und eine Steigerung der Wirtschaftswachstumsrate um 50%. [190]

Rockefellers entschiedener Angriff auf die Republikanische Partei und ihren erkorenen Kronprinzen hielt bis zur Eröffnung des Konvents an. Nixon, der seine Nominierung mit einer Reihe von Vorwahlsiegen gerechtfertigt hatte, betrachtete die Angriffe des Gouverneurs mit zunehmender Sorge. Einige Tage vor Eröffnung des Konvents verkündete Rockefeller, die Parteiplattform – ein Dokument, das in der Öffentlichkeit normalerweise wenig Beachtung gefunden hätte – sei unbefriedigend, und man werde versuchen, Änderungen durchzusetzen. In einem verzweifelten Versuch, Einigkeit zu bewahren, veranlaßte Nixon den ehemaligen Justizminister Herbert Brownell, die Ratgeber des Gouverneurs aufzusuchen und ein Treffen zu vereinbaren, um alles noch einmal durchzusprechen. Rockefeller stellte Bedingungen, über die sein Rivale sich in den folgenden Jahren noch immer ärgern sollte, als sich ihre politischen Wege so heftig kreuzten, wie beide es damals nicht für möglich hielten: Der Vizepräsident müsse persönlich bei Nelson erscheinen, um das Treffen zu vereinbaren, es müsse an einem Ort stattfinden, den Nelson bestimme, und Rockefeller werde die Presseerklärungen über die Resultate des Treffens formulieren.

Am 23. Juli – zwei Tage vor der Eröffnung des Konvents – trat Nixon den Canossagang nach New York an. Man begann mit einem Dinner in Nelsons 32-Zimmer-Pied-à-terre. Als erstes lehnte Nelson noch einmal das Angebot der Nominierung zum Kandidaten für die Vizepräsidentschaft rundweg ab. Dann arbeiteten beide Männer bis drei Uhr morgens an einer Neufassung der Plattform, die nun 14 neue Punkte enthielt, auf denen Nelson bestanden hatte. Die wichtigsten drückten seine härtere Linie in der Verteidigungspolitik aus und seine liberalere Haltung auf dem Gebiet der Bürgerrechte.

Das Ereignis verstimmte Eisenhower, der darin eine Verurteilung seiner achtjährigen Amtszeit sah und eine harte Kritik an seiner Außen- und Militärpolitik. Senator Barry Goldwater nannte es »das München der Republikanischen Partei«. Aber für Nelson bedeuteten solche Vorwürfe nur eine Bestätigung seines Sieges. Als er beim Konvent in Chicago eintraf, schwenkte er die Übereinkunft vor den Augen von Reportern und sagte: »Wenn ihr meint, daß das hier nicht meinen Ansichten entspricht, seid ihr verrückt.« Er dachte nicht darüber nach, wie viele Feinde er sich machte. In Erwartung eines virtuosen Auftritts stimmte er zu, in der Schlußnacht dem Konvent den Kandidaten vorzustellen. (Er selbst hatte sich geweigert, Nixon zu nominieren.) Vor einem vor Staunen atemlosen Publikum krönte er die übliche Litanei der Ermahnungen mit der Bemerkung: ». . . und hier der Mann, der im nächsten Januar Nachfolger Dwight D. Eisenhowers sein wird: Richard *E.* Nixon!«

Trotz dieses Faux-pas (den er im offiziellen Protokoll der Rede korrigieren ließ) kehrte Nelson in Hochstimmung nach New York zurück. Falls Nixon im November gewählt werden sollte, würde es heißen, daß er die Partei auf Erfolgskurs gebracht habe. Unterlag Nixon, konnte er behaupten, man habe sich nicht streng genug an seine Vorschläge gehalten. Auf jeden Fall würde er bei der nächsten Nominierung eines republikanischen Präsidentschaftskandidaten eine starke Stellung haben. Sein Freund A. A. Berle, ein Demokrat, gratulierte ihm zu diesem »hervorragend gespielten, guten Blatt«. Auch verletzte es Nelsons gute Meinung von sich selbst keineswegs, als John F. Kennedy nach seinem Wahlsieg Vertrauten mitteilte, die Republikaner hätten wahrscheinlich gewonnen, wenn Rockefeller sein Gegner gewesen wäre.

Es war für Nelson eine berauschende Zeit. Trotz einer Steuererhöhung war er in New York noch sehr populär, und seine Regierung war dabei, durch öffentliche Bebauung das äußere Erscheinungsbild des Staates ebenso radikal zu verändern, wie es auf dem Gebiet der Finanzen geschah. Er ging daran, New York zur Hauptstadt der nuklearen Industrie zu machen, indem er die State Atomic Research and Development Authority ins Leben rief. Aber er traf auch Vorkehrungen für die Möglichkeit, daß die Kernenergie weniger friedlich genutzt würde. Er schlug vor, für 100 Millionen Dollar Atomschutzbunker zu bauen.

Nelson fühlte sich durch das Ansehen, das er offensichtlich beim Präsidenten genoß, geschmeichelt. Aber außerdem träumte er intensiver denn je davon, eines Tages selbst ins Weiße Haus einziehen zu können. Nach Nixons Niederlage war die Republikanische Partei führungslos. Eine Woche nach Kennedys Wahlsieg traf Nelson sich mit Emmet Hughes, Harrison, Lockwood, George Hinman und anderen vertrauten Mitarbeitern in Pocantico und begann mit der langfristigen Planung für 1964. Die Gruppe wurde zu einer Art Schattenkabinett. Ausgangspunkt ihrer regelmäßigen Treffen war die Überlegung, daß Nelson hauptsächlich ein Problem zu bewältigen habe. Es hieß: Wie konnte man Kennedys Charisma zerstören?

Zunächst einmal machte Nelson sich wieder an die Parteiarbeit; dieses Mal ging es ihm in erster Linie um die Rechte.

Sein ausgeklügelter Plan setzte bei dem Führer des konservativen Parteiflügels an. Nelson lud Barry Goldwater, den Senator aus Arizona, des öfteren zu sich ein, um ihm seine Philosophie und politischen Ansichten darzulegen. Anfang 1962 war Goldwater soweit, daß er konservativen Freunden mitteilte: »Rocky ist gar nicht so schlecht. Er ist konservativer, als man denkt. Sie müßten sich mal mit ihm unterhalten.« [191] Weniger als ein Jahr später war er bereit, sich aus dem Rennen um die Präsidentschaft zurückzuziehen – so stark war das neugewonnene Vertrauen zu dem Gouverneur des Staates New York.

Für die Öffentlichkeit trug Nelson der republikanischen Rechten mit Angriffen auf Kennedy Rechnung. 1963 nahm er Kennedys Außenpolitik unter Beschuß. Er stellte eine »weichliche« Haltung gegenüber den Kommunisten fest und, weit schlimmer noch, »Konzessionen« an die Russen auf dem Gebiet der Atomversuche, die geradezu »die nationale Sicherheit bedrohten«. Halbherzig begrüßte er den vorgeschlagenen Teststopp und ließ gleich darauf Bedenken folgen: »Die Regierung solle alle geeigneten Schritte unternehmen, um jederzeit und überall kommunistische Angriffe auf freie Völker in aller Welt aufhalten und zurückschlagen zu können.« Speziell solle es eine erklärte amerikanische Bereitschaft zum Einsatz von Kernwaffen im Verteidigungsfall, »allein oder mit unseren Bündnispartnern«, geben.

Zum Wohlgefallen seiner neuen Anhänger auf der Rechten und zur Verwirrung der liberalen Presse brandmarkte er Kennedys »Niederlage« in Kuba: »Für mich ist es unverständlich, warum wir in Vietnam Freiheitskämpfer unterstützen, wenn wir sie in Kuba hindern und zurückhalten . . . Ich hoffe, dies geschieht nicht, um die Russen zu beschwichtigen.« [192]

Mit einer Geschwindigkeit, die sogar ihn selbst zufriedenstellte, reiften die Früchte seiner Bemühungen. Allerdings wußten Nelsons enge Freunde, daß es in seinem Privatleben eine Zeitbombe gab, die jeden Moment losgehen konnte. Es ging dabei um seine Ehe mit Tod, die nun schon seit geraumer Zeit auf Eis lag. Über die Jahre hatte sie sich immer mehr in die Rolle der Calpurnia zurückgezogen. Ihr ovales Gesicht erstarrte zu einer stoischen Maske, wenn, gerade noch in ihrer Hörweite, über die Seitensprünge ihres Ehemanns geflüstert wurde. Sie hatte sich daran gewöhnt, daß ihr Erscheinen gesprächige Gesellschaften zum Schweigen brachte – wenn es gerade darum ging, mit wem Nelson jetzt wohl gerade zusammen sei, und wie er den und den gerade auf eine lange Erkundungsreise geschickt habe, um in der Zwischenzeit die Gesellschaft seiner Frau genießen zu können.

Man hätte das als die anscheinend unvermeidliche Pornographie des politischen Lebens hinnehmen können, aber es machte Cäsars Frau das Leben noch schwerer, als es ohnehin schon war. Alles in ihrer Erziehung lehnte sich gegen das Vulgäre der politischen Arena auf, gegen die sinnleeren Schönrednereien bei Empfängen, offiziellen Dinners und Vergnügungen. Sie war kein »politischer Aktivposten«, wie es in der Sprache der Wahlkampagnen hieß.

Nelson selber wußte, daß die Ehe nicht funktionierte, und man hatte sich geeinigt, die Dinge so zu regeln, daß der Schein gewahrt blieb. In der Öffentlichkeit würde er die Rolle des Ehemanns und Vaters spielen, als Gegenleistung würde Tod keine Szenen machen. Privat sollte jeder seine eigenen Wege gehen. Doch kurz vor seinem ersten Versuch, Gouverneur zu werden, waren die Regeln plötzlich außer Kraft getreten – Nelson hatte sich heftig verliebt und beschloß, die Scheidung einzuleiten. 1957, noch vor dem Wahlkampf, gestand er Jamieson seine Absicht, aber der Freund konnte ihn davon überzeugen, daß es politischem Selbstmord gleichkommen würde. Jetzt war Jamieson nicht mehr da. Nelsons Kinder waren erwachsen, und ihm standen praktisch unbegrenzte Mittel zur Fortsetzung seiner Liebesaffäre zur Verfügung – zum Beispiel ein »Versteck« auf dem Pocantico-Besitz. Aber die ganze Sache war zu hinderlich und schwerfällig geworden.

Das erste offene Zeichen eines Bruchs in seinem Eheleben wurde bei einem Brand der Gouverneursvilla am 3. März 1961 sichtbar. Tod wurde aus dem einen Flügel des Hauses gerettet, Nelson aus dem entgegengesetzten. Danach kehrte sie nie wieder nach Albany zurück, obwohl die Trennung nicht offiziell bekanntgegeben wurde.

Das tat Nelson erst am 18. November 1961. Er wußte, daß es Auswirkungen haben würde. Wenn sein Bruder Winthrop nicht standesgemäß heiratete und sich dann von der geldgierigen Dame wieder scheiden ließ, so war das eine Sache. Etwas ganz anderes war es, wenn der Gouverneur des Staates New York nach 30jähriger Ehe seine Frau und die Mutter seiner fünf Kinder verließ.

Dennoch verdrängte am nächsten Tag ein noch dramatischeres Ereignis die Trennung aus den Schlagzeilen. Nelson aß gerade mit Bruder David zu Mittag, und sie erörterten die wahrscheinliche Auswirkung seines Schritts auf seine politische Zukunft, als das Telefon läutete. Es gab ein mühsames Gespräch mit holländischen Beamten in Neuguinea. Sie hatten Entsetzliches zu berichten. Nelsons Sohn Michael hatte mit dem holländischen Anthropologen Rene Wassing eine Exkursion nach Asmat, ein abgelegenes Dschungelgebiet, unternommen, das selten von Weißen betreten wird. Die beiden waren mit einem Katamaran an der Küste des Arafura-Meeres entlanggesegelt, als heftiger Wind sie auf die offene See hinaustrieb. Die holländischen Beamten sagten, vor drei Tagen habe sich Michael zwei leere Benzinkanister als Schwimmer auf den Rücken gebunden. Dann habe er seinen Partner bei den Trümmern des Bootes zurückgelassen und sich in das von Haien wimmelnde Meer gestürzt, um zu versuchen, die elf Meilen zum Strand zu schwimmen. Wassing habe man gerettet, aber von Michael fehle seitdem jede Spur. [193]

Nelson flog sofort mit Michaels Zwillingsschwester Mary nach Neuguinea. Eine Woche lang durchkämmten sie mit holländischen Suchtrupps das ganze Gebiet. Flugzeuge versuchten, irgendein Lebenszeichen von dem 23jährigen Michael in dem undurchdringlichen Dschungel zu entdecken. Am 26. mußte man die Hoffnung aufgeben und sich auf den langen Heimweg machen. Mary stieg in Manila aus, um ihren Mann zu besuchen, den Fähnrich zur See William Strawbridge, und Nelson begab sich nach Idlewild, wo seine Familie, New Yorker Regierungsbeamte und etwa 200 Journalisten auf ihn warteten. Nelson sagte über seinen Sohn: »Seit seiner Kindheit hat er immer andere Menschen wahrgenommen, ihre Gefühle und Gedanken. Er ist ein Mann mit grenzenloser Begeisterungsfähigkeit, Energie, Liebe zum Leben . . .« [194] Später fuhr er zum Haus seiner Frau, um sie und die Kinder zu sehen. »Du hast eine schwere Reise hinter dir, Nels«, sagte sie.

»Ja, es tut mir leid, daß ich so schlechte Nachrichten bringe, Tod«, erwiderte er.

Für den Augenblick war die zerbrochene Familie wieder vereint.

Nelson breitete eine Karte von Neuguinea auf dem Fußboden vor dem Kamin aus und berichtete über die Suche.

Im Februar 1962 fuhr Tod nach Reno, um die Scheidung wegen seelischer Grausamkeit zu beantragen. Nelson setzte sich über Gerüchte, er sei einer anderen Frau verbunden, hinweg und betrieb seine Wiederwahl. (Die Reporter hätten vielleicht genauer nachgeforscht, wenn sie gewußt hätten, daß er die offizielle Geschichte des Gouverneurssitzes neu schreiben ließ, um den Namen Tods daraus zu löschen.) Er hoffte auf einen hohen Wahlsieg über seinen unbekannten Gegner, den Demokraten Robert Morgenthau, um beweisen zu können, daß seine Popularität durch die Scheidung nicht gelitten habe.

Es gelang ihm zwar nicht, den erhofften Vorsprung von einer Million Stimmen zu erreichen – er schnitt sogar schlechter ab als 1958 –, aber er wurde mit einem Vorsprung von mehr als 500000 Stimmen wiedergewählt. Gleichzeitig war Nixon in der Gouverneurswahl von Kalifornien gescheitert und hatte sich unter bösen Schmähreden aus der Politik zurückgezogen. Das verlieh Nelson mitten in persönlichen Problemen, an denen ein anderer Politiker vielleicht zerbrochen wäre, eine Aura der Unbesiegbarkeit. Walter Lippmann schrieb in *Newsweek* in einer Vorschau auf das Jahr 1964, er habe »die Nominierung so sicher in der Tasche, daß er sie nicht verhindern könnte, selbst wenn er es wollte«. Aber noch bevor die Ermordung Kennedys den Kurs der amerikanischen Politik für immer in neue Bahnen lenkte, traf Nelson eine Entscheidung, die sich als die katastrophalste seines ganzen Lebens erweisen sollte: er heiratete die Frau, die er seit fünf Jahren heimlich liebte. Dieser letzte Schritt auf einem Weg, der mit der Trennung von Tod begann, hätte vielleicht etwas vom Höhepunkt einer klassischen Tragödie haben können, wenn Nelson die Selbsterkenntnis besessen hätte, die man von einem tragischen Helden erwartet. Das war nicht der Fall, dennoch wirkte das Geschehen schicksalhaft.

Es war ein schwerer Schlag für die Familie. Winthrop kam aus Arkansas geflogen, um abzuraten. David war völlig niedergeschlagen. Seine Tochter Abby erinnert sich:

»Die Wiederheirat war das Schlimmste, was ihm jemals passiert war. Nelson sollte der Angelpunkt sein, um den sich die ganze Familie drehte. Deshalb sahen alle es als eine Katastrophe.« Weder Winthrop noch David, noch John kamen zur Hochzeit, auch Nelsons Kinder Rodman, Mary, Ann und Steven erschienen nicht.

Sie fand am 4. Mai 1963 um 12 Uhr mittags im Wohnzimmer des Hauses von Laurance in Pocantico statt. Nelson wirkte jünger als seine vierundfünfzig Jahre, als er vor dem Pfarrer der Familienkirche von Pocantico Hills stand und das Ehegelübde mit Margaretta (»Happy«) Murphy sprach, einer hübschen 36jährigen Dame der Gesellschaft, mit honigblondem Haar und frischem, fast jungfräulichem Aussehen, ein Eindruck, der durch ein blauseidenes Nachmittagskleid mit einer züchtigen Schleife am Hals noch verstärkt wurde.

Sie und der Mann, von dem sie sich einen Monat zuvor hatte scheiden lassen, waren der Familie Rockefeller keine Unbekannten. Dr. James (»Robin«) Murphy war der Sohn eines alten Freundes von Junior, und nach ihrer Hochzeit im Jahre 1948 waren sie nach Maine gefahren, um den Patriarchen zu besuchen. Das hübsche Paar hatte Junior sehr gefallen, und er nahm die beiden unter seine Fittiche. Dem ehrgeizigen Robin hatte er eine Stellung in einem Forschungsprojekt des Rockefeller Medical Institute in San Francisco verschafft. Ein Jahr später wollte Robin nach New York umsiedeln, und David, der nun Leiter des Rockefeller Medical Institute geworden war, bot ihm eine Dauerstellung im Hauptquartier des Instituts an. Später sollte David dem Paar eine noch nie dagewesene Gunst erweisen: Happy und Robin wurden eingeladen, sich in Pocantico ein Haus zu bauen. Nelson hatte lange mit den beiden über das geplante Haus gesprochen. In Davids Haus in Seal Harbor hatte er mit Happy über Bauplänen gesessen.

Happy und Robin machten nach außen den Eindruck eines idealen Paars. Sie hatten vier Kinder, und sie gehörten zu den wenigen Außenseitern im Familienkreis der Rockefellers.

Happys wegen nahm Nelson auch Robin Murphys plump-schmeichlerische Art hin. Später beteiligte sich Happy freiwillig an seinem Gouverneurswahlkampf und wurde dann sogar bezahltes Mitglied seines Stabes. Um die Sache zu erleichtern, verschaffte Nelson Robin, der nach außen hin versuchte, Haltung zu bewahren, aber privat schwere Kämpfe mit Happy austrug, eine Stellung in der Gesundheitsbehörde des Staates New York. »Ich bin nicht sicher, ob ich das wirklich verdiene«, vertraute Murphy einem Familienfreund an. »Ich weiß nicht, ob ich für die Stelle wirklich qualifiziert bin. Ich habe wohl Nelson mit meiner Arbeit im Rockefeller-Institut beeindruckt, sonst weiß ich auch nicht, wie er darauf kommt.«

Happy unterschied sich von anderen Frauen, mit denen Nelson je zu tun gehabt hatte. »Nelson war wirklich ernsthaft verliebt«, berichtet Frank Jamiesons Witwe. »Er wurde immer fürchterlich romantisch, fast sentimental, wenn er damals von ihr sprach, als er noch dachte, er könne sie nicht haben.« Sie war jung und schön und hatte die seltene Eigenschaft, das Unerreichbare zu verkörpern.

Während das Paar die Hochzeitsreise in die venezolanischen Berge zu Nelsons

18 000 Morgen großen Besitz Monte Sacro antrat, begannen die konservativen Gegner in der Republikanischen Partei Pläne für seinen Sturz zu schmieden. Scheidung war eine Sache, Wiederheirat mit einer Frau, die auf dem Weg zum Altar rasch auf das Sorgerecht für ihre vier kleinen Kinder verzichtete, das war etwas ganz anderes. Eine Gallup-Umfrage erbrachte drei Wochen später den Beweis, daß Nelsons politische Hoffnungen einen schweren Dämpfer erfahren hatten. Er hatte an Beliebtheit mit 43% vor Barry Goldwaters 26% gelegen. Nun lag er mit 30% hinter den 35% des Senators aus Arizona.

Der Kolumnist Stewart Alsop schrieb, daß Nelson sich entweder hätte wieder verheiraten oder sich um die Präsidentschaft bemühen können, aber beides zusammen ging nicht. Ihm aber war es schon immer schwer gefallen, sich dieselben Beschränkungen aufzuerlegen, denen andere Männer sich beugen müssen. In den folgenden Monaten verlangsamte er sein Tempo nicht. Gab man ihm die Nominierung nicht freiwillig, würde er sie sich eben durch die Vorwahlen holen. Hatten die Leute Zweifel wegen seiner Wiederheirat, würde er seine schwangere junge Frau eben mit auf die Reise nehmen und die Öffentlichkeit zwingen, an der Wahlurne der neuen Verbindung zuzustimmen.

Als die Vorwahlen im Vorfrühling 1964 begannen, hatte Rockefeller den aufwendigsten politischen Apparat zusammengestellt, den die Vereinigten Staaten bisher in Vorwahlen gesehen hatten. Bis zum Schluß sollten sich die Ausgaben auf offizielle acht Millionen Dollar belaufen, die größtenteils aus seinen und den Rücklagen der Familie stammten. Er erreichte es, daß Laurance und der niedergeschlagene David großzügige Beiträge leisteten, und bekam auch Spenden von Juniors Witwe, Martha Baird. Nach offizieller Bekanntgabe seiner Kandidatur wurde sein Wahlpersonal von 70 auf 300 bezahlte Mitarbeiter aufgestockt. Es wurde im Rockefeller Center, in den Gebäuden der 55th Street, einem ganzen Stockwerk eines Bürogebäudes in der Fifth Avenue Nr. 521 und in Räumen der United Rubber in der West 49th Street an Nelsons Wahl gearbeitet. Emmett Hughes war nicht mehr dabei, aber es standen noch alte Rockefeller-Helfer wie Lockwood, Harrison und Kissinger zur Verfügung, die sich seit der Kennedy-Amtseinführung regelmäßig getroffen hatten.

Die neue Lage erforderte auch eine neue Strategie. Er konnte nicht auf die Einheit der Partei bauen, was er als vorgeschlagener Favorit selbstverständlich getan hätte. Seine einzige Chance lag im Kampf. Jetzt mußte er im Namen der Liberalen dem rechten Parteiflügel, den er während der letzten zwei Jahre hofiert hatte, den Krieg erklären. Am 14. Juli eröffnete er mit einer sensationellen Erklärung gegen Goldwater (noch ohne Namen zu nennen): er prangerte »gut gedrillte Extremisten« an, die, wie er plötzlich entdeckt hatte, »von innen her die Partei anbohrten«. Er nannte seine Erklärung »Eine Angelegenheit des Prinzips« und ließ wissen: »Ich bin nun überzeugt, daß es eine echte Gefahr der Unterwanderung der Partei durch eine bestens finanzierte und streng disziplinierte Minderheit gibt . . . So unglaublich es mir erscheint, wird es der Republikanischen Partei neuerdings allen Ernstes als Strategie für den Sieg im Jahre 1964 vorgeschlagen, Neger und andere Minderheiten abzuschreiben, außerdem sollen die großen Staaten des industriellen Nordens vorsätzlich und überlegt abgeschrieben werden . . . Die durchsichtige Absicht steht hinter diesem Plan, politische Macht auf der ungesetzlichen und unmoralischen Basis der Rassentrennung zu errichten und die Republikanische Partei von einer nationalen Partei des ganzen Volkes zu einer Gruppenpartei für einen Teil des Volkes zu machen.« [195]

Am 15. September zeigten die Ergebnisse einer Gallup-Umfrage, daß Nelson unter republikanischen Wählern mit 41% zu 59% hinter Goldwater zurücklag. Dennoch war man im Rockefellerlager, angespornt von den unbegrenzten Mitteln und der Entschlossenheit des Anführers, von überschwenglichem Optimismus erfüllt. »Mit Rockefeller ist nichts in Unordnung, was nicht durch einen Vorwahl-Sieg in New Hampshire zurechtgerückt werden könnte«, erklärte Charles F. Moore, der eine glänzende Karriere bei den Ford-Werken abgebrochen hatte, um Rockefellers Öffentlichkeitsarbeit während der Vorwahlen zu leiten.

New Hampshire galt als politisches Barometer, an dem man ablesen werde, wie die öffentliche Meinung auf Nelsons Wiederheirat und auf seine Vorwürfe gegenüber Goldwater reagiert. Wochenlang zog Rockefeller mit Happy an seiner Seite durch den tiefen Schnee dieses Bundesstaates. Es war eine Strapaze, die ohne Ergebnis endete. Rockefeller gab Hunderttausende aus, aber als die Wahlzettel gezählt wurden, entfielen auf Henry Cabot Lodge, der in New Hampshire nicht einmal kandidiert hatte, 35% der Stimmen, auf Goldwater 23% und auf Nelson 20%.

Dennoch gab er sich nicht geschlagen. Wie ein Besessener machte er sich sofort nach Oregon auf, führte einen erschöpfenden Wahlkampf, an dessen Ende er grau und ausgepumpt war, und wurde mit einem ermutigenden Sieg belohnt. Lodges Chancen waren zerschmettert. Die Endschlacht sollte in Kalifornien stattfinden.

Fast die Hälfte der 3 Millionen Dollar, die Nelson für die Vorwahlen veranschlagt hatte, wurde in Kalifornien ausgegeben, für die Veröffentlichung von ausgewählten Goldwaterzitaten über die Bombe, soziale Sicherheit, medizinische Versorgung und die Bürgerrechte. Eine dieser Schriften mit dem Titel: *Wen wünschen Sie sich in dem Raum mit dem Knopf für die Wasserstoffbombe?* wurde an 2 Millionen kalifornischer Wähler verteilt.

Es war für Rockefeller ein grausamer Gang durch das Kernland der John Birch Society und der radikalen Rechten im Lande der Orangen. Es gab Bombendrohungen, eine Teegesellschaft, die Happy und er besuchten, wurde von Schlägern gesprengt, und es gab ungezählte organisierte Telefonanrufe bei Rundfunk-Talkshows, in denen die Wiederheirat des republikanischen Kandidaten angeprangert und er als moralisch ungeeignet für die Präsidentschaft dargestellt wurde. [196] Aber eine Zeitlang, besonders nach einer vorsichtigen Intervention Eisenhowers zugunsten einer verantwortlichen Politik, sah es so aus, als ob Nelson ein Wunder vollbringen könne. Am letzten Freitag wies ein Meinungsforschungsinstitut Rockefeller mit 49% vor Goldwaters 40% aus. Dann aber, am Sonntagfrüh, zwei Tage vor der Wahl, gebar Happy Rockefeller in einem New Yorker Krankenhaus einen Sohn – Nelson Junior. Am nächsten Tag lagen Rockefeller und Goldwater bei einer neuen Blitzumfrage gleichauf. Und als am Dienstag die Wähler zu den Urnen gingen, brachte diese Erinnerung an Nelsons Eskapaden seinem Gegner einen knappen Sieg und die Nominierung zum Präsidentschaftskandidaten 1964.

Einen Monat später kehrte Rockefeller nach San Francisco in der ungewohnten Rolle des Verlierers zurück. Aber er kam als Führer der Goldwater-Gegner. Als er trotzig vor den Konvent trat, dessen Kandidaten er verleumdet hatte, sahen viele in ihm einen gefährlicheren Feind als in dem demokratischen Kandidaten Lyndon Johnson. Es war, als fordere Nelson – wenn er schon ihre Liebe nicht haben konnte – ihren Zorn geradezu heraus. Er machte aus ihnen eine heulende Meute. Er beantwortete ihre Unterbrechungen mit demokratischen Belehrungen: »Dies ist noch immer ein demokratisches Land, meine Damen und Herren«. Es war, als wolle er hier vor den Fernsehkameras noch einmal seine Behauptungen beweisen, daß sie gefährliche und intolerante Fanatiker seien.

Wenn das Jahr 1964 ihm auch eine starke Anhängerschaft bei denen eintrug, die seine Konfrontation mit Goldwater als mutige und moralische Tat sahen, schien es doch das Ende jeder realistischen Hoffnung gebracht zu haben, daß seine Partei ihn jemals zu ihrem Präsidentschaftskandidaten nominierte. Es war ihm unmöglich, sein Streben danach aufzugeben. Aber jetzt konnte auch er nicht mehr glauben, daß ihm der Erfolg ganz selbstverständlich zufallen werde.

Es schien, als ob ein Krebs seine Laufbahn befallen habe. Für diejenigen, die ihn in San Francisco ausgepfiffen hatten, würde er immer der große Zerstörer bleiben, nicht nur auf Robin Murphys Heim und Familie bezogen, sondern auch auf Barry Goldwaters Schicksal. Er hatte der Johnson-Streitmacht die ideale Munition für die Schlacht um das Weiße Haus geliefert.

Die Politik, bisher immer eher ein Vergnügen für ihn, wurde nun zum harten Kampf ums Überleben. Auf einer Versammlung der Gouverneure im Jahre 1965 verzichtete er öffentlich auf seine weitere Beteiligung an der nationalen Politik, um der Einheit der Partei willen. Aber diese Geste brachte ihm nur wenig Dank von denen, die er so skrupellos für seine eigenen Zwecke benutzt hatte. Als er noch im selben Jahr John Lindsay eine halbe Million lieh, die Lindsay als sein Kandidat im Rennen um das Amt des Bürgermeisters von New York angefordert hatte, tat er es, weil er wußte, daß seine eigene Administration an Popularität verloren hatte. Besonders im konservativen Hinterland seines Staates New York wuchs die Unzufriedenheit über die hohe Verschuldung, die er dem Bundesstaat beschert hatte. Für seine nächste Wahl brauchte er dringend kräftige Hilfe aus der Stadt New York.

Als er 1966 seinen eigenen Gouverneurs-Wahlkampf eröffnete, lag er nach Meinungsumfragen weit hinter dem demokratischen Kandidaten zurück. Nicht, daß Frank O'Connor besonders beliebt gewesen wäre. Es war vielmehr so, daß Nelsons Ruf so schwer gelitten hatte, daß Meinungsumfragen ihm höchstens 25% gegen *jeden* Kandidaten in Aussicht stellten. Sein Bruder David versuchte, ihm die Kandidatur auszureden, aber das war von Anfang an ein aussichtsloses Unternehmen.

256

Im Jahre 1937, als das große Bauwerk seiner Vollendung entgegenging, verschied John D. Senior. Abby schrieb ihrer Schwester: »Manchmal hatten John und ich befürchtet, er würde bettlägerig und sich selbst lästig werden. Doch noch am Freitag ist er 40 Meilen mit dem Auto gefahren. Es war schon ein ungewöhnliches Leben.« Junior und seine fünf Söhne begleiteten den Alten auf seiner letzten Fahrt zurück nach Cleveland. Die kostbare Einrichtung seiner Wohnung kam in das Museum der City of New York.

Abbys Tod traf Junior schwerer. Die Wiederheirat mit Martha Baird Allen bewahrte ihn vor
dem Alleinsein und war zugleich für die Besteuerung seines Grundbesitzes vorteilhaft.
Er hatte eine Methode gefunden, überhaupt keine Grundsteuer zu zahlen, indem festgesetzt
wurde, daß die eine Hälfte an seine Frau, die andere an den steuerfreien Rockefeller Brothers
Fund fallen würde.

Umfragen hatten ergeben, daß das Ansteigen der Kriminalität in der Meinung der Wähler das wichtigste Problem sei. Nelson reagierte prompt: 1964 brachte er das »Ohne-Klopfen«-Gesetz ein, mit dem es der Polizei erlaubt werden sollte, in jedes Haus einzudringen, ohne sich irgendwie anzukündigen. (Er hatte bereits ein »Anhalten-und-Durchsuchen«-Gesetz durchgebracht, das es der Polizei ermöglichte, ohne richterlichen Beschluß jeden, der im Verdacht stand, eine Waffe zu tragen, einer Leibesvisitation zu unterziehen.) Ein weiterer Teil seiner Kampagne gegen O'Connor, einen ehemaligen Bezirks-Staatsanwalt, war das Versprechen, 400 Millionen Dollar für ein Programm zur Bekämpfung der Rauschgiftsucht auszugeben.

Weil er wußte, daß er um sein politisches Überleben kämpfte, steckte Nelson kaum glaubliche 5,2 Millionen Dollar in seinen Wahlkampf um den Gouverneurssessel, fast zehnmal soviel wie sein Konkurrent (O'Connor: 575000 Dollar). Der Höhepunkt seiner Kampagne war ein fürchterlicher Angriff auf der Medienebene. O'Connor hatte es versäumt, eine ebenso harte Haltung gegenüber Kriminalität und Drogensucht einzunehmen. Während der letzten Tage des Wahlkampfs ließ Nelson ein Sperrfeuer von Fernseh-Werbespots los. Man sah, wie eine Spritze in die Vene eingeführt wird, man sah Schläger, die drohend in dunklen, regennassen Straßen lauerten. Dazu hörte man Nelsons Stimme, die in heiserem Flüsterton sagte: »Wollen Sie eine hohe Kriminalitätsrate? Dann wählen Sie O'Connor.«

Nelsons Medienblitzkrieg wurde zum klassischen Beispiel für hemmungslosen Mißbrauch des Fernsehens zur Wählerbeeinflussung. Aber die Kampagne selbst, die den Ruf der rücksichtslosesten in der neueren Geschichte des Staates New York errang, war erfolgreich. Nelson konnte einen knappen Sieg über O'Connor feiern.

In seinen Erklärungen nach der Wahl betonte Nelson wieder seine Entschlossenheit, sich nicht an der Wahl zum Präsidenten im Jahre 1968 zu beteiligen. Das schien angesichts seiner Niederlage von 1964 und des knappen Wahlausgangs im Staat New York glaubwürdig. Dennoch hatte Bill Moyers recht, als er sagte: »Ich glaube Rocky, wenn er sagt, er habe seinen Ehrgeiz verloren. Aber ich glaube auch, daß er noch weiß, wo er ihn verloren hat.«

Eine Woche nach seinem Sieg über O'Connor war Nelson tatsächlich schon wieder im Geschäft. Er agierte jetzt als ein Mann, der abgewiesen worden ist und sich nun formell und unwiderruflich aus dem Rennen zurückzieht – indem er einen anderen unterstützt. Gouverneur George Romney, der dreimal hintereinander in Michigan hohe Wahlsiege gefeiert hatte, war der erste unter einer ganzen Meute neuer republikanischer Gemäßigter, die nach einer Chance für die Nominierung 1968 strebten. Und Romney bekam von Rockefeller eine Einladung ins Dorado-Beach-Hotel, das seinem Bruder Laurance gehörte, zu Gesprächen über die Zukunft der Partei.

Romney lag bei sämtlichen Meinungsumfragen weit vorne. Es stimmte zwar, daß er manchmal verwirrende Aussprüche tat und daß ihm eine klare außenpolitische Perspektive fehlte, aber da er nun einmal vorne lag und Nelson sich eine Spaltung des gemäßigten Parteiflügels nicht leisten konnte, ermunterte er ihn, seine Kandidatur so früh wie möglich zu betreiben. In ihren tagelangen Gesprächen unter der puertoricanischen Sonne versprach Nelson ihm die Unterstützung der republikanischen Gouverneure, deren Titularsprecher er war, sowie Geld, Mitarbeiter und das breite Spektrum der anderen Mittel und Möglichkeiten, die zu einem Rockefeller-Wahlkampf gehören. Nelsons bester Redetexter, Hugh Morrow, wurde in den Anfangsmonaten des Jahres 1967 dem Romney-Team zur Verfügung gestellt. Auch George Gilder, Patensohn von David Rockefeller und Mitbegründer der liberalen Ripon Society, arbeitete im Stab des Gouverneurs aus Michigan. Henry Kissinger kam zwischendurch zu tagelangen außenpolitischen Informationsgesprächen und sah sich Romneys Aussagen über den Vietnamkrieg an (und versuchte, sie mit seinen und Nelsons eher falkenhaften Ansichten abzustimmen). Wenn Romney später zu der Ansicht gelangte, daß Nelson ihn von Anfang an nur aufhängen wollte, dann mußte er doch zugeben, daß man ihm einen Strick der teuersten Qualität geliefert hatte.

Später meinte ein führender Republikaner, die Kampagne des Gouverneurs aus Michigan um das Präsidentenamt habe sich ausgenommen »wie der Versuch einer Ente, mit einem Fußball zu schlafen«. Sein schwerster Fehltritt (obwohl er später auf merkwürdige Art rehabilitiert werden sollte) war die spontane Bemerkung im August 1967, daß US-Generäle ihn während seiner Vietnamreise einer Gehirnwäsche unterzogen hätten. Gegen Ende des Jahres 1967 war seine Glaubwürdigkeit so tief gesunken, und er lag bei Meinungsumfragen so weit hinter Nixon zurück, daß er zu Rockefeller kam und ihn bat, ihn aus der Verpflichtung, sich zu bewerben, zu entlassen. Da Rockefeller aber befürchtete, ein vorzeitiger Rückzug seines Kandidaten könne dazu führen, daß die Gemäßigten einen Mann wie Charles Percy salbten, hielt er ihn beim Wort und beschwor ihn, die Vorwahlen in New Hampshire durchzustehen. Erst nachdem er dort eine vernichtende Niederlage eingesteckt hatte, entließ ihn Nelson aus seiner Pflicht.

Dennoch zögerte Rockefeller mit seiner eigenen Kandidatur. Er stand noch unter dem Schock von 1964, und er war sich darüber im klaren, daß er sich in den Vorwahlen keine Niederlage gegen Nixon leisten durfte. Auf Freunde wirkte er damals ungewohnt unentschlossen. Im März zog er sich offiziell aus dem Rennen zurück. Im April gab er genauso plötzlich bekannt, er werde nun doch kandidieren, und versuchte so schnell wie möglich, sein verstreutes Wahlkampfteam wieder zusammenzubringen. Emmet Hughes und Kissinger waren wieder seine Spitzenleute.

Sie bildeten ein merkwürdiges Gespann: der liberale Journalist, der gegen die schlaffe Politik Eisenhowers opponiert und dann die Ungehörigkeit begangen hatte, eine detaillierte Denkschrift darüber zu verfassen, und der pragmatische Professor, noch immer festgelegt auf das diplomatische Menuett des kalten Krieges und absolut loyal gegenüber seinen Förderern. Die zentrale Auseinandersetzung in Nelsons Kampagne von 1968 führten Hughes und Kissinger untereinander über die Haltung des Kandidaten zum Vietnamkrieg. Hughes meinte, Nelson solle sich für einen sofortigen und vollständigen Rückzug aussprechen, wurde aber in dieser Absicht von Kissinger derart isoliert und blockiert, daß er seinen Einfluß als Redetexter nur auf eine negative Art zur Geltung bringen konnte. Dennoch ging es, oberflächlich betrachtet, friedlich zwischen ihnen zu. Hughes führte die Geheimmission, deren Ziel es war, in Kalifornien Ronald Reagan für ein Bündnis zu gewinnen, mit dem ein Sieg Nixons im ersten Wahlgang verhindert werden sollte. In der Zwischenzeit bemühte sich Kissinger um ein Vietnamkonzept, das sich wenigstens *scheinbar* von der Politik der Johnson-Administration unterscheiden sollte. Außerdem stellte er ein streng vertrauliches »Schwarzbuch über Nixon« zusammen, das Nelson für Angriffe gegen seinen alten Rivalen in den Monaten von April bis zum Parteikonvent dienen sollte. (Dieses Dokument, in dem es Kapitelüberschriften wie »Das Tricky-Dick-Syndrom« und »Das Image des Verlierers« gab, lag noch immer in einem Aktenschrank in Room 5600, als Kissinger längst der hellste Stern der Nixon-Administration war und Nelson eine der zuverlässigsten Stützen des Präsidenten.) [197]

Doch bis zum 5. Juni litt die Rockefeller-Kampagne unter der atypischen Unentschlossenheit ihres Kandidaten. Als jedoch die Nachricht von Bobby Kennedys Tod New York erreichte, sah er seine Chance in der Rolle des charismatischen Außenseiters, der gegen die Parteiclique antrat, und beschloß sofort, sie wahrzunehmen.

Innerhalb von 48 Stunden nach der Ermordung des zweiten Kennedys hatte Nelson eine Rede ausgearbeitet und eine Anzeigenserie organisiert, in der er sich als der einzige Mann empfahl, der jetzt eine Alternative zwischen »einer neuen Führung und alter Politik« bieten konnte. Außerdem begann er eine Blitzreise durch sämtliche größeren Städte des Landes. Überall warf er sich den Massen entgegen, ließ sich von jungen Leuten die Manschettenknöpfe abreißen und versuchte, die Delegierten von der Basis her unter Druck zu setzen.

Wenn ihm auch der Stil der Kennedy-Politik zusagte, konnte er doch ihre Substanz nicht übernehmen. Erst nach harten Kämpfen konnten die jüngeren Mitglieder seines Stabes den Vorschlag Kissingers unterlaufen, Nelson solle in einer Grundsatzerklärung für das Anti-Raketensystem ABM eintreten. In der Frage des Krieges schwankte er weiterhin. Von Anfang an hatte er die Vietnampolitik der Johnson-Administration unterstützt. (Während des Wahlkampfes von 1964 hatte er gesagt: »Der Sieg im Kampf um die Freiheit in Vietnam ist die Voraussetzung für die Rettung der Freiheit in ganz Asien. Die kommunistischen Vietkong-Guerillas müssen geschlagen werden . . .«) Jetzt bemühte er sich um den alten Kennedy-Wählerstamm, und es fand eine Art Volksabstimmung über dieses Thema statt, er aber konnte unter diesen Umständen nichts anderes tun, als seine Position ein wenig zu polieren, wollte er nicht gänzlich mit der harten Linie brechen, die immer das Rückgrat seiner politischen Philosophie gewesen war. Was dabei herauskam, klang oft verwirrend. Einmal beantwortete er eine Frage nach dem Krieg so: »Ich glaube, daß unsere Vorstellungen, als die einer Nation, und unsere Handlungen sich nicht in ausreichendem Maße an den sich verändernden Umständen orientiert haben. Deshalb entsprechen unsere derzeitigen Aktionen der Größe und der Schwierigkeit des Problems, dem wir hier in diesem Konflikt gegenüberstehen, nicht im vollen Umfang.« Als ein Reporter der *New York Times* sich erkundigte: »Herr Gouverneur, was heißt das?« fuhr Nelson ihn an: »Genau das, was ich gesagt habe.«

Zur Zeit des Konvents in Miami war es klar, daß Nelsons Versuch gescheitert war, die Parteibosse auf den Schultern des Volkes zu überholen. Es war ihm gelungen, den Kamm der geschwächten Kennedy-Welle für seine Zwecke einzufangen, aber an ihre Grundkraft war er nie herangekommen. Er hatte acht Millionen Dollar für den Versuch ausgegeben, Nixon die Nominierung zu entreißen, hatte aber im Endeffekt nichts anderes erreicht, als einen Konvent, dessen Ausgang seit Monaten klar war, zu dramatisieren.

Nixon wurde im ersten Wahlgang nominiert, und das Ziel, das Nelson zehn Jahre lang verfolgt hatte, schien endgültig seinem Zugriff entrückt. Im Falle des – wahrscheinlichen – Wahlsiegs über den Demokraten Humphrey würden die Stammrepublikaner bestimmt nach einer weiteren Amtszeit Nixons über das Jahr 1972 hinaus schreien. 1976 würde Nelson dann schon 67 Jahre alt sein – jung vielleicht für einen Rockefeller, aber alt für einen Mann mit Präsidentschaftsambitionen. Es schien, als müsse er, wie Tantalus, lernen, mit einem brennenden Durst zu leben, während er bis zur Hüfte im Wasser stand.

# Kapitel 21

Nixons Amtseinführung traf mit einem Wendepunkt in der Geschichte der Rockefellers zusammen. Fast über Nacht merkten sie, daß der Gipfel, nach dem sie gestrebt hatten, plötzlich hinter ihnen lag. Jetzt mußten ihre Kinder den Namen tragen und sich mit der damit verbundenen Pflicht auseinandersetzen – und zwar anders als sie selbst.

Daß sie gegen diese Krise nicht entschlossen Front machten, lag wahrhaftig nicht daran, daß ihnen Krisen fremd gewesen wären. Die Rockefellers hatten furchtbare Konflikte durchlebt und überwunden. Was jetzt auf sie zukam, glich nicht dem Furore um das South-Improvement-Projekt, nicht der Kontroverse um das »schmutzige Geld«, auch nicht dem Schrecken von Ludlow. Es war keine Krise, in der geschickte Regie Schuld in Erlösung verwandeln konnte. Es gab nicht einmal ein konkretes Ereignis, auf das man sich konzentrieren, dem man die Schuld an der Malaise zuschreiben konnte. Was geschah, brach über sie herein; sie hatten es nicht ausgelöst.

Es zeigte sich unter anderem in einem neuen Aufbranden des eifernden Hasses auf die Rockefellers, wie man es seit dem Ersten Weltkrieg nicht mehr gesehen hatte. Einer der Gründe dafür lag sicherlich in Nelsons politischen Kampagnen, seiner Bereitschaft, seine immensen Mittel zur Durchsetzung seiner eigenen ehrgeizigen Wünsche einzusetzen. Mit der rücksichtslosen Förderung seines politischen Ego hatte er die Lehren seines Vaters über praktische Moral mißachtet. Der Haß auf den Reichtum der Rockefellers konnte nur beschwichtigt werden, wenn sie still im Hintergrund blieben und anonym handelten. Junior hatte recht behalten: Nelson hatte schlafende Drachen geweckt.

Die konservativen Kernlande, deren Präsidentschaftskandidaten immer wieder am Gegendruck der Finanzmacht aus dem Osten gescheitert waren, sahen nun in der Familie Rockefeller und ihren Institutionen diese Finanzmacht verkörpert. Eine Wahlkampfbroschüre Goldwaters beschrieb, wie »die geheimen Königsmacher aus New York« alle republikanischen Kandidaten seit 1936 eingesetzt hätten, »um sich die Kontrolle über den größten Geldmarkt der Welt zu sichern: die amerikanische Regierung«. [198]

Nelson war die Hauptzielscheibe, aber auf die Dauer trafen solche Angriffe natürlich den Namen selbst, Symbol für Kräfte, die einen ungeheuren Einfluß auf das amerikanische Leben ausübten. Ob es um große Politik oder um großes Geschäft ging, die Rockefellers repräsentierten beides. Sogar die bizarre Verbindungslinie, die Dämonologen der Rechten von den Rockefellers zu einer kommunistischen Verschwörung zogen, erschien plausibel, wenn man sie mit der Vorstellung koppelte, daß die amerikanische Version des Sozialismus kein Programm zur gerechteren Verteilung des Reichtums, sondern eine Methode zur Lenkung der Wirtschaft sei.

Diesem Unbehagen lag das Gefühl zugrunde, daß sich alles den Kontrollen zu entziehen begann. »Eingeweihte« manipulierten die Regierung durch verschachtelte Aufsichtsratsposten und elitäre Organisationen wie den Council on Foreign Relations, der die Politik beherrschte, aber außerdemokratisch operierte. »Die da oben« herrschten, aber zur Rechenschaft ziehen konnte man sie nicht. Und die heimlich operierenden Rockefellers nahmen unter denen, die den Lauf der Welt von einem Platz hinter den Kulissen aus lenken wollten, natürlich einen ersten Platz ein.

Nicht nur die Rechte sah in der Familie ein Symbol ausufernder plutokratischer Macht und konspirativer Kontrolle. Auch die Linke fand wieder zurück zur Anti-Rockefeller-Tradition der Pamphletisten und des Walsh-Ausschusses. Vietnam hatte den Konsensus des kalten Kriegs zerbrochen, der im vorangegangenen Jahrzehnt das Denken bestimmt hatte, und die Kritiker des Reichtums, der Macht und der Ausbeutung durch Konzerne fanden wieder Gehör.

Obwohl die Rockefellers sich nicht anders verhielten als seit Jahrzehnten, wurde plötzlich gegen die demonstriert. Es gab »Enthüllungen« aus dem Untergrund und phantasievolle graphische Darstellungen, die sie mit südafrikanischer Apartheidpolitik, lateinamerikanischem Militarismus und dem Krieg in Indochina in Zusammenhang brachten.

Die Geheimniskrämerei und die globalen Beteiligungen der Familie suggerierten ein byzantinisches Machtgeflecht und nährten gleichermaßen die Angst der Rechten vor einer Verschwörung und die Rockefeller-Paranoia der Linken. Die Behauptung des Volkswirtschaftlers Victor Perlo, das Geschäftsvolumen der Rockefellerunternehmungen belaufe sich auf insgesamt mehr als 60 Milliarden Dollar, wurde bereitwillig für bare Münze genommen, obwohl die Zahl doch etwas unwahrscheinlich ist. Ferdinand Lundbergs in *Die Reichen und die Superreichen* aufgestellte Behauptung, das Vermögen der Familie belaufe sich auf fünf Milliarden Dollar, wurde von anderen als grobes Understatement eingestuft. Seit etwa fünfzig Jahren aus der Mode gekommen, wurde Rockefeller-Schelte nun auf einmal wieder modern.

Vielleicht wäre es ratsam gewesen, wenn sie sich endlich einmal aus ihren zeremoniösen Rollen zurückgezogen hätten, um sich objektiv zu betrachten wie einen der Kunstgegenstände, die sie sammelten. Es wäre nötig gewesen, die Bücher wegzuwerfen, die in ihrem Auftrag oder mit ihrer Billigung geschrieben worden waren, um das Schicksalhafte abzustreifen und sich mit den Ereignissen auseinanderzusetzen, die ihre Familie in die jetzige Lage gebracht hatten.

Man hätte eine wahrheitsgetreue Fassung der Familiendialektik aufbauen müssen, angefangen beim Großvater, und zwar nicht dem verehrungswürdigen, alten Exzentriker oder dem moralischen Vorbild, sondern dem knochenharten Unternehmer, der seine Konkurrenten terrorisiert und das nationale Wirtschaftssystem seinem eisernen Willen gefügig gemacht hatte. Der nächste in der Reihe wäre der Vater gewesen, ein steifer, kleiner Mann, der sein Leben und das befleckte Vermögen, das er geerbt hatte, der Änderung des schlimmen Rufes gewidmet hatte, den die Exzesse des Standard-Trusts der Familie eingebracht hatten. Er hatte entdeckt, daß man den Namen Rockefeller am besten vor Haß schützen konnte, wenn man das Schicksal der Familie mit der neuen politischen und wirtschaftlichen Ordnung verschweißt und so die Nation zur führenden Weltmacht emportreibt.

Das tat er, und es rastete etwas ein. Ein Mythos epischen Ausmaßes nahm Gestalt an.

Weit davon entfernt, diese Symbiose zwischen ihrer Familie und der Zukunft der Nation in Frage zu stellen, hatten sich die Brüder um noch engere Verknüpfung bemüht und dadurch eine Machtstellung erreicht, von der ihr Großvater nicht einmal geträumt hatte. Die Identifizierung der Familie mit Amerika wurde so vollständig, daß ein Angriff auf sie beinahe als Hochverrat erschien.

Waren die fünfziger Jahre *ihr* Zeitalter gewesen – sie wurden großjährig und erkannten, welche Wirkungen sie auf die Welt ausüben konnten, so hatten die sechziger Jahre noch glückverheißender begonnen. Kennedy war Präsident, aber die Brüder hatten schon vor Jahren in Bereichen Außenstellungen aufgebaut, die der Präsident jetzt als »Neue Grenze« proklamierte. Sie waren die Vertreter eines Establishments des Reichtums und des Einflusses, das seine Administration überdauern würde – und alle anderen auch.

Sie waren nun Männer der Macht, und es wurde immer schwieriger für sie, den vom Vater geschaffenen Mythos zu nützen, um sich der Forderung zu entziehen, Rechenschaft über ihre Ausübung der Macht abzulegen.

Peinliche Fragen wurden ihnen jetzt nicht nur über ihren Verantwortungsbereich im weitesten Sinne gestellt – etwa über die Politik der Standard Oil, der Chase Bank, der Rockefeller Foundation und anderer Institutionen, an denen sie beteiligt waren –, sondern sie wurden auch wegen der Sünden des Systems selbst attackiert. Die Rockefellers waren eben Einfluß, Geld, Kontrolle und Politik. Sie waren Macht.

Das zu verstehen und sich damit auseinanderzusetzen, wäre eine große Aufgabe gewesen – vielleicht zu groß für die Brüder. Hätten sie es wirklich versucht, wären wahrscheinlich die kunstvoll aufgebauten Kulissen eingestürzt, in denen sie sich verbargen. Obwohl sie es nicht wagten, im einzelnen nach den Ursachen zu fragen, spürten sie doch, daß etwas nicht stimmte. Die Symbolidentität, um die sie sich so lange bemüht hatten, ergriff nun öffentlich und privat von ihnen Besitz. Sie waren Schatten auf der Höhlenwand, die Logik ihres Handelns erleuchtet von den Feuern, die rings um sie her brannten.

Am wenigsten von allen Brüdern schien John III diese Behandlung zu verdienen. Der größte Teil seines Lebens war der Philanthropie gewidmet gewesen. Seine finanziellen Beiträge waren wesentlich bedeutender als die seiner Brüder.

Dennoch sprachen Studenten des Hampshire College in Massachusetts wieder vom »schmutzigen Geld« und berieten, ob sie eine Spende annehmen dürften. Andere sagten, in Wahrheit stünde seine Rolle als »Architekt des US-Imperialismus« zur Debatte.

Der älteste der Rockefeller-Brüder trat zurückhaltend und großväterlich auf, war aber auch oft naiv. Er machte sich noch immer endlose Sorgen über jede noch so kleine Verbindlichkeit. Es fiel ihm immer noch schwer, außerhalb des Rockefeller-Milieus selbstsicher aufzutreten.

Obwohl Nelson nach Juniors Tod die Rolle des schon ein wenig entrückten Patriarchen übernommen hatte, hielt JDR3 letztlich sich selbst für den verantwortlichen Wahrer des Namens. Wie ein heimlicher Traum dauerte diese Vorstellung fort, obwohl er wußte, daß er nicht genug Macht hatte, um das Recht des Erstgeborenen durchzusetzen. Dennoch verspürte er manchmal den Drang, Autorität auszuüben. Verärgert über die Geschichte mit Happy Murphy, verbrachte er den Tag ihrer Hochzeit einen Kilometer entfernt in Fieldwood Farm, zusammen mit Tod Rockefeller.

Mit der Dulles-Mission erlebte er eine späte Blüte; jetzt endlich vermochte er es, sich ganz einfach seiner Aufgabe hinzugeben, die da lautete, ein Rockefeller zu sein. In Freiheit dienen – diese Lösung ließ ihm die Illusion, nach seinem Willen handeln und doch den Forderungen seines Vaters gerecht werden zu können, der auch jetzt nach seinem Tode noch dem ältesten Sohn prüfend über die Schulter blickte.

Sein langjähriges Engagement für Asien paßte gut zu der Maske, die er sich aufgesetzt hatte. 1969, drei Jahre vor Nixons Chinareise, sagte JDR3 in einer Rede vor dem Nationalkomitee für chinesisch-amerikanische Beziehungen die Wende voraus, die er kommen sah. »Während der letzten zwanzig Jahre hat es zwischen uns und dem chinesischen Festland überhaupt keine Beziehungen gegeben«, begann Rockefeller. »In dieser Zeit ist unser Denken so von Furcht bestimmt gewesen, daß schon der Versuch, unsere Chinapolitik neu zu durchdenken, als eine Art von Landesverrat galt. Diese Starrheit darf es in einer Demokratie nicht geben.« [199]

Hätte er sich mit den Studenten von Hampshire auf ein Gespräch über seine angebliche Rolle als Agent des Imperialismus eingelassen, dann hätte sich das wahrscheinlich so angehört: »Wissen Sie, ich bin anders als mein Bruder Nelson in Lateinamerika oder David in Afrika. Ich habe in Asien eigentlich nie etwas *getan*, außer Diplomaten zu begrüßen, eine Art Botschafter des guten Willens zu sein und ähnliches.« Auf eine Art hätte er damit sogar Recht gehabt. Aber ganz so einfach war es nicht. Vielleicht wußte er nicht, was man aus den Früchten seiner Bemühungen machte. Tatsache war, daß er sich kurz nach der Dulles-Mission in einem Wespennest aus Spionage und Intrige wiederfand.

Zumindest bei einer Gelegenheit hatte ihn sein Mitarbeiterstab vor einem katastrophalen Fehltritt bewahrt. Im Jahre 1954 lud ihn die »Asia Foundation« ein, ihr Präsident zu werden. John Foster Dulles und sein Bruder Allen, Chef des Geheimdienstes CIA, baten ihn, anzunehmen. Aber Frank Jamieson riet JDR3 dringend davon ab. Die »Asia Foundation« und ihre Vorgängerin, das »Komitee für ein Freies

Asien«, seien bestenfalls Propagandabüros der Vereinigten Staaten. 15 Jahre später dachte er mit Dankbarkeit an diesen Rat, als nämlich die »Asia Foundation« als CIA-Spionageunternehmung für ganz Asien entlarvt wurde.

JDR3 hat sich nie zum politischen Kreuzritter machen lassen. 1954, nach dem Desaster der Franzosen in Dien Bien Phu, wurde er Gründungsmitglied einer Studiengruppe für Südostasien des Council on Foreign Relations, erschien aber nur selten zu den Sitzungen, obwohl die amerikanische Verwicklung in Vietnam bald zu einem Brennpunkt der Diskussion und überhaupt zum Zentralthema der amerikanischen Politik wurde. Sogar die Eskalation des amerikanischen Engagements änderte nichts daran. Andererseits organisierte JDR3 ein Essen zu Ehren des südvietnamesischen Präsidenten Ngo Dinh Diem, als er 1957 den Vereinigten Staaten seinen ersten Besuch abstattete. Anwesend waren dabei Männer wie John J. McCloy (damals Vorsitzender der Chase Bank), und später gab er zusammen mit seinem Bruder David einen Empfang für Diem in Pocantico.

Später, als der Vietnamkrieg sich immer mehr ausweitete, suchte das Außenministerium Hilfe bei dem Philanthropen. Im Mai 1963 berief die Asia Society, die sich bis dahin lediglich um Kulturaustausch bemüht hatte, ein Treffen, auf dem die gesamte Südostasienpolitik der Vereinigten Staaten zur Diskussion gestellt werden sollte. In einem Konferenzbericht von William Henderson, der bald darauf »außenpolitischer Berater« der Socony Mobil wurde, hieß es warnend, daß die Vereinigten Staaten ihre grundlegenden Ziele in Südostasien verfehlen würden, »wenn wir uns nicht zu einem unbegrenzten Engagement in diesem Gebiet entschließen«.

Diese Position wurde damals innerhalb der Kennedy-Administration am konsequentesten von dem ehemaligen Vizepräsidenten der Socony Mobil, Kenneth Todd Young, vertreten. Er war vormals Beamter im Außen- und Verteidigungsministerium gewesen und hatte 1954 den berühmten Brief Eisenhowers an Diem verfaßt, mit dem sich die Vereinigten Staaten verpflichteten, nach dem Abzug der Franzosen Südvietnam zu unterstützen. Seine diplomatische Karriere hatte er als US-Botschafter in Thailand beendet und war von JDR3 in seinen persönlichen Stab aufgenommen worden. 1963 machte er ihn auf Vorschlag des Außenministeriums zum Präsidenten der Asia Society.

Youngs wesentliche Leistung als Präsident bestand darin, bei der Gesellschaft zu erreichen, daß sie die SEADAG (Southeast Asia Development Advisory Group) unter ihre Fittiche nahm. Während die Asia Society hauptsächlich von JDR3 finanziert wurde, bezog die SEADAG ihre Gelder von der Regierung durch die Agency for International Development (AID). SEADAG war von der Regierung ins Leben gerufen worden (wie ein ehemaliger Mitarbeiter bezeugt) »um . . . Akademiker als Tarnung für Geheimaufträge in Südostasien zu benutzen«.

Als der Vietnamkrieg immer unpopulärer wurde, richteten sich vor allem an den Universitäten die Proteste automatisch gegen die SEADAG. Der Chef ihres Rates für Vietnam-Studien war Samuel P. Huntington, Harvard-Kollege von Henry Kissinger, der die Terror-Bombardierung ländlicher Gebiete in Südvietnam als

»Zwangs-Urbanisierung« rechtfertigte. 1969 wurde eine Sitzung der SEADAG im Sheraton-Hotel, Boston, bei der Huntington den Vorsitz führte, von Studenten und Professoren gesprengt. Innerhalb der Asia Society löste die Aktion einen schon schwelenden Aufstand kultureller und wissenschaftlicher Mitarbeiter aus, die die Komplicenschaft mit einem Krieg ablehnten, der Kunst und Kultur Indochinas zerstörte. Die Rebellion richtete sich vor allem gegen Kenneth Young, der zum Rücktritt gezwungen wurde. Die SEADAG, der man Büros im Asia House eingeräumt hatte, mußte umziehen.

JDR3, seinem Vater darin ähnlich, hielt sich aus dem Konflikt heraus. Joe Fischer, ein Indonesienexperte, klagte später: »Tatsächlich hatte die SEADAG absolut nichts mit der Arbeit der Gesellschaft zu tun. Es ärgerte mich, daß Rockefeller nirgends aufzutreiben war, als es ernst wurde, weil er Young eingeführt und ihn zum Präsidenten gemacht hatte.«

Noch während des ganzen folgenden Jahrzehnts blieb JDR3 »Mr. Asia«. Er begrüßte Diplomaten, reiste in jedem Jahr durch die Länder des Pazifik und trat überall als Botschafter des guten Willens auf.

Dennoch verlagerten sich seine persönlichen Interessen allmählich wieder auf Amerika. »Ich hatte mich damals sehr intensiv um internationale Angelegenheiten gekümmert, und mein Verantwortungsgefühl sagte mir, ich sollte mich wieder mehr meiner Heimat widmen«, sagte er später über seine Entscheidung. [200] Der Rat, sich nach einem Projekt umzusehen, das nicht so weit entfernt lag, kam von seinem Mitarbeiter Donald McLean, der im Lincoln Center for the Performing Arts einen Anwärter sah, der in besonders hohem Maße die Aufmerksamkeit Rockefellers verdiente.

Er widmete sich dem Projekt mit charakteristischem Eifer und hatte bald die ursprüngliche Konzeption so erweitert, daß aus dem anfangs geplanten Musik-Center eines für alle darstellenden Künste geworden war. 1957 wurde aus dem Vorsitzenden der Planungsgruppe der Präsident der Lincoln Center, Inc., und 1960, bei Beginn der Bauarbeiten, wurde JDR3 Vorsitzender des Direktoriums.

Das Unterfangen war in vieler Hinsicht etwas ganz neues für ihn. Es gab endlose Konferenzen und viele Reisen ins Ausland, um die großen Konzerthallen des alten Kontinents zu studieren. Zum ersten Mal in seinem Leben trat er in eine vitale und komplizierte Welt ein, in der sein Name den Leuten nicht sofort und automatisch Respekt einflößte und in der sein Mitarbeiterstab nicht ständig anwesend sein konnte, um ihn vor allzu viel direktem Kontakt zu schützen. Er hatte mit einer großen Schar starker und oft gänzlich respektloser Persönlichkeiten unter den städtischen Beamten, den Bodenspekulanten und New Yorks Elite mit Gefühl für Kultur und Gemeinsinn zu tun.

Er war in eine Situation geraten, wo die Leute auf einmal Warzen in einem Gesicht sahen, das aus der Ferne vorher glatt erschienen war. Die herablassende Langsamkeit, mit der er sich früher dem Diktat der Pflicht gebeugt hatte, brachte handelnde Männer mit eigenen Mitteln und Machtquellen zur Raserei. Sie empfanden sein eigensinniges

Zögern und seine ewige Selbstprüfung nur als Zeitverschwendung. Einmal meinte der zu Grobheiten neigende New Yorker Baumeister Robert Moses zu einem Reporter des *New Yorker:* »John hat einen Überzug von Bescheidenheit. Ich habe noch nicht herausbekommen, wie tief diese Schicht ist. Vielleicht einen Zoll?«

Dennoch hielt er durch. Als die Kosten von den veranschlagten 75 Millionen Dollar auf 185 Millionen stiegen, übernahm er die Aufgabe, das Loch zu füllen. Ein großer Teil kam von der Familie selbst. Die Foundation gab 15 Millionen, Junior steuerte vor seinem Tod noch 11 Millionen bei, der Brothers Fund gab 2,5 Millionen. Als Muriel McCormick Hubbard starb, die Tochter der mißratenen Edith Rockefeller McCormick, und ihren vier Adoptivkindern 9 Millionen Dollar in Treuhandverwaltung hinterließ, machte JDR3 als ihr Vetter und Vorsitzender des Treuhandausschusses der Chase geltend, die Kinder seien keine gesetzlichen Erben im Sinne der Treuhandbestimmungen, und beantragte, das Geld dem Lincoln Center zuzusprechen. Es kam schließlich zu einer außergerichtlichen Einigung. Die Kinder bekamen drei Millionen Dollar, das Lincoln Center den Rest. JDR3 gab dem Projekt aus eigener Tasche schätzungsweise beinahe zehn Millionen Dollar, weit mehr, als einer der Brüder bisher für ein Einzelprojekt vergeben hatte.

All das brachte ein Mann zuwege, der alles andere als ein Premieren-Stammgast war, der sich in den darstellenden Künsten nicht einmal besonders gut auskannte und der im Gegensatz zu seinem Bruder Nelson für Monumente aus Beton nicht viel übrig hatte, zumal dann nicht, wenn sie so wenig Begeisterung auslösten wie der Bau von Wallace Harrison. Die Arbeiten daran schleppten sich noch über 13 Jahre hin.

Unbeirrt tat er seine Pflicht. So traf er sich mit Paul Getty am 11. Februar 1958 im eleganten Hotel George V in Paris. Getty, ebenso eifrig im Sammeln von Kunst wie von Ehefrauen, kam selbstverständlich als Spender in Frage, auch wenn man einmal ganz außer Betracht ließ, daß er der reichste Mann der Welt war. JDR3 war sich seiner Sache sicher, obwohl Getty während des Essens unverbindlich blieb, höflich zuhörte und nur versprach, schriftlich zu antworten. Der Brief kam, und die Antwort war ein klares Nein, ohne jede Begründung. In einem für ihn ungewöhnlichen Anfall von Ärger schrieb JDR3 sofort einen Antwortbrief. Er äußerte sich darin befremdet darüber, daß Getty es ablehnte, zu einer so wichtigen Sache beizutragen, und schloß abrupt mit dem Satz: »Und Ihre Kinder tun mir leid, falls Sie welche haben.«

Das vielschichtige und schwierige Projekt des Lincoln Center bis zu seiner Vollendung zu führen, war ein bedeutender Schritt in der Entwicklung von JDR3. Es war für ihn das erste Mal, daß er sich außerhalb des ererbten Kreises bewegte, und es bestärkte ihn darin, den Schirm der Familie noch weiter zu verlassen.

Er war nicht einverstanden mit der Richtung, die der Brothers Fund genommen hatte. Es wurden zwar riesige Summen weggegeben, aber das war weniger ein Ausdruck ihrer philanthropischen Interessen als ihrer komplizierten Steuersituation. Nach seiner Meinung sollte die Philanthropie von der dritten Generation doch ernsthafter verfolgt werden, aber er setzte sich dadurch nur noch mehr von Nelson, Laurance und David ab, dem Triumvirat, das die Leitung der Familiengeschicke in die Hand genommen hatte.

Im Jahre 1963 gründete er daher den JDR3-Fund, seine eigene Stiftung, in die er in den folgenden fünf Jahren etwa 5 Millionen Dollar steckte. Es war der endgültige Schritt aus einer Familiensituation heraus, in der er sich nicht frei hatte entfalten können.

Er wandte sich wieder der Bevölkerungspolitik zu. Das »Pop Council«, das er vor einem Jahrzehnt geschaffen hatte, war zur bedeutendsten Institution auf diesem Gebiet geworden und arbeitete mit einem Jahreshaushalt von vielen Millionen Dollar in zwölf Ländern. Man beschränkte sich auf die Forschung und vermied politische Empfehlungen, um die Arbeit auf diesem empfindlichen Gebiet nicht zu gefährden. Aber die Bevölkerungspolitik war, genau wie JDR3 selbst, im Wandel begriffen. Fred Jaffe, Leiter der Organisation für geplante Elternschaft, erinnert sich: »John hatte eine Menge Rhetorik aus dem kalten Krieg abgelegt. Wenn er jetzt sah, wie Tote den Ganges herabgetrieben wurden, machte er sich zwar immer noch Sorgen wegen einer möglichen kommunistischen Machtübernahme in Indien, aber er dachte jetzt auch an die Opfer und ihre Familien.«

Nach den Wahlen von 1964 versuchte JDR3, ein Treffen mit Präsident Johnson zustande zu bringen, um mit ihm über Bevölkerungspolitik zu diskutieren. Als LBJ ablehnte, lud er Außenminister Dean Rusk zu einem Mittagessen ein und schlug ihm die Schaffung eines Präsidialausschusses vor, der diese Frage untersuchen solle. Obwohl er diesen Schritt für verfrüht hielt, versprach Rusk zu versuchen, das Thema in der kommenden Rede zur Lage der Nation unterzubringen. Aus der Schreibmaschine von Redetexter Richard Goodwin kam dann gerade ein Satz, verbunden mit einer Bemerkung über Rohstoffe: »Ich werde nach neuen Wegen suchen, um Problemen wie der Explosion der Weltbevölkerung und der wachsenden Knappheit an Rohstoffen zu begegnen.« Aber es war ein Anfang. Es war das erste Mal, daß ein amerikanischer Präsident Bevölkerungspolitik in den Katalog der Probleme aufnahm, mit denen sich die Nation auseinanderzusetzen habe. Gegen Ende seiner Amtszeit richtete LBJ dann doch noch, teilweise aufgrund seiner Freundschaft mit Laurance Rockefeller, einen Untersuchungsausschuß für Bevölkerungs- und Familienplanung ein. JDR3 wurde stellvertretender Vorsitzender zusammen mit dem ehemaligen Arbeitsminister Wilbur Cohen. Nach einigen Monaten legte der Ausschuß seine Empfehlungen vor. Die bedeutendste war der Vorschlag zur Schaffung eines Sonderausschusses für Bevölkerungsfragen. Johnson hatte während seiner Amtszeit keine Gelegenheit mehr, sich darum zu kümmern, aber nach Nixons Amtseinführung brachte JDR3 das Thema wieder auf. Eine Zeitlang ging es nicht mehr vorwärts, aber dann kam unerwartete Hilfe vom Präsidentenberater Daniel P. Moynihan, und im Frühling 1970 schuf der Präsident den »Ausschuß für Bevölkerung, Wachstum und die Amerikanische Zukunft«. JDR3 wurde Vorsitzender.

Das war die Gelegenheit, auf die er gewartet hatte. Der mit großem Prestige verbundene Posten stimmte vollständig mit seinem neuen Unabhängigkeitsgefühl überein, und während der nächsten zwei Jahre arbeitete er hart. Er flog mehrmals im Monat zwischen Washington und New York hin und her und stieg oft von seinem Stuhl des Vorsitzenden herab, um an den mit Schärfe geführten Debatten über Einzelprobleme teilzunehmen. Als der Abschlußbericht [201] in drei Teilen, beginnend im März 1972, erschien, bot er einen vollständigen Überblick über Bevölkerungsfragen und enthielt Dutzende von Empfehlungen, angefangen bei Einwanderungsbeschränkungen bis hin zur Verabschiedung eines Verfassungszusatzes über die Gleichheit der Bürgerrechte. Viele Empfehlungen, die in dem Bericht ausgesprochen wurden, waren ihrer Zeit voraus, zum Beispiel diejenige, daß man Beratung über Empfängnisverhütung auch Minderjährigen zugänglich machen solle und daß Kindergartenplätze für alle, die sie wollen, geschaffen werden müßten. Wirklichen politischen Sprengstoff aber barg nur die Empfehlung zur Abtreibungsfrage: »Die Frage des Schwangerschaftsabbruchs sollte der Gewissensentscheidung der Betroffenen selbst anheimgestellt werden . . . Die jeweiligen Bundesstaaten sollten aufgerufen werden, gesetzliche Regelungen einzuführen, die einen klaren und positiven Rahmen für die Abtreibung auf Wunsch schaffen.« Das war ein Standpunkt, der Nixons Strategie aus dem Wahljahr widersprach. Er hatte damals mit Unterstützung des katholischen Teils der Bevölkerung eine »neue Majorität« schaffen wollen. Als der Bericht veröffentlicht wurde, wahrte Nixon eisiges Schweigen.

Als JDR3 endlich im Weißen Haus empfangen wurde, um die Ergebnisse der Beratungen offiziell vorzulegen, war die Atmosphäre dort steif und abweisend. Schon nach einem kurzen Gespräch wurde JDR3 von Nixon entlassen, und beim Verlassen des Weißen Hauses wurde ihm von einem Mitarbeiter Nixons ein Exemplar der offiziellen Stellungnahme des Präsidenten zu den Untersuchungsergebnissen übergeben. Nixon ließ darin keinerlei Unklarheit über seine eigene Meinung aufkommen: »Ich halte die Abtreibung für eine unannehmbare Form der Bevölkerungskontrolle. Nach meiner Meinung würde eine uneingeschränkte Abtreibungspolitik die Würde des menschlichen Lebens verletzen.« [202]

JDR3 zeigte nur gegenüber seiner Familie, daß er verletzt war. »Er fand das alles ziemlich schäbig, war aber der Meinung, daß er seinen Gefühlen keinen freien Lauf lassen dürfe«, erinnert sich seine Tochter Hope. Er war dem, was er als Nixons prinzipienlose Taktik sah, im Grunde nicht gewachsen und hielt auch das Thema für eine offene politische Auseinandersetzung nicht für geeignet. So wußte er nicht, wie er auf die Mißachtung seiner Arbeit reagieren sollte. Fragte man ihn nach Nixon, so zuckte er nur mit den Achseln, als wolle er sagen: »Was kann man schon von so einem Mann erwarten?« Hope vertraute er an, daß er sogar bereit gewesen wäre, mit der alten Familientradition zu brechen und 1972 den Demokraten George McGovern zu unterstützen, wenn das nicht auch seinem Bruder Nelson politisch geschadet hätte.

Als die sechziger Jahre zu Ende gingen und JDR3 fünfundsechzig wurde, vollendete sich der Wandlungsprozeß, der ihn zu einem hageren Mann mit silbrig-grauem Haar gemacht hatte. Er ging gebeugt, was ihn kleiner erscheinen ließ; sein Gesicht war eine zerbrechlich wirkende Komposition aus Knochen und Schatten. Insularität und Schüchternheit, die ihn früher belasteten, hatten sich im Laufe der Jahre abgeschliffen und waren nicht unbedingt durch Urbanität, aber durch eine Art väterlicher Fürsorge ersetzt worden, die seine Unbeholfenheit milderte. Er lebte unter dem Imperativ des *noblesse oblige* – in dem Glauben nämlich, daß verantwortungsbewußte Menschen wie er selbst handeln müssen, denn täten sie es nicht, blieben die Dinge den Verantwortungslosen überlassen. Diese Überzeugung schimmerte in allem durch, was er tat, so auch im Jahre 1969 in seiner Aussage vor dem Bewilligungsausschuß des Repräsentantenhauses,[203] wo er als Befürworter einer Vorlage auftrat, deren Ziel es war, jede totale Befreiung von der Steuerpflicht abzuschaffen. Mit seiner dünnen Stimme sprechend und, so schien es, über seine Lesebrille hinweg auf die Abgeordneten hinabschauend, erklärte Rockefeller, daß er es durch steuerlich absetzbare Spenden so einrichten könne, daß er überhaupt keine Steuern zu zahlen brauche, doch mache er von dieser Möglichkeit keinen Gebrauch, sondern er »gebe freiwillig« an jedem 15. April zehn Prozent seines ausgeglichenen Brutto-Jahreseinkommens. *

Er war zu einem Mann von jener Art gealtert, der Sympathien nicht so sehr wegen seiner tatsächlichen Leistungen weckte, die, gemessen an seinen materiellen Möglichkeiten, bescheiden genug waren, sondern wegen der beträchtlichen psychologischen Hindernisse, die er hatte überwinden müssen, um überhaupt etwas zu vollbringen. Er hatte sein Leben begonnen als derjenige der Brüder, der am festesten an die Tradition gebunden war. Jetzt, gegen Ende seines Lebens, war er so aufgeschlossen gegenüber neuen Ideen, daß es schien, als habe sich in ihm noch an der Schwelle des Alters ein bemerkenswerter Wandel vollzogen. Während sich die Ansichten seines Bruders Nelson mit den Jahren verhärteten, vollzog sich bei JDR3 eine Liberalisierung, die selbst seine engsten Mitarbeiter überraschte und bei einigen von ihnen den Eindruck entstehen ließ, daß er jetzt in seine »zweite Kindheit« eintrete. Dieser Wandlungsprozeß spiegelte sich in der Aufgabe wider, die er sich zu Beginn der siebziger Jahre stellte. Er beschloß, die »Revolution der Jugend« zu untersuchen, um sie verstehen zu können.

Zum Teil erklärte sich dieses Interesse daraus, daß er sich seiner eigenen Kinder jetzt gleichsam neu bewußt wurde. Bisher hatten seine vielen Reisen und Verpflichtungen dazu geführt, daß sie weitgehend von ihm getrennt heranwuchsen. War er zu Hause, so hielten ihn Kinderpflegerinnen, Gouvernanten und Privatschulen ab, sich mit ihnen zu beschäftigen. Als er sich wieder mehr der häuslichen Situation zu widmen

---

* John Hodgkin, ein ehemaliger Schatzmeister der Familie Rockefeller, berichtet: »John III hatte eine interessante Art, sich mit Steuern auseinanderzusetzen. Am Jahresende sah er sich sein Einkommen an und sagte: ›Zehn Prozent davon möchte ich als Steuern zahlen. Verschenken Sie genug, um mein Einkommen bis auf diesen Punkt zu reduzieren.‹ Die anderen Brüder wollten immer so wenig wie irgend möglich zahlen – am liebsten überhaupt nichts, wenn es sich machen ließ. Für Nelson allerdings war das wegen seiner großen politischen Spenden meistens nicht möglich. Ihr Vater pflegte in einem Jahr Steuern zu zahlen und es dann so einzurichten, daß er im nächsten nichts zu zahlen hatte.«

begann, glaubte er Tendenzen zu bemerken, die ihn mit Sorge erfüllten. Seine älteste Tochter Sandra hatte verschiedentlich versucht, ihre Herkunft zu leugnen und ihr Geld wegzugeben. Sein jüngstes Kind Alida war verzweifelt aus Stanford zurückgekommen und hatte sich über Mißtrauen und Feindseligkeit beklagt, die man ihr als einer Rockefeller entgegengebracht hatte.

Wäre es nur um seine Kinder gegangen, hätte sich JDR3 vielleicht zurückgezogen und über die Probleme nachgegrübelt. Aber seine Sorgen trafen mit dem zusammen, was als Kluft zwischen den Generationen gesehen wurde, und er fand, daß es seine Pflicht sei, der Sache auf den Grund zu gehen. Sogleich versuchte er, die Arbeit zu institutionalisieren, und schlug der Rockefeller Foundation vor, das Thema in ihr Programm aufzunehmen. Hugh Romney, Vizepräsident der Foundation, sagt: »Er versuchte, uns stärker für das Jugendproblem zu interessieren, als wir es wollten. Wir sahen natürlich die Bedeutung von Untersuchungsarbeit über Themenkreise wie Jugend und Drogen oder Jugend und Außenpolitik. Aber Jugend als Jugend, das war für uns kein Thema.«

JDR3 sagte sich, daß er die Angelegenheit selbst in die Hände nehmen müsse. Diesmal konnte er auch von einer schon fungierenden, wenn auch bescheidenen Organisation aus an die Arbeit herangehen. Einige Monate vor seiner Konfrontation in Hampshire mit protestierenden Studenten hatte er innerhalb der JDR3-Stiftung die Youth Task Force eingerichtet.

Diese Arbeitsgruppe suchte nach Kooperationsmöglichkeiten und Verständigungsebenen mit den Jugendlichen. Der Meinungsforscher Daniel Yankelovich wurde eingestellt und begann ausgedehnte Untersuchungen über die Haltung der jungen Leute und ihrer Eltern zur Geschäftswelt. Besonderes Augenmerk wurde dabei auf neue Tendenzen an den amerikanischen Universitäten zur Frage der Invasion in Kambodscha und den tödlichen Schüssen auf Studenten der Universität Kent gerichtet.

Am Ende aber waren einige der jüngeren Mitarbeiter enttäuscht. Sie sagten, das Ganze habe doch nur den Zweck gehabt, Vorurteile zu bestätigen, und es habe eigentlich nie die Absicht bestanden, eine wirklich gründliche Untersuchung zu veranstalten.

Jetzt sollte das »Jugendprojekt« bereits angeschnittene Themen vertiefen. JDR3 beteiligte sich an Diskussionen und Überlegungen, welche Organisationen man fördern konnte. Sollte man eine Gruppe unterstützen, die ein Rechtshilfebüro für Vietnamveteranen aufmachen wollte, oder lieber eine andere, die sich mit Amnestieproblemen befassen wollte? In diesem Falle entschied Rockefeller sich nach gründlicher Überlegung für die Amnestiegruppe.

Ob er sich nun von den Beschuldigungen seiner jungen Mitarbeiter getroffen fühlte oder nicht, JDR3 bemühte sich ehrlich, die junge Generation zu verstehen, und bis zu einem gewissen Grade identifizierte er sich auch mit ihren Zielen. Er holte gewöhnlich den Rat seiner Tochter Alida ein, wenn er wichtige Reden zu halten hatte, und richtete sich auch nach ihren Vorschlägen. Die Radikalität der Jugend begeisterte ihn ebenso wie ihre Bereitschaft, »das Neue zu probieren und das Alte in Frage zu stellen«. Aber er konnte sich nicht wirklich der Bewegung anschließen. Dazu gab es zu viele elementare Widersprüche zu den Grundsätzen, die sein Wesen ausmachten.

Als Resultat der Arbeit im Jugendprojekt schrieb JDR3 ein kurzes Buch mit dem Titel *The Second American Revolution;* es war für ihn »die härteste Nuß, die ich je geknackt habe«. Obwohl es unpersönlich wirken sollte, war es doch eine sehr deutliche Selbstdarstellung. In dem Buch wurden die verschiedensten Themenbereiche weniger in Zusammenhang gebracht als vielmehr miteinander verschmolzen. Er sah eine soziale Synthese, »die die Vorzüge der amerikanischen und der industriellen Revolution in sich vereinigt, die humanistischen Werte mit den materialistischen, wie wir sie heute kennen«. Es war eine Bestätigung der Jugend, aber eine Erklärung, wie nur das Alter sie abgeben kann; Veränderung wurde anscheinend begrüßt, alte konservative Grundsätze aber wurden bekräftigt. In seinem Buch predigte er, man müsse der »heraufdämmernden Revolution« dienen, »um nicht von den kommenden Problemen überwältigt zu werden. Wir müssen darauf vertrauen, daß sie lösbar sind . . . Ob dieses Vertrauen gerechtfertigt ist, hängt davon ab, ob sich die Amerikaner verantwortlich fühlen für das, was in ihrem Land geschieht.«

Mit Vergnügen las JDR3 die Rezensionen seines Buches, die alle herausstellten, wie ungewöhnlich es doch sei, daß ein Rockefeller solchermaßen die rebellierende Jugend unterstützt. Er war im Lauf der Jahre immer unzufriedener geworden mit dem Rockefeller-Bild, wie seine Brüder es geformt hatten. Die symbolische Verbindung, die er zwischen der Generationskrise in seiner Familie und im ganzen Volk hergestellt hatte, erfuhr 1974 eine neue Wende, als Nixon-Mitarbeiter Leonard Garment in seinem Büro anrief. Nixon brauchte Hilfe bei den Vorbereitungen für die Feiern zum 200. Jahrestag der Unabhängigkeitserklärung, die schon sehr unter den Watergate-Enthüllungen litten. JDR3 sprach mit seinen Ratgebern und erklärte sich zur Mitarbeit im Vorbereitungsausschuß bereit. Außerdem sagte er finanzielle Unterstützung zu, einmal, um den Feiern den Skandalgeruch zu nehmen, zum anderen, um die Geschäftemacher zu verdrängen, die aus der nationalen Feier kräftig Kapital schlagen wollten.

Es war ein patriotischer Schritt. Aber es war auch ein Schuß Pragmatismus dabei, auf den sein Vater stolz gewesen wäre. John D. Rockefeller III hatte halb unbewußt begriffen, daß die Familie nun einmal eng mit der Nation identifiziert wurde und daß er deshalb die Pflicht hatte, zu beweisen, daß sie so übel nicht sei, wie ihr nachgeredet wurde. Seine Aufgabe war es gleichsam, Amerika beim Portepee zu packen, damit es sich der Rockefellers würdig zeige.

Juniors Kinder mußten das Geld, das sie ausgeben wollten, erst selbst verdienen: mit Fliegenfangen, Schuheputzen und Laubharken. Er schärfte ihnen ein, nicht benötigte Lampen
auszuschalten, ihre Teller leer zu essen und jegliche Vergeudung zu unterlassen. Es brauchte
seine Zeit, ehe sie begriffen, was es heißt, Rockefellers zu sein.
Die Kriegsjahre brachten für die Brüder eine Befreiung von der Disziplin, in der ihr Vater
sie hielt, und sie konnten so ihre Lebensbahnen selbst bestimmen. Bei Ausbruch des Krieges
waren sie noch Mr. Rockefellers Söhne gewesen. Als der Krieg vorüber war, waren sie die
Gebrüder Rockefeller.

Als einziger diente
sich Winthrop von
unten bis zum
Offizier hoch. Ihm
sagte die Kamerad-
schaft in der In-
fanterie zu. Seine
Ehe mit Barbara
(»Bobo«) Sears
ging in die Brüche.
Bevor ein Jahr
um war, hatten sie
sich wieder ge-
trennt. Bobo über-
trug die Schei-
dungsklage einem
Rechtsanwalt,
der eine Abfindung
von 6 Millionen
Dollar forderte.

# Kapitel 22

Anfang 1973 gaben die Brüder Rockefeller der CBS ihre Einwilligung zu einem Dokumentarfilm über ihr Leben. Bisher hatten sie entsprechende Pläne immer abgelehnt. Jetzt aber hatten die Watergate-Krise und das Chaos der Republikanischen Partei Nelsons Präsidentschaftsambitionen wieder aufleben lassen, und außerdem erinnerte Winthrops unheilbare Krankheit sie an die Vergänglichkeit auch ihres Lebens. Sie fanden, daß die Zeit gekommen sei für eine Bilanz dessen, was sie einzeln und gemeinsam geleistet hatten.

Sieben Wochen lang begleiteten Kamerateams die Brüder durch ihr Leben. Sie saßen still, wenn man es von ihnen verlangte, posierten vor gefälliger Kulisse und beantworteten Walter Cronkites Fragen. Nur Laurance nicht. Er wollte sich seine Szenen selbst einrichten, mit selbsterdachten Auftritten und Abgängen. Jede Gelegenheit, sich selbst in einer dramatischen Situation darzustellen, war ihm recht.

Die Rolle des Regisseurs paßte zu ihm. Er hatte schon immer gerne die Dinge arrangiert und zurechtgerückt. Laurance hatte sich eine Maske zugelegt, durch die er die Welt sah, selbst aber nicht gesehen wurde. Er wollte geheimnisvoller und beängstigender wirken, als er wirklich war. Er hatte schon in seiner Jugend das Pokergesicht und ein unergründliches Lächeln geübt. Dieses Gesicht hatte ihm ausgezeichnete Dienste geleistet, als er den Einstieg in die Marktlücken des militärisch-industriellen Bereichs gewagt hatte. Automatisch hatte er angenommen, es würde ihm als Landeskonservator genauso gut stehen. Er hatte sich gründlich geirrt.

Laurance war ganz offensichtlich stärker als seine Brüder auf seine Berater angewiesen. Dennoch hatte er selbst eingesehen, daß die Arbeit als Konservator, die er 1958 mit Förderung durch Präsident Eisenhower begann, eine Brücke in die Zukunft sein konnte. Er verbrachte viel Zeit damit, in Washington führende Volksvertreter kennenzulernen. Im Jahre 1962 lieferte er einen dicken Bericht und 29 Zusatzuntersuchungen bei Präsident Kennedy ab.[204]

Seine Aufgabe war es gewesen, die Erholungsbedürfnisse und -möglichkeiten der Amerikaner bis zum Jahr 2000 vorauszuberechnen. Dennoch fand er in der Öffentlichkeit wenig Resonanz. Kennedys »New Frontier« hatte damals Aufregenderes zu bieten. Aber die Fachleute in Washington schätzten den Bericht. Sie wußten, daß ihnen die gründlichste Bestandsaufnahme vorlag, die seit Jahrzehnten erarbeitet worden war. Erst die Zukunft würde die Bedeutung dieses Werks erweisen.

Später wurde Lady Bird Johnson eine der wichtigsten Förderer für Laurance in seinen Bemühungen um Natur und Umwelt. Sie sprach begeistert von seinem Beitrag zur »Verschönerung« und nannte ihn »Amerikas führenden Konservator«.

Laurance wurde persönlicher Berater von Präsident Johnson in Umweltfragen. Sogar als zukünftiger Innenminister war er plötzlich im Gespräch. Schon wollte er die Hände nach diesem Amt ausstrecken, da brach der Boden unter seinen Füßen ein. Das neue Konzept der Ökologie stimmte nicht mehr mit dem überein, was Laurance gemeint hatte, als er den Kampf für Lebens- und Umweltqualität aufnahm.

Gegen Ende der sechziger Jahre fragten sich die anderen Umweltschützer, ob ihr Mitstreiter Laurance nicht in Wirklichkeit ihr schlimmster Feind sei. Er hatte wirtschaftliches Wachstum auf Kosten der Umwelt gefördert, er hatte sich an Geschäften beteiligt, die öffentlichen Interessen zuwiderliefen. Außerdem – und das erschien als der krasseste Widerspruch von allen – hatte er mit der einen Hand Geld zur Schaffung von Parks gespendet und mit der anderen gleichzeitig Luxusvillen in der Wildnis aus dem Boden gestampft.

Für ihn gab es dabei keine Widersprüchlichkeiten. Konservation war einfach die eine Seite der Gleichung, die andere waren Arbeitsplätze, Wachstum, Entwicklung und Profit. Er sah seine Aufgabe darin, das Gleichgewicht zu erhalten. Er hatte sich an den Umweltstudien nicht nur aus konservatorischem Interesse beteiligt, sondern auch, weil er sich für die Freizeitrevolution und ihre Möglichkeiten interessierte. Wenn größere Freizeit verstärkte Nachfrage nach natürlichen Erholungsgebieten bedeutete, so war hier gleichzeitig die Möglichkeit zu Investitionen im Tourismus- und Hotelgeschäft gegeben.

Beispielhaft für die Verbindung, die er zwischen Tourismus und Umweltpolitik herstellte, war die zufällige zeitliche Übereinstimmung der Eröffnung seines Erholungszentrums in Caneel Bay mit der feierlichen Übergabe des Virgin-Islands-Nationalparks, zu dem er die Ländereien gestiftet hatte. Dabei war Laurance soweit gegangen, die Verbindung beider Ereignisse von seinen Mitarbeitern generalstabsmäßig austüfteln zu lassen. Nachdem man die zu ladenden Gäste verzeichnet hatte – Presse, Innenministerium und Kongreß –, die auf seine Kosten nach St. Johns geflogen werden sollten, hielt man auch zusammenfassend den Zweck der Operation fest: »Zweck ist . . . die Übergabe des Geländes an die Regierung, und zwar so, daß die ökonomischen und konservatorischen Verdienste um die Inseln und die Nation gebührend herausgestellt werden. Die Übergabe des einzigartigen Feriengebietes soll gleichzeitig eine maximale Werbewirksamkeit für die noch einzigartigere Ausstrahlung von Caneel Bay nutzen . . .«[205]

Im Sommer 1968 trafen sich die Senatoren Henry Jackson und Edmund Muskie mit anderen führenden, am Umweltschutz im weitesten Sinne interessierten Volksvertretern zu einer Aussprache darüber, wie eine Umweltpolitik des Bundes formuliert werden könnte. Man lud Laurance ein, das Eröffnungsreferat zu halten. Unter anderem schlug er vor, der Präsident möge einen Sonderausschuß für Umweltfragen einsetzen. Seine Zuhörer meinten, er selbst sei der geeignete Mann, einen solchen Ausschuß zu leiten. Es wäre die Krönung seiner Arbeit auf diesem Gebiet gewesen. Aber der Präsident war so mit Vietnam beschäftigt, daß er keine Gelegenheit fand, den Ausschuß einzusetzen.

Laurance sollte dennoch ein wichtiger Mann für Umweltfragen in Washington bleiben. Er trug wesentlich zu Nixons Wahlkampf bei und blieb auch nach dem Regierungswechsel Vorsitzender des »Bürgerausschusses für Umweltqualität«, wie der ursprünglich von Johnson geschaffene Ausschuß jetzt hieß.

Allerdings begann Laurances Ruf als Konservator fast unmerklich Schaden zu nehmen. Nachdem der »Tag der Erde« im Jahr 1970 das Konzept Ökologie in den Vordergrund des öffentlichen Bewußtseins gerückt hatte und als Folge davon überall im Land aktive Umweltschutzgruppen entstanden waren, wurde der Zwiespalt in Laurances Situation immer deutlicher. Privat war ihm vielleicht Öl, das die Strände von Santa Barbara und San Francisco verseuchte, ein Greuel, aber er konnte sich nicht gut mit Streiks gegen Ölgesellschaften solidarisieren oder wirtschaftsfeindliche Parolen gutheißen.

Während von ihm bewunderte Umweltschutzorganisationen wie die »Freunde der Erde« versuchten, die Öffentlichkeit vor den möglichen Gefahren der wirtschaftlichen Nutzung von Kernenergie zu warnen, investierte Rockefeller weiterhin in nukleare Technologie und unterstützte vorbehaltlos in Zusammenarbeit mit Nelson und David die Herstellung von Kernreaktoren.

Laurance hatte immer darauf geachtet, an der Spitze der jeweils von ihm geförderten Bewegung zu stehen. Er war stolz darauf, Widersprüche in seinem Leben durch schiere Willenskraft überwinden zu können. Aber jetzt waren seine Ideen und sein Stil nicht mehr gefragt – zumindest nicht in der Umweltschutzbewegung. Jetzt war er den Widersprüchen offenbar nicht mehr so ganz gewachsen.

Der Kreis seines Lebens schien sich zu schließen. Er hatte seine Laufbahn ohne besondere Festlegungen begonnen, hatte dann einen ernsthaften Versuch unternommen, nach Ruhm und Macht zu greifen, und hatte sich dann, als dieser Schritt zu größeren Kontroversen führte, als er erwartet hatte, wieder auf den »kreativen Dilettantismus« seiner Jugend zurückgezogen. Er beschäftigte sich zwar noch mit Umweltfragen, aber das war nun eher ein Luxus, den er sich leistete, wenn er sich von den Mühen des Geschäftsalltags erholen wollte.

Nach außen hin hatte er sich kaum verändert. Das herannahende Alter hatte seine Gesichtszüge schärfer werden lassen. Leichte Flecken unter einem Ohr rührten – wie ihm die Ärzte der Sloan-Kettering-Klinik versicherten – von einem behandlungsfähigen Hautkrebs her. Er rauchte Pfeife und gab sich philosophisch, war schnell mit einer witzigen Bemerkung bei der Hand und bemühte sich, die rapide wechselnden Moden der Popkultur mitzumachen. Während eines Besuchs bei einer seiner Töchter im Jahre 1971 überraschte Laurance die Gäste mit der Bemerkung, er habe gerade Theodore Roszaks Buch *The Making of a Counter-Culture* beendet, und es habe ihn beeindruckt. Innerlich aber hatte er sich geändert. Hinter seinem heiteren Äußeren verbarg sich ein Nihilismus, zu dem keiner seiner Brüder fähig war. Laurance war sich als einziger des ungeheuren Preises bewußt, der für ein Dasein als Rockefeller gezahlt werden mußte. Normalerweise behielt er solche Dinge für sich, aber das gelang nicht immer.

Laurance lebte weiter in jener Isolierung, die oft das Schicksal gerade der aktivsten Männer ist: endlose Konferenzen, Sitzungen, Besprechungen. In Wahrheit blieb bei aller Geschäftigkeit ein Kern der Leere. Seine Tochter Laura sagt: »Es stimmt mich traurig. Er hat den Zug verpaßt. Daddy hätte sehr schöpferisch sein können.«

# Kapitel 23

Anfang Februar 1974 befand sich David Rockefeller wieder einmal auf einer seiner Weltreisen. Diesmal ging es in den Nahen Osten. Höhepunkt war ein Besuch bei dem ägyptischen Präsidenten Anwar el-Sadat. Verhandlungen über die Eröffnung einer Filiale der Chase sollten abgeschlossen werden. Seit der Suezkrise im Jahre 1956 sollte es die erste amerikanische Bankfiliale auf ägyptischem Territorium werden. Außerdem waren Konferenzen mit Vertretern der Erdölgesellschaften geplant, und es sollten die einschneidenden Preiserhöhungen der erdölproduzierenden Länder nach dem Oktoberkrieg mit Israel erörtert werden.

Plötzlich kam ein Anruf vom Chef des Mitarbeiterstabs im Weißen Haus, General Alexander Haig. Finanzminister George Schultz hatte gerade seinen Rücktritt eingereicht. Haigs Stimme zitterte ein wenig. Könnte David eventuell sofort zurückfliegen, um über die Annahme des Postens zu sprechen? In seinem üblichen Tonfall, wie beim Diktat eines Geschäftsbriefes, erwiderte David, daß er so schnell wie möglich nach Washington kommen werde, daß er aber noch einige Geschäfte zu erledigen habe.

Einerseits fühlte sich David durch Haigs Angebot geschmeichelt. Andererseits überraschte es ihn nicht. Schon Kennedy hatte ihn für das Amt unter die Lupe genommen, und Lyndon Johnson hatte es ihm direkt angeboten. Er hatte jedoch beide Male abgewinkt, einmal weil er seinen Aufstieg in der Chase nicht durch eine Amtszeit in der Regierung unterbrechen wollte, zum anderen, weil seine Frau Peggy vehement gegen die Aussicht, in Washington leben zu müssen, protestierte.

Jetzt war die Wirtschaft durch Ölkrise und Inflation gelähmt. Der Watergate-Skandal hatte die Atmosphäre in Washington vergiftet. Das Angebot wirkte deshalb weit weniger attraktiv als früher. Außerdem war es kein Geheimnis, daß Präsident Nixon die Rockefellers nicht liebte. [206]

Dennoch ertappte sich David auf dem Rückflug dabei, daß er ernstlich über das Angebot nachdachte. Auf jeden Fall reizte ihn die Größe der Aufgabe. Die Nation brauchte jemand, der in der Lage war, Washington wieder glaubwürdig zu machen. Es bedeutete gigantische Arbeit, die Wirtschaft zu sanieren. Aber für einen Rockefeller war das eine verlockende Aufgabe.

Er war Mittwoch abend um 23.00 Uhr in New York. Am nächsten Morgen um 9.15 Uhr war er schon bei Haig und teilte ihm seine Bedingungen mit. Er verlangte sehr weitgehende Entscheidungsfreiheit sowie die Zusicherung, daß man ihn nicht zwingen werde, seine Politik von taktischen Erwägungen abhängig zu machen, die sich aus der Watergate-Affäre ergaben. An diesem Abend tendierte er dazu, den Posten anzunehmen, als er zu einem Nahost-Abendessen mit Außenminister Kissinger und Präsident Nixon ging. Der Präsident begrüßte ihn mit freundschaftlichem Händedruck, erwähnte aber mit keinem Wort das Angebot. Es fiel auch nicht ein ermunterndes Wort. Das war merkwürdig. In den nächsten Tagen begegneten die beiden Männer einander noch mehrmals, aber jedesmal versäumte es Nixon, die Rede auf die Neubesetzung des Amtes zu bringen. David konferierte mit seinen Beratern über die Situation. Vielleicht hatte Nixon es nur vergessen. Sein angespanntes, graues Gesicht hatte deutlich genug gezeigt, unter welchem Druck er stand. Aber ohne die klare Zusage des Präsidenten erschien das Angebot wertlos, besonders wenn man die damit verbundenen Risiken in Betracht zog.

Am nächsten Tag rief David General Haig aus New York an und sagte, er müsse das Angebot ablehnen. Als der General eine Begründung forderte, meinte Rockefeller nach einer kurzen Pause und mit dem üblichen diplomatischen Takt, seine Entscheidung läge in seinen Befürchtungen begründet, daß es zu viele Leute gäbe, die seine Familie für die Energiekrise verantwortlich machten, als daß er in der derzeitigen Situation an dieser Stelle wirksame Arbeit leisten könne.

Ein anderer hätte vielleicht seine Zweifel hinuntergeschluckt und den Posten auf Gedeih und Verderb angenommen, aber Davids Art war das nicht. Während seiner fast zwanzigjährigen Dienstzeit in der Chase hatte er sich längst zu einer Stellung emporgearbeitet, die ihn in den Augen der Zeitschrift *Finance* zu einem Mann machte, »dessen Rang unter seinen Gesprächspartnern durchaus einem Posten im Kabinett entsprach«. Und dieser Status war nicht abhängig von Regierungswechseln oder Wirtschaftskrisen. Hier drückte sich die grundlegende Machtwirklichkeit aus, die die Geschicke des Landes bestimmte, und Davids Platz in dieser Realität.

Für David waren Institutionen das Wichtigste, und nach der Familie selbst war die Chase diejenige Institution, auf die es am meisten ankam. Als er das Angebot seines Onkels Winthrop Aldrich angenommen hatte, in der Bank zu arbeiten, hatte er gemeint, hier läge eine Möglichkeit – vielleicht sogar die einzige –, sowohl seine Vorstellungen von Autorität durchzusetzen als auch eine Stellung nach seinen Bedürfnissen einzunehmen. (Er hatte rechtzeitig bemerkt, was für einen desorientierenden Einfluß es auf seinen älteren Bruder John gehabt hatte, *nur* Rockefeller zu sein.) Die Bank zog ihn wirklich an. Die Arbeit dort paßte zu seiner Persönlichkeitsstruktur und versprach ihm außerdem die Erfüllung seiner ehrgeizigen Ziele. Aus der beruflichen Laufbahn seines Onkels konnte er schließen, daß Bankiers die Staatsmänner der Geschäftswelt sind. In ihren Sitzungszimmern ballten sich körperschaftliche Macht und Gemeinsamkeit zusammen. Als Kreditgeber waren sie außerdem die Moralhüter der Geschäftswelt und Wächter über die wirtschaftliche Zukunft der Nation.

David hatte während seines Aufstiegs in der Chase wohl bemerkt, daß sich die amerikanische Nachkriegswirtschaft in einer schweren Krise befand. Es ging dabei um die wachsende Vorherrschaft rein finanzieller Institutionen über industrielle. [207] Die Entwicklung verdrängte private Anteilseigner aus den führenden Firmen des Landes zugunsten anonymer großer Geldgeber. Schnittpunkt der Tendenzen waren die Banken, das Herz der Finanzwirtschaft. Sie kontrollierten riesige Treuhandvermögen und noch riesigere Rentenfonds und waren insgesamt zum Mittelpunkt der Macht im wirtschaftlichen Gefüge geworden. Unter den mächtigen Banken hielt die Chase Manhattan eine Spitzenposition. Als David Nixons Angebot ablehnte, das Finanzamt zu übernehmen, war er Vorsitzender eines Direktoriums, das personell eng verflochten war mit Allied Chemical, Exxon, Standard of Indiana, Shell Oil, AT&T, Honeywell, General Foods und Dutzenden von anderen Giganten. Die Chase war Hauptaktionär bei CBS, Jersey Standard, Atlantic Richfield, United Airlines und einem Kosmos anderer Gesellschaften wie AT&T, IBM, Motorola und Safeway. Aus solchem Aktienbesitz ergab sich eine ungeheure Macht.

Dennoch hatte er 1960 die eigentlichen Früchte dieser wackeren neuen Welt des Bankgeschäfts noch gar nicht geerntet. Man machte David im Alter von 46 Jahren zum Präsidenten der Chase und zu einem ihrer beiden Generaldirektoren. Der andere wurde George Champion, der Nachfolger John J. McCloys als Vorsitzender des Direktoriums. Champion war groß, leicht ergraut, eine imponierende Figur. Er hatte sich einen soliden Ruf als Bankier erarbeitet. Er war mehr als zehn Jahre älter als Rockefeller und in mancher Hinsicht intellektuell das genaue Gegenteil von ihm. Aber beide Männer waren sich über die Grundlagen des Bankgeschäfts einig. Kurz nach ihrem Amtsantritt überraschten sie die übrige Geschäftswelt mit Aktionen, die nicht gerade zu dem bisherigen patrizierhaften Stil der Chase paßten: man verteilte Kerzen als Werbegeschenk an Leute, die ein neues Konto eröffneten, und gab viele Millionen für eine Werbekampagne aus mit dem Zentralthema: »Du hast einen Freund in der Chase Manhattan«.

Das freundschaftliche Verhältnis der beiden fußte auf dem Einverständnis, daß es Angelegenheiten gab, die sie verschieden beurteilten; bei Champion war es seine religiöse Einstellung und bei David seine Vorliebe für moderne Kunst. Als Billy Graham nach New York kam, spendete David genug, um keinen Verdacht aufkommen zu lassen, daß er ihn etwa nicht mochte, und als Rockefeller und sein Akquisitionsausschuß anfingen, die Bank mit abstraktem Expressionismus zu füllen, bat Champion lediglich darum, eine Schöpfung aus Automobilstoßstangen und anderen, seiner Meinung nach ungeeigneten Gegenständen so weit von seinem Büro entfernt aufzustellen, daß man sie von dort aus nicht sehen konnte.

Das Verhältnis der beiden Männer wurde noch durch die Tatsache erleichtert, daß es nur sieben Jahre zu bestehen brauchte. Dann würde der jetzt 58jährige Champion sich aus dem Berufsleben zurückziehen und David die Bank ganz übernehmen. Das war schon von dem Moment an sicher, als ihn sein Onkel Winthrop eingestellt hatte. Das neue Hauptquartier der Bank an der Chase Manhattan Plaza No. 1 erweckte jedenfalls schon jetzt den Eindruck eines Monuments aus Aluminium und Glas für David Rockefeller. Mit seinen 60 Stockwerken, den Kosten in Höhe von 150 Millionen Dollar und seiner über die Nachbarhäuser weit hinausragenden Höhe war es der erste Wolkenkratzer, der als Teil der von David geplanten Neubebauung von Lower Manhattan fertiggestellt worden war. Es war das größte Bankgebäude der Welt, es hatte die stärksten Computerbatterien und die größten Stahlkammern.

Im 17. Stockwerk konnte man Leibwächter unauffällig die Korridore auf und ab gehen sehen, während Direktoren sich dort beim Friseur ihren allwöchentlichen Schnitt holten, um dann mit dem Expreßaufzug hinauf zum Dachgeschoß zu fahren und dort im Direktionskasino ihr Mittagsmahl zu sich zu nehmen. Hier konnte man auch David sehen, wie er aus seinem Privataufzug heraushuschte – für einen Mann seiner Größe bewegte er sich mit erstaunlicher Behendigkeit –, um durch die automatischen Glastüren in seinem Privatbüro zu verschwinden. Hier gab es ein opulentes Durcheinander von Cezannes, Wyeths, Rothkos bis zu etruskischer Töpferei und afrikanischen Skulpturen. Wahrscheinlich wußte er nicht, daß sich hier für die 300 Vizepräsidenten der Bank das Allerheiligste befand. Man trat hier nicht ohne Demut ein.

Er war derjenige unter den Brüdern, der auf »korrektes« Verhalten den allergrößten Wert legte. In ihm schienen die viktorianischen Vorstellungen seines Vaters wieder aufzuleben, der gemeint hatte, daß Emotionen hinter Vernunft zurückzutreten haben. Davids Sohn Richard meinte später dazu: »Sehr zu unserem Nachteil wurden Emotionen als das Gegenteil von Vernunft angesehen, also als etwas Schlechtes.« Er konnte fast farblos wirken, wie jemand, dessen Ansichten davon bestimmt waren, was ein Mann in seiner Stellung korrekterweise zu sagen habe, und dessen Handlungen sich danach richteten, ob sie schicklich waren. Wenn ihn das auch für seine Familie und seine engeren Freunde fast unerträglich machte, so war es doch die ideale Haltung für einen Mann, der eine der mächtigsten Finanzinstitutionen der Welt leitete. Dieselbe voraussehbare und sorgfältig abgewogene Haltung, die ihn privat als einen von einem verborgenen inneren Mechanismus manipulierten Pedanten erscheinen ließ, machte ihn zum idealen öffentlichen Vertreter jener Kreise, denen auch die Chase Bank angehörte. Er kannte die Sprache und die Formen, die von ihm verlangt wurden, und er konnte jeden Standpunkt ganz leidenschaftslos und unpersönlich vertreten. Er hatte es gelernt, sich in die doppelt majestätische Rolle seiner Rockefellerherkunft und seiner Führungsposition in der Chase einzuhüllen.

In den fünfziger Jahren hatte man von David nicht viel gehört. Damals arbeitete er sich noch in der Bank hoch, und es war nur korrekt, daß er hinter seine Vorgesetzten zurücktrat. Aber nun nahm er eine Führungsposition in der Chase ein, und da gleichzeitig die »New-Frontier«-Bewegung einen Höhepunkt erreichte, entstand eine Situation, in der er sich ohne weiteres als das Orakel der Geschäftswelt betätigen konnte. Er begann jetzt auch, einen Teil des Einflusses geltend zu machen, der sich aus seiner Stellung ergab.

Vom Standpunkt der Geschäftswelt aus gesehen, waren die Hauptprobleme der Kennedy-Administration eine geringe Wachstumsrate und die zunehmende Schwäche des Dollars. [208] »Die Schlüsselfunktion des Wirtschaftswachstums«, das war immer das Hauptthema der Rockefeller-Brüder gewesen. Das Ziel einer Verdoppelung der Wachstumsrate war von Nixon ausdrücklich angestrebt worden, Kennedy hatte es insgeheim verfolgt und David war nun sein überzeugter Fürsprecher. In einer seiner Reden faßte er zusammen: »Wirtschaftswachstum ist vielleicht nicht die einzige Antwort auf die Frage nach dem menschlichen Glück, aber für die Gesellschaft hat es derzeit die allerhöchste Priorität, weil es nicht nur die notwendigen Voraussetzungen schafft, das Wohlergehen der Gesellschaft zu verbessern, sondern weil es auch für das Wohl jedes einzelnen von entscheidender Bedeutung ist.« [209]

Während der ersten zwei Jahre der Kennedy-Administration hatte David in seinen Reden immer wieder auf die Notwendigkeit einer Steuersenkung zur Belebung der Wirtschaft hingewiesen. »Präsident Kennedy hat festgestellt, daß er bereit ist, Verfahren zur Steuererleichterung zu unterstützen«, sagte er Ende 1960 in einer Rede in Ohio. »Vielleicht genügt das nicht. Als Nation müssen wir uns doch fragen, ob eine Besteuerung, die großen Gesellschaften 52% aller Einnahmen wegnimmt, mit dem allgemein anerkannten Ziel einer Beschleunigung des wirtschaftlichen Wachstums zu vereinbaren ist.« 1962 beklagte er sich, daß »der Einfluß und die Bedeutung der Geschäftswelt in Amerika gegenüber gewerkschaftlichen und staatlichen Einflüssen abgenommen« habe.

Im selben Jahr nahm David an einem Essen im Weißen Haus zu Ehren von André Malraux teil. Als er und seine Frau gerade gehen wollten, nahm Präsident Kennedy ihn beiseite und bat ihn um seine Beurteilung der Zahlungsbilanzsituation und nach der allgemeinen Beurteilung der Wirtschaftslage durch die Geschäftswelt. Davids Antwort in der Form eines Briefes von zehn Seiten Länge wurde zusammen mit der Antwort des Präsidenten von *Life* abgedruckt. Die ganze Presse berichtete darüber und stellte dabei David als den verantwortlichen Sprecher der Geschäftswelt heraus. Auf seine Art war er genauso eine Symbolfigur in der damaligen Zeit geworden wie etwa Floyd Patterson oder John F. Kennedy auf ihre Weise.

Wie auch sein Freund Douglas Dillon, den Kennedy zum Finanzminister gemacht hatte, nachdem David sich desinteressiert gezeigt hatte, versuchte David, den Präsidenten zur Verringerung der Regierungsausgaben im nichtmilitärischen Bereich anzuregen. Andererseits befürworteten beide, David und Dillon, die massive Erhöhung der Verteidigungsausgaben im Zusammenhang mit der Eskalation des Vietnamkriegs. »Mit wachsender Sorge und Beunruhigung« – das waren die krassesten Formulierungen, die sich David erlaubte – beurteilte er die steigenden Regierungsausgaben im Verhältnis zu privaten Investitionen der letzten fünf Jahre. »Natürlich bin ich mir dessen bewußt, daß wir nicht mit einem Schlag die Regierungsausgaben einschränken und Steuersenkungen einführen können«, sagte er. »Aber gerade die Schwierigkeit der Aufgabe erfordert, daß wir sofort etwas in der Richtung unternehmen.«

Zu dieser Zeit war allerdings schon der Hauptvertreter einer Politik der erhöhten Regierungsausgaben, die nach Davids Ansicht zu einer weiteren Schwächung des Dollars führen mußte, elegant und wirksam auf einen Botschafterposten nach Indien abgeschoben worden. John Kenneth Galbraith bemerkte später zu der von Kennedy kurz darauf durchgesetzten Steuersenkung: »Ich weiß nicht, was für einen Vorteil es bedeutet, einige Dollar mehr ausgeben zu können, wenn auf der anderen Seite die Luft zu schmutzig zum Atmen ist, das Wasser zu verseucht zum Trinken, wenn der Berufsverkehr immer langsamer in die Stadt und aus der Stadt heraus kriecht, wenn die Straßen verdreckt und die Schulen so schlecht sind, daß die Jugend, vielleicht zu Recht, nicht hingeht und Banditen den Bürgern auf der Straße die paar Dollar abnehmen, die sie an Steuern gespart haben.« Er zögerte auch nicht, die Motive derjenigen zu untersuchen, die, wie David, Steuererleichterungen für die Reichen forderten, sich aber gegen die Bemühungen der Regierung um einen sozialen Ausgleich entschieden wehrten: »Das geschieht, weil die öffentlichen Dienste für die Reichen weit weniger wichtig sind als für Menschen mit bescheidenem Einkommen.«

David sah sich nicht als selbstsüchtigen Vertreter einer egoistischen Klasse. Seine Stellung in der Chase gab ihm nicht nur das Gefühl, für eine gesunde Wirtschaft der Vereinigten Staaten verantwortlich zu sein, sondern auch für viele andere Länder die Verantwortung zu tragen. Besonders stark fühlte er sich Lateinamerika verpflichtet. Seine eigene Laufbahn im Bereich der internationalen Finanzen hatte in der Lateinamerikaabteilung der Chase begonnen, die schon damals eine Vormachtstellung beanspruchte. Zusammen mit seinem Bruder Nelson hatte er mehrere Projekte südlich der Landesgrenze unternommen; dabei ging es zum Beispiel um ein Viehzuchtprojekt und um finanzielle Transaktionen mit der IBEC in Brasilien. Außerdem hatte er sich an Laurances Entwicklungsarbeit auf den Karibischen Inseln beteiligt. Zudem brachte seine Arbeit es mit sich, daß er sich ständig unter den Vertretern der lateinamerikanischen Industrie- und Finanzwelt bewegte.

Die sechziger Jahre hatten für diese Kreise mit einem beunruhigenden Ereignis begonnen. Am 1. Januar 1959 waren Fidel Castros Guerrilleros in Havanna einmarschiert und hatten den Diktator Fulgencio Batista beseitigt, unter dessen Herrschaft amerikanische Investitionen in Milliardenhöhe ins Land geflossen waren. Obwohl David vielleicht persönlich nicht mit der Korruption einverstanden war, die die Batista-Regierung am Leben und funktionsfähig erhalten hatte, war die Chase eine der wenigen New Yorker Banken, die dem kubanischen Diktator und ähnlichen Regierungen über ein halbes Jahrhundert hin Kredite gewährt hatten. Rockefeller war selbst Direktor der Punta Alegre Sugar Corporation, der zweitgrößten in amerikanischem Besitz befindlichen Gesellschaft, die Kubas wichtigstes Exportgut, Zucker, produzierte.

Als der Nationale Sicherheitsrat beschloß, eine Invasion auf Kuba zu starten, waren fünf der Anwesenden enge Freunde oder Geschäftspartner von David: Außenminister Rusk, Finanzminister Dillon, CIA-Chef Allen Dulles, Kennedys Assistent McGeorge Bundy und A. A. Berle, Berater der Familie Rockefeller.

Noch ehe die Kennedy-Administration ihre unglückliche Kuba-Invasion begonnen hatte, war man schon dabei, die kubanische Ketzerei langfristig zu isolieren, indem man mit den anderen lateinamerikanischen Ländern eine »Allianz für den Fortschritt« schloß. Den Gedanken dieser Allianz, die der Präsident im März 1961 verkündete, hatte Berles Arbeitsgruppe entwickelt. Endgültig formuliert hatte man sie am 17. August 1961 im eleganten Badeort Punta del Este, und dabei hatte Douglas Dillon allen lateinamerikanischen Ländern, die bereit waren, sich auf soziale Reformen mit dem Ziel eines jährlichen Wirtschaftswachstums von 2,5 % festzulegen, 10 Milliarden Dollar Wirtschaftshilfe versprochen.

Obwohl es doch Dillon in der Regierung gab, war man in der amerikanischen Geschäftswelt besorgt über die Anwesenheit etlicher Sozialreformer in der Kennedy-Administration, wie etwa Richard Goodwin im State Department. Außerdem hatte man den Eindruck, die Geschäftswelt sei nicht genügend bei der ursprünglichen Planung der Allianz zu Rate gezogen worden. So hatte man erst drei Tage vor der Konferenz in Punta del Este Davids Vetter, Richard Aldrich (einen Direktor der IBEC), angesprochen, um eine Geschäftsdelegation zur Konferenz einzuladen, und dann hatte man ihr nur Beobachterstatus eingeräumt.

Die Kluft zwischen Kennedy und der Geschäftswelt eröffnete für David neue Möglichkeiten. Er trat dem Wirtschaftsausschuß der »Allianz« bei und kritisierte, daß man in dem Programm nicht energisch genug auf Förderung privater US-Investitionen durch die lateinamerikanischen Länder gedrungen hatte. Er schlug vor, in Lateinamerika die Schaffung eines gemeinsamen Marktes anzustreben, um den multinationalen US-Konzernen eine weitere Expansion ihrer Tätigkeitsbereiche zu erleichtern. Immer wieder stellte er die Bedeutung der »Allianz« als Bollwerk gegen den Castroismus heraus. Ein Jahr nach den Ereignissen in der Schweinebucht sagte er vor dem »Economic Club« in Chicago: »Wir haben uns in Lateinamerika auf Wirtschaftshilfe und die Unterstützung im Kampf gegen die Ausbreitung des kommunistischen Imperialismus festgelegt. Nach meiner Meinung erfordert die Situation an beiden Fronten bedeutende Ausgaben, und zwar in der Höhe, die Präsident Kennedy vorgeschlagen hat.«[210]

Um der Geschäftswelt einen Gefallen zu tun, beauftragte Präsident Kennedy David mit der Gründung einer »Business Group for Latin America«. In dieser Gruppe sollten sich fast zwei Dutzend der führenden Firmen im Lateinamerikageschäft regelmäßig mit Regierungsvertretern aus Washington treffen, um Fragen der Politik abzusprechen.

Schon nach einem Jahr geriet die Allianz in ernste Schwierigkeiten und bestand 1965 eigentlich nur noch auf dem Papier. Besonders nach der Berufung von Thomas Mann zum stellvertretenden Außenminister für Interamerikanische Fragen war offiziell nur noch die Rede vom Schutz der privaten amerikanischen Investitionen und kaum noch von einer Verantwortung der USA, die Entwicklung demokratischer Verhältnisse auf dem Erdteil zu fördern. Zwei Wochen nachdem Mann diese Politik öffentlich angekündigt hatte, wurde die demokratisch gewählte Reformregierung Brasiliens durch einen Militärputsch gestürzt, und Außenminister Rusk begrüßte dieses Ereignis als »einen Schritt zur Sicherung der Kontinuität einer verfassungsmäßigen Regierung«.

Gingen die neuen Militärregierungen, die in zunehmendem Maße in der ohnehin trostlosen politischen Landschaft Lateinamerikas auftauchten, zwar auf der einen Seite ziemlich rauh gegen ihre jeweilige Opposition vor, so garantierten sie doch auch auf der anderen Seite eine gewisse Stabilität. Deshalb begrüßte auch David die neue Lateinamerikapolitik der Regierung. 1966 schrieb er in der Zeitschrift *Foreign Affairs*, dem Hausblatt des Rates für Auswärtige Angelegenheiten, das neudurchdachte Konzept der »Alliance for Progress« mit seinen gedrosselten Erwartungen sei besser als »das alte mit seinen übermäßig ehrgeizigen Plänen für revolutionäre Veränderungen, weil es für die amerikanische Geschäftswelt ein besseres Investitionsklima herstellt«. [211]

David hatte selbst nie aufgehört, an der Schaffung eines solchen Klimas zu arbeiten. Vor einem Jahr war er in Peru gewesen und hatte dort mit den maßgebenden Leuten über Steuernachzahlungen und Lizenzgebühren verhandelt, die die International Petroleum Company, eine Tochter der Standard Oil, der dortigen Regierung schuldete. Eine Woche nach ihm kam zufällig Robert Kennedy, damals Senator, nach Lima. In seiner Begleitung befand sich auch der frühere Chef der »Allianz«, Richard Goodwin. Bei einer Veranstaltung mit peruanischen Intellektuellen wurde Kennedy nach seiner Meinung über den Streit mit der Ölgesellschaft gefragt. »Das hier ist Ihr Land, und wie Sie die Angelegenheit regeln, ist ausschließlich Ihre Sache«, antwortete er. Einer der Peruaner entgegnete: »Letzte Woche war David Rockefeller hier und drohte der Regierung mit der Streichung amerikanischer Wirtschaftshilfe, wenn sie gegenüber der Ölgesellschaft nicht nachgibt.« Kennedy beugte sich vor, und seine Gesichtsmuskeln spannten sich, als er antwortete: »Also, wir Kennedys, wir essen Rockefellers zum Frühstück.«

Kennedy hatte sich einen Kampfplatz ausgesucht, der nichts mit den Sportplätzen von Hyannis Port zu tun hatte. Es ging noch nicht einmal um Parteipolitik. Und David Rockefeller war kein Richard Nixon oder Jimmy Hoffa. Er trat in den nationalen und internationalen Arenen als der Abgesandte der mächtigsten und dauerhaftesten sozialpolitischen Ordnung auf und verkörperte Autorität und Einfluß. Wenn er sprach, repräsentierte er Institutionen und Macht, deren Zustimmung sich sogar Präsidenten für ihre Regierungsprogramme holten. Die Kennedys gehörten auf diesem Feld eher zur Statisterie.

David betrachtete sich nicht als Ideologe für Peru oder für sonst irgend etwas. Er glaubte von sich gerne, daß er die Dinge objektiv sah, daß er wirklich vernünftig war, dem Allgemeinwohl verpflichtet, und daß er *Gravitas* besaß, jene von den Römern so geschätzte Tugend. Allerdings war er, wie seine Brüder, im Schatten der politischen Ansichten Nelsons groß geworden; während JDR3 jedoch nur Lippenbekenntnisse von sich gab und Laurance alles unkritisch hinnahm, was von Nelson kam, glaubte David wirklich daran, vielleicht mehr noch als Nelson selbst.

Er hatte schon frühzeitig und enthusiastisch die Entsendung von Beratern nach Vietnam durch die Kennedy-Administration begrüßt. 1965 gründete er zusammen mit seinen Freunden Eugene Black von der Weltbank, John J. McCloy und Douglas

Dillon das »Committee for an Effective and Durable Peace in Asia«, eine Organisation, die in der Geschäftswelt um Unterstützung für den Vietnamkrieg werben sollte. Das Jahr hatte mit der Bombardierung von Nordvietnam begonnen, und im Juli hatte Präsident Johnson die schicksalsschwere Entscheidung getroffen, 200000 Mann amerikanischer Bodentruppen zu entsenden. David und andere führende Männer aus der Hochfinanz, die wegen der politischen Labilität des pazifischen Raumes besorgt waren, unterstützten diese Maßnahmen ohne jeden Vorbehalt. »Bisher sind ausländische Kapitaleigner eher mit Skepsis an die allgemeinen, politischen Entwicklungstendenzen dieser Region herangegangen«, berichtete der mit den Fernostgeschäften der Chase betraute Vizepräsident der Bank. »Ich muß allerdings sagen, daß die entschlossenen Aktionen der Vereinigten Staaten dieses Jahres – die gezeigt haben, daß die USA weiterhin bereit und in der Lage ist, die freien Länder dieser Region zu beschützen – wesentlich zu einer zuversichtlicheren Haltung sowohl westlicher als auch asiatischer Investoren beigetragen haben. Ich habe sogar die begründete Hoffnung, daß die freien Länder Asiens einen ähnlichen Wirtschaftsaufschwung erleben könnten, wie es in Europa nach der Truman-Doktrin geschehen ist, als die NATO einen Schutzschild bereitstellte.« [212]

Am 9. September erschien in der *New York Times* eine von David und anderen Mitgliedern des Ausschusses unterschriebene ganzseitige Anzeige, in der die Eskalation des Krieges durch die Johnson-Regierung begrüßt sowie auf das Recht des südvietnamesischen Volks hingewiesen wurde, »sich seine eigene Regierungsform auszusuchen, ohne politische Mordanschläge, Gewaltandrohungen und andere Formen von Einschüchterung«.

Bestandteil der verstärkten amerikanischen Präsenz in Vietnam war auch der Vorschlag der Regierung, die Chase solle in Saigon eine Filiale eröffnen, um die Finanzen der Botschaft, der AID und der Streitkräfte abzuwickeln, für die bisher französische und andere ausländische Banken zuständig gewesen waren. Die neue Bankfiliale entstand zwischen den lauten Bars der GIs wie eine moderne Burg aus Granit und Sandstein. Speziell für Kriegszeiten geplant, erhielt die Bank Glasblöcke statt Fenster und Mauern, die Minen und Granaten standhalten konnten. 1966 flog David nach Saigon, um die Chase-Filiale offiziell zu eröffnen und um Premier Nguyen Cao Ky in einer privaten Besprechung zu versichern, daß einflußreiche Amerikaner wie er selbst nicht daran dächten, Vietnam den Rücken zu kehren.

Diesen Krieg in Frage zu stellen, wäre ein direkter Angriff auf grundlegende Strukturen seines Lebens gewesen, was David noch weniger als seine Brüder ertragen konnte. So kam es auch, daß er Johnsons Vietnampolitik noch verteidigte, als schon viele seiner Kollegen aus der Finanzwelt die kommende Niederlage erkannt hatten und bereit waren, den Krieg als eine Fehlinvestition abzuschreiben, und zwar besonders unter dem Eindruck des Schadens, den er der nationalen Wirtschaft und der sozialen Substanz des Landes bereitete.

Während er jedoch keinen Moment an der Berechtigung der amerikanischen Einmischung in Vietnam zweifelte – noch im Jahr 1968 forderte er Steuererhöhungen um 10 Milliarden Dollar und eine Kürzung ziviler Ausgaben um mehrere Milliarden, um den Krieg finanzieren zu können –, war der Krieg doch nicht bestimmend für ihn in dem Maße, wie das bei Bundy, Robert McNamara und Lyndon Johnson der Fall war. David Rockefellers Vietnam fand in Südafrika statt.

Die ganze Welt empörte sich im März 1960 über das Massaker von Sharpeville. Polizei eröffnete das Feuer auf schwarze Demonstranten. 69 starben, 180 wurden verwundet. Die meisten Toten waren in den Rücken getroffen. In London sprach Winston Churchill vom »beängstigendsten aller Schauspiele – die Stärke der Zivilisation ohne ihre Barmherzigkeit«. Plötzlich schien die südafrikanische Regierung isoliert dazustehen in der internationalen Arena. Kapitalflucht ließ die Devisenreserven unter das Minimum zusammenschmelzen, Anleger stellten ihre Aktivitäten wegen der befürchteten Unsicherheit des Regimes und wegen der Möglichkeit internationaler Boykotte ein, und für Johannesburg begann eine Zeit der politischen und wirtschaftlichen Krisen.

Genau an diesem Punkt unternahm eine Gruppe amerikanischer Banken aus Sorge um die enormen Anlagen ihrer Klienten in diesem Teil Afrikas den Versuch, das Vertrauen zur dortigen Regierung wiederherzustellen. Die Chase hatte ihre erste Filiale in Südafrika 1959 eröffnet, ein Jahr nachdem die Vollversammlung der Vereinten Nationen die südafrikanische Rassenpolitik verurteilt hatte. Zusammen mit Dillon, Read and Company (der Firma des damaligen Staatssekretärs Douglas Dillon sowie Investmentbank von Charles Engelhard, dem größten amerikanischen Diamanten- und Goldmagnaten Afrikas und Vorbild für Goldfinger, James-Bond-Nemesis) und der National City Bank war die Chase tonangebendes Mitglied eines Konsortiums gewesen, das der südafrikanischen Regierung umlaufende Kredite in einer Höhe von 40 Millionen Dollar gewährt hatte. Unter den Nachwirkungen der Sharpeville-Krise wurde nun dieser Kredit schnell erneuert, und eine noch größere Bankengruppe verschaffte der Regierung weitere Anleihen über 150 Millionen Dollar. Diese Hilfe stärkte Premier Hendrik Verwoerd so den Rücken, daß er vor seiner Nationalversammlung erklärte: »Wir wollen Südafrika weiß machen . . . Es weiß halten kann nur eins heißen, nämlich Herrschaft der Weißen, nicht Führung oder Lenkung, sondern Kontrolle, Herrschaft.«[213]

Die Investitionen, die daraufhin nach Südafrika flossen, lösten einen Wirtschaftsboom aus, der die Chase zu einem Engagement von bisher unbekanntem Ausmaß führte. 1965 hatten David und die anderen Direktoren beschlossen, einen großen Anteil der Standard Bank Ltd. zu erwerben, der größten britischen Bank in Afrika, die 800 von ihren 1200 Filialen in Südafrika unterhielt. Sie war die zweitgrößte Bank des Landes. Das führte natürlich dazu, daß die Chase mehr denn je an Stabilität und wirtschaftlicher Gesundung des Regimes interessiert war.

Inzwischen war aber die Bedeutung des umlaufenden Kredits für das Fortbestehen der Apartheid der amerikanischen Bürgerrechtsbewegung klar geworden, und die Chase wurde zur Zielscheibe heftiger Kritik. Studenten der »Democratic Society« und der »National Student Association« veranstalteten Sit-ins und Protestversammlungen vor der Chase. 1966 übernahm ein »Committee of Conscience« unter der Leitung von A. Philip Randolph die Führung der Protestbewegung gegen die Kreditpolitik des Konsortiums. Einzelpersonen und Institutionen, wie Kirchen und Universitäten, wurden aufgerufen, ihre Guthaben bei den zehn Banken, die den Südafrikakredit finanzierten, zurückzuziehen.

Insgesamt beliefen sich die bei den zehn Banken aus diesem Grund abgezogenen Guthaben auf 23 Millionen Dollar, aber das war weit weniger gravierend als eine ganze Anzahl von Schwierigkeiten, die im PR-Bereich auftraten. Sogar in der Bank selbst gab es Diskussionen um die Apartheidpolitik. Während nämlich draußen die Sprechchöre von Demonstranten ertönten, begannen die Schwarzen in der Bank, Kritik an der Einstellungs- und Beförderungspolitik im eigenen Lande zu artikulieren. Man zog Parallelen zwischen afrikanischem und amerikanischem Rassismus.

1967 war es soweit, daß Teilhaber der Chase verwirrt und beunruhigt waren – besonders, als die Jahreshauptversammlung Spruchbänder lesen mußte, auf denen die Demonstranten den Werbeslogan der Bank parodierten: »Apartheid hat einen Freund in der Chase Manhattan«. Nach der Eröffnung der Hauptversammlung beantragte ein Aktionär aus Philadelphia, die Bank möge sich aus Südafrika zurückziehen. Der Antrag wurde vom Vorsitzenden der Chase, George Champion, brüsk als satzungswidrig zurückgewiesen. Dann ergriff David als Präsident das Wort und legte eine sorgfältig formulierte Rechtfertigung der Bankpolitik vor. Die PR-Abteilung hatte die Rede ausgearbeitet, aber sie trug den Stempel seiner Persönlichkeit. »Es gibt unter uns niemand, der mit der Apartheid sympathisiert. In der Tat halten wir sie für eine gefährliche und schockierende Politik . . .« Das Verschwinden der alten Kolonialmächte aus Afrika bedinge zwangsläufig, daß die Vereinigten Staaten nun hier eine wichtigere Rolle wahrzunehmen hätten. Es sei sogar eine ehrenvolle Pflicht, beim Neuaufbau eines Landes mitzuwirken. Falls dies noch nicht genug sei, gäbe es da ja auch noch die Verbindung mit der Standard Bank. David fuhr fort: »Wenn wir uns aus Afrika zurückzögen, wäre das nicht nur ein fataler Schlag gegen die Standard Bank, sondern gegen die Entwicklung des gesamten Kontinents . . . Vor nicht allzu langer Zeit besprach ich das Problem mit dem Präsidenten der Republik Sambia, Kenneth Kaunda. Er drückte die Überzeugung aus, daß ein Rückzug der amerikanischen Wirtschaft aus Südafrika vor allem für die dort lebenden Schwarzen einschneidende Nachteile mit sich bringen würde . . . Wie man auch die moralische Seite der Apartheid beurteilt, man muß doch zugeben, daß es den Schwarzen in Südafrika wirtschaftlich wesentlich besser geht als sonstwo auf dem Kontinent . . . Wir von der Chase Bank haben nie geglaubt, daß wirtschaftliche Beziehungen mit einem Land automatisch eine positive Beurteilung der dort herrschenden sozialen und politischen Verhältnisse ausdrücken. Es ist unsere Gewohnheit geworden, uns der Führung des Außenministeriums anzuvertrauen. Wenn die Regierung freundliche diplomatische Beziehungen mit einem Land unterhält, wickeln wir normalerweise dort auch unsere

Bankgeschäfte ab. Wir haben mit unserem Außenministerium über die Südafrikafrage gesprochen, und es wurde uns gesagt, es wäre kein nützlicher Schritt, uns aus dem Land zurückzuziehen.« Dieses Argument war Familienmitgliedern schon geläufig, die sich daran gestoßen hatten, daß ihr Name über die Chase in Verbindung mit der Apartheid gebracht wurde.

Es war David unmöglich, auch nur für eine Sekunde anzunehmen, daß in den Beschuldigungen gegen die Bank wegen einer Komplizenschaft mit südafrikanischem Rassismus auch nur ein Körnchen Wahrheit stecken könnte. Dennoch beunruhigten ihn diese Angriffe und erweckten in ihm das Bedürfnis, sich zu rechtfertigen. Als man in den langen, heißen Sommern nach dem Aufruhr im Getto von Watts langsam die Folgen des Vietnamkriegs im eigenen Land zu spüren bekam, sah er seine Chance. Es war im April 1968; Martin Luther King jr. war ermordet worden, und das Land machte sich auf weitere Rassenkämpfe gefaßt. Die »Urban Coalition«, deren Mitglied David war, wollte »wesentliche Schritte« unternehmen und unter Verwendung der 200 000 Dollar, die ihr der »Brothers Fund« zur Verfügung gestellt hatte, zur Lösung des Sozialproblems beitragen.

David setzte große Hoffnungen auf den Wohnungsbau. [214] Er rief die Regierung in Washington auf, den sozialen Wohnungsbau energisch in Angriff zu nehmen. Eine private »National Urban Development Bank« sollte zur Sanierung der Innenstädte beitragen. David gab bekannt, seine eigene Bank habe sich mit weiteren 80 New Yorker Banken zusammengetan und einen Fonds in Höhe von 100 Millionen Dollar eingerichtet, der den Bewohnern des Gettos Bedford Stuyvesant in New York helfen sollte.

Davids Programm sollte zeigen, wie der private Sektor aus sozialem Verantwortungsbewußtsein zur Verringerung der Kluft zwischen Schwarzen und Weißen beitragen kann. Aber die prophezeiten Rassenunruhen brachen nicht aus. Die Wirtschaft geriet in den folgenden zwei Jahren in eine Rezession. Im Jahre 1970 hielten Sprecher der Schwarzen eine Pressekonferenz ab, auf der darauf hingewiesen wurde, daß von den in Aussicht gestellten fünf Millionen Dollar, die die Chase selbst zu dem Fonds hatte beitragen wollen, noch nicht einmal ein Zehntel vergeben worden sei. Außerdem sei das ganze Projekt nur Augenwischerei gewesen, da nach den Bestimmungen des Fonds nur Bewohner von Häusern mit höchstens vier Familien für die Kredite in Frage kämen, womit automatisch 80 % der Bewohner der Gebäude von Bedford Stuyvesant von dieser Regelung ausgeschlossen worden seien.

Diese Schwarzen sahen hier wesentliche Unterschiede zu anderen Bebauungsprojekten, an denen David beteiligt war. Während die Chase-Bürokratie Finanzierungen für billige Wohnblocks ausgesprochen langsam bearbeitete, gingen Projekte der »Downtown Lower Manhattan Association«, deren Chef noch immer Rockefeller hieß, recht zügig voran – wie etwa die Stadtautobahn, die öffentliches Geld kostete, der Bank aber neue Kreditgeschäfte eintrug. Auch trieb die Chase eifrig Geld auf, als es darum ging, Manhattan Landing zu finanzieren, ein luxuriöses Apartmentprojekt über dem East River, das 1,2 Milliarden Dollar kosten sollte. Unterdessen

Die Scheidung zwischen Nelson und Tod machte Schlagzeilen. Fast gleichzeitig jedoch überschattete ein tragisches Ereignis die Familie. Ihr Sohn Michael war auf einer Expedition in
Neuguinea verschollen. Die Suche in dem undurchdringlichen Dschungel blieb ergebnislos.

Nelson hatte zu Lateinamerika geradezu ein persönliches Verhältnis; seiner Kultur und Kunst begegnete er mit der Leidenschaft eines Sammlers. In Venezuela erwarb er mit seiner Frau Tod einen großartigen Besitz in den Bergen, unweit der Gegend, wo der Befreier Simón Bolívar gelebt hatte.

Obwohl kein begabter Redner, hatte er einen entscheidenden Vorzug: er konnte Politik als Kontaktsport auffassen. Die Menschenmengen, in die er sich hineinstürzte, waren begeistert. Es war eine besondere Ausstrahlung, die auch mit dem Namen zu tun hatte. Alle wollten ihn sehen und berühren. Nelson wußte das und kostete es aus.

blieben halbfertige Wohnblocks der Innenstadt wie nach einem Bombenangriff liegen.

Jedesmal, wenn es schien, als wolle man ihn wegen seiner Überzeugungen oder der Politik seiner Bank zur Rechenschaft ziehen, stellte sich irgend jemand schützend vor David. Ein Beispiel war der Kongreß der »National Urban League« im Jahre 1970. Die 4000 Delegierten, die sich im New Yorker Hilton versammelt hatten – nicht gerade die radikalsten Schwarzen des Landes –, waren doch böse genug, um wegen der »traurigen Rolle der Bank in Südafrika« und wegen ihres »Rassismus im eigenen Land« ihren Ausschluß aus der Liga zu beantragen. Der Präsident der Liga selbst, Whitney Young, erhob sich, um gegen den Antrag zu sprechen, dessen Annahme ein schwerer Schlag für David gewesen wäre. Young wies darauf hin, daß man schwerlich die Rockefellerfamilie des Rassismus anklagen könne, da doch gerade sie so wesentlich zur Verbesserung der Situation der Farbigen beigetragen habe. Im übrigen habe David Rockefeller ihm gerade mitgeteilt, daß man am gestrigen Tag einen Schwarzen, Thomas Wood, in das Direktorium der Chase aufgenommen habe. Unter Aufbietung aller Überzeugungskünste gelang es Young, den Ausschluß der Chase aus der Liga zu verhindern, wenn er auch nicht verhindern konnte, daß die Delegierten herbe Kritik äußerten. David war eine äußerst peinliche Situation erspart geblieben.

Nach Davids Hauptbuch hatte jedes soziale Dilemma auch eine andere, geschäftlich interessante Seite, besonders dann, wenn man sich dabei pragmatisch auf die griffigeren Teilprobleme konzentrierte. In seinen öffentlichen Reden über die städtische Krise wies er des öfteren auf Statistiken hin, aus denen hervorgehe, daß bis zum Jahr 2000 für jeweils 100 000 Menschen 650 neue Städte sowie zehn neue Großstädte für mehr als 1 Million Einwohner gebaut werden müßten. Sein ganzes Interesse galt neuen Städten und Vorstädten, und seine privaten Investitionen konzentrierten sich immer mehr auf diese neue Wachstumsbranche.

Obwohl er nicht wie seine Brüder Nelson und Laurance ästhetisches Vergnügen aus dem Bau neuer Gebäude bezog, hatte er einen größeren Immobilienbesitz als irgendeiner seiner Brüder. Neben seinen Wohnsitzen in Manhattan und Pocantico besaß er Feriensitze in Seal Harbor und auf der Insel Saint Barthélemy in der Karibischen See. Er besaß eine 15 000 Morgen große Schaffarm in Australien, war an französischen Weinbergen beteiligt und hatte noch etliche tausend Morgen Land auf Saint Croix auf den Jungferninseln und im Inneren von Brasilien für zukünftige Erschließungsprojekte.

Im großen und ganzen bildeten Immobilien den Kern seiner privaten Investitionen. [215] 1965 hatte er mit André Meyer (Lazard Frères & Co.) und George Garrett, einem Geschäftsmann aus Washington, ein Syndikat gebildet und sich ein Drittel des 100-Millionen-Dollar-Entwicklungsprojekts L'Enfant Plaza in Washington, D. C., gesichert. Von David wurden dabei nur seine Teilnahme (einschließlich eines Drittels des notwendigen Kapitals) und seine Fähigkeit erwartet, bei der Chase eine Reihe günstiger Kredite für das Projekt zu organisieren. William Zeckendorfs Firma Webb and Knapp hatte schon ein Dutzend Jahre damit verbracht, das Projekt zu planen und entsprechende Verhandlungen zu führen, und war dann an der Schwelle des Erfolges bankrott gegangen.

»Als ich noch für die *Times* arbeitete«, erinnert sich der ehemalige Ressortleiter für Politik, Richard Reeves, »wunderte ich mich immer wieder darüber, daß ich beauftragt wurde, über *alle* Reden von David zu berichten, ganz so, als handele es sich um ein politisches Ereignis – auch wenn er nur eine Ansprache zur Eröffnung einer Kunstausstellung hielt. Jedesmal kam Abe Rosenthal dahergerannt und sagte: ›Passen Sie auf, Dick! Das ist furchtbar wichtig. Ich möchte, daß Sie alles andere stehen- und liegenlassen und sofort hingehen.‹ Ich antwortete dann: ›Kommen Sie, Abe. Ich arbeite gerade an einer Geschichte, wie kürzlich 300 000 Dollar aus dem städtischen Haushalt einfach verschwunden sind‹, oder so etwas Ähnliches. Aber er antwortete: ›Das ist egal. Lassen Sie das liegen. Rufen Sie den Mann an, der Davids Rede schreibt, ja?‹ Also rief ich den Mann an und er bot mir den Text des ersten Entwurfs an, als ob es die Unabhängigkeitserklärung oder etwas Ähnliches sei. Wenn ich die Story dann geschrieben hatte und die Chefredakteure der *Times* die zwei oder drei Spitzen herausgestrichen hatten, die ich hatte hineinschmuggeln wollen, kam sie dann auf der Titelseite unter irgendeiner nichtssagenden Schlagzeile heraus, wie: ›David Rockefeller sagt, die Leute sollen nett zueinander sein‹.«

David war zu einer Gestalt geworden, deren fast metaphysisches Verhältnis zu privater und öffentlicher Macht ihm ein Gehör in der Geschäftswelt verschaffte, wie kein anderer es besaß. Er legte Wert auf Begriffe wie »Städteplaner« und »Sprecher für körperschaftliche Verantwortlichkeit«, die die Liste seiner Leistungen abrundeten und ihm zusätzliche Stabilität verliehen – aber auswärtige Angelegenheiten blieben seine Spezialität.

Sein Wohnsitz Pocantico glich oft einer Miniaturausgabe der Vereinten Nationen. Einen Tag fuhr der philippinische Präsident Marcos in einer Limousine Rockefellers in der Gegend herum, am nächsten Tag konnte man König Feisal auf dem Golfplatz sehen, den der erste Ölmogul gebaut hatte. Jedes Jahr war David Gastgeber eines Treffens der Weltbank-Direktoren; mit einigen von ihnen hatte er schon in der Chase zusammengearbeitet. Etwa ein dutzendmal im Jahr reiste er zu finanzpolitischen Konferenzen und zu Besuchen bei Direktoren von Chase-Filialen ins Ausland, und dann wurde er von Regierungschefs wie ein amerikanischer Außenminister empfangen. Wenn er im Ausland auf junge, vielversprechende Politiker oder Geschäftsleute stieß, nahm David ihre wichtigen Daten sofort in seine Kartei auf, die mittlerweile die Namen von 35 000 ausländischen »Freunden« enthielt.

Diese internationalen Kontakte verschafften David einen Wettbewerbsvorteil, den er auch ohne Zögern nutzte. Aber die Angelegenheiten der Chase beschränkten sich nicht auf Konten und Einlagen. Die Chase war eine Ölbank; ihre Geschäfte waren oftmals von der Außenpolitik selbst kaum zu trennen. In seinen Bemühungen um die internationale Weiterentwicklung des Bankwesens, der Öl- und der Allgemeinwirtschaft bildeten politische Gesichtspunkte jeweils wesentliche Faktoren bei privaten Geschäften und gigantischen körperschaftlichen Transaktionen. Weil er derart eindrucksvolle Machtkonstellationen vertrat, konnte David schon bald außenpolitische Tendenzen im voraus berücksichtigen, so daß es beinahe möglich erschien, an Hand seiner Entscheidungen den künftigen Verlauf der Außenpolitik zu prophezeien. Er war wie die Galionsfigur am Bug eines Yankee-Clippers – immer als erster sichtbar, aber nur, weil ihn von hinten die ganze Wucht des Schiffes schob.

Die Frage der internationalen Entspannung war ein Beispiel dafür. Als Nelsons Bruder und entschiedener Vorkämpfer der Eindämmungspolitik war er kaum dem Vorwurf ausgesetzt, gegenüber dem Kommunismus zu weich zu sein. Doch die Samenkörner der späteren amerikanisch-sowjetischen »kooperativen« Beziehungen waren schon in seinem Besuch der Sowjetunion im Jahr 1964 enthalten. Er hatte eine zweistündige Besprechung mit Chruschtschow in Leningrad, auch wenn die *Prawda* sehr zurückhaltend darüber berichtete: »N. S. Chruschtschow und D. Rockefeller hatten eine offene Aussprache über Fragen von beiderseitigem Interesse.«

Schon von 1970 an zogen die weltpolitischen Entscheidungen, die gegen Mitte der ersten Amtszeit Nixons größtes Aufsehen erregen sollten, David im voraus in ihren Bann.

Im Oktober war der rumänische Präsident Nicolae Ceaucescu bei ihm in der Chase zu Gast (die Chase war führende korrespondierende Bank in Rumänien). Er sprach sich dafür aus, Rumänien im Handel mit den Vereinigten Staaten den Meistbegünstigungsstatus einzuräumen, und er gab bekannt, daß die Chase Investitionen in Rumänien erwäge.

Während Außenminister Rogers im Jahre 1970 seine Nahost-Vermittlungen vorbereitete, kehrte David von einem längeren Aufenthalt in Ägypten zurück und berichtete Präsident Nixon von Gesprächen, die er mit dem ägyptischen Staatschef geführt hatte. Nasser habe sein Bedauern über die Verschlechterung des ägyptisch-amerikanischen Verhältnisses ausgedrückt und gemeint, gute Verbindungen zu den Vereinigten Staaten seien ihm wichtiger als gute sowjetisch-ägyptische Beziehungen. Ein Jahr später, im März 1971, folgte der nächste Schritt in dieser diplomatischen Nahost-Kampagne. Ägyptische Zeitungen veröffentlichten auf der ersten Seite ein großes Foto des neuen Präsidenten Anwar el-Sadat und seiner Frau zusammen mit David und Peggy Rockefeller – alle mit strahlendem Lächeln. Als er von dieser Reise zurückkam (die ihn auch zu Gesprächen mit den Staatsoberhäuptern von Jordanien, Israel und Libanon zusammengeführt hatte), sagte David auf einer Pressekonferenz, das politische Klima im Nahen Osten sei »heute stärker als zu jedem anderen Zeitpunkt seit dem Sechstage-Krieg auf Frieden ausgerichtet«. Weiter prophezeite er, es werde in Kürze am Persischen Golf ausreichende Stabilität herrschen (die Chase war gerade dabei, eine Filiale in Bahrain zu eröffnen), so daß Auslandsinvestitionen dort möglich würden, und es sei nur eine Frage der Zeit, bis das auch für den Osten des Mittelmeeres gelte.

Am 5. März 1971 sagte er vor einer ausgewählten Versammlung europäischer

Geschäftsleute in Rom, der Handel der Amerikaner mit Russen und Chinesen müsse verstärkt werden. »Der Eiserne Vorhang muß durch gläserne Schiebetüren ersetzt werden.« Vier Tage danach sprach er vor einer Versammlung von Finanzfachleuten auf Einladung der Chase in Singapur: Es sei unrealistisch für die Vereinigten Staaten, so zu tun, »als ob ein 800-Millionen-Volk nicht existiere«, und man müsse »mit der Volksrepublik China Kontakte herstellen«.

Als Nixon offiziell die Politik der Entspannung proklamierte, zahlte sich Davids Arbeit aus – obwohl das nicht der Grund für seine Bemühungen gewesen war. Die sowjetische Regierung lud die Chase ein, als erste amerikanische Bank eine Filiale in Rußland zu eröffnen. Nach Davids längerer Aussprache mit Chou En-lai in China 1973 wurde die Chase die korrespondierende Bank der chinesischen Nationalbank. Im Zuge der verbesserten diplomatischen Beziehungen zu den Ländern des Nahen Ostens hielt die Chase Einzug in die arabischen Länder; 1974 wurde die Filiale in Kairo eröffnet, und sie gewährte der ägyptischen Regierung einen Kredit in Höhe von 80 Millionen Dollar für den Bau einer Ölpipeline von Suez zum Mittelmeer. Außerdem führte sie mit König Feisal von Saudi-Arabien Verhandlungen über die Verwendung der riesigen Devisenmengen, die sich im Laufe der internationalen Ölkrise im Land angesammelt hatten. Dies war eine diplomatische Leistung, die nicht so sehr Davids Geschick als vielmehr seiner Stellung zu verdanken war. Dennoch beeindruckte sie sogar den Freund seines Bruders, Henry Kissinger.

Seinen Brüdern glich er darin, daß die einzigartigen Umstände seiner Erziehung ihn gelehrt hatten, jede nur denkbare Schwierigkeit im Leben zu meistern, ausgenommen nur den Mißerfolg. Als sein 60. Geburtstag näher rückte, bekam aber auch diese Möglichkeit größere Wahrscheinlichkeit. Es war nicht konkret zu benennen. Aber es gab Anzeichen dafür, daß nicht alles so lief, wie es die unfertige Idylle vorzeichnete, deren Drehbuch der Vater der Familie verfaßt hatte. Die Heftigkeit der Angriffe gegen den Namen Rockefeller verwirrte ihn, und die respektlose Haltung seiner Kinder, die er für eine Ablehnung seiner Werte und der Familientraditionen hielt, verletzte ihn im Innersten.

Die Bank wurde schließlich zu seiner Bastion. Sein Charakter war mit ihrem Konservatismus verschmolzen, und er war stolz darauf, wie er es gegenüber einem Journalisten ausdrückte, »das erste Familienmitglied seit Großvater« zu sein, »das einer regelrechten Arbeit in einer Firma nachgeht und einen großen Teil seiner Zeit dem Geschäftlichen widmet«.[216] Seine Fähigkeit als Bankier hatte eine feste Größe zu sein. Hier durfte es keinen Fehlschlag geben; die Ratio hätte da nicht helfen können.

Doch Mißerfolg lag in der Luft, als David am kalten und regnerischen 12. Oktober 1972 um 15.30 Uhr mit verbissenem Gesicht das Sitzungszimmer des Direktoriums der Chase betrat. Er warf der Reportergruppe, der man nur drei Stunden vorher eine wichtige Erklärung angekündigt hatte, einen flüchtigen Blick zu. Sofort wurde vermerkt, daß David nicht von Herbert Patterson begleitet wurde, dem Präsidenten der

Bank, erst vor drei Jahren mit großem Tusch ernannt, nachdem George Champion in den Ruhestand getreten war. Damals hatte sich David endgültig an die Spitze der Chase gesetzt als Vorsitzender des Direktoriums und Generaldirektor.

Die Anwesenden wußten, daß es der Chase in der letzten Zeit nicht gut ergangen war. Während der ersten sechs Monate des Jahres 1973 waren die Profite nur um 1% gestiegen, verglichen mit den 16% ihres großen Konkurrenten, der First National City, jetzt eingetragen als Citibank. Und dies war Teil einer weiter reichenden Tendenz. In der Finanzpresse waren Artikel über die gegenwärtigen Schwierigkeiten der Chase aufgetaucht. Am meisten Beachtung hatte ein Beitrag in der »New York Times« unter der unheilkündenden Schlagzeile »Ebbe bei der Chase?« gefunden.

David brauchte nur einen Moment, um die Bombe platzen zu lassen. Angesichts der verschlechterten Wettbewerbslage der Chase habe die Geschäftsführung der Bank beschlossen, Patterson als Präsident zu entlassen und an seiner Stelle den bisherigen stellvertretenden Vorsitzenden, Willard Butcher, einzusetzen. »Rockefeller führte einen Überraschungsschlag«, kommentierte die *Business Week,* »ja, einen brutalen Schlag, gemessen an den üblichen Gepflogenheiten im Big Business, wo man ausrangierte Spitzenmanager langsam aus dem Bild verschwinden läßt.« In der Wall Street kritisierte man dieses Vorgehen, besonders weil Patterson, ein Angestellter der Chase seit mehr als zwanzig Jahren, offensichtlich als Sündenbock für tiefer liegende Übel mißbraucht wurde. »Einer mußte dran glauben«, meint dazu ein Aktienmakler, »und es war klar, daß das nicht der Mann sein würde, dem die Bank gehört.«

Davids Bankierkollegen beschrieben die Schwierigkeiten der Chase und die Verantwortlichen dafür weniger rücksichtsvoll. John R. Bunting, geschäftsführender Direktor der First Pennsylvania Bank, eines der größten Finanzinstitute des Landes, sagt über David: »Er hat den besten Namen in der Welt, den absolut besten, oder doch wenigstens den besten Namen in diesem Land. Rockefeller . . . er hat die Bank mit dem – ich würde sagen – größten Prestige des Landes. Und was tut er? Er leitet eine drittklassige Bank. Walter Wriston von der First National City schlägt ihn um Längen.«

Ende 1968, kurz bevor David Vorsitzender wurde, besaß die Chase Vermögenswerte von 19 Milliarden Dollar. Das war zwar etwas weniger als die 19,6 Milliarden der Citibank, aber die Chase lag mit ihren Gesamteinlagen leicht vorn. Gegen Ende 1973, fünf Jahre nachdem David Vorsitzender geworden war und ein Jahr nach Pattersons Absetzung, hatte die Citibank unter Wriston eine deutliche Führung herausgewirtschaftet: die Vermögenswerte bezifferten sich jetzt auf 41 Milliarden gegenüber 27 Milliarden der Chase, bei den Gesamteinlagen hieß es 32 Milliarden zu 26 Milliarden, und die Profite waren mit 250 Millionen Dollar um 50% höher als die der Chase. Ein Kenner der Wall Street sagte zu einem Reporter der »Newsweek«: »In der Chase fühlt man sich wie in einer Bank. Die Citibank macht den Eindruck einer auf Gewinn eingestellten Organisation.«

Schon einige Jahre früher hatte die Chase ihre Stellung als größte Bank in New York an die First National City verloren, damals noch aufgrund der überragenden

Stellung dieser Bank in Überseegebieten. Dann aber hatte sie auch ihre führende Rolle im Lande selbst eingebüßt – bis dahin war sie immer der größte Finanzriese am New Yorker Geldmarkt gewesen. Und vor kurzem war sie sogar im Korrespondenzgeschäft zurückgefallen, der Erledigung von Geschäften stellvertretend für andere Banken, ein Gebiet, das sie lange Zeit als eine ihrer besonderen Stärken angesehen hatte. Diese Führungsposition hatte sie an den Manufacturers' Hanover Trust abtreten müssen, ein Institut mit dem halben Geschäftsvolumen der Chase. Gleichzeitig waren einige wichtige Männer abgewandert und hatten andere Positionen angenommen.

An der Tatsache, daß die Schwierigkeiten der Bank sich auf so viele verschiedene Gebiete erstreckten, konnte man schon das Grundsätzliche des Problems ablesen: Seit mehreren Jahren gab es andere Banken, die ein besseres Management hatten, die einfach im Wettlauf um Profite ein ganzes Stück vor der Chase lagen. »Die Chase ist in letzter Zeit ein schwerfälliger Riese geworden – groß, aber weder flink noch schlau«, kommentierte die *Business Week* im November 1972. »Sie hat ihren Schwung, ihre Beweglichkeit und ihren Konkurrenzvorsprung eingebüßt.« Die Chase war abgeschlagen im hinteren Feld der gewöhnlichen Bankgesellschaften gelandet, während die »Citibank«, weit in Führung liegend, das Wettbewerbstempo und die Rennstrecke bestimmte. Sie war vorn im Hypothekengeschäft und in der Management-Beratung, und ihren lukrativen Travellers-Schecks hatte die Chase nichts entgegenzusetzen. Sogar dort, wo die Chase Neuerungen eingeführt hatte, fehlte der Wille, die Unternehmungen konsequent bis zum Erfolg voranzutreiben. 1958 hatte die Chase als erste Bank Scheckkarten eingeführt: die »Unicard«. Aber es war etwas zu früh gewesen. Die Manager hatten die Nerven verloren und das ganze System für 9 Millionen Dollar an American Express verkauft – unter Verbuchung eines ansehnlichen Verlustes. Als einige Jahre später die »Bank Americard« und »Mastercharge« zeigten, wie lukrativ Scheckkarten sein konnten (bei Mastercharge gehörte die First National City zu den Gründern), mußte die Chase 50 Millionen Dollar an American Express zahlen, um Unicard zurückzubekommen. Man hatte gehofft, den beiden führenden Scheckkartensystemen Konkurrenz machen zu können, mußte aber schließlich 1972 das Handtuch werfen und das eigene regionale System der »Bank Americard« anschließen, unter dem Zeichen eines Hauptkonkurrenten.

Ihre schwerste Schlappe jedoch erlitt die Chase ausgerechnet auf Davids Spezialgebiet, dem internationalen Bankgeschäft. Während David diverse Staatsoberhäupter besuchte, was der Chase hauptsächlich wenig konkreten Goodwill eintrug, reiste Walter Wriston ohne viel Aufsehen durch die ganze Welt. In Gebieten, wo Bankprofite doppelt so schnell wie zu Hause stiegen, besaß »Citicorp« drei Filialen, wo die Chase eine hatte. Die Chase hatte versucht, diesen Vorsprung der »Citibank« durch Investitionen bei 17 Tochterbanken wettzumachen, z. B. der Standard-Gruppe, die in 74 Ländern arbeiteten, aber diese Strategie machte sich nicht bezahlt. Es war für die Chase schwierig, andere Banken zu kontrollieren, bei denen sie nur eine Aktienminorität besaß, und einige der älteren Mitarbeiter in den Auslandsbüros der Chase fanden sich plötzlich in der merkwürdigen Situation, gegen sich selbst konkurrieren zu müssen.

Unweigerlich wurde Davids Aktivität als Bankier angesichts der Schwierigkeiten der Chase kritisch unter die Lupe genommen. Die *Business Week* faßte ihre Kritik so zusammen: »Rockefeller wird von der Finanzwelt als bedeutender Mann von Weltrang eingeschätzt, als Freund von Königen und Präsidenten, aber nicht als geschickter Bankier.« *Fortune*-Chefredakteur Sanford Rose formulierte die Kritik wesentlich härter: »David Rockefeller kennt das Bankgeschäft und das Geldsystem dieses Landes sehr gut. Das Hauptproblem liegt darin, daß er der Chase Manhattan zuwenig Aufmerksamkeit schenkt. Man beschreibt ihn am besten als einen Mann, der in einer Limousine mit Klimaanlage von einem Weltproblem zum anderen fährt und dabei ab und zu – inmitten weltumspannender Überlegungen – anhält, um eine Entscheidung als Bankier zu treffen – und daneben trifft. Man kann nicht gleichzeitig Vorsitzender des Rates für Auswärtige Beziehungen sein, eine wichtige Position im Weltgeschehen beanspruchen und noch dazu eine Bank wie die Chase führen. Rockefeller hat bei der Chase eine Entwicklung geduldet, die zu allgemeiner Demoralisierung geführt hat.«

David ließ den Sturm mit derselben äußeren Ruhe über sich ergehen, die er auch in anderen, schwierigen Situationen an den Tag legte. Drei Monate vor Pattersons Entlassung hatte er gegenüber der *Times* erklärt: »Zu keiner Zeit während meiner 26jährigen Dienstzeit in der Bank habe ich zuversichtlicher in die Zukunft geblickt als jetzt.« Sanford Rose erwidert: »Ihn kann einfach gar nichts erschüttern. Man könnte zu ihm hingehen und sagen: ›Hör' mal, mir ist gerade zu Ohren gekommen, daß deine Frau mit Walter Wriston schläft‹, und er würde einen anschauen und sagen: ›Ich bezweifle nicht, daß derartige Gerüchte im Umlauf sind.‹«

Anfang der siebziger Jahre war David schon fast zu einer allegorischen Gestalt geworden: Vorsitzender der Bank, Midas auf dem Höhepunkt seiner Macht, ein dicker Kardinal Richelieu im Dreiteiler, der in so unterschiedliche Ereignisse verwickelt war wie das Massaker von Sharpeville und den Sturz von Salvador Allende. Er war die Verkörperung des langen historischen Schattens seines Großvaters. Die Ereignisse zogen die Rockefellers unwiderstehlich in den Bann alter Traditionen, und David wurde genauso zum Gespenst der Macht ohne Verantwortung in seinem Zeitalter wie der erste John D. damals im vergoldeten Zeitalter.

Seine Macht – weniger die eines Mannes als die einer Idee – war derart, daß er zum Archetyp eines Rockefellers geworden war. Sein Bruder Nelson war und blieb die dominierende Gestalt in der Familie, hatte sich aber über die Jahre in seinen öffentlichen Kampagnen zu sehr verausgabt. Die Runzeln und Falten seines Gesichts spiegelten all die verzweifelten Bemühungen um die Präsidentschaft wider und verrieten, daß die Erfüllung ausgeblieben war – auch die Vizepräsidentschaft änderte nichts daran. Nelsons Stärke lag in der ursprünglichen Kraft, mit der er auf seine Umgebung wirkte, Davids dagegen eher in der passiven Art, mit der er sich zum Blitzableiter machen ließ, unter der riesigen, düsteren Wolke über der Familie und ihren finanziellen und politischen Institutionen. Die ihm zur Verfügung stehende Macht hatte ihn weit weniger gekostet als die, die Nelson gesucht hatte. Und während sein älterer Bruder wie Ikarus über den feurigen Horizont amerikanischer Politik emporstieg – steil, dann abkippend, sich wieder fangend –, so bewegte sich David methodisch aufwärts, meistens im Schatten, immer erst festen Fuß fassend vor dem nächsten Schritt, immer alle Fäden in der Hand behaltend, nie zulassend, daß eine Aufgabe sich selbständig machte, nie sich verwirren lassend durch existentielle Interpretation irgendeiner dieser Aufgaben.

Nelson schwelgte in seinem Image, doch in Davids Augen hatte das offene Streben nach Macht etwas Ungehöriges und Vulgäres. (Davids Frau Peggy verachtete Nelson wegen seines unverhohlenen Strebens nach Macht; es war nicht nur unangemessen an sich, sondern sie sah, daß es jenen Mythos Lügen strafte, mit dem die übrige Familie ihre einzigartige Stellung in Amerika zu rechtfertigen versuchte.)

Die wichtigste Lektion seines Lebens hatte nichts mit Macht als korrumpierendem Faktor zu tun, sondern vielmehr mit der Tatsache, daß es auf seiner Ebene oft eine tiefe Kluft gab zwischen dem, was Menschen sind, und dem, was sie darstellen. David wurde von Staatsoberhäuptern der ganzen Welt geachtet, dennoch hielten ihn seine Kinder für phantasielos und beschränkt. Zwar konnte er die Gestalt des Planeten beeinflussen, aber nicht die Geschicke seiner eigenen Bank leiten. Er war stolz auf seine moralische Haltung, aber er wurde dennoch dauernd der Komplizenschaft bei höchst unmoralischen Handlungen beschuldigt. Wenn es eine Kraft gab, die ihn aufrecht hielt, war das nicht seine Macht, sondern der Glaube an seine Berufung, an das göttliche Recht, welches in der Familiengeschichte begründet lag, und sein Charakter war so undurchdringlich, daß ihm die zunehmende Absurdität dieses Glaubens nie bewußt zu werden schien.

# Kapitel 24

Am 12. Januar 1971 trat der Gouverneur von Arkansas vor das Parlament des Bundesstaates, um seine Abschiedsansprache zu halten. Mit vor Anstrengung weißen Knöcheln das Rednerpult festhaltend, in stockenden Sätzen sprechend, schien Winthrop Rockefeller ein anderer Mann zu sein als jener, der vier Jahre vorher seinen Amtseid geleistet hatte. In jenem kurzen Moment des Triumphs und Sieges war er jugendlich erschienen, aber seitdem hatte er Pfunde zugelegt und Haare gelassen. Sein aufgedunsenes Gesicht war von winzigen Adern gerötet, und seine Augen schienen von einem trüben Film bedeckt – wie die eines Mannes, der mehr Informationen bekommt, als er verarbeiten kann. Auch der Optimismus jener ersten Tage im Amt war vorbei, zerstört durch das, was man bei jedem anderen Mann »ernüchternde Erfahrungen« genannt haben würde. Die Abschiedsansprache hatte einen klagenden, bittenden Charakter. Die Zuhörer merkten vor allem bei diesem Satz auf: »Wenn die Geschichte der letzten Jahre geschrieben wird, werden die Historiker mir hoffentlich nicht nur den Status eines politischen Phänomens einräumen.«

Es war ein ungewöhnlicher Abschied. Diejenigen, die seine Laufbahn verfolgt hatten und Winthrops Geschichte kannten, sahen, daß er eine ernsthafte Bitte aussprach – er bat nicht nur um Beifall, sondern vor allem um Verständnis und Verzeihung. Jeder wußte, daß seine zweite Jugend in Arkansas nun vorüber war. In den 17 Jahren war einiges passiert, aber nun schien es alles wie ein Märchen, das ihn genauso zurückließ, wie er angekommen war: geschlagen, geschieden, als Alkoholiker erkannt, sich an die Hoffnung klammernd, daß jene, die über ihn urteilten (Surrogate seines Vaters, der Lob und Zuspruch für die Ewigkeit zurückstellte), seine menschlichen Qualitäten wägen und nicht allzu streng sein möchten.

Anfangs hatte seine fröhliche Natur schnell in der roten Erde von Arkansas Wurzeln geschlagen. Er war weit weg von der Familie und den Maßstäben, denen er nie ganz hatte gerecht werden können. Er war nun nicht mehr der erfolgloseste unter höchst bemerkenswerten Brüdern. Hier war er *der* Rockefeller und konnte es sich erlauben, seinen eigenen Weg so schnell oder so langsam zu gehen, wie er wollte. Und im rückständigen Staat Arkansas hatte er auch bemerkenswerte Spuren hinterlassen. Es war, als ob sich ein Riese unter den Einheimischen niedergelassen habe: man hatte mit Staunen zugesehen, wie er den Gipfel von Petit Jean Mountain abtrug, um dort sein immenses Haus aus Stein und Glas zu bauen, mit Scheunen, Wirtschaftsgebäuden, einem riesigen Saal für seine Oldtimer-Sammlung, mit Häusern für seine engsten Mitarbeiter und Wohnblocks für die anderen Angestellten. Das Ganze war bestimmt so groß wie eine mittlere Ortschaft in Arkansas. Die Winrock Farm hatte einen eigenen Flugplatz, eine eigene Feuerwehr und einen Kurzwellensender. Sie hatte ihre eigene Flagge, und überall auf dem 900 Morgen großen Besitz leuchteten einem die Initialen WR entgegen – von den Tabletts, auf denen nachmittags die eiskalt beschlagenen Martinigläser standen, bis hin zu den schimmernden Leibern der Preisrinder Santa Gertrudis; es kamen Viehzüchter aus aller Welt, um Tiere dieser Zucht zu ersteigern.

Es hatte als Exil eines Versagers begonnen, hatte sich dann aber zu einer Zeit der Reorientierung und des Erfolgs entwickelt. Winthrops persönliche Situation schien Linie zu bekommen. 1956 war er nach Idaho geflogen und hatte dort die 37jährige Jeannette Edris geheiratet, die zwei Kinder aus einer früheren Ehe mitbrachte, Bruce und Ann Bartley. Winthrop adoptierte die beiden. Fotos aus der Zeit zeigen ihn an seinem Swimming-pool im Kreise seiner neuen Familie: stolzer und zuversichtlicher als je zuvor.

In der Auseinandersetzung mit der Familie Rockefeller waren Winthrops schönste Tugenden – Einfachheit und die Fähigkeit, spontane Wärme auszustrahlen – untergegangen, und er hatte gelernt, sich dieser Gefühle zu schämen und sie zu verstecken wie zu große Hände oder einen anderen peinlichen Geburtsfehler. Aber in Arkansas war Platz, den er vorher nicht gehabt hatte, hier zwang ihn niemand in die Rolle des ungeratenen und verschwenderischen Sohns von Mr. Junior.

Vom Augenblick seiner Ankunft in Arkansas an hatte Winthrop nach einer Möglichkeit Ausschau gehalten, das zu erreichen, was ihm in New York verwehrt geblieben war. Jedem in diesem Staat war klar, daß er politisches Potential darstellte. Im Jahre 1955 versuchte der damalige Gouverneur Orval Faubus daraus Kapital für seine Regierung zu schlagen, indem er Winthrop zum Vorsitzenden des Ausschusses für die industrielle Entwicklung in Arkansas machte. Dies verschaffte ihm die Gelegenheit, etwas gegen die Arbeitslosigkeit zu tun, das größte Problem unter vielen des Staates. Die Mechanisierung der Baumwollplantagen hatte viel Arbeitslosigkeit geschaffen. Die vorhandene Industrie – Holzwirtschaft, Bekleidungs- und Möbelindustrie – war so unterentwickelt und klein und zahlte so niedrige Löhne, daß sie keine Arbeitskräfte binden konnte. Hochschulabsolventen wanderten schon gewohnheitsmäßig in andere Staaten ab, um Arbeit zu finden, die ihrer Ausbildung angemessen war. Bei fast stagnierendem Wirtschaftswachstum schrumpfte die Bevölkerungszahl. Arkansas verzeichnete das niedrigste Pro-Kopf-Einkommen aller Bundesstaaten.

Winthrop widmete sich der Aufgabe mit einem Eifer, wie er ihn nicht aufgebracht hatte, um die Pflichten zu erfüllen, die ihm sein Vater nach seiner Rückkehr von der Armee aufgebürdet hatte. Hier war *seine* Arbeit, die er so oder so leisten wollte, ohne sich dauernd an abstrakten Maßstäben messen zu lassen. Die fast leeren Kassen des

Staates konnten dem Ausschuß nicht viel Geld für seine Arbeit zur Verfügung stellen, so daß Winthrop einen großen Teil der Bemühungen selbst finanzieren mußte. Den Anfang machte er mit einem Beitrag zum kargen Personalhaushalt des Ausschusses, der es ihm erlaubte, zwei von Laurance empfohlene Experten aus New York einzustellen. Schon im ersten Jahr wurden 73 neue Fabriken gebaut und damit 7236 neue Arbeitsplätze für Arkansas geschaffen. Winthrop gründete unterdessen die »Winrock Enterprises«, eine reiche Kapitalgesellschaft, die sich mit Landwirtschaft, der Herstellung von Plastikrohren und Bauwirtschaft befassen sollte. Sie schuf Modellprojekte, die interessierten Gesellschaften zeigen sollten, daß die günstige Steuergesetzgebung von Arkansas durchaus für die industrielle Entwicklung nutzbar gemacht werden könne.

Ebenfalls im Jahr 1956 hatte er seinen »Rockwin Fund« eingerichtet, den er für die Philanthropie brauchte. Arkansas unterschied sich darin von New York, daß man schon mit kleinen Spenden relativ große Wirkung erzielen konnte. Ein Beitrag in Höhe von 1,5 Millionen Dollar diente zur Errichtung und Ausstattung einer Modellschule in Morrilton, einer kleinen Stadt in der Nähe von Winrock. Sie wurde rasch zu einem Erziehungslabor des Staates. Außerdem beschaffte Winthrop Ausrüstung und Unterstützung für eine Klinik in Perry County, verteilte einige Stipendien und brachte 1 Million Dollar für den Bau des Arkansas Art Center auf, während er gleichzeitig einen Kunstbus finanzierte, der die Kultur auch in die Berge und verwinkelten Täler der Ozarks tragen sollte. Für Arkansas schien er gottgesandt. Orval Faubus hatte auf einer Konferenz der Gouverneure des Südens die Frage zu beantworten, wie man es denn eigentlich macht, sich einen Rockefeller in den Staat zu holen. »Ich weiß es nicht«, hatte der Gouverneur von Arkansas gesagt. »Aber laßt ja eure diebischen Finger von meinem!«[217]

Winthrop lebte in dem Beifall, der seine Bemühungen begleitete, sichtbar auf. Das war etwas anderes als die Demütigungen der Vergangenheit, und er machte seinen Umzug nach Arkansas endgültig, indem er seine gesamten persönlichen Papiere dorthin brachte und auch seine Investitionen und sonstiges Kapital aus Room 5600 abzog. Alles vertraute er der Verwaltung durch persönliche Berater an, die er in Little Rock um sich versammelt hatte. Dennoch war sein Auszug aus New York nicht leicht gewesen. Seine Arbeit in Arkansas war eigentlich nur Theater, das er einer weit entfernt lebenden Gruppe vorspielte, um eines Tages deren Segen zu erhalten. So gut es ihm gefiel, mit Stetson und handgenähten Cowboystiefeln durch Arkansas zu reisen, Winthrop war doch noch immer einem, wie seine Berater sagten, »Nadelstreifen-Syndrom« verhaftet. Mehrmals im Jahr bestieg er seine Düsenmaschine und flog nach Osten zur Familie, zu Treffen des Brothers Fund und zu anderen Anlässen. Dabei traf er wenn nicht auf Respekt, so doch auf überraschte Erleichterung seitens der Familie.

Von Anfang an war er ein potentieller Kandidat für das Amt des Gouverneurs von Arkansas gewesen, und als er begonnen hatte, durch seine Arbeit im Lande Eindruck zu machen, war seine Wahl nur noch eine Frage der Zeit. Die Bevölkerung sah ihn als das, was er war: Republikaner unter Demokraten, Liberaler unter Konservativen, reicher Mann aus der Stadt unter der ländlichen Bevölkerung und impulsiver, nachsichtiger Mensch unter Leuten, die das Leben schweigsam und bescheiden gemacht hatte. Man kannte die Einzelheiten des Familienkonflikts nicht, der ihn aus New York vertrieben hatte. Als er nach Arkansas gekommen war, um seine Wunden zu lecken, hatten sich die Einheimischen gefragt, warum jemand eine so reiche Welt mit Aufsichtsratszimmern, Yachten und Nachtleben verließ, um auf den Gipfel eines öden Berges eine weitläufige Burg zu setzen und Geld und Energie in ihren verarmten Staat zu stecken. Was wollte er denn eigentlich?

Wenn man ihm auch, wie jedem »Raffke aus dem Norden«, mit Mißtrauen begegnete, kannte man doch auch das Sprichwort vom geschenkten Gaul, auch wenn es sich dabei um ein Vollblut handelte, das einst Gouverneur Faubus öffentlich kritisiert hatte, weil er die Nationalgarde einsetzte, um die Öffnung der Oberschule von Little Rock auch für Neger zu verhindern. Aber es vermischte sich auch ein gewisser Stolz mit dem Mißtrauen. Welchen anderen Bürger von Arkansas konnte man schon durchs ganze Land auf den Titelseiten der Zeitungen bewundern, wie er mit Königin Elizabeth und Prinz Philip während deren Besuch im Jahr 1957 in der Kutsche saß, welcher andere wurde von Edward R. Murrow für seine berühmte Talkshow »Person to Person« aufgesucht?

Trotz der erheblichen ihm zur Verfügung stehenden Mittel – später wurde geschätzt, er habe während der sechziger Jahre etwa 10 Millionen Dollar in seine politische Laufbahn investiert – stand Winthrop vor einer gewaltigen Aufgabe. Er konnte nicht zur Demokratischen Partei überwechseln, weil das ein noch tieferer Bruch mit der Familientradition gewesen wäre als sein Auszug aus New York und Room 5600, und weil es Nelsons politischer Laufbahn geschadet hätte. Also unternahm es Winthrop, die Republikanische Partei des Staates neu aufzubauen, die derzeit nur noch aus einem Häuflein Unverzagter bestand, die jahrelang von der Unterstützung des nationalen Parteiapparats gelebt hatten, aber bei den letzten Wahlen nicht einmal in der Lage gewesen waren, eine vollständige Kandidatenliste für alle zu vergebenden Staatsämter aufzustellen.[218]

Winthrop ging aus edleren Motiven als nur aus persönlichem Ehrgeiz ans Werk. Er bildete 1960 ein Komitee für das Zwei-Parteien-System und organisierte ein Riesenfest in Winrock unter dem Motto: »Party for two Parties«. Zu dieser Feier kam alles, was in Arkansas Rang und Namen hatte: Geschäftsleute, Politiker und die große Gesellschaft – fast alles Demokraten –, und jeder bezahlte 50 Dollar, um sich in den überfüllten Zelten um die Steakgrills zu scharen und sich von Stars unterhalten zu lassen. Allerdings war die ganze Zeit klar, was er mit seinem Zwei-Parteien-System meinte: er wollte eine andere Partei, nicht die Demokratische, von der er sich aufstellen lassen konnte. Im Jahre 1961 wurde Winthrop zum Vorsitzenden der Republikanischen Partei für Arkansas gewählt und begann sofort im Lande herumzureisen, um, wie er sagte, die Republikanische Partei von unten her neu aufzubauen.

Eigentlich war es aber mehr eine verfrühte Wahlkampftour. 1963 erinnerte ein Bankett in Little Rock die Leute von Arkansas daran, daß Winthrop nun seit zehn Jahren im Lande lebte und folglich als einer der Ihren angesehen werden mußte.

Winthrop reiste 1964 zu seinem kleinen Landsitz in Little River County, um dort seine Kandidatur für den Gouverneursposten anzumelden. Sein Ausschuß hatte 90 000 Arbeitsplätze geschaffen. Das durchschnittliche Pro-Kopf-Einkommen in Arkansas war in acht Jahren um 50% gestiegen. Faubus konnte ihn nicht gut beschuldigen, ein »Raffke aus dem Norden« zu sein, hatte aber Angriffspunkte in Winthrops Reichtum und seiner Einstellung gegenüber der Bürgerrechtsbewegung. Zwar behauptete Winthrop vor der Öffentlichkeit, er hätte wie Barry Goldwater gegen das Bürgerrechtsgesetz von 1964 gestimmt, aber Faubus nutzte weidlich die Tatsache aus, daß Rockefeller einst vor einer nationalen Versammlung der NAACP gesprochen hatte und bekanntermaßen Neger zu Freunden hatte.

Winthrop unterlag zwar Faubus, aber erreichte immerhin 43% der abgegebenen Stimmen. Dieses respektable Ergebnis ermutigte seine Förderer und ließ ihn sofort mit den Vorbereitungen für den nächsten Wahlkampf beginnen. Die folgenden zwei Jahre bereiste er weiter den Staat und wurde, soweit das in Arkansas möglich war, zu einer berühmten Persönlichkeit. 1966 hatte sich dann die Auseinandersetzung um die Frage der Bürgerrechte etwas beruhigt, vor allem wegen der traurigen Berühmtheit, die die Südstaaten in dieser Frage erlangt hatten. Allenthalben meinte man, Arkansas solle sich nun einen gemäßigteren Ruf zulegen. Faubus war im Begriff, nach sechs Amtsperioden zurückzutreten, und die alte Garde der Demokraten hatte es geschafft, einen noch radikaleren Vertreter der Rassentrennung zu seinem Nachfolger zu nominieren: James D. (»Justice Jim«) Johnson, den ehemaligen Obersten Richter des Staates, Begründer des »White Citizens Council« und eifriger Anhänger des Gouverneurs aus Alabama, George Wallace. Wenn Johnson auf der einen Seite seine Propagandaveranstaltungen mit dem Gebrüll des Rebellen begleitete und Rockefeller als »liberale Pflaume« und »rückgratlosen Feigling« beschimpfte, so war es Winthrop nur recht, den fortschrittlichen Neuerer zu verkörpern, der Arkansas ins 20. Jahrhundert führen würde. Sein Wahlkampfbus wirkte von außen bescheiden, auch wenn er innen mit komfortablen Schlafgelegenheiten, Bar und Küche ausgestattet war, und er schaffte es, eine etwas unstabile Koalition aus Schwarzen, Liberalen, gemäßigten Demokraten, Städtern und republikanischen Bergbewohnern auf die Beine zu stellen, die ihm zu einem Wahlsieg mit 57% der abgegebenen Stimmen über Johnson verhalf. Am 1. Januar 1967 nahm er in Siegesstimmung auf dem Gouverneurssessel Platz – für ihn war es viel eher ein persönlicher Triumph als ein politischer –, und er leistete den Amtseid mit der Hand auf der Bibel seiner Mutter. Es war, als sei er endlich Mitglied der Familie Rockefeller geworden. Allerdings sollten seine engeren Freunde sich dieses Tages schon bald als des absoluten Höhepunkts in seinem Leben erinnern.

Nur drei der 135 Abgeordneten des Staates waren Republikaner. Er mußte also bei der Verwirklichung seiner Regierungspläne – sie waren eine bescheidene Kopie von

Nelsons Programm für New York – unweigerlich auf Schwierigkeiten stoßen. Der Staat war zu verarmt für so hochgesteckte Ziele, und die Abgeordneten lehnten Steuererhöhungen ab. Schon am Anfang seiner Amtsperiode mußte Winthrop einsehen, daß er sein Regierungsprogramm durch eine Anzahl symbolischer Kreuzzüge ersetzen mußte.

Der erste derartige Kreuzzug richtete sich gegen das herrschende System des Strafvollzugs, das überall in der Nation als das barbarischste bekannt war. Gegen Ende der letzten Amtszeit von Gouverneur Faubus waren Nachrichten von Ungeheuerlichkeiten aus den dunklen Kerkern von Arkansas ans Tageslicht gedrungen. Man hörte nicht viel, aber es reichte, um den Verdacht aufkommen zu lassen, daß eine amerikanische Teufelsinsel entstanden sei.

Die Strafgefangenen arbeiteten unter entsetzlichen Bedingungen, Folterungen gab es tagtäglich, und die innere Ordnung wurde durch ein ekelhaftes Spitzelsystem erzwungen. »Unsere Gefängnisse stinken«, war Winthrops trockener Kommentar, und er stellte einen jungen Kriminologen aus Illinois ein, Thomas Murton, der die fälligen Reformen überwachen sollte.

In der Zwischenzeit hatte der Gouverneur auch dem Glücksspiel den Kampf angesagt. Winthrop unterstellte die staatliche Polizei einem ehemaligen FBI-Mann, Lynn Davis, und ließ sie gegen das illegale Wettgeschäft im Staate vorgehen. Wochenlang brachten die lokalen Zeitungen Bilder von Davis in voller Uniform bei der Durchsuchung von Spielhöllen in Warm Springs und anderswo oder beim Zertrümmern von Spielautomaten, die er dann sogleich verbrennen ließ.

Die so aufgedeckten Verhältnisse versetzten der Bevölkerung von Arkansas einen Schock, aber nachdem sie sich davon erholt hatte, konnte Winthrop auf ihre volle Unterstützung bei der Durchführung der Strafvollzugsreform und dem Kampf gegen Spielhöllen rechnen. In der Frage der Bürgerrechte konnte er das nicht. Dennoch machte Winthrop einen Anfang. Zwar zeigte er sich kompromißbereit und versuchte, seine Forderungen einzuschränken, aber er zwang die Verwaltung, Schwarze einzustellen, und zwar auch im gehobenen Dienst. Seine Administration war die erste in der Geschichte des Staates mit einem nicht mehr rein weißen Gesicht. Als das Landesparlament sich weigerte, ihm einen Bürgerrechtsausschuß zu genehmigen, setzte er ihn als Regierungsausschuß ein und brachte ihn in seinen eigenen Büros unter. Nach der Ermordung von Martin Luther King nahm er mit Führern der Schwarzen vor dem staatlichen Regierungsgebäude an der Trauerfeier teil.

Sein Reformeifer führte auch zu greifbaren Resultaten; es gelang ihm, die letzten Reste von Barbarei aus dem 19. Jahrhundert auszumerzen. Als dieser Reformeifer allerdings immer mehr auf Spuren eines grundlegenden, systembedingten Übels führte, begann Winthrops Neuererdrang merklich nachzulassen. Thomas Murton und die Gefängnisse des Landes waren so ein Fall. Man hatte erkennen müssen, daß die Probleme noch tiefer lagen, als man angenommen hatte, als Murton 1968 von Insassen auf unmarkierte Gräber, in denen enthauptete Skelette lagen, aufmerksam gemacht worden war – Gefangene, die während der Amtszeit des früheren Aufsehers von Wärtern ermordet worden waren. Das wurde sofort zur bundesweiten Sensation und verstärkte die Stimmen derer, die eine gründliche Durchforstung des Strafvollzugsapparats befürworteten. Aber Winthrop machte sich Sorgen um seine Wiederwahl im Jahr 1968 und versuchte, die Sache möglichst ohne Aufsehen zu erledigen. Er unterdrückte einen Bericht über die Ermordung von Gefangenen in den Gefängnissen von Arkansas, genauso wie auch Faubus vor ihm versucht hatte, ein Bekanntwerden verheerender Zustände im Strafvollzug zu verhindern. Kurz nachdem Murton die schauerliche Exhumierung aus den flachen Gräbern beaufsichtigt hatte, wurde er entlassen. Als er ging, glitten die Gefängnisse dieses Staates zurück ins Mittelalter, aus dem er sie hatte holen wollen.

Winthrop wurde zwar 1968 wiedergewählt, aber seine Mehrheit war kleiner, und es war ihm nicht – wie gehofft – gelungen, der Republikanischen Partei einen stärkeren Einfluß im Parlament zu verschaffen. Mitarbeiter begannen zu argwöhnen, daß es ihm mehr auf den Wahlsieg ankam als darauf, Gouverneur zu sein. Berichte über seinen unmäßigen Alkoholkonsum begannen an die Öffentlichkeit zu dringen. Der *Pine Bluff Commercial* berichtete z. B., daß »die Abgeordneten Winthrops Rede kaum Beachtung schenkten«, als er anläßlich der Debatten um ein Gesetz über Alkoholmißbrauch am 2. Juni 1968 vor dem Parlament auftrat. »Sie witzelten über den, wie sie meinten, angetrunkenen Zustand des Gouverneurs.«

Außer seiner Trinkerei hatte Winthrop noch den Fehler, daß er selten im Gouverneursbüro im zweiten Stock des Regierungsgebäudes anzutreffen war. Lieber blieb er in Winrock, stand spät auf und arbeitete dann bis spät in der Nacht in seinem dortigen Büro oder flog in seinem Falcon-Jet schnell nach Little Rock, wo er, begleitet von seiner Leibwache, in einem kastanienbraunen Lincoln zu seinem Büro im Tower Building gefahren wurde. Es war der erste Wolkenkratzer der Stadt, und er hatte ihn gebaut.

Es war, als ob dunkle Kräfte ihn wieder in den Strudel des Mißerfolgs ziehen wollten. [219] Er schien auf Fehlschläge geradezu zu warten. Wenn seine Gesetzesvorlagen im Parlament scheiterten, wenn er vor Problemen stand, die nicht im Handstreich zu lösen waren, setzte das bei ihm einen Mechanismus in Gang, der unfehlbar mit dem Versinken in tiefe Depressionen endete.

Nach seiner Wiederwahl 1968 begannen wachsame Beobachter festzustellen, daß seine Ehe unter der Anspannung litt. Für Jeannette Edris Rockefeller war die Politik ein Feind, der Kräfte in ihrem Mann wachrief, die sie für überwunden gehalten hatte. Als das dumpfe Grübeln, die Trinkgelage und die Anfälle von Bitterkeit zunahmen, verschwanden allmählich die gemeinsamen Freunde. Sie hatte versucht, ihn auf seinen Politikerreisen zu begleiten, aber der große Troß hatte sich als zu umständlich herausgestellt. Bald blieb sie zu Hause. 1969 trennten sie und Winthrop sich und sie einigten sich auf Scheidung.

Winthrop beschloß, 1970 für eine dritte Amtszeit zu kandidieren. Er schlug damit die Warnungen der politischen Auguren in den Wind und brachte Chaos über sein Privatleben. Jedenfalls hatte seine Anwesenheit im Staate dazu geführt, daß die

Demokratische Partei sich etwas modernisierte. Man hatte die alte Garde gestürzt und diesmal keinen Reaktionär von der Sorte Jim Crow zur Wahl gestellt, sondern einen jungen Gemäßigten, Dale Bumpers.

Bumpers führte einen deutlich besseren Wahlkampf als Winthrop. Frühere Konkurrenten hatten auf sein ewiges Alkoholproblem hingewiesen, aber das hatte Bumpers nicht nötig. Winthrops Auftritte in der Öffentlichkeit und im Fernsehen sprachen eine deutliche Sprache. Bestenfalls konnte man ihn als nicht herausragenden Redner bezeichnen. Er sprach so zögernd und ungeschickt, daß die Reporter – die ihm meist freundlich gesinnt waren, weil er zu ihnen liebenswürdig und zuvorkommend war – oft verwirrt von seinen Pressekonferenzen kamen und lange überlegen mußten, um in dem, was sie noch im Gedächtnis hatten, einen Sinn zu entdecken. Aber 1970 waren es nicht mehr nur Sätze, die verendend in der Luft hängen blieben, oder merkwürdig verrenkte Metaphern. Jetzt stand ein Mann vor den Wählern, der oft nicht genau wußte, was er sagte.

Bumpers fügte Winthrop eine empfindliche Niederlage zu. Winthrop erledigte seine Abschiedsvorstellung vor dem Parlament und zog sich dann nach Winrock zurück. Er machte sich keine Hoffnungen auf ein späteres Comeback, was vielen Politikern die Rückkehr ins Privatleben erleichtert. Er widmete sich nun seinen Investitionen und Teilhaberschaften in der Wirtschaft des Staates. Die Winrock Farms – erweitert durch den Ankauf zusätzlicher 50 000 Morgen Weideland in Texas und Oklahoma – erbrachten bereits jährliche Gewinne von rund 20 Millionen Dollar. Aus dem Demonstrationsprojekt Winrock Enterprises war eine große und verzweigte Gesellschaft geworden, die in Albuquerque und im ganzen Südwesten Supermärkte baute, sich mit der Produktion von Wohnwagen und Plastikrohren beschäftigte und in der Herstellung von Fertighäusern sogar führend in Arkansas war.

Aber seine finanziellen Angelegenheiten interessierten ihn nicht besonders. Sechs Monate lang suchte er nach Möglichkeiten, seine Ansichten über die Probleme zur Geltung zu bringen, die seiner Meinung nach im Zuge der modernen Zeit auf Arkansas und die übrigen Staaten des Südens zukamen. Dann beschloß er, eine Organisation zu gründen, die er »Koalition für das ländliche Amerika« nannte. Hier waren landwirtschaftliche Verbände, Viehzüchter und andere Gruppen vertreten, die an der Entwicklung der ländlichen Wirtschaft interessiert waren. Winthrop hatte gehofft, er könne durch diese Organisation seiner Meinung über die zukünftigen Entwicklungen der Südstaaten Gewicht verleihen, aber die Koalition war nicht gut gebaut. Bald nach ihrer Gründung zerfiel sie in Streitereien um Einzelinteressen, und Winthrop mußte sie auflösen.

1972 war er schon 60 Jahre alt, seine Zähne waren braun vom ständigen Rauchen filterloser Picayune-Zigaretten, und ein nervöses Zucken des Kopfes begleitete sein Sprechen. Er sah älter aus, als er war, und er spielte nun den alten Mann vom Berge, wozu er sich einen Vollbart wachsen ließ, der strähnig schwarz und weiß war. Er kontrastierte wirkungsvoll mit seinen nachdenklichen und traurigen Augen, die Frauen früher so anziehend gefunden hatten. Mitarbeitern erzählte er, er fühle sich an der

Mit den Jahren war Nelson zu der Ansicht gelangt, daß er die erstrebte Macht nur durch
den Eintritt in die Politik und das Mandat des Wählers erreichen könne. Dabei traf er auf
Widerstand in der Familie, die einen großen Unterschied erblickte zwischen dem Dienst an
der Öffentlichkeit durch Mitarbeit in Ausschüssen und Institutionen und einem aggressiven
Wahlkampf, der alte Feindseligkeiten gegen die Dynastie wieder aufwecken mußte.

Die Nominierung für die Präsidentschaft schon fast in der Tasche, traf Nelson die folgenreichste Entscheidung seines Lebens: er heiratete die Frau, die er seit fünf Jahren heimlich liebte, Margaretta (»Happy«) Fitler Murphy. Während das Paar die Flitterwochen auf Nelsons Ranch in Venezuela verbrachte, begannen seine Gegner in der Republikanischen Partei Pläne für seinen Sturz zu schmieden.

Schwelle zur kreativsten Zeit seines Lebens. Dennoch sprachen aus seinen Augen Resignation und Ziellosigkeit. Zwischen Trinkgelagen spazierte er alleine übers Farmgelände, stand bisweilen vor langen Fliesengängen mit in Stein gemeißelten biblischen Fragen, oder er beschnitt Bäume zwischen den Statuen, die seine Mutter gesammelt hatte und die überall herumstanden, um die Aussicht auf den Arkansas-Fluß zu verbessern, der sich unterhalb vom Petit Jean Mountain durchs Tal schlängelte.

Sein 24jähriger Sohn Winthrop Paul, fast ein Fremder und der erste Nachkömmling von Mr. Junior, der außerhalb des Familienethos aufgewachsen war, kam nach Winrock, um sich in die Geschäfte seines Vaters einzuarbeiten, nachdem die Universität Oxford ihn nach ein paar Monaten relegiert hatte. Winthrop gab sich Mühe, den Jungen besser kennenzulernen, ihn für seine Geschäfte zu interessieren und ihn in die Familie einzufügen.

Im Sommer 1972 fuhr der ehemalige Gouverneur als Abgeordneter zum Parteikonvent der Republikaner in Miami. Einige Wochen später, während er in Arkansas den Wahlkampf führte, der Richard Nixon als erstem Republikaner seit U. S. Grant den Sieg in Arkansas bei einer Präsidentschaftswahl brachte, entdeckte sein Leibarzt ein Geschwür unter seinem Arm und entfernte es. Nachdem eine Untersuchung ergeben hatte, daß es bösartig war, ging Winthrop in die Sloan Kettering und unterzog sich dort einer längeren Behandlung. Ende Oktober kehrte er nach Arkansas zurück und erzählte den Reportern, der Krebs sei wahrscheinlich eingedämmt worden. Er sah dünn und schwach aus.

Er wußte, daß die Ärzte ihm nicht hatten helfen können. Die nächsten Monate verbrachte er damit, seine Angelegenheiten zu ordnen. Er wußte, daß sein Sohn der erste seiner Rockefellergeneration sein würde, der die Kontrolle über einen Teil des riesigen Vermögens übernahm. Er änderte sein Testament so, daß Win Paul den großen '34 Trust bekam; wesentlich kleinere Legate sollten an die beiden Kinder von Jeannette gehen, Bruce und Ann Bartley. Der Rest seines Besitzes wurde als gemeinnütziges Treuhandgut angelegt und unter anderen seinem Bruder David, J. R. Dilworth und Rechtsanwalt Donald O'Brien von Room 5600 anvertraut.

Gegen Neujahr war er schon sehr schwach. Er starrte hinaus in den Schnee oder schlurfte durch die vielen Räume des riesigen Hauses. Die Medikamente, mit denen man ihn in der Sloan Kettering vollgepumpt hatte, um dem Krebs Einhalt zu gebieten, ließen ihn dauernd frösteln, und Mitte Februar flog er auf seinen Feriensitz in Palm Springs, um sich von der Wüstensonne aufwärmen zu lassen. Dort verfiel er in Bewußtlosigkeit, und am 23. Februar 1973 starb der Rockefeller als erster, der sein ganzes Leben lang immer der letzte gewesen war.

Das Begräbnis war eine Staatsangelegenheit. Die Feierlichkeiten fanden oben auf dem Berg in der riesigen Halle statt, wo seine Sammlung alter Automobile gestanden hatte. Die Gouverneure von Arkansas, Virginia und West Virginia waren anwesend sowie Vizepräsident Spiro Agnew mit seiner Gefolgschaft vom Secret Service und etliche andere Würdenträger. Winthrop hatte noch vor seinem Tod einen großen Teil der Begräbniszeremonien selbst festgelegt. Rockefellers kamen aus allen Landesteilen in Linienflugzeugen und Privatmaschinen angeflogen, von Charleston, Cambridge, Berkeley und Palo Alto. Ihre Maschinen setzten bei leichtem Regen auf der glatten Landepiste des Flughafens von Petit Jean auf. Die Brüder und ihre Ehefrauen bezogen in der ersten Reihe Stellung. Hinter ihnen stand die größere Gruppe der vierten Generation, Vettern und Kusinen. Hinter denen saßen, in ihrer normalen Rolle als Puffer zwischen der Familie und der Außenwelt, etliche bedeutende Mitarbeiter der Büros in New York, die man zu diesem Ereignis hierher geflogen hatte. Laurances Tochter Marion beschreibt das Traurige der Situation: »Er hatte immer so globale Einladungen verschickt – kommt alle! Er war furchtbar einsam. Und das einzige Mal, daß die ganze Familie ihn besuchte, war zu seiner Beerdigung.« [220]

William L. (»Sonny«) Walker, den Winthrop zum ersten schwarzen Chef einer Regierungsbehörde im Staat Arkansas gemacht hatte, sprach am Grab vom Engagement des Verstorbenen für Rassengleichheit. Zwar hatte es auch hier Kompromisse gegeben, aber immerhin war Winthrop der einzige Südstaaten-Gouverneur gewesen, der an der Beerdigung von Martin Luther King teilgenommen hatte. Mit Tränen in den Augen erinnerte Walker an das Jahr 1968, als Rockefeller in seiner kurzen Trauerrede gesagt hatte: »Ich bin nicht meines Bruders Hüter, sondern meines Bruders Bruder.«

Wo hatte Winthrop eigentlich unter seinen eigenen Brüdern gestanden? Der Nachruf, den Gouverneur Nelson Rockefeller jetzt sprach, war den meisten Zuhörern zu glatt und eingeübt, als daß man noch das Gefühl echten Schmerzes über den Verlust hätte spüren können. Nur wenige unter den Anwesenden wußten, daß die Ansprache schon einige Tage vor der Beerdigung von einem seiner Redetexter verfaßt worden war, dem man Zugang zum Familienarchiv verschafft hatte, damit er sich Winthrops wichtigste Lebensdaten notieren konnte. Nelson hatte den Text erst im Flugzeug auf dem Weg nach Winrock zu sehen bekommen.

# Kapitel 25

Für die Rockefellers war Arkansas ein weißer Fleck auf der Landkarte, ein Exil für Versager, die in der Welt nicht zurechtkamen. Winrock Farm strahlte etwas Unheimliches aus, als ob der Erbauer zwar genau Bescheid gewußt habe, was es bedeutet, ein Rockefeller zu sein, aber nicht dazu in der Lage gewesen war, diese Kenntnisse mit dem exquisiten Geschmack und Feingefühl der Rockefellers in die Tat umzusetzen. Mit den in Stein gehauenen Bibelsprüchen, den kunstvoll beschnittenen Bäumen und anderen Sehenswürdigkeiten war Winrock eher eine Parodie auf Pocantico als eine geglückte Kopie – so peinlich, wie Winthrop selbst seinen Brüdern immer peinlich gewesen war.

Die Rockefellers empfanden sehr wohl die Tragik des Lebens ihres verstorbenen Bruders. Aber sie hatten sich allesamt schon so sehr daran gewöhnt, sich selbst für authentisch und Winthrop für die Abweichung zu halten, daß eigentlich alle billigten, was unausgesprochen in Nelsons glatten und unpersönlichen Geleitworten mitschwang: Als ein direkter Nachkomme des ersten John D. Rockefeller verdiente Winthrop ein Staatsbegräbnis, aber was dabei auch gesagt wurde, die Familie wußte, daß Winthrops eigentliche Krankheit nicht Krebs, sondern Schwachheit gewesen war. Lebendig oder tot, er hatte sich immer quergestellt und alle kompromittiert.

Immerhin, Winthrops Tod war für die Brüder ein Memento mori. Das bemerkte auch J. Richardson Dilworth, der Chef des Familienbüros. »Ich habe den Eindruck, daß sich diese Generation bisher für unsterblich gehalten hat«, sagte er kurz nach dem Begräbnis. »Deshalb ist Winthrops Tod ein so schwerer Schlag. Wenn man meint, noch zwanzig Jahre vor sich zu haben, verhält man sich anders, als wenn die Zeit kürzer wird. Winthrops Tod war für die übrigen Brüder ein Zeichen zur Eile.«

David war der einzige, der sich solche Gedanken noch nicht zu machen brauchte, aber die anderen gingen allesamt schon auf die 70 zu. Wieder nach New York zurückgekehrt, begann JDR3, seine Angelegenheiten zu ordnen und seine 300 Stücke zählende orientalische Kunstsammlung für die Übergabe an die Asia Society vorzubereiten. Laurance überraschte seine Kinder bei einer Familienfeier anläßlich seines 40. Hochzeitstages mit einer Aufstellung dessen, was jeder von ihnen erben würde. Bald darauf folgte David in Einzelgesprächen mit seinen Kindern diesem Beispiel.

Auch Nelson sah sich gezwungen, sich mit dem Gedanken an seine Sterblichkeit vertraut zu machen. Er hatte ja schließlich schon zwei Leben hinter sich: das erste hatte Ende der 50er Jahre mit seinem Austritt aus der Eisenhower-Administration aufgehört, das zweite hatte angefangen, als er Gouverneur geworden war. Er hatte zusehen müssen, wie die alten Freunde und Bekannten der früheren Ära weggestorben waren oder sich zurückgezogen hatten. Nelsons Kinder aus erster Ehe waren erwachsen, hatten geheiratet und Kinder gezeugt.

Nelson war nicht mehr so gut aussehend, blauäugig und energisch wie vor 35 Jahren, als er wie ein Sektkorken ins öffentliche Leben geschossen kam. Mit Leberflecken und Runzeln, die auch seine ständigen Begleitärzte nicht verhindern konnten, sah man ihm seine 66 Jahre deutlich an. Sein Gesicht wirkte schwer und eckig und erinnerte an seinen Vater im Alter. Er trug eine dicke, schwarze Brille, seine Stimme war rauh.

Tief innen wehrte sich etwas in seinem Charakter gegen das Altwerden. Er hatte einen neuen Beraterstab aus jüngeren Leuten zusammengestellt. Er hatte eine junge Frau (die sein schweifendes Auge allerdings auch nicht immer zur Ruhe bringen konnte). Sie hatte ihm zwei Söhne geschenkt, Nelson Junior, 11 Jahre, und Mark, 7 Jahre alt. Sie überhäufte er mit fast großväterlicher Liebe. Er unternahm mit ihnen Hubschrauberreisen, nahm sie mit ins Büro, fütterte sie mit seinen Keksen und stellte seine Liebe zu ihnen auf tausend Arten unter Beweis. Wenn man ihn nach seinem Alter fragte, war seine Lieblingsantwort: »Mein Großvater ist 97 geworden und mein Vater 86. Mein Ziel ist die 100.« Wenn Freunde ihn in Hemdsärmeln und mit aufgekrempelten Hosenbeinen am Strand von Seal Harbor sahen, wo er oft mit Happy und den Kindern spazierenging, erinnerte sie sein rollender, plattfüßiger Gang an einen alten Boxer, der nur eine Richtung kennt: Vorwärts.

Aber an ihm nagte ein ungestillter Hunger nach politischer Macht. Seine ganze Arbeit hatte nur auf die Präsidentschaft abgezielt, das schwerste Amt, das auf der Welt zu vergeben ist, aber das einzige, das seinen Ehrgeiz befriedigen konnte.

Sein Freund Jacob Javits hatte einst gesagt: »Nichts kann Rockefeller den Weg versperren. Absolut nichts. Er bekommt immer, was er will.« Als man Nelson gefragt hatte, ob das wahr sei, hatte er mit einem Gleichnis geantwortet. »Ich erinnere mich an eine Versteigerung, bei der ich einen Modigliani kaufen wollte. Es klappte nicht, das Gemälde wurde dem Modern-Art-Museum zugeschlagen, dessen Präsident ich damals war. Jahre später wurde ein anderer Modigliani angeboten und ich hatte das Glück, ihn zu bekommen. Das zeigt, daß man das, was man will, auch bekommt, wenn man Geduld und Beharrlichkeit auch angesichts mancher Enttäuschung nicht verliert. Das ist eine meiner Grundregeln.« [221]

Dennoch mußte er 1968 einsehen, daß nicht einmal Geduld und Beharrlichkeit ihn an das lange verfolgte politische Ziel bringen konnten. Er war in der seltenen Situation, keine Alternative zu haben. Er konnte einerseits das Ziel nicht aufgeben, auf das er seine gesamte politische Laufbahn ausgerichtet hatte, andererseits war klar, daß jetzt nur noch ein Wunder helfen konnte. Ein Wunder konnte er aber nicht *machen*, er konnte höchstens auf göttliches Eingreifen warten und in der Zwischenzeit Richard Nixon unterstützen oder sich ihm sogar unterordnen. Dabei verabscheute er den Mann und hielt ihn für geistig labil. Als die Präsidentschaft aus seiner Reichweite entschwand, wurde er bitter. Es war, als hätte sich die Welt plötzlich in zwei Lager geteilt: Freunde und Feinde.

Er war reich genug, um sich Loyalität zu erkaufen, und vornehm genug, um das so zu tun, daß keiner der Beteiligten hinterher das Geschäft zugeben mußte. Rockefelleranhänger konnten nicht nur mit staatlichen Stellungen rechnen, sondern – wichtiger noch – es standen ihnen jederzeit Berufe in der privaten Wirtschaft offen, die Nelson kontrollierte. Belohnte er einerseits seine Freunde reichlich, so hatte er andererseits nach 1968 auch begonnen, auf durchdachte Weise seine Feinde zu bestrafen.

Beispielhaft dafür ist seine berühmte Fehde mit John Lindsay. Der Kern des Konflikts war die Frage nach persönlicher und politischer Loyalität – wieviel schuldete der Bürgermeister Nelson? Ihr Kampf hatte 1965 begonnen, als Nelson dazu beigetragen hatte, Lindsay von seinem Abgeordnetensitz im Kongreß zu holen und ihn für das Rennen um das Bürgermeisteramt zu gewinnen. Lindsay hatte sich bereit erklärt, aber 1 Million Dollar für seinen Wahlkampf gefordert. Als kurz vor den Vorwahlen erst die Hälfte dieser Summe zur Verfügung stand, war einer seiner Helfer, Bob Price, nach Pocantico gefahren, um den Rest einzutreiben.

Nelson und die Familie halfen mit 450000 Dollar aus, und Rockefeller trug auch noch auf andere Weise zu Lindsays Wahlsieg bei. Dabei hoffte er natürlich, einen alten Plan zu realisieren, den er schon entwickelt hatte, als er Gouverneur geworden war: ein republikanischer Bürgermeister in New York würde ihm auch *in absentia* Kontrollmöglichkeiten eröffnen. Aber Lindsay begann bald, seine eigenen Wege zu gehen. Sein jugendlicher Schwung, seine Ausstrahlung und seine offenbar rosigen Zukunftsaussichten waren Eigenschaften, die Nelson fehlten. Rockefellers Eifersuchtsreaktion gegen diesen neuen Stern am republikanischen Himmel von New York hatte etwas Animalisches. (Im engeren Familienkreis reagierte Nelson einmal ähnlich auf die Erfolge seines Neffen Jay, der ihn von West Virginia aus anzugreifen schien.)

Der Flammpunkt kam 1968, als Rockefeller Lindsays Aufruf, die Nationalgarde möge die Müllberge in New Yorks Straßen wegschaffen, die durch einen Streik der Müllabfuhr entstanden waren, nicht nur ignorierte, sondern auch noch über den Kopf des Bürgermeisters hinweg den Arbeitskampf beendete. Postwendend beschuldigte Lindsay Rockefeller der »Feigheit« und warf ihm vor, er habe sich erpressen lassen. Nelson sah das als einen Versuch Lindsays, ihn öffentlich bloßzustellen. Er führte darauf auch seine Niederlage auf dem Konvent der Republikaner in Miami Beach zurück, der Richard Nixon auf den Schild hob. Im nächsten Jahr weigerte er sich, Lindsays Wiederwahl zu unterstützen, und Lindsay revanchierte sich, indem er 1970 den Demokraten Arthur Goldberg als Kandidaten für das Gouverneursamt vorschlug. Damit war der offene Krieg ausgebrochen. Nelson setzte alle privaten und offiziellen Hebel in Bewegung, und der Kampf endete damit, daß Lindsay die Republikanische Partei verließ und auf sein Amt verzichtete.

Es fiel nicht besonders auf, daß Nelson in einen Machtkampf verwickelt war, was aber Aufsehen erregte, war die Menge Gift, die dieser Konflikt in ihm aufrührte. Er wollte Lindsay nicht nur schlagen; er wollte ihn vernichten.

Nelson hatte Unsummen aus dem Familienvermögen für seine eigene politische Laufbahn ausgegeben, und er hatte außerdem immer republikanischen Kandidaten in Staaten, wo er mehr Einfluß brauchte, finanzielle Unterstützung gewährt. Jetzt begann er, sein Geld auch gegen Widersacher einzusetzen.

Langjährige Beobachter der politischen Szene bemerkten nun eine neue Seite an Nelson, die sich von den Jugendsünden des begeisterten Jungpolitikers weit unterschied. Er war ungesellig und kalt geworden, zielstrebige Berechnung und enttäuschter Ehrgeiz bildeten seine wesentlichen Charaktermerkmale. Er regierte im Bundesstaat New York wie ein moderner Pharao, schmeichelte den Abgeordneten oder beschwatzte sie, er schüchterte sie ein oder bedrohte sie – jedenfalls tat er immer das Nötige, um seine Programme durchzusetzen und seine Ziele zu verfolgen. So ganz nebenbei konnte er dem Abgeordneten Meade Esposito einen Picasso schenken, der es ihm angetan hatte, und genauso konnte er Robert Moses, der zeitweise einigen Einfluß besessen hatte, von seinem Thron stürzen.

Er war zunehmend hochmütiger und arroganter geworden. Das Beiseiterücken von Moses – den viele für den mächtigsten Mann im Staat New York gehalten hatten – geschah nicht aus politischen Gründen, sondern weil Nelson einen seiner Posten, den Vorsitz im Ausschuß für staatliche Parks, für seinen Bruder Laurance brauchte. Nelson konnte Moses' Rücktritt durchsetzen, jedoch erreichte ihre Auseinandersetzung erst einige Jahre später einen Höhepunkt, als nämlich der Gouverneur die Transportunternehmen des Staates unter seinem Mitarbeiter William J. Ronan zentralisieren wollte und nur noch die von Moses geleitete Triborough Bridge Authority im Wege stand – seine letzte und scheinbar uneinnehmbare Festung. Die Mauern dieser Festung bestanden aus den Verträgen mit den Anteilseignern, und diese festigten Moses' Position so, daß nicht einmal ein Gouverneur mit der ganzen Legislative auf seiner Seite etwas dagegen ausrichten konnte. Allerdings war in diesem Fall die Chase Manhattan offizieller Vermögensverwalter dieser Anteilseigner. Als es Zeit wurde, auch die Triborough Bridge Authority Nelsons Supertransportunternehmen einzugliedern, setzte er sich mit David im familieneigenen Stadthaus in der 55th Street zusammen, und binnen einer Stunde hatten sie die Lösung.

Diese Gegenseitigkeit war nichts Neues. Nelson war David gegenüber immer hilfsbereit. Er wußte, daß dessen Interessen nahezu identisch mit den eigenen waren. Vom Anbeginn seiner ersten Amtsperiode hatte er sich für eine Lockerung der Gesetze über Bankfusionen und das Branchengeschäft eingesetzt, er hatte außerdem die Bildung von Bank-Holdings unterstützt, die es den Banken ermöglichen würden, sich auch auf andere Geschäftsbereiche auszudehnen. Nelson griff auch ein, als das World Trade Center zu einem kostspieligen Fiasko zu werden drohte. [222] Obwohl die Hafenbehörde Anteile in Höhe von 850 Millionen Dollar verkauft hatte, um das Center bauen zu können, und obwohl David im Verein mit der Downtown Association erheblichen Druck auf die Stadt ausgeübt hatte, damit sie stadtplanerische Entscheidungen fällte, um den Bau zu ermöglichen. Aber nun wurde es schwierig, Mieter zu finden. Nelson sprang ein, indem er mehr als zwei Dutzend staatliche Ämter im Zentralgebäude unterbrachte, außerdem schloß er einen Pachtvertrag ab über 40 Jahre für 60 volle Stockwerke in einem der beiden 110 Stockwerke hohen Zwillingstürme. 1974 zahlte der Staat schon jährlich 18,3 Millionen Dollar Miete an die Hafenbehörde, und ein Untersuchungsausschuß des Rechnungshofes war dabei, zu überprüfen, warum der Staat für seine rund 250 000 Quadratmeter gemieteter Fläche jährlich 4 Millionen Dollar mehr zu zahlen hatte, als von privaten Mietern für vergleichbare Flächen üblicherweise gefordert wurde.

All das wurde mit einer eisernen Gleichgültigkeit gegenüber den Folgen und den Opfern getan, ob sie nun mächtig waren, wie Moses, oder ohnmächtig, wie die breite Öffentlichkeit, die die Rechnungen am Ende zu bezahlen hatte. William Farrell, ehemaliger Bürochef der *New York Times* in Albany, hatte einmal bemerkt: »Nelson ist ein wahrer Demokrat. Er verachtet *alle*, ohne Rücksicht auf Rasse, Hautfarbe, Glaubensbekenntnis, Religion oder sonstwas.« Mitarbeiter, die seine zunehmend schlechte Stimmung zu spüren bekamen, nannten ihn hinter seinem Rücken »Giftzahn«. Seine politischen Gegner nannten ihn, wie T. H. White feststellt, »einfach den skrupellosesten Mann im ganzen politischen Leben«.

Ärger und Groll zeigten, daß er nicht aufgegeben hatte. Wie immer brannte er darauf, in der Außenpolitik der Nixon-Administration mitzumischen. * Er ließ sich zum Mitglied des Beratenden Ausschusses für Auslandsaufklärung ernennen und erfuhr dort auch bald von den Bedenken der CIA gegen die Regierung Allende in Chile sowie von ihren Plänen, sie zu »destabilisieren«. Am ersten Amtstag des neuen Präsidenten im Jahre 1969 suchte Nelson ihn auf, diskutierte eine knappe Stunde mit ihm und kam als Leiter einer Präsidialmission zurück, die Reisen in alle lateinamerikanischen Länder unternehmen und dann Empfehlungen für eine neue Lateinamerika-Politik vorlegen sollte.

* Nelsons Hauptverbindung zu Regierungskreisen wurde bald Henry Kissinger. Im selben Maße, wie sein ehemaliger Schützling im Nixon-Kabinett aufstieg (er verdrängte William Rogers als Außenminister und wurde »Koordinator« der auswärtigen Angelegenheiten, ein Amt, das Nelson für sich selbst erträumt hatte), bemühte sich Nelson immer mehr um ihn. Nelson hatte sich Kissinger gegenüber schon immer als Gönner gezeigt. Seit den Tagen der »Panel Studies« hatte er ihm jährlich 12 000 Dollar für Beraterdienste bezahlt und ihm später sogar einen Treuhandfonds in Höhe von 65 000 Dollar eingerichtet. Kissinger hatte seinen Eintritt in die Nixon-Administration so lange hinausgezögert, bis klar war, daß Nelson nicht Verteidigungsminister werden würde, wie er es 1969 zeitweise gehofft hatte. Sogar als Kissinger zur nationalen Berühmtheit wurde, blieb das Verhältnis unverändert. 1973 nahm Nelson stellvertretend für den abwesenden Außenminister die »Family-of-Man«-Medaille entgegen und sprach eine seiner berühmten Verkoppelungen aus: »Er hat mich nie im Stich gelassen und er hat die Vereinigten Staaten nie im Stich gelassen.« Nelson wurde die Ehre zuteil, Kissingers Verlobung mit seiner ehemaligen Mitarbeiterin, Nancy Maginnes, zu verkünden, und er stellte ihnen auch eins der Familienflugzeuge für ihre Hochzeitsreise zur Verfügung.

Seine neuerliche Hinwendung nach Lateinamerika erschien folgerichtig. Immerhin war hier der Ausgangspunkt seiner Laufbahn vor fast dreißig Jahren gewesen, und vielleicht würde sich sein politisches Geschick an diesem Punkt wieder wenden. Bei etwas mehr Einsicht hätte Nelson sich allerdings sagen müssen, daß er ja nun kein Unbekannter mehr war, kein junger Mann mit neuen und entwaffnenden Ideen, dem seine Abstammung von der Standard Oil noch zusätzliches Ansehen verschaffte. Der Erdteil selbst hatte sich inzwischen auch verändert. Die Leidenschaft der kubanischen Revolution gegen Armut und Unterdrückung hatte überall Nachwirkungen gehabt. Bezeichnenderweise reagierte Nelson mit Härte auf diese Herausforderung und machte General Robert W. Porter jr., der zwei Jahre zuvor in Bolivien die Aufstandsbekämpfung gegen Che Guevara geleitet hatte, zum militärischen Berater seines 27 Mann zählenden Stabes, der ihn auf seiner Reise begleiten sollte; er selbst steuerte zu dieser Mission 750000 Dollar bei.

Er wollte die lateinamerikanischen Länder auf vier einzelnen Reisen erforschen (immer eine Woche unterwegs und dann eine Woche im eigenen Land, um seinen Gouverneurspflichten nachzukommen). Auf seiner ersten Reise im Mai 1969 kam er nach Honduras. Statt des altbekannten Rufes »Viva Rocky« gab es zornige Demonstrationen und einen Schrei, der seine ganze Reise begleiten sollte: »*Malvenido Rockefeller.*« Als er im Juli von der letzten seiner vier Besuchsreisen zurückkam und am Kennedy-Flughafen von einer lärmenden Studentendemonstration empfangen wurde, hatte seine als Goodwill-Mission gedachte Reise die heftigsten antiamerikanischen Demonstrationen in der Geschichte Lateinamerikas zustande gebracht. Noch nie war ein Abgesandter der Vereinigten Staaten so spektakulär überall auf Ablehnung gestoßen.

Während des Aufenthalts in Honduras war ein demonstrierender Student von einem Polizisten erschossen worden. In Ecuador hatte Rockefellers Besuch die Landeshauptstadt in totale Verwirrung gestürzt. Während sich Demonstranten und Polizei in der Stadtmitte Straßenschlachten lieferten, wurden Rockefeller und sein Troß durch Seitenstraßen zu einem Hotel geschleust, das von 1000 Soldaten abgeriegelt worden war. Der Konvoi wurde von bewaffneten Hubschraubern aus der Luft gesichert, bevor man sich mit der Delegation des Präsidenten treffen konnte. Wegen eines Konflikts über den Thunfischfang lud Peru ihn wieder aus. In Bolivien meinte man, für Rockefellers Sicherheit nicht garantieren zu können, und beschränkte den Besuch auf ein dreistündiges Gespräch am Flughafen. Venezuela und Chile empfingen ihn gar nicht erst. Die brasilianische Regierung bereitete sich auf Nelson vor, indem sie 3000 Dissidenten in Präventivhaft nahm. Noch vor seiner Ankunft in Uruguay brannte dort eine Niederlassung von General Motors ab, wobei Sachschaden in Höhe von einer Million Dollar entstand. In Argentinien begleiteten Bombenexplosionen in dreizehn Supermärkten der IBEC Nelsons Besuch. Ein Gewerkschaftsführer, der sich gegen sein Kommen ausgesprochen hatte, wurde ermordet. Der Abschied des Rockefeller-Trosses aus Santo Domingo, dem letzten Ort seiner Reise, fand in einem Bus statt, der, begleitet von Schützenpanzern, durch ein Spalier von Soldaten und

Polizisten fuhr, die schon vier Demonstranten erschossen hatten. Von den zwanzig besuchten Ländern bereiteten einzig Paraguay und Haiti, die ältesten und gewissenlosesten Diktaturen der Hemisphäre, Rockefeller einen begeisterten Empfang. Auf Befehl der Präsidenten begrüßten ihn große Menschenmengen.

Kaum ein anderer Amerikaner, nicht einmal Richard Nixon selbst, hätte eine solche Welle der Ablehnung in Lateinamerika provozieren können, denn keiner wurde so sehr mit den erstickenden »besonderen Beziehungen«, wie Nelson es in seinem Bericht nannte, identifiziert, die den Vereinigten Staaten bislang ihre Kontrolle über Lateinamerika gesichert hatten. Weit davon entfernt, in dieser Reaktion ein Plebiszit gegen die Politik zu sehen, die er selbst maßgeblich mitgestaltet hatte, waren Chaos und Blutvergießen, die seine Reise begleiteten, Wasser auf Nelsons ideologische Mühlen: »Kräfte der Anarchie, der Subversion und des Terrors breiten sich in den Ländern Amerikas aus«, hieß es warnend in seinem Bericht. »Zweifel und Zynismus . . . sind in den anderen Ländern Amerikas gegenüber der Entschlossenheit der Vereinigten Staaten gewachsen, sich dieser ernsten Bedrohung der Freiheit, der Demokratie und der lebenswichtigen Interessen der westlichen Hemisphäre entgegenzustellen.« [223]

Um in dieser Situation Abhilfe zu schaffen und der »kommunistischen Subversion« zu begegnen, drängten die Autoren des Berichts Washington, die »besonderen Beziehungen« zu bekräftigen und die Bemühungen zur Erhaltung der Sicherheit in der Hemisphäre zu verstärken. Es folgten die üblichen Rockefeller-Vorschläge, neue bürokratische Strukturen zu schaffen und die Verwaltung zu zentralisieren sowie einen Minister für Angelegenheiten der Westlichen Hemisphäre zu ernennen, der »alle Maßnahmen der US-Regierung koordinieren« solle. Hauptforderung der Autoren des Berichts war eine »pragmatischere« Politik der Vereinigten Staaten und eine entschlossenere Abkehr von den sozialreformerischen Verpflichtungen aus den ersten Jahren der »Allianz für den Fortschritt«. Nelson beklagte die Tatsache, daß die Militärhilfe von 80,7 Millionen Dollar im Jahre 1966 auf 20,4 Millionen 1969 zurückgegangen sei, und forderte eine sofortige drastische Erhöhung. Außerdem schlug er vor, die Militärmissionen leistungsfähiger und weniger sichtbar zu machen und den Kampf gegen den Kommunismus weiter zu »lateinamerikanisieren«. Er beklagte, daß die Vereinigten Staaten die wesentliche Rolle, die die Polizei zu spielen hat, nicht gebührend einschätze, und er forderte die Regierung auf, »Hilfeersuchen der Polizei- und Sicherheitstruppen der lateinamerikanischen Länder mit der Lieferung der Mittel zu beantworten, die sie für die Erfüllung ihrer Aufgaben benötigen«.

Er kritisierte die »Bevormundung« durch die Behörde für internationale Entwicklung (AID), ging aber nicht auf den darunter verborgenen noch stärkeren Paternalismus der Vereinigten Staaten ein. Es ging nicht um Freiheit oder Wohlfahrt in Lateinamerika, sondern um Lateinamerika selbst, sowohl als Symbol als auch als Realität: »Ein Unvermögen, diese besonderen Beziehungen aufrechtzuerhalten, würde bedeuten, daß wir unserer Aufgabe und Verantwortung als große Nation nicht gerecht würden . . . Außerdem hieße ein Verzicht auf diese besonderen Beziehungen, in dieser

Region ein Vakuum entstehen zu lassen, was das Eindringen feindlicher fremder Mächte erleichtern könnte.« Diese Zeilen hätten genausogut aus einem Positionspapier des Koordinators oder aus einem vor 25 Jahren verfaßten Memorandum für die Konferenz von Chapultepec stammen können, als nach dem Krieg die fanatische Sorge um die Sicherheit der Hemisphäre begann.

Präsident Nixon zeigte dem Rockefeller-Bericht nicht, wie später der von JDR3 angestellten Untersuchung über Bevölkerungsplanung, die kalte Schulter. [224] Er handelte einfach nicht danach. Er reorganisierte weder die Bürokratie der Lateinamerikaabteilung des Außenministeriums, noch ließ er sich – wie Nelson es vorgeschlagen hatte – auf die Schaffung eines großangelegten Sicherheitssystems für die Hemisphäre ein. Er folgte der Tendenz zur Erhaltung des Status quo in Lateinamerika und konzentrierte seine Energien als Präsident auf den Krieg in Südostasien.

Seit der Vorwahlkampagne von 1964 schien Nelson einen Verfolgungskomplex zu entwickeln und sich selbst immer mehr als die Verkörperung eines kämpferischen Establishments zu begreifen. In einem tieferen Sinn war das auch früher schon eine Arbeitshypothese gewesen; jetzt aber begann er zunehmend, die politische Klemme, in der er sich selbst befand, mit dem Dilemma der etablierten sozialen Ordnung zu verwechseln. Er *war* die Ordnung, und seine Gegner vertraten die Anarchie. (Diese Entweder–oder-Moral bildete später den Kern der Tragödie von Attica.) Doch lag seine Stärke nicht in der Reflexion, sondern in der elementaren Energie, mit der er auf seine Umgebung einstürmte. Kaum hatte er einen Plan durchgeführt – ein Programm, ein Bauvorhaben, eine Reise –, rüstete er sich auch schon für den nächsten. Noch bevor er seinen Lateinamerika-Bericht abgeliefert hatte, faßte er schon seinen Kampf um die Wiederwahl gegen Arthur Goldberg ins Auge – er wußte, daß ihm schwierige Tage bevorstanden.

Name und Reichtum verschafften Nelson einen aristokratischen Nimbus, der nie verblaßte. In Wirklichkeit hatte er sich freilich schon lange von dem frischgebackenen »Bürgerpolitiker«, als der er 1958 das Amt übernahm, zu einem äußerst routinierten Praktiker entwickelt, der die Macht eines Gouverneurs mit einem Fingerspitzengefühl und einer Raffinesse handhabe, wie sie seit Al Smith keiner seiner Vorgänger mehr besessen hatte. (Kissinger bemerkte einmal in diesem Sinn, Nelson habe vielleicht einen »zweitklassigen Verstand«, dafür aber ein »erstklassiges Gespür für Menschen«.) Im Lauf der Jahre hatte er die Machtmittel in Albany und außerhalb beherrschen gelernt und einen politischen Dampfwalzenstil entwickelt, der im ganzen Land unübertroffen war. Er hatte den Apparat der Staatsregierung in die Hände genommen und zu *seinem* Apparat gemacht, indem er sich in jede Ritze der Staatsregierung hineinzwängte und die Tatsache, daß angeblich fast 40 000 Stellen von seiner Protektion abhingen, weidlich zu seinem Vorteil ausnutzte. Außerdem kam seiner Machtstellung zugute, daß er nicht auf Spenden angewiesen war. So konnte er sich Ungeheuerlichkeiten leisten wie die Begnadigung seines Freundes und einstigen politischen Mentors L. Judson Morehouse, des ehemaligen Vorsitzenden der Republikaner im

Staat New York, der im Zuge eines Bestechungsskandals in der ihm unterstellten Branntweinbehörde zu einer Gefängnisstrafe verurteilt worden war. Nelson verhalf Dutzenden von Parteifreunden zu hohen parteiunabhängigen Ämtern. Er war ein Gouverneur mit einer Machtfülle, die kaum hinter der des Präsidenten zurückstand.

Immer noch mischte sich Rockefeller alle vier Jahre unter das Volk, präsentierte seine Bühnenversion eines Plebejers und ließ sich die Spezialgerichte ethnischer Minderheiten servieren; aber er wußte so gut wie seine Wähler, daß seine Rolle als »Rocky« eine Art Witz mit Bart geworden war. Seine Wahlkämpfe absolvierte er mit der gleichen Lustlosigkeit, mit der die New Yorker sie über sich ergehen ließen, und er verließ sich immer mehr auf massive Geldspritzen und einen ausgiebigen Einsatz der Massenmedien. Seinen Kampagnen, die früher ein großes Ereignis waren, fehlte jetzt jedes Element des Überraschenden, Unvorhersehbaren: sie glichen einer Panzeroffensive, die unaufhaltsam eine Wüste überrollt.

Ein phantasievollerer Gegner hätte aus der Bereitschaft der New Yorker, sich von der Vermeidbarkeit Rockefellers überzeugen zu lassen, vielleicht Kapital schlagen können. Aber die aufgeblasene Steifheit von Arthur Goldberg ließ Nelson nur farbiger aussehen, als er war. Daß Goldberg seine Stärke, die in der Schwäche des Programms von Rockefeller bestand, nicht in einen Wahlsieg ummünzen konnte, lag zwar auch an der enormen Differenz zwischen den Wahlkampffonds der beiden Kontrahenten*, doch schien es daneben für die Hilflosigkeit des einstigen Richters am Obersten Gerichtshof noch einen tieferen Grund zu geben. Noch lange nach dem Abschluß des Wahlkampfes stellten seine Mitarbeiter Spekulationen darüber an. Einer von ihnen, der Ghostwriter Paul Weissmann, vermutet, Goldberg habe unter einer Art von politischem Bann gestanden, seit er die furchteinflößende Macht der Familie Rockefeller mit eigenen Augen erblickt hatte: »Offen gesagt, glaube ich, daß der Wahlkampf in dem Augenblick vorbei war, wo Arthur gegen Ende der Vorwahl nach Pocantico eingeladen wurde. Die Karte kam, als an seiner Nominierung zum demokratischen Kandidaten kaum ein Zweifel mehr bestand. Sie war herzlich und handgeschrieben, und Arthur nahm an. Als er von dem Zusammentreffen zurückkam, war er furchtbar niedergeschlagen – nicht weil man ihn bedroht hatte oder etwas Ähnliches, wie einige von uns zuerst meinten, sondern einfach, weil er zum ersten Mal in seinem politischen Leben gesehen hatte, was *wirkliche* Macht war, was sie kaufen konnte und wie es sich damit lebte. Ich glaube nicht, daß er sich davon je erholt hat.«

---

* Goldberg hatte 35 bezahlte Mitarbeiter, Rockefeller über 350, darunter 38 vorübergehend beurlaubte Staatsangestellte. Goldberg benutzte für seine Wahlkampfreisen meistens Linienflugzeuge, während Rockefeller, samt Journalistentroß, in seiner »Grumman Gulfstream 2« oder in der zweimotorigen »Fairchild« durch den Staat schwirrte. Allein die Ausgaben Rockefellers für die Medien (3,5 Millionen Dollar) waren doppelt so hoch wie Goldbergs Gesamtausgaben; spätere Schätzungen ergaben, daß sein Wahlslogan (»Er hat viel für New York getan, und er wird noch viel mehr tun«) 95 % aller Haushalte des Staates erreichte und daß jeder New Yorker im Schnitt 9,4 Rockefeller-Werbespots sah. Insgesamt, so gab er an, habe ihn der Wahlkampf 7,2 Millionen Dollar gekostet.

Aber Goldberg ließ sich nicht nur von oben in Bann schlagen, er kam auch an der Basis in die Zange. Einige der strategisch wichtigen Partner in der Koalition, die von den Demokraten traditionellerweise zusammengebracht werden muß, wenn sie in New York gewinnen wollen, ließen sich von Goldberg nicht auf seine Seite ziehen. Weiße Minderheitsgruppen fanden Nelsons Falkenstandpunkt in der Frage der Verbrechensbekämpfung attraktiv. Und auch der New Yorker Zweig des Gewerkschaftsverbandes AFL-CIO [225], der über eine Million Arbeiter vertrat, unterstützte Nelson – obwohl dessen Wahlkampfgegner ein ehemaliger Arbeitsminister und ein berühmter Gewerkschaftsanwalt war – und erhielt dabei Rückenstärkung durch die Bauarbeitergewerkschaft, die ihrerseits von der langen Serie staatlicher Bauprojekte während der Amtszeit Nelsons enorm profitiert hatte. * Daß Nelson mit Häuptlingen der New Yorker AFL-CIO auf vertrauten Fuß kommen konnte, war auch ein gewaltiger Pluspunkt in seinen Bemühungen um die Gunst der organisierten Arbeiter. Victor Gotbaum, der Vorsitzende des 37. Distrikts der Kommunalangestellten-Gewerkschaft (Municipal Employees Union) in New York, sagt: »Er kann auf die Ebene des ›Normalverbrauchers‹ runtersteigen. Man hat keine Vorstellung, wie es Gewerkschaftsleuten imponiert, wenn jemand sich ›wie einer von uns‹ gibt. Ich denke an eine Sitzung des Zentralen Gewerkschaftsrats. Vorher war eine Cocktailparty, und die ganze Zeit standen die Leute herum und schwatzten über Nelson, was für ein potenter Hecht er ist und so. Sie fühlten sich ganz toll, daß da einer der reichsten, mächtigsten, gebildetsten Kerle der Welt war, und *sie* durften ihn mit seinem Vornamen anreden und seine sexuellen Abenteuer durchhecheln.«

Bis zum Frühherbst hatte Rockefeller bei den Meinungsumfragen mit Goldberg gleichgezogen, und im November wurde er mit großem Vorsprung zum viertenmal zum Gouverneur gewählt, was es vorher noch nie gegeben hatte. Der Sieg schmeckte süß, wie immer, und trotzdem war es nicht mehr ganz wie früher. Zwar stimmten die Leute für ihn, aber er wußte, daß sie ihn nicht besonders mochten. Sein Glanz als der Goldjunge der amerikanischen Politik war schon lange stumpf geworden. Als er 1968 um die Präsidentschaftskandidatur kämpfte, war freilich seine bereits mäßige Anziehungskraft immer noch groß genug, daß politische Kreise darüber sprachen, wie *dringend* das Land Nelson brauchte. Er mußte sich nur halbherzig mit der Anti-Kriegs-Strömung anbiedern, die in der Kandidatur von Robert Kennedy ihr Zentrum gefunden hatte, und schon bagatellisierte man sein erschreckendes Minuskonto in Sachen Bürgerrechte und vergaß seine Unnachgiebigkeit in der Vietnamfrage. Wider

---

* Diese Unterstützung durch die Gewerkschaften (die im Wahlkampf von 1966 gegen Frank O'Connor neutral geblieben waren) bedeutete den Höhepunkt einer Entwicklung, die 1934 begonnen hatte, als Nelson, um den raschen Abschluß der Bauarbeiten am Rockefeller Center sicherzustellen, mit Gewerkschaftsfunktionären zusammenarbeitete und dabei den jungen George Meany, den damaligen Chef der Klempnergewerkschaft, kennengelernt hatte. Als Journalisten später Meany fragten, warum er so gut mit Rockefeller zurechtkam, antwortete der Vorsitzende der AFL-CIO: »Nelson ist einfach nicht der Typ des republikanischen Unternehmers ... Er läßt jedem das Seine und ist mit seinem eigenen Anteil zufrieden.«

besseres Wissen gab man ihm immer noch Kredit, und zwar in einem Ausmaß wie keinem anderen amerikanischen Politiker. Unter der Decke eines berufsbedingten Pragmatismus stecke, so hieß es, ein Mann von zutiefst humaner und liberaler Gesinnung, vielleicht gerade der rechte Mann, um die Nation aus ihrer Selbstzerfleischung herauszuführen und ihre Wunden zu heilen.

Anfang der siebziger Jahre mußte jedoch dieser Mythos von Nelsons Liberalismus zusammenbrechen. Im Wahlkampf gegen Goldberg hatte er betont, daß er den Vietnamisierungsplan von Nixon unterstütze. Er war über die »Parasiten der staatlichen Fürsorge« hergezogen und hatte angeordnet, die Liste der Wohlfahrtsempfänger zu revidieren. Er hatte eine Kürzung der Mittel für *Medicaid* (Gesundheitsfürsorge) angekündigt. Und um die schweigende Mehrheit in New York für sich einzunehmen, hatte er in einer Wahlrede seine Zuhörer daran erinnert, daß er »Spiro Agnews erste Wahl als Präsidentschaftskandidat« gewesen sei.

Politische Beobachter interpretierten diese Schritte als eine bewußte »Wendung nach rechts«: als ein Friedensangebot an den rechten Flügel der Republikanischen Partei und einen Versuch, sich an das neuerwachte Interesse für *Law and Order* anzupassen. Doch was er sagte, vor allem auch über Vietnam, war nicht ausschließlich opportunistisch. Zeit seines Lebens war er, mit den Worten seines einstigen Freundes, des Kongreßabgeordneten Ogden Reid, »ein Vertreter der harten Linie in allen Verhandlungsdingen« gewesen. Bisher war diese Eigenschaft fast ausschließlich in seinen Stellungnahmen zu außenpolitischen Fragen hervorgetreten – Atomversuchsstopp, Entspannung, Vietnam usw. –, jetzt aber weitete sich ihr Einflußbereich aus und umschloß alle andersdenkenden Gruppen im Land, die es wagten, die Ansichten und Vorrechte von Menschen seiner Ansichten und seiner Klasse in Frage zu stellen. Unter dem Druck des Radikalismus im Inneren und der breiten Protestbewegung der sechziger Jahre war seine Unnachgiebigkeit zum dominierenden Element seiner politischen Persönlichkeit geworden. So betrachtet, war er ideologisch auf den Alptraum von Attica vorbereitet, lange bevor er sich abspielte.

Am 9. September 1971 erhielt Nelson, der gerade in Washington D. C. an einer Sitzung des *Beratungsausschusses für Auslandsaufklärung* teilnahm, von seinem Leiter des Strafvollzugswesens, Russell Oswald, die erste Nachricht, daß im Staatsgefängnis von Attica eine Rebellion ausgebrochen war und daß 1300 Gefangene in Hof D 38 Beamte und Wärter als Geiseln festhielten. Rockefeller versicherte Oswald, er traue ihm zu, mit der Situation fertig zu werden, und er teilte ihm mit, er werde am nächsten Tag nach Pocantico zurückkehren und seinen Chefberater »Bobby« Douglass anweisen, die Lage im Auge zu behalten. Als dann aber Oswald mit der Diskussion über die Beschwerden der Häftlinge in eine Sackgasse geriet, ging die Verhandlungsführung auf eine informelle Gruppe von Beobachtern über, der der Kongreßabgeordnete Herman Badillo, der »New-York-Times«-Chefredakteur Tom Wicker, der schwarze Abgeordnete des Staatsparlaments Arthur Eves, der Anwalt William Kunstler und andere angehörten.

Die Diskussionen scheiterten an der Amnestiefrage, die für die Häftlinge ein besonderes Gewicht bekommen hatte, seit ein Wärter seinen Verletzungen erlegen war. Gleich großes Gewicht hatte die Frage, ob Nelson auf dem Schauplatz der Krise erscheinen würde oder nicht. Am Sonntag, vier Tage nach Beginn des Aufstands, wurde bekannt, daß Truppen den Befehl zum Sturm auf das Gefängnis erhalten sollten. Die Beobachter verbreiteten durch den New Yorker Rundfunk eine Botschaft, in der Rockefeller dringend um sein Einschreiten gebeten wurde: »Nach der Überzeugung des Beobachterkomitees im Gefängnis von Attica ist in dieser Anstalt ein Blutbad unter Gefangenen und Aufsehern zu befürchten. Im Namen der Menschlichkeit rufen wir jeden, der diese Worte hört, dazu auf, er möge den Gouverneur beschwören, nach Attica zu kommen . . .« [226]

Am Nachmittag desselben Tages sprachen Wicker, Badillo und Staatssenator John Dunne, der Nelsons private Nummer in Pocantico hatte, zwei Stunden lang telefonisch mit Rockefeller und betonten, er müsse in Attica erscheinen (jedoch nicht unbedingt auf dem Hof bei den Gefangenen, wie er später zu verstehen gab). Am Abend rief auch Oswald beim Gouverneur an und bat ihn, zum Gefängnis zu kommen. Rockefeller erwiderte, er habe sich mit Bobby Douglass verständigt, und sie seien zu dem Schluß gelangt, daß die Verfassung es ihm nicht erlaube, den Gefangenen eine Amnestie zuzusagen, womit ein Besuch sinnlos sei. »Es ist«, so sagte er seinem Leiter des Strafvollzugswesens, »im Leben nicht leicht, eine harte Entscheidung auf sich zu nehmen, vor allem, wenn Menschenleben betroffen sind . . . Aber ich glaube, wir dürfen in einer solchen Angelegenheit nicht nur die unmittelbaren Folgen sehen, sondern müssen die weitreichenden Konsequenzen unserer Handlungen für unsere ganze Gesellschaft berücksichtigen.« [227]

Am nächsten Morgen telefonierte Oswald noch einmal mit Nelson und fragte ihn, ob er immer noch entschlossen sei. Als Nelson bejahte, wurde der Befehl zum Angriff gegen die in Hof D versammelten Häftlinge gegeben. Ohne Vorwarnung stieß ein Hubschrauber auf den Hof herunter und verströmte eine dicke Tränengaswolke. Auf dieses Zeichen hin ließen Scharfschützen, die auf den Dächern und Mauern des Gefängnisses postiert waren, einen Hagel von Schüssen gegen die im Hof eingesperrten Gefangenen los, und eine Armee von Hunderten von Staatspolizisten und Strafvollzugsbeamten eröffnete mit Schrotflinten und Schnellfeuergewehren ein konzentriertes Sperrfeuer, das sechs Minuten lang dauerte. Als der Befehl zum Feuereinstellen gegeben wurde, lagen zehn Geiseln und 29 Häftlinge tot oder sterbend im Hof. (Insgesamt starben 43 Menschen in Attica durch das Sturmkommando, und 80 erhielten Schußverletzungen.) Wie der McKay-Ausschuß, der später die Ereignisse untersuchte, bemerkte: »Mit Ausnahme der Indianermassaker gegen Ende des 19. Jahrhunderts . . . hat seit dem Bürgerkrieg kein Aufeinandertreffen von Amerikanern an einem Tag mehr Opfer gefordert als dieses.« Als der Rauch abgezogen war und die Beobachter draußen erfuhren, daß sich ihre schlimmsten Befürchtungen bewahrheitet hatten, sagte der Kongreßabgeordnete Badillo angewidert: »Man stirbt immer noch früh genug, ich verstehe die Hast nicht.«

Die Pressestelle des Gouverneurs gab nach der Attacke eine Mitteilung heraus, die sogar denen, die für Rockefellers Dilemma Verständnis gehabt hatten, einen Schauer über den Rücken jagte: »Unsere Herzen sind bei den Familien der Geiseln, die in Attica starben. Die Tragödie wurde herbeigeführt durch die Taktik hochorganisierter, militanter Revolutionäre, die alle Anstrengungen um eine friedliche Beilegung zurückwiesen, eine Konfrontation erzwangen und schließlich kaltblütig mordeten, wie sie es von Anfang an angedroht hatten.« [228] Als freilich Rockefeller sich zwei Tage danach der Presse stellte, hatten Autopsien erwiesen, daß den Geiseln nicht, wie es zunächst hieß, von ihren Bewachern die Kehlen durchgeschnitten worden waren, sondern daß sie im tödlichen Feuer der Polizei gestorben waren. Aber Nelson war nicht bereit, auch nur einen Zentimeter zurückzustecken. An einer Stelle erwähnte er, die telefonische Nachricht von der Rettung der restlichen Geiseln habe ihn »absolut fassungslos« gemacht vor Freude. Ein Reporter stellte die Zwischenfrage: »Was sagt die Tatsache, daß so viele Geiseln unverletzt geblieben sind, Ihrer Meinung nach über die Häftlinge aus?« Bissig antwortete Rockefeller: »Ich ziehe daraus den Schluß, daß dieses Gas in einer solchen Situation ein phantastisches Mittel ist.« [229]

Tom Wicker, ein Mitglied der Beobachtergruppe, sagte später vor dem Sonderausschuß des Staates New York über Attica aus, er habe aus zwei Gründen gehofft, daß Nelson zum Gefängnis kommen würde: »Erstens wäre es für die Gefangenen ein symbolischer Ausdruck seines Interesses gewesen; zweitens hätten wir, wenn er gekommen wäre, den toten Punkt in den Verhandlungen überwinden können. Es hätte dann vielleicht eine Entspannung gegeben.« Aber Nelson verteidigte eisern die Gründe für sein Nichterscheinen: »Wenn nur noch mit dem Gouverneur verhandelt wird«, heißt es in einer Verlautbarung, die zeigt, wo er sich selbst in der großen Kette des Lebens einordnet, ». . . dann laufen wir Gefahr, daß es das nächste Mal heißt: ›Wir werden mit niemandem als dem Präsidenten verhandeln‹ . . .«

Das letzte Wort in der Sache sprach der McKay-Sonderausschuß über Attica. Er zog die Schlußfolgerung, daß die Anwesenheit des Gouverneurs auf die Polizei und die Strafvollzugsbeamten während und nach dem Sturm eine beruhigende und zügelnde Wirkung gehabt hätte. »Der Gouverneur hätte nach Attica gehen sollen, nicht aufgrund einer Nötigung oder weil die Strafgefangenen seine Anwesenheit forderten, sondern weil es seiner Verantwortung als Oberhaupt der Staatsexekutive entsprochen hätte . . .«

Nelsons Handlungen standen in einem größeren politischen Zusammenhang als Attica, und den verlor er keinen Moment aus dem Auge. Die ganze Zeit über hatte er Verbindung mit dem Weißen Haus. Dort sah man in dem Aufstand einen Testfall für die rebellische Stimmung, die sich landesweit in den Gefängnissen ausbreitete, und gleichzeitig eine Gelegenheit, das neue konservative Engagement von Nelson auf die Probe zu stellen. Kurz nachdem die Meuterei niedergeschlagen war, sagte William Safire, Kolumnist der *New York Times* und damals noch ein Mitarbeiter Nixons, zu dem politischen Schriftsteller Richard Reeves: »Moralisch war der Sturm auf Attica eine Schande, aber politisch hat Rockefeller getan, was unsere Leute wollten.«

Viele nannten den Vorfall »Rockefellers Schweinebucht«. Wenn sie die Geschichte seiner Familie gekannt hätten, hätten sie ihn vielleicht sein Ludlow genannt; denn Attica hatte eine fast unheimliche Ähnlichkeit mit jenem Tag vor fast sechzig Jahren, als Truppen sich am Rand des Tals aufbauten, wo die streikenden Bergarbeiter lagerten, ihre Hotchkiss-Gewehre auf die zerlumpten Zelte richteten und Feuer gaben. Vielleicht hätten sie dasselbe Zaudern bemerkt, denselben Versuch, sich aus der Krise herauszuhalten und gleichzeitig anderen die letzte Verantwortung für die Entscheidungen über Leben und Tod aufzubürden. Der frühere Pressesprecher von Lindsay (und jetzige Schwiegersohn Nelsons), Tom Morgan, meint: »Attica ist Rockefeller *in nuce*. Er wartete, er zögerte sein Eingreifen so lange hinaus, bis alle ›liberalen‹ Alternativen erschöpft waren und er nach der reaktionären Lösung greifen konnte, die er von Anfang an gewollt hatte.«

In einer Hinsicht freilich unterschied sich Nelson von Junior: ihm blieb von dem Massaker kein schaler Nachgeschmack zurück, keine Angst um sein Image, und der Gedanke an einen Canossagang, wie ihn sein Vater nach Colorado unternommen hatte, lag ihm völlig fern. * Die Lehre, die Nelson aus der Tragödie von Attica zog, klang eher wie die Theorie, mit der Junior in das Blutbad von Ludlow hinein-, als mit der er daraus hervorging. »Natürlich stand mehr auf dem Spiel als die Rettung von Menschenleben«, versicherte er Russell Oswald in einem Telefongespräch nach dem Sturm. »Unsere ganze Rechtsordnung war involviert. Ja, eigentlich die ganze Struktur unserer Gesellschaft.«

Für alle Betroffenen – Gefangene, Beobachter und Vollzugsbeamte – war Attica einer der seltenen Augenblicke, wo für jeden einzelnen Aspekte seines eigenen Lebens offenbar werden, die sonst durch den Alltag verschleiert sind. Für Nelson war es die Vollendung einer Apotheose. Der berühmte Ausspruch von Henry Adams könnte geradezu auf Juniors unverwüstlichsten Sohn gemünzt sein: »Die Wirkung von Macht und Publizität ist bei allen Menschen eine Erkrankung des Selbst, eine Art Tumor, der am Ende jedes Mitgefühl in seinem Opfer abtötet.«

Attica war der letzte Beweis dafür, wie restlos Rockefeller seinen Frieden mit der Majorität der Republikaner gemacht hatte. Seine Bekehrung war so gründlich, daß er sogar sein Veto gegen die vom Staatsparlament beschlossenen Maßnahmen zur Bekämpfung der Abtreibung und der Schulintegration einlegen konnte, ohne des Rückfalls beschuldigt zu werden. In den größeren Fragen – Krieg und Frieden, Schuld und Sühne – war er, mit einer Lieblingswendung der Nixon-Administration zu sprechen, »an Bord«. Auf dem Parteitag von 1972 wurde er dazu bestimmt, Nixons Kan-

---

* Ganz im Gegenteil schien die negative Kritik nur die nachträgerische Seite seines Charakters hervorzubringen. Er ernannte den stellvertretenden Justizminister Robert E. Fischer zum Sonderankläger, beauftragt mit der Untersuchung und Strafverfolgung aller Verbrechen, die in Attica begangen worden waren. Fischer und seine Mitarbeiter, denen ein Etat von 3 Millionen Dollar zur Verfügung stand, erhoben Anklage gegen 61 Attica-Häftlinge, wobei die Beschuldigungen von Menschenraub bis Mord reichten. Von den Gefängnisbeamten, den Wärtern oder den Mitgliedern des Kommandos, das sich nach dem Sturm auf das Gefängnis in einer Orgie der Brutalität ausgetobt hatte, wurde niemand unter Anklage gestellt.

didatur für eine zweite Amtsperiode bekanntzugeben. Dieses Mal brachte er den Namen richtig heraus.

Er setzte sich sehr für den Präsidenten und gegen McGovern ein und genoß seinen Anteil an dem beispiellosen Triumph der Republikaner. Doch in den winzigen Spalten jener Wahl verbarg sich bereits das Ereignis, für das später der Pressesprecher des Präsidenten, Ron Ziegler, das unsterbliche Wort vom »drittklassigen Einbruch« prägte und wodurch sich das politische Schicksal Nelson Rockefellers ebenso wie das seiner ganzen Partei wenden sollte. Als Watergate sich ausbreitete und die Präsidentschaft Nixons mit jedem Monat ein wenig mehr aushöhlte, durfte Nelson auf einmal wieder Hoffnung schöpfen – vielleicht nicht viel, aber genug, um mit frischem Blick dem Jahr 1976 entgegenzusehen. Er beobachtete, wie die Wolken des Skandals über Washington dahintrieben und über Leben und Karriere seiner möglichen Konkurrenten ihre Schatten warfen. Einer nach dem anderen schien abzutreten. Bei Spiro Agnews Sturz zog Nelson alle Fäden, um in der Partei eine Sympathiewelle in Bewegung zu setzen, die Nixon zwingen sollte, ihn zum Vizepräsidenten zu ernennen. Doch die alte Verbitterung war noch nicht geschwunden, und der Präsident nahm an seiner Stelle Gerald Ford. Das nächste Opfer des wachsenden Skandals war John Connally, Nixons eigener Thronfolgekandidat. Einen Augenblick lang sah es so aus, als spitze sich für 1976 alles auf eine Alternative zu zwischen Rockefeller und Ronald Reagan, dem Gouverneur von Kalifornien, d.h. auf eine Neuinszenierung des Dramas, das Nelson 1968 für Miami entworfen hatte.

Wie besessen bemühte sich Nelson, aus der merkwürdigen Wendung der Dinge, die plötzlich die ganze politische Atmosphäre in Amerika verändert hatte, seinen Vorteil zu ziehen. Er versammelte den Kern eines Wahlkampfstabs in Albany. Das Ende des Jahres 1973 verbrachte er damit, im Namen der Republikanischen Partei, deren schwarzes Schaf er einmal gewesen war, durch das Land zu ziehen; ja, er flog sogar nach Arizona, um als Hauptredner an einem Dinner zu Ehren von Barry Goldwater teilzunehmen. Er hätte es nicht zugegeben, aber seine Aktivität stellte einen verspäteten Bußgang für 1964 dar, und an jeder Station des Leidenswegs machte er seinen Kniefall. In einer Rede vor der Konferenz der Republikaner des Südens sagte er über seinen alten Kampf gegen die Konservativen: »Ich glaube nicht, daß die ideologischen Differenzen so gravierend waren, wie es damals den Anschein hatte oder wie es einige von uns hinstellten.« Im Dezember 1973 endlich zerschnitt Nelson das letzte Band, das ihn noch an einer Bewerbung um die Präsidentschaft hinderte: er dankte von dem Posten des Gouverneurs ab, den er länger innegehabt hatte als sonst irgend jemand in der neueren Geschichte New Yorks.

Die Auswirkungen der Rockefeller-Ära in New York analysieren zu wollen, ist ungefähr ebenso leicht, wie die Folgen eines Tornados abzuschätzen. Nach seinem Amtsantritt hatte Nelson rasch begriffen, daß man für zwei Dinge vom Steuerzahler Geld bekommt: für Sozialeinrichtungen und für Bauten. Ihn interessierte die zweite Möglichkeit. Wie sein Vater schwärmte er für den Anblick wachsender Bauwerke, besonders wenn sie seinen Stempel trugen. Und er erkannte, daß diese Art Gelder schneller umliefen und durch mehr Hände gingen als Gelder für Sozialeinrichtungen, daß sie also, wenn er eine Machtbasis im Staat aufbauen wollte, mehr potentielle Verbündete erreichten. Baugelder konnten, so hat jemand gesagt, »wie eine Cortisonspritze den Stoffwechsel von New York anregen«. Was machte es, daß eine Überdosis Cortison die Abwehrkräfte des Staatskörpers – wie die des menschlichen Körpers – lahmlegen konnte? Nelson würde, wie er bei seinem Amtsantritt annahm, aus Albany verschwunden sein, wenn die Folgen sichtbar wurden.

Der Anfang seiner Regierungszeit sprühte von instinktsicher ausgesuchten, frischen Ideen, und seine strahlenden Erfolge ließen, unterstützt durch eine vorzügliche Öffentlichkeitsarbeit, seine ersten Jahre in Albany als ein Musterbeispiel für die Leistungsfähigkeit einer phantasievollen und aktiven Exekutive erscheinen. Eine seiner ersten Amtshandlungen als Gouverneur war die Berufung einer Kommission zur Untersuchung des Hochschulwesens. Aus ihrem Bericht ergab sich, daß sofort etwas getan werden mußte, wenn den Studenten die Chance einer qualifizierten Ausbildung erhalten bleiben sollte. Nelson initiierte daraufhin ein grandioses Programm, das die Niveauverbesserung in den vorhandenen Einrichtungen koppelte mit massiven zusätzlichen Bauten.

Weil er fürchtete, daß die Wähler, die über die ständig steigenden Steuern und Regierungsausgaben (deren Drosselung er versprochen hatte) jetzt schon stöhnten, das übliche Mittel zur Finanzierung eines solchen Projekts, eine Anleihe, ablehnen würden, suchte er nach einem Weg, sie zu umgehen. Der Vater der rettenden Idee war ein Mann, den man damals vor allem als Anwalt bei der renommierten Kanzlei von Nixon, Rose, Mudge kannte, ein Spezialist in Sachen Kommunalobligationen namens John J. Mitchell. Nach seinem Vorschlag sollte eine halbselbständige Behörde, der State University Construction Fund, begründet werden, mit der Kompetenz, Bauanleihen aufzulegen, die durch kaum mehr als eine »moralische Verpflichtung« des Staates gedeckt waren. Der Gouverneur konnte sich gottähnlich fühlen: er hatte eine moderne Form der *creatio ex nihilo* entdeckt. (»Das großartigste System, das je erfunden wurde«, jubilierte Nelson.) Die Kosten würden die Milliardengrenze überschreiten, aber die Taschen der Steuerzahler schienen nicht mit einem einzigen Dollar belastet zu sein. Und kein Zweifel, hier heiligte der Zweck die Mittel: 1958 hatte das Universitätssystem des Staates New York 38 000 Studenten, verteilt auf 28 Hochschulen; als Nelson abtrat, nach zehn Jahren seines ungewöhnlichen Finanzierungsplans, gab es 246 000 Studenten, verteilt auf die 71 Hochschulen eines ungeheuer ausgeweiteten und verbesserten Universitätssystems.

Danach gab Nelson jedes Jahr ein neues, größeres Programm bekannt. Wenn er auch sein ehernes Versprechen, keine Steuern zu erhöhen, brechen mußte – den New Yorkern schienen, mindestens zu Anfang, die Ergebnisse den Preis wert zu sein. Sie stimmten für die Plazierung riesiger Anleihen und finanzierten damit sein ehrgeiziges Gesetzgebungsprogramm; und wenn er sie durch die Gründung von halböffentlichen Behörden überging, klatschten sie auch noch Beifall. Die Wirtschaft des Staates, die bei seinem Amtsantritt darniedergelegen hatte, begann aufzublühen. Überall waren die Anzeichen von Wachstum und Fortschritt zu sehen, die er versprochen hatte. Auch der »rigorose Krieg gegen Rauschgift und Drogenabhängigkeit«, den er 1966 erklärte, hatte eine bauliche Komponente. Als er die Kommission zur Bekämpfung der Drogenabhängigkeit einrichtete, war die Absicht die, daß die Straffälligen zur Zwangsbehandlung in staatliche Anstalten eingewiesen werden sollten. Man konnte mit einem gewissen Recht sagen, daß mit diesen Anstalten für verurteilte Suchtkranke, die zu Dutzenden gebaut werden sollten, das Programm stand und fiel; denn in ihre Errichtung flossen zwei Drittel seines Etats.

Einige fingen an, sich zu beschweren: Bauten seien keine Programme, und um die Mitte der sechziger Jahre wußten nur noch wenige zu sagen, was die teuren Unternehmungen Nelsons denn nun wirklich einbrachten. New Yorks staatlicher Rechnungsprüfer Arthur Levitt war aus einem anderen Grund beunruhigt und begann, in periodischen Abständen auf die verworrene Finanzlage des Staates hinzuweisen. »Alle diese Finanzierungssysteme«, sagte er über Nelsons unorthodoxe Techniken, die von ihm propagierten öffentlichen Arbeiten zu finanzieren, »sind geschaffen worden im Namen unaufschiebbarer öffentlicher Projekte, aber sie alle setzen das Recht des Volkes, den Verschuldungsgrad des Staates New York selbst zu bestimmen, außer Kraft.« [230]

Nelson hatte im Grunde Funktionen der Administration ausgelagert und sie quasi-autonomen Körperschaften übertragen, in denen er selbst bestimmen konnte, wer die leitenden Funktionäre sein und welche Interessen die Direktorien vertreten sollten.

Nelson mochte für sich die Zukunftsgläubigkeit eines Pharao haben, um die Zukunft des Staates New York jedoch stand es bei seinem Rücktritt mehr als zweifelhaft. Von den Programmen, die er in den Schönwettertagen seiner Gouverneurszeit initiiert hatte, war keines wirklich gediehen, und Ernüchterung griff vollends um sich, als klar wurde, daß seine Bauvorhaben nicht nur volksfeindlich, sondern nicht einmal als Bauprogramm gut waren.

Die Anhäufung öffentlicher Schulden zur Finanzierung seiner Projekte und die wachsenden Belastungen durch Zinsen und Tilgungsraten stießen allmählich auf den Widerstand der Steuerzahler. Als Rockefeller im Frühjahr 1971 einen 8,5-Milliarden-Dollar-Haushalt einbrachte, der um eine halbe Milliarde über dem des Vorjahrs lag und dem eine geplante Erhöhung der Steuereinnahmen um 1 Milliarde Dollar zugrunde lag, stutzte das Parlament seine Zahlen auf die Hälfte zurück und zwang ihn zu einschneidenden Kürzungen in seinen Programmen. Nelson aber leitete aus diesem Schuß vor den Bug lediglich den Auftrag ab, das Sozialhilfe-Programm des Staates um 10 Prozent zu kürzen.

Während seiner fast vier Amtsperioden als Gouverneur des Bundesstaates New York hatte Rockefeller wiederholt seine Erhöhung der Staatsausgaben mit dem Argument verteidigt, sie seien erforderlich, um New Yorks »stolze Tradition des Fortschritts auf dem Gebiet der sozialen Leistungen für unser Volk« auszubauen. Doch die große Masse der Gelder, die er verbraucht hatte, war in Monumentalbauten geflossen, die wenig mit den dringenden Bedürfnissen der Bevölkerung des Staates New York zu tun hatten. Auf dem Gebiet der Drogenbekämpfung war dieses Mißverhältnis vielleicht noch auffälliger als bei einem monströsen Baudebakel in seiner Hauptstadt Albany. Das Zwangseinweisungsgesetz von 1966 schuf ein Chaos und der Ausschuß zur Kontrolle der Rauschgiftabhängigen selbst eine Travestie des ursprünglichen Plans. Bis zum Jahr 1972 waren fast drei Viertel der von ihm ausgegebenen 224 Millionen Dollar in den Bau therapeutischer Anstalten geflossen. Einige davon wurden gar nicht erst geöffnet, die anderen verbrauchten jährlich 30 Millionen Dollar für Gehälter und hatten mehr Angestellte als Suchtkranke; nur ein Bruchteil der Angestellten aber bestand aus Ärzten und Psychiatern. Von den 5 172 Personen, die im Rahmen des Rauschgiftprogramms als behandelt entlassen wurden, waren nach eineinhalb Jahren ganze 141 rückfallfrei, was bedeutet, daß jeder Heilerfolg die Bevölkerung von New York rund 1,6 Millionen Dollar gekostet hat.

In seinem Bericht von 1973 über die Lage des Staates gab Rockefeller vor dem Parlament zu, daß das Programm ein Fehlschlag gewesen sei, da trotz der fast 500 Millionen Dollar, die während seiner Amtsjahre für Drogenbekämpfung ausgegeben worden waren, die Zahl der mit Heroin zusammenhängenden Todesfälle um 32 % zugenommen und der Drogenkonsum »epidemische Formen« erreicht habe. Doch wenn schon das Zwangseinweisungsprogramm von 1966 vielen New Yorkern maßlos hart vorgekommen war, so konnte man seine neue Vorlage nur apokalyptisch nennen. Fast mit dem gleichen Atemzug, mit dem er den Fehlschlag des Gesetzes von 1966 eingestand, verkündete Nelson ein neues Programm, das vor allem den Besitz oder Verkauf von Drogen mit zwingend vorgeschriebenen lebenslänglichen Haftstrafen belegte; Informanten, deren Hinweise zu Verurteilungen führten, sollten Prämien erhalten.

Drakonische Drogengesetze und sonstige Verbalradikalismen konnten freilich kaum darüber hinwegtäuschen, daß Nelson bei seinem Rücktritt den Staat New York in einem fiskalischen und moralischen Chaos hinterließ: seine politischen Funktionen waren verkümmert, und auf seiner Zukunft lastete das Gewicht finanzieller Verpflichtungen, die auf unabsehbare Zeit die Hände des Gesetzgebers binden mußten. Und schon jetzt bezahlte die Bevölkerung von New York teuer für seine öffentlichen und privaten Unternehmungen, ob sie sie an der Wahlurne gutgeheißen hatte oder ob sie sie wahllos hatte hinnehmen müssen. In acht von den fünfzehn Jahren seiner Amtszeit war jeweils die eine oder andere Steuer heraufgesetzt worden – obwohl eines seiner ersten und festesten Wahlversprechen gewesen war, daß es keine Erhöhungen geben würde. 95 Dollar betrug bei seinem Amtsantritt die Steuerbelastung pro Person – bei seinem Abgang 460. Als er in Albany einzog, gab es keine Umsatzsteuer – jetzt gab es eine von 4 %; die Zigarettensteuer war von 3 auf 15 Cents pro Päckchen hinaufgeschnellt; die staatliche Benzinsteuer von früher 1 Cent pro Liter hatte sich verdoppelt.

Der Staatshaushalt war um 300 % gewachsen, die Staatsverschuldung um 400 %. Die halböffentlichen Behörden, deren breiter Einsatz auf Nelson zurückging, operierten inzwischen nach den Worten von Rechnungsprüfer Arthur Levitt »in so riesigen Dimensionen, daß sie in einigen Fällen die fiskalischen Operationen des Staates selbst in den Schatten zu stellen beginnen«. [231] Zur Zeit von Nelsons Rücktritt hatten diese Behörden offene Schulden von 10 Milliarden Dollar, und allein die jährlichen Zinsen beliefen sich auf 50 Millionen.

Nichts lief mehr. Es war, als ob Nelson die Zukunft des Staates New York mit einer riesigen Hypothek belastet hätte, um die kostspielige Therapie für das, was nun weithin als sein »Baukomplex« bekannt war, zu finanzieren. Seit dem Tag seiner vierten Vereidigung hatte es kein neues oder verbessertes Programm mehr gegeben. Sogar sein spezieller Stolz, das Hochschulwesen, war nicht ungeschoren davongekommen.

Das Ganze war wie ein gigantisches Kartenhaus, das eines Tages einstürzen mußte. Nelson machte die Bundesregierung für das Finanzchaos des Staates New York verantwortlich. Als er feststellte, daß die Bürger von New York von jedem Steuerdollar, den sie an die Bundeskasse abführten, nur 14 Cent an Sozialleistungen zurückerhielten, ging er nach Washington und wurde ein Dauerzeuge bei den Kongreß-Hearings zur Frage des Finanzausgleichs. Aber auch hier fing er sich in den Schlingen seiner eigenen Vergangenheit und konnte keine Lösung vorschlagen, weil er zwar einerseits befürwortete, daß Sozialleistungen von der Bundesregierung an den Einzelstaat übertragen wurden, zugleich aber jede Kürzung im Verteidigungshaushalt ablehnte, der doch den größten Teil des Steuerdollars verschlang und zu dessen maßloser Aufblähung er so viel beigetragen hatte wie nur irgendein lebender Amerikaner.

Wenn sie eine Chance bekamen, stimmten die New Yorker zunehmend gegen Rokkefeller. Zwei Verkehrsanleihen, die er für lebenswichtig erklärt hatte – 1971 eine über 2,5 Milliarden Dollar, zwei Jahre danach eine über 3,5 Milliarden –, wurden von der Wählerschaft glatt abgelehnt. Der Apparat schien ihm aus der Hand zu gleiten. Sogar Institutionen wie das Museum of Modern Art, die immer unter seiner oder seiner Familie Kontrolle gestanden hatten, entwickelten einen Hang zur Widerspenstigkeit. Bei einer Ausstellung kinetischer Plastik im Jahr 1971 wurde ein parodistischer Wahlapparat von Hans Haake gezeigt. Die Passanten konnten stehenbleiben, hinsehen und dann ihre Stimme gegen Nelson Rockefeller abgeben.

Im Dezember 1973 gab Nelson bekannt, daß er vor Auslaufen seiner Amtszeit als Gouverneur zurücktreten werde. Durch diesen Rücktritt schlug Nelson mehrere Fliegen mit einer Klappe. Er entging der Notwendigkeit, sich 1974 zur Wiederwahl stellen und seine bisherigen Maßnahmen verteidigen zu müssen (obwohl er die politischen Verhältnisse in New York mittlerweile so vollständig im Griff hatte, daß er sich wahrscheinlich keine Sorge zu machen brauchte). Seinem Vizegouverneur Malcolm Wilson – den der Bürgermeister von Albany, Erastus Corning, als einen Mann charakterisierte, der 15 Jahre lang »zweite Geige in einem Einmannorchester gespielt hat« – verschaffte er für den kommenden Wahlkampf den Bonus des Amtsinhabers und behielt trotzdem die Parteiorganisation der Republikaner im Staat New York und die Wahl der Delegierten für den Parteitag von 1976 unter Kontrolle. Schließlich bekam er freie Hand, um in den nächsten drei Jahren seinen nationalen Bekanntheitsgrad zu heben und als Vorsitzender von zwei wichtigen Bundesausschüssen – über Wasserqualität und Zukunftsplanung – potentielle Parteitagsdelegierte im ganzen Land kennenzulernen.

Der Plan war, daß Nelson jetzt, befreit von seinen Gouverneurspflichten, in seiner Eigenschaft als Ausschußvorsitzender kreuz und quer im Land herumreisen, öffentliche Hearings abhalten und potentiellen Parteitagsdelegierten seine neuen konservativen Ideen und sein neues konservatives Image präsentieren konnte. Und am 4. Juli 1976, wenn die Nation ihren zweihundertsten Geburtstag feierte und die Republikaner sich anschickten, ihren Bannerträger zu wählen, hätte Rockefellers Ausschuß soeben den ersten Teil seines Berichts abgegeben, worin den Amerikanern das Rezept für einen Ausweg aus ihrer inzwischen nur allzu bekannten, von Jahr zu Jahr sich hinschleppenden und vertiefenden nationalen Krise geboten werden sollte.

Das Drehbuch hätte aus Hollywood stammen können. Aber es konnte nur funktionieren, wenn Nixon mit seiner Einigelungstaktik gegenüber den Watergate-Ermittlungen Erfolg hatte und bis zum Ende oder fast bis zum Ende seiner zweiten Amtsperiode durchhielt; denn nur so war zu verhindern, daß Gerald Ford sich als ein legitimer Führer der Nation profilieren konnte. (Noch am 11. Februar 1974 sagte Nelson zu William Farrell, einem Journalisten der *New York Times:* »Einen Präsidenten durch ständiges Störfeuer zum Rücktritt zu zwingen, bedeutet nicht nur eine Umgehung, sondern die Abschaffung der Verfassung der Vereinigten Staaten.«)

Aber Nixons Tage waren gezählt. Es kam sein Rücktritt. Ford übernahm das Amt; sofort nach seiner Vereidigung konsultierte er der Form halber die Führer der Partei, dann gab er zu niemandes Überraschung bekannt, sein Kandidat für den Posten des Vizepräsidenten sei Nelson Rockefeller.

Am 21. August kam der Ruf. Nelson machte gerade Ferien in Seal Harbor. Unerwartet kam der Auftrag nicht. Nelson war es gelungen, sich aus den Skandalen, die Washington erschütterten, herauszuhalten. Seine langjährige Vertrautheit mit der Washingtoner Politik und insbesondere der Außenpolitik konnte ein Gegengewicht zum Provinzialismus des neuen Präsidenten bilden. Mit seiner »Fortschrittlichkeit« konnte er Fords ultrakonservatives Abstimmungskonto im Kongreß ausgleichen. Aber sein größter Aktivposten mag kurioserweise sein Reichtum gewesen sein, da er ihn in der moralischen Atmosphäre nach Watergate sichtlich über jeden Verdacht erhob.

Am 22. August ließ er sich fotografieren, wie er den Sandstrand unterhalb seines Hauses entlangspazierte, in der Nähe des Schwimmbeckens, das er in Auftrag gegeben hatte: einer Felshöhlung, in der die hereinschlagenden Wellen durch ein Heizungssystem angewärmt wurden. Nachdem er den Reportern erzählt hatte, wie sehr er sich freue, ging er mit Happy auf die andere Seite der Bucht von Seal Harbor, wo er mit David und Peggy in deren Haus eine Verabredung zum Lunch hatte, an der auch der ehemalige Finanzminister Dillon mit seiner Frau teilnahm.

Daß Nelson die Ernennung zum Vizepräsidenten akzeptierte, mußte wie eine kalte Dusche wirken, auch wenn er dadurch plötzlich noch einmal ins nationale Rampenlicht gestoßen wurde. Wie oft hatte er behauptet, er sei »nicht aus dem Holz, aus dem zweite Männer geschnitzt sind«! Wie oft hatte er sich über den Gedanken mokiert, er, ein Rockefeller, könne ein »fünftes Rad am Wagen« werden! Aber dies war der Augenblick der Wahrheit: näher würde er seinem Ziel nie mehr kommen; wenn er jetzt nicht zugriff, hatte er seine letzte Chance verspielt. So hatte er wenigstens einen Platz an dem Tisch, wo es um die hohen Einsätze ging. Die Hoffnung, etwa 1976 im Alleingang eine Gegenkandidatur aufzubauen, war illusorisch; er mußte sich mit dem Erreichbaren begnügen und konnte allenfalls darauf hoffen, daß der vormalige Kongreßabgeordnete für Michigan, Ford, unter der nationalen Wirtschaftskrise, den Belastungen durch das Präsidentenamt oder aus sonst einem Grund (z. B. wegen der Krankheit seiner Frau Betty, die wenig später bekannt wurde) aufgeben und nach zwei Jahren aus dem Rennen scheiden würde, wodurch der Startvorteil an seinen loyalen Vizepräsidenten übergehen mußte. Und selbst wenn Ford sich um eine zweite Amtszeit bewarb, kam immer noch 1980. Als ein Reporter in Seal Harbor erwähnte, daß er dann 72 Jahre alt sein werde, machte Rockefeller ein verschmitztes Gesicht und erinnerte an das hohe Alter, das sein Vater und Großvater erreicht hatten; er bemerkte, daß Golda Meir und Konrad Adenauer bis weit in ihre Siebzigerjahre hinein an der Regierung gewesen seien, und fügte hinzu, er selbst rechne fest damit, 100 Jahre alt zu werden.

In seinen ersten Tagen in Washington zog er kreuz und quer durch die Hauptstadt, schüttelte Hände und tauschte Komplimente aus, dinierte mit Henry Kissinger und dem sowjetischen Botschafter Dobrynin, plänkelte mit Journalisten herum, die ihn auf das Vermögen seiner Familie ansprachen, und bereitete durch Besuche bei Abgeordneten den Beginn der Bestätigungs-Hearings vor. Wenn er mit seinem schaukelnden Seemannsschritt die Korridore des Kongreßgebäudes hinuntereilte und bei jedem Büro eines Abgeordneten zu einem Plausch haltmachte, erinnerte er seine Mitarbeiter an den Wahlkämpfer aus alten Zeiten, der sich voller Lust in die Straßen von Manhattan gestürzt hatte.

Nelsons Euphorie über seine politische Karriere wurde freilich, wie schon so oft, von anderen Mitgliedern der Familie nicht geteilt. Laurance machte wieder einmal die Ausnahme, und David akzeptierte die Sache als Teil der wenn auch beschwerlichen Pflicht der Familie gegenüber dem Land; aber die anderen waren nicht sehr erfreut und oft nicht einmal besonders stolz. Für die Vettern – zum großen Teil aktive Gegner Nelsons und seiner Politik – bedeutete die Nominierung nur eine ärgerliche Umstellung des Lebensstils. Sie mußten jetzt auf ihre Sicherheit achten (der Geheimdienst hatte sie alle kontaktiert), wodurch der ungeheure Abstand zwischen ihnen und dem Rest der Welt, den sie fast ihr ganzes Leben lang zu verringern versucht hatten, nur noch betont wurde. Daß Nelson gewählt worden war, war schön und gut; wenn aber die Annahme seiner Berufung bedeutete, daß er sich vor den Augen einer landesweiten Fernsehöffentlichkeit in einem Kreuzverhör zerpflücken lassen mußte, in das unweigerlich die ganze Familie mit ihren Karrieren und Reichtümern hineingezogen wurde, so war das etwas ganz anderes.

Es war freilich die Vorfreude auf diese Details, die die Hauptstadt ungeduldig auf den Beginn der Hearings warten ließ. Nelson war ja nicht nur irgendein reicher Mann wie John F. Kennedy. Er gehörte zu einem riesigen Komplex von Macht und Reichtum. William Shannon, Korrespondent der *New York Times* in Washington, schrieb dazu: »Seit Lady Godiva nackt durch die Straßen von Coventry ritt, haben die Einwohner einer Stadt nie mehr so sehr darauf gefiebert, etwas sonst Verborgenes zu sehen, wie man jetzt hier darauf wartet, die Größe des Vermögens der Familie Rockefeller enthüllt zu sehen . . .« Wer aber gehofft hatte, daß die Hearings der Frage nachgehen würden, wie die erste Familie Amerikas ihren immensen Reichtum und Einfluß in der nationalen Politik geltend machte, sah sich bald enttäuscht; denn Nelson verfolgte die Strategie, die Senatoren gerade so viel von dem Vermögen seiner Familie ahnen zu lassen, wie nötig war, damit sie vor Ehrfurcht erstarrten.

Gekleidet in einen seiner dezenten dunkelblauen Nadelstreifenanzüge, kam er am Morgen des 23. September in den Sitzungssaal des Senats geschlendert, immer wieder aus der Formation seiner Mitarbeiter ausbrechend, um einen Abgeordneten oder Freund mit dem beidhändigen Händedruck zu begrüßen, mit dem er besondere Wärme seiner Gefühle auszudrücken pflegte. Er setzte sich auf denselben roten Lederstuhl, von dem aus vor mehr als einem Jahr die Zeugen der Watergate-Hearings die lange Agonie der Präsidentschaft Nixons eingeleitet hatten, breitete auf dem grünen Tisch einen Haufen von Stichwortzetteln aus, vergewisserte sich bei seinen Mitarbeitern, welche Akten sie bei sich hatten, und lächelte, als Senator Jacob Javits in seiner Eröffnungsrede zu dem Satz kam: »Wenn es ein Staatsdienst-Examen um das Präsidentenamt gäbe, wäre Nelson Rockefeller der Klassenerste.« Während seiner Aussage war ihm keine Nervosität anzumerken – außer daß die vor ihm stehende Wasserkaraffe sich innerhalb von zwei Stunden leerte –, und seine einleitende Erklärung, eine 72seitige Geschichte der Familie Rockefeller, verlas er ohne jedes Zögern.

Er hatte sie großenteils selbst geschrieben, wobei er sich für die zusammenfassenden Informationen über die Leistungen seiner Ahnen auf das Familienarchiv hatte stützen können. In seiner Version hatten seine Vorfahren ihren Platz in einem Pantheon amerikanischer Tugenden. Die Familie seiner Großmutter väterlicherseits, die Spelmans, waren entschiedene Gegner der Rassendiskriminierung. Der Stammbaum der Aldriches, seiner Großeltern mütterlicherseits, reichte bis zur »Mayflower« zurück. Urgroßvater William Avery Rockefeller, der Quacksalber, der als Krebsspezialist auftrat und in Bigamie lebte, wurde bei Nelson zu einem »lebens- und abenteuerlustigen, furchtlosen Mann, der hart arbeitete und seine Schulden pünktlich bezahlte. Sein Interesse galt unter anderem der Naturheilkunde, und er verwandte einen zunehmend größeren Teil seiner Zeit auf den Verkauf pflanzlicher Arzneimittel . . .« Der erste John D. war ein gütiger, gewissenhafter Mann, der die Standard Oil ins Leben rief und dann den Rest seines Lebens damit verbrachte, »denen zu helfen, die in Not waren«. Und schließlich Junior: ein Mann, der »dem Familienethos« verpflichtet war, welches verlangt, daß man sein Leben »dem Dienst am Mitmenschen und dem Wohlergehen der ganzen Menschheit . . .« widmet.

Hauptsächlich aber interessierte die Leute das Geld der Rockefellers. Die Zahlen waren bisher so unzugänglich gewesen wie Regierungsdokumente der höchsten Geheimhaltungsstufe. Wieviel hatte Senior dem Junior vererbt? Was hatte der damit gemacht? Wieviel besaßen die Brüder? Was hatten sie damit gemacht? Wieviel Prozent der amerikanischen Wirtschaft kontrollierten sie mit ihrem Geld?

Die Familie hatte es stets vermieden, eine Bilanz zu veröffentlichen – nicht nur, weil es die heiligsten Prinzipien des Schutzes der Privatsphäre verletzt hätte, sondern vor allem, weil damit ein ungreifbarer, aber wesentlicher Teil ihrer Macht verlorengegangen wäre: das Element des Geheimnisvollen. Jetzt freilich bildete dieses Vermächtnis ein Hindernis auf seinem Weg, und Nelson zögerte nicht, es zu opfern. Vor den Senatoren drückte er es so aus: »Der Mythos von der Macht, die meine Familie ausüben soll, muß entkräftet werden. Diese Macht existiert ganz einfach nicht.« [232]

Die ganze Woche, die seiner Aussage voranging, hatte Nelson vergnügt gelacht, wenn Reporter ihn nach seinem Privatvermögen fragten, und angedeutet, sie müßten sich auf Enttäuschungen gefaßt machen. Man munkelte etwas von ganz unwahrscheinlich niedrigen 33 Millionen. Jetzt war die Zeit der Wahrheit gekommen. Nachdem er seinen historischen Abriß abgeschlossen hatte, begann Nelson, Zahlen vorzulegen. Junior hatte von Senior 465 Millionen Dollar bekommen. Davon hatte er für seine Söhne und Enkel 240 Millionen in Trusts bei der Chase angelegt. Nelsons Anteil an diesem Kapital, das über die Jahre gewaltig gewachsen war, belief sich auf 116 Millionen Dollar, bei depressionsbedingt niedrigen Kursen. (In den letzten zwei Monaten war der Gesamtwert des Kapitals, genau gesagt, um 20 Millionen geschrumpft.) Als weitere Posten gab er an: 62 Millionen in beweglicher Habe, wozu vor allem seine riesige Kunstsammlung zählte (33 Millionen), 11 Millionen in Immobilien und 12 Millionen in Wertpapieren. Bei einer späteren Steuerprüfung wurde der Wert seiner Immobilien heraufgesetzt, so daß sich schließlich für sein Gesamtvermögen die Summe von 218 Millionen Dollar ergab.

Die Rockefellers hatten eine Menge Geld, aber gewiß nicht so viel, wie ihnen die Fama zusprach, und viel zuwenig, als daß sie die Wirtschaft derart hätten beherrschen können, wie ihr Ruf es wollte. Das wurde noch deutlicher (und die Enthüllung damit noch enttäuschender), als Nelson in seiner Erklärung den gegenwärtigen Stand der Beteiligung seiner Familie an Standard Oil beschrieb.

Bei den Hearings des TNEC, des Ausschusses zur Untersuchung der Konzentration von wirtschaftlicher Macht, im Jahr 1937, dem ersten und letzten Mal, daß versucht worden war, die Besitzverhältnisse in der amerikanischen Wirtschaft zu klären, stellte sich heraus, daß die Rockefellers zwischen acht und 16 Prozent der Aktien der Standard-Gesellschaften besaßen. 37 Jahre später machte Nelson folgende Ausführungen: »Der gesamte Aktienbesitz, in freiem Eigentum wie in Trustform, aller lebenden Nachkommen meines Vaters übersteigt bei keiner dieser Gesellschaften 2,06 Prozent.« (Die genauen Zahlen waren: 1,0 Prozent von Exxon; 2,06 Prozent von Cal Standard; 1,75 Prozent von Mobil; 0,23 Prozent von Indiana Standard.) Und weiter: »Keiner dieser Nachkommen meines Vaters sitzt im Direktorium irgendeiner der

Ölgesellschaften, und wir haben keinerlei Einfluß auf das Management oder die Geschäftspolitik.« Er fügte dann noch gleich hinzu, daß das gleiche auch für die Chase gelte, wo die ganze Familie zusammen 2,54 Prozent der Aktien halte. (Trotzdem waren sie, sowohl bei den Ölgesellschaften als auch bei der Bank, noch immer die Besitzer des größten privaten Aktienpakets.)

Daß die Beteiligung der Rockefellers am Kapital der Standard-Gesellschaften zurückgegangen war, lag zu einem guten Teil an den Steuergesetzen, die es für die Familie fast zu einem lohnenden Geschäft machten, ihre gemeinnützigen Spenden in Form von Standard-Aktien zu verteilen. Der Wert der Aktien war im Lauf der Jahre um mehr als das Zehnfache gestiegen. Wenn sie eine solche Aktie, die ursprünglich z. B. 10 Dollar gekostet hatte, verkauften, mußten sie 100 Dollar Kapitalgewinn versteuern. Wenn sie jedoch dieselbe Aktie verschenkten, konnten sie 100 Dollar absetzen und brauchten überhaupt keine Kapitalgewinnsteuer zu bezahlen. So machten sie unter dem Strich eine Spende, die das Zehnfache dessen wert war, was die Familie ausgegeben hatte, und verbuchten als Gewinn einen ebenfalls zehnfachen Abzug von ihrem zu versteuernden Einkommen.

Selbst wenn die Familie sich mehr Mühe gegeben hätte, ihre Standard-Anteile festzuhalten, wären die Gesellschaften allmählich ihrem Einfluß entglitten, und zwar aufgrund der unaufhaltsamen Grundtendenz, wonach in der amerikanischen Wirtschaft die Kontrolle von individuellen auf institutionelle Anleger übergeht. (Selbst das Stimmrecht für das Trustkapital der Rockefellers lag bei der Chase.) 1974 waren die drei Spitzenaktionäre von Mobil Oil, der zweitgrößten der Standard-Gesellschaften, drei New Yorker Banken (Bankers Trust 6,1 Prozent; Chase Manhattan 5,2 Prozent; Morgan Guaranty 2,9 Prozent). Die »Großen Sieben« unter den New Yorker Banken kontrollierten insgesamt 17 Prozent der Anteile von Mobil, d. h. mehr als die Familie Rockefeller 1937 besaß.

Nelsons Enthüllungen brachten den Mythos vom Überreichtum und der ungeheuren Kapitalmacht der Familie zum Platzen. Aber die Pointe war nicht, wie er stillschweigend implizierte, daß sie ihre angebliche Macht gar nicht besaß, sondern daß diese Macht anderswo lag. Sie war von einer viel wirkungsvolleren und verwickelteren Art, als sich an einem Nettowert ablesen ließ. In schlagender Übereinstimmung äußerten alle Wall-Street-Geldleute, die nach Nelsons Erklärung von der *New York Times* interviewt wurden, die gleiche Meinung: daß nämlich das Portefeuille der Rockefellers nur die alleroberste Spitze des Eisbergs war. »Wenn man nur nach den Aktien geht«, bemerkte ein Investmentbankier über den Einfluß der Familie, »dann ist das natürlich Kleckerkram. Aber seien wir doch ehrlich: die Rockefellers sind die Rockefellers.« Und ein anderer Finanzmann meinte: »Keine Familie in den USA hat eine Macht, die auch nur entfernt an die der Rockefellers heranreicht. Sie haben eine ungeheure Macht.«

Die Art ihrer Macht zeigte, mit welchem Erfolg Junior sich um die Konsolidierung der Dynastie bemüht hatte. Ihre Quelle war nicht das Geld, sondern das einzigartige Geflecht von Rockefellerschen Institutionen und Gesellschaften, das von der Wirtschaft seinen Ausgang nahm, inzwischen aber Politik, Kultur und Geistesleben der ganzen Nation erfaßt hatte. Es zahlte sich aus, daß Junior gewaltige Summen in alle möglichen Sektoren und Einrichtungen gesteckt und die Brüder ihr Leben lang eine noch buntere Kette der verschiedensten Aktivität entfaltet hatten; denn so konnte kaum mehr irgendwo eine wichtige Entscheidung fallen, bei der ihre Angestellten, Schützlinge oder Einrichtungen nicht einen maßgeblichen Einfluß ausübten. Sogar die Rockefeller Foundation, in der sie nicht mehr das letzte Wort hatten, wurde von Männern verwaltet, an deren Berufung sie mitgewirkt hatten und die von einem tiefen Gefühl der Verpflichtung gegenüber der freigebigen Familie erfüllt waren. Mochte der Grundtendenz nach die Macht in der Nation von Individuen auf Institutionen übergehen, die Dynastie, die Junior geschaffen hatte, war selbst verknüpft mit solchen Syndikatsbildungen, und der Einfluß der Brüder auf die Geschäfte des Landes war dadurch konkurrenzlos. Vielleicht war die Familie nicht die reichste in Amerika, aber innerhalb der Machtelite, die von der Wall Street bis Washington regierte, hatte sie nicht ihresgleichen.

Doch niemand im Lenkungsausschuß des Senats konnte (oder wollte) den Schleier durchstoßen. Robert Byrd, der Senator von Virginia und der einzige, der nicht total von Nelson eingeschüchtert zu sein schien, machte einen Versuch, dem Zeugen genauere Aussagen über die Macht seiner Familie abzuverlangen; aber die Richtung, in die seine Fragen zielten, wurde abgeblockt durch den Führer der Senatsminorität, Hugh Scott, der sich im Ausschuß fast wie Rockefellers Anwalt gebärdete. Mit solcher Rückendeckung konnte Nelson den aufgeworfenen Fragen noch ungenierter ausweichen. Als Senator Byrd nachhakte: ob er als Vizepräsident nicht in Interessenkonflikte geraten könnte, bestritt er zunächst die Existenz eines »Rockefeller-Imperiums« und setzte die Fragen mit einem Angriff auf das ganze amerikanische System gleich. Das System des freien Unternehmertums habe Amerika »zur größten Nation der Welt« gemacht. »Dieses System ist kein Imperium. Es ist eine Demokratie.« [233]

Das war kein momentaner Lapsus, sondern die typische Methode Nelsons, die Frage nach Interessenkonflikten zu behandeln, wann immer sie im Verlauf der Hearings auftauchte. Er versicherte dann einfach, daß er sein Land liebe oder daß er einen Amtseid leisten würde, wodurch sich das Problem von selbst löse. Wollten die Senatoren etwa so taktlos sein, ihm unlautere oder selbstsüchtige Hintergedanken bei der Erfüllung seiner Pflichten zu unterstellen? Daß Rockefeller sich in die Positur einer fast überirdischen Rechtschaffenheit und Unschuld warf, ließ die Fragen nach der Macht immer defensiver und kleinlauter erscheinen. Senator Byrd z.B., der zunächst ausloten wollte, ob nicht die Vizepräsidentschaft Rockefellers eine ungeheure Konzentration von Macht in den Händen der Familie bedeuten könne, begnügte sich am Ende mit dem bescheidenen Versuch, Rockefeller das Zugeständnis zu entlocken, daß in Verbindung mit seinem großen Reichtum die große politische Macht des Amtes für ihn »eine weit größere Macht« darstelle als »für den durchschnittlichen Amtsinhaber, dessen finanzielle Mittel so viel geringer sind als die Ihrigen«. Doch Nelson antwortete sogar darauf mit einem Nein.

331

Als der erste Tag der Anhörung vorbei war, sammelte Nelson seine Papiere zusammen, steckte seinen silbernen Federhalter in die Tasche, und als die Scheinwerfer des Fernsehens ausgingen, sagte er zu Journalisten: »Ich meine, es war großartig«, und drängelte sich zum Ausgang durch. Die nächsten zwei Tage verliefen ebenso glatt. Nach dem Bild, das er zeichnete, waren die Mitglieder der Familie so gründlich mit ihren eigenen Angelegenheiten beschäftigt, daß sie gar keine Zeit hatten für die Zusammenkünfte, auf denen sie nach den Phantasien von Paranoikern ihre Machtpläne schmieden sollten.

Am 15. September waren die Senatoren fertig. Unmittelbar nach seiner Nominierung durch Ford hatte sich in der Post, die im Weißen Haus und im Kongreß einging, eine überwältigende Mehrheit gegen seine Wahl ausgesprochen, aber während des Verfahrens kam die einzige nennenswerte Opposition von Angela Davis, der »Freiheits-Lobby«, die überzeugt blieb, daß das Geld der Rockefellers hinter der internationalen kommunistischen Verschwörung stand, und den »Recht-auf-Leben«-Gruppen, die ihm immer noch die Aufhebung des New Yorker Abtreibungsverbots verübelten. Diese sonderbare Mischung konnte nur unterstreichen, daß er nicht mehr aufzuhalten war.

Im sicheren Gefühl, daß er so gut wie bestätigt war, nahm Nelson nach den Senats-Hearings einen kurzen Urlaub an der Westküste. Unterdessen begannen beunruhigende Nachrichten durchzusickern, Dinge, die der Kongreß, die Steuerbehörde und das FBI (das zuletzt 300 Agenten auf den Fall Rockefeller angesetzt hatte) bei ihren Nachforschungen zutage gefördert hatten. In schneller Folge kam heraus, daß eine Steuerprüfung eine Steuerschuld von fast einer Million Dollar festgestellt hatte; daß er 1970 seinen Bruder Laurance dazu veranlaßt hatte, 60 000 Dollar in Strohfirmen zu stecken, die eine ehrabschneiderische Biographie seines Kontrahenten bei der Gouverneurswahl, Arthur Goldberg, finanzierten; daß er und seine Familie rund 20 Millionen allein für seine politische Karriere ausgegeben hatten, ganz zu schweigen von Wahlspenden an andere Kandidaten; und, schlimmer noch, daß er Darlehen und Geschenke oder beides in der Gesamthöhe von mehreren Millionen Dollar verteilt hatte, von ein paar Tausendern für Mitarbeiter bis zu 50 000 Dollar für Henry Kissinger [234], 250 000 Dollar für Ed Logue, den Leiter der Urban Development Corporation, und 625 000 Dollar für William Ronan, den Chef der Verkehrsbehörde MTA.

Am 20. Oktober veröffentlichte Nelsons Stab eine Liste seiner Stiftungen für gemeinnützige Zwecke in den vergangenen 17 Jahren. Es war dies eine taktische Verwendung der Philanthropie, die den Beifall seines Großvaters gefunden hätte, aber die Summe von insgesamt 24,7 Millionen Dollar zeigte, wie sehr die karitative Aktivität im Lauf der Jahre zurückgegangen war. Die Liste selbst ließ kaum ein breitangelegtes Interesse am Wohlergehen der Menschheit erkennen. Doch die Publikation der Liste und die Krankheit von Happy trugen dazu bei, die Kritik ein wenig zu dämpfen, aber er war beunruhigt. Nelson sah auf einmal seine Nominierung gefährdet. Er verlangte, der Lenkungsausschuß des Senats solle erneut zusammentreten, damit er auf die gegen ihn erhobenen Beschuldigungen antworten könne; aber er mußte zunächst das Ende des Wahlkampfes abwarten. Einen Monat lang war er hilflos wie ein gestrandeter Wal.

Erst am 13. November betrat Nelson wieder den Zeugenstand. In seiner Eröffnungserklärung erinnerte er daran, daß er kein Nixon war und nicht in den Kulissen des Systems operierte, sondern zur breiten Mitte gehörte. »In diesem Land entscheidet letztlich in allem die unbestechliche Stimme des amerikanischen Volkes«, dozierte er. »Hier, in Amerika, ist es das erhabene Wunder unserer Verfassungsordnung, daß alle Quellen privater Macht am Ende gebändigt oder gezähmt werden. Ich glaube fest, daß mein Leben beweist, wie sehr ich mich immer bemüht habe, das Wohl meiner Mitbürger zu befördern und, so hoffe ich, ihr Wohlwollen zu erlangen durch meinen treuen Dienst im öffentlichen Amt.« [235]

Als dann freilich die Sprache auf die neuerdings bloßgelegten Sachverhalte kam, hatte die Öffentlichkeit erstmals Gelegenheit, die ungefähren Züge des wahren Rokkefeller zu sehen. Dieses Gesicht unterschied sich erheblich von dem des weltläufigen Charmeurs aus der ersten Runde der Hearings. Die Probleme zeigten sich jetzt in einem neuen Rahmen. Vorbei waren die Zeiten, wo Nelson »sauber wie ein Hundezahn« war, um eine häufig gebrauchte Wendung aus den Tagen nach seiner Nominierung zu zitieren. Und ebensowenig konnte er sich weiter darauf berufen, er habe vor anderen Politikern den großen Vorzug, zu reich zu sein, als daß man ihn kaufen könnte. Was sich gezeigt hatte, war etwas Bedrohlicheres als Käuflichkeit: er war so reich, daß er selbst kaufen konnte. Nach allem, was man zwischen der ersten und der zweiten Runde der Hearings erfahren hatte, operierte er auf dem Feld der Politik ebenso rücksichtslos wie einst sein Vater auf dem des Öls.

Die Diskussion in den Hearings konzentrierte sich schließlich auf die Frage, was Nelson eigentlich von den Empfängern immenser Darlehen und Geschenke als Gegengabe bekommen habe und ob er etwa von ihnen Gefälligkeiten erwarten dürfe. Aber das war zu einfach gedacht; es handelte sich hier um viel mehr als um ein simples *do ut des*. Nelson hatte diese Geschäfte nicht gemacht, um Kissinger, Ronan, Logue und die anderen zu kaufen: in einem tieferen Sinn besaß er sie bereits, denn nur ihm verdankten sie ihren Aufstieg aus dem Nichts. Das Geld war vor allem ein zarter Wink, wer nämlich der Herr war und wer der Vasall.

Am Ende der Senats-Hearings war es Nelson gelungen, einen großen Teil des Mythos zu zerstreuen, den zu befestigen sein Vater sich ein Leben lang bemüht hatte. Was da freilich zerstreut wurde, war keineswegs der Eindruck, die Familie besitze große Macht; dieser Eindruck war allenfalls verstärkt worden, weil die Senatoren die Machtfrage nicht zu stellen gewagt hatten. Schaden litt dagegen durch Nelsons Bloßstellung der philanthropische Aspekt des Mythos. Ein ganzes Leben hatte sein Vater daran gearbeitet, zu beweisen, daß die Geschenke und Stiftungen der Rockefellers mehr als Bestechung seien; in ein paar denkwürdigen Augenblicken vor dem Ausschuß machte Nelson diese Anstrengung zunichte, indem er als unschuldige Akte der Nächstenliebe hinstellte, was zweifellos ganz nach politischen Zahlungen aussah.

Diese Tatsache beunruhigte, zusammen mit der allgemeinen Feindseligkeit, die sich aufgrund der Enthüllungen regte, die anderen Rockefellers immer mehr, je weiter die Hearings fortschritten. Er selbst blieb allem Anschein nach ziemlich unberührt. Eher mußte man aus seinem Benehmen schließen, daß er seinen zweiten Auftritt vor dem Lenkungsausschuß des Senats genoß. Seine Karriere erhielt dadurch Resonanz. Was er auf die vorgebrachten Fragen antwortete, konnte den Schatten eines Zweifels, der jetzt über seine Karriere und Persönlichkeit gefallen war, keineswegs beseitigen. Der Makel blieb an ihm haften. Er stempelte ihn als einen rücksichtslosen Machtmenschen ab, der von einem fast zwanghaften Ehrgeiz besessen war – aber er bedeutete nicht, daß er der aktiven Korruption verdächtig war. Was sollte man auch weiter sagen, wenn großer Reichtum an sich jemand noch nicht für das Amt disqualifizierte, wie der Ausschußvorsitzende Howard Cannon festgestellt hatte? Schließlich war alles, was Nelson dargestellt und getan hatte, nur eine Folge seines unermeßlichen Reichtums gewesen und seiner Entschlossenheit, ihn maximal auszunutzen.

Am 21. November, als das Repräsentantenhaus die Verhandlungen übernahm, waren alle Zweifel an der Bestätigung Nelsons geschwunden. Zwei Monate waren vergangen, seit die ersten Enthüllungen – wenn man sie so nennen konnte – seine Karriere in ein moralisches Zwielicht getaucht hatten. Danach war nichts mehr herausgekommen. Und so verstärkte sich die Neigung, die Dinge zu beschleunigen, damit Nelson endlich das Amt übernehmen konnte, zumal inzwischen Gerald Ford ins Schwimmen geraten war. Wenn er auch noch so viele Mängel hatte – so hieß der letzte Mythos, der noch übriggeblieben war –, so hatte Nelson doch Zugang zu den »besten Leuten« im Land. Man konnte hoffen, daß er im Weißen Haus die Dinge wieder ins Lot bringen werde.

Vor dem Repräsentantenhaus wurde Nelson schärfer befragt und weniger ehrerbietig behandelt als vor dem Senat. Aber da seine Bestätigung so gut wie sicher war, konnte er nach Kräften kontern und seine Späße machen. Auf gezielte Fragen des Abgeordneten Charles Rangel zu Attica gab er zu, »einen schweren Fehler« gemacht zu haben – nicht, weil er den Sturm befohlen, sondern weil er ihn nicht gleich zu Beginn des Aufstands befohlen hatte, wie er ursprünglich wollte, und sich von seinem Leiter des Strafvollzugswesens, Russel Oswald, hatte erweichen lassen. Und als er an einer anderen Stelle vom Abgeordneten Paul McClosky auf seine harte Linie in der Drogenfrage angesprochen wurde, steuerte er den plumpen Kommentar bei: »Mir scheint, wenn die Gründungsväter Marihuana geraucht hätten, dann hätten wir heute schwerlich die Vereinigten Staaten oder die Verfassung.«

Die Hearings vor dem Repräsentantenhaus kamen schließlich zu einem lustlosen Ende, und Nelson erhielt seine Bestätigung als Vizepräsident. Die Zweifel waren nicht behoben, aber man konnte nichts weiter daran ändern. Am 10. Dezember legte Nelson unter den Blicken seiner Söhne Nelson Jr. und Mark, die an der Seite von Happy die Bänke der Zuschauertribüne drückten, seine Hand auf die Bibel seiner Großmutter Cettie Rockefeller – er hatte diese Bibel schon als Gouverneur in Albany viermal benutzt – und schwor den Amtseid. Anwesende Reporter behaupteten gesehen zu haben, wie er an seiner Brille rückte und eine Träne abwischte, bevor er seine Rede begann, mit der er die große, ihm nun offiziell auferlegte Verantwortung annahm.

Es war unzweifelhaft ein Höhepunkt seiner Laufbahn. Die große Frage war nun: Was sollte nach der Vizepräsidentschaft kommen? Würde der Krebs von Betty Ford ihren Mann 1976 aus dem Rennen werfen? (Daß niemand dieselbe Frage in bezug auf Happys noch schwerere Begegnung mit der gefürchteten Krankheit gestellt hätte, zeigte, wie hoch man Nelsons Ehrgeiz einschätzte.) Würde die wirtschaftliche Situation sich so katastrophal verschlechtern, daß Ford als Präsident hoffnungslos diskreditiert war? Und wenn Ford aufgab, konnte Nelson jemals die fundamentale Antipathie überwinden, die sich bei seiner eigenen Partei gegen ihn angesammelt hatte?

Nelson hatte die günstige Ausgangsstellung erreicht, die er so angestrengt gesucht hatte – aber er hatte mehr Fragen aufgeworfen als beantwortet. Um den Posten des Vizepräsidenten zu bekommen, hatte er die Familienmythologie geplündert und das ehrfurchtgebietende Mysterium der Familie Rockefeller der Befriedigung seines Ehrgeizes geopfert. Kein Schuldschein, den er nicht ausgespielt, kein letzter Rest des von seinem Vater für die Familie gespeicherten Kredits, den er nicht ausgeschöpft hatte! Seit er als junger Mann über den Zufall nachgebrütet hatte, daß er am selben Tag geboren war wie sein Großvater, eine der berühmt-berüchtigtsten Gestalten in der amerikanischen Geschichte, war sein Ehrgeiz schicksalhaft mit der Zukunft der Rockefellers verschlungen gewesen. Jetzt hatte er der Tradition, die vom ersten John D. ausgegangen war, einen tödlichen Schlag versetzt, und zwar gerade indem er ihren Gesetzen gehorchte. In einem gewissen Sinn war er der letzte Rockefeller. Zur selben Zeit, als er ein letztes Mal nach der Krone griff, beobachtete ihn schon eine neue Generation von Rockefellers, der beinahe übel wurde ob der Art und Weise, in der er sie alle zum öffentlichen Schauspiel gemacht hatte.

David war ein Bank- und Staatsmann besonderer Prägung geworden. In der Familien-Caravelle mit 15 Sitzen raste er von einem Kontinent zum anderen, beriet sich mit Herrschern und Ministern und hatte Einblick in Papiere wie sonst nur höchste Regierungsvertreter. In der Chase Manhattan Bank, dem Eckpfeiler der Familienmacht, hatte er Karteikarten mit den Namen von 20000 hochstehenden Persönlichkeiten in aller Welt, die er zu seinen »persönlichen Freunden« zählte.

*Christmas 1973*

*Dick, Abby,
Dave, Sydney, Peggy, Eileen, Neva and Walter Kaiser*

Jeder der vierten Generation der Rockefellers empfand den Namen als schier unüberwindliches Hindernis, zu sich selbst zu finden. Den durch die Familientradition vorgezeichneten Weg für ihre Zukunft konnten sie nicht akzeptieren, denn er hätte ihnen wenig mehr geboten als die Rolle von Kuratoren in einem Museum vergangener Errungenschaften.

# Teil IV: Die Vettern

»Die junge Generation drängt nach vorn, sie muß nun das Ihre tun. Und wie ein Ballon wird sie aufsteigen, bis sie ihrerseits mit dem Kopf an ihre eigene Decke stößt.«

*NELSON*

»Die meisten von den jungen Leuten sind nicht am Geschäft interessiert. Und ich meine, das ist jammerschade; aber wo es so vieles zu tun gibt, kann man eben nicht alles tun, und sie interessieren sich für Umwelt, sie interessieren sich für gemeinnützige Dinge, sie interessieren sich für Regierung und Politik.«

*LAURANCE*

»Weil es von ihnen dreiundzwanzig gibt und sechs von uns, bedeutet das im Verein mit der Vermögenssteuer unweigerlich, daß sie weniger haben werden als jeder von uns.«

*DAVID*

»Die Welt befindet sich in raschem Wandel, und ich glaube, auch wir als Familie befinden uns derzeit im Wandel. Noch weiß ich nicht so recht, was am Ende dabei herauskommen wird.«

*JDR3*

# Kapitel 26

Als wäre er aus den Schienen der »Western Pacific« gesprungen und auf der frischgemähten Wiese zum Halten gekommen, steht der rote Waggon No. 694, rostig und abgeblättert, in der feuchten Wärme des nordkalifornischen Sommers. Rauchkringel steigen aus einem Ofenrohr. Von einem Bienenkorb in der Nähe hört man ein geschäftiges Summen, sonst Stille weit und breit.

Hinter dem Waggon taucht eine blonde Frau auf, die auf einem Holzofen das Essen gekocht hat. Das Haar über dem hübschen, sommersprossigen Gesicht ist mit einem alten grünen Tuch zusammengebunden, und ihren selbstgenähten, knöchellangen Rock bedeckt eine dünne Staubschicht. Einen barfüßigen Vierjährigen hinter sich herziehend, dessen Haar von der Sonne fast weiß ist, wirft sie Essensreste auf einen Komposthaufen. Dann ruht sie ein wenig im Schatten von Akazien.

Es ist ein Idyll – aber nur so lange, bis einer, der sie kennt, die Frage stellt, was die Urenkelin von John D. Rockefeller, potentiell eine der reichsten und mächtigsten Frauen des Landes, an einem solchen Ort zu suchen hat. Bei Marion freilich, der zweiten Tochter von Laurance, kommt die Antwort schnell und selbstverständlich: »Man fühlt sich hier wohl«, sagt sie ruhig und ernsthaft, wie es ihre Art ist. »Sehr wohl. Die Arbeit, alles. Alles kommt hier in Ordnung. Ich habe immer stärker das Gefühl, daß ich mein Leben in der Hand habe, daß es *mein* Leben ist, nicht ein Familienanhängsel.« [236]

Marion verbringt nur das Wochenende und den Sommer hier im Waggon. Sonst lebt sie in Berkeley, wo ihr Mann Warren an der Universität eine philosophische Doktorarbeit schreibt. Wenn er fertig ist, wollen sie für immer hierher ziehen und eine biologische Farm aufbauen; der Anfang ist schon gemacht, mit einem zwei Morgen großen Kürbis- und Tomatenfeld, dessen Früchte sie im Herbst am Straßenrand verkaufen. Vorläufig müssen sie mit ihrem bißchen selbstverdienten Geld haushalten. Derzeit kommt die vierköpfige Familie mit 700 Dollar pro Monat aus – die ersten Rockefellers seit mehr als 100 Jahren, die von weniger als dem amerikanischen Durchschnittseinkommen leben.

Die meisten Rockefellers der vierten Generation haben langjährige Psychotherapien durchgemacht, um mit dem Geld und der Familie, dem Makel und dem Privileg ins reine zu kommen. Marion freilich erforscht die innere Welt auf ihre eigene Weise – unter anderem dadurch, daß sie auf die Eingebungen eines selbsttätigen Bewußtseins horcht, das in ihren Träumen seinen Ausdruck findet. Oft handeln sie sehr deutlich von der Familie, und ihre Versuche, des Dilemmas Herr zu werden, haben nicht selten fast literarischen Charakter.

Aber den größten Traum hat sie tags, wenn sie davon träumt, ihre Identität als eine Rockefeller vollständig abzustreifen. »Das Vermögen sollte gelöscht werden«, sagt sie mit Leidenschaft. »Vor kurzem war ich mit meinem Vater in Woodstock, und er redete davon, daß er sein Testament machen will. Ich will sein Geld nicht erben. Ich will nicht, daß meine Kinder es erben. Sie sollen nicht mit den gleichen Problemen kämpfen müssen wie ich. Meine ganze Hoffnung ist, daß bald die soziale Revolution kommt und uns von diesen Problemen befreit.«

Vielleicht würden sich einige ihrer Vettern und Kusinen bei dieser extremen Äußerung unbehaglich fühlen, aber sie ist keineswegs die einzige, die sich wünscht, den Mythos von Horatio Alger umgekehrt zu erleben. Mehr oder weniger sind sie alle Prinzen und Prinzessinnen, die sich danach sehnen, arm zu sein.

Cleveland Amory sagte einmal von den Vanderbilts seiner Zeit, daß man sie »schlechterdings nicht von anderen Menschen unterscheiden könnte«. Wenn die Vettern – wie die vierte Generation von der Familie allgemein genannt wird – sich jeden Juni und Dezember zu ihrem halbjährlichen Meeting in Pocantico versammeln, kann keiner übersehen, daß sie zur Familie Rockefeller gehören. Wie ein Leitmotiv läuft durch ihre Gesichter der markante eckige Unterkiefer von John D. Rockefeller Junior und der üppige Mund seiner Frau Abby. Auch Züge der Brüdergeneration sind, in neuen Kombinationen, vertreten: die spitze Nase und der hohe Backenknochen von Davids Familie; die magere Windhundgestalt und die majestätische Haltung von JDR3 und Blanchette; Nelsons kräftiger Körper und das lange Gesicht mit dem vorspringenden Kinn von Mary Clark; das ruhige Auge und die aufstrebende Stirn von Laurance.

Durch einige Faktoren freilich, die in ihrer ungewöhnlichen Entwicklung eine große Rolle spielten, hebt sich diese Gruppe der Rockefellers entschieden von ihrer Vergangenheit ab. Es gibt 21 Vettern und Kusinen.* Weniger als ein Drittel sind »Vettern«, nämlich männlichen Geschlechts, und das in einer traditionell patriarchalischen Familie. Nur vier von ihnen leben in New York. Und schließlich bestehen zwischen ihnen so erhebliche Alters- und Meinungsunterschiede, daß sie nicht nur in zwei getrennte Generationengruppen zerfallen (die älteste Kusine, Babs' Tochter Mitzi, könnte mit ihren 45 Jahren die Mutter der jüngsten, Davids 20jähriger Tochter Eileen, sein), sondern auch niemals die einheitliche Weltanschauung produzieren könnten, die ihre Väter ins öffentliche Leben geführt hat.

Nelsons Sohn Rodman, mit seinen 43 Jahren der älteste Mann unter ihnen, ist Präsident der IBEC und ein Geschäftsmann mit Leib und Seele, der als einziger aus seiner Generation von seinem Gehalt lebt. Der 37jährige John D. Rockefeller IV (»Jay«)

---

* Diese Zahl enthält weder Nelson Jr. und Mark, Nelsons Söhne aus seiner zweiten Ehe mit Happy, noch die Mitglieder der fünften Generation von Vettern zweiten Grades (bisher 38), noch Nelsons Sohn Michael, der 1961 starb.

ist dank seiner politischen Karriere in West Virginia der berühmteste der Vettern. Marions Schwester Lucy, Psychotherapeutin in Washington, interessiert sich für Organisationen, die sich mit Problemen der Familienerziehung befassen. Und Peggy, die 25jährige Tochter Davids, ist seit den Anfängen der Studentenbewegung SDS in linksradikalen Kreisen von Cambridge zu Hause.

Die politischen Meinungen reichen von dem republikanischen Konservatismus von Winthrops Sohn Win Paul bis zum Marxismus von Davids Tochter Abby; und der Lebensstil von Marions Wochenendidyll in Waggon No. 694 bis zu Mitzis üppigem Leben in Oyster Bay und dem Upper-East-Side-Schick von Nelsons Tochter Mary. Etwas aber verbindet sie fester noch als Blut: ihr suchender Blick, ihre unerbittliche Ernsthaftigkeit und eine so eingefleischte und tiefsitzende Vorsicht, daß sie sich nicht einmal im engsten Kreis entspannen können. Obwohl die meisten von ihnen schon längst erwachsen sind, sehen sie aus, als lebten sie seit ihrer frühesten Jugendzeit mit einer Last, auf die sie sich immer noch nicht recht eingestellt haben. Ob sie diese Last auf sich nehmen und behutsam auf der Schulter balancieren sollen oder ob sie von vornherein befinden sollen, daß sie zu schwer sei, um sie auch nur anzupacken – das ist die Wahl, vor der sie stehen.

Einige wenige allerdings sind aus dieser Alternative ausgebrochen und haben den Weg des größten Widerstands gewählt – zum Beispiel Marion, die nicht nur die Familienverantwortung, die sie als ein heiliges Vermächtnis hätte übernehmen sollen, zurückgewiesen hat, sondern schließlich das Korrupte und Zerstörerische der Mission als solcher erkannt und einen großen Teil ihres Lebens darauf verwandt hat, sich selbst das Sendungsbewußtsein auszutreiben. Es war ein qualvoller Weg, der sie schließlich zu dem einsamen Waggon brachte. Er führte von der »Brearly School for Girls« zu Debütantinnenbällen und durchlief dunkle Perioden des Selbstzweifels. Sie arbeitete in Kranken- und Irrenhäusern. »Man wächst auf und hat das Gefühl, daß man so viel Schuld und so viel Gemeinheit nie im Leben wiedergutmachen kann und daß man einfach eine Heilige werden muß«, sagt Marion. »Also martert man sich ab. Das war mein Zustand, als ich in die Welt der Erwachsenen kam. Ich wollte mit Menschen zusammensein, denen es elend ging, und ihnen helfen. In einem Heim für Schwachsinnige war ich als Kunsttherapeutin beschäftigt. Dann machte ich weiter bei Krebskranken auf einer Station in Cambridge, und schließlich arbeitete ich in einer Art Gettosituation. Je schauriger, desto besser. Es war der einzige Weg, den ich hatte, wenn ich mich wohler fühlen wollte.

Das ganze Problem mit dem Namen ist so merkwürdig. Ehrlich gesagt, es war eine große Erleichterung für mich, als ich verheiratet war und nicht mehr meinen Namen herumschleppen mußte. Wenn man jetzt mit jemand zusammenkommt, ist er nicht mehr das erste, was dem anderen gleich ins Gesicht schlägt.«

Die Vettern sind keine rebellische Generation, aber mit ihren schmerzhaften Versuchen, den eigenen Standort in dem Drama zu finden, das sich die letzten hundert Jahre lang entfaltet hat, haben sie es plötzlich zu einem überraschenden Ende gebracht. Ein merkwürdiger Abschluß für das Moralitätenspiel, in dem der erste John

D. die irdischen Güter darstellte, erlöst durch die guten Werke von Junior, und wo die Brüder so vorzügliche Jedermänner boten. Darin dürften die Vettern wohl gleicher Meinung sein, daß ein Jedermann schließlich eine Art Niemand ist und daß in die Maske eines Rockefeller zu schlüpfen letztlich bedeutet, sich selbst aller Menschlichkeit, Greifbarkeit und Verbundenheit zu entkleiden. Wenn sie ein Teil des Dramas sind, dann nur als eine Art Epilog – ein Possenspiel vor exotischen Kulissen, vor Waggons zum Beispiel, die sich in den Boden des Westens eingegraben haben.

Marions Träume, überreich an Familienbildern, beschäftigen sich oft mit Pocantico. »Ich war eine Fremde, irgendwo im Ausland. Ich war als einzige blond, alle anderen hatten schwarzes Haar; ja, ich war ganz entschieden eine Fremde. Mit diesen kalten, schwarzhaarigen Leuten, die ich nicht kannte, saß ich zusammen an einem Tisch. An irgendeinem Punkt hoben die Frauen, die dabei waren, Blumensträuße auf und warfen sie alle auf einen Haufen, wie bei einem Begräbnis. Sie fragten mich, wer ich sei, und ich sagte ihnen die Wahrheit. Ich sagte ihnen auch, wie ich jetzt darüber dachte. Sie fragten: ›Und wem gehört das Gut jetzt? Den Vettern?‹ Und ich antwortete: ›Nein, nein, das Gut gehört den Onkeln, und es soll verkauft werden.‹ Als ich das sagte, überschwemmte mich ein bittersüßes Gefühl. Ich war froh, daß wir es loswurden, hatte aber auch Heimweh, weil ich mich an meine Kindheit dort erinnerte.«

Die Vettern wuchsen auf wie einst ihre Väter: wochentags war man in New York, an den Wochenenden aber, in den Ferien und im Sommer zog man auf das Familiengut. Dort wurde die Freizeit, die maßgebliche Zeit, verbracht. Auch wenn sie später ihr Urteil über ihre Entwicklung revidierten, gab es doch schöne Erinnerungen, die nie entwertet wurden.

Mitzi, Rodman und noch ein paar von den Älteren erinnern sich verschwommen an Urgroßvater, den dünnen und zarten, pergamenthäutigen Gründer von Standard Oil. Doch für die meisten war er nur ein Bild in den alten Pathé-Wochenschauen, die die Familienzentrale hatte zusammenkleben lassen zu einer Art besserem Heimkino, das bei Weihnachtsfesten vorgeführt werden konnte – eine chaplinesque Figur, die den Hut ablegt und Zehncentstücke in ausgestreckte Kinderhände fallen läßt. Bei den meisten Vettern spielen die frühesten Erinnerungen in der Zeit unmittelbar nach dem Tod des ersten John D., in den Kriegsjahren, als ihre eigenen Väter, außer Nelson, für lange Zeit weg waren und dann plötzlich wieder auftauchten, in den eindrucksvollen Galauniformen, die Arme voller Geschenke. Kriegsgeschichten wußte freilich nur ihr Onkel Winthrop zu erzählen. Die Vettern, die damals alt genug waren, erinnern sich noch, welche Aufregung die Nachricht auslöste, daß er in der Schlacht um Okinawa verwundet worden war.

Gelegentlich spielten sie in der Halle, die sich ihre Väter hatten bauen lassen. Aber nicht Squash und die anderen Wettspiele, für die sie eigentlich gedacht war. Sie ließen sich die Art ihrer Spiele durch das gruselige Innere mit seinem dunklen Schattengewirr und den tiefschwarzen Flecken in den Treppenschächten diktieren. Eines davon hieß »Mord im Dunkeln« und wurde in den düsteren Korridoren gespielt, jedesmal mit neuen Improvisationen, aber fast immer mit dem gleichen Höhepunkt: daß sie nämlich in den riesigen handgewobenen Indianerkörben herumrollten, die ihr Onkel Nelson im Südwesten gekauft hatte. In den kleinen Kammern der Spielhalle führten die älteren Kinder die jüngeren in das Thema Sex ein, mit Geflüster, das von verstohlen tastenden Explorationen begleitet war. Manchmal nahmen sie diese Stimmung nach draußen mit. Unvergeßlich ist der Tag, als die Kinder von Nelson und Laurance sich nackt auszogen und gemeinsam die Gärtner bei der Arbeit »überfielen«. Sie wurden erwischt und streng bestraft. Eine Woche lang durften sie nicht miteinander spielen.

Ihre Großmutter Abby Aldrich war so früh gestorben, daß die meisten Vettern und Kusinen sich ihrer nur schwach erinnerten – eine gutaussehende Frau, die nach Flieder roch, extravagante Hüte trug und in ihren letzten Jahren dicke Knöchel bekam und oft krank war. Sie malte gern und liebte Autofahrten und gab sich keine Mühe, ihre Vorliebe für männliche Nachkommen zu verbergen, ganz gleich, ob es ihre eigenen oder die ihrer Kinder waren. »Ich weiß nicht, warum der Herrgott es so gewollt hat, daß ich mehr Enkelinnen als Enkel habe«, hatte sie gesagt, »aber vermutlich hatte er seinen guten Grund.«[237]

Dagegen waren die Erinnerungen an ihren Großvater, Mr. Junior, solide. Noch als er die achtzig weit überschritten hatte, regierte er Pocantico mit eiserner Hand und führte sich in einer Weise als »der Herr von Kijkuit« auf wie selbst sein Vater nicht. Freigebig streute er das Füllhorn der Gaben über das Gut aus, ließ aber keinen Zweifel daran, in wessen Macht Geben und Nichtgeben stand. Die glänzenden, makellos gestriegelten und gepflegten Pferde, die Joe Plick, der Pferdeknecht, in den Zentralställen hielt, durften nur mit Großvaters Erlaubnis ausgeführt werden. *Er* führte das Kommando über die Flotte der Elektrowagen, die geräuschlos über das Grundstück segelten. Von *ihm* kamen die Produkte der Gemüsegärten, die jede Familie so reichlich erhielt. Kein anderer als *er* überwachte Gehorsam und Pflichtbewußtsein der kleinen Armee von Arbeitern, die das Gut in Schuß hielt.

Die Kinder wußten, daß ihre Väter mit dieser Regelung der Dinge nicht einverstanden waren und unter Juniors Regime stöhnten. Selbst freilich erlebten sie Großvater selten als Zuchtmeister. Für sie war er ein scheuer, immer zerbrechlicher werdender Mann, der dunklen Anzug, Binder und gestärktes weißes Hemd trug, ob er nun eine Sitzung mit Geschäftspartnern aus New York hatte oder eine Sonntagnachmittagsfahrt mit Martha Baird unternahm, der alten Freundin der Familie, die er nach Abbys Tod geheiratet hatte.

Nach dem sonntäglichen Mittagsmahl pflegte Junior den Tisch zu verlassen, sich auf den Boden zu setzen und mit ihnen zu spielen. Sein eigener Vater hatte oft, solange sie jung waren, zur Belustigung der Brüder den Spaßmacher gespielt, aber Juniors Art war das nicht. Am liebsten nahm er den Kindern gegenüber eine belehrende Haltung an. Oft spielte er mit ihnen auf dem Fußboden »Komponisten«, ein altmodisches Spiel, das ihm Gelegenheit gab, ihre Aussprache von Namen wie Beethoven oder Bach zu korrigieren. Oder er las aus einem Buch vor, z.B. »Tom Browns

Schulzeit«. Seine Art, wie er eine Geschichte dramatisierte, wie er die verschiedenen Stimmen der Figuren imitierte und die Spannung oder den Witz sorgfältig aufbaute, schlug sie alle in den Bann. Eines seiner Lieblingsstücke war ein obskurer viktorianischer Roman von einem kleinen Jungen, der wegen seines Übermuts ständig Ärger bekommt. Am Kapitelende wird er regelmäßig erwischt, und Junior lächelte und senkte die Stimme, wenn er zu der Ankündigung einer Tracht Prügel durch den Vater kam: »Ich werde Sie in meinem Büro empfangen, Sir.«

Er war der Mittelpunkt, um den sich die Welt von Pocantico drehte. Ob er in dem massiven Steinhaus saß oder mit einer Decke über dem Schoß durch das Grundstück fuhr (wobei er oft anhielt und mit Martha in dem flammenden Herbstwald spazierenging, während der livrierte Chauffeur in diskreter Entfernung bei der Limousine wartete) – er war der Patriarch. Wenn einer ihnen beibrachte, was ihre Pflichten als Rockefellers waren, dann er – ohne viele Worte. Direkte Anweisung war nicht seine Art. In seiner Stimme lag ein eigentümlicher Stolz, wenn er davon sprach, wie »unsere Familie« irgend etwas macht. Was er sagte, klang zwingend, besonders in den handschriftlichen Briefen, die sie an ihren Geburtstagen bekamen. Nelsons Sohn Steven schrieb er zum zehnten Geburtstag folgendes:

»Liebster Steven!

Morgen ist Dein Geburtstag, und hier ist mein Geburtstagsscheck. Du hast solche Geschenke schon früher bekommen und weißt also, was Du damit anfangen kannst. Ob Dir Deine Mutter oder Dein Vater wohl ein Taschengeld geben und Du in einem kleinen Buch einträgst, was Du bekommst und was Du ausgibst? Wenn Du es jetzt noch nicht tust, dann später. Dein Vater hat es getan, und alle Deine Onkel auch. Man weiß dann besser Bescheid mit seinem Geld, wieviel man hat und wie man es ausgibt.

Geld zu haben, ist sehr nützlich. Du kannst damit Bonbons kaufen, Brummkreisel, Murmeln und Boote und viele andere Dinge, die Du gern haben möchtest. Aber es ist noch in anderer Weise nützlich. Kinder, die hungrig sind oder Kleider brauchen oder kein Heim haben, können dadurch bekommen, was sie benötigen . . . Du wirst an den Kreiseln und Murmeln viel mehr Freude haben, wenn Du einem Jungen, der weniger hat als Du, etwas geschenkt hast, was er braucht . . .«[238]

Keiner von ihnen lernte jemals diesen spröden kleinen Mann richtig kennen. Wenn ihnen aber seine Bedeutung zu seinen Lebzeiten verborgen blieb, sein Tod lehrte sie begreifen. Als er nicht mehr da war, wurden die Ställe geschlossen, die Garten- und Viehwirtschaft in Pocantico wurde aufgegeben. Jede einzelne Familie zog sich ein bißchen weiter in sich selbst zurück. Es war, als hätte die Kraft, die sie alle zusammenhielt, das Gut verlassen – und die Welt.

Winthrops Sohn Win Paul wuchs bei seiner Mutter auf, getrennt von den anderen Vettern. Mitzi und Marilyn, die Töchter von Babs, fühlten sich als Miltons, nicht als Rockefellers, und wohnten nicht eigentlich in Pocantico, sondern waren dort mehr wie zu Besuch. Von den Familien der vier Brüder, die dort lebten, war die von JDR3 sowohl räumlich als auch gefühlsmäßig am weitesten von den anderen entfernt. Die Kinder, die in Fieldwood Farm aufwuchsen, bildeten mehr eine Einheit für sich als die anderen. Sandra, die Älteste, war als Kind ein schmächtiges, schreckhaftes, fast neurasthenisches Wesen. Nach ihr kam ein Junge mit dem Namen »Jay«, der aber nur ein halber Namensvetter seines Vaters und der Vorväter war, denn der Vater hatte ihn, in einem Akt versteckter Rebellion gegen die Verantwortung, die er selbst so treulich getragen und so teuer bezahlt hatte, einfach John Rockefeller getauft, mit der Spezifizierung, er könne die mit dem zweiten Namen »Davison« und der Nummer IV verbundene dynastische Designierung immer noch annehmen, wenn er volljährig werde. Hope entwickelte sich zu einer großen, statuesken Blondine. Ihre zehn Jahre jüngere Schwester Alida, geboren 1952, als ihr Vater schon einiges über 40 war, besaß die gleiche aristokratische Schönheit. Eine gewisse Majestät war allen Kindern gemeinsam; sie war ihnen von Blanchette eingepflanzt worden, die offenbar hoffte, sie könne für die Generation ihrer Kinder das Erstgeburtsrecht zurückerobern, das Nelson, wie sie glaubte, ihrem Mann gestohlen hatte.

Während ihrer Jugendzeit war JDR3 häufig abwesend. »Er war mindestens drei oder vier Monate im Jahr verreist, solange ich ein Kind war«, erzählt Alida. »Jeden Winter fuhr er mit Mutter nach Asien, und ich wurde einem Kindermädchen übergeben.« Größer als die in Meilen meßbare Entfernung war freilich immer der psychische Abstand. Nach der Erinnerung von Hope war er ständig auf dem Sprung für eine Verabredung oder ein Projekt.

Seinem Vater glich er darin, daß er sich, wenn er mit den Kindern zusammen war, am wohlsten in der Rolle des Lehrers fühlte. Hope erinnert sich, wie er ihr einmal das Autofahren in einem alten Jeep beibringen wollte und durch nichts aus der Ruhe zu bringen war, auch wenn das Getriebe knirschte und das Vehikel wie ein wilder Stier auf den Feldwegen hinter der Fieldwood Farm herumbockte.

Laurances Kinder[239] waren weniger gefestigt als die von JDR3. In dem Maß, wie ihr Vater sich selbst nicht kannte, zog er seinen Kindern den Boden unter den Füßen weg; mit seiner ironischen Art und seinen kaleidoskopartigen Stimmungsumschwüngen schien er sie zu verwirren. Laura, die Älteste, wurde noch spitzfindiger als er und versuchte so, mit ihm zurechtzukommen; sie stritt ständig mit ihm. Marion war ebenso in sich gekehrt wie ihre Mutter, nach der sie hieß. Lucy hatte manches von der Unabhängigkeit ihrer alten, schwerhörigen Großtante Lucy Aldrich, deren Namen sie trug. Trotzig wehrte sie sich gegen ihren Vater, der der Meinung war, daß ihre Wünsche (eigene Tiere, eigene Freundinnen, Befreiung von den Familienritualen) verfrüht seien. Larry entwickelte sich zu einem äußerst zurückhaltenden Jungen, der keine eigene Richtung fand, weil alle Bereiche, denen er sich zuwandte, von seinem wetterwendischen Vater schon besetzt waren.

Ähnlich wie JDR3 war Laurance über weite Strecken ihrer Kindheit abwesend. Aber auch wenn er weg war, mußte man mit ihm als einer Macht rechnen, als jemand, der wie ein Proteus immer wieder andere Gestalt annahm, schwer festzunageln war und wagemutige Fragen eines Kindes mit einem scharfen Schlag abschneiden konnte.

345

Er war die dominierende Tatsache in ihrem Leben – den Ton in der Familie jedoch gab die Mutter an. In seltsamer Ergänzung zu ihrem ungläubigen und sehr weltlichen Mann verbrachte Marion French Rockefeller viel Zeit mit der Bibel und in stiller Meditation. Wenn Laurance seine Affekte durch Ironie entschärfte, so unterdrückte seine Frau sie durch Schweigen. »Solange ich zurückdenken kann, sagte sie nie ein lautes Wort«, erzählt ihre Tochter Marion. »Sie redete sowieso nie viel, weil sie glaubte, daß jemand, der mit Gott kommuniziert, die Kommunikation mit Menschen gar nicht braucht. Bei den Familienstreitereien sagte sie nie etwas. Wir warfen ihr alles mögliche an den Kopf, Worte und Gegenstände, und sie nahm es einfach stoisch hin.«

Wie bei der Familie von JDR3 blicken die Kinder des Haushalts von Laurance heute fast im Zorn auf ihre Kinder- und Jugendzeit zurück. Lucy, jetzt Psychotherapeutin in Washington, wohnt in einem eleganten Haus, dessen Vorgarten übersät ist mit Kinderspielzeug. Sie sagt: »Als Kinder waren wir nicht einfach isoliert, wir waren wie in einem Vakuum eingeschlossen. Niemand wollte mit uns kommunizieren. Niemand machte sich die Mühe, uns auf die Welt hin zu orientieren. Über nichts redete man wirklich zu Hause. Sie handelten nach der Devise, daß man über wichtige Dinge weder mit seinen Tieren noch mit seinen Dienern redet und daß man sie den Kindern verschweigt.«

Unweigerlich fühlten sich die Kinder von Laurance zu Nelsons Haus hingezogen, wo es offener und wärmer zuging als bei ihnen. Rodman spielte eine gewisse Sonderrolle; daß er das erste männliche Kind der vierten Generation war, hatte ihn hochmütig und reizbar gemacht. Aber mit den anderen Kindern war der Kontakt reibungslos und manchmal ebenso intensiv wie die Freundschaft der beiden Brüder. Ann war das ruhigste von Nelsons Kindern [240]; Steven war ein Führer, wie Roddy es nicht war. Allgemein beliebt waren die Zwillinge, Mary und Michael, deren Übermut und unentwegte Ausgelassenheit Verwandte an den jungen Nelson erinnerten.

Nelson beherrschte mit seiner umwerfenden Begeisterung seine Familie nicht weniger als alles andere. Nicht ohne Ironie nannten ihn seine Söhne »Häuptling«. Seine Brüder John und Laurance nahmen es bei ihren Kindern mit den Formen, denen sie sich selbst einst hatten fügen müssen, nicht gar zu genau; anders Nelson. Bei ihm mußten die Kinder ohne Murren und Knurren die gleichen Sonntagsandachten und Bibellesungen über sich ergehen lassen, unter denen er bei Junior so gestöhnt hatte. Er erklärte ihnen das Hauptbuch A und ließ sie ihr eigenes Kassenbuch führen.

Unnachgiebig war Nelson, wenn es um seine moralischen Prinzipien ging, und dann konnte er ungemütlich werden. Seine Tochter Mary erzählt: »Soweit ich mich erinnere, hat Vater uns nicht ein einziges Mal angeschrien. Wenn er böse war, wurde er einfach zu Stein. Er wurde ganz kalt, und diese Kälte drang in seine Stimme und in sein Verhalten. Es war entsetzlich.«

Alle Vettern, besonders aber die Kinder von Laurance, liebten Tod. Tante Mary, wie sie bei ihnen hieß, war eine Frau von sportlicher Anmut und einer übermütigen Fröhlichkeit, wie sie auf dieser Welt selten sind. Marion weiß noch gut, wie sie immer wieder im Garten nach ihr suchte und ihr Fragen stellte und wie dann die lustigen Antworten unter dem voluminösen Sonnenhut wie schillernde Seifenblasen aufstiegen. Was aus den Kindern Nelsons wurde, verdanken sie zu einem guten Teil ihrer Mutter. Dieselben Eigenschaften, die Tod zu einer schlechten Ehefrau Nelsons werden ließen, machten sie zu einer guten Mutter ihrer Kinder. Steven bemerkte später: »Mutter liebt und respektiert Bücher und Wissen in einer Weise, wie sie Vater nicht kennt. Der liebt zwar seine Kunst und so weiter, aber trotzdem ist sein Urteil intuitiv und geht nur von unmittelbaren Reaktionen aus. Peng! Und damit hat sich's. Wer das Bild gemalt hat und warum und was es bedeutet – alle diese intellektuellen Fragen interessieren ihn nicht.«

Die Gruppe in Pocantico freilich, die von Beobachtern allgemein als die bemerkenswerteste eingeschätzt wurde, waren »die Davids«. Mehr als JDR3, Laurance und Nelson nahm David seine Rolle als Vater ernst, vielleicht weil er der einzige der Brüder war, der den Rockefeller-Mythos unkritisch akzeptierte und die Notwendigkeit anerkannte, die Jungen auf die Übernahme dieser Bürde vorzubereiten. Dennoch war er während der Kindheit und Jugend seiner Kinder noch seltener anwesend als seine Brüder, da er besonders in den ersten Jahren die Auslandsniederlassungen der Chase bereiste.

Den entscheidenden Einfluß auf die Kinder übte jedoch die Mutter aus. Vielleicht besaß Peggy McGrath Rockefeller nicht die Klugheit Tods oder die Differenziertheit Blanchettes, aber sie war bei weitem die Selbständigste und Lebhafteste unter den Frauen, die in die Familie Rockefeller einheirateten. Sie war von spontaner Aufsässigkeit, und sie brachte in die Familie ein oft heftiges Temperament ein. Die Frauen der anderen Brüder kamen aus Familien mit einem langen Stammbaum; Peggy McGrath dagegen stand auf der gesellschaftlichen Leiter etliche Sprossen tiefer.

»Mutter ist schrecklich angespannt«, meint Neva. »Sie hat sich immer dagegen gewehrt, ihre Persönlichkeit an die Rockefellers auszuliefern.« Sie war als einzige fähig, offene Wut zu zeigen und massive Konflikte durchzustehen. Einerseits sah sie, daß die Erwartungen, denen sie und alle anderen Rockefellers gehorchen mußten, lächerlich und aufgeblasen waren; andererseits hatte sie ein unbeugsames Pflichtgefühl und konnte es nicht ertragen, wenn die selbstgesetzten aristokratischen Normen der Familie verletzt wurden. Darum verachtete sie Nelson wegen seiner öffentlichen Zurschaustellung der Familientradition – »vulgär« war ihr Wort dafür, und ein vernichtenderes Urteil kannte sie nicht. Ihre Kinder sollten nicht verwöhnt werden, und so rief sie ihnen unablässig in Erinnerung, daß sie wegen ihrer angeborenen Sonderstellung noch lange nicht etwas Außergewöhnliches seien.

Mit einer Handbewegung konnte sie den Nebel des *Noblesse oblige,* der über der Familie hing, beiseite wischen. Im Gegensatz zu den kühlen, herablassenden Umgangsformen ihres Mannes behandelte sie die Dienstboten mit einem Hochmut, der ihren Haß hervorrief. Ihre Kinder wurden von ihr zum Unkrautzupfen und dergleichen angestellt, als wolle sie unbewußt, daß sie den Rockefellerschen Dünkel ausschwitzen.

Davids Kinder hatten in höherem Maß als die anderen Vettern und Kusinen einen Hang zum Fragen und Verstehenwollen; wenn sie aber die gelassene Zurückhaltung ihres Vaters einmal durchstoßen hatten, fanden sie keinen Halt. Bei ihm fand man nur abgeklärte Ruhe, immer die gleiche disziplinierte Stimmlage; Konflikte wurden umschifft. »Schlimm für uns war«, sagte sein Sohn Richard, »daß das Gefühl als das Gegenteil der Vernunft hingestellt wurde, und damit als etwas Schlechtes. Unterdrückt euer Gefühl! Beherrscht euch! Das waren die Lektionen, die wir lernten.«

Auf Davids Geheiß mußten die Kinder zur Kirche gehen, obwohl das Fernbleiben der Mutter, die Atheistin war, den Gottesdienstbesuch unausgesprochen zur Heuchelei erklärte. Wie sonst, versuchten sie auch hier, Vater und Mutter zugleich zu dienen. Sie drückten pflichtgemäß die Bank der Kirche von Pocantico Hills und betrachteten während der Predigten den Regenbogen, den die Sonne durch die bunten Glasfenster ins Kircheninnere warf (die Glasmalereien waren eine Arbeit von Henri Matisse zum Gedenken an ihren Großvater), und hinterher schikanierten sie Reverend Hauser mit jugendlich-skeptischen Fragen nach der Existenz Gottes.

Wenn auch die Religion als einst bedeutender Faktor im Epos der Rockefellers allmählich zerbröckelte, das große Vermögen stand fest wie eh und je. Freilich mußten sie lernen, daß es gefährlich war, sich ihm allzu direkt zu nähern. »Ich weiß noch, wie mein Bruder David gerade erfahren hatte, daß unser Vater Millionär war«, erinnert sich Abby. »Er war zehn oder elf. Mit einer Begeisterung, die schon vulgär war, erzählte er uns anderen davon. Wir spürten dabei die gleiche perverse, lüsterne Spannung wie damals, als wir im Spielhallen-Alkoven zum erstenmal etwas über Sexualität hörten. Es war etwas absolut Verbotenes, und ungeheuer angenehm.« Als David Jr. später seinen Vater fragte, wieviel Geld er habe, war die Antwort kalt und böse. In Abbys Worten: »Vater sagte, so dürfe man nicht reden, es sei *nicht anständig* – und das in einem Ton, daß ich froh war, daß nicht ich die Frage gestellt hatte.«

Die Kindheit und Jugendzeit der Vettern und Kusinen war in vieler Hinsicht idyllisch. Aber von Anfang an gab es auch Elemente der Unsicherheit, Fragen, die immer dringender nach einer Antwort verlangten, je älter sie wurden. Warum waren ihre einzigen Freunde Verwandte? Warum spielten sie hinter bewachten Toren? Warum war das Thema Familiengeschichte tabu? (Lucy sagte später: »Es galt als unfein, wenn wir nach unserer Vergangenheit fragten. Ein verbotenes Thema, wie Sex. Und wie beim Sex erfuhren wir die Einzelheiten Stückchen für Stückchen aus anderen Quellen.«)

Selbst für die Kinder der DuPonts und Fords trugen die Rockefellers einen besonderen Namen – als wären sie Kronprinzen und Kronprinzessinnen. Sie entdeckten auf einmal, daß sie sprichwörtlich berühmt waren, und niemand hatte sie darauf vorbereitet. So erzählt Alida, Tochter von JDR3: »Mit ungefähr elf war ich in einem Sommerlager in Maine. Als bekannt wurde, wer ich war, kam ein Mädchen zu mir und fragte mich, ob ich mir die Zigarren mit Millionendollarscheinen anzünde. Ein anderes kam und bat mich um ein Autogramm. Ich habe es ihr gegeben.«

Welche Schule sie auch besuchten, ihr Problem blieb überall das gleiche. Sie waren

Kuriositäten. Sie fühlten sich, wie wenn sie auf einer Bühne stünden und dauernd von den anderen beobachtet und nach Anzeichen von Egoismus oder Stolz abgesucht würden. Jeder neue Bekannte schien mehr über sie und ihre Familie zu wissen als sie selbst. Langsam gewöhnten sie sich daran, daß ihr Name, wenn sie jemandem vorgestellt wurden, im Auge ihres Gegenübers ein Flackern erzeugte, das sie erstarren ließ und sofort Abstand schuf. Von ihrem Eintritt in die Grundschule an stießen sie automatisch auf Feindseligkeit oder auf Unterwürfigkeit. Die Schule war ein Martyrium. »Wenn ich den Familiennamen hörte«, sagt Lucy, »setzte es bei mir aus. Deshalb habe ich auch amerikanische Geschichte ausgelassen: ich wollte nichts von den Rockefellers hören.«

Jeder einzelne von ihnen empfand den Namen Rockefeller als ein schier unüberwindliches Hindernis. Ihre Eltern und die Berater, die sie ihnen zugewiesen hatten, verstärkten noch die Signale aus der alltäglichen Umgebung durch subtile, unausgesprochene Mitteilungen. Lucy erzählt: »Man gab uns den guten Rat, daß wir nie Geld an Freunde verleihen sollten. Warum? ›Weil dein Vater und seine Brüder es früher einmal versucht haben und ihr Geld nicht wiederbekamen.‹ Ich bin nicht die einzige aus unserer Generation, die diese Empfehlung ein paarmal ignoriert hat, und ich habe erfahren müssen, daß sie leider recht hatten. Ich bekam mein Geld nicht wieder. Es war nicht der Verlust, der machte mir nichts aus. Traurig war nur, daß man wie ein Nichts behandelt wurde, besonders wenn es Leute waren, die man für Freunde hielt.«

Für einige der Kinder bestand das Problem wiederum darin, daß sie ständig belästigt wurden. Alida z. B. wurde mehrere Monate lang von einem labilen jungen Mann, der Schriftsteller werden wollte, über den Campus von Stanford verfolgt. Er glaubte, in dieser Rockefeller seine Muse gefunden zu haben und eine Veröffentlichungsgarantie für seine Werke. Hope, ihre Schwester, erlebte genau das Gegenteil: »Als ich studierte, schnitt man mich. Es war genau andersherum, als man erwarten würde. Als ich merkte, wie ungern die Leute Kontakt mit mir aufnahmen, zog ich mich einfach zurück. In einer solchen Situation versucht man es schließlich gar nicht mehr und verkriecht sich in sich selbst.«

Die Vettern und Kusinen konnten sich nicht benehmen wie irgendein Smith und schnell das College absolvieren, um dann einen Beruf zu ergreifen und Geld zu verdienen. Ihre Pläne mußten ihrer würdig sein. Besonders auf die Männer unter ihnen wurde Druck ausgeübt, verantwortliche Posten im Rockefeller-Imperium zu übernehmen, sich reibungslos in die Dynastie einzupassen und das Ihre zu tun, um den Einfluß der Familie zu mehren. Von den Älteren versuchten einige, dem Anspruch gerecht zu werden; die meisten aber entwickelten immer bessere Ausweichstrategien, schufen sich Alternativen und spielten auf Zeitgewinn, um System in ihr Leben zu bringen und sich auf die großen Entscheidungen vorzubereiten.

Wären sie ein bißchen später und mit einem anderen Namen zur Welt gekommen, hätten sie vielleicht ihr Bündel geschnürt und sich nach Nepal oder nach Feuerland abgesetzt. Aber sie waren Rockefellers, und wählten sie auch die Weltflucht, so mußte selbst sie noch hochmoralischen Ansprüchen genügen. Während oder nach ihrer College-Zeit legten viele von ihnen eine Pause ein und verbrachten eine bestimmte Zeit der Anonymität bei den Armen, Entrechteten oder Benachteiligten, gelegentlich auch bei einem unbekannten Volk auf einem fernen Kontinent. Diese Exkursionen boten ihnen die Möglichkeit, sich zu verlieren – oft ganz buchstäblich, soweit es um ihre Identität als Rockefellers ging. Wenn auch die Einzelheiten vom einen zum anderen wechselten, das Motiv für diese Pilgerfahrten in die Namenlosigkeit war bei allen das gleiche. Sie alle suchten einen legitimen Vorwand zur Flucht; sie wollten sich selbst beweisen, daß die anderen sie verkannten und daß sie sich wirklich nicht für etwas Besseres hielten.

Ihre Odysseen waren nicht nur Flucht vor der Wirklichkeit ihres Schicksals, sondern zugleich auch eine Ausbildung. Sie bereiteten sich auf die Zukunft vor, sie waren Teil einer Suche nach dem »wirklichen« Selbst, das unter der künstlichen Oberfläche des Rockefeller-Seins existieren mußte. Michael beschloß, sich von der Familie zu entfernen. [241]

Er galt als der »bestangepaßte« unter den Vettern und war der Liebling der Familie. Mit seinem strohblonden Haar, seiner dicken Brille und seiner unaffektierten Wärme erinnerte der sportliche Junge, der in der Lacrosse-Mannschaft seiner Schule gespielt hatte und ein vorzüglicher Schwimmer war, die Freunde der Familie an den jungen Nelson. Zwar fehlten seinem Temperament die scharfen Kanten seines Vaters, aber er schien Nelsons Fähigkeit zu besitzen, die Schranken des Namens zu überspringen. »Am Anfang, wenn man in eine Gruppe hineinkommt«, sagte er einmal, »sind die Leute neugierig; aber wenn sie mitbekommen haben, daß man ein Mensch ist, ist alles wieder o.k.«

Eigentlich hatte Michael Architektur studieren wollen, aber er hatte sich dem Familienwillen gebeugt und Volkswirtschaft gewählt. Er war im letzten Studienjahr in Harvard und schrieb gerade an einer Arbeit über seinen Urgroßvater Nelson Aldrich und die Bankreform, als ihm ein Zimmergenosse von einer Expedition erzählte, die die Filmabteilung des Peabody-Museums plante. Eine kleine Gruppe von Anthropologen wollte mit einigen Kameraleuten das Baliem-Tal in Niederländisch-Neuguinea bereisen und die dortigen Stämme erforschen, deren primitive Agrarstruktur von der westlichen Kultur noch unberührt geblieben war. Hier bot sich die seltene Gelegenheit, in die Steinzeit zurückzukehren und ein Gebiet zu betreten, das bisher erst wenige Weiße gesehen hatten.

Michael hatte für IBEC in Puerto Rico gearbeitet und im Sommer als Cowboy auf der Ranch seines Vaters in Venezuela. Einmal hatte er zu seinen Eltern gesagt: »Ich möchte etwas Romantisches und Abenteuerliches unternehmen, solange es in der Welt noch Neuland zu erforschen gibt.« [242] Jetzt schien sich ihm die Chance zu bieten, auf die er gewartet hatte. Er war ein guter Fotograf, und er wurde in das Expeditionsteam aufgenommen.

Michael freute sich auf diese Expedition und war froh, als die Arbeit losging. Mit großem Eifer fotografierte er und besorgte außerdem noch die Tonaufnahmen. Er imponierte seinen Kollegen durch seinen Tatendrang. Später sagte einer von ihnen: »Er litt an dem Familienkomplex und meinte, er müsse noch härter arbeiten als die anderen, um sich zu bestätigen.« [243] Wenn sie an seinem Charakter etwas auszusetzen hatten, dann allenfalls eine Art Leichtsinn, ein Verzicht darauf, mögliche Konsequenzen seines Handelns einzukalkulieren.

In den wenigen Wochen beim Stamm der Kurelu beobachtete er Leben und Tod. Er fotografierte Geburten, Kriegszüge gegen andere Stämme, den Tod verwundeter Krieger und die zeremonielle Vorbereitung der Einäscherung, durch welche die Toten dem Vergessen überantwortet wurden. Er genoß es, zu beobachten und zu verstehen, was eigentlich den Stamm zusammenhielt. »Michael fand dort zu sich selbst«, erzählte später ein Freund aus dem Expeditionsteam einem Reporter. Er ließ sich einen weichen, dunklen Bart wachsen. Nach seiner Rückkehr wollte er Anthropologie studieren.

Als er von der Kunst der Papuastämme im Küstengebiet von Asmat erfuhr, machte er Mitte August einen Abstecher dorthin und geriet »ganz aus dem Häuschen« beim Anblick dessen, was dort hergestellt wurde. Offiziell war die Peabody-Expedition zu Ende, aber Michael beschloß, seine Rückreise nach Amerika zu verschieben. Er bereitete gerade eine zweite, längere Fahrt ins Küstengebiet vor, als er ein Telegramm von seinen Eltern erhielt. Sie bereiteten ihn darauf vor, daß sie ihre Scheidungsabsicht jetzt öffentlich bekanntgeben wollten.

Sofort kehrte er nach Hause zurück. Nach einer Woche in New York erkannte er, daß er nichts für sie tun konnte. Er berichtete ihnen von seinem Entschluß, Anthropologe zu werden, und flog nach Hollandia, dem heutigen Djajapura, wo er sich mit dem holländischen Völkerkundler Rene Wassing traf; mit ihm reiste er weiter nach Neuguinea. Zwei Monate wollten sie dort arbeiten.

In ihrem Katamaran, der von zwei 18-PS-Motoren angetrieben wurde und genug Platz für Tauschwaren hatte, fuhren er und Wassing im Flußgewirr des Asmatgebiets eine beachtliche Strecke ab. Die Objekte, die sie sammelten – wundervoll geschnitzte Schilde und Kanu-Bugfiguren, dazu eine ordentliche Kollektion von Schrumpfköpfen –, ließen Michael von einer triumphalen Rückkehr träumen. Vielleicht würde er die reichhaltigste Dokumentation primitiven Lebens mit nach Hause bringen, die jemals zusammengestellt worden war.

Am 18. November, nach mehreren Wochen harter Arbeit, faßten Michael und Wassing den Plan, ein großes Dorf auf der anderen Seite des Süd-Eilander-Flusses aufzusuchen. Statt sich mühsam durch das Labyrinth der Binnenwasserstraßen voranzutasten, beschlossen sie, sich in die Küstengewässer hinauszuwagen und dann den Fluß hinaufzufahren. Ortskundige Händler hatten sie gewarnt und gesagt, daß diese Route gefährlich sei. Als sie die Hälfte ihres Wegs hinter sich hatten, schwappte eine große Welle in den Katamaran, ersäufte den Motor und schwemmte den größten Teil von Michaels Aufzeichnungen über Bord. Die beiden Männer klammerten sich die ganze Nacht lang an das Boot und wurden von der Ebbe ins offene Meer hinausgetragen. Am nächsten Morgen beschloß Michael, schwimmend die 18 Kilometer entfernte Küste zu erreichen. Wassing riet ihm dringend ab. Er erinnerte ihn daran, daß dieses Gewässer von Krokodilen und Haien wimmelte. Der nicht mehr junge holländische Anthropologe sagte später: »Er hörte mir zu, aber ich wußte, daß er es trotzdem wagen würde. Er ließ sich nur sehr schwer von einer Idee abbringen.« Michael zog sich bis auf die Unterhose aus, band sich die Brille um den Hals und schnallte sich alte Benzinkanister als Schwimmer an die Schultern. Mit einem letzten Blick auf Wassing sagte er: »Ich glaube, ich kann es schaffen.« Dann ließ er sich ins Meer gleiten. Er wurde nie wieder gesehen.

Nelson und Michaels Zwillingsschwester Mary flogen nach Neuguinea und beteiligten sich an der Suche, die Einheiten der Königlich-Niederländischen Luftwaffe veranstalteten. Nach mehreren erschöpfenden Tagen war von dem Jungen keine Spur gefunden. Schließlich fügten sie sich dem Spruch der Behörden und kehrten nach Hause zurück. Nach der offiziellen Lesart war Michael mit größter Wahrscheinlichkeit in den tückischen Gezeitenströmungen ertrunken. Doch sofort sickerten Gerüchte aus dem wilden, undurchdringlichen Dschungel. Holländische Missionare trugen sie in zivilisierte Gegenden. Eines davon besagte, daß Michael tatsächlich die Küste erreicht habe. Als er erschöpft an Land taumelte, sei er auf eine Gruppe von Kriegern aus dem Dorf Otsjanep gestoßen. Weil er glaubte, daß sie einen Weißen freundlich behandeln würden, habe er sie angerufen – ohne zu ahnen, daß holländische Soldaten vor einiger Zeit mehrere Mitglieder des Stammes während einer »Befriedungs«kampagne getötet hatten. Die Krieger, so hieß es in diesem Gerücht, erschlugen ihn auf der Stelle und verzehrten ihn später. Jahrelang noch brachten Reisende aus diesem Gebiet gespenstische Geschichten mit; sie hätten Eingeborene gesehen, die Michael Rockefellers Brille um den Hals trugen, und man habe ihnen eine Trophäe gezeigt, von der es hieß, es sei sein Kopf.

In den Augen der Welt war Michaels Verschwinden ein aufregendes Zwischenspiel im Drama von Nelsons Scheidung und Wiederheirat. Es war die Geschichte eines romantischen, wagemutigen jungen Mannes, der sein Leben auf der Suche nach Abenteuern verloren hatte. Was diese Suche wirklich bedeutete, konnten nur die Rockefeller-Vettern beurteilen. Das zeigte sich darin, wie sie ihm die letzte Ehre erwiesen: sie beschlossen, das Michael-Rockefeller-Stipendium zu stiften. Es war das erste, was sie von sich aus einrichteten und finanzierten.

Es schien nur natürlich, daß die Kusinen die Führung übernahmen und für ihre vorsichtigeren und in einem gewissen Sinn schwerer belasteten Vettern eine Bresche schlugen. Sie waren zahlreicher und mit dem Wissen aufgewachsen, daß sie eines Tages ihren Namen durch Heirat verlieren würden. Sandra, die älteste Tochter von JDR 3, warf ihn als erste über Bord.

Die ganz frühen sechziger Jahre hindurch war die kleine Kirche von Pocantico Hills der Schauplatz zahlreicher Hochzeitsfeiern, wobei die Bräutigame, die von den berühmten Vätern die Hand ihrer Töchter erhielten, aus lauter einfachen Bürgern bestanden.

# Kapitel 27

Im Hochsommer 1970 ließ Room 5600 ein paar Fragen über die Rockefellers in eine der regelmäßigen Gallup-Erhebungen aufnehmen. Es zeigte sich, daß das Image der Familie wegen ihrer philanthropischen Leistungen generell gut war. Der Bericht des Umfrageinstituts endete mit einer direkt auf die Vettern gezielten Mahnung: »Wir haben es hier mit einer Familie zu tun, deren ungeheurer Reichtum aller Erwartung nach Neid, Eifersucht und Haß auf sich ziehen müßte; statt dessen sieht man ihn heute vorwiegend als etwas, das dem Dienst an der Öffentlichkeit und der Wohlfahrt der ganzen Menschheit gewidmet ist . . . Die gegenwärtige Generation und ihre Ratgeber haben ihre Aufgabe erfüllt, ihre Wirkung getan; sie haben die Achtung, die man der Familie entgegenbringt, auf das höchstmögliche Maß gesteigert. Jetzt ist es wichtig, daß die jüngere Generation diese Bemühungen ihrer Vorväter um gute Arbeit – und gute Werke – mit gleicher Hingabe fortsetzt.«

Nun richtete sich ein großer Teil der Abneigung der Vettern gegenüber der Tradition, in die sie hineingeboren waren, genau auf den Punkt, daß die heroische Vergangenheit ihre eigenen Versuche, einen Platz in der Familiengeschichte zu erringen, unter sich begrub. Und dennoch, wie kritisch sie auch ihrer Identität als Rockefellers gegenüberstanden, sie wollten – wie Michael – etwas aus ihrem Leben machen. Das ihnen vorgeschriebene Drehbuch für ihre Zukunft konnten sie allerdings nicht akzeptieren, denn es hätte ihnen wenig mehr geboten als die Rolle von Kuratoren im Museum vergangener Errungenschaften. Das war ihnen nicht genug.

Sowenig die Brüder verstanden, warum ihre Kinder sich durch ihre Identität als Rockefellers bedrückt fühlten, so wenig bedachten sie, in welchem Ausmaß die Vettern und Kusinen Kinder ihrer Zeit waren, einer Zeit, die durch Proteste gegen imperialistische Kriege, rassische Benachteiligung und soziale Ungerechtigkeit gekennzeichnet war. Als ihre Kinder sich mit ihrer eigenen Generation identifizierten, griffen sie damit genau die Mächte und Grundsätze an, auf denen die Familientradition beruhte. Die Brüder hingegen blieben dabei, daß die Kinder in genau derselben Weise wie sie selbst Rockefellers sein sollten, und zeigten damit, wie sehr sich die dritte Generation isoliert hatte.

Es schien nur natürlich, daß die Kusinen die Führung übernahmen und für ihre vorsichtigeren und in einem gewissen Sinn schwerer belasteten Brüder eine Bresche schlugen. Sie waren zahlreicher und mit dem Wissen aufgewachsen, daß sie eines

Tages ihren Namen durch Heirat verlieren würden. Wenn sie einem geringeren Druck ausgesetzt waren, so waren sie zugleich auch weniger gefestigt. Viel wurde von ihnen nicht erwartet, und diese Erkenntnis verstärkte ihren unklaren Groll. So übte das politische Bewußtsein, das von der »New Frontier« und von noch radikaleren Splittergruppen ausging, auf etliche von ihnen eine beträchtliche Anziehungskraft aus. Von den aktivistischen Studenten übernahmen sie den Gedanken, daß die soziale Harmonie, von der ihre Väter sprachen, in Wirklichkeit eine durch Gewalt bestimmte Vereinigung der Mächtigen mit den Machtlosen war, und dieser Gedanke paßte gut zu den Erfahrungen, die sie in ihrer eigenen Familie gemacht hatten. Sie schätzten einerseits ihre Vorzugsstellung und die Dinge, die das Rockefellersche Geld ihnen verschaffte, fühlten sich aber andererseits dadurch besudelt; sie respektierten die »guten« philanthropischen Leistungen der Familie und fürchteten doch, daß sie nur die eine Seite der Medaille darstellten; die andere Seite erschien ihnen keineswegs altruistisch.

Ein SDS-Freund aus Harvard erinnert sich, wie Davids Tochter Peggy – schon früher eine Parteigängerin der Anti-Kriegs-Bewegung in Cambridge – zur Zeit der Vietnam-Teach-ins von 1966 tränenüberströmt zu ihm aufs Zimmer kam. Was denn los sei, wollte er wissen. »Mein Vater hat mich eben gebeten, ihn zur Eröffnung einer Auslandsfiliale der Bank zu begleiten.« »Was ist denn daran so schlimm? Du hast das doch schon öfter gemacht«, tröstete er sie. Peggy erwiderte: »Die Filiale ist in Saigon.« [244]

Nur bei Peggys älterer Schwester Abby veränderte das Engagement in der neuen Politik das Leben auf die Dauer und von Grund auf. Aber auch für die anderen Vettern und Kusinen bedeutete ein solches Engagement häufig einen wichtigen Schritt in dem Kampf um den eigenen Platz in der Familie. Wie Abby und Peggy subventionierte auch Laura den SDS schon früh.

Am lebhaftesten wurde die Diskussion in Davids Familie geführt. Nicht nur war er derjenige Bruder, der sich am vollständigsten mit dem »System« identifizierte, sondern hatte auch als einziger das Gefühl, er müsse dieses System (und das hieß auch: sich selbst) gegen den Ansturm der jüngeren Generation verteidigen. Peggy erinnert sich an hitzige Auseinandersetzungen über das Engagement der Chase in Südafrika und über die weltweite Unterstützung reaktionärer Regimes durch die USA. »Immer wollte er die Unterstützung von Diktaturen damit rechtfertigen, daß die amerikanische Hilfe letzten Endes in diesen Ländern das wirtschaftliche Wachstum fördere und damit das Lebensniveau des Mannes auf der Straße verbessere«, sagt sie und lächelt dabei über die Naivität der Worte.

Als der Vietnam-Krieg eskalierte, wurden die Diskussionen darüber immer heftiger, und gewöhnlich endeten sie damit, daß Peggy zu schreien anfing oder hilflos in Tränen ausbrach, während ihr Vater fortfuhr, einen besonders unhaltbaren Aspekt der offiziellen Politik, wie etwa die Dominotheorie, zu verteidigen, und sich darauf berief, daß er seine Informationen aus vertraulichen Gesprächen mit »Bob« McNamara oder sonst jemandem, »der es schließlich wissen mußte«, bezog. Peggy: »Er betont immer, daß er seine Fakten aus erster Hand bekommt. So war es bei Vietnam und später bei Watergate. Er behauptete, daß McGovern den Einbruch maßlos aufgebauscht habe und daß man ihm in der Umgebung des Präsidenten versicherte, Nixon habe nicht das geringste davon gewußt.«

Daß Peggy ihren Nachnamen fallenließ, lag nicht zuletzt an ihren Aktivitäten in linksradikalen Kreisen von Cambridge. »Mein Bruder Dickie hatte politisch wegen seines Namens ständig Theater«, sagt sie. »Er war mir im Weg bei den Sachen, die ich machen wollte. Im ganzen Land gibt es nur noch den Namen Kennedy, der mit einem gleichen Aufheben verbunden ist: Geld, Macht, Politik, Stiftungen und überall Gebäude. Der Name war mir im Weg bei den Sachen, die ich machen wollte.«

Worum es auch gerade ging, immer war das erste und letzte der Name. Sandra, die älteste Tochter von JDR3, warf ihn als erste über Bord, indem sie sich 1959 in eine schlichte Sandra Fery verwandelte. Es war ein Versuch, das Dilemma mit einem einzigen Schlag zu beseitigen; zur gleichen Zeit, als sie ihren Nachnamen aufgab, versuchte Sandra auch, ihr Geld loszuwerden. Aber der Trust klebte fester an ihr als das »Rockefeller«. Sie wurde die Exzentrikerin unter den Vettern und Kusinen, und ihr Name rief unfehlbar ein Naserümpfen oder ein Schulterzucken hervor. Anfang der sechziger Jahre war sie nach Cambridge gezogen und eine hypochondrische Einsiedlerin geworden, die immer noch die Familie und den Namen mied, das Geld jedoch inzwischen annahm. Sie lebte, wie eine doppelt so alte Frau, hinter vielfach gesicherten Türen und empfing den regelmäßigen Besuch eines Psychiaters und eines Musiktherapeuten. Die Familienlegende will wissen, daß sie einmal fünf Jahre damit verbrachte, einen gebrochenen Zeh zu kurieren.

Sandras totale Flucht aus einer Welt, die zu beherrschen die Rockefellers bestimmt waren, stellte das entgegengesetzte Extrem zu Michaels aggressiver Selbstsuche dar. In den Augen der Vettern galt sie nicht weniger als eine symbolische Gestalt. Abby meint dazu: »Sandra ist die extreme Reaktion auf die Idee, daß ein Rockefeller verantwortlich und engagiert sein *muß*. Ihre Rebellion bestand darin, absolut egozentrisch zu werden.«

Die meisten Kusinen schlugen, um ihren Namen zu ändern, einen weniger direkten Weg ein als Peggy und Sandra: sie heirateten. Die ganzen frühen sechziger Jahre hindurch war die kleine Kirche von Pocantico Hills der Schauplatz zahlreicher Hochzeitsfeiern, wobei die Bräutigame, die von den berühmten Vätern die Hand ihrer Töchter erhielten, aus lauter einfachen Bürgern bestanden. Bald gab es Anzeigen, in denen die Ankunft einer fünften Generation von Rockefellers bekanntgemacht wurde, und ihre Nachnamen hießen Case, Hamlin, Kaiser, Strawbridge oder Spencer. Aber mit der Zeit stellte sich heraus, daß mehr im Spiel gewesen war als junge Liebe. Laura meint heute: »Ich heiratete mit neunzehn, weil ich auf diese Weise den Namen loswerden konnte. Ich sprang ab.«

Die Frauen der Brüder hatten eine gewisse Rolle als Prinzgemahlinnen gespielt. »Sie fügten sich in das Leben ihrer Männer ein, führten den Haushalt und unterhielten die Gäste«, charakterisiert es Nelsons Sohn Steven. Die Kusinen aber waren zu einem solchen Verhalten unfähig, und das nicht nur wegen der aufkommenden Frauenbefreiungsbewegung und dem Zerfallen der traditionellen Rollen. Vor allem waren sie ja *geborene* Rockefellers, ihre Mütter nur angeheiratete. Nach der Eheschließung sahen sie sich vor die unmögliche Aufgabe gestellt, zu lernen, wie man die Ambitionen einer Rockefeller als Hausfrau verwirklichen kann. Zwar trösteten sich einige mit der Tarnung, die ihnen ihre Rolle bot, aber sie hatten doch immer noch das Bedürfnis, etwas zu *tun*. Außerdem gab es noch das unausgesprochene, aber beunruhigende Problem, daß ihre Ehen morganatisch waren, d. h. sie mußten, nach den Worten von David Jr., »mit der komischen Tatsache« leben, »daß sie mehr Macht hatten als ihre Männer«.

Durch die Heirat konnte man den Namen loswerden, aber der emotionale Preis war erschreckend. Um die Mitte der sechziger Jahre zerbrachen allmählich die hübschen jungen Paare, die sich nur wenig früher das Jawort gegeben hatten. Von den zehn Ehen, die in dieser Periode geschlossen wurden, endeten sieben in einer schnellen Scheidung – sie waren eben nicht die Lösung gewesen, sondern nur ein weiterer Schritt auf der Suche. Lucy, eines der Opfer einer übereilten ersten Ehe, erklärt: »Als ich mich scheiden ließ, begann für mich die Analyse. Ich wollte mich selber kennenlernen. Mein erster Mann war kein schlechter Mensch gewesen; falsch war etwas mit *mir*. Ich wußte nicht, wie man Dinge bis zu Ende denkt. Ich wußte nicht, wie Dinge laufen. Ich wußte nicht, wie Dinge sich zu mir als einer Rockefeller verhalten.«

Das scheinbar chaotische Leben ihrer Töchter irritierte, ja bekümmerte die Brüder. Doch in einem gewissen Sinn kam es auch nicht unerwartet. Auch in den zwei vorherigen Generationen von Rockefellers hatte es ähnliche Fälle gegeben – ihre wanderlustige Tante Edith und ihre eigene Schwester Babs, die es beide nicht geschafft hatten, lange Zeit verheiratet oder glücklich zu bleiben. Anders dagegen lagen die Erwartungen für die Vettern. Ihr Weg war vorgezeichnet: vor ihnen stand eine Realität, ein Lebenswerk, in das sie – wie die Brüder zu ihrer Zeit – nur einzutreten brauchten. Eine Vielfalt von Einrichtungen wartete auf sie, von der Rockefeller University und der Riverside Church bis zum Rockefeller Center und der Chase. Vielleicht war ihnen während ihrer Kindheit und Jugendzeit die Anpassung schwer geworden, aber zu Beginn der sechziger Jahre, als der letzte von ihnen das College verließ, lag das alles hinter ihnen; die Bühne war bereit für das Spiel des sublimen Selektionsprozesses, aus dem der Tüchtigste unter ihnen als der Führer der Familie in der nächsten Generation hervorgehen würde.

Was ihnen bevorstand, war kein Geheimnis. Steven erinnert sich: »Die ältere Generation erwartete von uns, daß wir die Familieneinrichtungen und -programme genauso verantwortlich weiterführten, wie es Großvater von ihnen erwartet hatte. Die Fortsetzung der Familientradition war das Thema so mancher Gespräche mit meinem Vater und meinen Onkeln. Nie hieß es: ›Ich erwarte von dir das und das.‹ Man redete mehr durch die Blume, ungefähr in dem Sinn: ›Die Familie Rockefeller hat mit ihrem Geld so viele Möglichkeiten, gute soziale Programme durchzuführen, und es ist deine Pflicht als männliches Familienmitglied, eine verantwortliche Position zu übernehmen.‹« Die Vettern rebellierten weniger geradeheraus als ihre Schwestern. Wenn sie ihr Unbehagen zur Kenntnis gaben, dann nur durch kleine Gesten, die nicht unbedingt als Opposition aufgefaßt werden mußten.

Der natürliche Favorit für die Führungsrolle war zunächst Rodman gewesen, Nelsons ältester Sohn und das erste männliche Kind in seiner Generation. Er war nicht uninteressiert und besaß geschäftliches Geschick. In seinen Ansichten stand er den Brüdern näher als den meisten Vettern, und wenn ihm seine Identität als Rockefeller irgend zu schaffen gemacht hatte, so hatte er seine Zweifel lange vor dem Abgang vom College bewältigt, und zwar allem Anschein nach ohne Kampf. Hier sitzt er nun, im Präsidentenzimmer der IBEC-Suite im Rockefeller Center, die langen Beine übereinandergeschlagen; der eine Hosenaufschlag ist weit über die Socke hinaufgerutscht, aber er merkt es nicht. Kurzsichtig blinzelt er hinter seiner dicken Brille hervor, und sein Aussehen und Gehabe ist das eines Mannes, der zwischen zwei Welten steht. Sein Gesicht ist absolut glatt und wirkt seltsam jungenhaft für seine 44 Jahre; sein Haarschopf ist grau, aber jugendlich-dicht gelockt und büschelig; er ist der leitende Angestellte einer der größten Gesellschaften im Land, aber dennoch nennt man ihn Roddy.

Rodman spricht über sein Leben, als wäre er eine Juniorausgabe der Brüder, wobei er gelegentlich die Geschichte ein wenig aufplustert, um die Rolle besser auszufüllen. Als junger Mann war er, wie er sagt, sehr glücklich, »weil Vater mich immer an seinen Interessengebieten teilnehmen ließ, so daß ich ihm nie entfremdet wurde«. Er begleitete Nelson in den Sommerferien nach Südamerika, und als er 16 Jahre alt war, steckte ihn Nelson für einige Wochen in eine Landwirtschaftsschule in Venezuela. Deutlich spricht der väterliche Einfluß aus dem Thema von Rodmans Examensarbeit in Volkswirtschaft: »Die Auswirkung der Beschlüsse der Vereinigten Staaten auf die Zahlungsbilanz von Brasilien«.

Nach dem Abschluß seines Studiums war er zwei Jahre bei der Armee in Deutschland. Dann ging er zurück und besuchte die Columbia Business School. Er hatte gewissenhaft zugehört, als Nelson ihm den Rat gab: »Geh in eine der Familieneinrichtungen und benutze sie als Basis für deine eigenen Interessen.« Eine Zeitlang sprach man davon, ihn in Room 5600 unterzubringen, als Stellvertreter von Laurance, aber schließlich fanden die Brüder übereinstimmend, daß er weder das Temperament noch genügend Prestige bei den anderen Vettern habe, um diese Rolle zu übernehmen. Sie wandten ihre Aufmerksamkeit Michael, Steven und Jay zu. Sein Onkel David meinte, Rodman wäre vielleicht ein guter Anwärter auf eine leitende Stellung bei der Chase, und machte ihm ein entsprechendes Angebot. Aber er hatte schon ein Angebot erhalten, das er nicht ausschlagen konnte: von Nelson selbst. 1960 trat er in die IBEC ein, als Chef der Abteilung für Wohnungsbau, und arbeitete sich im folgenden beharrlich die hierarchische Stufenleiter hinauf, bis er 1969 zum Präsidenten der väterlichen Gesellschaft gemacht wurde.

Unterwegs hatte er einige Rockefellersche Eigenheiten angenommen, die zu früheren Generationen gepaßt haben mochten, bei ihm aber peinlich deplaziert wirkten.

Linda Storrow, die Witwe von Frank Jamieson und eine alte Freundin seines Vaters, erinnert sich an eine Begegnung mit Roddy in einem Sommerhaus in Nantucket. Sie lud ihn und seine Frau zu einem Drink ein. Als sie die Rechnung bezahlen wollte, fragte sie ihn wegen des Trinkgelds um Rat. Er erwiderte, zehn Prozent seien angemessen. Auf ihre Bemerkung, ihr komme das ziemlich wenig vor, antwortete er: »Mein Urgroßvater gab zehn Prozent, und was für Urgroßvater gut genug war, ist auch für mich gut genug.«

Rodman arbeitete mit Begeisterung in der republikanischen Parteiorganisation in New York und warb als loyaler Wahlkampfhelfer seines Vaters alle vier Jahre auf spanisch bei der puertorikanischen Bevölkerung um Stimmen.

Nach dem Eindruck der anderen Vettern hatte Roddy seinen Weg eingeschlagen, um Konflikte mit Nelson zu vermeiden. Daß er behaupten konnte, nie »eine Periode des Selbstzweifels« durchgemacht zu haben, war ihnen Grund genug, um seine grobschlächtigen Bemühungen um die Rolle des Führers und Sprechers ihrer Generation zurückzuweisen. Und wenn er für sich beanspruchte, daß er bei seiner Arbeit im Rahmen der institutionalisierten Familienidentität eine Art Erfüllung finde, so wurde er dadurch in ihrer Gruppe fast ebenso zum Exzentriker wie Sandra durch ihre Paranoia – und das vor allem, weil ein so striktes und buchstäbliches Befolgen des Rockefellerschen Gesetzes, wie es der vorhergehenden Generation von Junior abverlangt worden war, eigentlich gar nicht mehr nötig war. Keiner der Brüder brachte die Begeisterung auf, sich als Hüter der Familientradition aufzuspielen, oder fand sich bereit, einen Abtrünnigen zu exkommunizieren. So schien denn das Opfer Rodmans ganz überflüssig zu sein, Produkt einer hartnäckigen Weigerung, zu sich selbst zu finden.

Im Unterschied zu seinem Vetter hat der junge David eine subtile und taktvolle Art. Mit seinen 34 Jahren hat der älteste Sohn des Präsidenten der Chase Manhattan Bank zwar nicht den stattlichen Umfang seines Vaters, ist aber doch von einer Hülle weichen Fleisches umgeben, die unter psychischem Druck anschwillt. Fast zehn Jahre schon besteht dieser Druck gleichmäßig darin, daß er entscheiden muß, was er letzten Endes mit sich anfangen will.

Wenn man ihn in seinem Privatbüro im Bostoner Süden sieht, will man nicht recht glauben, daß man einem früheren stellvertretenden Generaldirektor des Bostoner Symphonieorchesters gegenübersitzt; David Jr. war das sechs Jahre lang und gab das Amt erst vor kurzem auf, um diesen Raum zu mieten und »mit sich ins reine zu kommen«. Musik stand immer im Mittelpunkt seines Lebens. Selbst ein tüchtiger Bariton, baute er in Boston einen Bach-Chor mit dem Namen Cantata Singers auf, der viel Beifall findet. Er subventioniert auch die experimentelle Kodaly-Methode des Musikunterrichts bei ganz kleinen Kindern, die durch die Ford Foundation finanziert wird.

Nachdem man ihm ein früheres Interesse an Lyrik ausgeredet hatte, das er nach dem Collegeabschluß entwickelte, schlug der junge David gehorsam einen Weg nach dem Herzen seines Vaters ein, besuchte die Harvard Law School und darauf einen einjährigen Volkswirtschaftskurs in Cambridge, bis er sich schließlich dem Konflikt zwischen Pflicht und Neigung stellen mußte, den kein noch so ausgedehntes Studium aus dem Weg schaffen konnte.

Er war sich immer bewußt, daß sein Vater seine Beschäftigung mit der Musik mißbilligte und darin nur ein Hobby sah – vergleichbar einer Käfersammlung –, dem ein ganzes Leben zu widmen, und zumal das eines Rockefeller, glatte Verschwendung war. Die Entscheidung freilich, die seinen Vater als einzige wirklich glücklich gemacht hätte, war die einzige, die nicht in Frage kam. »Soviel ich weiß, gibt es bei der Bank eine Vorschrift gegen Nepotismus«, erwidert David Jr. mit gedämpftem Sarkasmus auf die unvermeidliche Frage nach seiner Zukunft an der Chase. »Und wenn es eine solche Vorschrift nicht gäbe, würde ich sie erfinden.« Mit der sorgfältig formulierten Begründung für seinen unverrückbaren Standpunkt beweist er, daß der Takt seines Vaters auch ihm zu Gebote steht. »Im Hinblick auf das Klima innerhalb der Bank wäre es wohl eine Katastrophe, wenn ich mich dort engagierte. Unsere Familie hat genug Sorgen; da ist es wirklich nicht nötig, daß sie den Unwillen von noch einmal tausend Menschen auf sich zieht. Das Problem, ob wir durch Beziehungen oder Verdienst hochkommen, ist auch so kompliziert genug.«

Wie die Chase, so scheidet auch die Rockefeller University aus, in deren Kuratorium sich David Jr. als weiteres Zeichen seiner Kompromißbereitschaft hat aufnehmen lassen. Hier ist die Frage, wie er es sieht, eine der Führung. »Mein Vater übernahm den Kuratoriumsvorsitz von seinem Vater. Ich denke, es hat nie einen Kuratoriumsvorsitzenden gegeben, der kein Rockefeller gewesen wäre. Unter dieser Leitung ist die Institution sehr gut gefahren, woraus man dreierlei Schlüsse ziehen kann: entweder daß es ein gesunder Feudalismus war, oder daß er damals gesund war, aber auch nur damals, oder daß er nie gesund war. Ich neige zu dem Schluß, daß er zu seiner Zeit gesund war. Was die heutige Situation betrifft, so ist die Antwort nicht meine Sache, sondern Sache der Universität. Persönlich sehe ich nicht, daß meine Interessen den Wunsch einschließen, Vorsitzender der Universität zu werden. Es ist eine gewaltige Institution, und wenn ich ihre Führung übernehmen wollte, müßten die Ziele der Universität sehr ernsthaft meine eigenen sein. Aber ich glaube nicht, daß meine Lebensinteressen in diese Richtung gehen.«

Davids jüngerer Bruder Richard ist der einzige andere in der Generation der Vettern, der die Bank – in zunehmendem Maß der Eckstein der finanziellen Macht der Familie – als »Erbe« übernehmen könnte. Ein begabter Fotograf und Amateurpilot, lebt Richard in einem Apartment an einer der baumbestandenen Wohnstraßen von Cambridge, das den unverkennbaren Charakter einer Studentenbude hat. In seinem Schlafzimmer sind auf Podesten zwei riesige, fast zwei Meter hohe Elefantenzähne aufgebaut; er hängt sein Hemd darüber, wofür sie gerade die rechte Höhe haben, und enthüllt dabei einen athletischen Körper.

Richard weiß, was man von ihm erwartet, ist aber weniger zurückhaltend als David, wenn er seine Meinung dazu äußert. »Ich spürte einen schweren Druck, nicht direkt von meinem Vater, wohl aber von einigen seiner Geschäftspartner, entweder die Leitung der Familienzentrale oder der Rockefeller Foundation zu übernehmen«, sagt er. »Ich muß mich fragen, ob ich die Fähigkeit besitze, die Kluft zwischen einem Leben als Dilettant und einem Leben als Renaissancemensch zu überbrücken. Jedenfalls kann diese Kluft nicht durch Geld überbrückt werden.« Im Verlauf eines Gesprächs über ein von ihm geplantes Projekt im Erziehungsbereich sagt er mit Nachdruck: »Wenn ich einen Geldgeber brauchte, würde ich mich auf gar keinen Fall an die Rockefeller Foundation wenden. Man würde ja gar nicht wissen, warum die Leute einem auch nur zuhören! Andere Familienmitglieder haben Dinge verwaltet, aber nie etwas *produziert.* Wenn ich es machen würde, dann nur allein. Ich will wissen, ob ich es allein schaffen kann.«

Das geplante Projekt war eine kritische Untersuchung der amerikanischen Universitäten, eine Art Reiseführer durch das amerikanische Hochschulwesen. Sein Vater hielt gar nicht viel davon. Richard schob eine Entscheidung so lange wie möglich auf. Im Herbst 1974, nach einer Reise in Bankangelegenheiten, die ihn als Begleiter seines Vaters in den Nahen Osten geführt hatte, teilte er der Familie dann seinen Entschluß mit: er wollte Medizin studieren. Mit dieser Lösung brachte er alle seine Bedürfnisse unter einen Hut: er befriedigte seinen eigenen Anspruch an sich selbst, daß er Spezialkenntnisse erwerben müsse, gehorchte der Verpflichtung eines Rockefeller zur Nächstenliebe und entzog sich zugleich dem Zugriff der Familie, die es gerne gesehen hätte, wenn er in die Bank, das Office oder die Stiftung eingetreten wäre.

Der auf eine unaufdringliche Art gut aussehende, 37 Jahre alte Jay würde nicht abstreiten, daß er der direkte Nutznießer von Winthrops kleiner Rebellion ist. Noch gut kann er sich an die langen Abende in Winrock erinnern, wo er den einsamen Onkel beobachtete, wie er den Scotch aus Wassergläsern trank, wo er ihm bei seinen weitschweifigen Geschichten zuhörte und sein Pathos auf sich wirken ließ. Ein fast zwei Meter langer Riese, ist Jay so dünn, daß die Bewohner von West Virginia ihn den »Bohnenstangenpolitiker« getauft haben. Aber er bewegt sich mit einer gewissen Grazie, wie sie sich für einen ehemaligen Basketballspieler geziemt. Entspannt zurückgelehnt in einem Stuhl des Amtszimmers, das ihm in seiner gegenwärtigen Funktion als Präsident des West Virginia Wesleyan College zusteht, blickt er durch das Fenster auf die Studenten, die die Straßen von Buchanan entlanggehen. Wenn er spricht, geschieht es mit der angenehmen Vertraulichkeit eines Mannes, der hart an sich gearbeitet hat, um alle Spuren von Überheblichkeit aus seinem Verhalten zu tilgen. Er sagt auch mal »Scheiße«, und seine Kenntnis der intimen Details des Berufsbaseballs – die von fast enzyklopädischer Vollständigkeit sind – überragt bei weitem sein Wissen über die Vorgänge in der Familienzentrale der Rockefellers. Zwar macht er gelegentliche Zugeständnisse, um seine Verbindung mit den älteren Verwandten zu pflegen, aber die Geschichte seines Wegs nach West Virginia zeigt, daß er seinen Separatfrieden mit der Familie geschlossen hat.

1958 verließ er Amerika und quartierte sich bei einer Familie in Tokio ein. Wenn er wollte und es ihm Vorteile brachte, konnte er aus seinem Inkognito auftauchen und sich als Rockefeller zu erkennen geben, aber sonst war er wie jeder andere. »Ich habe dort gearbeitet«, sagt er mit einem unwillkürlichen Blick auf die große handgemalte japanische Bildrolle an der Wand seines Büros. »Ich kannte nichts anderes mehr und lebte wie ein Mönch. Jeden Morgen stand ich um halb sechs auf und hockte mich in meinem Zimmer voller Bücher auf eine Bambusmatte. Ich besuchte Kurse, sprach mit Studenten und las pausenlos. Langsam änderte sich die Welt für mich. Ich begann, mich wohler zu fühlen.«

Seine drei Jahre in Japan waren eine Gnadenfrist, in deren Verlauf er sich auf das Martyrium vorbereiten konnte, das ihm bevorstand: eine lebenslängliche Existenz als Rockefeller. Aber zugleich begann er damals auch zu begreifen, daß sein Name ihm, wenn er nur ein Gebiet abstecken konnte, das ihm und nur ihm gehörte, ebensogut helfen wie hinderlich sein konnte.

Zweimal fuhr er während seines Aufenthalts in Japan nach Hause zurück: das erste Mal, als ihn sein Vater in einem Brief aufforderte, seinen schwerkranken Großvater, nach dem er John D. hieß, besuchen zu kommen; und das zweite Mal, als er die telegraphische Nachricht von Juniors Tod erhielt. Schon in der Art und Weise, wie ihn die Mitteilung erreichte, schien sich die wunderbare Macht des Namens zu offenbaren, den er zumindest partiell für sich anerkannt hatte – als John D. Rockefeller IV. »Ich war damals gerade mitten im Urwald von Ceylon zu Besuch bei einem alten Freund. Noch heute weiß ich nicht genau, wie sie mich gefunden haben, aber irgendwie tauchte der Ceylonese plötzlich in dieser gottverlassenen Gegend auf und fragte mich, ob ich Mr. Rockefeller sei. Ich sagte ja, und er gab mir ein Telegramm von meinem Vater.«

Er bestieg ein Flugzeug nach New York, wohnte dem Gedenkgottesdienst für Junior bei und flog, fast ohne Verschnaufpause, wieder zurück nach Japan.

Jay hatte jetzt vielleicht eine positive Einstellung zu der Tatsache, daß er der vierte John D. Rockefeller war, aber an dem unabhängigen Kurs, den er eingeschlagen hatte, konnte das nichts ändern. Zwar wußte er genau, daß die Brüder ihn für einen idealen Anwärter auf eine Position in Room 5600 hielten, aber von Tokio kehrte er nicht nach New York, sondern nach Cambridge zurück. 1961 immatrikulierte er zum zweitenmal in Harvard und absolvierte im Geschwindmarsch alle Kurse über japanische Sprache, Literatur und Geschichte, die dort angeboten wurden; gleichzeitig begann er mit dem Studium des Chinesischen. So groß war seine Eile, daß er noch vor den Abschlußfeiern in Harvard nach Yale ging, um sich einzuschreiben (er war dort zum Graduiertenstudium an der Ostasien-Abteilung zugelassen worden).

Eigentlich hatte er vorgehabt, innerhalb von vier Jahren seinen Doktor zu machen. Aber nach dem ersten Jahr erlosch sein Enthusiasmus so plötzlich, wie er aufgeflammt war – fast als ob die fanatische Ostasien-Begeisterung ihren Zweck, seine Ungewißheit über seine Existenz als männlicher Rockefeller auszubrennen, erfüllt hätte und damit überflüssig geworden wäre.

Als ein gutes Beispiel für die »engagierte« Jugend der frühen sechziger Jahre (er hatte für *Life* einen Artikel über die Gründe der Unruhe unter linksradikalen Jugendlichen in Japan geschrieben) [245] war Jay, nachdem er nach Harvard zurückgekehrt war, von der Kennedy-Administration in das Beratergremium für das neue Friedenskorps aufgenommen worden. Für jemand mit Jays Ehrgeiz und Verbindungen lag es nahe, sich als Ausgangspunkt für eine neue Karriere die New-Frontier-Bewegung auszusuchen. 1962 trat er eine Stelle als Sonderassistent von Sargent Shriver an. Eine seiner Aufgaben bestand darin, Gespräche mit Bewerbern für das Überseepersonal des Friedenskorps zu führen. Einmal erhielt er, wie er erzählt, einen Telefonanruf von Justizminister Robert Kennedy, der ihm einen guten Kandidaten für einen Spitzenposten hinüberschicken wollte. Jay sprach mit ihm, lehnte ihn dann aber ab. »Ungefähr zehn Tage danach bekam ich einen zweiten Anruf. Der Justizminister sagte: ›Schauen Sie, mir ist es damit ziemlich ernst.‹ Ich antwortete: ›Mir auch‹, und wir einigten uns auf ein Unentschieden. Es war der Anfang einer ziemlich guten Beziehung zwischen mir und Bobby.«

Für einen jungen Profi – und als einen solchen betrachtete sich Jay damals immer mehr – war das Friedenskorps ideal. »Alles ging schnell dort, die Erledigung der Akten ebenso wie die Beförderungen. Seit meiner Zeit in Japan hatte ich mir ständig vorphantasiert, ich würde der erste Botschafter der Vereinigten Staaten in der Volksrepublik China werden – bis ich daran glaubte. Also wechselte ich vom Friedenskorps ins Außenministerium hinüber, um Erfahrung in der Außenpolitik zu sammeln.« Das war 1963. Die nächsten Monate arbeitete er als Sonderassistent von Robert Hilsman und als dritter Mann im Indonesien-Referat. »Im Grunde bestand meine Arbeit darin, daß ich jeden Morgen für Hilsman den Schreibtisch aufräumte, ihm die Geheimkabel der Reihe nach hinlegte, und dergleichen.«

Als Hilsman von Lyndon Johnson entlassen wurde, weil seine Begeisterung über die Entwicklung in Vietnam zu wünschen übrig ließ, sah Jay sich vor eine Entscheidung gestellt. Er konnte eine außenpolitische Karriere machen, dafür bürgten die Beziehungen seines Vaters im Außenministerium. Aber er mußte dafür einmal auf einer niedrigeren Stufe einsteigen, als er es sich vorgestellt hatte, und zum anderen auf die Illusion verzichten, er könne sein eigenes Süppchen kochen. Außerdem fühlte er sich, trotz seines blendenden Aussehens, das ihn zu einem der aktivsten und erfolgreichsten Junggesellen in der jüngeren Geschichte Washingtons gemacht hatte, in der Landeshauptstadt nicht wohl. Er war zu sehr ein Rockefeller.

Die Welt der Politik zog ihn an – aber sie war nicht mehr die Welt, in der sein Onkel lebte. Norman Mailer war der Chronist dieser neuen Welt, nicht mehr Joseph Alsop. Es war die ideale Arena für einen ehrgeizigen jungen Mann, der vor lauter Möglichkeiten nicht wußte, wo er zugreifen sollte. Jay beschloß, wenn es irgend ging, eines Tages nach Washington zurückzukehren – als gewählter Abgeordneter.

Er ging nach West Virginia. Anfang 1966 wechselte er zu den Demokraten über, und im November wurde er mit großer Mehrheit ins Abgeordnetenhaus des Staates gewählt.

In West Virginia erging es ihm wie seinem Onkel Winthrop in Arkansas: er wurde angestaunt als eine Berühmtheit, umworben als eine Geldquelle und geduldet als Außenseiter. Zwar verfügte er nicht über einen genügend großen Anteil am Familienvermögen, um es Winthrop gleichzutun, der 35 Millionen Dollar in seine Wahlheimat gepumpt hatte, aber er erweckte weithin den *Glauben*, er könne es, und die

Erwartung, daß die Zauberkraft des Namens Rockefeller eine verschwenderische Fülle von Kapitalinvestitionen und Regierungssubventionen auf das Land niederregnen lassen würde. Und insofern er anzeige, daß das 20. Jahrhundert endlich auch bis West Virginia vorgedrungen war, erfüllte Jay auch eine ähnliche Symbolfunktion wie Winthrop. Sicherlich war er der einzige Einwohner des Staats, der an der Hochzeit des Jahres beteiligt sein konnte.

Sie fand 1967 statt, mit Sharon Percy als Braut, der goldblonden Tochter des Senators von Illinois, die Jay kennengelernt hatte, als sie im Büro des damaligen Kongreßabgeordneten John Lindsay arbeitete. Es war eine Hochzeit, die bewies, daß Jay seine Familienidentität den Bergen und Tälern der Appalachen noch nicht gänzlich geopfert hatte. Obwohl er darauf bestand, daß es eine »Angelegenheit der Familie Percy« sei, trug das Ritual doch entschieden Rockefellersche Züge. In der Rockefeller-Kapelle der University of Chicago intonierte den Hochzeitsmarsch das riesige Glockenspiel, das Junior gespendet hatte.

1968 wurde Jay zum Staatsminister gewählt und steuerte unverkennbar den Gouverneursposten an; im selben Jahr bekam Sharon ihr erstes Kind, das den Namen John erhielt (Rufname »Jamie«), wieder mit der Option, im Alter von 21 das »Davison« und eine »V« anzunehmen.

# Kapitel 28

Seit den Tagen, als die Brüder aus dem Krieg zurückkamen, hatte sich die Familienzentrale, das »Office«, stark verändert. Damals war das Office immer noch ein Relikt aus Juniors großen Jahren gewesen, ein erweiterter persönlicher Stab, ihm untergeben und dazu bestimmt, die Ziele zu verwirklichen, denen er sich verschrieben hatte. Die Brüder dagegen brauchten ein Auffangbecken für den vermehrten Reichtum und Einfluß, den sie im Lauf ihrer Karrieren anhäufen wollten, und hatten es entsprechend umstrukturiert.

Für die Außenwelt, sogar die skeptische Welt der Wall Street, hatten seine Operationen, die mit einer Mischung von Geheimhaltung und Mysterium umgeben waren, den Duft byzantinischer Intrige: das *mysterium tremendum* der Rockefeller-Dynastie.

Room 5600 war der Ort, wo die Brüder sich mit eingeweihten Freunden und Ratgebern versammelten, um Beschlüsse zu fassen, die die Welt erschütterten; es war Merlins Höhle, wo Pläne für neue Unternehmungen sorgfältig durchleuchtet wurden und wo die Entscheidung fiel, wann die magische Kraft dieses Namens aller Namen eingesetzt werden sollte, die alles, was der erlauchte Kreis anfaßte, in Gold verwandelte. Hier fielen die Entscheidungen über ein einzigartiges Produkt – die Familie Rockefeller.

Das Nervenzentrum der Macht war das Privatbüro von J. Richard Dilworth. Auf eine Weise ausgestattet, die eher zur Studierstube eines Gelehrten als zu einer Direktorensuite paßt, ist es die adäquate Umgebung für einen früheren Investmentbankier, der jetzt unter anderem im Kuratorium der Rockefeller University und des von den Rockefellers mitfinanzierten Princeton Institute for Advanced Study sitzt. In Kalbsleder gebundene Ausgaben elisabethanischer Reiseberichte stehen auf den Bücherregalen, in der leichten Unordnung von Büchern, die tatsächlich gelesen werden.

Nachdem es David und Laurance gelungen war, ihn Kuhn, Loeb abspenstig zu machen, wurde Dilworth 1958 Mitglied der Führungstroika in Room 5600, neben John Lockwood und Frank Jamieson (und zeitweilig, nach Jamiesons Tod, Emmet Hughes). Aus der Umstrukturierung Anfang der sechziger Jahre, als das Office mehr und mehr den Charakter einer Gesellschaft annahm, ging Dilworth als die rechte Hand von Laurance und »geschäftsführender Direktor« hervor, verantwortlich einem Vorstand, der aus den fünf Brüdern und einigen Vettern bestand. * Dilworth hat den ganzen laufenden Betrieb des Office unter sich, mit besonderer Betonung freilich der umfangreichen finanziellen Transaktionen, auf die sich die Brüder eingelassen haben.

Hager und grauhaarig, hat »Dick« Dilworth trotz des Monogramms »JRD«, das auf seiner Hemdentasche eingestickt ist, das Aussehen eines Dressman für die Berufskleidung leitender Angestellter. Mit kühlem Charme kippt er seinen Drehstuhl nach hinten und spricht über seine Rolle: »Ich war einst Rechtsanwalt und sehe mich mehr in der Funktion eines Rechtsbeistands der Familie im englischen Sinne als in der des Chefs einer Gesellschaft. Manchmal sind es finanzielle Probleme, mit denen ich befaßt bin, manchmal menschliche. Häufig sind die menschlichen komplizierter.« [246]

Als der erste Mitarbeiter der Brüder, Nachfolger von Reverend Frederick T. Gates und Rechtsanwalt Thomas Debevoise, die in den beiden vorangegangenen Generationen die Rolle des Vertrauten und der Grauen Eminenz gespielt haben, trägt Dilworth im Hinblick auf die Schwierigkeiten der Vettern Reserviertheit zur Schau. Doch unübersehbar gehört die vierte Generation vordringlich zu den »menschlichen Problemen«, mit denen der geschäftsführende Direktor konfrontiert wird.

Unabhängig davon, ob einzelne Vettern sich dazu aufrafften, eine Stelle im Office, an der Chase oder im Rockefeller Center zu übernehmen oder nicht, bestand nach der Überzeugung der Brüder und ihrer Ratgeber die Notwendigkeit, die Angehörigen der Generation enger aneinander und an die Familie zu binden. Dies konnte am besten so geschehen, daß man für sie ein eigenes Institut schuf, nach dem Vorbild des »Brothers Fund«, den Junior einst eingerichtet hatte. 1968 wurde, mit Einlagen von dreien der Brüder in einer Gesamthöhe von mehr als 300 000 Dollar, der »Family Fund« begründet. Sein Anfangsniveau war sehr bescheiden, aber wie sonst auch war man sich klar, daß es nur der Anfang von mehr sein sollte. Man stellte einen Mitarbeiterstab ein, der im allgemeinen die Ansichten und Neigungen der Vettern widerspiegelte und mit ihnen zusammen ein gemeinnütziges Programm ausarbeiten sollte.

Gab schon die kärgliche Summe, mit welcher der Fonds ausgestattet war, deutlich zu erkennen, wie zögernd die Väter selbst hier ihren Kindern entgegenkamen, so sprach die Tatsache, daß David Sr. sein erster Präsident war und Laurance außerdem im Finanzausschuß saß, eine noch deutlichere Sprache hinsichtlich seines Zwecks. Alida nennt ihn »ein Institut, an dem wir lernen sollen, wie man's macht«. Es war ein geschickter Schachzug. Im Family Fund hatten die Vettern in der Tat immerhin eine Spielwiese, ein neutrales Betätigungsfeld, das einige von ihnen wirklich okkupierten, als sie nach Jahren radikaler Aktivität und Kritik in den Schoß der Familie zurückkehrten. Seine fünf Schwerpunktgebiete (Erziehung, Institutionenkontrolle,

---

* Nach den Worten von John Lockwood verdankt er seinen Aufstieg hauptsächlich dem Umstand, daß »Nelson in Albany zu tun hatte und keinen eigenen Kandidaten für den Posten vorschlagen konnte. Wenn er immer noch aktiv in Room 5600 mitgearbeitet hätte, wäre Dilworth die Unabhängigkeit versagt geblieben, die er brauchte, und wäre schließlich gegangen.«

Frauen, Umweltschutz und Kunst) waren so gewählt, daß sie sich nicht mit dem Brothers Fund überschnitten und daß jedem der Vettern und Kusinen das Programm einen Punkt bot, für den er oder sie sich begeistern konnte.

Doch das Problem von Room 5600 war damit nicht aus der Welt geschafft. Zwar war es den Vettern gelungen, sich aus den Schlingen der Familie zu lösen und ihren individuellen Lebensweg einzuschlagen, aber das Office fungierte weiter *in loco parentis,* ein kunstvoll verschachtelter bürokratischer Aufpasser, der für seine Schützlinge alle rechtlichen und finanziellen Angelegenheiten regelte, von den Schenkungen, die sie aus ihrem Einkommen zu machen wünschten, bis zur Vorbereitung ihrer Steuererklärung, ja, bis zu verhältnismäßig simplen Unternehmungen wie Autokäufen und Versicherungsabschlüssen. So machte das Office die Vettern in einem außergewöhnlichen Maß von sich abhängig und flößte ihnen ein Gefühl der Hilflosigkeit ein.

Wurde ein Vetter um eine Spende angegangen, so rief er den zuständigen Sachbearbeiter im Office an, der die Details der Übereignung und die Frage der steuerlichen Absetzbarkeit regelte.

Nichts hat die Vettern mehr zu einer Gruppe zusammengeschweißt als das gemeinsame Problem des Office und der Wunsch, Dilworth und den anderen in geschlossener Front gegenüberzutreten. Dieser Wunsch beherrschte wenn nicht die tatsächlichen Gespräche, so doch die Stimmung bei ihren jährlichen Zusammenkünften in Pocantico.

Diese Treffen der Vettern hatten als informelle Zusammenkünfte begonnen, unter dem Vorsitz von Mitzi und Rodman als den Ältesten ihrer Generation. Ursprünglich sollten hier die Vettern und Kusinen, die volljährig geworden waren, in die Mysterien ihrer finanziellen Rechte eingeweiht werden. Im Lauf der Zeit wurden dann immer mehr von ihnen 21 Jahre alt, und ihre Zusammenkünfte wurden so etwas wie gesellschaftliche Veranstaltungen. Als schließlich gegen Ende der sechziger Jahre fast alle Vettern und Kusinen an den Treffen teilzunehmen begannen und der Druck von außen auf jeden von ihnen stärker wurde, fingen sie an, auch über aktuelle Probleme zu diskutieren.

Eins davon war der Family Fund. Er hatte sich, seit er 1969 zu arbeiten begann, zu einer ziemlich großen Stiftung entwickelt, dank einem Legat von 10 Millionen Dollar im Testament von Martha Baird.

Von Anfang an befürchteten einige der Vettern, daß der Fonds lediglich ein weiteres Rockefeller-Institut werden würde. Marion und ihr Mann schrieben in einem Brief an die anderen: »Wir sind ganz aufgeregt bei dem Gedanken, welche Möglichkeiten der Fonds bietet. Wir hoffen sehr, daß er eine Alternative zu der üblichen Spendenpraxis schafft. Zum Beispiel ist es nach unserer Meinung eine großartige Idee, sich auf Ökologie zu konzentrieren, allerdings nur, wenn dieser Bereich (oder jedes andere Anliegen, das der Fonds unterstützt) nicht einfach in eine Reihe gestellt wird neben andere Problembereiche wie Erziehung, Kunst, Gesundheit und so weiter . . . Was heute nötig ist, ist mehr als noch eine von der Steuer absetzbare Stiftung. In unseren Augen heißt die Aufgabe in vielen Fällen, daß man genau die politischen und ökonomischen Kräfte angreifen muß, die die absetzbaren Spenden zu einer Dauereinrichtung machen . . . Wir meinen, der Fond muß sich unbedingt Organisationen aussuchen wie das American Friends Service Committee (Hilfskomitee der amerikanischen Quäker), Friends of the Earth (Freunde der Erde), Pacifica-Stationen, American Documentary Films und so weiter, und er muß die Förderung dieser Bereiche vom steuerlichen Status unabhängig machen.«

Die meisten Vettern freilich wollten sich diese Forderungen und Prinzipien nicht zu eigen machen, zumal wenn damit die Gefahr verbunden war, daß man aufs neue die Hunde weckte, die gerade eben erst eingeschlafen waren. Sie fügten sich den – wie sie es sahen – Realitäten der Lage. Eine dieser Realitäten war der Sitz von David Sr. und Laurance in Vorstand und Finanzausschuß des Fonds.

Im Frühling 1974 hatte Catherine Tracy die Anträge diverser aufsässiger Aktionärsgruppen gesichtet und legte einige davon den Vettern vor, damit sie Entscheidungen für den Aktienbestand des Fonds treffen konnten. Drei Punkte waren von den Aktionärsresolutionen angesprochen worden: umweltschädlicher Tagebau in den Rocky Mountains durch Exxon; Einstellung einer viel zu geringen Zahl von Angehörigen ethnischer Minderheiten bei General Electric und Caterpillar; und die Südafrikapolitik von IBM. Der Finanzausschuß des Family Fund behandelte diese Fragen. Die Erläuterung ihrer Flächenabbau-Politik durch Exxon und das Versprechen, die ausgebaggerten Gebiete neu zu bepflanzen, wurden einhellig für ausreichend erachtet. Zur Frage der Einstellung von Minderheiten akzeptierte der Ausschuß den Vorschlag von David Sr., man solle das Stimmrecht nicht den kirchlichen Gruppen zuschlagen, die GE und Caterpillar angegriffen hatten, sondern mit der Unternehmensleitung stimmen und gleichzeitig einen Brief zu Protokoll geben, in dem festgestellt wurde, daß die Familie Rockefeller ein Gegner jeglicher Einschränkung des Rechts auf Chancengleichheit sei. Als einer der Vettern anregte, man solle in dem Brief außerdem die Gesellschaften ersuchen, die Ergebnisse von Programmen zur Einstellung von Minderheiten in künftigen Jahresberichten bekanntzumachen, protestierte David mit den Worten, seiner Meinung nach sei das wirklich »zuviel verlangt«. Jay pflichtete ihm bei und sprach für den Antrag, dieses Ersuchen nicht in den Brief aufzunehmen, woraufhin der Brief einstimmig angenommen wurde.

Bei der Resolution der IBM-Aktionäre stand zur Debatte, ob die Aktivität der Gesellschaft in Südafrika vollständig aufgedeckt werden solle oder nicht. David legte einen *Fortune*-Artikel vor, in dem es hieß, daß IBM in Südafrika zu den fortschrittlichen Firmen gehöre. Er wies darauf hin, daß eine Stimmabgabe bei der Aktionärsversammlung zugunsten der Dissidenten, die eine Aufdeckung erzwingen wollten, den Anschein erwecken müßte, als seien sie mit der progressiven Haltung von IBM in einigen Fragen der südafrikanischen Innenpolitik nicht einverstanden. Die Mitglieder des Finanzausschusses waren der gleichen Meinung, und der Fonds befürwortete lediglich, in einem milden Brief die eigene Position zu umreißen.

367

David gab nicht nur den Ton an, er regelte auch das allgemeine Problem der Investitionspolitik des Familienfonds. Die Vettern hatten angenommen, die Anlagen des Instituts würden mit seiner philanthropischen Ausrichtung übereinstimmen, und hatten beantragt, daß die Gesellschaft, die den Aktienbestand verwaltete, darauf verpflichtet werden solle, dies auf eine Weise zu tun, die etwas von der Solidarität ihrer Generation mit der Forderung nach der »öffentlichen Verantwortung von Aktiengesellschaften« widerspiegelte. Aber wieder hatte Onkel David einen starken Einwand geltend gemacht: wenn sie der Kapitalanlagegesellschaft nicht freie Hand ließen, so viel Geld wie möglich zu verdienen, würde der Fonds für Schenkungszwecke überhaupt nichts mehr abwerfen, und vielleicht würde sich sogar sein Ausstattungskapital verringern. Wollten sie nicht die Axiome hinter dieser Feststellung bestreiten – und das wollten sie nicht –, konnten sie sich ihrer Logik nicht entziehen. Und schließlich beugten sie sich auch in dieser Frage.

Die Brüder versuchten Rodman, Nelsons ersten Sohn, für die Führungsrolle der vierten Generation zu favorisieren. Doch die Vettern akzeptierten keinen Hüter der Familientradition mehr. Allein die Tatsache, daß er bereit war, im Rahmen der Rockefeller-Institutionen zu arbeiten, ließ Roddy in ihren Augen zu einem Außenseiter werden.

Jay hat jetzt vielleicht eine positive Einstellung zu der Tatsache, daß er der vierte John D. Rockefeller ist, aber an dem unabhängigen Kurs, den er eingeschlagen hat, konnte das nichts ändern. Er ging nach West Virginia, wechselte zu den Demokraten über und wurde mit großer Mehrheit ins Abgeordnetenhaus des Staates gewählt. Er besitzt den gleichen Ehrgeiz wie Nelson, aber losgelöst von der Familie. Jay unterscheidet sich nicht mehr von anderen Politikern mit einem berühmten Namen und viel Geld.

Die Frauenbewegung war der Katalysator, den Abby, Davids älteste Tochter, brauchte.
Von hier aus konnte sie mit ihrer Geschichte brechen, weil die Bewegung ihr eine Perspektive
bot und es ihr ermöglichte, ihr blindes und zielloses Umsichschlagen aufzugeben und festen
Fuß zu fassen.
In den Augen der Welt erschien Michaels Verschwinden in Neu-Guinea als die Geschichte
eines romantischen, wagemutigen jungen Mannes, der sein Leben auf der Suche nach
Abenteuern verloren hatte. Was diese Suche wirklich bedeutete, konnten nur die Rockefeller-Vettern beurteilen. Das zeigte sich darin, wie sie ihm die letzte Ehre erwiesen: sie
beschlossen, das Michael-Rockefeller-Stipendium zu stiften. Es war das erste Institut,
das sie von sich aus einrichteten und finanzierten.

# Kapitel 29

Für die Vettern, die Anfang 1973 nach Arkansas reisten, war Winthrops Beerdigung ein gefühlsgeladener Augenblick. Nicht so sehr, weil sie über seinen Tod trauerten: außer Jay, Larry, Steven und einem oder zwei anderen hatte keiner von ihnen den Riesen mit den traurigen Augen wirklich gekannt, auch wenn sich niemand dem Leid seiner letzten Tage entziehen konnte, als er zusammenzuschrumpfen schien und sein gebrochener Körper das Schlachtfeld wurde, auf dem sich Alkohol, Drogen und Krebs einen schauerlichen letzten Kampf lieferten. Vielmehr war der Grund für ihre Betroffenheit, daß der Tod dieses Onkels den Übergang in eine andere Zeit zu markieren schien. Mit einem Sprung kam die Zeit näher, wo die harten, doch unausweichlichen Entscheidungen über die Familie fallen mußten, Entscheidungen, bei denen sie eine noch unbestimmte Rolle spielen würden. Mit Spannung beobachteten sie, wie ihr Vetter Winthrop Paul die Lage meisterte. Er war der erste von ihnen, der den großen Schritt tat.

In den ersten paar Wochen drangen aus Arkansas nur verworrene Nachrichten an die Außenwelt, die darauf hindeuteten, daß die Wachablösung nicht glatt vonstatten ging. Vielleicht hatte Winthrop sein Herz an Winrock gehängt, einen großen Teil seiner Seele aber hatte er jedenfalls als Pfand im Rockefeller Center zurückgelassen; und diese Zweiteilung spiegelte sich in seinen testamentarischen Verfügungen wider. In seinen letzten Tagen hatte er sich an die Familienzentrale um Rat gewandt. Sein Testament benannte fünf Vollstrecker, die die Dispositionen über sein Vermögen überwachen und seinem jungen und unerfahrenen Sohn den Weg ebnen sollten. Zwei davon, sein ehemaliger Chefberater Max Milam und Marion Burton, eine persönliche Freundin, waren Vertraute und Geschäftspartner aus Arkansas; aber die Fäden in der Hand hatte ein New Yorker Triumvirat, bestehend aus David Rockefeller, J. R. Dilworth und Familienanwalt Donald O'Brien.

Der Erbe, der 25jährige Win Paul, war ein breitschultriger, gutaussehender junger Mann, dem besonders gut Anzüge im Westernstil und eckige Cowboystiefel standen. Er besaß die Offenheit seines Vaters und war, wenn man von dem dichten schwarzen Haar und einem dunklen Schnurrbart absah, dessen Ebenbild aus der Zeit seines Abschieds von Yale, um auf den Ölfeldern zu arbeiten.

Aber Win Paul war für Familie wie Freunde in Wirklichkeit eine unbekannte Größe. Er war nicht nur der erste Abkömmling von John D. Senior in männlicher

Linie, der nicht in Pocantico aufwuchs, er hatte überdies seine Kindheit bei einer Mutter verbracht, die die Rockefellers verabscheute, und seine Jugend hatte er auf einer Reihe von europäischen Internaten verbracht, weit jenseits der ideologischen Reichweite der Familie. Er war ein Außenseiter, und alle Sommer- und Ferienaufenthalte in Winrock hatten daran nichts geändert. In den letzten Jahren seines Vaters brach Win Paul sein Studium in Cambridge ab und kam für immer nach Arkansas, wo er heiratete und sich häuslich niederließ, als wäre er immer ein aktives Familienmitglied gewesen. Aber er war anders, völlig anders; die Angst und die Ambivalenz, gemeinsamer Nenner der anderen Vettern, fehlten bei ihm ganz. Es war, als wären sie die Kontrollgruppe und er das Experiment.

Da er außerhalb des Systems von Schuld und Verpflichtung aufgewachsen war, sah er in seinem Erbe keine Last; im Gegenteil. Kaum war sein Vater begraben, schickte er sich an, das von seinem Vater aufgebaute Reich in Besitz zu nehmen. Er gab zu verstehen, daß er seine eigenen Ideen habe und ein neues Team von Beratern, um diese Ideen zu verwirklichen. Die alte Garde der Partner seines Vaters, an ihrer Spitze der ehemalige College-Professor Max Milam, hatte dagegen das Gefühl, er sei noch nicht soweit. Zunächst drehte sich der Streit um die Frage, welche Partei die Papiere auf Winthrops Schreibtisch bearbeiten durfte, die bei seinem Tod liegengeblieben waren. Milam packte sie schließlich zusammen und deponierte sie in einem Schließfach. Damit löste er einen Machtkampf aus, der die Beobachter der Lage in Room 5600 verblüffte.

Später äußerte ein Angestellter der Familie dazu (und er traf die Wahrheit damit genauer, als sein unbeschwerter Ton es wollte): »Es war, wie wenn das State Department bei einem lateinamerikanischen Staatsstreich im Hintergrund die Fäden zieht; wir hatten dort unten unsere Leute, die uns auf dem laufenden hielten.« Warum das Office sich für Arkansas interessierte, war nicht schwer zu erraten. Anders als bei den anderen Familien, wo das Erbe zwischen vier bis sechs Kindern aufgeteilt werden würde, war Win Paul der einzige Erbe seines Vaters, was ihn theoretisch genauso reich machte wie die Brüder. Wenn er sich vollkommen von der Familie zurückzog, so wurden Einrichtungen wie der Brothers Fund um seinen rund 125 Millionen Dollar umfassenden Trust geschmälert und damit eines wichtigen Faktors beraubt. Win Paul mußte in eine stabile Umlaufbahn um die Familie gebracht werden.

Indem es scheinbar in dem Kampf mit den alten Gefolgsleuten seines Vaters die Partei des Erben ergriff, zog das Office ihn allmählich zu sich herüber. Eine Hilfe dabei war Winthrops Testament selbst. Es war ein geniales Papier, das mehrere Probleme auf einmal löste. Win Paul wurde als Nutznießer des Trusts von 1934 eingesetzt; ebenso bekam er das ausladende Rancherhaus und das Hofgelände, das dazu gehörte. Was er aber am dringendsten haben wollte, bekam er nicht: den Rest von Winrock Farms, den Viehbestand, das Land und die Firma.

Winrock war mehr als ein bedeutendes Unternehmen, dessen Wert auf einige 50 Millionen Dollar geschätzt wurde. Es symbolisierte die Macht und das Prestige, die Winthrop während seiner Jahre in Arkansas aufgebaut hatte. In seinem Testament vermachte er Winrock einem gemeinnützigen Trust, dessen Erträge durch die Testamentsvollstrecker »zum Wohl der Bevölkerung von Arkansas« verwendet werden sollten. Diese Lösung sparte Steuern und sagte aus, daß sich der einstige Gouverneur über seinen Tod hinaus seiner Wahlheimat verbunden fühlte. Aber ganz schloß sie die Möglichkeit, daß Win Paul eines Tages die Firma in die Hand bekam, dennoch nicht aus. Denn über Winrock war in einer Weise verfügt worden, die Win Pauls Erbantritt vielleicht nur hinausschob und ihn von seiner »Rockefellerisierung« abhängig machte. Diese Aufgabe hatte sein sterbender Vater nicht mehr vollenden können. Die Vollstrecker seines Letzten Willens deuteten an, daß ihre Dispositionen zum Wohl der Bevölkerung von Arkansas durchaus den Verkauf von Winrock einschließen konnten. Und wenn schon verkauft wurde, warum dann nicht an Winthrops Fleisch und Blut? Win Paul hatte das Geld, und zweifellos würden seine Treuhänder für die Finanzierung eines solchen Kaufs die Erlaubnis erteilen, das Grundkapital anzugreifen. Zuerst jedoch mußte es einen Hinweis geben, daß Win Paul sich diesem wertvollen Besitz verpflichtet fühlte und fähig war, ihn zu verwalten.

Das Jahr nach dem Tod seines Vaters war der Selbstbewährung gewidmet. Win Paul siedelte nach Fort Worth über und absolvierte einen Blitzkurs in Viehwirtschaft an der Southern Methodist University. In dieser Zeit flog er immer wieder im Privatflugzeug seines Vaters nach New York und besuchte dort die Testamentsvollstrecker. Die Brüder hatten für ihn immer Zeit. Sie bewirteten ihn mit Frau und Kind in ihren Ferienwohnungen, verschafften ihm das Gefühl, zu einer großen Tradition zu gehören, und begannen Wege zu finden, wie er sich in den Betrieb des Office eingliedern konnte.

Mit dem Eifer des vormaligen Renegaten machte sich Win Paul in den nächsten zwei Jahren den Rockefeller-Mythos zu eigen. Er versuchte, die Vettern zu überreden, ihr jährliches Treffen in Winrock abzuhalten. Bis ins kleinste wollte er über die Stiftungen und Direktorien Bescheid wissen, die das institutionelle Skelett des Familieneinflusses bildeten. Seinen Onkeln teilte er mit, er wolle sich stärker für die Familie und ihre Angelegenheiten engagieren.

Der Enthusiasmus, mit welchem Win Paul in die Fußstapfen seines Vaters trat (schon hatte er Zeitungen in Arkansas wissen lassen, sie könnten sich darauf einstellen, daß er wahrscheinlich später einmal für den Gouverneursposten kandidieren werde), und seine rauschende Heimkehr in den Schoß der Familie konnten den Vettern keinen wirklichen Aufschluß geben, wie sie das Problem des Erbes behandeln sollten, wenn ihr Termin fällig war. Etwas jedoch lernten sie. Der Anblick, wie er mit dem Mythos liebäugelte, aus dessen Schlingen sie ein halbes Leben lang sich zu befreien versucht hatten, ließ eine Existenz als Rockefeller im traditionellen Sinn noch absurder erscheinen. Für Winthrop Paul war die Familie Rockefeller der Große Zuckerhut. Als sie beobachteten, mit welcher Ungeduld er seine goldenen Wände zu erklettern begann, begriffen die Vettern erst, daß sie in ihrem langen Fall denselben Berg herab inzwischen doch einen recht sicheren Felsvorsprung weit drunten erreicht hatten.

Das hieß natürlich nicht, daß sie zur selben Zeit am selben Punkt angekommen waren. Keineswegs. Ein paar wenige Unternehmungslustige hatten es geschafft, eine große Entfernung zurückzulegen, und einige Nachzügler waren gar nicht weit gekommen. Auf der Strecke dazwischen war der Rest verteilt.

Man konnte vieles gegen die Vettern einwenden. Als Gruppe waren sie mit ihrem halbherzigen Versuch, die Familienzentrale ihren moralischen Vorstellungen zu unterwerfen, gescheitert. Sie hatten nach Strohhalmen wie dem Family Fund gegriffen. Immer wieder hatten sie sich mit dem Schein begnügt und sich häufiger von ihrer Bequemlichkeit als von ihrer besseren Einsicht leiten lassen. In mancher Hinsicht waren sie ein Häuflein verzagter Seelen, im Kindesstand gehalten durch ihre Beziehung zu ihren Vätern und ihre Abhängigkeit von Room 5600. Wie sie selbst zugaben: der Kampf in der Familie war unentschieden, weil sie sich nicht darauf einlassen wollten.

Die Vettern waren eine wohlerzogene, gutaussehende, gut ausgebildete und – gemessen an den Assoziationen, die an ihrem Namen hingen – bemerkenswert unauffällige Menschengruppe. Und trotzdem war etwas ziemlich Dramatisches geschehen: sie kümmerten sich zuallererst um sich selbst. In jedem anderen Kontext wäre das vielleicht schlichter Egoismus gewesen. Aber für jemand von ihrer Herkunft bedeutete ein solches Verhalten ein Äußerstes an Subversion. Keiner von ihnen war bereit, eine Familiendynastie aufrechtzuerhalten, die, wie sie wußten, im Welken begriffen war und wahrscheinlich noch zu ihren Lebzeiten absterben würde. Größtenteils begnügten sie sich bei diesem Niedergang, für den sie jedenfalls partiell selbst verantwortlich waren, mit der Rolle eines passiven Zuschauers. Drei oder vier von ihnen waren jedoch entschlossen, die zerbrechende Familienstruktur zu durchstoßen, um etwas wie eine volle persönliche Befreiung zu erreichen.

Nun sind für Durchschnittsbürger die Rockefeller-Vettern ungefähr so normal wie eine Horde von Marsmenschen. Sie strahlen eine Art Glamour aus, den kein zwangloses Benehmen, keine abgetragene Kleidung verdecken können – einen Glanz, wie man ihn gewöhnlich mit Filmstars und Politikern verbindet.

Sie leben auch nicht wie normale Menschen. Und wenn sie sich noch so radikal geben: ihr Lebensstil bewegt sich zwischen gutsituiert und üppig, mag er auch nicht ganz dem entsprechen, was man von einem Multimillionär erwarten würde. Einen exemplarischen Querschnitt durch ihre Möglichkeiten bieten die Vettern und Kusinen, die in Cambridge leben, dem geistigen Zentrum ihrer Generation, wie es New York für ihre Väter war. Da ist Sandra, hinter verschlossenen Türen verbarrikadiert, allein und keinen Komfort entbehrend. Dann Peggy, die gerne Blue jeans und ein altes Hemd anzieht und in einer heruntergekommenen Studentenbude aus und ein geht. In ihrer Nähe, aber freundlicher, wohnt ihr Bruder Richard in einem bescheidenen weißen Holzhaus, dessen Flur mit seinen vorzüglichen Fotografien der kargen Küste von Maine voll behängt ist.

Neva, eine weitere Tochter von David, besitzt ein zweistöckiges Fachwerkhaus einen Steinwurf von Brattle entfernt, der elegantesten Straße von Cambridge. Umgeben von großzügigen Rasenflächen und in diskretem Abstand vom Gehweg plaziert, sieht es aus wie das typische Haus eines erfolgreichen Anwalts oder Börsenmaklers (ihr Mann ist Englisch-Professor). Wenn man es aber betritt, kommt man gleichsam in eine andere Welt. Die Bilder an der Wand sind nach ihrer Kontrastwirkung zu den kräftigen Farben und Texturen von Holz und Stoff der Möbel ausgesucht. Die Innenarchitektur kostete das Sechsfache des Kaufpreises von 100 000 Dollar; und das Ergebnis ist, wie sie selbst zugibt, eine nahezu perfekte Imitation der väterlichen Stadtwohnung in Manhattan.

Laura lebt in der Nachbarschaft von Neva in einem ähnlichen Haus, dessen Inneres warm und geschmackvoll, aber bei weitem nicht so opulent ausgestattet ist. Sie sagt: »Was Neva getan hat, ist unbegreiflich. Mir ist es absolut unvorstellbar, daß man wie meine Eltern wohnen möchte.« Aber kürzlich tat sie etwas nach Ansicht ihrer Vettern und Kusinen nicht weniger Absonderliches: sie kaufte für mehr als 1 Million Dollar zwölf Hektar Land in bester Lage auf Martha's Vineyard. Und sie ist nicht die einzige. Richard benutzt in Cambridge ein altes Fahrrad, aber an den Wochenenden fährt er oft hinaus auf den Flugplatz, klettert in sein einmotoriges Flugzeug und fliegt die kurze Strecke nach Maine hinüber, oder er besteigt sein 20 000 Dollar teures Segelboot für eine Kreuzfahrt in der Bucht. Und seine Schwester Abby fährt zwar einen alten VW-Kombi, aber wohin? Unter anderem nach New Hampshire zu ihrer Farm, zu der 40 Hektar hügeliges Land gehören und für die sie mehrere hunderttausend Dollar in bar gezahlt hat.

Sie versuchen das Geld zu säkularisieren, indem sie es einerseits gebrauchen und genießen, andererseits aber die Verpflichtung, es zu mehren und vielfältige Frucht »zum Wohle der ganzen Menschheit« tragen zu lassen, entschlossen abwehren. Was Laura feststellt, markiert einen krassen historischen Gegensatz zu dem Anspruch ihres Großvaters, sein Vermögen komme aus der Hand Gottes: »Man kann das Geld schlechterdings nicht rechtfertigen. Für mich war es die Befreiung, als ich einsah: ›Du hast es nun einmal. Es gehört dir. Daß du es hast, dafür kannst du nichts. Also los, mach nach Kräften das Beste daraus.‹«

Bis zu einem gewissen Grad bestätigen die Vettern die Wahrheit eines Aphorismus von Oscar Wilde: »Am Anfang lieben Kinder ihre Eltern; wenn sie älter werden, richten sie über sie; manchmal verzeihen sie ihnen.« Die meisten von ihnen würden nur ungern das Wort »verzeihen« gebrauchen, wenn sie ihre gegenwärtige Einstellung zu ihren Eltern beschreiben sollen, aber eine neue Toleranz ist doch zu spüren. Bei ihrer Suche nach Normalität sind sie auf die Tatsache gestoßen, daß sie sich noch so sehr anstrengen konnten, um sich selbst als Individuen zu bewähren – letztlich waren sie als Angehörige einer besonderen Kaste gebrandmarkt und mußten fürchten, daß sie als Konsequenz ihres zornigen Unabhängigkeitsstrebens von der einzigen Gemeinschaft abgeschnitten würden, in der man sie nicht als eine Kuriosität ansah. Jetzt, wo der Preis der Rebellion deutlich wird, treten viele einen Rückzug an und arrangieren sich mit der einzigen Gruppe, in der jeder eine Kuriosität ist.

Laura, die zur Zeit ihren Doktor in Psychologie macht, hat ihre frühe linksradikale Aktivität im SDS aufgegeben und sich auf den Erziehungsbereich verlegt. Es ist »ein weniger anstößiger Weg« des sozialen Wandels. »Heute akzeptiere ich einen großen oder den größten Teil der Werte oder Ziele, die ich durch meine Familie bekommen habe«, erklärt sie. »Nur bei den Mitteln mache ich nicht mit, vor allem nicht diese Gönnerhaftigkeit, mit der wir Rockefellers behaupten zu wissen, was für andere gut ist.«

Auch ihre Kusine Peggy ist aus einer radikalen Vergangenheit in den Umkreis der Familie zurückgekehrt. Mehr noch als Laura ist sie freilich ein Muster von Ambivalenz geblieben. Auf der einen Seite verzichtet sie weiterhin auf ihren Nachnamen. Andererseits ist Peggy mittlerweile in der Familie aktiv: als Sekretärin für die Treffen der Vettern, als ein einflußreiches Mitglied im Vorstand des Family Fund und dadurch, daß sie wieder engen Kontakt zu ihrem Vater aufgenommen hat. »Er bringt mich nicht mehr in Rage«, sagt sie, »auch wenn er die ganze Sache mit meiner Namensänderung überhaupt nicht begreifen kann, nicht akzeptieren und einordnen kann. Früher habe ich mich immer an die Parteilinie gehalten und keine Opposition verkraftet. Inzwischen habe ich ein viel klareres Gefühl für strittige Punkte und nicht mehr diese Angst vor Auseinandersetzungen. Und er hat keine Angst vor dem, was ich im Augenblick mache: Erziehung. Er ist froh über meine Entscheidung, daß man die Gesellschaft eher durch Erziehung als durch eine Revolution verändern kann. In unseren Diskussionen laufen die Dinge nach meinem Kopf. Wir reden über Watergate, wovon er früher immer sagte, es sei von den Demokraten hochgespielt worden; jetzt entschuldigt er sich dafür. Ich werde langsam weicher. Als ich im SDS war, hieß es immer: letzten Endes werdet ihr Reichen auf eure etablierten Bahnen zurückgehen. Es tut mir weh, daß ich genau das im Moment tue. Mein Über-Ich liegt auf einer streng marxistischen Linie.«

Für andere freilich ist das schwierige Problem der Wiederannäherung an die Familie nicht so leicht zu bewältigen. So z. B. für Peggys Schwester Abby: »Mein Vater macht keinen Versuch, die Kluft zwischen uns zu überbrücken. Er muß wissen, daß ich mein Leben nach anderen Werten ausrichte als er, aber er erkennt das nicht an, weil er sich der Spannung nicht aussetzen will. Ständig erzählt er mir, was *er* macht, und hofft, daß es mir gefällt. Er könnte mir ja wenigstens zu verstehen geben, daß ich mit einer anderen Einstellung vielleicht sehen würde, wie er mit dem, was er macht, faktisch eine Brücke über die Kluft schlägt. Aber nein! Er hofft einfach nur, daß das, was er macht, *mich* zu *ihm* hinüberzieht.«

In der Generation der Vettern hat es viel Bewegung gegeben, viele Positionswechsel und Verschiebungen des Engagements. Wie weit die Veränderungen jeweils reichten, scheint von den einzelnen Familien abzuhängen. Die seltsame Zusammensetzung David–Peggy scheint die Rebellion begünstigt zu haben. In der Familie von JDR3 gibt es mehr ruhiges Einverständnis als bei Laurance, wo die echte Wut der Kinder häufig Wellen schlägt. Nelson war der Überschwenglichste und kam seinen Kindern am meisten entgegen, aber ausgerechnet er war gleichzeitig auch der Intoleranteste. Mit der Ausnahme von Steven hat diese Konstellation Kinder hervorgebracht, die einen zufriedenen Eindruck machen. Rodman rettete sich in eine etwas bemühte

Imitation der Männlichkeit der vorherigen Generation, riskiert dabei freilich, daß er in einem Anzug herumläuft, der für ihn zwei Nummern zu groß ist. Und die Töchter Ann und Mary zogen sich so aus der Affäre, daß sie einfach beiseite traten und zusahen.

Jay hat sich mit der Familie ausgesöhnt, wenn auch aus Gründen, die sowohl politischer als auch persönlicher Natur sind. Er sagt: »Nicht, daß ich der Familie kritiklos gegenüberstehe, aber ich akzeptiere sie. In menschlicher Hinsicht herrschen jetzt klare Verhältnisse zwischen mir und den Menschen, die meine Verwandten sind. Es heißt immer und überall, daß mein Onkel David der mächtigste und am meisten beschäftigte Mann im ganzen Land ist. Wahrscheinlich ist er es auch, aber wenn ich in New York bin, macht er immer einen Termin für mich frei. Ich bewundere ihn wegen seiner ungeheuren Energie. Wenn ich früher nach Jackson Hole ging, dann deshalb, weil ich gern auf der Ranch war; heute freue ich mich auf ein Gespräch mit meinem Onkel Laurance. Ich bewundere ihn, weil er offen zu erkennen gibt, was er ist oder nicht ist. Und Onkel Nelson bewundere ich, weil er aufgeschlossen, aktiv, fröhlich und vital ist.«

JDR3 war einmal sehr erbost, als er einen Zeitschriftenartikel über die Familie las, in dem Jay als Nelsons Sohn bezeichnet wurde. Doch steckt dahinter eine tiefere Wahrheit. Nelson hatte den zulässigen Bereich persönlicher Ambitionen in der Familie ausgeweitet. In seinem eigenen Fall war der Ehrgeiz noch mit der Familie verflochten gewesen und hatte im Kielwasser die Hoffnungen und das Mitleid aller Rockefellers mit sich gezogen. Jay nun besitzt den gleichen Ehrgeiz, jetzt aber losgelöst von der Familie. Er unterscheidet sich nicht mehr von irgendeinem anderen Politiker mit einem berühmten Namen und viel Geld. Aber als er seinen Wahlkampf um den Gouverneursposten verlor, in dem er erklärtermaßen gegen die Bergbauinteressen in West Virginia antrat, mußte er lernen, daß er sich nicht einfach die »Rosinen« aus dem Rockefeller-Mythos herauspicken konnte: Zur gleichen Zeit, wo er die mangelhaften Sicherheitsbestimmungen als eine Ursache der gefürchteten Staublungenkrankheit bei den Bergarbeitern kritisierte, kam heraus, daß die Rockefeller Foundation, in deren Vorstand er saß, mit 300 000 Aktien an der Consolidation Coal Company beteiligt war, dem größten der dortigen Unternehmen. Damit saß er in der Falle. Und gegen Ende des Wahlkampfs holte ihn schließlich die Vergangenheit, der er sich halbherzig bis auf Armeslänge angenähert hatte, vollends ein: überall im Bergbaugebiet, wo er auf Stimmen hoffte, erschienen Aufkleber mit der Parole: »Denkt an Ludlow«.

Die Versuchung besteht für die Vettern und Kusinen darin, daß sie einfach in dem ruhigen Strom der Tradition mitschwimmen – nach ihnen die Sintflut, Hauptsache, sie retten sich selbst. Aber einigen wenigen genügt das nicht. Und auch einem Beruf nachzugehen und auf diese Weise der überkommenen Schuldenlast zu entrinnen, bedeutet für sie bestenfalls eine Teillösung. Sie retten so ein Element ihres Selbst, verlieren aber ein anderes. Nach Zeiten mühseliger Suche sind einige der Vettern und Kusinen zu der Einsicht gekommen, daß ihre persönliche Befreiung nur gelingen kann, wenn sie die destruktiven Kräfte der Tradition ganz verstanden und ausgetrieben haben. Marion gehört zu ihnen. Und ebenso die beiden Stärksten dieser Generation, Abby und Steven.

Jahre hindurch galt Abby, Davids älteste Tochter, auf der Linken als eine der sichersten Adressen. Wo Not am Mann war, war Abby Rockefeller für ein paar Tausender gut. Ende 1968 erhielt sie Besuch von einer anderen Art Bittsteller. Es war Roxanne Dunbar, eine der Gründerinnen der Frauenbewegung. Zunächst ging es nur um eine Anfrage wegen einer Spende; aber nach einer kurzen Diskussion erkannte Abby, daß sich hier weit größere Perspektiven auftaten.

»Schon bevor Roxanne zu mir kam, hatte ich mit meiner Zimmergenossin ein paar Monate lang Tae Kwon Do gelernt. (Die beiden gründeten später Selbstverteidigungskurse für Frauen in dieser koreanischen Karateversion; am Ende liefen im Gebiet von Boston gleichzeitig 30 solche Kurse.) Wir hatten keine dezidiert feministischen Motive, aber latent waren sie offensichtlich vorhanden. Mein ganzes Leben lang hatte ich mich als Feministin betrachtet, auch wenn ich das Wort nie in den Mund genommen hätte, weil ich alles verabscheute, was an ›Frau‹ anklang. Nicht eigentlich ein Fall von Selbsthaß, sondern einfach die Erkenntnis, daß an der ganzen Weiblichkeit, die mir zugefallen war, nichts Positives war. Ausnahmslos widerten mich die damit verbundenen Assoziationen an. Alles, was ›typisch weiblich‹ war: sich zu schminken, von Männern entworfene Kleider zu tragen, sich zu verhalten, wie man sich nach der Vorstellung von Männern verhalten mußte – alles das bildete in meinen Augen ein einziges Arrangement zur Verächtlichmachung der Frauen, damit die Männer sie hassen konnten. Auf einem Hintergrund solcher Gedanken mußte offensichtlich der Besuch von Roxanne wie ein zündender Funke wirken, vor allem wenn man bedenkt, daß zur damaligen Zeit die Frauenbewegung fast nur aus dem Buch von Betty Friedan bestand.«

Zusammen mit Roxanne Dunbar, Betsy Warrior, Dana Densmore und ein paar anderen begründete Abby »Cell 16«, die bald zu einer der führenden Feministinnengruppen wurde. Endlos lang dauerten die Versammlungen im Keller von Abbys Apartment. Die Gruppe fing an, das *Journal* herauszugeben, daneben Flugblätter, Papiere und die verschiedensten Propagandaschriften. Sie organisierten Versammlungen im Gebiet von Cambridge, und im Frühjahr 1969 richtete »Cell 16« die erste radikale Feministinnenkonferenz des Landes aus. Schauplatz war Boston, und Abbys maßgebliche Beteiligung an einem Punkt des Programms, einer Tae-Kwon-Do-Vorführung, fand, obwohl die Presse offiziell ausgeschlossen war, Resonanz im Magazin *New York*.

Die allmählich entstehende Frauenbewegung war der Katalysator, den Abby brauchte. Von hier aus konnte sie mit ihrer Geschichte brechen, weil die Bewegung ihr eine Perspektive bot und es ihr ermöglichte, ihr blindes und zielloses Umsichschlagen aufzugeben und festen Fuß zu fassen. »Roxanne tat mir gut, auch wenn ich aus ihrer kalten Wut einen destruktiven Unterton heraushörte, der dann später mehr in den Vordergrund trat. Es tat gut zu erleben, daß mit all den Dingen, mit denen ich mich mein Leben lang herumgeschlagen hatte, auch Energie, Heftigkeit und Zorn verknüpft sein konnten und daß man sich nicht einfach tatenlos hinsetzen mußte. Also konnte man etwas grundlegend verändern: die Ehe, die Kindererziehung, die Familie und eine ganze Palette anderer Institutionen, die das Leben und die Selbstinterpretation von Frauen beeinflußten.

Roxanne provozierte gern. Einmal gingen wir nach einer Versammlung zu acht durch Boston. Es war spätabends, kaum ein Wagen auf der Straße. Plötzlich schleicht ein Wagen mit zwei Kerlen am Bordstein neben uns her. Sie quatschen uns an: ›Was ist, Mädchen, wollt ihr 'ne kleine Reise mit uns machen?‹ und andere Pöbeleien. Mein Leben lang hatte mich so etwas in Rage gebracht, aber ich hatte nicht gewußt, was man dagegen tun konnte. Diesmal aber lief Roxanne zu dem Wagen hin und schob ihre Faust durch das offene Fenster. Dann sprang sie zurück, stellte sich hinter mich und machte sich lustig über sie: ›Na, was ist los, habt ihr Angst?‹ Instinktiv ging ich näher an den Wagen heran und nahm eine drohende Haltung ein, damit der Fahrer sich nicht heraustraute. Während sich Roxanne weiter über ihn lustig machte, konnte ich ihn unter seinem Sitz herumfummeln sehen. Auf einmal macht er die Tür auf, geht mit einem Wagenheber auf mich los und versucht, ihn mir über den Kopf zu schlagen. Ich blocke ihn kurz ab. Daß ich mich selbst verteidigt hatte, erschreckte ihn dermaßen, daß er in den Wagen zurücksprang und abzischte. Ein paar hundert Meter weiter stoppte er den Wagen und fing mit seinem Freund an, uns zu beschimpfen, wir seien Lesbierinnen, und anderes Zeug. Es war absolut irre, ein widerlicher Moment, aber ich muß zugeben, daß ich es wie eine Art Durchbruch empfand.«

Das ganze Jahr 1969 über arbeitete sie bis zur Erschöpfung in Cell 16. Anfang 1970 begann sich die Gruppe dann zu spalten und sich in dem allgemeinen Kannibalismus zu verzehren, der in kurzer Zeit die Bewegung vernichten sollte. Roxanne Dunbar fuhr weg, auf Propagandatour. Der Rest war müde. Als die Gruppe schwach genug war, benutzte die Socialist Workers Party ihre eingeschleusten Mitglieder, um eine ihrer »demokratischen Beschlagnahmungen« zu inszenieren. Daraufhin unternahm Abby mit ein paar der verbliebenen Gruppenmitglieder einen mitternächtlichen Überfall auf das Büro, das sie gemietet und eingerichtet hatte, »stahl« Schreibmaschinen, die sie hundertfach überbezahlt hatte, holte sich Publikationen und anderes Material zurück, verstaute es in einem geliehenen Lastwagen und einem Taxi und brachte es in Sicherheit.

Sie blieb eine nicht gebundene Aktivistin der Frauenbewegung und opponierte gegen abstruse Niedergangserscheinungen wie die »Radikalen Lesbierinnen«.

Allerdings löste sich Abby schon damals von der Frauenbewegung, die ihrerseits im Umschwung begriffen war, weg vom radikalen Kollektiv und hin zur mittelständischen breiten Masse. Ein Jahr lang ruhte sie sich vom Wahnsinnstempo der vergangenen zwölf Monate aus, übte Tae Kwon Do, spielte Cello und unterrichtete Englisch am New England Conservatory. Sie merkte, daß sie sich, ohne es recht zu wissen, verändert hatte. »Vor der Frauenbewegung ließ ich vieles mit mir geschehen. Man brauchte nur an mich zu appellieren – an mein Geld, an mein Schuldgefühl, an meine

Eitelkeit –, und schon gab ich widerstandslos nach. Ich konnte einfach nicht nein sagen. Ich wußte nicht, wann Schluß ist, hatte kein Gefühl für gut und schlecht und kein Selbstgefühl. Stufenweise lernte ich nein sagen. Es begann damit, daß ich in der ersten Zeit von Cell 16 Männer abwies, die mich ausführen wollten. Das war eine große Erleichterung. Ich wußte jetzt, daß ich das nächste Mal eine solche Einladung nur zu *meinen* Bedingungen annehmen würde. Im Verlauf dieser Entwicklung rang ich mich zu dem Entschluß durch, nur noch gezielte Spenden zu geben und nur noch für feministische Projekte. Auch das war ein guter Entschluß, jedenfalls für die damalige Zeit. Als es dann mit der Frauenbewegung abwärts ging, hatte ich wieder dasselbe Gefühl, ausgenutzt zu werden wie früher, und ich lernte, auch hier nein zu sagen. Vielleicht ist es wirklich so, daß der Schritt zur Reife – zumindest für eine Rockefeller – darin besteht, daß man lernt, ordentlich nein zu sagen. Dafür muß man nämlich wissen, wie weit man gehen will, *was* man will und was man *kann*.«

Irgendeine Wunde schien nun verheilt zu sein. Sie kaufte sich eine Farm in New Hampshire – es war das erste Mal, daß sie sich selbst etwas Gutes gönnte – und verwandte viel Zeit und Geld darauf, sie zu renovieren und in einen funktionierenden Landwirtschaftsbetrieb umzuwandeln.

In gewisser Hinsicht hat Abby jede Hoffnung, sie könnte die Spannung zwischen ihr und ihrer Familie noch einmal lösen, endgültig begraben. Für sie scheint die einzige Haltung das kalkulierte Abseitsstehen des Dissidenten zu sein. »Bei ihnen zu Hause fühle ich mich durch und durch unwohl«, sagt sie. »Aber nie mehr hinzugehen und die Familienbande zu durchtrennen, würde bedeuten, daß man so tut, als sei es egal, woher man kommt. Es würde bedeuten, daß man genau den Sinn dieser Bande verleugnet. Wenn ich ein paarmal im Jahr hingehe, bringt mir das vielleicht nicht viel, aber doch wenigstens das eine: daß ich sehe, wo ich im Leben stehe. Mein Verhalten – wie ich mit den Rockefellerschen Unverschämtheiten umgehe – ist das deutlichste Barometer für meine allgemeine Verfassung, ein zuverlässiges Metermaß, an dem ich ablesen kann, ob ich mich voranbewege.«

Das zweistöckige, mit weißen Brettern verschalte Haus in der kleinen Stadt Middlebury ist gepflegt und robust, privat, aber nicht unfreundlich. Nicht zu übersehen, daß sein Besitzer die nüchternen Yankeetugenden von Vermont kennt und schätzt. Ein großer, schmaler Mann mit einer dicken Brille und einem jungenhaft-eckigen Gesicht, tritt er aus der Eingangstür, lächelt und streckt die Hand aus. »Ich bin Steven Rockefeller.« Der berühmte Name wird ausgesprochen ohne Reserve oder Selbstmitleid, ohne das innere Sich-Krümmen, das bei einigen der Vettern spürbar ist.

Der Schnitt von Stevens Augen und Unterkiefer erinnert an Nelson, aber alle Härte ist verschwunden. Die Augen, die hinter der Hornbrille hervorblicken, lassen die Verletzlichkeit erkennen, die sein Vater so früh in seinem Leben verloren hat. Insgesamt macht dieser Rockefeller einen abgeklärten Eindruck. Alles Überflüssige hat er abgestreift – überflüssiges Fett, überflüssige Selbstdarstellung, überflüssigen Ehrgeiz; er sieht aus, als habe er irgendein anstrengendes Training durchlaufen, aus

378

dem er abgehärtet und doch menschlicher hervorging. Wenn er spricht, dann nicht als ein Emigrant, sondern als ein Überlebender, der mit seiner Generation von Rockefellers und ihren Interessen verbunden ist und oft als ihr Sprecher auftritt. »Ich bin denselben Weg gegangen wie viele meiner Vettern und Kusinen«, sagt der vierzigjährige Sohn des Vizepräsidenten Nelson Rockefeller. »Die Umstände haben uns zu einer Auseinandersetzung mit unserem Innenleben gezwungen, wie sie keine frühere Gruppe von Rockefellers je kannte. Mit einigen Ausnahmen haben wir alle eingesehen, daß es sinnlos ist, als die Roboter einer großen Institution mit dem Namen ›Familie Rockefeller‹ zu leben und ständig einem schuldbeladenen Gewissen Tribut zu zahlen.«

Steven, ein Jahr vor dem Tod des ersten John D. geboren, fühlte sich auf eine Weise mit den Rockefellerschen Traditionen verbunden, die einigen der jüngeren Vettern fremd war. Anders als Abby, die durch die Rolle einer weiblichen Rockefeller frühzeitig in den Kampf gegen die Familie gedrängt wurde, war Steven ein potentieller Erbe, dem jeder Schritt so leicht wie möglich gemacht wurde. Wenn er zurückblickt, geschieht es ohne Sentimentalität oder Bitterkeit. Seine Erinnerungen machen denselben unverstellten, auf das Wesentliche konzentrierten Eindruck wie seine ganze Person.

»Mein Großvater war ein sehr entschlossener kleiner Mann, der bis an sein Lebensende die neuralgischen Punkte in der Familienstruktur fest unter Kontrolle hatte«, erzählt Steven. »Lassen sie sich ja von keinem erzählen, daß er nicht bis in jede Kleinigkeit darüber bestimmte, was in Pocantico passierte. Wenn es heißt, daß meine Großmutter von den beiden die stärkere gewesen sei, so ist das glatter Unsinn. Sie war klug und strahlte Wärme aus. Junior war zurückhaltend, verschlossener als Abby, aber er hatte ein ganz entschiedenes Selbstgefühl und wußte genau, was er von den Leuten um ihn herum erwartete. Das galt auch für seine Enkel.«

Weniger eingeschüchtert durch Nelsons Vorbild als sein älterer Bruder Rodman und, verglichen mit seinen Schwestern Ann und Mary, immun gegen die magnetische Anziehungskraft seines Vaters, ließ Steven sich nie davon abbringen, Fragen zu stellen – was entschieden ungern gesehen wurde. »Vater versuchte niemals, meinen Gedanken aggressiv zu widersprechen. Ein einziges Problem nur hatten wir als Kinder: er ließ nicht gern an seinen Grundüberzeugungen rütteln, so daß hier jede Auseinandersetzung ausgeschlossen war. Über Streitpunkte gab es keine kritische Diskussion, keinen Dialog. Wenn wir die Art, wie die Dinge liefen, nicht mochten, konnten wir unsere Unzufriedenheit jederzeit äußern, aber damit war das Gespräch zu Ende.«

Innerhalb der Familie wurde Steven in dem Kurs der Unabhängigkeit, den er schließlich einschlagen sollte, bestärkt durch das Verständnis, das seine Mutter ihm entgegenbrachte. »Sie wollte mir helfen, obwohl sie vielleicht nicht immer verstand, womit ich mich eigentlich herumschlug. Für jemand von ihrer Herkunft und Klasse ist sie außergewöhnlich aufgeschlossen.« Und auf eine unfreiwillige Weise trug auch Nelson das Seine zum Zerbrechen der dynastischen Form bei. »Vater selbst schlug sich seinen *eigenen* Weg durchs Leben. Er hat seine eigenen Ziele, seine eigenen Ambitionen.«

Steven ging nach Princeton und erkämpfte sich, in einer kleinen Rebellion, das Recht, Geschichte als Hauptfach zu nehmen. (»In Wirklichkeit war ich an Philosophie interessiert, aber als ein männlicher Rockefeller hätte ich als Hauptfach Volkswirtschaft nehmen müssen.«) Seine Examensarbeit schrieb er über die Rolle, die der alte Berater seines Vaters, A. A. Berle, in Roosevelts Brain Trust gespielt hatte. Damit schien seine Ausbildung abgeschlossen, und er ging nach New York. Seine Zukunft war nicht ganz so detailliert vorgezeichnet wie einst für die vorige Generation, aber schließlich war ja sein Vater auch nicht Junior.

Seine Onkel erblickten in Steven eher als in Roddy einen vielversprechenden Kandidaten für ihre Zukunftspläne. »Ich wuchs auf mit der selbstverständlichen Vorstellung, ich sei verpflichtet, genauso zu werden wie die Brüder, und das hieß, eine Spitzenposition in einer der Familieneinrichtungen zu übernehmen und dann in die Welt hinauszugehen und eine soziale und politische Führerrolle zu spielen.«

Viel Zeit, sich in diesen Einrichtungen zu engagieren, hatte er jedoch nicht, bevor ihn der erste Wahlkampf seines Vaters um das Gouverneursamt absorbierte. Die Kampagne von 1958 unterschied sich gewaltig von den Dampfwalzenoffensiven, mit denen Nelson, nachdem er erst einmal ins Amt gekommen war, regelmäßig alle vier Jahre den Staat überrollte, um seine Wiederwahl zu sichern. Zwar fehlte es auch 1958 nicht an Geld, aber trotzdem zeichnete sich dieser Wahlkampf durch eine persönliche, fast dilettantische Note aus, die später nicht wieder erreicht wurde. Der 22jährige Steven schaffte es, sich eine der drei für den täglichen Kleinkrieg entscheidenden Positionen zu erobern, neben Malcolm Wilson und Nelson selbst. Nach den Abschlußfeiern in Princeton stiegen sie zu dritt in Nelsons »Lincoln« und kutschierten kreuz und quer durch den Staat, wobei Wilson seine Verbindungen als langjähriger Staatsparlamentsabgeordneter der Republikaner spielen ließ, um die Kreisvorsitzenden und lokalen Führer mit Nelson zusammenzubringen. Jung, ernsthaft und im besten Glauben, daß sein Vater in die stagnierenden Gewässer der amerikanischen Politik etwas Einzigartiges und Wertvolles einzubringen habe, war Steven Fahrer und Mädchen für alles.

Nach seiner Wahl schlug Nelson Steven vor, mit ihm nach Albany zu kommen, aber Steven weigerte sich; der Vorwurf, daß er die von ihm gewonnenen Preise der Macht seiner Familie zu verdanken habe, war ihm noch frisch im Gedächtnis. »Ich wollte nicht, daß jemand sagen konnte, ich hätte eine Stelle bekommen, nur weil mein Vater der Zirkusdirektor war.« Statt dessen beschloß er, seinen Militärdienst hinter sich zu bringen, ging zur Heeresreserve und machte sechs Monate aktiven Dienst.

Seine Mutter hatte 1956 ein neues Mädchen eingestellt, mit Namen Anne-Marie Rasmussen, eine hübsche, blonde Frau aus einem norwegischen Fischerdorf. Zwei Jahre jünger als Steven, war sie nach Amerika gekommen, um Englisch zu lernen. Steven lernte sie erst im folgenden Sommer in Maine kennen. Er begann, sich mit ihr zu treffen und sie zum Essen auszuführen. Allerdings waren die Umstände nicht günstig. Für sie war es schwierig, mit einem Rockefeller essen zu gehen und dann an ihre Arbeit in der Küche zurückzukehren. Sie fand es nach kurzer Zeit angebracht, ihre Stelle aufzugeben und zunächst einen Job im New Yorker Kaufhaus Bloomingdale's und dann bei einer Versicherungsgesellschaft anzunehmen. Im Frühjahr 1959 ging sie nach Norwegen zurück. Steven war während dieser Zeit bei der Armee, aber nach seiner Entlassung im Sommer flog er ihr nach und kündigte seinen Eltern telegraphisch an, daß er beabsichtige, sie zu heiraten. Aufgemacht als eine internationale Aschenbrödel-Romanze, erschien die Nachricht von seiner Verlobung auf der Titelseite der *New York Times*.

Heute gibt Steven zu, daß die Heirat ein Symptom der Rebellion war, die damals in ihm schwelte, aber noch nicht genug Druck aufgebaut hatte, um die rationale Kruste seiner Erziehung zu durchbrechen. »Vermutlich war es ein Versuch, aus der Gesellschaft, zu der ich gehörte, herauszukommen. Anne-Marie schien mir einen Weg anzubieten, der zu den elementaren Werten zurückführen konnte, die in meinem eigenen Leben fehlten. Sie stammte aus der engen Gemeinschaft einer kleinen norwegischen Insel. Es war verlockend, mit den Beinen auf die Erde zu kommen, aus der strengen Welt meiner Kindheit auszubrechen, hinein in etwas Ursprüngliches und Wirkliches.«

Das Paar heiratete in einer kleinen lutherischen Kirche in Anne-Maries Geburtsort Soegne. Die Braut verlor nicht viel Zeit damit, den Aschenbrödelschuh anzuprobieren. Kurz nach der Hochzeit erzählte sie Reportern: »Diese Ehe wird mein Leben vollständig ändern. Alles wird jetzt neu und anders für mich werden.«

Daß er ein einfaches Mädchen geheiratet hatte, machte seine Hochzeit zum bemerkenswertesten Markstein in der Familiengeschichte zwischen Winthrops Scheidung und Nelsons Wiederheirat. Als Steven und Anne-Marie nach Pocantico zurückkehrten, gab es einen Verkehrsstau, verursacht durch Reporter und Fernsehteams, die sich vor dem Tor des Guts drängelten. Ihr Wagen schlüpfte unbemerkt durch Davids Privateingang. Ihre Flitterwochen verbrachten sie in *Hawes House*, der ersten Bleibe von Nelson und Tod, als sie jungvermählt in Pocantico eingezogen waren. Es war die romantischste unter den Wohnstätten auf dem Grundstück, abgelegen und mit tiefen Kerben an der Vordertür, die angeblich aus dem Revolutionskrieg und von den Säbeln hessischer Söldner stammten. Tagsüber fuhren die beiden zusammen auf Stevens Motorrad die kilometerlangen Reitwege entlang.

Steven nahm eine Stelle im Vermietungsbüro des Rockefeller Center an, genau da also, wo sein Vater einige dreißig Jahre zuvor in das dynastische Unternehmen eingestiegen war. Aber damit hörte die Ähnlichkeit mit Nelsons Leben auch schon auf. Während sein Vater das Machtgefühl und die grenzenlosen Möglichkeiten, die in den leeren Büroräumen des Rockefeller Center lagen, ausgekostet hatte, kam Steven sich schlicht idiotisch vor. »Da ging ich also herum, klopfte an die Türen und sagte Sachen wie: ›Guten Tag, ich bin Steven Rockefeller. Ich will Ihre Miete erhöhen.‹ Lächerlich war das. Ich mußte mir eingestehen, daß ich mich viel mehr für andere Fragen interessierte. Gerade eben hatte ich im Wahlkampf meines Vaters mitgearbeitet und davor vier Jahre Geschichte studiert. Ich interessierte mich für Politik und Religion und dachte über die moralische Basis der Demokratie und das Wesen einer ›guten Gesellschaft‹ nach. Außerdem konnte ich nicht einsehen, daß die Familie noch mehr Geld brauchte. Ich jedenfalls brauchte nicht mehr Geld, nicht mehr, als ich bereits hatte. Und allmählich empfand ich es auch als ungerecht, daß wir mitten in einer Welt, wo so viele so große Not leiden, all das hatten, was wir hatten.«

Neben seiner Tätigkeit im Rockefeller Center las er Paul Tillich und andere zeitgenössische Theologen und versuchte, sich das Bild einer guten Gesellschaft im Verhältnis zu einer individuellen Lebenserfüllung zurechtzulegen. Sein Interesse an moralischen Problemen beschleunigte seine Erkenntnis, daß die Familiengeschäfte nichts für ihn waren. »So langsam fragte ich mich, ob ich ewig dieses Interesse auf die schmalen Lücken meiner Freizeit beschränken wollte. Ich sagte mir selbst: ›Schau her, wenn es so weitergeht, wirst du dein ganzes Leben lang abends und in der Mittagspause diese Bücher lesen und am Ende bloß bedauern, daß du dich nie ernstlich darum gekümmert hast.‹ Ich beschloß, aus dem Rockefeller Center auszusteigen und mich für ein Jahr am Union Theological Seminary zu immatrikulieren.«

Aus dem einen Jahr wurden drei. Statt als Politiker in die Welt zurückzukehren, zog er sich weiter in sich selbst zurück und ließ sich von den Gesetzen einer Suche leiten, deren Ziele ihm selbst ziemlich dunkel waren.

Es kam die Meldung, sein Bruder Michael sei in Neuguinea verschollen. Die Welt konnte in diesem Ereignis einen Unfall auf der Abenteuersuche eines jungen Mannes erblicken, aber Steven wußte es aus eigener, schmerzhafter Erfahrung besser. Er wußte, daß die Expedition, die Michael seinem Vater als gutes Vorspiel für eine Karriere im internationalen Geschäftsleben beschrieben hatte, in Wirklichkeit etwas anderes war. »Michael hatte den Mut, hinauszufahren und seinen Wünschen nachzugehen. Nach allem, was wir über seine letzten Wochen wissen, war er dort drüben sehr glücklich. Von ihm habe ich gelernt, daß das Leben zu kurz ist, um in den Dingen, auf die es einem wirklich ankommt, Kompromisse zu schließen. Wer es trotzdem tut, nützt am Ende weder der Gesellschaft noch der Familie, noch sich selbst. Übrigens gehört es zu meinen festen Überzeugungen, daß Michael, lebte er noch, aus allem ausgebrochen wäre. Er hätte es geschafft.«

Als er sein drittes Studienjahr beendete, schien alles um ihn her zusammenzufallen. Seine Eltern hatten sich getrennt, und sein Vater pflegte diskret seine Beziehungen mit Happy Murphy, was nicht entfernt so geheim blieb, wie er glaubte. Michael war tot. Und in Steven selbst wuchs die Unsicherheit, wohin sein eigenes Leben führte. Es war keine Überraschung, daß zur selben Zeit auch seine Ehe mit Anne-Marie in die Brüche ging. »Sie interessierte sich nicht für die radikalen Fragen nach individuellen und sozialen Zusammenhängen, die mich damals beschäftigten. Auf ein jahrelanges Studium und eine unabsehbare Zeit der moralischen Angst war sie nicht vorbereitet. Unsere Beziehung wurde genauso konfus wie alles andere in meinem Leben.«

Für Steven war die Flucht in die Abgeschiedenheit eines fernen Landes oder in die

Sozialarbeit unter den Zukurzgekommenen verschlossen. Er hatte sich zu einer geistigen Odyssee aufgemacht, die nicht weniger bedrohlich und gefahrvoll war als die von Michael. Als er am Ende aus seinem Dschungel wieder auftauchte, war er der meistbewunderte unter den Vettern, und Jay und andere Rockefellers gingen sogar so weit, ihn das »Gewissen der vierten Generation« zu nennen.

»Ich machte eine Zeit des Chaos durch. Alles, woran ich bisher geglaubt hatte, wurde in den Strudel hineingerissen. Ich geriet ins Grübeln über meine eigene Identität und über Gott – in jeder Gesellschaft das zentrale Wertsymbol. Wie war ich zu meinem Glauben gekommen? Woher hatte die Gesellschaft ihren Glauben? Damals fing ich an, den Kern des Familienmythos in Frage zu stellen: daß die Rockefellers Übermenschen sind. Ich mußte mich mit dem Problem von Reichtum und Schuld abquälen. Die Rockefellersche Gesinnung basiert auf der Vorstellung, daß unser Geld durch gute Werke gerechtfertigt wird. Reichtum zu besitzen, ist unrechtmäßig, aber die Rockefellers rechtfertigen es durch gute Werke. All das mußte ich überwinden, um endlich zu verstehen, daß es schlechterdings keine rationale Rechtfertigung für die Masse Geld gibt, die meine Familie besitzt, und daß man ehrlicherweise nur das eine sagen konnte: wir genossen es, das Geld zu haben, und die gegenwärtige Gesellschaftsordnung erlaubte es uns, es zu behalten.«

Allein mit Vernunft kam er freilich, wie er erkennen mußte, in seiner Krise nicht weiter. Er unterzog sich einer Psychoanalyse, die fünf Jahre dauerte. Daneben begann er ein Philosophiestudium an der Columbia-Universität und las sich bei John Herman Randall systematisch durch die Geschichte der abendländischen Philosophie hindurch, angefangen bei den Vorsokratikern bis hin zu John Dewey, ein Unterfangen, wofür ein anderer drei Jahre gebraucht hätte; das Ergebnis war eine Doktorarbeit über die ethische Grundlage des Denkens von Dewey.

Die schlagartige Erleuchtung blieb aus. Steven erinnert sich an viele Abende, an denen er allein durch die Gegend wanderte oder ziellos in seinem Volkswagen New York durchstreifte und andere einsame Menschen betrachtete, die er sich ähnlich verloren vorstellte. »Es tröstete mich einigermaßen, daß wir alle zu einer einzigen großen Gemeinschaft verirrter Suchender gehörten«, sagt er.

Auf dem tiefsten Grund seiner Verzweiflung begann er, sich bewußt von der Familie zu entfernen. Er erinnert sich: »Trotz meiner ganzen Haltlosigkeit hatte ich in dieser Phase mein ›Rockefellersches Gewissen‹ nicht abstreifen können. Immer noch arbeitete ich als ein verantwortlicher Rockefeller an Gemeindeprojekten mit. Aber ich war zu dem Schluß gekommen, daß ich niemand wirklich etwas Gutes tat – und am wenigsten mir selbst –, solange ich nur einem abstrakten Pflichtgefühl gehorchte. Ich erkannte, daß dahinter irgendein echteres Gefühl stehen mußte, Liebe oder sonst eine Art von persönlichem Engagement, und daß eine gute Gesellschaft nur dann entstehen kann, wenn die Menschen aus einer inneren Überzeugung heraus handeln, nicht aus einem überkommenen Pflichtgefühl oder einer eingeimpften Angst. Allmählich ging ich immer mehr meinen eigenen Weg und begann, nur noch das zu tun, was ich für richtig hielt.«

Wie weit er auf dem unabhängigen Kurs, den er sich selbst gesetzt hatte, gekommen war, zeigte sich öffentlich zum erstenmal 1967. Er hatte, während er seine Dissertation an der Columbia-Universität schrieb, an einem Armutsprojekt in Tarrytown mitgearbeitet. Eine seiner Mitarbeiterinnen dort, eine Nonne vom nahegelegenen Marymount College, fragte ihn, ob er nicht, als ein Nachbar des College, eine Ansprache bei der Examensfeier halten wolle. Er sagte zu. Zu einer Zeit, als sein Vater und seine Onkel alle bedingungslos die Eskalation des Vietnamkriegs befürworteten, gab Steven eine Erklärung ab, wie sie deutlicher ein männlicher Sprößling seiner Familie, und zumal der Sohn des Gouverneurs von New York, nicht formulieren konnte: »Wenn ich in Vietnam wäre«, sagte er mit einer Stimme, worin der Reformeifer seiner für die Sklavenbefreiung kämpfenden Ahnen, der Spelmans, nachklang, »würde mich die Frage nach der Gerechtigkeit und Klugheit der Politik der Vereinigten Staaten Tag und Nacht verfolgen . . . Es scheint ausgeschlossen, daß wir durch das, was wir dort tun, irgendeinen bedeutenden Sieg über die eigentlichen Probleme unserer Nation und der Menschheit werden erringen können. Die Welt schreit nach einem neuen Leben und einer neuen Schöpfung, und wir verschwenden unsere Mittel an ein gräßliches Zerstörungswerk.« [247]

Im nachhinein meint Steven zu seiner Rede: »Dadurch, daß ich meinen Standpunkt öffentlich äußerte, wurden die Differenzen zwischen meinen und den Ansichten meiner Familie auf eine ganz neue Weise real. Davor war die wachsende Kluft zwischen meinen Anschauungen und den Anschauungen meines Vaters immer unausgesprochen geblieben. Die Familiengemeinschaft war ein hoher Wert für mich, aber wichtiger noch war mir die Integrität meines eigenen Denkens. Hätte ich sie der Familiengemeinschaft geopfert, wäre unweigerlich meine Selbstachtung dahin gewesen.«

Von Reportern nach der Rede seines Sohnes befragt, gab Nelson am folgenden Tag, sichtlich verärgert, die kurzangebundene Antwort: »Wir leben in einem freien Land.« Ein Jahr später jedoch, als »der Häuptling« nach der Ermordung von Robert Kennedy und Martin Luther King in die letzte Phase seiner Kampagne um die Nominierung zum republikanischen Präsidentschaftskandidaten eintrat, wandte er sich an Steven mit der Bitte, er möge ihm helfen, die Liberalen, die Minderheiten und die Jugend zu einer Koalition zu formieren, die vielleicht »das Land wieder einen« könne.

Im Jahre 1969 gab Steven seine Trennung von Anne-Marie bekannt. Seit fünf Jahren schon, seit der Zeit vor der Geburt ihres dritten Kindes, Ingrid (nach Steven Jr. und Jennifer), war ihre Ehe brüchig gewesen. Jetzt war Anne-Marie es leid geworden, das mit einem so widerborstigen Prinzen vermählte Aschenbrödel zu spielen, und sie beschloß, in eine andere Welt überzusiedeln. 1968, während ihrer Arbeit als Wahlkampfhelferin Nelsons, hatte sie Robert W. Krogstad kennengelernt, einen Fabrikanten norwegischer Abstammung aus Wisconsin, der die Initiative »Skandinavische Amerikaner für Rockefeller« leitete. Drei Monate nach der Bekanntmachung ihrer Trennung von Steven fuhr sie nach Juarez, um eine mexikanische Scheidung einzuholen, und im Frühjahr 1970 heiratete sie Krogstad. Steven sagt: »Sie hat sich mit unse-

Beim ersten Wahlkampf Nelsons um den Gouverneursposten hatte Steven noch in dem Bewußtsein mitgemacht, daß sein Vater in die eingefahrenen Geleise der amerikanischen Politik etwas Einzigartiges und Wertvolles einzubringen habe.

Doch bald erkannte Steven, daß weder die Unterstützung der politischen Kampagnen seines
Vaters noch die Hochzeit mit Anne-Marie Rasmussen eine Lösung des Problems brachte,
»daß ich allein deswegen ein nützliches Individuum bin, weil mir jemand einen Geldsack
in den Schoß geworfen hat . . . Es geht darum, daß man etwas anzubieten hat, aufgrund seiner
eigenen, individuellen Persönlichkeit, seines eigenen Verständnisses, seiner eigenen
Menschlichkeit und Kreativität.«

rer Ehe nicht weniger gründlich getäuscht als ich. Als sie ihre Insel verließ und einen Rockefeller heiratete, glaubte sie, sie würde Reichtum, gesellschaftliche Kontakte und Glanz finden – alles, was ich ablehnte.«

Steven artikuliert seine eigene Rockefeller-Perspektive in einem Monolog, der die Geschichte von vier Generationen auf einen einfachen und zwingenden Begriff bringt und deutlicher als alles andere begreiflich macht, warum das Drama nun zu Ende ist:

»Ich bin nicht daran interessiert, über die Taten anderer in der Vergangenheit ein Urteil zu fällen. Das ist ein Problem für Historiker, nicht für mich. Für mich heißt das Problem: ›Was will ich tun?‹ – und da finde ich, daß ich, will ich mit mir selbst in Frieden sein, die Rolle eines Rockefeller nicht so weiterspielen kann, wie sie von meinem Urgroßvater, meinem Großvater und den Brüdern festgelegt worden ist. Gern möchte ich eine konstruktive Rolle auf dem Gebiet der Philanthropie weiterspielen, soweit das Geld der Familie reicht, aber nur in Bereichen, an denen ich ein aktives Interesse habe, und nicht als ein Vorstandsmitglied von Stiftungen, die den Namen ›Rockefeller‹ tragen. Auf keinen Fall darf mir passieren, daß ich allein deswegen ein nützliches Individuum bin, weil mir jemand einen Geldsack in den Schoß geworfen hat. Für alle Vettern ist das ein zentrales Problem. Sie möchten verhindern, daß man sich zu ihnen verhält wie zu einem Synonym für Dollars. Es geht darum, daß man etwas anzubieten hat, aufgrund seiner eigenen, individuellen Persönlichkeit, seines eigenen Verständnisses, seiner eigenen Menschlichkeit und Kreativität, und nicht bloß aufgrund eines Bankkontos.

Für meinen Großvater war die Situation etwas anders. Er stand vor der Frage nach dem ganzen zukünftigen Schicksal des Vermögens. Wie er damit fertig wurde, war durchaus eine kreative Leistung, und er lenkte die Entwicklung entschieden in die philanthropische Richtung. Bei seinem Vater fing es damit an, aber daß die Tradition von Stiftungen und sozialen Dienstleistungen ein solches Gewicht bekam und in der Familiengeschichte so furchtbar wichtig werden konnte, geht auf ihn zurück.

In alledem lag aber ein Widerspruch, den ich nie ganz begreifen konnte und der mich immer beschäftigt hat. Ich meine folgendes: In unserer Erziehung hieß es immer, daß wir so lange, wie irgendwo in der Welt Not herrsche, einen beträchtlichen Teil unseres Geldes anderen Menschen geben sollten. Wenn wir aber wirklich Geld an andere weitergeben sollen, die nicht genug haben, um ihre Bedürfnisse zu befriedigen, dann muß man doch zu dem Schluß kommen, daß mit einer Welt, in der andere so große Bedürfnisse und wir einen solchen Überfluß haben, etwas nicht in Ordnung sein kann; das war jedenfalls meine Überlegung. Wenn man wirklich glaubt, daß man diesen anderen, den notleidenden Menschen etwas schuldig ist, und wenn man ihren Anspruch auf das eigene Leben ernst nimmt, wo will man dann die Grenze ziehen? Man wächst in einer Demokratie auf und glaubt an die Gleichheit aller Menschen, man wurde christlich erzogen und hat gelernt, daß Gott die Liebe ist und daß die höchste Selbstverwirklichung in der Selbstentäußerung besteht – wie kann man dann aber die Grenze bei 20 Prozent oder 30 oder 50 Prozent ziehen – was für einen persönlich ja immer noch überhaupt kein Opfer bedeutet? Nein, wenn man den Kerngedanken meines Großvaters zu Ende denkt, dann muß man im Grunde so viel weggeben, wie man nur irgend kann. Die Verpflichtung, die einem auferlegt ist, ist grenzenlos.

Vielleicht nahm ich die Ethik hinter unseren gemeinnützigen Unternehmungen viel ernster, als sie jemals gemeint war. Für mich wurde sie zu einem Denkaxiom. Und ich erinnere mich an einen Ausspruch von Reinhold Niebuhr, wo er meinte, daß die Philanthropie in vieler Hinsicht eine Art Patriarchalismus darstellt; die privilegierte Klasse verteilt gönnerhaft Mittel an eine notleidende Gruppe und versucht auf diese Weise, ihren eigenen Status aufrechtzuerhalten. Als ich diese Stelle zum erstenmal las, fühlte ich mich einigermaßen beleidigt. Aber vermutlich war ich vor allem deswegen beleidigt, weil ich von Anfang an spürte, daß er die Wahrheit sagte. Ich meine immer noch, daß im Rahmen der amerikanischen Gesellschaft die Philanthropie ein wichtiges Instrument ist, um neue, schöpferische Impulse in die Tat umzusetzen, und ich bin ganz dafür; aber gleichzeitig meine ich, daß man ein soziales System aufbauen müßte, das die Grundbedürfnisse seiner Bürger zuverlässig abdeckt.

Für meine Person versuche ich immer noch, eine Grenze zu ziehen. Schon bei dem Reichtum, den ich besitze, ist mir äußerst unbehaglich zumute, und natürlich wird die Sache durch diese Trusts noch komplizierter. Ich bin felsenfest davon überzeugt, daß man eine so extreme Vorzugsstellung und eine Anhäufung so ungeheurer Summen vernünftig nicht rechtfertigen kann. Es gibt keine Rechtfertigung, keine moralisch schlüssige Begründung dafür. Wie will man es als sozial in der Ordnung verteidigen, daß einige ihre Kästen füllen und in Saus und Braus leben, während andere Not und Elend leiden? Es ist unmöglich. Man kann ein so privilegiertes Leben nur verteidigen, indem man sagt: ›Unser soziales System gibt uns nun einmal diese Möglichkeit, und mir gefällt es so. Also unterstütze ich dieses soziale System, weil ich davon profitiere.‹ Aber darin kann ich kein vernünftiges Argument sehen. Es ist nichts weiter als ein egoistisches Vertreten der eigenen Interessen.

Persönlich lebe ich nicht schlecht, aber auch nicht extravagant. Eine angemessene Lösung wäre freilich erst gefunden, wenn man eine ganze Reihe persönlicher und sozialer Schwierigkeiten bewältigt hätte, und das ist mir bisher nicht gelungen. Aber was ich anstrebe, ist Ehrlichkeit; ich weigere mich, das Problem zu vertuschen und so zu tun, als richtete ich mich nach bestimmten Werten, wo es gar nicht der Fall ist. Die Familie hat vielleicht eine Milliarde Dollar für Spenden und Stiftungen ausgegeben, aber wie jeder Beobachter feststellen kann, hat es sie nicht viel gekostet. Sie haben es gemacht, weil sie es wollten, und ich meine doch, daß viel Gutes damit erreicht worden ist. Aber bestimmt hat es sie keine großen Opfer gekostet. Wenn man hundert Millionen Dollar besitzt, wird man dadurch, daß man eine Million davon wegschenkt, kein besserer Mensch als andere. Aber genau diese Vorstellung steckt hinter dem Gedanken, daß die Familie Rockefeller irgendwie über jedermann erhaben sei. Daß die Vettern solche Schwierigkeiten haben, ihre eigene Identität aufzubauen, liegt jedenfalls zum Teil daran, daß sie irgendwo tief drinnen noch immer der Meinung sind, an den Rockefellers sei doch etwas Besseres dran. Diesen Teil des Mythos haben sie akzeptiert: die Rockefellers *sind* das Königshaus von Amerika, und sie *sind* über jedermann erhaben. Nichts für mich!

Wenn man erkannt hat, daß einzelne Familienmitglieder noch so viel Gutes getan haben oder noch so ungewöhnliche Menschen gewesen sein können, daß damit aber die Familie als Ganzes noch lange nicht eine Extraklasse an der Spitze der amerikanischen Gesellschaft darstellt – wenn man das endlich kapiert hat, dann kann man es sich auch leisten, nicht mehr genauso weiterzuleben wie frühere Generationen; man muß dann nicht mehr unbedingt dasselbe tun wie sie, man braucht nicht mehr die Projekte fortzusetzen, mit denen sie angefangen haben, denn die Vergangenheit ist dann nicht mehr so heilig, so absolut gut, daß jede Abweichung nur minderwertig und ein Verrat sein kann.«

An schönen Tagen, wenn die berühmten grünen Berge von Vermont sich wie Eisberge hinter Middlebury auftürmen, läuft oder radelt Steven gern durch den Campus, straff und gesammelt und gerötet von frischer Frühlingsluft. Seit er 1969 in das College eintrat, hat er es so gehalten, und wenn er an Kollegen und Studenten vorbeikommt, nickt er ihnen zu, ein Assistenzprofessor unter vielen, dessen Gedanken häufig um die noch ungeschriebenen Kapitel eines Buches über den frühen John Dewey kreisen, das fertig sein muß, bevor seine Stelle zur Erneuerung ansteht. Weiter als bis zur Mitte ist er, nach seiner eigenen Einschätzung, bei seiner Suche wahrscheinlich noch nicht gekommen, aber inzwischen genießt er doch die Ausgeglichenheit seines derzeitigen Lebens. »Ich unterrichte gern. Es befriedigt gleichzeitig mein soziales Gewissen und hält mich psychisch gesund. Psychische Gesundheit erwächst aus Beziehungen zu anderen Menschen.«

Damit ist auch seine Familie gemeint. Die Rockefellers schlicht abzulehnen, ist für Steven nie eine ernsthafte Alternative gewesen. Auch wenn sie seiner Freiheit Beschränkungen auferlegen und ihm eine umfassende Sicht der Dinge verbauen, hat er den Eindruck, daß er sich nichts vergibt, wenn er sie hinnimmt, wie sie sind, und daß er in der Familienstruktur als ein Führer der Vettern eine sinnvolle Aufgabe hat.

Das Wort »Führer« freilich klingt, als lebe die Dynastie der Rockefeller weiter. Steven wehrt sich gegen diese Rolle und bezweifelt, daß sie in Zukunft noch gebraucht wird. Selbst sieht er seine Funktion mehr darin, daß er den Prozeß der Demontage zu überwachen hat, der zu seinen Lebzeiten unweigerlich in der Familie ablaufen muß. »In der Familie gibt es eine Gruppe – und zwar auch noch in meiner eigenen Generation –, die das Gefühl hat, daß die Rockefellers in der Geschichte eine besondere Rolle spielen müssen. Meiner Meinung nach sind wir einfach zu viele, als daß wir herumstolzieren und von einer besonderen Identität reden könnten. Für mich hat die Familie keinen Vorrang. Es ist inzwischen eine praktische Frage: Was kann die Familie Rockefeller als Institution zur Förderung meiner eigenen Interessen beitragen? Was kann sie dazu beitragen, daß meine Kinder gute demokratische Bürger dieses Landes werden? Kann sie ihnen wirklich helfen, oder ist sie einfach ein Anachronismus, ein Dinosaurier? Nach meinem Gefühl war die Familie als Institution das Produkt einer bestimmten Kultur und einer bestimmten Epoche in der Geschichte unserer Nation.

Sie hatte ihre Zeit. Wenn einmal die ursprüngliche Energie, die eine Institution erzeugt hat, versiegt, stirbt sie einfach ab. So ist es, und so soll es sein. Die Dynastie, der ganze Kram – damit ist es vorbei.«

Er sagt es ohne Selbstmitleid, in demselben angenehmen, nüchternen Tonfall, in dem er sich vorstellt. Es ist kein Melodrama und keine Tragödie – nur eine Tatsache. Die Dynastie der Rockefellers endet nicht mit einem Knall oder einem Wimmern, sondern mit einem Schulterzucken und einem Lächeln.

Vielleicht kann nur jemand, ohne zu zucken, »Steven Rockefeller« sagen, der zugleich das Ende einer Geschichte vorhersehen kann, die diesen, wie Abby ihn nennt, »absurden Namen« hervorgebracht hat? Gewöhnlich stürzt sich Steven mit Begeisterung auf eine solche knifflige Frage. Heute aber kümmert er sich um seinen Sohn Steven Jr. Er fängt an, nach der Jacke des Jungen zu stöbern; die beiden wollen in Middlebury ein Fußballspiel ansehen. In der Tür sagt er noch: »Eines der besten Dinge in meinem Leben ist, daß ich hier wohnen kann, daß ich die Weybridge Street hinuntergehen und meinen Nachbarn guten Tag sagen kann. Vielleicht keine große Sache, aber als Kind habe ich das nicht gehabt.«

# Nachwort

Spätestens seit William Averys Kollisionen mit dem Gesetz in den Einöden im Norden des Bundesstaates New York hat sich das Schicksal der Rockefellers aus den unberechenbaren Elementen der Wechselwirkung von Eltern und Kindern geformt. In noch stärkerem Maße aber als ihre Vorgänger ist die Generation der Vettern in einem ödipalen Dornengestrüpp herangewachsen. Für sie waren die allereinfachsten Handlungen befrachtet mit äußerster Bedeutungsschwere; ihre Wege zur Reife waren übersät mit dem Gefühlsschutt vergangener Kämpfe zwischen Vätern und Söhnen. Die Wiederinbesitznahme des eigenen Ich ist nicht nur ein Aufstand gegen die Eltern; man bläht sie zu einem tödlichen Schlag gegen die Familie, ihre Regeln und Traditionen auf. In ihrer Welt der Schatten und der Taten, wo jede Geste über alles menschliche Maß hinaus übertrieben bewertet wird, gerät der symbolische Vatermord zum Mord an der Geschichte selbst.

In einer Familie lebend, die das Schweigen im Übermaß kennt und in der alles im Überfluß vorhanden ist, nur das Gefühl nicht, haben die Vettern sich bemüht, so wenige Entscheidungen wie möglich zu treffen. Aber selbst ihr bescheidener Wunsch, Individuum in erster und Rockefeller in zweiter Linie zu sein, ist als tödlicher Affront gegen die Dynastie gewertet worden, die ihr Großvater gefestigt hat. Mit ungewollter Härte hat dieser Wunsch den religiösen Dunst durchschnitten, der die Familie und ihre ganz spezielle Mission umgibt. Durch ihr Zurückstehen von der Verantwortung der Rolle und der Verpflichtungen der Macht haben die Vettern – ohne etwas so Bedeutungsschweres zu beabsichtigen – die dynastische Illusion durchbohrt. Wie durch eine ungeheuerliche Freudsche Fehlleistung ist ihnen ihre Absicht, zu erklären, daß sie doch nur sie selbst sein wollten, zu einer Äußerung geraten, die so klingt, als wollten sie zuallerletzt Rockefellers sein. Abgesehen von den menschlichen Aspekten ihres Dilemmas sind die Vettern und Kusinen zu einer Art lebenden Fossils geworden, das das Skelett einer einzigartigen Geschichte verewigt.

Mr. Juniors dynastisches Projekt barg als Kern ein sehr scharfsinniges Stück moralischer Berechnung. Seine philanthropischen Leistungen würden den Makel tilgen, der dem Familienvermögen anhaftete, sie würden den Schatten vertreiben, der auf dem Namen ruhte. Anfangs besessen von dem Zwang, seinen Vater für unbefleckt zu halten, entwickelte sich Juniors Leben allmählich zu einem langen Exerzitium in Selbstrechtfertigung. Die Familie wurde zum Vehikel seiner langen Suche, deren Ziel es war, zu beweisen, daß das Geld, dessen Hüter er jetzt war, nicht nur rechtschaffen erworben, sondern wohlverdient sei. Juniors Gedanke war es, daß zukünftige Rockefellers ihr Erbe immer neu verdienen müßten, indem sie Verantwortung für das übernahmen, was der Reverend Gates »die Wohlfahrt der Menschheit« genannt hatte. Der Reichtum sollte nicht mehr, auf welchen Schleichwegen auch immer, als Lohn für die Leistung des einzelnen kommen, sondern der einzelne sollte auf Lebenszeit eine Dienstschuld gegenüber dem Reichtum abtragen und ihn so nach lange vollzogenem Erwerb selbst verdienen. Die Konzeption der getreuen Verwaltung, enthalten in Seniors Anspruch, Gott selbst habe ihm sein Geld gegeben, wurde von Junior verfeinert zu einer umfassenden Moralität, deren Definition seine Erben dereinst sehr wohl verstehen lernen würden: Macht sei, ebenso wie Geld, eine Verpflichtung; wie das Geld sei sie ein notwendiger Teil des Erbes.

Junior war ein Klassizist; er formte die Natur nach seinen Bedürfnissen. Das Bauen blieb seine liebste Tätigkeit: Der Stoff selbst war untätig und konnte geformt werden, ein bereitwilliger Mitverschwörer im Schöpfungsvorgang. Er bewährte sich auch auf jenen weiten Feldern des mühevollen Strebens, die seine Berater für ihn entdeckten; auch sie konnte man durch behutsame Kapitalinfusionen und die klinische Abgeklärtheit des Gärtners formen. Aber während er die Natur der Dinge ordnen, ja sie sogar verändern mochte, konnte er die Natur der Menschen nicht lenken. *Das* mußte immer das einzige unberechenbare Element im Rockefeller-Unterfangen bleiben.

Das Problem erhob sich sofort, unter seinen eigenen Söhnen. Frei durchstreiften sie den epischen Raum, den Juniors wohlüberlegter Umgang mit den Schätzen des ersten John D. geschaffen hatte. Sie sollten gesellschaftlich und politisch von der Auftriebskraft der Institutionen emporgehoben werden, die er gebaut, und der Verbindungen, die er geknüpft hatte. Die aufgeblähte Rolle, die ihnen im Leben zugewiesen worden war, stellten sie niemals wirklich in Frage; sie scheiterten am Ende nur einfach darin, sie auszufüllen, oder die Rockefeller-Identität mit Überlebenskraft zu erfüllen, indem sie sie auf ein realistisches Maß zurückstutzten. Daß JDR3 in der Rolle des präsumptiven Thronfolgers scheiterte, sollte sichtbar werden, als er versuchte, über diese Rolle hinauszuwachsen, über die Aufgabe auch, der Stellvertreter seines Vaters zu sein. Was Laurances Unfähigkeit bedeutete, entschieden aus dem Hintergrund hervorzutreten, und welche Bedeutung Winthrops Selbstzerstörung innewohnte, das sollte gegen Ende ihres Lebens klar werden. Davids gemessen-majestätischer Aufstieg in der Chase sagte aus, daß Juniors Institutionen nun endlich die Energie für die Aura der Rockefellers lieferten, nicht mehr umgekehrt. Und Nelsons Ehrgeiz kehrte sich am Ende wie eine verzehrende Stoffwechselkrankheit gegen die Traditionen im Mark der Familienmoral, sie unterschiedslos verzehrend wie alles andere auch.

Zum Versagen der Brüder gehörte es, daß sie, ohne mit der Wimper zu zucken, das Gefühl der offenbar gewordenen schicksalhaften Bestimmung akzeptierten, mit dem ihr Vater die Familie durchtränkt hatte. Daran glaubten sie ohne Einschränkung, bezogen nicht nur auf sie selbst, sondern auch auf ihre Kinder. Sie ignorierten die mächtige Wirkung der sozialen Erhebungen der sechziger Jahre auf die Generation der Vettern und gingen einfach von der Annahme aus, daß deren Entfremdung von den Familienmythen nichts weiter sei als eine vorübergehende Phase in ihrer Entwicklung, eine Art Lampenfieber, vergleichbar ihrem eigenen jugendlichen Zögern, in die gigantische Zukunft einzutreten, die ihrer harrte. Sie begriffen nicht, daß ihre Kinder, ohne es eigentlich gewollt zu haben, durch Ereignisse von dem Gefühl der Familienmission getrennt worden waren, die im grausamen Licht von Vietnam und dann von Watergate nicht nur als übertrieben und veraltet erschien, sondern als sträflich, sogar als behaftet mit allen möglichen Makeln. Die ganz eigentümliche Bürde der vierten Generation sollte darin bestehen, mit einer Art Wehmut die vergangene Größe und Macht der Rockefellers zu betrachten und dabei zu erkennen, daß es derlei für sie nicht gab. Die Mitglieder dieser Generation sollten sich gezwungen sehen, die Familie und ihre Mythen mit den Augen von Außenstehenden zu betrachten und dabei zu erkennen, daß der Familienplatz an der Sonne eine Errungenschaft der Macht war, nicht des Verdienstes. Und diese Erkenntnis war der eine, krause Faden, der den ganzen kunstvollen moralischen Gobelin Mr. Juniors ausfasern sollte.

Während David Rockefellers Söhne eine Karriere in der Chase meiden und sich Gebieten wie der Kunst und der Medizin zuwenden, verstreicht ein Augenblick von epischer Bedeutung. Denn anders als Reichtum oder Grundbesitz muß Macht ausgeübt werden, wenn man sie besitzen will. Wie der Einfluß der Familie als Aktionär der Bank auch beschaffen sein mag, ohne einen Rockefeller an der Spitze wird die Chase der dynastischen Idee ihren Glanz nicht mehr leihen. Ebensowenig, wie die Citibank dem Clan der Stillman Rockefeller als Machtmittel dient, wird die Chase dann ein Werkzeug der Familienmacht sein. Ebenso wie ihr Konkurrent wird die Chase dann Teil des Kontinuums der ineinander verschachtelten Institutionen sein, zu deren Inhabern am Ende die Rockefellers neben anderen Familien von großem Reichtum gehören werden. Aber sie werden nur als rechtmäßige Inhaber in dieser Schar auftreten, nicht als aktive Potentaten, als Bewahrer eher denn als Souveräne der Macht.

Die Rockefeller-Stiftung ist paradigmatisch für das Schicksal der Institutionen, die Juniors Dynastie bis in alle Ewigkeit abstützen und stärken sollten. Wiewohl nicht mehr innerhalb des geschlossenen Kreises der Familienmacht stehend, befindet sie sich doch weiterhin im Epizentrum des amerikanischen Reichtums und der Macht, und ihre Treuhänder werden aus den Reihen der Rockefeller-Freunde und des institutionellen Clans rekrutiert. Sie lebt durch die Familie, ist aber nicht mehr Teil von ihr – was in noch stärkerem Maße für das Syndikat von Gesellschaften gilt, das von der Standard of New Jersey angeführt wird und das jetzt, mehr als eine Generation nach dem Ausscheiden des letzten Rockefeller, wieder die größte industrielle Körperschaft der Welt ist. Die Dynastie ist sterblich; die Institutionen führen ein eigenes Leben.

Der Prozeß, der seinen Anfang nahm, als das Kommissionshaus Clark & Rockefeller in das Ölgeschäft eintrat, ist alles andere als abgeschlossen, doch die Form, die er dereinst annehmen wird, kündigt sich schon in der Einstellung der gegenwärtigen Generation an. Vielleicht werden einige Kinder der Vettern und Kusinen dereinst den

Kurs ihres Onkels Jay einschlagen und die erhebliche Energie, die in Geld, Namen und Verbindungen schlummert, nutzen, um persönliche Machtpositionen aufzubauen. Andere werden sich damit begnügen, den Reichtum zu genießen, soweit ein derartiges Vergnügen einem Rockefeller-Erben offensteht. Einige wenige werden bei der Exzentrizität der Rebellion bleiben. Unterdessen wird sich die kritische Masse in Richtung auf eine Vereinigung mit der allgemeinen Aristokratie des Reichtums der Nation fortbewegen, während die wohltuende Abtrift hinweg von den dynastischen Imperativen sich von Jahr zu Jahr fortsetzen wird.

Room 5600 wird sich gezwungen sehen, seine Tätigkeit einzuschränken und sich auf das Geben und die Steuern zu konzentrieren, zwei untrennbar miteinander verbundene Funktionen, nach wie vor erforderlich infolge des noch immer erheblichen Bodensatzes, der von dem riesigen Vermögen geblieben ist. Jener Teil seiner Aufgaben, der sich mit der Steuerung des Familienschicksals befaßte, wird gemeinsam mit dem Schicksalsbewußtsein verkümmern. Das Rockefeller Family Office wird nicht mehr die Dienste von Männern anziehen, die den Ehrgeiz haben, zwischen den Steilwänden öffentlicher und privater Macht emporzusteigen.

Anstelle der *einen* Familie wird es fünf Familien geben – die Familien jedes männlichen Erben der Brüder. Lange nach dem Tode der Brüder werden ihre Enkel – die fünfte Generation – endlich die Spuren von Seniors Vermögen erben, die »'34 Trusts«, die nach dem Gesetz auslaufen, wenn sie die Volljährigkeit erreichen. Die alternden Vettern werden sich zweifellos Sorgen machen wegen der Wirkung dieses plötzlichen Reichtums auf ihre Kinder und wegen der Folgen, die dieses Ereignis für die Rockefellers und ihre Konzeption des Dienens haben kann. Aber dann wird es vorbei sein mit dem Sinne, in dem diese Familie die königlichste Familie Amerikas war, und die Frage wird nur noch von akademischem Interesse sein.

So also gibt es eine denkwürdige Kreisbahn in der Saga der Rockefellers. Es ist, als sei alles Bemühen seit Gründung der Standard Oil ein extravaganter Mummenschanz über das Thema der Eitelkeit menschlicher Wünsche. Junior war ausgezogen, um der Welt zu beweisen, daß der von ihm ererbte Reichtum moralisch gerechtfertigt sei; am Ende konnten seine Bemühungen nicht einmal seine Enkel überzeugen. Er baute eine dynastische Identität auf, deren Absicht es war, die Distanz zwischen den Rockefellers und der übrigen Menschheit zu schließen; am Ende haben seine Mühen nur eine Vergrößerung des Raumes bewirkt, der die Rockefellers von allen anderen trennt, und sie haben schließlich gar die Familie von sich selbst gespalten.

Der Versuch der Vettern und Kusinen, wieder eine persönliche Identität zu erobern, ist zu zaghaft und tastend und letztlich auch zu wenig beflügelt, um als heroisches Unterfangen gelten zu können. Doch das Ende dieser Dynastie hat eine Qualität des Epischen, wenn auch eher als Symbol denn als Ereignis. Mehr als ein Jahrhundert lang haben die Rockefellers ihr ganzes Streben an dem imperialen Kurs der Nation selbst orientiert. Jetzt wird ihr Niedergang sichtbar, zu einer Zeit, in der auch das amerikanische Jahrhundert endet, mehr als fünfzig Jahre vor Ablauf seiner Zeit. Von Juniors Vision weit entfernt, birgt keine der beiden Tatsachen viel Grund zum Bedauern.

# Anmerkungen

1 Der Streit um das »schmutzige Geld« wird ausführlich bei Allan Nevins, *John D. Rockefeller: A Study in Power*, New York 1953, Bd. 2, S. 435ff., dargestellt. Einzelheiten und Hintergründe der Schenkung finden sich in der unveröffentlichten *Autobiography* von Frederick T. Gates, die zusammen mit Briefen und anderen Aufzeichnungen in den Archiven der Rockefeller Foundation aufbewahrt wird. Allan Nevins gab eine Auswahl dieses Werkes heraus; sie wurde unter dem Titel »The Memoirs of Frederick T. Gates« in *American Heritage*, April 1955, abgedruckt. Reverend Washington Gladden gab seine Version der Begebenheit in seinen autobiographischen *Recollections*, Boston 1909

2 Bei dieser Art Fakteninformation haben wir uns auf Nevins und die Arbeiten von Raymond B. Fosdick (s. u.) gestützt sowie auf andere autorisierte oder halboffizielle Bücher, deren Verfasser uneingeschränkten Zugang zu den Quellen hatten

3 Dieser Journalist war der prominente Hearst-Redakteur Arthur Brisbane. Siehe Joseph I. C. Clarke, *My Life and Memories*, New York 1925, S. 353

4 W. O. Inglis, »Notes of a Conversation with Mrs. Mary Ann Rudd«, Rockefeller Family Archives

5 Zur Biographie von William Avery Rockefeller siehe Allan Nevins, *John D. Rockefeller: The Heroic Age of American Enterprise*, New York 1940, Bd. 1, S. 7ff. (die ursprüngliche Fassung seiner Rockefeller-Biographie). Weiterhin John T. Flynn, *God's Gold*, New York 1932, S. 54ff. Das erste umfassende Bild des alten Rockefeller trug Ida Tarbell in ihrer epochemachenden *History of the Standard Oil Company*, New York 1904, Bd. 1, S. 220ff., zusammen. Wahrscheinlich war das Trauma, das die Enthüllung der Eskapaden von William Avery hervorrief, ein wichtiges Element für die außergewöhnliche Nüchternheit der folgenden Rockefeller-Generationen, und es trug zu ihrer Entscheidung bei, den Schleier der Geheimhaltung über ihr Privatleben zu breiten

6 Ein solcher Handzettel ist abgedruckt bei John K. Winkler, *John D. Rockefeller: A Portrait in Oils*, New York 1929, S. 12

7 Brief Rockefeller an D. L. Howatt, Angestellter auf dem Besitz Forest Hills, vom 18. November 1905, Rockefeller Family Archives

8 John D. Rockefeller, *Random Reminiscences of Men and Events*, New York 1909, S. 34

9 Zit. in Raymond B. Fosdick, *John D. Rockefeller Jr.: A Portrait*, New York 1956, S. 27

10 Flynn, S. 438

11 Den besten Überblick über Rockefellers Heranwachsen in Cleveland gibt Garce Goulder, *John D. Rockefeller: The Cleveland Years*, Middletown, Conn., 1973

12 Flynn, S. 61

13 Nevins, Bd. 1, S. 18

14 Die Autoren haben dieses Hauptbuch A in den Rockefeller Family Archives einsehen können

15 Winkler, *John D.*, S. 14

16  *Random Reminiscences*, S. 47
17  Nevins, Bd. 1, S. 27
18  Inglis, »Conversations with Rockefeller«, Rockefeller Family Archives
19  Flynn, S. 133
20  Den großen Öl-Boom in Pennsylvania beschreibt Paul Giddens, *The Birth of the Oil Industry*, New York 1938; auch Harold F. Williamson und Arnold Daum, *The American Petroleum Industry*, Evanston, Ill., 1959
21  Eine Untersuchung der Auswirkungen des Eisenbahnbaus auf die Entwicklung der Ölindustrie bei George R. Taylor und Irene D. Neir, *The American Railroad Network, 1861–1890*, Cambridge, Mass., 1956, und Rolland H. Maybee, *Railroad Competition and the Oil Trade 1855–1873*, Mt. Pleasant, Mich., 1940
22  Zur Familie Spelman und zu Einzelheiten der Heirat siehe Goulder, S. 62 ff.
23  Zit. in Tarbell, Bd. 1, S. 43
24  Inglis, »Conversations with Rockefeller«
25  Winkler, *John D.*, S. 67
26  Inglis, »Conversations with Rockefeller«
27  *Random Reminiscences*, S. 12
28  Rockefellers strategischer Einsatz der Transports steht im Mittelpunkt von Carrs *John D. Rockefeller's Secret Weapon*, einer Geschichte der Union Tank Car Company, einer der Unzahl von Firmen, aus denen sich der Standard Trust zusammensetzte. Siehe auch Ralph und Muriel Hidy, *Pioneering in Oil*, New York 1955, S. 24–40 (der erste Band der offiziellen Geschichte der Standard Oil). Eine frühe, aber immer noch wertvolle Quelle ist der Bericht des Hepburn-Komitees, des ersten Untersuchungsausschusses der Regierung über die Aktivitäten des Trusts: New York Legislative Assembly, *Report of the Special Committee on Railroads. Appointed Under a Resolution of the Assembly*, Februar 1879, 5 Bde., Albany 1880
29  Flynn, S. 154
30  Aussage des ehemaligen Partners von Rockefeller, Isaac Hewitt, vor dem Untersuchungsausschuß des Senats des Staates New York; zit. in Tarbell, Bd. 1, S. 66
31  Flynn, S. 160
32  Winkler, *John D.*, S. 66, zitiert eine Äußerung von Frank: »Keiner von meinem Blut soll in einer Erde ruhen, über die das Monster John D. Rockefeller gebietet.«
33  Inglis, »Conversations with Rockefeller«
34  Ibid.
35  Ibid.
36  Tarbell, Bd. 1, S. 105
37  Flynn, S. 174. Tarbell (Bd. 2, S. 129) schreibt über Rockefellers Sicherheitsfetisch: »Leute, die mit Mr. Rockefeller ins Geschäft kamen, wurden gemahnt, ›ihren Frauen nichts zu erzählen‹, und die Korrespondenz zwischen ihnen und der Standard Oil Company wurde unter Decknamen geführt.«
38  Lloyd war erst Rechtsanwalt, dann Journalist und wurde später ein bedeutender sozialistischer Theoretiker. Siehe zu seiner Biographie Chester McArthur Destler, *Henry Demarest Lloyd and the Empire of Economic Reform*, Philadelphia 1963
39  Nevins, Bd. 1, S. 281
40  Tarbell, Bd. 2, S. 38
41  Flynn, S. 342. Flynn beschreibt S. 257 ff. den langen Kampf von George Rice gegen die Standard und druckt auch ein Faksimile des berüchtigten »Schraube-anziehen«-Briefes ab. Siehe auch Henry D. Lloyd, *Wealth Against Commonwealth*, New York 1894, Kap. 17
42  Lange bevor die Tidewater-Pipeline fertiggestellt war, hatte Rockefeller erkannt, welche Möglichkeiten der Revolutionierung des Transports in ihr lagen. Er war sich bewußt, wie ein unabhängiger Öl-Mann vor dem Hepburn-Komitee sagte, daß »der Transport die

Milch in der Kokosnuß des Standard-Erfolges ist«. Doch er baute keine Konkurrenz-Pipeline, weil die Standard schon die Eisenbahnen kontrollierte und daher eine ihr günstige Frachtpolitik und billige Tarife für sich diktieren konnte

43 Dodd entwickelt seine Vorstellungen über die Trusts in seinem Buch *Combinations: Their Uses and Abuses*, New York 1888: »Die Kooperation der Individuen und die Anhäufung von Kapital zu stoppen, würde bedeuten, die Räder des Fortschritts und den Weg der Zivilisation aufzuhalten, Immobilität des Geistes und Erniedrigung der Menschheit zu dekretieren. Man könnte ebensogut versuchen, die Bildung der Wolken, den Regen oder die Flüsse aufzuhalten, als zu versuchen, mit welchen Mitteln auch immer, die Organisierung der Industrie, die Bildung von Gesellschaften und die Anhäufung von Kapital bis zu jenem Grad zu verhindern, den der immer wachsende Welthandel erfordert.«

44 *Report of the Committee on General Laws on the Investigation Relative to Trusts*, der Gesetzgebenden Gewalt des Staates New York überreicht am 6. März 1888, Albany 1888, S. 398

45 *World* (New York), 21. November 1908

46 Tarbell, Bd. 2, S. 141

47 Der Umzug erfolgte schrittweise. Nevins nennt das Jahr 1877 als den Zeitpunkt, wo sich die Geschäftstätigkeit mehr in New York als in Cleveland konzentrierte. Mit dem Herbst 1882 begann Rockefeller, seine Familie fest nach New York zu holen. Doch auch danach ging er im Sommer und in den Ferien nach Forest Hill zurück. Botenjungen auf Fahrrädern brachten Berichte und Papiere von seinem Büro in Cleveland. Ein Telegraphist war ständig im Dienst, um Nachrichten von Archbold und anderen Mitarbeitern aus New York entgegenzunehmen

48 Mit Ausnahme von James Stillman sind bisher verhältnismäßig wenige fundierte Untersuchungen über die Mitglieder der »Standard-Gang« erschienen. Zu Stillman siehe Anna Burr, *The Portrait of a Banker*, New York 1927, und John K. Winkler, *The First Billion: The Stillmans and the National City Bank*, New York 1924

49 Vanderbilts Aussage ist vollständig abgedruckt in den Anhörungsprotokollen des Hepburn-Komitees, Bd. 2, S. 1668 ff.

50 Nevins, Bd. 2, S. 97

51 Siehe Hidy, S. 155–201, zur Bedeutung der Lima-Ölfelder für die Zukunft der Standard

52 1893 berichtete *Bradstreet's*, es hätten Gespräche zwischen der Standard und den »russischen Ölkönigen, Nobels und Rothschilds« stattgefunden, die »ein Schema der Aufteilung des Ölmarkts auf der ganzen Welt zwischen ihnen« zum Gegenstand gehabt hätten. Die Gespräche scheiterten, als der russische Finanzminister seine Zustimmung zu dem Plan der Standard verweigerte, der alle russischen Raffinerien gezwungen hätte, sich zu Exportzwecken in einer einzigen Firma zusammenzuschließen. Siehe Williamson und Daum, S. 646–653

53 William Appleman Williams stellt in *The Tragedy of American Diplomacy*, New York 1962, die Bedeutung dieser Noten für die Formung der amerikanischen Außenpolitik dar

54 New York Senate, *Report on Investigations Relative to Trusts*, Albany 1888, S. 420

55 *World* (New York), 12. Oktober 1898

56 Henry D. Lloyd, *Wealth Against Commonwealth*, hrsg. v. Thomas C. Cochran, New York 1963, S. 168

57 Der Plan für Amalgamated Copper stammte von Thomas Lawson, einem Wall Street-Spekulanten, der bei dem Geschäft den Mittelsmann spielte. Sein *Frenzied Finance* von 1906 ist einer der Klassiker der Skandalära. Über diesen und andere Coups der Standard Gang siehe Matthew Josephson, *The Robber Barons*, New York 1962, S. 394 ff.

58 Inglis, »Conversations with Rockefeller«

59 Rogers, S. 16

60 Nevins, Bd. 2, S. 435
61 Der Artikel wurde aufgenommen in Carnegie, *The Gospel of Wealth and Other Essays.* Zur Theorie und Praxis der Philanthropie Carnegies siehe die autoritative Biographie von Joseph F. Wall, *Andrew Carnegie,* New York 1970
62 Zit. in Burton J. Hendrick, *The Life of Andrew Carnegie,* New York 1933, Bd. 2, S. 349
63 Zit. in Nevins, Bd. 2, S. 199
64 Raymond B. Fosdick, *The Story of the Rockefeller Foundation,* New York 1952, S. 2
65 Gates, Manuskript *Autobiography*
66 *Random Reminiscences,* S. 116
67 Inglis, »Conversations with Rockefeller«
68 Nevins, Bd. 2, S. 271
69 Zu Roosevelts Anti-Trust-Politik siehe Richard Hofstadter, *The Age of Reform,* New York 1955, und Gabriel Kolko, *The Triumph of Conservatism,* Chicago 1963. Roosevelts Erklärung ist zitiert in R. Hofstadter, *The American Political Tradition,* New York 1973, S. 226
70 United States Supreme Court, *Standard Oil Company of New Jersey et. al. vs. the United States* (Entscheidung vom 15. Mai 1911, 31 Supreme Court Reporter 502; 221 U. S. I.)
71 Die ökonomische Macht der Standard wurde durch die Auflösung tatsächlich nicht mehr geschwächt als ihre Position auf dem Aktienmarkt. Zwölf Jahre später, am 3. März 1923, lieferte das Committee on Manufactures des US-Senats einen kritischen Bericht von 1500 Seiten über die Standard-Gesellschaften: »Der beherrschende Faktor in der Ölindustrie heute ist ihre vollständige Kontrolle durch die Standard-Gesellschaften. Standard Oil bestimmt die Preise, die die Rohölproduzenten erhalten, sie bestimmt die Preise, die die Raffinerien für Benzin und Kerosin erhalten, und sie bestimmt den Preis, den der Verbraucher zu zahlen hat . . . Dieselben Bedingungen, die zum Verbot des Standard Oil Monopols durch Entscheid des Obersten Gerichts geführt haben, bestehen weiter, und . . . in gewisser Hinsicht ist die Industrie insgesamt wie auch die Öffentlichkeit noch eindeutiger von den Interessen der Standard Oil abhängig, als dies zur Zeit des Auflösungsentscheids von 1911 der Fall war.« Zit. in Paul Giddens, *Standard Oil Company: Oil Pioneer of the Middle West,* S. 315
72 Gates, MS *Autobiography*
73 Victor Heiser, *An American Doctor's Odyssey,* New York 1936, S. 268
74 Dieser Brief, datiert 3. Juni 1905, ist zitiert in Nevins, Bd. 2, S. 387
75 Brief Gates an Dr. Wallace Buttrick, 23. Oktober 1923, Rockefeller Family Archives
76 Fosdick, *Story of the Rockefeller Foundation,* S. 1
77 Eine wissenschaftliche Biographie Lees, die sein Verhältnis zu den Rockefellers einschließt, liefert Ray Eldon Hiebert, *Courtier to the Crowd,* Ames, Iowa, 1966
78 Brief Senior an Junior, 25. Juli 1924, Rockefeller Family Archives
79 Frank Rockefeller behauptete immer, daß sein Bruder William unter dem dominierenden Einfluß seines Bruders gestanden habe. Siehe »The House of Rockefeller«, *Fortune,* Dezember 1931
80 Diese Filmaufnahmen werden in den Rockefeller Family Archives aufbewahrt und gelegentlich bei Weihnachtsfeiern und anderen Familienzusammenkünften vorgeführt. Archivdirektor Joseph Ernst ließ die Autoren freundlicherweise dieses einzigartige Material anschauen
81 Diese Äußerung findet sich in den umfassenden Notizen, die Fosdick von seinen Gesprächen mit Junior machte. Viele davon fanden keinen Eingang in sein Buch. Die Autoren haben diese Notizen in den Rockefeller Family Archives eingesehen. (Im Folgenden zitiert als: Fosdick-Notizen)
82 Fosdick-Notizen. Andere Informationen über Juniors Kindheit kommen aus seinen eigenen »Recollections of My Father«, die er im August 1920 diktierte

83 »Recollections of My Father«, Rockefeller Family Archives
84 Fosdick, *Jr.*, S. 35
85 Fosdick, *Jr.*, S. 189
86 Fosdick, *Jr.*, S. 139
87 Brief Cettie Rockefeller an Junior, 26. Januar 1895; Brief Senior an Junior, 26. Januar 1895, Rockefeller Family Archives
88 Fosdick-Notizen
89 Rede John D. Rockefeller Jr. vor der New Yorker Handelskammer, 6. April 1950
90 Zit. bei A. W. Atwood, »The Rockefeller Fortune«, *Saturday Evening Post*, 30. Juni 1921
91 Brief Junior an Senior, 11. November 1899, Rockefeller Family Archives
92 Zur Genealogie der Aldrichs vgl. Herbert O. und Mary H. Brigham, *Ancestry of Nelson Wilmarth Aldrich and Abby Pearce Chapman*, Providence 1938
93 Die grundlegende Biographie über Senator Aldrich ist die von Nathaniel Stephenson, *Nelson W. Aldrich; A Leader in American Politics*, New York 1930
94 Zit. in Fosdick, *Jr.*, S. 100
95 Fosdick, *Jr.*, S. 105
96 Brief Junior an Senior, 13. Januar 1902, Rockefeller Family Archives
97 Fosdick, *Jr.*, S. 111
98 Louis B. Harlan, *Separate and Unequal*, New York 1968, S. 80. 1908 erklärte Edwin A. Alderman, Präsident der Universität Virginia und Treuhänder des General Education Board, seinen Zuhörern in der Carnegie Hall, daß eine der konstruktivsten Taten »des Genius des Südens in bezug auf die Neger die Eindämmung der Idee des männlichen Stimmrechts war, so daß die Schwarzen aus der Politik herausgehalten wurden und ihre Gedanken auf die Industrie konzentrierten«. Vgl. Aldermans Buch *The Growing South*, New York 1908, S. 12 ff.
99 W. E. B. Du Bois, *Autobiography*, New York 1968, S. 230. Zu einem früheren Zeitpunkt hatte Du Bois auch den Druck der Rockefellers auf den schwarzen Süden kritisiert. 1925 schrieb er in einer Ausgabe von *Crisis*: »Es ist eine Schande, daß unsere Abhängigkeit von den Spenden der Reichen für absolut notwendige Dinge eine ehrliche Kritik für uns immer schwieriger macht. Wenn jemand die Wahrheit sagen, Unfähigkeit bloßstellen oder gegen Ungerechtigkeit aufbegehren will, so schallt ihm entgegen: ›Still! Du stellst dich dem General Education Board entgegen!‹ oder ›Ruhig! Du schaffst uns Feinde in der Rockefeller Foundation‹!«
100 Die bahnbrechende Studie war *Prostitution in Europe*, New York 1914. Flexner berichtet über seine Arbeit mit Junior in seiner *Autobiography*, New York 1960, S. 116 ff.
101 Für Einzelheiten der Familieninvestitionen in CF&I vgl. die Ergebnisse der Kommission für industrielle Beziehungen, 1913–1915, die ihren elfbändigen Abschlußbericht 1916 dem Kongreß vorlegte. Juniors Aussage darüber beginnt Bd. VIII, S. 7763. Eine detaillierte Analyse der Ereignisse um den Streik geben Graham Adams Jr., *The age of Industrial Violence, 1910–1915*, New York 1966, und besonders George S. McGovern, *The Colorado Coal Strike, 1913–1914*, Phil. Diss., University of Michigan 1953. Diese Dissertation bildete die Grundlage für das Buch von George S. McGovern und Leonard F. Guttridge, *The Great Coalfield War*, New York 1972
102 Brief Browers an Junior, 13. Mai 1913, Rockefeller Family Archives
103 Brief Browers an Junior, 11. Oktober 1913, Rockefeller Family Archives
104 Zit. in Fosdick, *Jr.*, S. 144
105 Zit. in Joseph F. Wall, *Andrew Carnegie*, New York 1970, S. 563
106 Der Wortwechsel zwischen Foster und Junior findet sich in *Conditions in the Coal Mines of Colorado*, Bd. II, S. 2873 ff.
107 Der unbezähmbare Upton Sinclair war weitgehend verantwortlich dafür, daß Ludlow eine

*cause célèbre* in New York wurde. In seiner Autobiographie berichtete er später, wie er mit vier »militanten Frauen« vor dem Broadway 26 die Protestdemonstrationen begonnen hatte: »Wir demonstrierten etwa fünf Minuten, dann forderte uns ein Polizist höflich auf, woanders zu demonstrieren; als wir das höflich ablehnten, erklärte er uns für verhaftet . . . Wir wurden in den Streifenwagen geladen und zur Wache gefahren, wo ich dem Richter die Sache erläuterte . . . Er befand mich ungebührlichen Benehmens für schuldig und verurteilte mich zu drei Dollar Geldstrafe. Ich weigerte mich, zu zahlen, ebenso die vier Frauen, also erhielten wir drei Tage Haft statt der drei Dollar . . . Wir hielten die Demonstrationen mehrere Wochen aufrecht.« *The Autobiography of Upton Sinclair*, New York 1972, S. 200f.

108 Zit. in McGoverns Dissertation, S. 419
109 Rede Ivy Lees vor der American Railroad Guild, 19. Mai 1914, Ivy Lee Papers, Princeton University Library. Zur Biographie Ivy Lees siehe Ray Eldon Hiebert, *Courtier to the Crowd*, Ames, Iowa, 1966
110 Zit. bei Fosdick, *Jr.*, S. 166
111 Zu John Lawsons Aussage siehe IRC, *Final Report*, Bd. VIII, S. 8592ff.
112 Ein Augenzeugenbericht von Juniors Rede in Pueblo findet sich bei F. A. McGregor, *The Fall and Rise of Mackenzie King*, Toronto 1962, S. 181f. Der Text der Rede wurde später leicht abgeändert in Juniors *The Personal Relation in Industry*, New York 1923, S. 90–106, veröffentlicht. Dieses Buch mit Reden, die großenteils Ivy Lee geschrieben hatte, sollte dauerhaftes Zeugnis von Juniors Wandlung in der Frage der Beziehungen zu den Arbeitern ablegen
113 Eine Untersuchung des Rockefeller-Plans oder King-Plans – wie er richtiger heißen müßte – während der ersten acht Jahre ergab, daß die Colorado Fuel and Iron Company ihre Löhne denen der Konkurrenzfirmen, in denen die Arbeiter gewerkschaftlich organisiert waren, angeglichen hatte. Jede Lohnerhöhung bei CF&I nach dem Streik war das Ergebnis der Kämpfe der United Mine Workers. Die Gesellschaft enthielt den Arbeitern weiterhin das Recht vor, sich frei zu versammeln, der örtliche Verein Christlicher Junger Männer verweigerte ihnen seine Räumlichkeiten. Vgl. Ben M. Selekman und Mary Van Kleeck, *A Study of the Industrial Representation Plan of the Colorado Fuel and Iron Company*, New York 1924
114 Über Jahrzehnte gab das Rockefeller Family Office die genaue Summe, die Junior geerbt hatte, nicht preis, aus Furcht, ein findiger Statistiker könnte die Zahl durch die Schwankungen der Börse hindurch verfolgen und die gegenwärtige Größe des Vermögens ausrechnen. Das Geheimnis wurde schließlich am 23. September 1974 gelüftet, als Nelson Rockefeller die Anhörungen zur Bestätigung seiner Vizepräsidentschaft vor dem Senat mit einer Erklärung begann, die die genaue Zahl enthüllte. »Mein Großvater gab zu Lebzeiten seinem einzigen Sohn, meinem Vater, eine Summe von 465 Millionen Dollar.« Committee on Rules and Administration, U. S. Senate, *Hearings on the Nomination of Nelson A. Rockefeller to be Vice President of the United States*, Washington, D. C., 1974, S. 44
115 Thomas M. Debevoise Nachlaß, Rockefeller Family Archives
116 Fosdick, *Jr.*, S. 403
117 Eine gute Zusammenfassung der Rolle, die Abby Aldrich bei der Durchsetzung der modernen Kunst in den USA spielte, gibt Russell Lynes' Geschichte des Museum of Modern Art, *Good Old Modern*, New York 1973
118 Interview der Autoren mit Newton Drury, der uns freundlicherweise auch Zugang zu den Akten des »Save-the-Redwoods«-Bundes gewährte
119 Ickes, *The Secret Diary of Harold Ickes*, New York 1954, Bd. 2, S. 208
120 Memorandum Gates an Junior, 8. März 1911, Rockefeller Family Archives
121 Brief Junior an Charles Evans Hughes, 9. Dezember 1918, Rockefeller Family Archives
122 Die Chase Bank führte ein Bankenkonsortium an, das mehr als 80 Millionen Dollar Kre-

dite an die Diktatur Machados in Havanna aufbrachte. Zusätzlich gewährte die Chase dem Präsidenten einen persönlichen Kredit von 130 000 Dollar, obwohl die Aussichten auf Rückzahlung sehr gering waren; des weiteren einen ungedeckten 45 000-Dollar-Kredit für seine Baugesellschaft und 89 000 Dollar für seine Schuhfabrik. Während 1931 in der großen Krise die meisten kubanischen Staatsangestellten ohne Gehalt blieben, bekam die Chase ihre Schulden bezahlt. Einer ihrer leitenden Angestellten vermerkte: »Nur aufgrund unserer engen Kontakte und Freundschaft mit General Machado . . . erhalten wir die Zahlung so früh.« Vgl. Robert F. Smith, *The United States and Cuba*, New Haven, Conn., 1960, S. 122 ff.

123 Siehe Senate Committee on Banking and Currency, *Hearings on the Securities Act*, Washington, D. C., 1933, und *Hearings on Stock Exchanges Practices*, Washington, D. C., 1934; Ferdinand Pecora, *Wall Street Under Oath*, New York
124 Zu Stewarts Laufbahn vgl. Paul H. Giddens, *Standard Oil Company (Indiana): Oil Pionier of the Middle West*, New York 1955, S. 210 ff.
125 Telegramm Junior an William M. Burton, 22. Mräz 1925
126 Zit. bei Fosdick, *Jr.*, S. 237
127 Seniors Stellungnahme zur Krise wurde in Ivy Lees Pamphlet *History Repeats and Depressions Do Pass*, New York 1933, abgedruckt
128 Eine halboffizielle Geschichte des Rockefeller Center auf der Grundlage von Material aus den Rockefeller Family Archives und Interviews mit vielen Beteiligten gibt David Loth, *The City Within a City*, New York 1966
129 Loth, S. 42
130 Zit. in Joe Alex Morris, *Those Rockefeller Brothers*, New York 1953, S. 13
131 Vgl. allgemein Morris, bes. S. 26
132 Die Erinnerung stammt aus »A Letter to My Son«, einer unveröffentlichten, maschinenschriftlichen Denkschrift, die Winthrop über seine Erlebnisse bis zum Ende des Zweiten Weltkrieges diktiert hatte. Ein Exemplar befindet sich in den Rockefeller Family Archives, Winthrops Sohn Paul gab den Autoren die Erlaubnis, es einzusehen
133 Mary Ellen Chase, *Abby Aldrich Rockefeller*, New York 1950, S. 44
134 Die Darstellung von Babs' Jugend basiert auf Interviews der Autoren mit Familienmitgliedern.
135 Weitere Einzelheiten über die Entwicklung von Lincoln bei Raymond Fosdick, *Adventure in Giving*, New York 1962, S. 215–225; Abraham Flexner, *An Autobiography*, New York 1960; Lawrence A. Cremin, *The Transformation of the School*, New York 1961, bes. S. 281–291. Der folgende Bericht stützt sich auf Interviews der Autoren mit Frau Linda Storrow und Frau Louise Marr
136 Siehe Leonard Harrison, *Youth in The Toils*, New York 1938, Vorwort von John D. Rockefeller 3.
137 Junior sah sich immer in erster Linie als Übergang von der ersten Rockefellergeneration zur dritten. Er verehrte seinen Vater und hatte für seine Kinder eine heroische Zukunft im Sinn.
138 Interview der Autoren mit JDR3
139 Geoffrey T. Hellman, »Best Neighbor«, *New Yorker*, 18. April 1942, S. 24
140 Joe Alex Morris, *Nelson Rockefeller*, New York 1960, S. 50
141 Brief Nelson an Junior, 11. April 1933, Rockefeller Family Archives
142 Brief Nelson an Junior, 3. Juli 1933, Rockefeller Family Archives
143 Brief Junior an Laurance, 18. Dezember 1934, Rockefeller Family Archives. Seine Söhne waren schon in den Zwanzigern, aber Junior hatte noch immer nicht seinen pädagogischen Pflichten entsagt
144 Brief Nelson an Fred Gehle, 18. Juni 1935, Rockefeller Family Archives
145 Zur Geschichte der Ölfelder von Maracaibo und zum Wachstum der Erdölindustrie Vene-

zuelas siehe Edwin Lieuwen, *A History of Petroleum in Venezuela*, Phil. Diss., University of California 1952

146 Einzelheiten über das Angebot Forrestals bei Morris, *NR*, S. 130f. William Clayton, der später mit Rockefeller in der OIAA arbeitete, sagt, daß Paul Nitze ihm berichtet habe, Forrestal sei nicht der Meinung, daß Nelson der beste Mann für diesen Posten sei und daß er ihn nur an dritter Stelle auf einer Liste mit zehn Namen aufgeführt habe, die Roosevelt zur Entscheidung vorgelegt wurde. Er sagte zu Nitze: »Nelson hat nicht die Fähigkeiten, die dieser Posten erfordert.« Doch der Präsident zog ihn den anderen Anwärtern vor. Bericht Clayton im Columbia Oral History Project

147 Brief Laurance an Junior, 27. November 1940, Rockefeller Family Archives

148 Brief Junior an King, 9. März 1936, Rockefeller Family Archives

149 Brief Nelson an David, 20. Januar 1938, Rockefeller Family Archives

150 Ickes, *The Secret Diary of Harold Ickes*, New York 1954, Bd. 2, S. 655

151 Siehe Nelson Rockefeller, »Hemispheric Solidarity«, *Survey Graphic*, März 1941. Eine Untersuchung der Lateinamerika-Politik der Vereinigten Staaten vor und während Nelsons Arbeit bei der OIAA liefert David Grenn, *The Containment of Latin America*, Chicago 1971; auch Lloyd Gardner, *Economic Aspects of New Deal Diplomacy*, Madison, Wis., 1964

152 Brief Laurance Duggan an Sumner Welles, 29. Dezember 1942, zit. in Green, S. 135

153 Interview der Autoren mit Nicolo Tucci. Tucci sagt weiter: »Ich war ein ganz unerfahrener Bursche damals. Ich kam erst allmählich dahinter, daß diese Leute (im Koordinationsbüro) nur ihre eigenen Interessen verfolgten und daß es ihnen leid tat, die Nazis bekämpfen zu müssen.«

154 Zit. in Green, S. 234

155 Charles E. Bohlen, *Witness to History*, New York 1974, S. 206f.

156 Der Brief Rockefellers an Stettinius ist zit. bei Green, S. 226

157 Morris, *NR*, S. 230; James Desmond, *Nelson Rockefeller*, New York 1964, S. 132

158 Rockefeller Brothers Fund Akten, Rockefeller Family Archives

159 Zit. in Cleveland Amory, *Who killed Society?*, S. 380

160 Zit. in *Gazette*, Arkansas, 23. Februar 1973

161 »Rockefeller's IBEC«, *Fortune*, Februar 1955

162 In seinem Vorwort gab Nelson die Stoßrichtung des Berichts an: »Als der letzte Krieg zu Ende ging, gab es eine Bewegung unter den Menschen in der ganzen Welt – ein Erwachen, das seinen Ausdruck in der Gründung der Vereinten Nationen fand ... Wo stehen wir heute, nach fünf Jahren Frustration und Desillusionierung? Ein Drittel der Menschheit hat seine Freiheit verloren und wird vom Sowjetimperialismus unterdrückt. Die übrigen zwei Drittel erkennen, daß der unbarmherzige Druck militärischer Aggression von außen und politischer Subversion im Innern nicht übersehen oder gemildert werden kann ... Es ist nichts zu unternehmen, was unsere Anstrengungen von der wichtigen Aufgabe der Mobilisierung für die militärische Verteidigung ablenkt. Aber ist das genug? Kann das heutzutage allein einen Krieg gewinnen?« *Partners in Progress: A Report to President Truman by the International Development Advisory Board*, New York 1951

163 Zur Entwicklung der amerikanischen Nachkriegsaußenpolitik siehe Gabriel und Joyce Kolko, *The Limits of Power: The World and United States Foreign Policy, 1945–1954*, New York 1972; Hearings Before the Committee on Foreign Affairs of the U. S. House of Representatives on the Mutual Security Program, 1951

164 Zit. bei Morris, *NR*, S. 280

165 Siehe Townsend Hoopes, *The Devil and John Foster Dulles*, Boston 1973, S. 135ff.

166 Bericht William Mitchell, Columbia Oral History Project

167 Interview der Autoren mit Donald McLean

168 Siehe U. S. Department of State, *Transcript of Roundtable Discussion on American Policy*

*Toward China*, 6., 7. u. 8. Oktober 1949, Washington, D. C., Vertraulich. (Später zugänglich gemacht.)

169 Ein Exemplar der Tagesordnung des Treffens mit Unterstreichungen und Randbemerkungen von JDR3 befindet sich in den Rockefeller Family Archives

170 Brief JDR3 an Philip Jessup, 13. Oktober 1949, Rockefeller Family Archives

171 Einzelheiten aus dem Bericht von JDR3 an das Dulles Oral History Project in Princeton, den die Autoren einsehen durften

172 Der Brief befindet sich in den Akten »Geburtenkontrolle« in den Rockefeller Family Archives

173 Interview der Autoren mit JDR3

174 Einzelheiten über die Rockefeller Brothers, Inc. bis 1961 siehe die entsprechenden Akten in den Rockefeller Family Archives

175 Ein Überblick über sein Leben findet sich in Lewis L. Strauss, *Men and Decisions*, New York 1962

176 Die Einzelheiten sind in erster Linie dem Interview der Autoren mit Duncan E. MacDonald entnommen. Siehe auch Itek *Annual Reports*, 1958–1961

177 Siehe Presidential Commission on Materials Policy, *Resources for Freedom*, Washington, D. C., 1952

178 Jackson Hole Preserve, Inc. Akten, Rockefeller Family Archives

179 Eine Zusammenfassung von Davids Aufstieg in der Chase und der Revision der Bankenpolitik in der Nachkriegszeit gibt »David Rockefeller, Banker's Banker«, *Newsweek*, 3. April 1967

180 Zit. in »David Rockefeller«, *New Yorker*, 23. Juli 1960, S. 16

181 Chase Bank Akten, Rockefeller Family Archives

182 Rockefeller Brothers Fund Akten, Rockefeller Family Archives

183 Zit. bei Gervasi, S. 195

184 Interview der Autoren mit Emmet Hughes; vgl. Gervasi, S. 203

185 Siehe Morris, *NR*, S. 319

186 Essay, abgedruckt in Thomas B. Morgan, *Self Creations: 13 Impersonalities*, New York 1965, S. 115

187 David Lilienthal, *The Journals of David Lilienthal*, New York 1966, Bd. 2, S. 303

188 Interview der Autoren mit John D. Rockefeller IV

189 T. H. White, *The Making of the President 1960*, New York 1961, S. 71

190 Desmond, S. 260

191 Robert D. Novak, *The Agony of the GOP 1964*, New York 1965, S. 74

192 *New York Times*, 11. April 1963

193 Siehe Milt Machlin, *The Search for Michael Rockefeller*, New York 1972

194 Zit. in Desmond, S. 303

195 Siehe Novak, S. 208 f.

196 Interview der Autoren mit Tom Braden. Einzelheiten über die Vorwahl in Kalifornien bei Novak, S. 383 ff.; White, *The Making of the President 1964*, New York 1965, S. 150 ff.

197 Interview der Autoren mit Linda Edgerly, ehemalige Archivarin im Familienarchiv

198 Phyllis Schafly, *A Choice – Not an Echo*, Alton, Ill., 1964, S. 6

199 Zit. in Geoffrey T. Hellman, »Out of the Cocoon on the Fifty Sixth Floor«, *New Yorker*, 4. November 1972

200 Interview der Autoren mit JDR3

201 *Population and the American Future*, New York 1972

202 *New York Times*, 6. Mai 1972

203 U. S. House of Representatives, *Hearings on Tax Reform*, Washington, D. C., 1969, S. 1563 ff.

204 Veröffentlicht als *Outdoor Recreation for America*, Washington, D. C., Januar 1962

205 Der vollständige Public-Relations-Plan für die Eröffnung befindet sich in den Caneel Bay Plantation Akten, Rockefeller Family Archives

206 Zit. bei Roland Evans und Robert Novak, *Nixon in the White House*, New York 1971, S. 23

207 U. S. House of Representatives Committee on Banking and Currency, *Commercial Banks and Their Trust Activities: Emerging Influence on the American Economy*, 2 Bde., Washington, D. C., 1968

208 Zu den Beziehungen zwischen JFK und der Geschäftswelt siehe Hobart Rowen, *The Free Enterprisers, Kennedy, Johnson and the Business Establishment*, New York 1964

209 David Rockefeller, »International Financial Challenges: A Question of Priorities«, Rede vor dem Far East Financial Forum, 1971, verbreitet von der Chase Bank

210 Siehe *New York Times*, 24. April 1963

211 David Rockefeller, »What Private Enterprise Means to Latin America«, *Foreign Affairs*, 1. April 1966, S. 408

212 Zit. bei Harry Magdoff, *The Age of Imperialism*, New York 1969, S. 176

213 Siehe »Partners in Apartheid – United States Policy on South Africa«, *Africa Today*, März 1964

214 David Rockefeller, »The Social Responsibilities of Business to Urban America«, Ansprache auf der Konferenz des Financial Executives Institute, 1968; »What will It Take to Bring Cities Back to Life – An Interview with David Rockefeller«, *U. S. News and World Report*, 7. Juni 1971, S. 50–56

215 Diese Investitionen werden jährlich in einem vertraulichen Bericht an das Board of Managers der Rockefeller-Familie und der Gesellschafter zusammengestellt. Die Autoren haben Exemplare der Berichte für die Jahre 1968–1974 eingesehen

216 Diese Äußerungen sind auf dem Tonbandinterview mit dem Schriftsteller Jim Gollin festgehalten; sie sollten für eine Geschichte der Familie dienen, die jedoch nie geschrieben wurde. Herr Gollins erlaubte den Autoren freundlicherweise, das Band abzuhören

217 Zit. in *Arkansas Gazette*, 23. Februar 1973

218 Eine Zusammenfassung von Winthrops politischer Laufbahn in Arkansas findet sich in der *Arkansas Gazette* vom 23. Februar 1973, einer Sonderausgabe anläßlich seines Todes

219 Frau Margaret Black, Winthrops Freundin und Vertraute über fünfzehn Jahre und Zeugin seines Verfalls, berichtet in einem Tonbandinterview mit Dr. Joseph Ernst (Rockefeller Family Archives) über die Veränderungen, die in seinem Privatleben nach 1968 eintraten

220 Interview der Autoren mit Marion Rockefeller Weber

221 Reeves, S. 8

222 Siehe Erklärung der Abgeordneten Bella Abzug, »The Disqualifications of Nelson Rockefeller«, im Repräsentantenhaus, Committee on the Judiciary, *Hearings into the Nomination of Nelson Rockefeller to be Vice President of the United States*, Washington, D. C., 1975

223 *The Rockefeller Report on the Americas*, New York 1969, S. 60

224 Die Antwort wurde indirekt in einer Rede Ende 1969 gegeben: »Wir sind uns bewußt, daß enorme und manchmal explosive Kräfte der Veränderung in Lateinamerika am Werk sind. Sie rufen Instabilität und Regierungswechsel hervor. Auf diplomatischer Ebene müssen wir realistisch an die Regierungen im interamerikanischen System herangehen, so wie sie sind.« Siehe Levinson und de Onis, S. 317 ff. Nelson behielt natürlich weiterhin als Mitglied des Foreign Intelligence Advisory Board seinen Einfluß auf die Lateinamerikapolitik, und ohne Zweifel kannte er die Rolle, die sein Freund Kissinger als Vorsitzender des »40er-Komitees« bei der Organisierung des Sturzes der Regierung Allende in Chile spielte. – Als er seinen *Report on the Americas* Präsident Nixon vorlegte, verteidigte Rockefeller seine Entscheidung, den zweiten Teil seiner Lateinamerika-Reise nicht abzusagen, obwohl abzusehen war, daß die Gewalttätigkeiten, die den ersten Teil begleitet hatten, nicht abrei-

ßen würden: »Wenn wir die Besuche abgesagt hätten, wäre das als Schwäche und Furcht von seiten der US-Regierung angesehen worden. Das hätte viel dazu beigetragen, die Vereinigten Staaten und die anderen Amerika zu diskreditieren.« (S. 9)

225 Diese Unterstützung (1966 waren die Gewerkschaften neutral geblieben – auch das schon ein Sieg für einen Republikaner) markierte den Höhepunkt von Nelsons langer Beziehung zu George Meany und den anderen Gewerkschaftsführern. Gefragt, warum er so gut mit Rockefeller zurechtkomme, antwortete Meany: »Nelson ist mit seinem Anteil zufrieden und versucht nicht, andere davon abzuhalten, ihren zu kriegen. Er hat nicht jene kleinlichen Züge, die man bei manchen dieser republikanischen Geschäftsleute findet.« Joseph Goulden, *Meany*, New York 1972, S. 404

226 Herman Badillo und Milton Haynes, *A Bill of No Rights: Attica and the American Prison System*, New York 1972, S. 85

227 Siehe den Bericht der McKay-Kommission, *Official Report of the New York Special Commission on Attica*, New York 1972, S. 323

228 *New York Times*, 15. September 1971

229 *New York Times*, 4. Oktober 1971

230 Siehe »Debt-Like Commitments of the State of New York: A Report on the State's Use of Public Corporations to Finance Capital Improvements Without Voter Approval«, veröffentlicht vom Büro des State Comptroller, Januar 1973

231 Siehe »Statewide Public Authorities: A Fourth Branch of Government?«, veröffentlicht vom Büro des State Comptroller, Albany, November 1972

232 US-Senat, *Hearings into the Nomination*, S. 23

233 US-Senat, *Hearings into the Nomination*, S. 81 f.

234 In den Anhörungen vor dem Senat wurde bekannt, daß Kissinger das Weiße Haus um eine Stellungnahme gebeten hatte, ob die Annahme des Geschenks vertretbar sei. Egil Krogh, Jr., hatte ihm am 15. Januar 1969 geantwortet, »angesichts der philanthropischen Natur der Rockefellers, besonders angesichts der Tatsache, daß die genannte Geldzuwendung ausschließlich auf Ihre enge Freundschaft zurückzuführen ist«, bestünden keine Bedenken. US-Senat, *Hearings*, S. 883

235 US-Senat, *Hearings*, S. 510

236 Zur Vorbereitung dieses Teils des Buches haben die Autoren insgesamt mehr als 200 Stunden Angehörige der vierten Rockefeller-Generation interviewt. Diese Interviews wurden über einen Zeitraum von zwei Jahren mit folgenden Vettern geführt: von der Familie JDR3 mit Alida, Hope und Jay; von der Familie Nelson mit Steven, Mary, Ann und Rodman; von der Familie Laurance mit Lucy, Marion und Laura; von der Familie David mit Abby, David, Jr., Richard, Peggy und Neva. Wenn nicht anders angegeben, stammen die Zitate in diesem Abschnitt des Buches aus diesen Interviews

237 Mary Allen Chase, *Abby Aldrich Rockefeller*, New York 1950, S. 84

238 Brief Junior an Steven, 18. April 1945, Rockefeller Family Archives

239 Die Angaben stammen aus dem Interview der Autoren mit Lucy Rockefeller Waletzky

240 Einzelheiten aus dem Interview der Autoren mit Marion Rockefeller Weber

241 Die Autoren haben sich, obwohl alle Vettern, die ungefähr seines Alters waren und ihn kannten, über Michael sprachen, in erster Linie auf Interviews mit Steven Rockefeller gestützt

242 Frank Gervasi, *The Real Rockefeller*, New York 1964, S. 244

243 Milton Machlin, *The Search for Michael Rockefeller*, New York 1971, S. 165

244 Interview der Autoren mit Michael Ansara

245 Siehe *Life*, 20. Juni 1960, S. 28 f.

246 Interview der Autoren mit J. Richardson Dilworth

247 *New York Times*, 8. Juni 1967

# Danksagung

Während der drei Jahre, die die Arbeit an diesem Buch in Anspruch nahm, gaben uns unsere Familien alle Hilfe und Unterstützung. Ebenso haben uns eine Reihe anderer Menschen geholfen, in einer Weise und in einem Ausmaß, wie sie es vielleicht selbst nicht ahnen: Phil und Blanche Horowitz, Moss und Florence Roberts und die Familien Cunningham und Ceresa in New York; Peter Stone, Bob Kaldenbach, David und Jackie Allswang, Jim Johnson und Robert Peterson, William Kornhauser, Doris Collier und die Giachinos in Kalifornien.

Mehrene Larudee, Rick Brown, Warren Bishop, Peter Dale Scott, Rick Edwards und Charles Schwartz stellten wertvolles Material zur Verfügung. Dr. Joseph Ernst beantwortete mit dem Gleichmut des Gelehrten endlose Fragen und öffnete uns die Archive. Walter Morrison half wie immer, als eine Krise auftrat.

George Brochardt brachte das Projekt in Bewegung. Und Marian Wood, unsere Redakteurin bei Holt, die vom ersten Tag an das Buch glaubte, half es zu verbessern und sorgte bei jedem Schritt für sein Schicksal. Wir waren glücklich, mit ihr arbeiten zu können.

P. C. und D. H.
Oakland/Berkeley,
31. Januar 1975

# Register

Heiser, Victor 57 f.
Henderson, William 265
Hepburn, Barton 36
Herter, Christian 84
Hewitt, Isaac 16 f., 19, 27, 395
Heydt, Charles O. 77, 117, 136
Hill, Jim 128
Hilsman, Roger 362
Hinman, George 250
Hitler, Adolf 198
Hobby, Oveta Culp 206
Hochschild, Harold K. 235
Hodgkin, John 270
Hoffa, James 284
Holman, Eugene 160
Hooker, Blanchette Ferry, s. Rockefeller,
   Blanchette Ferry Hooker
Hoover, Herbert 224
–, Herbert jr. 207
Hopkins, Harry 162, 164, 175, 178
–, John 57
Horowitz, Blanche 405
–, Phil 405
House, Oberst 118, 207
Hubbard, Muriel McCormick 267
Hudgens, Robert 196
Hughes, Charles Evans 79, 113, 125, 130,
   132, 399
–, Emmet 247 f., 250, 254, 258, 364, 402
–, Howard 220 f.
Hull, Cordell 168, 170, 182
Humphrey, George 209 f., 260
Humphreys, A. E. 130
Huntington, Collis 72
–, Samuel P. 265

Ickes, Harold 123, 170
Inglis, W. O. 28
Ives, Irving 238
Jackson, C. D. 206
–, Henry 274
Jaffe, Fred 268
James, Jesse 106
Jamieson, Francis 176, 188, 195 f., 199,
   201, 217, 225, 241, 246 f., 251, 264,
   358, 364
–, Frau von F. 253
Javits, Jacob 308, 328
Jessup, Philip 213 f., 402
Johnson, James D. 152, 301
–, Jim 405

–, Lady Bird 274
–, Lyndon B. 256, 268, 274 f., 277, 285 f.,
   362
–, Samuel 71
Jung, C. G. 66

Kahn, Otto 125
Kaiser, Neva Rockefeller, s. Rockefeller,
   Neva
Kaldenbach, Bod 405
Kant, Immanuel 164
Kaunda, Kenneth 287
Kennedy, John F. 249 f., 252, 263, 273,
   277, 281, 283, 328, 403
–, Joseph 170
–, Kathleen 170
–, Robert 217, 259, 284, 316, 362, 384
Khan, Aga 235 f.
Kiano, Dr. 235
King, MacKenzie 103, 105–111, 117, 123,
   170, *224*
–, Martin Luther jr. 288, 302, 306, 384
Kissinger, Henry 211, 234, 239 f., 247,
   254, 258 f., 265, 278, 292, 311, 314,
   327, 332 f., 403
Knickerbocker, Cholly 193
Kompton, Karl 217
Kornhauser, William 405
Krogh, Egil jr. 404
Krogstad, Robert W. 384
Kunstler, William 317
Ky, Nguyen Cao 285

La Follette, Robert 9, 128
La Guardia, Fiorello 170
Lamar, David 79
Lamont, Thomas W. 113
Land, Edward 224
Lansing, Robert 207
Larudee, Mehrene 405
Laurier, Sir Wilfrid 105
Lawson, John 107
–, Thomas 396
Lee, Ivy 61 f., 64, 103 ff., 107 f., 112, 117,
   127, 132, 134–137, 171, *208*, 397, 399
Levingston, William 15
Levitt, Arthur 323, 325
Levy, Larry 180
Lewis, A. H. 95
Libby, W. H. 41
Lillienthal, David 174, 243

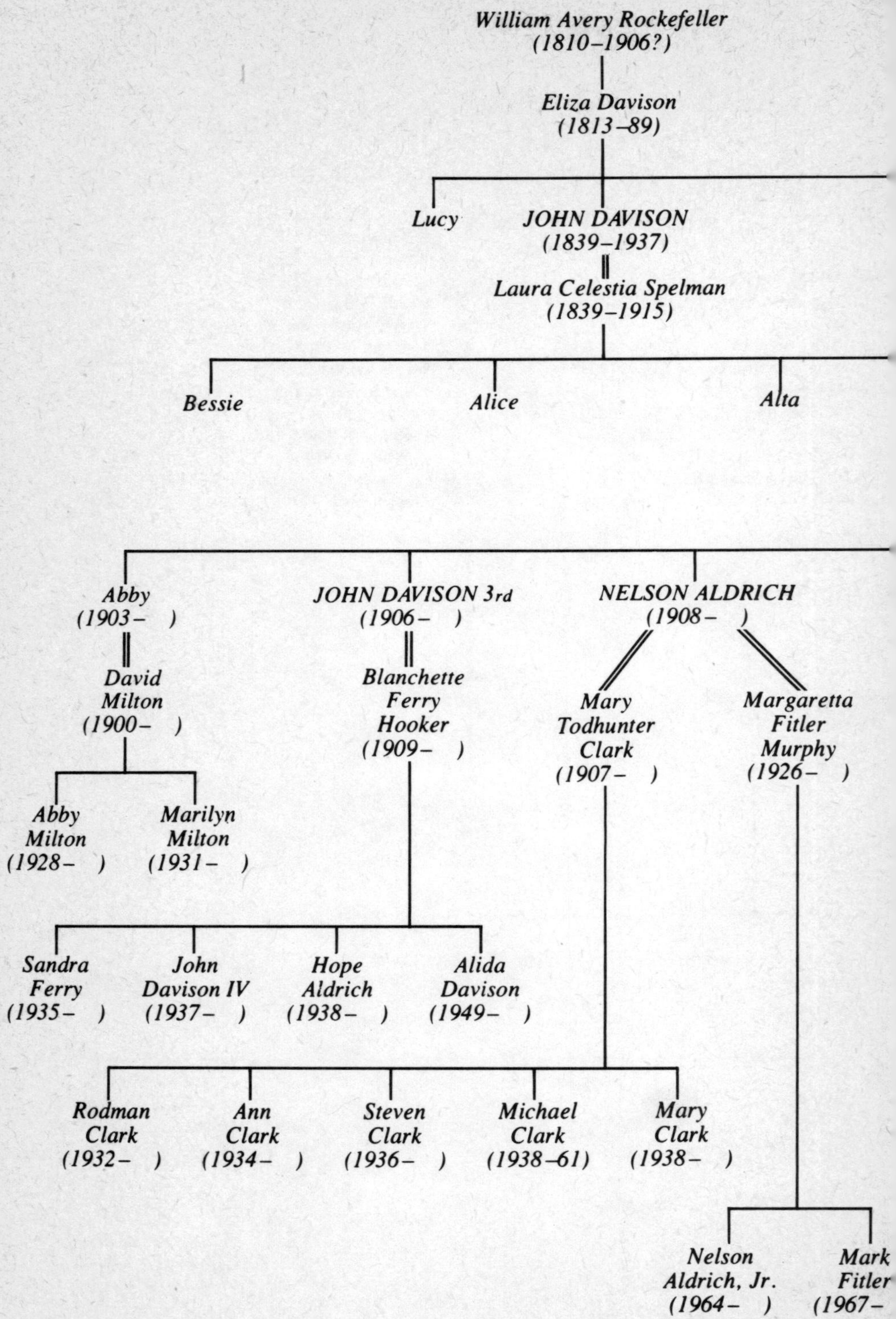

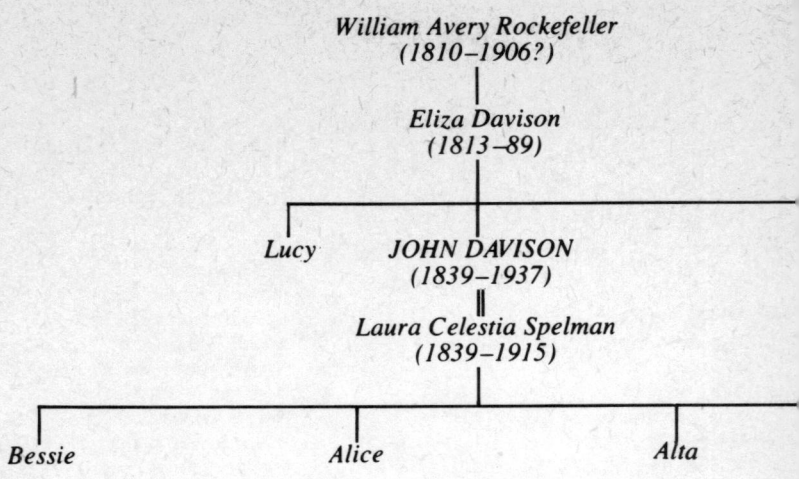

William Avery Rockefeller
*(1810–1906?)*

Eliza Davison
*(1813–89)*

Lucy  **JOHN DAVISON**
*(1839–1937)*

Laura Celestia Spelman
*(1839–1915)*

Bessie  Alice  Alta

Abby  **JOHN DAVISON 3rd**  **NELSON ALDRICH**
*(1903– )*  *(1906– )*  *(1908– )*

David
Milton
*(1900– )*  Blanchette
Ferry
Hooker
*(1909– )*  Mary
Todhunter
Clark
*(1907– )*  Margaretta
Fitler
Murphy
*(1926– )*

Abby
Milton
*(1928– )*  Marilyn
Milton
*(1931– )*

Sandra
Ferry
*(1935– )*  John
Davison IV
*(1937– )*  Hope
Aldrich
*(1938– )*  Alida
Davison
*(1949– )*

Rodman
Clark
*(1932– )*  Ann
Clark
*(1934– )*  Steven
Clark
*(1936– )*  Michael
Clark
*(1938–61)*  Mary
Clark
*(1938– )*

Nelson
Aldrich, Jr.
*(1964– )*  Mark
Fitler
*(1967–*

# DIE ROCKEFELLERS

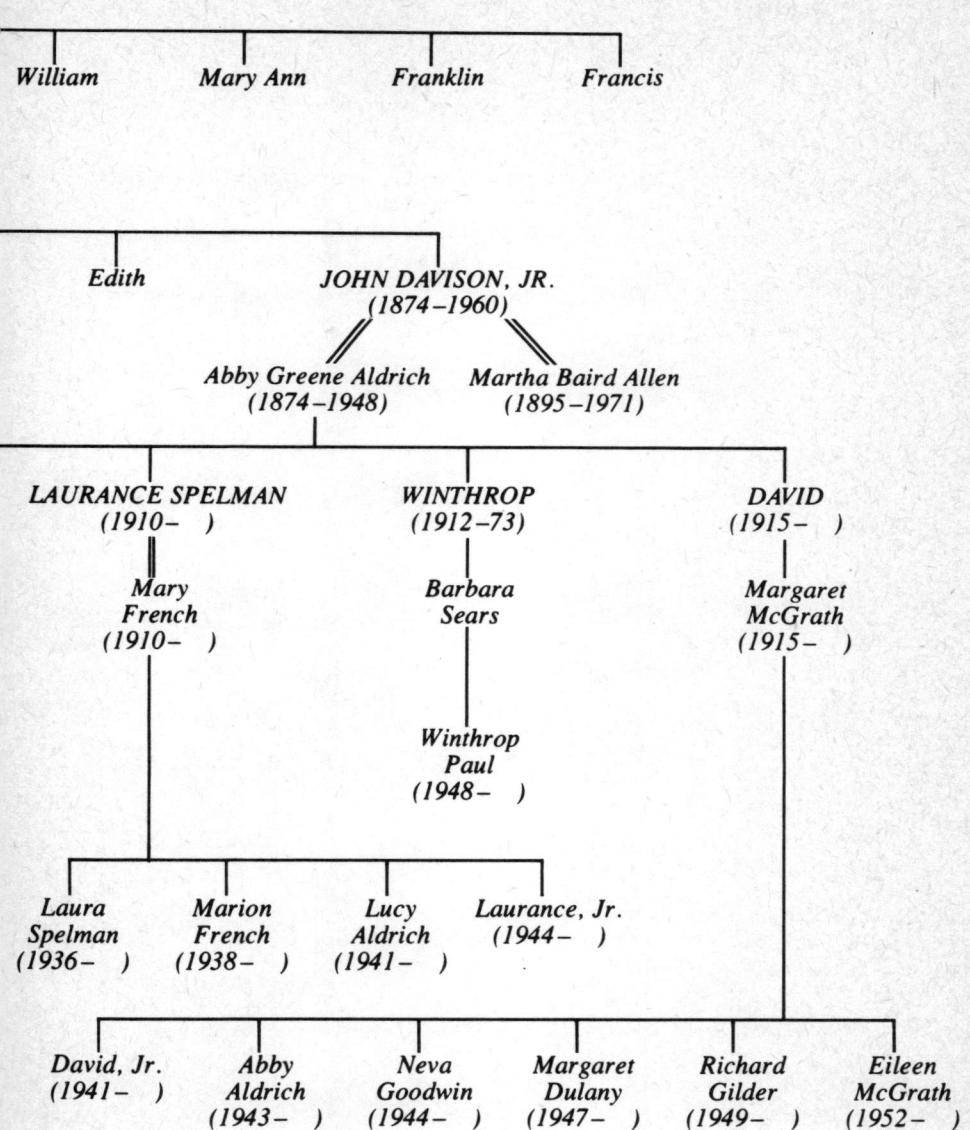

William     Mary Ann     Franklin     Francis

Edith     **JOHN DAVISON, JR.**
*(1874–1960)*

Abby Greene Aldrich     Martha Baird Allen
*(1874–1948)*     *(1895–1971)*

**LAURANCE SPELMAN**     **WINTHROP**     **DAVID**
*(1910– )*     *(1912–73)*     *(1915– )*

Mary French *(1910– )*     Barbara Sears     Margaret McGrath *(1915– )*

Winthrop Paul *(1948– )*

Laura Spelman *(1936– )*     Marion French *(1938– )*     Lucy Aldrich *(1941– )*     Laurance, Jr. *(1944– )*

David, Jr. *(1941– )*     Abby Aldrich *(1943– )*     Neva Goodwin *(1944– )*     Margaret Dulany *(1947– )*     Richard Gilder *(1949– )*     Eileen McGrath *(1952– )*

# Bildnachweis

Associated Press, Frankfurt/M. 10, 51, 52, 61, 62, 64, 67 · Eliza Davison 63 · Keystone, Hamburg 6, 14, 45, 56 · Rockefeller Family Archives, New York 1, 2, 4, 11, 12, 17, 18, 19, 20, 24, 25, 28, 29, 31, 35, 39, 40, 41, 49, 60, 65 · Süddeutscher Verlag, München 5, 7, 8, 9, 15, 16, 42, 48, 54, 58, 59 · Ullstein Bilderdienst, Berlin 3, 13, 21, 22, 23, 26, 27, 30, 32, 33, 34, 36, 37, 38, 43, 44, 46, 47, 50, 53, 55, 57, 66, 68.